문화와 제국주의

국립중앙도서관 출판시도서목록(CIP)

문화와 제국주의 / 에드워드 W. 사이드 지음 ; 김성곤,
정정호 옮김
-- 개정판. -- 서울 : 창, 2011   p. ; cm

원표제: Culture and imperialism
원저자명: Edward W. Said
색인수록 영어 원작을 한국어로 번역
ISBN 978-89-7453-186-7 03100 : ₩28000
문화(문명)[文化]
정치(권력)[政治]
문학 평론[文學評論]
331.5-KDC5
306-DDC21   CIP2011000168

문화와 제국주의(개정판)

1995년 6월 05일·초 판 1쇄 발행
2021년 1월 25일·개정판 3쇄 발행

지은이·에드워드 w. 사이드
옮긴이·김성곤 / 정정호
펴낸이·이규인
펴낸곳·도서출판 창
등록번호·제15-454호
등록일자·2004년 3월 25일

주소·서울특별시 마포구 대흥로 4길 49, 4층(용강동, 월명빌딩)
전화·322-2686, 2687 / 팩시밀리·326-3218
홈페이지·http://www.changbook.co.kr
e-mail·changbook1@hanmail.net

ISBN 978-89-7453-186-7   03100

정가 28,000원

* 잘못 만들어진 책은 <도서출판 창>에서 바꾸어 드립니다.

* 이 책의 저작권은 <도서출판 창>에 있습니다.
  저작권법에 의해 보호를 받는 저작물이므로
  무단 전재와 복제를 금합니다.

문화와 제국주의
Culture and Imperialism

에드워드 W. 사이드 지음 / 김성곤·정정호 지음

창
Chang
Books

에크발 아마드에게

피부색이 다르거나 우리보다 코가 약간 낮은 사람들로부터 땅을 빼앗는 것을 의미하는 영토의 정복은, 자세히 생각해 보면 그다지 유쾌한 일이 아니다. 그 부정적인 측면에서 건져주는 것은 관념뿐이다. 감상적인 가식이 아니라 관념 말이다. 관념에 대한 이기적이지 않은 관념. 잘 차려 놓고 그 앞에 절을 하며 희생양을 바치는 관념 말이다.

— 조셉 콘라드, 『암흑의 핵심』

차 례

- 역자 서문 ··· 11
- 서 문 ··· 21

제1장 겹치는 영토, 뒤섞이는 역사 ·· 45
1. 제국, 지리 그리고 문화 ··· 47
2. 과거의 순수한 이미지들과 불순한 이미지들 ······················ 64
3. 『암흑의 핵심』에 나타난 두 가지 비전 ······························ 70
4. 상충되는 경험들 ·· 87
5. 제국과 세속적 해석의 연결 ·· 104

제2장 통합된 비전 ·· 129
1. 내러티브와 사회적 공간 ··· 131
2. 제인 오스틴과 제국 ·· 160
3. 제국의 문화적 완벽성 ··· 186
4. 활동 중인 제국 : 베르디의 『아이다』······························· 209
5. 제국주의의 즐거움 ·· 244
6. 통치하의 토착민 ··· 291
7. 카뮈의 제국주의 경험 ··· 302
8. 모더니즘론에 관한 주석 ··· 330

제3장 **저항과 대립** ··· 337
　1. 두 개의 진영 ·· 339
　2. 저항문화의 주제들 ··· 369
　3. 예이츠와 탈식민지화 ·· 387
　4. 안으로의 여행과 대항의 출현 ······························· 416
　5. 협력, 독립 그리고 해방 ······································· 452

제4장 **미래 : 지배로부터의 해방** ··························· 483
　1. 미국의 부상 : 공적 영역에 관한 논쟁 ····················· 485
　2. 정통성과 권위에의 도전 ······································ 517
　3. 운동과 이주 ··· 550

【찾아보기】 ·· 567

　• 에드워드 W. 사이드 약력 / 599
　• 역자 약력 / 600

역자 서문
— 에드워드 사이드의 "문화와 제국주의" 이론에 대해

1

　민중 문학과 대중 문학, 민족 문학과 제3세계 문학에 대한 논의가 한창이던 지난 80년대의 우리 문단과 학계에서 아마도 가장 부당하게 조명받지 못했던 인물이 있다면, 그것은 바로 미국의 문학 비평가 에드워드 사이드Edward W. Said일 것이다. 참으로 이해하기 어려운 것은, 당시 제3세계 문학을 그렇게도 열렬하게 주창하던 한국인들이, 왜 서구 문단과 학계에서 서구의 지배 이데올로기에 대항하는 강력하고도 새로운 비판 이론을 펼치면서 제3세계 문학과 문화를 대변해 온 사이드에 대해서는 그렇게도 무관심했는가 하는 것이다.

　그 이유 중의 하나는, 어쩌면 사이드가 자신을 '좌파 지식인'이지 '마르크스주의자'가 아니라고 밝힌 데 있었는지도 모른다. 물론 테리 이글턴 같은 마르크스주의 비평가들도 강력한 영향력을 가진 당대의 비평가인 사이드를 동반자로 갖지 못하는 것에 대해서 대단한 유감을 표명하고 있는 것은 사실이다. 그러나 사실 사이드의 이론은 그 어느 마르크스주의 비평가의 이론보다도 더 강도 높게 자본주의와 제국주의의 병폐를 비판하고 있다.

　사이드가 유독 한국에서 논의되지 않았던 또 하나의 이유는, 아마도 그가 옹호하는 것이 중동일 뿐, 극동이 아니어서 우리와는 별 상관이 없다는 편협한 생각을 가진 사람들이 많았기 때문이라고 보여진다. 그러나 사이드가 말하는 '오리엔트'란 결코 아랍 국가들만을 의미하는 것이 아니라, 궁극적으로는 모든 아시아 국가들을 포괄적으로 상징하고 있다는 사실을 깨닫는 것 역시 중요하다. 사실은 한국인들의 바로 그와 같은 편협한 사고 방식이, 한국에 직접적인 피해를 주지 않았다는 이유만으로 제국주의의 종주국이었던 영국을 80년대 반제국주의 운동의 비판 대상에서 제외시키는 놀라울 만큼 비논리적인 현상을 초래하기도 했다.

국내에서 사이드가 널리 알려지지 못한 또 다른 이유는, 아마도 그의 이론과 저서가 보여 주고 있는 박식함과 난해함 때문이기도 할 것이다. 그러나 엄정한 논리와 세련된 수사학을 내세우는 서구의 이론가들을 이론적으로 논박해 이길 수 있으려면, 그들에 못지 않는 해박한 지식과 예리한 통찰력이 요구되며, 그 과정에서 다소의 난해함이 수반될 수밖에 없다는 점 또한 이해할 필요가 있을 것이다.

에드워드 사이드는 영국령 예루살렘에서 태어나 카이로에서 성장하다가 미국으로 건너가 대학을 다닌 팔레스타인 출신 동양인이다. 그는 미국 프린스턴대(학사)와 하버드대(석·박사)를 졸업하고 컬럼비아대 석좌 교수가 됨으로써 미국 사회가 제공해 주는 명예와 풍요와 안정 속에 안주할 수도 있었겠지만, 그것을 거부하고 서구의 제국주의적 지배 논리를 비판하는 비평 작업을 시작했다는 점에서 특이한 지식인이라고 할 수 있다. 1978년에 출판되어 '한 시대를 움직인 책'이라는 평을 받고 있는 『오리엔탈리즘』에서 사이드는 다음과 같이 말하고 있다.

> 나의 문학 비평은 두 개의 영국 식민지(팔레스타인과 이집트)에서 성장하면서 느낀 〈동양인〉으로서의 자의식으로부터 시작되었다. 그 두 곳과 미국에서 내가 받은 교육은 모두 서양 교육이었다. 그럼에도 불구하고 동양인으로서의 자의식은 내 마음 속에 끈질기게 남아 있었다. 그러므로 어떤 의미에서 나의 문학 비평은 바로 나 자신의 존재를 탐색하고 추적하는 작업이라고 할 수 있다.

서구 제국주의의 문제들을 즐겨 다룬 소설가인 조셉 콘라드 연구로 박사 학위를 받은 사이드가 갑자기 세계 문단과 학계의 주목을 받기 시작한 것은 두 번째 저서인 『시작: 의도와 방법 Beginnings : Intention *and Method*』이 나온 1975년부터이다. 〈다이어크리틱스〉라는 문학 이론지로 하여금 「에드워드 사이드 특집」(1976년 가을호)까지 꾸미게 만든 이 책에서 사이드는 서구 형이상학의 중심 개념이 되는 절대적이고도 신성한 "근원origin"을 부정하고, 그에 반하는 상대적이고도 세속적인 "시작beginning"을 주장한다. 사이드에 의하면, 그동안 서구인들의 사고 체계를 지배함으로써 그들에게 경직된 중심 의식과 부당한 우월 의식을 심어 주었던 "근원" 의식을 해체하는 것 자체가 곧 비서구인으로서의 새롭고 자유로운 "시작"을 의미한다. 그러므로 "시작"은 고정된 중심과 경직된 사고의 틀에서 벗어나, 창조적인 자신만의 세계를 여는 것을 가능하게 해준다. 그러므로 사이드에 의하면, "시작"은 "일종의 행동이자 정신의 틀이고, 새로운 자세이자 의식"이 된다.

자신의 "시작 이론"을 펼치면서, 사이드는 신의 시대보다는 인간의 시대를 그리고 신성한 정통 역사보다는 세속적인 이방인의 역사를 더 중요시했던 18세기 이탈리아의 사상가 비코와, 역시 문명보다는 광기에, 정상보다는 비정상에 더 많은 관심을 가졌던 푸코의 이론들에 주목하게 된다. 특히 그는 광기와 비정상을 차별하고 다스리기 위해 "지식과 권력"이 담합하여 어떻게 "담론 행위discourse"라고 불리는 것을 만들어 내는지에 대한 푸코의 성찰을 원용해, 그의 세 번째 저서 『오리엔탈리즘』을 쓰게 된다.

2

1978년에 출판되자마자 대단한 논란을 불러 일으켰던 『오리엔탈리즘Orientalism』에서 사이드는 동양에 대한 서양의 편견이, 푸코가 "담론 행위"라고 부르는 것을 통해 어떻게 하나의 학문 체계와 진리로 굳어졌는가 하는 것을 추적하고 있다. 그는 서구인들이 보는 동양은 동양 본래의 모습이 아니라, 부정확한 정보와 왜곡된 편견을 통해 투사된 허상일 뿐이며, 그런 의미에서 동양은 그동안 스스로 존재하지 못하고 서구인들에 의해서 정의된 형태로만 존재해 왔다고 지적한다.

이 책에서 사이드는 수많은 서구의 문학 작품들과 문헌들의 분석을 통해, 그러한 서구인들의 허상이 지식과 권력의 담합을 통해 그동안 어떻게 하나의 공인된 진리와 학문 체계로 탈바꿈했는지를 설득력 있게 보여 주고 있다. 사이드는 그렇게 해서 굳어진 동양에 대한 서구인들의 편견을 "오리엔탈리즘"이라고 부른다. 그는 "오리엔탈리즘"의 형성 과정에 대부분의 서구 작가들이 의식적이건 무의식적이건 일익을 담당해 왔다고 말한다. 그의 비판 대상에는 심지어 아라비아의 로렌스로 알려진 T. E. 로렌스와 찰스 디킨스와 칼 마르크스까지도 포함되어 있어서 우리를 놀라게 한다. (가장 최근 저서 『문화와 제국주의』에서도 사이드는 디킨스가 영국의 제국주의적 성격을 은폐하는 데 일조했다고 지적하고 있다.)

『오리엔탈리즘』에서 사이드는 또 서구의 동양학과들이 원래는 제국주의적 필요에 의해서 창설되었으며, 서구인들은 교수나 학과장으로 헤게모니를 쥐고 있는 반면, 동양인들은 전혀 승진의 기회가 주어지지 않는 어학 강사에 머무르고 있는 사실을 지적함으로써, 동양학을 전공하는 많은 서양 학자들의 분노를 샀다. 그들은 이 책이 나온 직후, 이제 더 이상 "오리엔탈"이라는 말을 쓸 수 없게 되었다고 불평하며, "동양학과"라는 학과의 명칭을 모두 "중동학과"나 "극동학과" 또는 "동아시아 학과"로 바꾸는 소동을 벌였다. 이와 같은 책을 동양인인 우리들이 아직도 모르고 있거나 읽지 않고 있다는 것은 참으로 당혹스러운 일이라고 할 수 있을 것이다.

1983년에 나온 『세계와 텍스트와 비평가 The World, the Text, and the Critic』에서 사이드는 "오리엔탈리즘 이론"에서 한 걸음 더 나아가, 문학 비평은 더 이상 상아탑 속에서 은둔하지 말고 세상으로 나가 우리의 현실과 역사와 상황과 서로 맞물려야만 한다는 "세속적 비평 이론"을 주장한다. 이 책에서 그는 최근 세계적으로 유행하고 있는 프랑스의 탈구조주의 이론과 포스트모더니즘 그리고 이론 만능주의를 지향하고 있는 현재 서구 비평계가 "현실을 외면하고 텍스트와 언어의 미궁 속으로 침잠해 들어가고 있다."고 비판하며, 문학 비평은 역사와 상황의 산물이므로 순수해서는 안 되고 오히려 현실에 더 많이 "오염"되어야만 한다고 주장한다. 이 책에서 사이드는, 충분히 세속적이지 못하다는 이유로, 심지어는 평소에 경의를 표하던 프랑스의 두 대표적 탈구조주의 사도인 데리다와 푸코까지도 강력하게 비판하고 있다.

바로 그러한 이유로 해서 사이드는 학술 서적만 쓰지는 않았다. 그는 1980년에는 『팔레스타인 문제The Question of Palestine』, 1981년에는 『이슬람 취재Covering Islam』라는 책을 출판해 팔레스타인과 이슬람에 대한 서구의 편견을 신랄하게 비판했다. 그러면서 그는 차츰 현재 세계적인 각광을 받고 있는 신사조인 "탈식민주의post-colonialism"(최근의 노벨 문학상과 콩쿠르상도 탈식민주의 계열의 작가들에게 돌아갔다)의 대부가 되어 갔다. 예컨대 사이드는, 〈크리티칼 인콰이어리 Critical Inquiry〉지에 발표한 글, 「차이의 이데올로기The Ideology of Difference」(1985년 가을호)와 「식민지를 재현하기 Representing the Colonized」(1989년 겨울호) 그리고 같은 잡지 1989년 봄호에 실린 이스라엘 학자들과의 치열한 논쟁 등을 통해, 제3세계인들의 정신적·문화적 식민지 상황의 탈피와 제국에 대한 반격을 주창함으로써 탈식민주의 계열의 작가들에게 이론적인 준거틀을 마련해 주고 있다.

3

1993년에 나온 『문화와 제국주의Culture and Imperialism』에서도 사이드는 서방 세계의 문화적 제국주의에 대항하는 자신의 탈식민주의 이론(이 이론은 그동안 식민지 상황 속에서 살아온 우리에게도 대단한 호소력을 갖는다)을 설득력 있게 전개하고 있다. 매슈 아놀드의 『문화와 무정부』에 대한 명백한 패러디인 이 책에서, 사이드는 아놀드 같은 고급 문화론자들이 세속적 오염으로부터 보호하려고 했던 "문화"가 결국은 유럽의 "제국주의 문화"였음을 날카롭게 지적하고 있다.

사이드는 바로 그 "제국주의 문화"로 인해 자신은 조국을 잃어 버렸다고 말한다. 그리고 잃어 버린 조국에 대한 향수와 자신의 정체성에 대한 탐색이 곧 자신의 문학 비평이라고 말한다. 자신의 삶과 자신의 문학 비평을 일치시키고 있다는 점에서 그는 우리 모두의 귀감이 된다. 태어날 때부터 나라가 없었던 그는 지금도 자신을 "망명객"이라고 부르며, 조국을 빼앗아간 서구 제국주의에 대한 비판의 목소리를 높이고 있다. (그는 "자신의 조국이 달콤하게 느껴지는 사람은 아직 미숙한 어린 아이와도 같다. 외국이 모두 자기 조국처럼 느껴지는 사람은 이미 성숙한 어른이다. 그러나 세계가 다 외국처럼 느껴지는 사람이야말로 완전한 사람이다."라는 '성 빅토로의 휴고'의 말을 가장 좋아한다.) 사이드의 이와 같은 탈서구적 이론은 서구 제국주의의 피해를 입은 모든 동양인들에게 그리고 리얼리즘과 포스트모더니즘 모두에 한계를 느끼고 있는 90년대 우리 젊은 지성들에게 새로운 인식의 혁명을 가져다 주는 또 하나의 기폭제가 될 수도 있을 것이다.

사이드는 자신의 정신적 망명을 부정적으로만 보지 않고, 오히려 두 세계를 다 포용하고 조화시킬 수 있는 긍정적인 계기로 전환시키는 데 성공한다. 그는 다음과 같이 말한다.

내가 『문화와 제국주의』에서 지적하려고 하는 마지막 요점은 그것이 한 망명객의 책이라는 점이다. 나는 어쩔 수 없는 객관적인 이유로 인해 서구 교육을 받은 아랍인으로 태어나 자랐다. 내가 기억하는 한, 나는 언제나 자신이 그 둘 중 하나에만 속한다기보다는 그 두 세계에 다 속하는 것으로 느끼며 살아왔다. 그러나 내 생전에, 내가 가장 긴밀하게 연결되어 있던 아랍 세계가 내란이나 전쟁으로 인해 완전히 변해 버렸거나 이제는 아예 존재하지 않게 되었다. 그래서 오랫동안 나는 미국에서 아웃사이더로 살아왔다. 특히 미국이 (완전과는 거리가 먼) 아랍 세계의 문화와 사회와 전쟁을 하거나 그것에 대해 강력하게 반대할 때마다 나는 언제나 국외자일 뿐이었다. 그럼에도 불구하고 내가 "아웃사이더"라고 자신을 부를 때, 그것은 슬프거나 박탈당한 것을 의미하지는 않는다. 오히려 그 반대로, 제국이 나누어 놓은 두 세계에 다 속해 있다는 것은 그만큼 그 두 세계를 더 잘 이해할 수 있다는 것을 의미한다. 더욱이 이 책이 쓰여진 뉴욕은 대단히 강력한 망명객의 분위기를 가진 도시이다. 뉴욕은 파농이 묘사한 대로, 식민지 도시의 매니키언Manichean 스타일을 내부에 갖고 있는 도시이다. 어쩌면 바로 그러한 요소들이 내가 이 책에서 시도한 관심과 해석을 고무시켜 주었는지도 모른다. 그리고 그러한 상황은 나로 하여금 자신이 하나 이상의 역사와 그룹에 속해 있다는 느낌을 가져다 주었다. 그러한 상태가 다만 한 문화에만 속해 있고 한 나라에만 충성심을 느끼는 것보다 더 이로운 대안책이 될 수 있는가 하는 것은 이제 독자들이 결정할 문제이다.

『문화와 제국주의』에서 사이드는, 19세기 영국 리얼리즘 소설들이 필연적으로 제국주의 중심 문화를 반영하고 있다고 날카롭게 지적한다. 찰스 디킨스와 조지 엘리엇과 조셉 콘라드와 러드야드 키플링 역시 예외는 아니다. 그의 비판으로부터 면죄부를 받는 빅토리아 시대의 작가는 거의 없다. 그러나 사이드의 목적은 단순히 그들을 비판하는 것이 아니다. 그는 다만, 제국주의 문화와 관념이 당대의 문학과 예술 작품들 속에 어떻게 스며들어 있고 투사되어 있는가를 밝혀 내는 작업에만 관심이 있다. "작품을 읽으면서 만일 그러한 요소들을 발견해 내지 못한다면, 우리는 책읽기를 제대로 못 하고 있는 셈이 되며, 많은 것을 놓치고 있는 셈이 된다."라고 『문화와 제국주의』에서 사이드는 말한다. 그러므로 사이드에게 있어서, '문화'란 순수하고 지고한 것이 아니라, 정치적·사회적 이념들의 혼합체가 된다.

그러한 의미에서 문화란 여러 가지 정치적·이념적 명분들이 서로 뒤섞이는 일종의 극장이라고도 할 수 있다. 아폴로적인 점잖음의 온화한 영역과는 거리가 먼 채, 문화는 대의 명분들이 백주에 드러내 놓고 싸우는 전장이 될 수도 있다. 예컨대 타국의 고전보다는 자국의 고전을 먼저 읽도록 가르침을 받은 미국과 프랑스와 인도의 학생들이 거의 무비판적으로 자기 나라와 자기 전통을 받아들이고 거기에 충성스럽게 속해 있는 반면, 타국의 문화나 전통은 격하시키거나 대항해 싸우는 싸움터가 될 수도 있다는 것이다.

이제 문화의 개념에 대해 발생하는 문제는 그것이 자기 문화에 대한 과대 평가뿐만 아니라, 문화가 일상 세계를 초월하는 것이기 때문에 일상 현실과는 다른 것으로 생각한다는 데에 있다. 그래서 대부분의 전문적 인문학자들은 노예 제도나 식민주의나 인종적 억압이나 제국주의적 종속 같은 오래되고 야비하며 잔인한 행위와 그러한 행위와 연관되어 있는 시나 소설이나 철학을 연결시키지 못한다. 이 책을 쓰면서 내가 발견한 어려운 진리 중 하나는, 내가 존경하는 영국이나 프랑스의 예술가들 중, 영국이나 프랑스의 관리들이 인도나 알제리를 지배하면서 행한 "종속"이나 "열등한" 인종의 개념을 다룬 사람이 거의 없다는 사실이었다. 그러한 태도는 사실 널리 유포되어 있었으며, 19세기를 통틀어 제국들이 아프리카를 점령하는 데 연료의 역할을 했었다. 카알라일이나 러스킨 또는 디킨스나 새커리에 대해 이야기하면서 비평가들은 식민 팽창주의나 열등한 인종이나 "검둥이들"에 대한 작가들의 생각을 문화와는 전혀 다른 것으로 분류하고 있다. 마치 문화가, 그들이 "진정으로" 속해 있으며, "진정으로" 중요한 작품들을 써내는 고양된 영역인 것처럼 말이다.

『문화와 제국주의』가 이 시점에서 특히 우리의 관심을 끄는 이유는, 우선 그가 얼핏 별 상관이 없어 보이는 '문화'와 '제국주의' 사이의 긴밀한 상관 관계를, 방대한 문헌들의 분석과 해박한 지식을 통해 밝혀 주고 있기 때문이다. 그러나 문화와 제국주의에 대한 사이드의 연구와 성찰이 더욱 값지게 느껴지는 이유는, 그가 궁극적으로는 제국주의에 대한 단순한 비판을 초월해, 예전 제국과 예전 식민지 그리고 동양과 서양의 화해를 주창하고 있기 때문이다. 그런 의미에서 그는 그 두 영역의 '공동의 경험'과 '겹치는 영토'를 중요시하며, 우리 것만 옳다고 주장하는 국수주의적 태도에 신랄한 비판을 가한다. 예컨대 『문화와 제국주의』의 서론에서 사이드는 다음과 같이 말한다.

> 부분적으로는 제국으로 인해 모든 문화가 서로 연결되어 있다, 그 어느 문화도 단일하거나 순수할 수는 없고, 모든 문화는 혼혈이며, 다양하고, 놀랄 만큼 변별적이며, 다층적이다. 그것이 바로 "비미국주의"의 위험과 "아랍주의"에 대한 위협을 겪은 오늘날 미국의 모습이며 현대 아랍 세계의 모습이다. 방어적이고 보수적이며 심지어는 편집증적인 국수주의가, 유감스럽게도 어린이들과 청소년들이 '자신들의' 문화의 독창성을 숭상하고 찬양하는 (대개는 타문화를 비하시키면서) 교육 현장에서 가르쳐지고 있다.

『문화와 제국주의』가 대상으로 하고 있으며, 또 다른 가능성을 제시해 주려는 것도 바로 그러한 무비판적이고 무사고적인 교육 형태이다. 이 책을 쓰면서 나는 대학에 의해 아직도 제공되고 있는 유토피아적인 공간 —즉 그러한 중요한 문제들이 조사되고 논의되고 반영되는 장소로 남아 있어야만 되는 공간— 을 이용했다. 대학을 사회적이고 정치적인 문제들이 실제로 부과되고 해결되는 장소로 만드는 것은 곧 대학의 기능을 없애고, 권력을 잡은 정당의 부속 기관으로 만드는 셈이 되기 때문이다.

그러므로 사이드는 필연적으로 '다문화주의multiculturalism'를 옹호하게 된다. 그는 다문화주의가 매슈 아놀드가 걱정했던 것과는 달리, '혼란과 분열'을 가져오는 것이 아니라, 오히려 '통합과 공존'을 가져온다고 밀한다. 그렇기 때문에 지배 문화는 '유연함과 관대함'을, 즉 '열린 태도'를 가져야만 한다고 사이드는 말한다.

> 다문화주의에 대한 현재 논의의 결과는 미국의 "레바논화" 같은 것은 아닐 것이고, 그렇다면 그 논의가 정치적 변화와 여성들과 소수 인종들과 최근의 이민들이 스스로를 바라볼 수 있도록 해주는 변화를 의미한다면, 그러한 변화는 결코 두려워하거나 방어적으로 바라볼 필요가 없다는 것이다. 기억해야만 되는 것은, 이 가장 강력한 형태의 해방과 계몽의 내러티브가 분리가 아니라 '통합'의 내러티브 —즉 주요 그룹으로부터 제외되어 온 사람들이 그 속에서 자신들의 위치를 찾으려는 통합의 내러티브— 라는 사실이다. 만일 주요 그룹의 낡고 관습적인 관념이 이 새로운 그룹을 허용할 만큼 유연하고 관대하지 못하다면, 그런 관념들은 변해야만 된다. 그러한 변화는, 새로 등장하는 그룹들을 단순히 거부하는 것보다 훨씬 더 나은 행동이기 때문이다.

『오리엔탈리즘』을 쓴 이후 급변하는 세계 정세 속에서 제국주의와 문화와의 관계를 성찰한 『문화와 제국주의』에서, 사이드는 서구의 제국주의 담론과 더불어 냉전 시대 이후에 등장한 제3세계의 국수주의와 복고주의도 신랄하게 비판하고 있다. 그는 궁극적으로 동서 문화의 조화와 공존을 주장함으로써, 새뮤얼 헌팅턴의 "문명 충돌론"을 정면으로 비판하고 있다. 서울대학교 "서남 초청 강좌" 초청으로 95년 5월 말에 오는 사이드의 방한에 맞추어 출간되는 『문화와 제국주의』는 그러한 의미에서 중요한 의미를 가진, 이 시대의 필독서라고 할 수 있다. 이 책은 미국의 Alfred Knopf 출판사와의 정식 판권 체결과 에드워드 사이드 교수의 공식적인 허락을 받아 번역한 것이다.

1995. 5. 20
김성곤, 정정호

서 문

『오리엔탈리즘Orientalism』을 출간한 뒤 약 5년 후에, 나는 그 책을 쓰는 과정에서 좀더 명확해진 문화와 제국 사이의 일반적인 관계에 대한 아이디어들을 모으기 시작했다. 그 첫 결과는 내가 1985년과 86년에 미국, 캐나다, 영국의 대학들에서 발표했던 일련의 강연 형태로 나타났다. 그 강연들은 그때 이래로 서서히 나의 관심을 끌어 온 이 책의 중심 논의가 되었다. 『오리엔탈리즘』에서 나는 상당량의 인류학과 역사와 지역 연구에 대한 자료들을 모아 논의를 진행시켰지만, 대체로 중동에 한정된 것이었다. 그래서 나는 이 책에서는 『오리엔탈리즘』의 논의를 더욱 확장시켜, 현대 제국의 중심인 서양과 해외에 있는 서구 식민지들과의 관계에서 나타나는 더욱 일반적인 패턴들을 묘사하려고 노력했다.

그렇다면 이 책에서 사용된 비중동 자료들이란 구체적으로 어떤 것들인가? 그것은 아프리카, 인도, 극동 아시아, 오스트레일리아 그리고 카리브 연안 국가들에 대한 유럽인들의 저술이다. 이들 중 아프리카에 대한 담론과 인도에 대한 담론이라고 불리는 것들에서, 나는 머나먼 지역과 그곳의 주민들을 지배하기 위한 유럽인들의 노력의 일부를 본다. 그리고 이슬람 세계에 대한 오리엔탈리스트들의 묘사와 연관해서, 나는 카리브 해 연안 국가들과 아일랜드와 극동 아시아를 자기네 식으로 재현하는 유럽의 특별한 방식을 본다. 이러한 담론에서 놀랄 만한 것은 "신비스러운 동양"이라는 그들의 묘사에 나타나는 수사학적인 상징, 즉 "아프리카인들의 정신", "인도인들의 정신", "아일랜드인들의 정신", "자메이카인들의 정신" 또는 "중국인들의 정신"이라고 그들이 정형화시키는 데에서 나타나는 그러한 수사학적인 상징이다. 또한 가지 놀랄 만한 것은, 야만인들에게 문명을 가져다 준다는 유럽인들의 생각, 또 "그들이" 잘못했을 때나 반항적일 때 "그들이" "우리와는 달리" 힘이나 폭력을 가장 잘 이해하고 있기 때문에, 그들을 처벌해야만 되고 때로는 매를 때리고 때로는 죽여야만 된다는, 그래서 그들은 지배받아 마땅하다는 서구인들의 상투적인 생각들이다.

그럼에도 불구하고 백인들의 비유럽 세계 진출은 다소간의 저항을 불러왔다. 『오리엔탈리즘』에서 내가 다루지 않았던 것은, 오늘날 제3세계에 걸쳐 일어나고 있는 탈식민주의 운동에 의해 정점을 이루고 있는 서구 지배에 대한 다른 지역들의 반응이었다. 19세기 알제리와 아일랜드와 인도네시아처럼 다양한 지역에서의 무장 저항과 더불어서, 제3세계에서는 언제나 문화적인 저항이 있었고, 민족주의자들의 민족 정체성 주장이 있었으며, 또 정치적인 영역에서는 자주와 독립이라는 공동 목적을 가진 여러 집단과 정당의 등장이 있었다. 물론 서구의 제국주의는 활동적인 서구의 침입자와 게으르고 비활동적인 토착민을 싸움 붙이지는 않았다. 그러나 '언제나' 어떤 형태로든지 저항이 있어왔고, 대부분의 경우 그 저항은 승리했다.

바로 그 두 가지 요인들 즉 일반적인 제국주의 문화의 세계적인 패턴과 제국에 대항하는 역사적인 경험이 『문화와 제국주의』를 단순히 『오리엔탈리즘』의 속편에 그치지 않고 그 이상의 것을 성취하도록 해주고 있다. 나는 이 두 책에서 내가 "문화culture"라고 부르는 것을 강조하고 있다. 내가 문화라는 용어를 쓸 때 그것은 특히 두 가지 의미를 갖는다. 첫째, 문화는 마치 묘사나 커뮤니케이션이나 재현의 기술처럼 경제적·사회적·정치적 영역으로부터 비교적 독립되어 있는, 그래서 때로는 그 주목적이 즐거움인 심미적 형태로 존재하는 모든 형태의 실천 행위를 의미한다. 거기에는 물론 머나먼 지역에 대한 대중적 지식과 인종학, 사료 편찬, 문헌학, 사회학, 문학사 같은 학문 분야에 대한 전문적인 지식도 포함된다. 『문화와 제국주의』에서 나의 관심이 19세기 및 20세기의 현대 서구 제국이기 때문에, 나는 제국주의적인 태도와 언급과 경험에 대단히 중요한 역할을 해온 소설 같은 문화적 양식에 특히 역점을 두어 고찰하려고 한다. 그것은 물론 소설만이 중요하다는 의미는 아니며, 다만 소설이 영국이나 프랑스의 확장해 가는 사회와 연관해서 고찰하기에 대단히 흥미있는 '심미적' 대상이라는 것을 의미한다. 그 가장 전형적인 현대 리얼리즘적인 소설이 『로빈슨 크루소Robinson Crusoe』인데, 그 소설이 머나먼 비유럽 지역에 자신을 위한 영지를 건설하는 어느 유럽인에 대한 이야기라는 것은 결코 단순한 우연이 아니다.

최근 많은 비평들이 내러티브 픽션narrative fiction에 집중되었지만, 제국의 역사 속에서의 소설의 위치에 대한 것은 거의 없었다.『문화와 제국주의』의 독자들은 곧 내러티브가 나의 주장 전개에 있어서 필수적인 것이며, 내 기본 입장이란 곧 이 세상의 이상한 지역들에 대해 탐험가들과 소설가들이 하는 말의 핵심에는 언제나 '이야기하기 narrations'가 있다는 것이라는 사실을 금방 깨닫게 될 것이다. '이야기하기'는 또한 식민지인들이 자신들의 정체성을 주장하고 자신들의 역사의 존재를 주장하는 방법이 되기도 한다. 제국주의의 주요 전투는 물론 땅을 놓고 일어난다. 그러나 누가 그 땅을 소유하고, 누가 거기 정착해서 경작할 수 있는가 그리고 누가 그것을 지속시키며 탈환하며 미래를 계획할 수 있는가 하는 문제가 되면, 그것들이 반영되고 논의되며 일시나마 결정되는 곳은 바로 내러티브 속에서이다. 어느 비평가가 지적했듯이, '국가'들은 그 자체가 '이야기하기'이다. 이야기를 할 수 있는 그리고 다른 이야기들이 생겨나고 형성되는 것을 막는 것은 문화와 제국주의에 있어서 대단히 중요하며, 그 둘을 연결하는 중요한 요소 중 하나가 된다. 가장 중요한 것은, 해방과 계몽의 대서사grand narratives는 식민지인들을 부추겨서 제국주의적 종속을 떨쳐 버리도록 해준다는 것이다. 그러한 과정에서 많은 유럽인들과 미국인들 역시 그러한 이야기들과 주인공들에 의해 고무되어, 그들 또한 인간 공동체와 평등의 새로운 내러티브를 위해 싸우고 있다.

둘째로 거의 감지할 수 없을 만큼, 문화란 세련되고 고양된 요소를 포함하는 개념이며, 또 매슈 아놀드Matthew Arnold가 1860년대에 말했듯이, 각 사회의 가장 최상의 지식과 생각의 보고寶庫를 포함하는 개념이다. 아놀드는 문화란 현대의 공격적이고 상업적이며 잔인한 도시에서의 삶의 황폐를 중성화시키거나 아니면 적어도 완화시켜 주는 것으로 보았다. 그에 의하면, 우리는 가장 최상의 지식과 생각을 알기 위해서, 자신과 민족과 사회와 전통을 가장 잘 알기 위해 단테Alighieri Dante나 셰익스피어William Shakespeare를 읽는다. 때로 문화는 적극적으로 국가와 연결되는데, 그때 문화는 언제나 다소의 외국 혐오증과 함께 "우리"를 "그들"과 구별하게 해주는 역할을 한다. 그런 의미에서 문화란 정체성의 근원이며 그렇기 때문에 최근에 문화와 전통으로의 "회귀returns" 움직임에서 볼 수 있듯이 다분히 전투적이기도 하다. 그러한 "회귀"는 다문화주의multiculturalism나 복합 문화주의hybridity 같은 비교적 진보적인 철학과 연관된 관용성과는 반대되는, 지적이고 도덕적인 행동에 엄격한 코드를 수반한다. 예전에 식민지였던 나라들에서는 그러한 "회귀"가 여러 종류의 종교적이고 국수적인 원리주의의 형태로 나타났다.

그러한 의미에서 문화란 여러 가지 정치적·이념적 명분들이 서로 뒤섞이는 일종의 극장이라고도 할 수 있다. 아폴로적인 점잖음의 온화한 영역과는 거리가 먼 채, 문화는 대의 명분들을 백주에 드러내 놓고 싸우는 전장이 될 수도 있다. 예컨대 타국의 고전보다는 자국의 고전을 먼저 읽도록 가르침을 받은 미국과 프랑스와 인도의 학생들이 거의 무비판적으로 자기 나라와 자기 전통을 받아들이고 거기에 충성스럽게 속해 있는 반면, 타국의 문화나 전통은 격하시키거나 대항해 싸우는 싸움터가 될 수도 있다는 것이다.

이제 문화의 개념에 대해 발생하는 문제는 자기 문화에 대한 과대평가뿐만 아니라, 문화가 일상 세계를 초월하는 것이기 때문에 일상 현실과는 다른 것으로 생각한다는 데에 있다. 그래서 대부분의 전문적 인문학자들은 노예 제도나 식민주의나 인종적 억압이나 제국주의적 종속 같은 오래되고 야비하며 잔인한 행위와 그러한 행위와 연관되어 있는 시나 소설이나 철학을 연결시키지 못한다. 이 책을 쓰면서 내가 발견한 어려운 진리 중 하나는, 내가 존경하는 영국이나 프랑스의 예술가들 중, 영국이나 프랑스의 관리들이 인도나 알제리를 지배하면서 실천한 "종속"이나 "열등한" 인종의 개념을 다룬 사람이 거의 없다는 사실이었다. 그러한 태도는 사실 널리 유포되어 있었으며 19세기를 통틀어 제국들이 아프리카를 점령하는 데 연료의 역할을 했다. 카알라일 Thoams Carlyle이나 러스킨John Ruskin 또는 디킨스Charles Dickens나

새커리William Makepaece Thackeray에 대해 이야기하면서 비평가들은 식민 팽창주의나 열등한 인종이나 "검둥이들"에 대한 작가들의 생각을 문화와는 전혀 다른 것으로 분류하고 있다. 마치 문화가 그들이 "진정으로" 속해 있으며, "진정으로" 중요한 작품들을 써내는 고양된 영역인 것처럼 말이다.

  그런 식으로 형성된 문화는 일종의 보호막 즉 그 속에 들어가기 전에 우리의 정치적 위치를 점검해야만 하는 보호막이 될 수도 있다. 일생 동안 문학을 가르치는 일에만 전념해 온 사람으로서 그리고 2차 대전 이전의 식민지에서 자라난 사람으로서, 나는 그런 식으로 문화를 보지 않는 것 ―즉 세속적인 연관으로부터 철저하게 방역된 것으로 문화를 보지 않는 것― 이 하나의 도전이라는 것을 발견하게 되었다. 내가 이 책에서 분석하는 소설들과 다른 책들은 우선 우리가 즐거움과 다른 유익함을 얻을 수 있는 존경할 만한 것들이다. 그리고 그것들은 단순히 즐거움과 유익함을 줄 뿐만 아니라, 제국주의의 형성에도 명백히 일익을 담당했다. 그들 사회 속에서 명백한 현실이었던 그들의 제국주의 참여를 단순히 규탄하거나 무시하는 대신, 나는 지금까지 무시되어 왔던 그러한 측면에 대한 우리의 인식이 진정으로 그러한 텍스트들의 이해와 책읽기의 수준을 향상시켜 주리라고 생각한다.

  그러면 잘 알려지고 대단히 위대한 두 권의 소설을 예로 들어 이야기해 보자. 디킨스의 『위대한 유산Great Expectations』은 기본적으로 자기 망상 즉 열심히 노력하지도 않고 또 그러한 위치에 필요한 재산도 없으면서 신사가 되려고 하는 주인공 핍의 헛된 노력에 관한 소설이다. 어렸을 때 그는 에이블 맥위치라는 죄수를 도와주는데, 오스트레일리아로 보내진 그 죄수는 나중에 그에게 많은 돈을 보내 그 은혜를 갚는다. 그 돈을 전달해 주는 변호사가 그 사실을 비밀에 붙였기 때문에, 핍은 그 돈을 대주는 후원자가 미스 하비샴이라고 추측한다. 그 후 맥위치는 불법적으로 런던에 다시 나타나지만, 핍은 범죄와 불쾌함의 기미를 띠고 있는 그를 박대한다. 그러나 작품의 마지막에 핍은 맥위치와 화해하고 그의 현실을 받아들인다. 사실 영국인 죄수들을 교화시키기 위한 장소인 오스트레일리아에서 불법적으로 돌아왔기 때문에 맥위치는 받아들여질 수 없는 사람이다. 그럼에도 불구하고 핍은 쫓기고 두려워하며 중병에 걸린 맥위치를 자신의 대리부代理父로 받아들인다.

이 훌륭한 작품의 책읽기는 그동안 영국 소설의 제국의 중심 역사 내부에서만 언급되어져 왔다. 그러나 나는 그러한 해석이 허용하는 것보다도 훨씬 더 역동적이고 훨씬 더 광범위한 역사에 이 소설이 속해 있다고 생각한다. 맥위치나 디킨스를 우연한 참고인으로서가 아니라, 영국과 영국의 해외 식민지 사이의 보다 더 넓고 보다 더 오래된 경험과 픽션을 통한 참여자로서 위치시킬 수 있는 지역인 오스트레일리아 —즉 아일랜드처럼 백인 식민지인 오스트레일리아— 의 경험과 사색의 광대한 역사를 기록하는 작업은 디킨스의 소설보다 더 최근에 발간된 두 권의 서적 —로버트 휴즈Robert Hughes의 『치명적인 해안The Fatal Shore』과 폴 카터Paul Carter의 놀라운 명상록 같은 책 『보타니 만으로 가는 길The Road to Botany Bay』— 이 떠맡게 되었다.

오스트레일리아는 18세기에 도저히 구제 불가능한, 불필요하고 남아도는 죄수들을 보내기 위한 쿡James Cook 선장이 발견한 교화 식민지이자, 영국이 아메리카에서 상실한 것을 대신하는 보상 식민지였다. 이익의 추구, 제국의 건설 그리고 휴즈가 사회적인 '인종 분리 정책'이라고 부르는 것이 바로 현대 오스트레일리아를 형성한 근본 요인이었다. 디킨스가 처음 관심을 갖던 1840년대(『데이빗 커퍼필드David Copperfield』의 윌킨스 미코버는 기꺼이 그곳으로 이민을 간다)에는 오스트레일리아도 이미 상당히 진보되어 있어서, 허용되기만 한다면 노동자들도 스스로 자립할 수 있는 일종의 "자유 제도"가 있었다. 그럼에도 불구하고 맥위치에게 디킨스는 오스트레일리아로 이송된 죄수에 대한 영국인들의 몇 가지 고정 관념을 그려 넣고 있다. 즉 그들은 성공할 수는 있지만, 진정으로 다시 돌아올 수는 없다는 것. 그들은 자신들의 죄를 형식적, 법적으로는 갚을 수 있지만, 그곳에서 받았던 고통으로 인해 영원한 국외자가 되었다는 것. 그럼에도 불구하고 그들이 오스트레일리아에 남아 있는 한 속죄의 가능성이 있다는 것 등 말이다.[1]

---

1) Robert Hunghes, *The Fatal Shore : The Epic of Australia's Founding* (New York : Knopf, 1987) p. 586.

자신이 오스트레일리아의 공간적 역사라고 부르는 것에 대한 카터의 탐색은 같은 경험의 또 다른 측면을 제공해 주고 있다. 그리고 바로 그곳에서 탐험가, 죄수, 인종학자, 사업가, 군인 들이 서로 부딪치거나 밀어내거나 병합하는 담론으로써 방대하고 상대적으로 비어 있는 대륙을 분할하고 있었다. 그러므로 『보타니 만』은 우선 여행과 발견에 대한 계몽적 담론이며, 다음으로는 일련의 여행자·화자(쿡 선장을 포함해서)의 말과 지도와 의도 들이 이상한 지역들을 점차 자신들의 "나라"로 만들어 가는 과정을 기록한 책이다. 카터는 제레미 벤섬적인 공간의 조직(멜보른 같은 도시를 만들어 낸)과 오스트레일리아 관목 숲의 외형적 혼합 사이의 인접성이, 신사들을 위해서는 1840년대에 이상향을 만들었고 노동자들을 위해서는 낙원을 만들었던 사회적 공간의 낙관적 변천이 되어 갔음을 보여 주고 있다.[2] 맥위치의 "런던 신사"인 핍을 통해 디킨스가 바라보았던 것은 대체로 영국인들이 오스트레일리아를 통해 바라보았던 것 즉 다른 사회적 공간을 인정해 주는 하나의 사회적 공간과도 같은 것이었다.

그러나 『위대한 유산』은 휴즈나 카터와는 달리 오스트레일리아 토착민의 이야기에 관심을 갖고 쓰여진 것도 아니고, 나중에 데이빗 말로우프David Malouf나 피터 케리Peter Carey나 패트릭 화이트Patrick White의 작품들을 포함하게 되는 오스트레일리아의 문학 전통을 예시, 추측해 주고 있는 것도 아니다. 맥위치의 귀환에 부여되는 금지는 형법에 관계된 것일 뿐만 아니라 제국과도 관계가 있다. 영국 신민은 오스트레일리아 같은 곳으로 추방될 수는 있지만, 디킨스의 소설들이 증언하고 있듯이, 제국의 중심 시민들의 서열 제도에 의해 구별되고 말해지고 거주되고 있는 제국의 중심 공간으로의 "귀환"은 허용되지 않는다는 것이다. 그래서 한편으로 휴즈나 카터 같은 해설자들은 20세기

---

2) Paul Carter, *The Road to Botany Bay : An Exploration of Landscape and History* (New York : Knopf, 1988), pp. 202~60. Sneja Gunew, "Denaturalizing Cultural Nationalisms : Multicultural Readings of 'Australia,'" in *Nation and Narration*, ed. Homi K. Bhabha (London : Routledge, 1990), pp. 99~120을 보라.

에 들어와서 영국으로부터 독립한 오스트레일리아 역사의 존엄성과 충일성을 표현하면서, 19세기 영국의 글쓰기에 나타난 오스트레일리아의 상대적으로 희석된 존재를 확장시켰다. 또 한편으로 디킨스의 『위대한 유산』을 잘 읽어 보면, 우리는 맥위치의 죄가 사해진 후 ―즉 핍이 늙고, 신랄한 에너지가 주입되어 있으며, 복수심에 불타는 죄수에게 진 빚을 인정한 후― 핍은 쓰러지고 이어서 두 가지 명백하게 긍정적인 방향으로 되살아난다. 하나는, 과거에 매인 예전의 핍보다 덜 괴로워하는 모습으로 ―역시 핍이라 불리는 어린 아이의 형태로― 나타난다. 예전의 핍은 어릴 적 친구인 허버트 포켓과 새로운 생활을 시작한다. 이번에는 게으른 신사가 아니라, 영국의 다른 식민지들이 오스트레일리아가 해주지 못한 '정상성'을 제공해 주는 동양에서 열심히 일하는 무역인으로서 말이다.

그래서 비록 디킨스가 오스트레일리아 문제를 해결하고 있다고는 해도, 동양과의 여행과 무역을 통한 영국의 제국주의적 교류를 암시해 주는 또 하나의 태도와 언급의 구조가 드러난다. 식민지에서의 사업가로서 새로운 경력을 시작하는 핍 역시 예외는 아니다. 왜냐하면 디킨스의 사업가들, 제멋대로인 친척들, 무서운 아웃사이더들 모두 다 제국과 정상적이고 안정된 연관을 맺고 있기 때문이다. 하지만 그와 같은 것들이 해석적 중요성을 띠게 된 것은 비교적 최근의 일이다. 새로운 세대의 학자들과 비평가들이 ―어떤 경우에는 탈식민주의의 자녀들 즉 인간 자유의 향상의 혜택을 받은 사람들(성적, 종교적, 인종적 소수인들)이― 서구 문학의 위대한 텍스트들에서 수많은 로빈슨 크루소들에 의해 간섭받는 유색인들의 조그만 세계들에 대해 항존하는 관심들을 발견해 내고 있기 때문이다.

19세기 말이 되자 제국은 이제 더 이상 그늘 속의 존재나 도망자 죄수의 호감가지 않는 외모 속에 구현되지 않았고, 콘라드Joseph Conrad, 키플링Rudyard Kipling, 지드André Gide, 로티Pierre Loti 같은 작가들의 작품 속에서 중심이 되는 관심사가 되었다. 내 두 번째 예인 콘라드의 『노스트로모Nostromo』(1904)는 독립국(콘라드의 초기 작품에 나오는 아프리카나 동아시아의 식민지들과는 달리)이지만, 거대한 은광으로 인해, 외부의 이해 관계에 의해 지배되고 있는 어느 중앙 아메리카 공화국을 그 배경으로 하고 있다. 현대 미국인들에게 이 소설의 가장 호소력 있는 부분은 바로 콘라드의 혜안이다. 콘라드는 라틴 아메리카 국가들의 막을 수 없는 소요와 "혼란"(콘라드는 볼리바르의 말을 빌어 "그들을 지배하는 것은 마치 바다에서 쟁기질을 하려고 하는 것과도 같다"라고 말한다)을 예언하고 있으며, 특히 드러나지는 않지만 결정적인 북아메리카의 독특한 영향력을 지적하고 있다. 산 토메 광산의 소유주인 영국인 찰스 굴드를 후원하고 있는, 샌프란시스코에서 온 홀로이드는 전자에게 투자자로서 "더 큰 말썽에 휩쓸려 들어가지 말자"고 경고한다.

> 그저 앉아서 지켜 봅시다. 물론 언젠가는 간섭해야지요. 그렇게 될 수밖에 없습니다. 그러나 서두를 필요는 없습니다. 신의 우주에서 가장 위대한 나라는 시간도 기다려야만 합니다. 우리는 우선 케이프 혼에서 수리스의 해협에 이르기까지, 그리고 만일 필요하다면 북극에 이르기까지 모든 것을 다스리게 될 것입니다. 산업, 무역, 법, 저널리즘, 예술, 정치, 종교까지 말입니다. 그런 다음 우리는 지구상의 섬들과 대륙들에 손을 댈 여유를 갖게 될 것입니다. 세계가 좋아하건 말건 우리는 세계의 사업을 운영하게 될 것입니다. 세계는 그것을 어찌할 수 없고, 제 생각에는 우리 또한 그렇습니다.[3]

바로 여기에서 우리는 냉전이 끝난 이래 미국 정부가 공표해 온 "'새로운 세계 질서'의 수사학을 본다. 즉 미국의 그럴 듯한 자화 자

---

3) Joseph Conrad, *Nostromo : A Tale of the Seaboard* (1904 ; rprt. Garden City : Doubleday, Page, 1925), p. 77. 콘라드에 대한 가장 훌륭한 비평가 중의 한 사람인 이안 와트는 이상하게도 『노스트로모』에 있어서 미국 제국주의에 관해 거의 아무 것도 말하지 않고 있다. : *Conrad "Nostromo"*(Cambridge : Cambridge University Press, 1988)을 보라. 지리, 무역, 물신 숭배 사이에 관한 암시적인 통찰이 데이비드 심프슨의 『물신 숭배와 상상력*Fetishism and Imagination : Dickens, Melville, Conrad*』 (Baltimore : Johns Hopkins University Press, 1982), pp. 93~116에서 드러나고 있다.

찬, 감추지 않고 드러내는 승리주의, 엄숙한 책임감 선언—이와 같은 것들은 이미 콘라드의 홀로이드에 의해 말해지고 있다. 우리는 세계 최고이고 세계를 이끌어 나가야만 되며, 자유와 질서를 대변한다 등등. 미국인이라면 그 누구도 이와 같은 감정 구조로부터 자유로울 수 없다. 그럼에도 불구하고 홀로이드와 굴드의 모습을 통해 콘라드가 암시하고 있는 경고는 별로 반영되지 않고 있다. 왜냐하면 권력의 수사학은 제국주의가 그랬듯이, 너무나도 쉽게 자신이 유익함을 베풀고 있다는 환상을 산출해 내기 때문이다. 그것의 가장 나쁜 특징은 그것이 한 번뿐만이 아니고 (스페인과 포르투갈에 의해) 영국, 프랑스, 벨기에, 일본, 러시아 그리고 지금은 미국에 의해 반복해서 사용되고 있다는 것이다.

그럼에도 불구하고, 콘라드의 이 위대한 작품을 단순히 연합 과일 회사나 대령들이나 해방 세력이나 미국의 재정 지원을 받는 용병과 연관해서 20세기의 라틴 아메리카에서 일어나고 있는 것들에 대한 예언서로만 읽는 것은 합당하지 못할 것이다. 콘라드는 그리엄 그린 Graham Greene이나 V. S. 네이폴Naipaul이나 로버트 스톤Robert Stone 같은 서로 다른 작가들에게서도 그 자취를 찾아볼 수 있고, 또 한나 아렌트Hannah Arendt 같은 제국주의 이론가 또는 분석이나 판단을 위해 작품을 만들거나 유럽인이나 북아메리카인의 이국적 취향을 만족시켜 주는 것을 특기로 하는 여행 작가들이나 영화 제작자들이나 논객들에게서도 찾아볼 수 있는, 제3세계에 대한 서구의 견해를 잘 보여 주고 있는 선구자이다. 왜냐하면 만일 콘라드가 아이러니컬하게도 산 토메 은광의 영국인과 미국인 소유주들의 제국주의가 스스로의 오만하고 불가능한 야심으로 인해 파멸하는 것을 미리 내다보았다는 것이 사실이라면, 그와 동시에 너무나 깊이 뿌리 박힌 자신의, 비서구 세계에 대한 전형적인 서구인의 견해로 인해 그가 다른 역사와 다른 문화 그리고 다른 열망은 미처 바라보지 못했다는 것 역시 사실이기 때문이다. 콘라드가 바라볼 수 있었던 세계는 다만 서구에 대한 모든 저항이 서구의 사악한 힘을 더욱 확신시켜 줄 뿐인, 대서양 건너 서양에 의해 지배되고 있는 세계였을 뿐이었다. 콘라드가 보지 못했던 세계는 그러한 잔인한 반복에 대한 또 다른 대안이었다. 그는 인도나 아프리카나 남아메리카에도 서구 제국주의자들이나 개혁자들에 의해 완전히 조종되지 않는 존엄성 있는 삶과 문화가 있다는 것을 알지 못했고, 반제국주의 독립 운동이 모두 다 부패했거나 런던이나 워싱턴의 조종자들에 의해 자금 지원을 받고 있는 것은 아니라는 사실 또한 믿지 못했다.

그러한 비전의 한계는 『노스트로모』의 인물과 구성을 이루고 있다. 사실 콘라드의 소설은 굴드나 홀로이드 같은 인물들 속에서 자신이 조롱하고 있는 제국주의의 부권적 오만함을 그대로 갖고 있다. 콘라드는 이렇게 말하는 것처럼 보인다. "우리 서구인들은 좋은 토착민들과 나쁜 토착민들을 결정할 것이다. 왜냐하면 모든 토착민들은 우리의 인정 덕택으로 충분한 존재 의의를 갖고 있기 때문이다. 우리는 그들을 만들었고, 말하는 것과 사고하는 것을 가르쳤다. 그러므로 그들이 반란을 일으키는 것은 곧 그들을 자신들의 서구인 주인 중 일부에 의해 교시된 어리서은 어린 아이로 보는 우리의 견해를 확인시켜 주는 셈이 된다." 그러나 이것이야말로 사실은 미국인들이 자신들의 남부 이웃인 흑인들에 대해 느껴 온 감정이었다. 즉 그것이 우리가 인정하는 형태의 독립이라면, 그들도 그것을 원했을 것이라는 독선 말이다. 그 외의 다른 것은 받아들여질 수 없고, 더 나쁘며, 생각할 수조차 없다는 것 말이다.

그러므로 콘라드가 반제국주의자였으면서도 제국주의자였다는 사실은 전혀 패러독스가 아니다. 스스로 확신에 차 있고 스스로 망상에 사로잡혀 있는 서구 해외 지배의 부패를 아무 거리낌없이 비관적으로 묘사했을 때의 그는 진보주의자였고, 반면에 아프리카나 남아메리카가 제국주의자들에 의해 철저하게 훼손되어 궁극적으로는 패배한, 스스로의 독립된 역사나 문화만을 가졌다는 데에 동의했을 때는 보수주의자였다는 것 또한 전혀 패러독스가 아니다. 그럼에도 불구하고 우리는 콘라드가 단지 자기 시대의 산물이었다는 것을 이해할 수 있다. 그러나 우리는 최근 워싱턴과 대부분의 서구 외교 정책 수립가들과 지성인들의 태도가 콘라드의 견해에서 거의 벗어나지 못하고 있다는 사실에 주목할 필요가 있다. 더구나 콘라드가 보았던 제국주의적 인류 박애 사상 —즉 "세계를 민주주의를 위한 안전한 장소로 만든다"는 생각— 속에 내재해 있는 부질없음을, 바로 그러한 소망을 전세계에, 특히 중동에 심으려고 하는 미국 정부는 아직도 인지하지 못하고 있다. 적어도 콘라드는 그러한 계획이 결코 성공할 수 없음을 보여 주는 용기는 갖고 있었다. 왜냐하면 그러한 시도는 계획자들을 더욱더 전지전능과 잘못된 자아 만족(베트남에서처럼)의 함정에 빠뜨리며, 바로 그러한 본질로 인해 가짜 증거까지도 만들어 내기 때문이다.

만일 『노스트로모』를 그것이 갖고 있는 거대한 장점과 거기에 내재되어 있는 한계를 동시에 인지하면서 읽는다면, 위와 같은 견해는 참작할 가치가 있다. 이 소설의 마지막에 등장하는 신생 독립 국가인 술라코는 그것이 분리되어 나오고 부와 중요성에서 그것을 대신하는, 보다 더 큰 국가의 잘 조종된 축소판이다. 콘라드는 독자들로 하여금 제국주의가 하나의 체계라는 것을 깨닫도록 해주었다. 종속된 영역에서의 삶은 지배 영역의 허구들과 어리석음에 의해 각인된다. 그러나 그 반대의 경우 즉 '문명화시켜야 되는 사명감'의 필요를 충족시키기 위해 지배 사회가 무비판적으로 토착민과 그들의 영역에 의존하는 것 또한 사실이다.

그것이 어떻게 읽히든지간에 『노스트로모』는 도저히 용서할 수 없는 견해를 제공해 주고 있으며, 아주 다른 것을 다루고는 있지만, 결국에는 똑같은 문제를 갖고 있는 그리엄 그린의 『조용한 미국인 *The Quiet American*』이나 V.S. 네이폴의 『강의 굴곡 *A Bend in the River*』에 나타나는 서구 제국주의적 환상을 합법화시켜 주고 있다. 오늘날 베트남, 이란, 필리핀, 알제리, 쿠바, 니카라과, 이라크 사태를 겪은 후, '원시적' 사회에서 살인과 반란과 끝없는 불안을 만들어 낸 것은 바로 토착민들을 교육시켜 "우리들의" 문명에 동참하게 할 수 있다고 믿었던 그린의 파일이나 네이폴의 후이스만 신부 같은 사람들의 열렬한 순진성이었다는 사실에 동의하지 않는 독자는 거의 없을 것이다. 비슷한 분노가 무절제한 C.I.A. 요원들과 권력에 미친 장교들이 토착민들과 선한 미국인들을 똑같이 조종하며 횡포를 부리는 것을 그린, 올리버 스톤Oliver Stone의 〈살바도르 *Salvador*〉나 프랜시스 포드 코폴라Francis Ford Coppola의 〈지옥의 묵시록 *Apocalypse Now*〉이나 콘스탄틴 코스타 가브라스Constantin Costa-Gavras의 〈실종 *Missing*〉 같은 영화를 가득 채우고 있다.

 그럼에도 불구하고 『노스트로모』에서 나타나고 있는 반제국주의 아이러니에 빚지고 있는 이 모든 작품들은, 세계의 모든 중요한 행동과 삶의 근원은 서구에 있다고 주장한다. 그래서 그들의 대표자들은 이미 정신이 죽어 버린 제3세계에 대한 스스로의 환상과 박애주의를 갖고 그곳을 자유롭게 방문하는 것처럼 보인다. 그런 시각에서만 보면, 비서구 지역에는 언급할 만한 삶이나 역사나 문화가 없고, 서구를 통해서만 비로소 나타내질 수 있는 것말고는 스스로의 독립성도 존엄성도 없게 된다. 그리고 그러한 지역에 대해 말해질 것이 있다면, 콘라드가 암시하고 있는 것처럼 다만 말할 수 없이 부패하고 타락하고 속죄받을 수 없는 것들뿐이다. 그러나 콘라드가 유럽이 가장 활발하게 제국주의 정책을 펼치고 있을 때『노스트로모』를 쓴 데 반해, 그로부터 아이러니를 배운 오늘날의 소설가들과 영화 제작자들은 식민지 독립 이후 거대한 지적·도덕적 상상력이 비서구에 대한 서구의 재현을 해체한 이후에, 프란츠 파농Frantz Fanon과 아밀카 카브랄Amílcar Cabral과 C. L. R. 제임스James와 월터 로드니Walter Rodney의 저술 작업 이후에, 탈식민주의 작가들인 치누아 아체베Chinua Achebe와 응구기 와 씨옹고Ngugi wa Thiongo와 올레 소잉카Wole Soyinka와 살만 루시디Salman Rushdie와 가브리엘 가르시아 마르케스Gabriel García Márquez의 소설과 희곡 이후에 활동하고 있다.

 그러므로 비록 콘라드의 후배 작가들이 자신들의 작품에 나타나는 교묘한 편견에 대해 콘라드 핑계를 댈 수는 없지만, 그래도 콘라드가 제국주의적인 경향을 후세에 물려 주었다는 것만은 사실이다. 이것은 물론 외국 문화에 대해서 충분한 이해심이나 동정심이 없는 서구인들의 문제만은 아니다―왜냐하면 그 반대편에 선 장 쥬네Jean Genet, 베이질 데이빗슨Basil Davidson, 알버트 메미Albert Memmi, 후안 고이티솔로Juan Goytisolo 같은 작가들도 있기 때문이다. 문제가 되는 것은 제국주의가 아닌 다른 것 즉 다른 사회와 다른 문화의 존재를 인정하려는 정치적 의향이다. 콘라드의 소설이 라틴 아메리카와 아프리카와 아시아에 대한 서구의 관습적인 의심을 확신시켜 준다고 믿든지, 아니면 『노스트로모』나 『위대한 유산』 같은 작품 속에서 저자와 독자 모두의 시각을 왜곡시킬 수 있는 놀랍도록 견고한 제국주의 세계관을 발견하든지 말이다. 그 두 가지 책읽기 방법에서 진짜 대안은 낡아빠진 것처럼 보인다. 오늘날 세계는 단순히 비관적이거나 낙관적인 광경으로, 또는 우리들의 "텍스트"가 단순히 교묘하거나 지루한 상태로 존재하지는 않는다. 그러한 모든 태도는 권력과 이해 관계의 배치를 수반한다. 우리가 콘라드를 자기 시대의 제국주의 이데올로기를 비판하면서 동시에 재산출한다고 보는 만큼, 우리는 우리 자신의 현재 태도의 특성을 규명할 수 있을 것이다. 지배 욕구의 투사나 거절, 저주할 능력 또는 다른 사회와 전통과 역사를 이해할 수 있는 에너지들을 말이다.

콘라드와 디킨스 시대 이래로 세상은 많이 변했다. 제국의 중심 유럽인들과 미국인들은 이제 자신들 중에 수많은 유색인 이민들을 갖게 되었고, 또 새롭게 힘을 가진 소수의 목소리들이 주장을 내세우는 상황에 놀라고 또 조심하고 있다. 『문화와 제국주의』에서 내가 말하려고 하는 것은 우리가 들으려 하지 않았을 뿐, 사실은 현대 제국주의의 세계화 과정 덕택으로 그러한 사람들과 목소리들이 예전부터 계속 있어 왔다는 것이다. 서구인들과 동양인들의 겹치는 경험과 제국주의자들과 식민지인들이 투사와 지리와 내러티브와 역사를 통해 공존해 오고 싸워 온 문화적 지역의 상호 의존성을 아예 무시하거나 부분적으로만 인정하려는 것은 곧 지난 세기의 세계의 본질을 놓치는 셈이 된다.

역사상 최초로 제국주의의 역사와 문화는 획일적인 것을 벗어나서, 칸막이로 구분되거나 분리되지 않고도 연구될 수 있게 되었다. 최근 인도나 유고슬라비아나 레바논이나 또는 아프리카 중심적이거나 이슬람 중심적이거나 유럽 중심적이거나간에, 분리주의자들과 국수주의자들의 담론이 다시금 고개를 들고 있다. 제국으로부터의 독립을 위한 투쟁을 부인하는 것이 아니라, 문화적 담론의 이러한 축소는 사실 독립에 대한 열망과 불공평한 지배의 짐을 벗고 자유롭게 말할 수 있는 해방 에너지의 유효성을 인정한다. 그러나 그와 같은 에너지를 이해할 수 있는 것은 역사적인 방법을 통해서이다. 바로 그러한 이유로 나는 『문화와 제국주의』에서 광범위한 지리적·역사적 논의를 하고 있는 것이다. 우리의 목소리를 들리게 하기 위한 생각에만 급급한 나머지, 우리는 종종 세계가 혼잡한 곳이라는 사실을 잊어 버린다. 만일 우리가 각자 자기 주장만이 순수하고 옳다고 주장한다면, 우리 모두는 끝없는 투쟁과 피투성이의 정치적 혼란 속에 빠져들고 말 것이다. 과연 그러한 진정한 공포가 최근 유럽에서 재현되고 있는 인종 차별주의와 미국에서 벌어지고 있는 도의적 공정성과 정체성 문제에 대한 토론의 불협화음 —그리고 나 자신의 출신지에 대해 이야기 한다면— 사담 후세인Saddam Hussein과 수많은 그의 아랍 추종자들 그리고 그의 반대파들의 비스마르크스적인 전제주의가 빚어 내는 종교적 편견과 망상적 약속들의 비관용성 속 여기저기에서 엿보이고 있다.

그러므로 말하자면 자기 자신의 편 것만 읽지 말고, 키플링 같은 위대한 예술가가 자신의 작품 속에서 어떻게 인도를 옮겨 놓고 있으며, 그렇게 하는 과정에서 그가 어떻게 『킴Kim』 같은 소설에서 앵글로 인디언 시각의 기나긴 역사에 의존하고 있을 뿐만 아니라, 자신도 모르는 사이에 인도의 현실이 다소간 무제한으로 영국의 지배를 필요로 하고 있다는 신념에 대한 주장의 부적합성을 예언하고 있는가를 찾아보는 것은 고무적이다. 위대한 문화의 보고는 해외 지배에 대한 지적·심미적 투자가 만들어 내는 것이다. 만일 우리가 1860년대에 살고 있는 영국인이나 프랑스인이었다면, 인도나 북아프리카를 친근감과 거리의 두 감정으로 바라보았을 것이지, 결코 그것들을 독립된 주권을 가진 존재로 보지는 않았을 것이다. 또 우리가 쓴 기술이나 역사나 여행기에서 우리의 의식에 대한 탐구는 주된 권위로서 —즉 식민화시키는 행위뿐만 아니라, 이국적인 지리나 사람들에게 의미를 부여하는 에너지의 활동적인 시점으로서— 재현되었을 것이다. 무엇보다도 권력에 대한 우리의 감각이 순종적이거나 비협조적인 것처럼 보이는 "토착민"들이 우리로 하여금 인도나 알제리를 포기하도록 만들 수 있으리라고는 상상할 수도 없었을 것이다. 또는 그들이 기존의 지배 담론에 도전하거나 해체할 수 있으리라고도 상상할 수 없었을 것이다.

제국주의 문화는 보이지 않는 것이 아니고, 스스로의 세속적인 연관이나 이익을 감추려하지도 않는다. 제국주의 문화의 주요 선상에는 우리로 하여금 거기에 신중하게 기록되어 있는 것들에 대해서 그리고 그동안 얼마나 그와 같은 것들이 언급되어 오지 않았는가에 대해 말할 수 있을 만큼 충분한 명백성이 있다. 그러한 것들이 왜 이제 와서야 관심의 대상이 되는가 하는 이유는, 회고적인 복수심 때문이라기보다 그것들을 서로 연결시켜야만 되는 필요성 때문이라고 할 수 있다. 제국주의의 성과 중의 하나는 세계를 한데 끌어 모으는 것이었고, 비록 그 과정에서 유럽인들과 토착민들의 분리가 모르는 사이에 퍼져나갔고 또 그것이 근본적으로 불공평한 것이었다고는 해도, 우리들 대부분은 오늘날 제국의 역사적 경험을 공통적인 것으로 받아들이고 있다. 그렇다면 오늘날 우리가 해야 할 일은 끔찍함과 유혈과 복수심의 신랄함에도 불구하고, 그 역사 경험을 인도인과 영국인, 알제리인과 프랑스인, 서구인과 아프리카인, 아시아인, 그리고 라틴 아메리카인과 오스트레일리아인이 서로 연관되는 것으로 기술하는 일이 될 것이다.

　내가 『문화와 제국주의』에서 하려고 하는 작업은 가능한 한 개별적인 작품들을 선정해 그것들을 우선 창의력과 상상력의 산물로서 읽고, 다음으로는 문화와 제국 사이의 관계의 일부로 보는 것이다. 나는 저자들이 기계적으로 이데올로기나 계급이나 경제사에 의해 결정된다고는 보지 않는다. 나는 저자들이 자기들 사회의 역사 속에 위치해 있으며, 그 역사와 각기 다른 사회적 경험에 의해서 형성되고 또 스스로 그것들을 형성한다고 믿고 있다. 문화와 그것이 수용하고 있는 심미적 형식은 『문화와 제국주의』의 주제 중 하나인 역사적 경험으로부터 파생된 것이다. 『오리엔탈리즘』을 쓰면서 내가 발견했듯이, 우리는 역사적 경험을 리스트나 카탈로그에 의해 파악할 수는 없다. 그리고 아무리 많이 포함시킨다고 해도 어떤 책과 글, 저자와 관념 들은 여전히 다루지 못한 채 남겨진다. 그 대신 나는 선별과 의식적인 선택이 내 작업을 지배해야만 한다는 것에 미리 동의하며, 내가 가장 중요하고 본질적이라고 생각하는 것들을 살펴보기로 했다. 내 희망은 독자들과 비평가들이 내 책에서 논의된 제국주의의 역사적 경험에 대한 논의와 문의를 확대시켜 나가는 것이다. 전세계적인 현상과 과정을 분석하고 논의해야만 되었기 때문에 때로 일반적이고 요약적이어야만 했다는 것을 밝혀 둔다. 하지만 그 누구도 이 책이 더 두꺼워지는 것을 원하지는 않을 것이다!

　더욱, 내가 이 책에서 논의하지 않은 몇 개의 제국들이 있는데, 그것은 오스트로 헝가리 제국, 러시아 제국, 오토만Ottoman 제국, 스페인과 포르투갈 제국이다. 그러나 그것들이 생략되었다고 해서 소련의 중앙 아시아와 동구 지배, 이스탄불의 아랍 세계 지배, 포르투갈의 앙골라와 모잠비크 지배 그리고 스페인의 태평양과 라틴 아메리카 지배가 유익했다거나 (그래서 합법적이었다거나) 덜 제국주의적이었다는 것을 의미하는 것은 아니다. 내가 영국과 프랑스와 미국의 제국주의 경험에 대해서 말하고자 하는 것은, 그것들이 독특한 질서와 특별한 문화적 중심성을 갖고 있었다는 것이다. 물론 영국은 그 자체가 다른 제국들보다도 더 크고 더 위압적이었던 제국이었고, 거의 두 세기 동안이나 프랑스는 식민지를 놓고 영국과 경쟁해 왔다. 제국주의적인 탐색에 내러티브가 그렇게도 탁월한 역할을 하기 때문에, 프랑스와 (특별히) 영국이 다른 나라와는 비교할 수 없을 만큼 단절되지 않은 소설 전통을 갖고 있었다는 것은 놀랄 만한 일이 아니다. 미국은 19세기에 제국으로 모습을 드러냈지만, 영국과 프랑스를 좇아 진짜 제국이 된 것은 그 두 나라가 제국이기를 포기한 20세기 후반부터였다.

내가 그 세 나라에 대해 초점을 맞춘 데에는 두 가지 이유가 있다. 첫째는 해외를 지배하는 것 —근접 지역을 넘어 머나먼 곳으로 건너가는 것— 이 세 나라에서는 특권적인 신분을 의미하는 것이었다는 점이다. 그러한 생각은 소설에서나 지리, 미술에서나 모두 제국인들의 마음 속에 투사된 식민지의 모습과 관련되어 나타나고 있으며, 실제 식민지의 확장이나 행정이나 투자나 열성을 통해 항존하는 존재 가치를 얻는다. 영국과 프랑스 그리고 다른 의미에서 미국의 제국주의 문화에는 다른 제국에서는 명백하지 않은 체계적인 것이 있다. 내가 "태도와 언급의 구조"라고 말할 때, 나는 바로 그러한 생각을 하고 있는 것이다. 둘째는 그 세 나라야말로 내가 태어나고 자라 현재 살고 있는 궤도이기 때문이다. 그 세 나라에서 나는 편안하지만, 동시에 아랍과 회교 세계의 토착민으로서 나는 다른 곳에 속해 있었다. 그러한 경험은 내게 두 세계에서 살고 있다는 느낌을 주었으며, 따라서 그 두 세계를 중재하도록 노력하는 것을 가능하게 해주었다.

엄밀하게 말해서, 『문화와 제국주의』는 "우리들"과 "그들"의 과거와 현재에 대한 책이며, 그것들을 각기 다른 편의 시각으로 바라본 책이다. 이 책이 다루고 있는 기간은 냉전이 끝나고 미국이 최후의 강대국으로 등장하던 시기이다. 그러한 시기 동안 특히 아랍 세계의 배경을 가진 지식인이자 교육자로서 미국에서 산다는 것은 곧 내가 『오리엔탈리즘』을 쓴 이후로 모든 것에 영향을 끼쳐 온, 그래서 이 책 속에 굴절된 수많은 특별한 관심사를 갖게 된다는 것을 의미했다.

첫째는 현재의 미국 정책 형성이 전에 이미 보고 읽었던 낯익은 것이라는 우울한 느낌이다. 지구를 지배하려고 했던 모든 거대한 제국의 중심 역시 전에 비슷하게 말했고 또 그렇게 행동했다. 약소 국민들의 일을 처리해 나가는 데에는 언제나 먼저 미국의 이익과 권력에 대한 호소가 있어 왔다. 또 일이 잘 안되거나 토착민들이 들고 일어나 제국의 힘에 의해 회유되어 자리에 앉혀진 인기 없는 지배자에게 반기를 들 때마다, 미국은 언제나 파괴적인 열성을 보여 왔다. 또 "우리"는 예외라고, 우리는 제국주의적이 아니고 예전 제국의 잘못을 되풀이하지 않을 것이라고 부인하지만, 베트남전이나 걸프전에서 본 것처럼 결국에는 그 잘못을 되풀이하는, 예측 가능한 사람들이 있다. 더욱 나쁜 것은, 자기 나라에서는 진보적이고 존경할 만한 상식을 갖고 있지만 해외에서 그들의 이름하에 행해지는 일은 정반대인 지식인들과 예술가들과 저널리스트들의 제국주의 이데올로기에 대한 놀랄 만한 협조이다.

그러므로 문화적인 용어로 옮겨진 제국주의적 모험의 역사가 그것의 잘못을 지적하는 예증의 목적으로, 심지어는 그것의 진행을 방해하는 목적으로 사용될 수도 있지 않을까 하는 것이 나의 (어쩌면 헛된) 소망이다. 제국주의는 명백하게 19세기와 20세기에 주로 전개되었지만, 거기에 따른 저항 또한 똑같이 전개되었다. 그래서 방법론적으로 나는 그 두 가지 힘을 같이 탐색해 볼 것이다. 그것은 곧 압박받은 식민지인들조차도 비판의 대상이 된다는 것을 의미한다. 탈식민주의 국가에 대한 어떤 개관이라도 국수주의와 분리주의와 원리주의라고 불리는 것들의 행운과 불행이 언제나 화평하지만은 않았다는 것을 명백히 보여 준다. 이디 아민Idi Amin과 사담 후세인에게도 언제나 또 다른 대안이 있었다는 것을 보여 줄 수만 있다면, 그렇다고 말해져야만 한다. 서구의 제국주의와 제3세계의 국수주의는 서로를 좀먹어 들어간다. 그러나 최악의 경우에도 그것들은 획일적이거나 결정론적인 것은 아니다. 문화 역시 획일적인 것이 아니고, 동양이나 서양만의 전유물이 아니며, 소수 남녀의 것만도 아니다.

그러나 현실은 우울하고 실망스럽기만 하다. 오늘날 여기저기에서 그것을 조율하고 있는 것은 새로이 대두되는 지적·정치적 양심들이다. 그것은 곧 이 책의 두 번째 관심사가 될 것이다. 전통적인 인문학이 정치적 압력과 '불평의 문화'라고 불리는 것들과 "서구적", "페미니스트적", "아프리카 중심적", "이슬람 중심적" 가치들을 대신하는 모든 종류의 터무니없이 과장된 주장에 종속되어 있다는 사실에 대한 탄식도 있다. 내가 『오리엔탈리즘』을 썼을 당시만 해도 아직도 남성적이고 우월감에 차 있던 에토스ethos에 의해 지배받고 있던 중동 연구를 예로 들어 보자. 지난 삼사 년 동안 쏟아져 나온 연구서만 언급해도 ―릴라 아부 루고드Lila Abu-Lughod의 『베일에 가려진 감정Veiled Sentiment』, 라일라 아메드Leila Ahmed의 『이슬람의 여성과 젠더 Women and Gender in Islam』, 페드와 말티 더글라스Fedwa Malti-Douglas 의 『여성의 신체, 여성의 세계Woman's Body, Woman's World』[4]― 이슬람과 아랍과 중동에 대한 아주 새로운 종류의 관념이 낡은 전제주의에 도전하고 또 해체하고 있다는 것을 알 수 있다. 그러한 연구서들은 대체로 페미니스트들의 저작이지만 전적으로 다 그런 것만은 아니다. 그것들은 오리엔탈리즘과 중동(전적으로 남성중심적인)의 국수주의의 독재적인 담론 아래에서 작용하는 경험의 다양성과 복합성을 잘 드러내 주고 있다. 그것들은 지적으로 그리고 정치적으로 세련되며, 최상의 이론적·역사적 학문과 조화되고, 참여적이지만 선동적이지는 않으며 또 여성의 경험에 대해 예민하지만 감상적이지는 않다. 그리고 각기 다른 배경과 교육을 가진 각기 다른 학자들에 의해 쓰여졌지만, 그것은 오늘날 중동 여성이 처해 있는 정치적 상황과 대화를 나누고 있으

---

[4] Lila Abu-Lughod, *Veiled Sentiments : Honor and poetry in a Bedouin Society* (Berkeley : University of California Press, 1987) ; Leila Ahmed, *Women and Gender in Islam : Historical Roots of a Modern Debate* (New Haven : Yale University Press, 1992) : Fedwa Malti-Douglas, *Woman's Body, Women's World : Gender and Discourse in Arabo-Islamic Writing* (Princeton : Princeton University Press, 1991).

며 또 그것에 공헌하고 있다.

새라 술러리Sara Suleri의 『영국적 인도의 수사학The Rhetoric of English India』라 리사 로우Lisa Lowe의 『중요한 지역Critical Terrains』[5])과 더불어, 그러한 종류의 수정주의적 연구 저술들은, 만일 그것들이 단일하고 귀납적으로 이해할 수 있는 지역으로서의 중동과 인도의 지리를 완전히 바꾸어 놓았거나 아니면 적어도 다양한 양태는 보여 주고 있다. 국수주의와 제국주의 사업에 그렇게도 공헌하던 이분법적 가치 판단은 이제 사라져 버렸다. 그 대신 우리는 우리의 낡은 권위가 단순히 새로운 권위로 바꾸어질 수는 없다는 것, 그러나 경계와 타입과 국가와 특성을 초월해 만들어진 그 새로운 조정이 급속도로 가시화되고 있다는 것, 바로 그 조정이 제국주의 시대의 핵심적인 문화적 사고였던 '정체성'에 대한 정적 사고에 근본적인 도전을 하고 있다는 것을 감지하기 시작했다. 오백 년 전에 체계적으로 시작된 유럽인들과 그들의 "타자" 사이의 교류를 통해 아직도 거의 바꾸어지지 않고 있는 것이 있다면, 그것은 바로 각기 달리 명백하게 결정된 "우리"와 "그들"이라는 관념이다. 내가 『오리엔탈리즘』에서 논의했듯이, 그러한 구분의 기원은 야만인들에 대한 희랍인들의 관념으로까지 거슬러 올라간다. 그러나 누가 이 "정체성" 생각을 해냈든지간에, 19세기까지 그것은 제국주의 문화의 대표적 특성이었으며 동시에 유럽의 침입을 막으려고 노력하던 문화의 대표적 특성이기도 했다.

우리는 아직도 개인이 국가에 의해 정의되는 그래서 단절되지 않은 전통에 의해 권위를 부여받는, 그러한 관념을 물려받은 후손들이다. 미국에서 문화적 정체성에 대한 그러한 관심은 무슨 책들과 무슨 권위들이 "우리의" 전통을 구성하는가에 대한 경쟁을 산출하고 있다. 어느 책이 "우리의" 전통의 일부분이라고 (또는 아니라고) 말하려고 하는 것은 우리를 가장 쇠약하게 만드는 행동이다. 그 외에도 그러한 태도는 역사적 정확성에 대해 공헌할 때보다도 해악을 끼칠 때가 더 많다.

---

5) Sara Suleri, *The Rhetoric of English India* (Chicago : University of Chicago Press, 1992) ; Lisa Lowe, *Critical Terrains : French and British Orientalisms* (Ithaca : Cornell University Press, 1991).

기록해 두건대, "우리"는 "우리 것"에만 관심을 갖겠다라는 태도를 참을 수가 없고, 동시에 아랍인들은 아랍 책만을 읽고 아랍의 방법만을 써야 된다는 태도에도 나는 참을 수가 없다. C.L.R. 제임스가 늘 말했듯이, 베토벤은 그가 독일인인 만큼이나 서인도 제도인일 수도 있는 것이다. 왜냐하면 그의 음악은 인류의 유산이기 때문이다.

그럼에도 불구하고 정체성에 대한 관심은 각자 자신의 이익을 앞세우는 여러 집단 —모두 다 억눌린 소수 집단은 아니다— 의 이해 관계와 현안과 뒤엉켜 있는 것이 오늘날 우리의 현실이다. 『문화와 제국주의』의 대부분이 최근 역사 중 무엇을 어떻게 읽을 것인가에 대한 것이기 때문에 내 생각을 간단히 요약해 보겠다. 우리가 미국의 정체성이 무엇인지 동의하기 전에, 먼저 토착민들의 생활 터전의 폐허 위에 세워진 이민 사회로서 미국의 정체성이란 단일하거나 통일된 것일 수 없다는 데 동의해야만 한다. 과연 미국내의 투쟁은 미국을 통일된 정체성으로 보려는 사람들과 전체를 복합체로 보려는 사람들 사이에 벌어지고 있다. 이와 같은 대립은, 하나는 연속적이고 규칙적이며 또 하나는 대위법적이고 유목민적인 두 가지 시각과 두 개의 역사를 암시한다.

나는 그 두 가지 중 두 번째 것만이 역사적 경험의 리얼리티에 온전히 예민한 것이라고 생각한다. 부분적으로는 제국으로 인해 모든 문화는 서로 연결되어 있다. 그 어느 문화도 단일하거나 순수할 수는 없다. 모든 문화는 혼혈이며, 다양하고, 놀랄 만큼 변별적이며, 다층적이다. 그것이 바로 "비미국주의"의 위험과 "아랍주의"에 대한 위협을 겪은 오늘날 미국의 모습이며 현대 아랍 세계의 모습이다. 방어적이고 보수적이며 심지어는 편집증적인 국수주의가 유감스럽게도 어린이들과 청소년들이 '자신들의' 문화의 독창성을 숭상하고 찬양하는 (대개는 타문화를 비하시키면서) 교육 현장에서 가르쳐지고 있다. 『문화와 제국주의』가 대상으로 하고 있으며, 또 다른 가능성을 제시해 주려고 하고 있는 것도 바로 그러한 무비판적이고 무사고적인 교육 형태이다. 이 책을 쓰면서 나는 대학에 의해 아직도 제공되고 있는 유토피아적인 공간 —즉 그러한 중요한 문제들이 조사되고 논의되고 반영되는 장소로 남아 있어야만 되는 공간— 을 이용했다. 대학을 사회적이고 정치적인 문제들이 실제로 부과되고 해결되는 장소로 만드는 것은 곧 대학의 기능을 없애고, 권력을 잡은 정당의 부속 기관으로 만드는 셈이 되기 때문이다.

나를 오해하지는 말라. 대단한 문화적 다양성에도 불구하고 미국은 통일성 있는 나라이고 또 앞으로도 그럴 것이다. 그것은 다른 영어 사용국들(영국, 뉴질랜드, 오스트레일리아, 캐나다)의 경우에도 마찬가지이고, 심지어는 많은 이민을 갖고 있는 프랑스의 경우에도 그렇다. 아서 슐레진저Arthur Schlesinger가 『미국의 분열The Disuniting of America』에서 역사 연구를 해친다고 지적했던 논쟁적인 분할과 양극화된 논쟁이 있을 수도 있지만, 나는 그것들이 국가의 분열의 조짐이라고는 생각하지 않는다.[6] 전체적으로 보아 역사를 억압하거나 부정하는 것보다는 탐색하는 것이 더 낫다. 미국이 우리의 주의를 요구하는 그렇게 많은 역사를 갖고 있다는 사실에 대해 갑자기 두려워할 필요는 없다. 왜냐하면 그것들의 대부분은 이미 오래 전부터 있어 왔으며, 바로 그것들로부터 '하나의' 미국 사회와 정치가 (심지어는 역사 기술의 한 스타일까지) 생성되었기 때문이다. 말을 바꾸면, 다문화주의에 대한 현재의 논의 결과는 미국의 "레바논화" 같은 것은 아닐 것이고, 그렇다면 그러한 논의가 정치적 변화와 여성들과 소수 인종들과 최근의 이민들이 스스로를 바라볼 수 있도록 해주는 변화를 의미한다면, 그러한 변화는 결코 두려워하거나 방어적으로 바라볼 필요가 없다는 것이다. 기억해야만 되는 것은, 이 가장 강력한 형태의 해방과 계몽의 내러티브가 분리가 아니라 '통합'의 내러티브 ―즉 주요 그룹으로부터 제외되어 온 사람들이 그 속에서 자신들의 위치를 찾으려는 통합의 내러티브― 라는 사실이다. 만일 주요 그룹의 낡고 관습적인 관념이 이 새로운 그룹을 허용할 만큼 유연하고 관대하지 못하다면, 그런 관념들은 변해야만 된다. 그러한 변화는, 새로 등장하는 그룹들을 단순히 거부하는 것보다 훨씬 더 나은 행동이 되기 때문이다.

내가 『문화와 제국주의』에서 지적하려고 하는 마지막 요점은 이것이

---

6) Arthur M. Schlesinger, Jr., *The Disuniting of America : Reflections on a Multicultural Society* (New York : Whittle Communications, 1991).

한 망명객의 책이라는 점이다. 나는 어쩔 수 없는 객관적인 이유로 인해 서구 교육을 받은 아랍인으로 태어나 자랐다. 내가 기억하는 한, 나는 언제나 자신이 그 둘 중 하나에만 속한다기보다는 그 두 세계에 다 속하는 것으로 느끼며 살아 왔다. 그러나 내 생전에, 내가 가장 긴밀하게 연결되어 있던 아랍 세계가 내란이나 전쟁으로 인해 완전히 변해 버렸거나 이제는 아예 존재하지 않게 되었다. 그래서 오랫동안 나는 미국에서 아웃사이더로 살아 왔다. 특히 미국이 (완전과는 거리가 먼) 아랍 세계의 문화와 사회와 전쟁을 하거나 그것에 대해 강력하게 반대할 때마다 나는 언제나 국외자일 뿐이었다. 그럼에도 불구하고 내가 "아웃사이더"라고 자신을 부를 때, 그것은 슬프거나 박탈당한 것을 의미하지는 않는다. 오히려 그 반대로 제국이 나누어 놓은 두 세계에 다 속해 있다는 것은 그만큼 그 두 세계를 더 잘 이해할 수 있다는 것을 의미한다. 더욱 이 책이 쓰여진 뉴욕은 대단히 강한 망명객의 분위기를 가진 도시이다. 뉴욕은 파농이 묘사한 대로, 식민지 도시의 매니키언Manichean 스타일을 내부에 갖고 있는 도시이다. 어쩌면 바로 그러한 요소들이 내가 이 책에서 시도한 관심과 해석을 고무시켜 주었는지도 모른다. 그리고 그러한 상황은 나로 하여금 자신이 하나 이상의 역사와 그룹에 속해 있다는 느낌을 가져다 주었다. 그러한 상태가 다만 한 문화에만 속해 있고 한 나라에만 충성심을 느끼는 것에 대한 하나의 이로운 대안책이 될 수 있는가 하는 것은 이제 독자들이 결정할 문제이다.

제1장
겹치는 영토, 뒤섞이는 역사

그러한 문제에 대한 침묵은 곧 당시의 질서였다. 침묵 중 일부는 깨졌고, 다른 일부는 감시 전략 속에서 감시 전략과 더불어 살아온 저자들에 의해 유지되었다. 내가 관심이 있는 것은 침묵을 깨뜨리는 전략들이다.
- 토니 모리슨, 『어둠 속에서의 유희』

역사란 말을 바꾸면, 계산기가 아니다. 역사는 정신과 상상력을 펼치게 하고, 한 민족의 문화에 대한 다양한 반응 속에서 형체를 드러내는 것 즉, 그 스스로 물질적 리얼리티와 토대가 되는 경제적 사실과 불굴의 객관성 사이에서 작용하는 미묘한 미개다.
- 베이질 데이빗슨, 『현대사에서의 아프리카』

1. 제국, 지리 그리고 문화

　과거에 대한 연구는 현재를 해석하는 데 있어서 가장 보편적인 전략 중 하나이다. 과거에 대한 그러한 연구를 생동감 있게 해주는 것은, 비단 과거가 무엇이었는가와 과거에 무슨 일이 일어났는가에 대한 의견의 불일치뿐만 아니라, 과거가 정말로 끝나고 지나갔으며 결론지어졌는지, 아니면 비록 형태는 다르지만 아직도 계속되고 있는지에 대한 불확실성이다. 그러한 문제는 모든 종류의 토론에 생동감을 가져다 준다—예컨대 과거의 영향에 대해서, 과거에 대한 비난과 판단에 대해서 그리고 현재의 사실과 미래의 긴급 사항들에 대해서.

　T. S. 엘리엇Eliot은 초기에 쓴 가장 중요한 에세이 중 하나에서 그와 비슷한 문제들을 논의하고 있다. 비록 에세이의 의도와 상황이 순전히 심미적이기는 하지만, 우리는 그의 공식을 다른 경험의 영역에도 적용해 볼 수 있다. 이 글에서 엘리엇은 시인이란 비록 재능 있는 개인이지만, 고립 속에서가 아니라 전통 —단순히 계승하는 것이 아니라 "수많은 노력"에 의해 얻어지는 전통— 속에서 시를 쓰는 것이라고 말하고 있다. 그는 다음과 같이 말하고 있다.

　　전통이란 우선 25세가 넘어도 계속해서 시인이 되고자 하는 사람에게는 필수 불가결한 역사 인식이다. 그리고 그 역사 인식은 과거의 과거성은 물론 과거의 현재성까지도 포함한다. 또한 그 역사 인식은 시인에게 자신의 시대뿐만 아니라, 호머Homer로부터 시작하는 전유럽의 문학과 자국의 문학이 동시에 공존하며, 동일한 질서를 창조한다는 느낌을 갖고 글을 쓰도록 해준다. 역사 인식이란 곧 시간을 초월하는 인식과 시간적인 인식, 시간적이면서 동시에 시간을 초월하는 인식을 의미하는데, 전통은 바로 그것으로부터 생성된다. 바로 그것이 작가에게 시간 속에서의 자신의 위치와 자신의 현대성을 예민하게 의식하도록 해주는 것이다.

   그 어느 시인도, 그 어느 예술가도 혼자서는 완전한 의미를 가질 수 없다.[1]

  엘리엇의 위 언급은 비평적으로 사고하는 시인, 시적 과정을 면밀히 고찰하는 비평가들에게 똑같이 해당된다. 위 글의 주요 개념은 우리가 과거의 과거성을 충분히 이해한다고 해도, 과거가 현재로부터 완전히 분리될 수 없다는 것이다. 과거와 현재는 서로 연결되어 있고 서로에 대해 암시하고 있으며, 엘리엇의 완벽하게 이상적인 의도에 의하면 서로 공존하고 있다. 즉 엘리엇이 제안하고 있는 것은, 문학적 전통의 비전은 시간적인 연속을 존중하면서도 그것에 의해 지배받지는 않는다는 것이다. 시인이나 예술가와 마찬가지로 그 어떤 과거나 현재도 혼자서는 완전한 의미를 가질 수 없다.

  그러나 과거·현재·미래에 대한 엘리엇의 종합적인 인식은 이상주의적이며 자신만의 독특한 역사의 기능이라고 할 수 있다.[2] 더욱이 시간에 대한 그의 개념은 개인과 제도들이 어느 것이 전통인가 아닌가, 어느 것이 자신과 관련이 있는가 없는가를 결정하는 투쟁을 배제하고 있다. 그러나 '과거를 어떻게 공식화하고 어떻게 재현하는가 하는 것이 현재에 대한 우리의 이해와 견해를 형성한다.'는 그의 중심 생각만큼은 유효하다. 예를 하나 들어 보자. 1990~1991년에 있었던 걸프전에서, 이라크와 미국의 충돌은 각기 건국 이념이 다른 두 개의 상반되는 역사의 필연적 충돌이었다. 이라크의 바스당Baath Party이 해석하듯이, 근대 아랍 역사는 아직도 이루어지지 않고 있는, 아랍의 독립이라는

---

1) T. S. Eliot, *Critical Essays* (London : Faber & Faber, 1932), pp. 14~15.
2) Lyndall Gordon, *Eliot's Early Years* (Oxford and New York : Oxford University Press, 1977), pp. 49~54를 보라.

약속 즉 "서구"와 최근의 적들인 아랍 반동 보수주의자들과 시온주의 Zionism에 의해 중상 모략된 아랍의 독립이라는 약속을 보여 주고 있다. 그러므로 이라크의 쿠웨이트 점령은 비스마르크식의 근거에 의해서 정당화되었을 뿐만 아니라, 아랍인들은 부당하게 잘못된 것을 고칠 수 있는 권리가 있으며 제국주의가 가져간 최상의 상품 하나를 되찾는다는 생각에 의해서도 정당화되었던 것이다. 반대로 과거의 관점에서 미국을 보면, 미국은 고전적인 의미에서의 제국주의 국가가 아니고, 세계 각국의 독재 정권을 추적해 잘못된 것을 바로잡고 장소나 비용에 관계 없이 자유를 수호하는 존재이다. 걸프전은 이와 같이 상반된 두 과거관이 서로에 대항해 시작된 필연적인 싸움이었다.

과거와 현재의 복합적인 관계에 대한 엘리엇의 관념은 특히 오늘날 너무 논쟁적이 되었고 많은 질문과 의심과 문제와 이념적 근거를 내포하게 되어 단순한 의미로는 사용하기 힘든 "제국주의" 의미에 대한 논쟁에 시사해 주는 바가 크다. 물론 어떤 면에서 그 논쟁은 제국주의의 정의와 제국주의라는 관념 자체의 한계를 넓히는 것을 포함하고 있다. 예컨대 제국주의는 원칙적으로 경제적인 것인가? 그것은 어느 정도까지 확대될 수 있는가? 그것의 원인은 무엇인가? 그것은 체계적인가? 그리고 그것은 언제 (혹시) 끝났는가? 유럽과 미국에서 그와 같은 문제들에 대해 논쟁을 벌인 사람들의 이름을 열거해 보면 참으로 인상적이다—카우츠키Kautsky, 힐퍼딩Hilferding, 룩셈부르크Rosa Luxemburg, 홉슨J. A. Hobson, 레닌Vladimir Ilyich Lenin, 슘페터Joseph Schumpeter, 아렌트, 맥더프Magdoff, 폴 케네디Paul Kennedy 등. 그리고 최근에 그와 같은 문제에 대해 출간된 책으로 폴 케네디의 『강대국의 흥망 성쇠The Rise and Fall of the Great Powers』와 윌리엄 애플만 윌리엄스William Appleman Williams, 가브리엘 콜코Gabriel Kolko, 노암 촘스키Noam Chomsky, 하워드 진Howard Zinn, 월터 레퍼버Walter Lefeber의 수정주의 역사책들, 미국의 정책은 제국주의적이 아니라고 주장하는 다양한 전략가, 이론가, 현자들에 의해 쓰여진 신중한 변론들과 설명서들이 있다. 이 모든 것들은 제국주의에 대한 의문과 오늘날 주요 강대국인 미국이 제국주의적인가 아닌가 하는 데에 대한 논의를 활성화시켰다.

위에 언급한 권위자들은 대개 정치적·경제적 측면에서 논의를 벌여 왔다. 그럼에도 불구하고 그들은 현대의 제국주의적 경험에서 문화가 누려 온 특권적 역할에 대해서는 별 주의를 기울이지 않았으며, 지구 곳곳에 그 영향력을 끼친 고전적인 19, 20세기 초의 유럽 제국주의의 여파가 아직도 현저한 그림자를 드리우고 있다는 사실에도 거의 관심을 보이지 않았다. 그러나 오늘날 북아메리카, 아프리카, 유럽, 라틴 아메리카, 인도, 카리브 해 국가들 그리고 오스트레일리아에서 살고 있는 개인들 치고 과거 제국주의의 영향을 받지 않은 사람은 거의 없다. 그중에서도 영국과 프랑스는 거대한 지역을 식민지로 통치했었다. 캐나다, 오스트레일리아, 뉴질랜드, 남북 아메리카의 식민지들, 카리브 해 지역, 아프리카, 중동, 극동 (영국은 홍콩을 1997년까지 식민지로 소유하게 되어 있다) 그리고 인도 대륙—이 모든 곳들이 한때는 영국과 프랑스의 식민지였으며, 또 그 두 나라로부터 독립되었다. 일본과 터키는 말할 것도 없고, 미국과 러시아와 다른 작은 유럽 국가들도 19세기 전체에 걸쳐서 또는 일시적으로나마 제국주의 국가들이었다. 그러한 패턴의 지배와 소유가 오늘날 세계화의 기초가 되었다. 즉 전자 통신, 세계 시장 무역, 자원 보유, 여행, 기상도, 생태학적 변화에 대한 정보의 세계화가 세계의 극과 극에 떨어져 있는 나라들을 서로 연결시켜 주었다. 나는 그러한 패턴이 근대 제국에 의해 처음으로 시작되었다고 믿는다.

나는 인간의 역사를 거대한 체계로 만들거나 총체적인 이론으로 만드는 것에는 기질적으로 그리고 철학적으로 반대한다. 그러나 근대의 제국들 속에서 살아오고 또 연구해 오면서, 나는 그것들이 얼마나 변함없이 확장되어 가고 있으며 또 얼마나 잔인하게 모든 것에 스며들어 있는가에 놀라고 있다. 마르크스Karl Marx의 저술이든지, 아니면 J. R. 실리Seeley의 보수적인 저술이든지, 또는 D. K. 필드하우스Fieldhouse나 C. C. 엘드리지Eldridge(『영국의 사명England's Mission』이 대표작인데)[3]의 현대적 분석이든지간에, 그 속에는 언제나 대영 제국이 모든

---

3) C. C. Eldridge, *England's Mission : The Imperial Idea in the Age of Gladstone and Disraeli, 1868 ~1880* (Chapel Hill : University of North Carolina Press,

것을 자신 속에 합병시켰으며, 다른 제국들과 더불어 세계를 하나로 만들었다는 진술이 들어 있다. 하지만 나를 포함한 그 누구도 그 제국주의적 세계의 모습을 완전히 파악할 수는 없다.

우리가 패트릭 오브라이언Patrick O'Brien[4])과 데이비스L. E. Davis와 허튼백R. A. Huttenback (그의 중요한 저서인 『배금주의와 제국의 추구 *Mammon and the Pursuit of Empire*』는 제국주의적 행위에 대한 실제 이득을 수량화하려고 했다)[5] 같은 현대 사학자들의 논쟁을 읽고 있노라면 또는 로빈슨/갤라거의 논쟁Robinson-Gallagher Controversy[6] 같은 초기의 논의를 보고 있노라면, 그리고 앙드레 군더나 사미르 아민 Samir Amin[7] 같은 문학적·문화적 사가의 종속 이론을 보고 있노라면, 19세기 영국 빅토리아조 소설이나 프랑스의 사료 편찬이나 이탈리아의 그랜드 오페라나 독일의 형이상학의 해석에 그와 같은 것들이 무슨 의미를 갖는지 의문을 갖게 된다. 우리는 지금 더 이상 우리의 연구에서 제국이나 제국주의적 맥락을 무시할 수 없는 시점에 와 있다. 예컨대 오브라이언이 말했듯이, "제국의 경계를 넘어 투자한 사람들로 인해 생긴, 안정과 헛된 기대의 환상을 만들어 내며 끝없이 확장해 가는 제국을 위한 선전"[8])에 대해 말하는 것은 곧 제국과 소설에 의해, 인종 이론에 의해, 지리적인 성찰에 의해, 국가적 정체성의 개념에 의해 그리고 도시나 시골의 일상에 의해 생성된 '분위기'에 대해 이야기

1974).
4) Patrick O'Brien, "The Costs and Benefits of British Imperialism," *Past and Present*, No. 120, 1988.
5) Lance E. Davis and Rovert A. Huttenback, *Mammon and the Pursuit of Empire : The Political Economy of British Imperialism, 1860 ~1920* (Cambridge : Cambridge University Press, 1986).
6) William Roger Louis, ed., *Imperialism : The Robinson and Gallagher Controversy* (New York : New Viewpoints, 1976)를 보라.
7) 예컨대, André Gunder Frank, *Dependent Accumulation and Underdevelopment* (New York : Monthly Review, 1979), Samir Amin, *L'Accumulation à l'echelle mondiale* (Paris : Anthropos, 1970) 등이 있다.
8) O'Brien, "Costs and Benefits," pp. 180~81.

하는 것과 마찬가지가 된다. 여기에서 "헛된 기대"란 찰스 디킨스의 소설 『위대한 유산』을 암시하고 있고, "경계를 넘어 투자한"이란 말은 조셉 세들리와 베키 샤프를 암시하고 있으며, "창조된 환상"이란 곧 잃어 버린 환상을 암시한다. 그래서 문화와 제국주의의 교차는 긴밀하고도 절실하다.

　이와 같이 서로 다른 영역들을 연결시켜 주는 것, 문화가 제국의 확장과 갖는 관계를 보여 주는 것, 또 스스로의 독특한 특성을 유지하면서 동시에 정치적인 것과 연관되어 있는 예술을 관찰하는 것은 결코 쉬운 작업이 아니다. 그러나 나는 우리가 그러한 것을 시도해야만 하며, 예술을 세상적이고도 세속적인 맥락에 위치시켜야만 한다고 주장하는 바이다. 영토와 소유는 위태롭게도 곧 지리와 권력과 연관된다. 인류 역사의 모든 것은 결국 땅에 근원하고 있으며 그래서 그것은 곧 거주의 문제와 연관되어 있고, 다음으로는 더 많은 땅을 가지려고 하는 사람들이 토착민을 어떻게 처리하는가에 대한 문제와 연관되어 있다. 가장 단순한 수준에서 이야기하면, 제국주의라는 것은 자신의 소유가 아닌, 다른 사람들이 소유하고 살고 있는 머나먼 땅을 조종하고 정착하고 생각하는 것을 의미한다. 많은 이유로 해서 그것은 어떤 사람들을 유혹했고 다른 사람들을 불행에 빠뜨렸다. 그럼에도 불구하고 16세기의 위대한 시인 에드먼드 스펜서Edmund Spencer를 연구하는 문학 사가들은, 영국 군인들이 아일랜드 토착민들의 씨를 말리는 장면을 상상했던 그의 사고 방식을 굳이 그의 시적 업적이나, 오늘날까지도 계속되고 있는 영국의 아일랜드 지배와 연관시키지 않는 것이 일반적인 사실이다.

　이 책의 목적을 위해 나는 토지와 그곳의 주민을 놓고 벌이는 실제 투쟁에 지속적인 초점을 맞추어 나가려고 한다. 내가 하려고 하는 작업은 역사적 경험에 일종의 지리적인 의문을 던지는 것이며, 더 이상 빈 공간이 없는, 사람들로 가득 찬 세상이라는 사실을 늘 기억하는 것에서부터 출발할 것이다. 우리 모두가 지리를 벗어나서는 존재할 수 없는 것처럼, 우리는 지리에 대한 투쟁으로부터도 자유스러울 수 없다. 그 투쟁은 복합적이고 흥미있는데 그 이유는 그것이 비단 군인들과 대포들에 관한 것만이 아니고, 관념과 형식, 이미지들과 상상에 대한 것이기 때문이다.

  소위 서구 또는 제국의 중심 세계에 살고 있는 각종 사람들과 제3세계나 이전 식민지에 살고 있는 사람들은, 에릭 홉스바움Eric Hobsbawm이 흥미있게도 "제국의 시대"라고 불렀던 시절에 극에 달한 후, 2차 대전 이후에 거대한 식민 구조가 무너지면서 종식을 고한 고전적 제국주의가 현재에는 대단한 문화적 영향력을 행사하고 있다는 데에 의견의 일치를 보이고 있다. 많은 이유로 해서 그들은 과거 혹은 과거가 아닌 것에 대해서 알아야 될 절박한 필요성을 느꼈고, 그러한 절박성은 현재와 미래에 대한 혜안으로 발전되어 갔다.

  이러한 혜안의 중심에는, 고대 제국이었던 로마와 스페인과 바그다드와 콘스탄티노플에 비교했을 때, 전례 없는 권력이 19세기 영국과 프랑스에 그리고 후에 다른 서구 국가들(특히 미합중국)에 집중되었다는 부인할 수 없는 사실이 숨어 있다. 금세기는 "서구의 발흥"으로 그 극에 달했으며, 서구의 힘은 제국주의의 중심들로 하여금 놀랄 만한 규모의 영토와 신민들을 축적하도록 허용했다. 1880년까지 서구 열강들은 지구의 55%를 소유하고 있다고 주장했는데, 사실은 35%를 갖고 있었다. 그것이 1878년이 되면 일년에 83,000 평방마일씩 늘어나 67%로 확장된다. 1914년까지는 일년에 240,000 평방마일로 늘어나, 유럽은 지구의 85%를 식민지, 보호령, 신탁 통치, 지배지, 연방으로 소유하게 되었다.[9]

  역사상 그 어느 식민지도 이처럼 거대하지 않았고, 이처럼 철저하게 지배되지 않았으며, 이처럼 권력이 서구의 메트로폴리스로 편행되지도 않았다. 그 결과, 윌리엄 맥닐William McNeill이 『권력의 추구The Pursuit of Power』에서 말하고 있듯이, "세계는 전례 없이 하나로 연합되기에 이르렀다."[10] 그리고 19세기 말의 유럽에서는 제국에 의해 영향받

---

9) Harry Magdoff, *Imperialism : From the Colonial Age to the Present* (New York : Monthly Review, 1978), pp. 29 and 35.

10) William H. McNeill, *The Pursuit of Power : Technology, Armed Forces and Society Since 1000 A.D.* (Chicago : University fo Chicago Press, 1983), pp. 260~61.

지 않은 것은 아무것도 없었다. 예컨대 유럽의 경제는 해외의 시장과 원료와 값싼 노동력과 거대한 이익을 가져다 줄 토지를 잠식했고, 국방 전략과 외교 정책은 점점 더 머나먼 지역과 그곳의 식민지인들을 다스리고 유지하는 데 치중하게 되었다. 서구의 열강들은 친하지 않으면, 때로 더 많은 식민지를 가지려고 처절한 사투를 벌이기도 했으며—V. G. 키어난Kiernan이 말했듯이, 모든 현대의 제국들은 서로를 모방했다[11] — 식민지에 정착하고 관측하며 연구하고 지배하기 위해 열심히 노력했다.

리처드 밴 앨스타인Richard Van Alstyne이 『아메리카 제국의 발흥 The Rising American Empire』이라는 책에서 명료하게 밝히고 있듯이, 미국은 처음부터 "제국"의 관념 즉 인구와 영토를 확장하고 힘과 권력을 증대시키는 지배와 주권 위에 기초해 세워진 나라였다.[12] 우선 북아메리카는 쟁취하고 건설되어야만 했으며 (실제로 그것은 놀랄 만한 성공을 거두었다) 그러기 위해서는 토착민들을 지배하고 제거하고 이주시켜야만 했다. 그런 다음, 연륜이 더해 가고 세력이 더 커져 감에 따라, 미국은 자국의 이익에 필수적이어서 간섭하고 쟁취해야만 하는 나라들을 거느리게 되었다—필리핀, 카리브 해 국가들, 중앙 아메리카, "바바리 해안 국가Barbary Coast" 유럽의 일부와 중동, 베트남 그리고 한국 같은 나라들을 말이다. 그럼에도 불구하고 미국에 대해서만큼은 미국의 특별함과 박애주의와 기회의 장점을 주장하는 담론의 영향력이 너무나 강렬해서, 미국 문화와 정치와 역사와 관련해 이데올로기로서의 "제국주의"는 거의 언급되지 않거나, 최근에 와서야 겨우 조금 언급되고 있을 뿐이다. 그러나 미국에서도 제국주의 정치와 문화 사이의 관련은 놀랄 만큼 직접적이다. 예컨대 미국의 "위대성"과 인종적 우월감과 미국 혁명의 위대성(미국 혁명은 독특하며 다른 곳에서는

---

11) V.G. Kiernan, *Marxism and Imperialism* (New York : St. Martin's Press, 1974), p. 111.

12) Richard W. Van Alstyne, *The Rising American Empire* (New York : Norton, 1974), p. 1. Walter LaFeber, *The New Empire : An Interpretation of American Expansion* (Ithaca : Cornell University Press, 1963)도 보라.

반복될 수 없다는 생각)[13]에 대한 미국의 자부심은 항존해 왔다. 그럼에도 불구하고, 해외 지역에서의 미국의 이익 추구는 자유를 위해 싸운다거나 선행하는 것으로 위장되어 미국의 제국주의적 속성을 모호하게 해주었다. 그리엄 그린의 『조용한 미국인』에 나오는 인물인 파일은 잔인하리만큼의 정확성을 가지고 그러한 문화적 형성의 과정을 보여 주고 있다.

19세기 영국과 프랑스의 시민들에게 있어서, 제국은 전혀 어색하지 않은 문화적 관심사를 드러내 주는 주요한 주제였다. 영국령 인도와 프랑스령 북아프리카는 영국과 프랑스 사회의 상상력과 경제와 정치와 사회의 근간을 이루는 중요한 역할을 했다. 만일 우리가 들라크루아Eugène Delacroix나 에드먼드 버크Edmund Burke, 러스킨, 카알라일, 제임스, 존 스튜어트 밀John Stuart Mill, 키플링, 발자크Honoré de Balzac, 네르발Gérard Nerval, 플로베르Gustave Flaubert, 콘라드 같은 이름을 거론한다면, 그들의 거대한 집합적 재능이 섭렵할 수 있는 범위보다 사실은 훨씬 더 방대했던 리얼리티의 한 작은 부분만을 포착할 수 있을 것이다. 영국과 프랑스의 학자, 행정가, 여행자, 무역인, 국회 의원, 상인, 소설가, 이론가, 투기꾼, 모험가, 몽상가, 시인, 수많은 추방자와 사회 부적응자 등이 제국의 핵심부에 자리 잡고 있는 식민지 현실의 형성에 공헌했다.

나는 "제국주의"라는 용어를 머나먼 영토를 지배하는 제국의 중심 태도와 이론과 실천의 의미로 사용할 것이다. 제국주의의 필연적인 산물인 "식민주의"는 머나먼 영토에 정착하는 것을 의미한다. 마이클 도일Michael Doyle이 말하듯이, "제국주의란, 한 나라가 다른 나라에 대해 효과적인 정치적 주권을 행사하는 공식적 및 비공식적 관계를 의미한다. 그와 같은 관계는 무력에 의해서, 정치적 협상에 의해서 또는 경제적·사회적·문화적 의존에 의해서 이루어진다. 제국주의란 제국을 세우고 유지하는 정책이나 그 과정이다."[14] 오늘날 직접적인 제국주

---

13) Michael H. Hunt, *Ideology and U.S. Foreign Policy* (New Haven : Yale University Press, 1987)를 보라.

14) Michael W. Doyle, *Empires* (Ithaca : Cornell University Press, 1986), p .45.

의는 거의 종말을 고했다. 그러나 제국주의는 문화적인 측면에서, 정치적·이념적·경제적·사회적 실천에서 언제나 있던 바로 그 자리에 여전히 남아 있다.

제국주의도 식민주의도 단순히 부를 얻거나 축적하는 행위는 아니다. 둘 다 어떤 지역과 사람들은 지배를 '받아야만 한다'는 생각을 포함하는 이념적 형성에 의해 그리고 지배와 연관되는 지식의 형태에 의해 추진된 것이다. 고전적인 19세기 제국주의 문화는 "열등한", "종속 인종", "복종하는 사람들", "의존", "확장" 그리고 "권위" 같은 개념과 용어들로 가득 차 있다. 그러한 제국주의적 경험에 의해서 문화에 대한 관념 역시 명료해졌으며, 보강되었고, 비판되었으며, 거부되었다. 한 세기 전에 J.R. 실리는 유럽이 해외에 세운 제국의 일부는 원래 정신이 없는 상황에서 얻어진 것이라는 기묘하지만 그럴 듯한 견해를 발표한 적이 있는데, 그렇다고 해서 그것이 곧 제국주의자들의 비일관성과 끈질김과 조직적인 습득과 다스림을 합리화시켜 주는 것은 아니다—그들의 끝없이 증가하는 지배와 착취는 차치하고라도 말이다. 데이빗 랜더스David Landes는 『풀려난 프로메테우스The Unbound Prometheus』에서 "식민지를 지속적인 기업으로 취급해 '대농장'을 건설하려 했던 유럽 국가들의 결정은 그 도덕적인 측면에 대해 사람들이 뭐라고 하든지, 중요한 혁신이었다."라고 말하고 있다.[15] 바로 그 점이 내 주의를 끈다. 처음에는 모호한 가운데 다른 지역을 향한 유럽 제국의 확산이 시작되었다면, 어떻게 해서 제국주의의 관념과 실천이 19세기 후반에 보는 것처럼 그렇게 일관성 있고 지속적인 기업으로 변모하게 되었다는 말인가?

비록 영국과 프랑스의 제국이 가장 컸다고는 해도, 그것이 스페인, 포르투갈, 네덜란드, 벨기에, 독일, 이탈리아 그리고 다소 다르지만 현대에 와서 미국과 러시아의 현저한 영토 확장에 면죄부를 주는 것은 아니다. 러시아는 특이하게도 근접한 나라들로만 제국을 형성했다. 수

---

15) Daivd Landes, *The Unbound Prometheus : Technological Change and Industrial Development in Western Europe from 1750 to the Present* (Cambridge : Cambridge University Press, 1969), p. 37.

천 마일이나 떨어져 있는 머나먼 나라들을 식민지로 삼았던 영국이나 프랑스와는 달리, 러시아는 국경 근처에 있는 모든 인접한 국가들을 삼키며 나아갔고, 그 과정에서 동쪽과 남쪽으로 영토를 확장해 나갔다. 그러나 영국과 프랑스의 경우, 매력적인 영토의 머나먼 거리가 광범위한 관심을 불러일으켰다. 바로 그 점이 주요 관심사가 되는데, 왜냐하면 나는 부분적으로는 그와 같은 상황이 산출한 느낌의 문화적 구조와 형식에 관심을 갖고 있기 때문이고, 또 부분적으로는 나 자신이 바로 그러한 해외의 식민지에서 태어나 자랐고 또 지금도 살고 있기 때문이다. 약 반세기 정도 누려 온 초강대국 미국과 러시아의 힘은 아주 다른 역사, 제국주의적 궤적에서 파생되었다. 제국주의 지배에는 여러 가지 형태가 있지만, "서구"의 제국주의와 그것이 야기시킨 저항이 바로 이 책의 주제가 될 것이다.

위대한 서구 제국들의 확장에서, 식민지에서 수탈해 온 양념, 설탕, 노예, 고무, 면화, 아편, 양철, 금, 은 같은 것들이 수세기 동안 증명하고 있듯이, 이익과 이익에 대한 희망은 언제나 대단히 중요한 위치를 차지하고 있었다. 식민지인들의 무기력, 이미 진행 중인 기업과 전통에 대한 투자, 기업을 계속해서 움직이게 만드는 시장과 제도의 힘 역시 중요했다. 그러나 제국주의와 식민주의에는 그 이상의 것이 있다. 즉 이익을 넘어서서 끝없이 순환되는 관념이 있다. 한편으로는 품위 있는 남녀로 하여금 머나먼 영토들과 그곳의 주민들은 복종시켜야 한다는 생각이며, 또 한편으로는 제국의 중심 에너지를 충전시켜서 그러한 품위 있는 신사 숙녀들로 하여금 '제국주의'를 통해 종속적이고 열등하며 덜 발달된 사람들을 다스려야만 한다는 사명감을 갖도록 해주는 것이다.

비록 제국의 형성이 힘들고 어려운 상황 속에서 이루어졌지만, 그것이 제국의 내부에서는 별 저항이 없었음을 우리는 기억해야만 한다. 식민지를 개척하는 사람들은 상당한 어려움을 겪었을 뿐만 아니라, 고국으로부터 멀리 떨어진 소수의 유럽인들과 현지의 많은 토착민들 사이에는 언제나 대단히 위험한 외형적 차별이 있어 왔다. 예컨대 1930년대의 인도에서는 불과 4,000명의 공무원들이 60,000명의 군인들과 90,000명의 민간인들(대부분 사업가들이나 목사들)의 도움으로 3억의 인구를 지배하고 있었다.¹⁶⁾ 그러한 상황을 유지하는 데 필요한 의지나 자신감이나 거만함에 대해서 우리는 다만 추측할 수 있을 뿐이다. 그러나 『인도로 가는 길 *A Passage to India*』나 『킴』에서 볼 수 있는 것처럼, 그러한 태도는 적어도 군인들이나 공무원들의 숫자 또는 영국이 인도로부터 착취해 가는 수백만 파운드만큼이나 중요한 것이었다.

왜냐하면 제국이라는 기업은 콘라드가 절실하게 깨달았던 것처럼, '제국을 갖고 있다는 관념'에 의존하고 있고, 그와 같은 것을 위한 모든 종류의 준비는 문화의 내부에서 이루어지고 있기 때문이다. 그렇게 되면 제국주의는 대신 일종의 지속성, 일련의 경험, 문화 내부에 공존하는 지배자와 피지배자의 구도를 얻게 된다. 제국주의를 연구하는 어느 학자는 다음과 같이 그 점을 정확하게 지적하고 있다.

> 현대의 제국주의는 역사의 매시대를 통해 추적할 수 있는 각기 다른 요소들의 축적이다. 아마도 그것의 궁극적인 원인은 마치 전쟁의 목적처럼, 가시적인 물질적 필요에 의해서라기보다는 인간의 마음 속에 왜곡된 모습으로 반영되어 나타나는, 계급의 구분에 의해 왜곡된 사회의 불안한 긴장에서 찾아볼 수 있을 것이다.¹⁷⁾

모국 또는 제국의 중심 사회의 긴장과 불평등과 불의가 제국주의 문화에 어떻게 굴절되고 정교하게 세부화되었는지를 잘 보여 주고 있는 예 중 하나는 제국의 보수적인 뛰어난 사학자 D. K. 필드하우스의 다음과 같은 견해이다. "제국의 권위의 근원은 곧 식민지인들의 정신적 태도였다. 종속을 받아들이는 그들의 태도는 자국의 공통적인 이익을 위한 긍정적인 의미에서였든지 아니면 다른 대안이 없어서였든지 간에 제국을 영속시켰다."¹⁸⁾ 필드하우스는 비록 미국이라는 백인 식민

---

16) Tony Smith, *The Pattern of Imperialism : The United States, Great Britain, and the Late Industrializing World Since 1815* (Cambridge : Cambridge University Press, 1981), p. 52. 스미스는 이 점에서 간디를 인용하고 있다.
17) Kiernan, *Marxism and Imperialism*, p. 111.
18) D. K. Fieldhouse, *The Colonial Empire : A Comparative Survey from the*

지에 대해 말하고 있지만, 그의 일반적인 요점은 그 이상을 암시해 주고 있다. 즉 제국의 지속은 지배자와 머나먼 곳의 피지배자의 두 가지 측면에서 이루어진다. 그리고 그 둘은 서로의 공통된 역사를, 저마다 스스로의 시각과 역사 인식과 감정과 전통에 입각해 바라보는 해석 방식을 갖고 있다. 오늘날 알제리의 지식인이 자기 나라의 식민지 과거에 대해 기억하는 것은 1962년 독립의 환호와 해방 전쟁 동안 행해진 죄수들의 고문과 프랑스 군인들의 마을 공격에 초점이 주어진다. 알제리와 관련을 맺고 있거나 알제리에 가족들이 살았던 프랑스인들에게는 알제리의 상실에 대한 슬픔 즉 프랑스의 식민 정책에 더욱 긍정적인 태도를 갖고 있다 ―특히 학교며 잘 계획된 도시며 쾌적한 생활 등으로 인해― 그리고 아마도 "우리"와 "그들" 사이의 목가적 관계를 공산주의자들이나 "말썽 부리는 자들"이 교란한다는 생각을 갖고 있다.

19세기 제국주의의 전성기는 이제 대체로 끝이 났다. 2차 대전 이후에 프랑스와 영국은 가장 아꼈던 식민지들을 포기했으며 그보다 조그만 제국들도 역시 먼 곳에 있었던 식민지들을 반납했다. 그럼에도 불구하고 다시 한번 엘리엇의 말을 회상해 보면, 비록 그 시대가 그 시대에 한정되는 정체성을 갖고 있기는 하지만, 제국주의 과거의 의미는 그 시대에만 국한된 것이 아니라, 지금도 수백만의 현실 속으로 파고 들어 대단히 상충적인 문화와 이념과 정책으로서, 공유하는 기억으로서 아직도 지대한 힘을 행사하고 있다. 프란츠 파농은 다음과 같이 말하고 있다. "우리는 서구 국가들이 우리를 비난해 몰고 가는 상황을 단호히 거절하는 바이다. 식민주의와 제국주의는 우리들의 영토로부터 깃발을 내리고 경찰 병력을 철수시킬 때 적절한 대가를 치르지 않았다. 수세기 동안 자본주의자들은 마치 범죄자들처럼 저개발 국가들을 잠식해 왔다."[19] 우리는 제국에 대한 향수, 제국주의가 피지배자들에게 유발시킨 분노와 원한을 철저히 검증해야만 하며, 그러한 감정과 이성

Eighteenth Century (1965 ; rprt. Houndmills : Macmillan, 1991), p. 103.

19) Frantz Fanon, *The Wretched of the Earth*, Constance Farrington 옮김.(1961 ; rprt. New York : Grove, 1986), p. 101.

과 무엇보다도 제국의 상상력을 길러 낸 문화를 주의 깊게 살펴보아야만 한다. 우리는 또한 19세기 말까지는 문화 —그것의 괜찮은 부분은 오늘날에도 찬양되고 있는— 속에 완전히 스며들어간 제국주의 이데올로기의 헤게모니를 파악하기 위해 노력해야만 한다.

나는 오늘날 우리의 비평 의식이 심각하게 분열되어 있다고 믿는다. 그래서 우리는 카알라일과 러스킨의 심미적 이론들을 설명하는 데 많은 시간을 할애하면서도, 정작 그들의 관념이 동시에 열등한 민족과 식민지의 복종을 생성시켰다는 점에 대해서는 거의 주의를 기울이지 않고 있다. 또 다른 예를 들면, 우리가 유럽의 위대한 리얼리즘 소설들이 어떻게 제국주의의 주요한 목적 중의 하나 —해외 확장에 대한 사회의 동의 즉 J. A. 홉슨의 말에 의하면, 박애주의나 종교나 과학이나 예술 같은 "비영리적 운동의 보호막을 쓴 제국주의를 인도하는 이기적인 힘"[20]— 에 공헌했는가를 이해하지 못한다면, 우리는 그때나 지금이나 문화의 중요성과 제국 속에서 문화가 일으키는 반향을 오독하게 되는 것이다.

물론 유럽이나 더 일반적으로 말해 서구의 예술과 문화를 도매금으로 비판하자는 것은 결코 아니다. 내가 조사하려고 한 것은, 제국주의 형성의 과정이 어떻게 경제적 법칙의 수준과 정치적 영역을 넘어 일어났는가 하는 것이며, 경향에 의해, 인정할 만한 문화적 형성의 권위에 의해, 교육과 문학과 시각 예술과 음악 예술 내부의 지속적인 통합에 의해, 어떻게 다른 아주 중요한 차원, 즉 지적 기념비의 영역으로서 우리가 순수하고 고결하게 생각하는 민족 문화의 차원에서 이루어지고 있는가 하는 것이다.

윌리엄 블레이크William Blake는 그러한 면에 있어서 신랄했다. 레이놀즈Joshua Reynolds의 『담론Discourses』을 위한 주석에서 그는 다음과 같이 말했다. "제국의 기초는 예술과 과학이다. 만일 그것들을 제거하거나 격을 낮추면 제국은 존재하지 않는다. 제국이 예술을 따르는 것이지, 영국인들이 생각하는 것처럼 예술이 제국을 따르는 것은 아니

---

20) J. A. Hobson, *Imperialism : A Study* (1902 ; rprt. Ann Arbor : University of Michigan Press, 1972) p. 197.

다."[21]

그렇다면 제국주의 목적 추구와 일반적인 민족 문화와의 차이는 무엇인가? 최근의 지적·학문적 담론은 이와 같은 것들을 분리하는 경향이 있다. 대부분의 학자들은 전문가들이다. 그래서 전문성에 부여되는 주요 관심 분야는 대부분 독자적인 주제들이다. 빅토리아 시대의 산업 소설, 북아프리카의 프랑스 식민주의 정책 등. 내가 오랫동안 주장해 왔듯이 세분하고 증식하는 분야로 향하는 이러한 경향은 문화적 경험의 특성들, 해석, 방향 또는 경향이 문제가 되었을 때, 전체를 이해하는 것과는 반대되는 것이다. 디킨스가 빅토리아 시대의 사업가를 재현하는 것의 국가적·국제적 맥락을 무시하거나 보지 못하는 것은, 소설 속에서 보여지는 그것들의 역할의 내면적 명료성에만 초점을 맞추는 것은, 그의 소설과 그것의 역사적 세계 사이의 본질적인 연관을 놓치는 셈이 된다. 그러한 연관을 이해하는 것은 예술 작품으로서의 소설의 가치를 평가 절하시키지는 않는다. 반대로 세속성으로 인해 그리고 실제 배경과의 복합적인 연관으로 인해 그것들은 더욱 흥미있고 더욱 가치 있는 예술 작품이 된다.

『돔비와 아들Dombey and Son』에서 디킨스는 돔비에게 있어서 아들의 출생의 중요성을 강조한다.

> 지구는 돔비와 아들에게 있어서 무역을 하기 위한 곳이었고, 해와 달은 빛을 주기 위해 만들어진 것이었다. 강과 바다는 그들의 배를 띄우기 위해 형성되었고, 무지개는 그들에게 좋은 날씨를 약속해 주기 위해 존재했다. 바람은 그들의 기업을 위해 또는 무너뜨리기 위해 불었고, 별들과 행성들은 그들이 중심이 되는 신성한 체계를 보존하기 위해 그들의 궤도를 따라 돌았다. 보통의 생략 부호들은 그의 눈에 새로운 의미를 갖게 되었으며, 그들에게

---

21) *Selected Poetry and Prose of Blake*, ed. Northrop Frye (New York : Random House,1953), p. 447. David V. Erdman, *Blake : Prophet Against Empire* (New York : Dover, 1991)는 블레이크의 반제국주의를 다루고 있는 몇 안 되는 저술 중의 하나다.

유일한 참고 자료가 되었다. A.D. 역시 그들에게는 anno Domini 가 아니라, anno Dombei—and Son을 의미했다.[22]

돔비의 자기 과시, 나르시스적인 망각 증세, 이제 갓 태어난 아이에 대한 위압적인 태도에 대한 묘사로서 위 문단의 목적은 분명하다. 그러나 우리는 '돔비가 어떻게 우주와 모든 시간이 자신의 교역을 위한 것이라고 생각하게 되었을까' 하는 것을 물어 보아야만 한다. 우리는 또한 위 문단에서 —비록 그것이 이 소설의 핵심 문단은 아니지만— 1840년대 영국 소설가의 특징인 가정을 찾아볼 수 있다. 즉 레이먼드 윌리엄스가 말했듯이, 지금은 "문명의 새로운 단계에 접어들었다는 의식이 형성되고 표현되는 결정적인 시대"라는 가정 말이다. 그렇다면 왜 윌리엄스는 "이 변천해 가고 해방되어 가며 위협적인 시대"[23]에 대해 언급하면서, 인도나 아프리카나 중동이나 아시아에 대해서는 언급하지 않았을까?—디킨스가 교활하게 암시했듯이 바로 그곳들이, 변형된 영국의 삶이 확장되고 채워진 곳이었는데도 말이다.

윌리엄스는 내가 존경하고, 또 많이 배운 위대한 비평가이다. 그러나 나는 그의 저술 속에서 그리고 다른 많은 학자들과 비평가들의 저술 속에서 주요 관념이 되고 있는, 영문학이란 주로 영국에 대한 것이라는 생각에 한계가 있음을 느낀다. 더욱이 소설에 대해서 글을 쓰는 학자들은 다소간 소설 그 자체에 대해서만 언급하고 있을 뿐이다. (윌리엄스는 그러지 않았지만.) 그러한 습관은 문학 작품이란 독자적으로 존재한다는 부정확하고도 강력한 생각에서 비롯되는 것처럼 보인다. 그러나 나는 이 책을 통해서 문학이 유럽의 해외 확장에 관여하여, 제국의 실천을 지지하고 설명해 주고 통합해 주는, 윌리엄스가 "느낌의 구조"라고 부르는 것을 만들어 내면서 끊임없이 스스로에 대해 언급하고 있다는 것을 보여 주려고 노력할 것이다. 사실, 돔비는 디킨스도 아니고 영문학 전체도 아니다. 그러나 작품 속에서 돔비의 이기주의를

---

22) Charles Dickens, *Dombey and Son* (1848 ; rprt. Harmondsworth : Penguin, 1970), p. 50.
23) Dickens, *Dombey and Son*에서 Raymond Williams의 "서문," pp. 11~12.

제시하는 디킨스의 방법은 제국주의 무역과 영국의 상업주의 정신과 해외의 상업 확장을 위한 무한한 기회의 진정한 담론을 회상하고 조롱하며 그것에 의존해 있다.

  문학이 역사와 사회와 단절될 수 없듯이, 19세기 소설에 대한 우리의 이해 또한 역사, 문화와 단절되어서는 안 된다. 예술 작품이 독자적으로 존재한다는 생각은, 예술 작품을 현실로부터 괴리시킴으로써 작품에 의도하지 않았던 한계를 부여한다. 하지만 아직도 나는 한편으로는 문학과 문화 사이의 그리고 또 한편으로는 문화와 제국주의 사이의 관계에 대해 완전히 적용되는 이론을 전개하는 것을 의도적으로 삼가해 왔다. 대신, 그러한 관련들이 여러 다양한 텍스트의 명백한 장소 속에서 스스로 모습을 드러내기를 바란다—관련을 만들어 나가고, 발전시키고, 보충 설명하고, 확장해 나가며, 비판하고 있는 제국을 배경으로 말이다. 문회도 제국주의도 비활동석인 것은 아니다. 그리고 역사적인 경험으로서의 그들 사이의 관계는 역동적이고 복합적이다. 내 주요 목표는 분리하는 것이 아니라 연결시키는 것이다. 나는 철학적·방법론적인 이유로 인해 문화란 혼혈이고 혼합이며 비순수하다는 그리고 문화적 분석이 현실에 맞추어 재연관될 때가 왔다는, 그러한 것에 관심을 가져왔다.

2. 과거에 대한 순수한 이미지들과 불순한 이미지들

20세기가 끝나 감에 따라, 세계 각지에서는 문화들 사이의 경계에 대한 인식이 확산되기 시작했다. 즉 한 문화를 다른 문화와 구별하도록 해줄 뿐만 아니라, 문화란 권위와 참여에 의해 만들어진 구조이며, 그것이 포함하고 합병하고 유효화시키는 것들에게는 유익하지만, 그것이 제외시키고 격하시키는 것에게는 그렇지 않다는 사실을 보여 주는, 차이와 분리에 대한 인식이 점차 확산되었다.

모든 나라의 문화에는 주권과 통치와 지배에 대한 열망이 있다. 그것은 프랑스와 영국, 인도와 일본의 문화에서 모두 일치하는 현상이다. 그와 동시에 역설적으로 우리는 역사적·문화적 경험들이 복합적이라는 사실, 그것들이 하나의 문화를 초월해 서로 상충되는 경험과 영역에 참여하고 있다는 사실, 또 그것들이 단순한 도그마와 조잡한 애국심이 벌이는 경찰 행위에 도전하고 있다는 사실 등을 그 어느 때보다 더 잘 깨닫고 있다. 문화란 단일하거나 단층적이거나 독립된 것이라기보다는 그리고 의도적으로 제외시키기보다는 "외래의" 것, 차이, 변형들을 포함하는 습성을 갖고 있다. 오늘날 인도나 알제리의 그 누가 현재의 현실들로부터 과거의 영국과 프랑스적 요소들을 확실하게 분리할 수 있으며, 영국과 프랑스의 그 누가 두 제국의 도시인 런던과 파리로부터 인도와 알제리의 영향을 완전히 배제하는 원을 그릴 수가 있겠는가?

그러한 것들은 결코 향수가 깃든 학문적 또는 이론적 질문이 아니다. 왜냐하면 한두 번의 간단한 여행이 확인시켜 주듯이, 그들은 그러한 질문은 중요한 사회적·정치적 결과를 초래하기 때문이다. 런던과 파리에는 일상 생활이 영국화되고 프랑스화된 수많은 전식민지 이민들이 살고 있다. 하지만 그것은 명백한 경우이다. 더욱 복합적인 예를 들면, 고전적인 희랍의 고풍과 한 국가의 정체성으로서의 전통이 있다. 마틴 버날Martin Bernal의 『검은 아테나Black Athena』나 에릭 홉스바움과 테렌스 레인저Terence Ranger의 『전통 만들기The Invention of Tradition』같은 연구들은 우리가 특권적이고 계보학적으로 유용한 과거 즉 불필요한 요소들과 흔적들과 내러티브들을 제외하는 신성한 과거에다가 부여하는 순수한 (심지어는 정화된) 이미지들에 대한 현재의 우려와 현안들을 다루고 있다. 버날에 의하면, 희랍 문명은 분명 이집트와 셈족 그리고 그외 동쪽이나 남쪽의 문화에 뿌리를 두고 있는데도 불구하고, 19세기에 그것을 "아리안Aryan" 문화로 재편성하여 원래의 셈족과 아프리카의 뿌리는 정화되거나 아예 시야에서 사라져 버리게 되었다. 희랍 작가들은 자신들의 문화적 혼성성을 공공연하게 인정했기 때문에, 유럽의 문헌 학자들은 희랍의 순수성을 지키기 위해 그와 같은 구절들을 못 본 척하고 아무런 언급 없이 지나쳐 버리는 이데올로기적 습관을 갖게 되었다.[24] (우리는 또한 19세기에 이르러서 십자군을 연구하는 유럽의 사학자들이, 비록 당대의 십자군 기록들에서 구 기독교 병사들이 인육을 먹었던 것이 당당하게 기록되어 있음에도 불구하고, 프랑크 기사들의 식인 행위에 대해 언급을 중지하기 시작했다는 것을 상기해야만 한다.)

비단 희랍의 이미지뿐만 아니라, 유럽의 권위에 대한 이미지들도 19세기에 다시 받침대가 세워지고 재형성되기 시작했다. 그러한 것들이 의식과 예식과 전통 만들기 속에서가 아니라면 과연 그 어디에서 이루어질 수 있었겠는가? 바로 그와 같은 것이 홉스바움과 레인저와 다른 필자들의 『전통 만들기』에서 논의되고 있는 것들이다. 전근대 사회를 내부에서 결속하고 있었던 낡은 조직과 필라멘트가 소모되기 시작

---

24) Martin Bernal, *Black Athena : The Afroasiatic Roots of Classical Civilization*, Vol. 1 (New Brunswick : Rutgers University Press, 1987), pp. 280~336.

할 무렵, 수많은 해외 식민지들과 새롭게 대두되는 대규모 국내 신흥 계급을 다스려야만 되는 업무 요구가 늘어나기 시작할 무렵, 유럽의 지배 엘리트들은 자신들의 권력을 시간을 거슬러 올라가 고전적 과거 속에서 투영할 필요를 느꼈으며, 그렇게 함으로써 다만 전통과 과거만이 줄 수 있는 합법성과 역사성을 자신들의 권력에 부여하고자 했다. 그래서 1876년에 빅토리아는 인도의 여왕으로 선언되었으며, 그녀가 파견한 특사 리튼Lytton 경은 마치 여왕의 지배가 단순히 권력이나 일방적인 포고가 아니라 수세기에 걸친 관습이나 되는 것처럼, 인도 전역에서 잼보리와 공식 접견으로 영접을 받았고, 델리에서는 왕후 장상들의 영접을 받았다.[25]

비슷한 경우로 반대편의 경우, 즉 식민지 시대 이전을 신성시하는 반제국주의 "토착민들"에게서도 발견된다. 예컨대 알제리 독립 전쟁(1954~1962) 때, 알제리인들과 모슬렘들은 프랑스의 식민지가 되기 이전에 자신들의 모습이었으리라고 추측되는 이미지를 만들어 내는 작업을 했다. 그러한 전략은 많은 시인들과 학자들이 독립 운동의 일환으로 다른 식민지에서 사용했던 것이었다. 나는 여기에서 그러한 이미지들과 전통들이 가져오는 응집된 힘과 그것들의 허구적이고 낭만적으로 채색된 환상적인 특성들을 강조하고자 한다. 예이츠William Butler Yeats가 아일랜드의 과거에 대해 한 것을 생각해 보라. 그는 민족주의자들의 투쟁을 위해 그들이 동경할 만한 어떤 것 즉 아일랜드의 과거의 위대한 영광을 제공해 주었다. 탈식민주의 국가들에게 있어서, 켈트인들의 정신, 흑인성négritude 또는 이슬람의 그러한 특성에 대한 의존도는 더욱 명백하다. 토착민 독재자들은 그것을 현재의 잘못과 부패와 독재를 은폐하기 위한 수단으로 사용하고 있으며, 반체제 세력들은 제국주의적 맥락에서 벗어나기 위해 사용하고 있다.

비록 지금은 대부분의 식민지들이 독립을 얻었지만, 식민지의 지배 과정에서 생성된 제국주의적 태도는 아직도 계속되고 있다. 식민주의

---

25) Eric Hobsbawm and Terence Ranger, eds., *The Invention of Tradition*에서 Bernard S. Cohn, "Representing Authority in Victorian India,"(Cambridge : Cambridge University Press, 1983), pp. 185~207.

를 옹호했던 프랑스인 쥘 아르망Jules Harmand은 1910년에 다음과 같이 말했다.

> 그러므로 인종과 문명에는 서열이 있으며, 우리는 우월한 인종과 문명에 속해 있다는 것 그리고 우월성이 권리도 주지만 거기에 따른 엄격한 의무도 준다는 사실을 원칙과 출발점으로 받아들이는 것이 필요하다. 토착민들의 정복을 합법화해 주는 것은 곧 우리의 우월성 —단순히 기계적이고 경제적이며 군사적인 우월성 뿐만 아니라 도덕적 우월성— 에 대한 확신이다. 우리들의 위엄은 바로 그 특성에 달렸으며, 그것은 곧 다른 인간들을 지도하는 우리의 권리를 강조한다. 물질적인 힘이란 그러한 목적을 이루기 위한 수단일 뿐이다.[26]

서구 문명의 우월성에 대한 논쟁의 효시로서, 앨런 블룸Allan Bloom 같은 보수주의자에게 칭찬받는 서구의 순수 인문학의 지고의 가치를 주장한 사람으로서, 또 일본을 욕하는 사람들과 이데올로기적 오리엔탈리스트들과 아프리카와 아시아의 "토착민들"의 퇴행 이론에 따른 비서구인들의 본질적인 열등성(위협성)을 주장한 선구자로서, 아르망의 선언은 충격적일 만큼 앞을 내다보는 예지를 담고 있다.

그러므로 과거보다 더 중요한 것은 현재의 문화적 태도 속에 담겨있는 그 무엇이다. 부분적으로 제국의 경험 속에 스며들어 있기 때문에, 식민주의자와 식민지인이라는 예전의 단순한 구분은 이제 방어와 여러 종류의 수사학적・이념적 전투와 파괴적인 전쟁을 일으킬수도 있는 —또 이미 일으킨— '남북 관계'라고 불리는 형태로 다시 새롭게 나타나고 있다. 제국의 경험을 단편적인 용어가 아닌 종합적인 개념으로 다시 파악해, 과거와 현재에 대한 우리의 이해를 미래에 대한 태도로 바꿀 수 있는 방법은 과연 있을 것인가?

우리는 우선 사람들이 얽히고 설킨 제국주의의 유산을 풀어 나가는

---

26) Philip D. Curtin, ed., *Imperialism* (New York : Walker, 1971), pp. 294~95에서 인용.

가장 보편적인 방법의 특성을 살펴보는 것으로부터 시작할 수 있다. 즉 식민지를 떠난 사람들은 물론 처음부터 거기 있었던 사람들과 거기에 남아 있는 사람들인 토착민들에 대한 고찰을 통해서 말이다. 영국인들 중 많은 사람들은 아마도 인도에 대한 자기네들의 식민지 경험에 대해 후회하거나 유감스럽게 생각하고 있을 것이다. 그러나 영국인들 중에는 비록 제국주의 시대의 가치와 그것이 종말을 고한 이유와 식민지의 민족주의에 대한 자기들의 감정이 아직도 해결되지 않고 남아 있기는 하지만, 그 당시의 좋았던 시절에 대해 향수를 갖고 있는 사람들도 있다. 그러한 태도는 특히 인종 문제가 연관될 때 그러한데, 살만 루시디의 『사탄의 시The Satanic Verses』의 출판이 야기시킨 위기와 아야톨리 호메이니Ayatollah Khomeini가 루시디의 처형을 명령했을 때가 하나의 좋은 예가 된다.

그러나 그와 똑같이, 식민주의에 대한 제3세계 국가들의 논쟁과 식민주의를 유지시킨 제국주의 이데올로기는 아직도 매우 생생하고 다양하게 남아 있다. 예컨대 많은 사람들은 자신들을 거의 노예화했던 수치스러운 식민지 경험이 진보적 이념이나 국가 자주 의식이나 기술 발전 같은 이익을 가져다 주었다고 믿고 있으며, 차츰 제국주의가 그렇게 나쁘지만은 않았다는 생각을 하고 있다. 오늘날 탈식민주의 시대의 사람들은 새롭게 독립한 국가들이 당면한 현재의 어려움을 더 잘 이해하기 위해 과거의 식민주의를 회고적으로 돌아다본다. 그러나 민주주의와 발전과 운명의 진짜 문제들은 자신들의 생각을 용기 있게 그리고 공공연하게 실천하는 지식인들을 국가가 박해하는 것에 의해 제기되고 있다―파키스탄의 에크발 아마드Eqbal Ahmad와 파이즈 아마드 파이즈Faiz Ahmad Faiz, 케냐의 응구기 와 씨옹고, 아랍 세계의 압델라만 엘 무니프Abdelrahman el Munif 등. 주요 사상가들과 예술가들은 고통에도 불구하고 타협하지 않았으며 처벌을 두려워하지 않았다.

무니프나 응구기나 파이즈나 또 그들과 같은 그 누구도 식민주의나 식민주의를 지속시켜 온 제국주의를 증오하는 데 인색하지 않았다. 그러나 아이러니컬하게도 그들의 목소리는 서구나 자신들 국가의 통치자들에게는 잘 들리지 않았다. 한편으로, 그들은 서구의 지성인들에 의해 과거 식민주의의 악을 부정하는 예언자 예레미아로 여겨졌고, 또 한편으로는 사우디 아라비아나 케냐나 파키스탄 정부에 의해서 투옥 되야만 하는 권력에 대한 저항 세력으로만 취급받았다. 이러한 경험과 수많은 탈식민주의 비극은 양극화되고 본질적으로 불공평한 차이점을 다루는 태도와 방법이 제한되었던 데서 기인한다. 제국의 중심 지역과 예전 식민지들의 영역의 강렬함의 정도와 현안들과 특성들은 다만 부분적으로만 겹치고 있다. 오늘날, 공통점이 발견되는 그 작은 부분은 다만 '비난의 수사학rhetoric of blame'이라고 부를 만한 것 외에는 제공해 주지 않고 있다.

  나는 우선 탈제국주의 담론에서 공통되는 부분과 상충되는 지적 영역의 문제들을 고려해 볼 것이며, 특히 그 담론 속에서 무엇이 비난의 정치학이나 비난의 수사학을 야기시키는지에 논의의 초점을 맞출 것이다. 그런 다음에는 제국주의의 비교 문학이라고 불릴 수 있는 방법과 시각을 통해 어떻게 탈제국주의 지식인의 태도가 제국의 중심 지역과 예전의 식민지 사이에 중첩되는 영역을 확장할 수 있는지를 살펴볼 것이다. 각기 다른 경험을 대위법적으로 바라봄으로써 그리고 내가 뒤엉키고 중첩되는 역사라고 부르는 것을 만들어 가면서, 나는 비난의 정치학과 그보다 더 파괴적인 대립와 적대의 정치학을 초월하는 제3의 대안을 제시하려고 한다. 거기에서 더욱 흥미있는 형태의 세속적인 해석이 생겨나는데, 그것은 단순히 과거를 부정하거나 제국주의의 종말을 유감스럽게 생각하는, 또는 —폭력적이고 너무 쉽고 유혹적이기 때문에 더욱 소모적인— 결국 위기를 초래할 서구와 비서구 문화의 적대를 야기시키는 것보다 더 가치 있는 어떤 것이 될 것이다. 그러한 것들이 일어나는 것을 수동적으로 지켜 보고만 있기에는 세계는 너무나 작고 상호 의존적이기 때문이다.

3. 『암흑의 핵심』에 나타난 두 가지 비전

　지배 그리고 부와 권력의 불공평함은 인간 사회에 오랫동안 계속되는 현실이다. 그러나 오늘날의 세계 구조 속에서 그러한 것들은 또한 제국주의와 제국주의 역사, 새로운 형태의 제국주의와 연관을 맺고 있다. 오늘날 아시아와 라틴 아메리카, 아프리카는 정치적으로는 독립한 상태지만, 여러 가지 측면에서 유럽 제국들의 직접적인 지배를 받던 예전처럼 여전히 지배받고 있으며 종속되어 있다. 한편으로는 그러한 현상을 식민지인들의 자해 행위에 의해 생긴 결과로 보는 경향이 있다. V. S. 네이폴 같은 비평가는 이렇게 말하고 있다. "그들(여기에서 '그들'이란 물론 유색인, 아랍인을 의미한다)은 스스로의 민족성을 원망해야 하지, 제국주의를 원망해 봐야 아무런 소용이 없다." 다른 한편으로는, 현재의 불행에 대해서 전면적으로 유럽인들을 원망하는 경향이 있는데 그것 또한 적절한 대안은 되지 못한다. 우리가 해야 될 일은 그러한 것들을 서로 연관되는 역사의 그물망으로 바라보는 것이다.
　그것은 그렇게 복잡한 것은 아니다. 우리가 옥스포드나 파리나 뉴욕에 앉아서 아랍인들이나 아프리카인들에게 그들이 근본적으로 병들고 생명력 없는 문화에 속해 있다고 말해 보았자 그들을 설득할 수는 없을 것이다. 비록 우리가 부자이고 권력을 갖고 있다 해도, 그들은 우리의 우월성이나 그들을 지배할 우리의 권리를 전혀 인정하지 않을 것이다. 이와 같은 태도가 한때는 백인 주인들이 전혀 도전받지 않았지만 결국에는 쫓겨난 식민지들에서 명백하게 나타나고 있다. 그 반대로, 승리감에 도취한 토착민들은 곧 서구의 도움이 필요하다는 것 그리고 완벽한 독립이란 파농이 "국수주의적 부르주아지"라고 부른 사람들 즉 떠나간 주인들을 흉내 내는, 무감각하고 착취에 혈안이 된 독재자들의 국수주의적 허구라는 사실을 깨닫게 된다.

그래서 20세기 후반에 이르러, 어떤 의미에서는 지난 세기의 제국주의적 주기가 반복되고 있음을 우리는 볼 수 있다. 비록 오늘날에는 점령할 만한, 비어 있는 공간이 없고 더 이상 확장해 나갈 국경도 새로운 정착지도 없지만 말이다. 우리는 지금 수많은 생태학적·경제적·사회적·정치적 압력들이 이제 겨우 희미하게 보이는, 아직 해석되지 않고 이해되지 않은 채 남아 있는 것들을 억누르고 있는 하나의 지구촌 환경 속에서 살고 있다. 우리가 이렇게 한 세상에서 살고 있다는 생각을 막연하게나마 해본 사람이라면, 그렇게 이기적이고 편협한 이해 관계들 —예컨대 애국심, 광신적 애국주의, 인종적, 민족적, 종교적 증오들— 이 얼마나 쉽게 대량 파괴로 이어질 수 있는가 하는 사실에 놀라게 된다. 세계는 이제 그러한 재난을 더 이상 감당할 수 없다.

우리는 조화로운 세계 질서의 모델이 지금 준비되어 있는 척할 수는 없다. "국가의 결정적인 이익"이나 주권의 무제한 행사에 대한 인식에 의해 사람들이 권력을 행사하기 시작하는 이 시점에서 평화와 공동체의 이념이 크게 부흥하리라고 생각하는 것 또한 잘못일 것이다. 미국과 이라크의 충돌과 석유를 둘러싸고 벌인 쿠웨이트에 대한 이라크의 공격이 그 좋은 예가 된다. 놀라운 것은 그러한 지엽적인 생각과 행동이 아직도 지배적이고 걸러지지 않고 있으며, 무비판적으로 받아들여지고, 매세대마다 가르쳐지고 있다는 점이다. 우리는 모두 우리 나라를 공경하도록 교육받았으며, 우리들의 전통을 동경하도록 가르침받았다. 우리는 다른 나라들과 사회들은 무시하더라도 우리들의 나라와 사회의 이익만큼은 추구해야 한다고 배워 왔다. 새로우며 무서운 부족주의가 오늘날 사회들을 파괴하고 사람들을 갈라놓고 있으며, 탐욕과 피 흘리는 투쟁과 특히 소수 인종들의 극단적인 주장들을 부추기고 있다. 사람들은 "다른 문화에 대해 배우는 데" —이 말은 모호한 느낌을 준다— 에도 거의 시간을 할애하지 않지만, 문화간의 상호 교류 즉 국가들과 사회들과 그룹들과 정체성 사이에서 매일 또는 매분마다 일어나고 있는, 때로 생산적인 실제 교류에 대해서도 거의 시간을 할애하지 않는다.

아무도 문화간의 상호 교류의 전체 구도를 머릿 속에 다 갖고 있을 수는 없다. 그것이 제국의 지리와 그것의 기본 피륙을 짜낸 제국주의적 경험을 우선 몇 개로 나누어 고려해야만 하는 이유이다. 19세기를 돌이켜 볼 때, 우리는 제국이 되고 싶은 충동으로 인해, 한 줌의 강대국들이 지구상의 대부분을 차지했다는 사실을 알 수 있다. 그것이 무엇을 의미하는가를 깨닫기 위해, 나는 한편으로는 유럽과 미국, 또 한 편으로는 유럽과 식민지들 사이의 상호 교류가 되살아나고 알려지며 쌍방을 위한 경험으로 명백하게 드러나고 있는, 풍부한 문화적 문헌들을 읽어 보라고 제안한다. 그러나 나는 그렇게 하기 전에 우선, 역사적, 체계적으로 최근의 문화 논쟁에 남아 있는 제국주의의 잔재를 살펴보려고 한다. 그것은 역설적으로, 세계적이면서 동시에 지역적인 흥미있는 역사의 잔해이며, 또한 제국의 과거가 어떻게 놀랄 만큼 강렬하게 논쟁과 반논쟁을 일으키며 계속해서 살아 있는가 하는 것의 증거가 된다. 그것들이 현재에도 존재해 있고 또 쉽게 볼 수 있는 것들이어서, 현재 속의 과거 추적은 제국이 만들어 놓은 역사들 —하나의 역사가 아닌 많은 역사들— 에 대한 연구로 우리를 데려간다. 비단 백인 남녀들의 역사만이 아니고, 비록 그들의 주장이 무시되거나 거부되었을 망정, 그들의 존재와 영토가 문제가 되고 있는 비백인들의 역사에 대한 연구로 말이다.

제국주의의 잔재에 대한 한 가지 중요한 현안 —즉 "토착민"들이 서구의 미디어에 의해 어떻게 재현되고 있는가 하는 것— 은 바로 그러한 상호 의존과 문화의 겹침이 항존하고 있다는 것을 보여 주고 있다. 즉 토론의 내용뿐 아니라 형식 속에서, 무엇이 말해졌나는 물론 어떻게, 누구에 의해, 어디에서, 누구를 위해 말해졌나 하는 것 속에서 말이다. 그와 같은 것은 비록 쉽지 않은 자아 훈련을 요청하지만, 오늘날 화해보다는 대치 전략이 더 잘 전개되고 있으며 더 유혹적이고 더 쉽게 찾아볼 수 있다는 사실을 성찰하게 해준다. 『사탄의 시』가 나오기 훨씬 전인 1984년에 살만 루시디는, 데이빗 린David Lean의 영화 〈인도로 가는 길A Passage to India〉과 텔레비전 시리즈 〈왕관의 보석The Jewel in the Crown〉을 포함해 영국의 통치에 대한 수많은 영화가 쏟아져 나올 것을 예측했다. 루시디는 영국의 인도 지배에 대한 정다운 회상과 향수에 의해 만들어진 이와 같은 영화들이 포크랜드Falklands 전쟁과 일치되었으며, 그러한 종류의 소설들의 성공이 보여 주고 있는 영국의 식민지 지배에 대한 재평가 작업의 등장은, 현대 영국에서 일어나고 있는 보수주의 이데올로기 예술 속에서 구현된 것임을 지적했다. 루시디가 그저 공적으로 비통하게 소리 지르고 신음한다고만 생각했던 비평가들은 사태의 중요한 핵심을 보지 못했던 것처럼 보인다. 사실 루시디는, 사회에서의 지식인의 위치를 고래의 안과 밖의 위치로 파악했던 조지 오웰George Orwell의 유명한 개념이 이제는 더 이상 적용되지 않는다고 느낀 지식인들에게 호소력이 있었을 법한, 더 큰 맥락의 이야기를 하고 있었다. 루시디는 현대의 리얼리티에는 사실 "고래가 없으며, 이 세상에는 조용한 구석이란 아예 없고, 역사와 끔찍한 소란으로부터 쉽게 도피할 곳이 없다."[27]는 것을 지적하고 있었다. 그러나 루시디의 주요 핵심은 논의할 가치가 없는 것으로 생각되었다. 그 대신 논쟁의 주요 핵심은, 식민지로부터 해방된 이후 사실 제3세계가 퇴락하지 않았다는 것이 사실인가 그리고 현재의 야만성과 독재와 몰락을 스스로의 역사 (식민지 이전에는 아주 나빴다가, 식민지가 된 후에 좋아졌다고 믿는 역사) 탓으로 돌리는 보기 드문 —나는 '아주 보기 드문'이라고 덧붙이고 싶다— 제3세계 지식인들의 말에 귀기울이지 않는 것이 차라리 더 나은가 하는 것이 되었다. 그래서 그 논쟁은 부조리한 자세를 취하는 루시디보다는 잔인할 만큼 솔직한 V. S. 네이폴식이 되고 말았다.

우리는 그때 그리고 그 이후에 서구인들이 루시디에 의해 자극받았으며, 자신들이 그동안 참을 만큼 참았다고 느낀다는 것을 알게 되었다. 베트남과 이란 이후에 —급진적인 미국인 민족주의자들에게는 이 두 나라의 이름이 똑같이 국내의 상처(60년대의 반전 학생 운동과 70년대의 인질 사건에 대한 국민적 고뇌)와 국제적 분쟁, 베트남전과 이란전의 패전을 연상시켜 주는데— 우파 노선은 옹호되어야만 했고, 민

---

27) *Imaginary Homelands : Essays and Criticism, 1981 ~1991*에서 Salman Rushide, "Outside the Whale,"(London : Viking/Granta, 1991), pp. 92, 101.

주주의는 얻어맞아야만 했으며, 비록 해외에 손실을 입혔다 할지라도, 지미 카터Jimmy Carter가 이상하게 말했듯이, 그것은 "쌍방의 손실"이 되었다. 이러한 느낌은 서구인들로 하여금 탈식민주의 과정을 전면 재숙고하도록 만들었다. "우리"가 "그들"에게 진보와 현대화를 제공해 주지 않았던가? 그들 스스로는 갖지 못했던 질서와 안정을 가져다 준 것도 우리가 아니었던가? 그들이 스스로 자립할 수 있다는 생각은 잘못된 신념이 아니었을까? 왜냐하면 독립한 후에 등장한 지도자라는 것이 기껏해야 보카사Jean Bedel Bokassa나 아민이었고, 그들의 지식인 친구들이라는 것도 기껏 루시디 정도가 아니었던가? 우리가 그냥 식민지를 보유하면서, 열등 인종들을 단속하고, 인류 문명에 대한 책임자로서 계속 남아 있었어야만 했던 것은 아닌가?

물론 방금 내가 열거한 것들이 모두 다 사실은 아니고, 그중 어떤 것은 그저 소묘 정도일 수도 있다는 것을 나는 잘 알고 있다. 그러나 그러한 것들은 실제 자신이 서구를 대변한다고 생각하는 사람들의 입에서 늘 나오고 있는 말과 크게 다르지 않다. 그들은 이 세상에 오직 "서구"만 존재한다는 것에 그리고 나머지로는 간단히 일반화시킬 수 있는 예전 식민지가 있다고 하는 데 대해 조금의 의심도 없는 것처럼 보인다. 그들은 그렇게 쉽게 본질과 일반화에 뛰어들어가면서, 서구가 비서구에게 베풀어 준 은덕에 호소한다. 그리고 곧 그 관대한 손을 무는, 고마워할 줄 모르는 비서구인들을 원망한다. "우리에게 그렇게 도움을 받고도 그들은 왜 고마워할 줄 모르는 것일까?"[28]

우리는 얼마나 쉽게 그 고마워할 줄 모르는 사람들이라는 단순한 공식 속에 휩쓸려 들어가는가? 수세기 동안 즉결 처분과 끝없는 경제적 착취와 사회적 억압과 변함없는 유럽의 우월성으로 인한 복종을 겪어온 사람들의 비참함은 다 잊혀지고 무시된다. 노예선에 실려간 수백만의 아프리카 흑인들에 대한 기억은, 다만 백인들의 우월성을 유지하기 위한 상상할 수 없는 대가를 인정하는 것과 상쇄된다. 그러나 그보다 더 자주 잊혀지는 것은, 제국인들과 식민지인들 모두의 개인적·

---

28) 이것이 코너 쿠르즈 오브라이언의 "Why the Wailing Ought to Stop," *The Observer*, June 3, 1984의 메세지이다.

집합적 삶에 파고 들어온 폭력적인 역사의 수많은 흔적들이다.

서구의 우선성과 중요성을 주장하는 이러한 종류의 현대 담론에서 주목해야만 할 것은, 그것이 얼마나 형식에 있어서 전체주의적이고 어떻게 태도와 제스처에 있어서 폐쇄적이며 또 어떻게 타자를 제외시키는가 하는 것이다. 우리는 갑자기 19세기에 살고 있는 것 같은 느낌을 받게 된다.

이러한 제국주의적 태도는 1898년에서 1899년 사이에 쓰여진 콘라드의 위대한 소설『암흑의 핵심 Heart of Darkness』에 잘 나타나 있다. 한편으로 화자 말로우는 모든 언어의 비극적 상황을 인정한다. "우리 존재의 생명력을 전달하는 것은 불가능하다. 말을 진실로 만드는 것, 말의 의미, 말의 미묘하고도 꿰뚫는 본질. … 우리는 꿈꾸면서 산다, 혼자서."[29] 그러면서도 그는 커츠를 향해 가는 아프리카 오지로의 항해에 대한 내러티브를 통해 커츠의 아프리카 경험이 주는 거대한 힘을 전달하는 데 성공한다. 이 내러티브는 곧 암흑 세계에 대한 유럽의 사냥이라는 것이 초래하는 정신적 황폐함과 공포와 더불어 구원의 힘과 직접적으로 연결된다. 말로우의 절박한 내러티브 속에 부재해 있는 것이나 조작된 것이 무엇이든지간에, 그것은 내러티브의 완전한 역사적 순간 ―즉 중간중간에 끼어드는 여담이나 묘사나 조우 같은 시간적 전진― 에 의해 보상받는다. 커츠의 내륙 주재소를 향해 가는 말로우의 내러티브 즉 그 자신이 근원과 저자가 되는 내러티브 속에서 말로우는 강 상류를 향해 가고 있는 자신의 항해 속에 끼어드는 에피소드들처럼, 크고 작은 나선형 속에서 앞뒤로 움직이고 있다.

콘라드를 당대의 다른 작가들과 구별지어 주는 것은, 폴란드 망명객인 그를 제국의 고용인이 되도록 만든 당대의 식민지 상황으로 인해, 그가 자신의 글쓰기에 너무나 의식적이었다는 점이다. 그러므로 그의 대부분의 소설들처럼『암흑의 핵심』역시 말로우의 모험에 대한 직설적인 이야기가 아니다. 그것은 식민지의 예전 방랑자이자, 특정 시간에 특정 장소에서 일단의 영국인들에게 이야기를 하는 말로우 자신의 극

---

29) Joseph Conrad, *Youth and Two Other Stories*에 서 "Heart of Darkness,"(Garden City : Doubleday, Page, 1925), p. 82.

화이다. 그의 이야기를 듣는 사람들이 대부분 상업에 종사하는 사람이라는 사실은 곧 예전에는 모험적 요소가 강하고 개인적인 작업이었던 제국주의 비지니스가 이제는 비지니스의 제국이 되었다는 것을 의미한다. (우연히도 비슷한 시기에 탐험가이자 지리학자이며 진보적 제국주의자였던 핼포드 매킨더Halford Mackinder가 런던 은행가 협회에서 제국주의에 대한 일련의 강연을 했다는 사실을 상기할 필요가 있다.[30] 아마도 콘라드 역시 그것에 대해 잘 알고 있었을 것이다.) 말로우의 내러티브의 억압적인 힘이 당시 제국주의의 지배를 벗어날 수 있는 방법이 없었다는 것 그리고 또 제국주의가 스스로의 지배하에 있는 모든 것을 재현하고 대변하는 체계적인 힘을 갖고 있다는 것을 정확하게 지적해 주고는 있지만, 콘라드는 우리에게 말로우가 하고 있는 일은 다만 그러한 상황에만 한정되고, 비슷한 생각을 가진 영국인 청중들을 대상으로 해서만 행해지는 우연한 일이라는 것을 보여 주고 있다.

그럼에도 불구하고, 콘라드나 말로우는 둘 다, 커츠나 말로우나 넬리호 갑판의 청중들이나 콘라드에 의해 표상되는, 세계 정복 태도의 '밖'에 있는 풍경을 확연히 보여 주지는 않는다. 내 말은 『암흑의 핵심』의 정치학과 미학이 제국주의적이기 때문에 아주 효과적으로 작용하고 있다는 것이다. 즉 19세기 말에는 제국주의가 심미적인 것으로 보였고 또 필연적인 것으로 보였다는 것이다. 왜냐하면 우리가 남의 경험을 진정으로 이해할 수 없다면, 만일 그래서 커츠가 밀림에서 백인으로서 그리고 말로우가 화자로서 행사한 것처럼 공격적인 권위와 권력을 사용해야 한다면, 다른 비제국주의적 대안을 찾는 것은 아무런 소용이 없기 때문이다. 체제는 그것들을 제외시키고 생각할 수 없게 만든다. 그 모든 것의 순환성과 완전한 닫힘은 심미적으로 뿐만 아니라, 정신적으로도 공격을 불허한다.

---

30) 맥킨더Mackinder에 대해서는 Neil Smith, *Uneven Development : Nature, Capital and the Production of Space* (Oxord : Blackwell, 1984), pp. 102~3를 보라. 콘라드와 전승 지리학은 Felix Driver의 "Geography's Empire : Histories of Geographical Knowledge," *Society and Space*, 1991의 핵심이다.

콘라드는 말로우의 이야기를 전개시켜 나가는 데 너무 의식적이 된 나머지, 우리로 하여금 제국주의가 스스로의 역사를 삼키기는커녕 슬그머니 일어나고 있으며 보다 더 큰 역사에 의해 둘러싸여 있고, 넬리호의 갑판에서 원을 그리며 앉아 있는 유럽인들의 외부에 존재한다는 것을 깨닫도록 해주고 있다. 그러나 사실 그곳에는 아무도 존재하지 않고 있으며, 그래서 콘라드는 그것을 텅 빈 공간으로 놓아 두고 있다.

콘라드나 말로우가 당시 비유럽인을 바라보는 시각으로 인해 콘라드는 아마도 말로우로 하여금 제국주의적 세계관밖에는 제시할 수 없었는지도 모른다. 자주와 독립은 유럽인들과 백인들을 위한 것이었다. 그렇지 않은 사람들은 지배받아야만 했다. 과학, 학문, 역사는 유럽에서부터 나온 것이었다. 콘라드가 조심스럽게 벨기에의 식민주의와 영국의 식민주의의 차이를 기록했던 것만큼은 사실이다. 그러나 그는 다만 세계가 벨기에식 아니면 영국식 지배로 나누어져 있다고 생각할 수 있을 뿐이었다. 그러나 콘라드는 자기 자신이 주변부 망명객이라는 사실을 끊임없이 깨닫고 있었기 때문에, 아주 조심스럽게 (미친 듯이라고 표현하는 사람도 있지만) 말로우의 내러티브를 두 세계 사이에 서 있음으로 인해서 오는 잠정성에 위치시켰다. 콘라드는 분명 세실 로드스Cecil Rhodes나 프레드릭 루가드Frederick Lugard 같은 제국주의 기업가는 아니었다. 그러나 한나 아렌트의 말대로, 그는 "제국주의자들이 어떻게 제국의 끝없는 확장의 소용돌이 속으로 빨려들어가 스스로의 정체성을 잃고 그 과정의 법칙에 복종하게 되며, 그 모든 과정을 지속시키기 위해 자기가 종사해야 될 이름 없는 권력과 자신을 동일시하며, 또 어떻게 스스로를 단순한 기능으로 생각하게 되며 심지어는 그러한 기능을, 그러한 역동적인 힘과의 동일시를 가장 지고한 성취라고 생각하게 되는지를 잘 알고 있었다."[31] 만일 제국주의가 마치 내러티브처럼 재현의 모든 체계를 독점해 왔다면 ―그래서 『암흑의 핵심』

---

31) Hannah Arendt, *The Origins of Totalitarianism* (1951 ; new ed. New York : Harcourt Brace Jovanovich, 1973), p. 215. Fredric Jameson, *The Political Unconscious : Narrative as a Socially Symbolic Act* (Ithaca : Cornell University Press, 1981), pp. 206~81도 보라.

에서는 제국주의가 말로우와 그의 청중들 그리고 커츠와 다른 탐험가들을 대변하는 것만큼이나 아프리카인들을 대변하도록 허용되어 있다— 비록 우리와 제국주의가 서로 완벽하게 조화되거나 일치되지는 않는다고 해도 아웃사이더로서 우리의 자의식은 우리로 하여금 어떻게 제국주의 메커니즘이 작동하는지를 이해하도록 해준다는 것을 콘라드는 잘 알고 있었다. 그러므로 결코 완전하게 동화된 영국인이 아니었던 콘라드는 자신의 작품들로부터 언제나 아이러니컬한 거리를 두었다.

그러므로 콘라드의 내러티브 형식은 오늘날 탈식민주의 시대에 두 가지 논쟁 즉 두 가지 비전을 파생시키는 것을 가능하게 해주었다. 하나는 세계를 유럽과 서구의 공식적인 제국주의적 시각으로 바라보는, 2차 대전 이후에 굳어진 제국주의 기업의 시각이다. 서구인들은 아프리카와 아시아의 식민지를 표면적으로는 떠났는지 모르지만, 실제로는 시장으로서 뿐만 아니라 이념적인 지도로서 계속 남아 도덕적, 지적으로 지배해 왔다. "아프리카 줄루족에 톨스토이Leo Tolstoi가 있으면 보여 주시오."라고 최근 어느 미국 지성인은 말했다. 이와 같은 지배의 합리화는 오늘날 서구와 서구가 한 일 그리고 나머지 세계가 무엇이고 또 무엇이 되는지를 대변하고 있는 사람들의 공통된 견해이다. 이와 같은 담론의 주장은 식민지가 처음부터 존재론적으로 상실되어 있었다고 즉 식민지는 어쩔 수 없이 열등하다고 주장함으로써, '상실'을 통해 재현되어 온 것들을 제외시키고 있다. 더욱 식민지 경험의 공유에 초점이 주어지는 것이 아니라, 무엇을 공유해서는 안 되는가에 즉 권력과 개발에 수반되는 권위에 초점이 주어져 있다. 수사학적으로 말해, 그와 같은 것은 쥘리앙 방다Julien Benda의 현대 지성인 비판에 의하면, 필연적으로 대량 살육 —만일 실제 대량 살육이 아니라면 적어도 수사학적 대량 살육— 으로 이어진다.

두 번째는 훨씬 더 동의할 만한 것이다. 그것은 마치 콘라드가 자신의 내러티브를 그렇게 보았듯이, 시간과 장소가 지역적이며 무조건 진실도 아니고 완전히 확실한 것도 아니다. 내가 말했듯이 콘라드는 자신이 제국주의에 대항할 수 있는 완전히 다른 어떤 것을 상상할 수 있다는 인상을 우리에게 주지 않는다. 그가 묘사한 아프리카와 아시아와 아메리카의 토착민들은 자주의 능력이 없었고 또 그가 유럽의 지배를 당연한 것으로 보았기 때문에 제국의 지배가 끝나면 어떤 일들이 벌어질는지 콘라드는 상상할 수 없었다. 그러나 제국의 지배는 끝날 것이었다. 다른 모든 인간의 노력처럼 전성기가 지나고 결국 끝날 때가 올 것이었다. 자신이 제국주의 시대에 살았기 때문에 그리고 그것의 우연성을 보여 주고 허상과 폭력과 황폐함을 기록했기 때문에 콘라드는 비록 자신은 아프리카가 앞으로 어떻게 될지 전혀 알 수 없었지만 그래도 후대의 독자들로 하여금 아프리카가 유럽의 식민지 이상의 존재라는 것을 상상하도록 해주었다.

콘라드의 첫 번째 노선으로 돌아가서 바라보면, 다시금 고개를 들고 있는 제국주의 담론은 19세기의 제국주의적 행태를 통해 경계를 긋고 벽을 세우며 오늘날에도 계속되고 있다. 이상하게도 그와 같은 것은 영국과 인도 또는 프랑스와 아프리카 같은 예전의 제국/식민지 파트너들 사이의 엄청나게 복합적이고 놀랄 만큼 흥미있는 관계에서도 계속되고 있다는 것이다. 그러나 그러한 교류들은 제국주의에 대한 양극화된 찬반론자들의 시끄러운 적대주의에 의해 그리고 현재 진행되고 있는 상호 교류를 외면하는 사람들에 의해 어두운 그림자를 드리우고 있다. 즉 국가의 운명이니 해외의 이익이니 신제국주의니 하며 떠들어대는 공격적인 서구인들과 아이러니컬하게도 새로운 국수주의와 다시 소생하고 있는 호메이니주의를 추종하고 있는 사람들에 의해서 말이다. 유감스럽게도 경직된 그 두 진영의 내부에는, 자기네들과 타자들에 대한 진실을 모두 다 알고 있다고 생각하는 전능한 사람들이 이끄는, 잘못이 없고, 정의로우며, 충성스러운 사람들이 포진하고 있다. 그 진영의 외부에는 거의 아무런 효과도 없는, 과거에 대한 불평만을 늘어놓고 있는 말많은 잡동사니 지식인들과 회의주의자들이 있을 뿐이다.

1970년대와 1980년대에, 내가 『암흑의 핵심』의 두 노선 중 첫 번째 것이라고 부른 것에서 지평의 확대가 아닌 지평의 수축을 수반한, 한 중요한 이념적 변화가 일어났다. 그러한 변화는 우선 급진주의적인 사상가들의 태도에서 일어났다. 예컨대 1960년대에 급진주의와 지적 반란의 사도로서 등장했던 저명한 프랑스 사상가인 장 프랑수아 리오타르Jean-François Lyotard와 미셸 푸코Michel Foucault는, 리오타르가

'위대한 해방과 계몽의 합법적인 내러티브'라고 부르는 것에 대한 신념이 급격히 쇠퇴해 가는 과정을 묘사했다. 1980년대에 리오타르는, 이 시대가 지역적인 문제들에 관심이 있고, 역사가 아니라 해결해야 될 문제 또 거대한 리얼리티가 아니라 게임에 관심을 갖는 포스트모던 시대라고 말했다.[32] 푸코도 역시 제외와 감호 ―범법자들과 시인들과 추방자들의 감호― 에 대한 부단한 저항에 관심을 갖고 연구해 오던 현대 사회에서의 저항 세력으로부터 주의를 돌려, 권력이 도처에 스며들어 있기 때문에 개인을 둘러싸고 있는 지역적이고 미시적 권력에 관심을 집중하는 편이 더 낫다고 결정했다. 그러므로 연구의 대상이 되고 개발되며, 만일 필요하다면 재단장되고 재건되는 것은 '자아'였다.[33] 리오타르나 푸코 모두에게서 우리는 해방의 정치학에 대한 실망을 설명하기 위해 사용된 똑같은 상징들을 발견할 수 있다. 시작과 목표를 가능하게 해주는 내러티브는 사회 속의 인간의 궤적을 파악하는 데에는 더 이상 적합치 않다는 것이다. 기대할 것은 아무것도 없고, 우리는 원 속에 갇혀 있다고 그들은 말한다. 과연 그들의 노선은 원 속에 갇히고 말았다. 그래서 반제국주의 탈식민화 정치학과 철학에의 참여를 상징했던 알제리와 쿠바와 베트남과 팔레스타인과 이란의 반식민주의 투쟁을 수년 동안이나 지지한 서구의 지식인들에게 지금은 고갈과 실망의 시기가 도래한 것 같다.[34] 우리는 지금 혁명을 지지하는 것이 얼마나 부질없는 짓이었고, 권력을 잡은 새로운 정권들이 얼마나 야만적이었으며, 탈식민화가 ―이건 너무 심한 말이지만― 어떻게 '세계의 공산화'를 도와주었는가에 대한 이야기들을 듣고 있으며, 또 그

---

32) Jean-François Lyotard, *The Postmodern Condition : A Report on Konwledge*, (Minneapolis : University of Minnesota Press, 1984), p. 37. Geoff Bennington and Brian Massumi 옮김.

33) 특히 푸코의 후기 저작인 *The Care of the Self*, Robert Hurley 옮김.(New York : Pantheon, 1986)를 보라. 푸코의 모든 작품이, 특히 그 자신에 관한 것이라는 점을 주장하는 매우 새로운 해석이 *The Passion of Michel Foucault* by James Miller (New York : Simon & Schuster, 1993)에 있다.

34) 예컨대, Gérard Chaliand, *Revolution in the Third World* (Harmondsworth : Penguin, 1978)을 보라.

런 것에 대한 글들을 읽고 있다.

그래서 지금 도처에 테러리즘과 바바리즘이 다시 등장하고 있다. 또한 식민지인들은 식민 통치를 받아야만 한다고 생각하는 사람들, 또는 "우리"가 아덴이나 알제리나 인도나 인도차이나에서 철수한 것이 바보짓이었으므로, 다시 그들의 영토를 침략하는 것이 옳다는 생각을 가진 전직 식민주의 전문가들이 다시 등장하고 있다. 그리고 해방 운동과 테러리즘과 K. G. B 사이의 관계를 연구하는 다양한 전문가와 이론가도 등장하고 있다. 진 커크패트릭Jeane Kirkpatrick이 서구의 우방이라면 권위주의적 ('전체주의적'이라는 말과는 대비되는) 정권이어도 괜찮다고 말했을 때, 많은 사람들이 거기에 공감했다. 그래서 레이건주의와 대처주의 같은 보수 우파주의의 등장과 더불어 새로운 국면의 역사가 시작되었다.

역사적으로 어떻게 달리 이해될 수 있을런지는 몰라도, "주변 세계"로부터의 "서구"의 단호한 철수는 오늘날의 지식인들에 있어서 매력적이거나 교훈적인 일은 못되었다. 그것은 고래의 밖에 있다는 것의 의미에 대한 지식이나 발견의 가능성을 차단하는 것이었다. 루시디의 또 다른 성찰로 돌아가 보자.

> 우리는 마치 아무도 일하거나 먹을 필요가 없고, 사랑하거나 미워하거나 잠잘 필요가 없는 우주를 만들 수 없는 것과 마찬가지로, 정치적으로 자유로운 허구의 우주를 만들 수는 없다. 고래의 밖에서는, 정치적인 요소의 병합으로 인한 특별한 문제들과 씨름하는 것이 필요하고 심지어 유쾌한 일이 된다. 왜냐하면 정치란 점차 소극笑劇이나 비극이 되거나, 아니면 (지아Zia의 파키스탄처럼) 그 둘 다이기 때문이다. 고래의 밖에서는, 작가는 자신이 군중의 일부이며 대양의 일부이고 폭풍의 일부여서, 객관성이 하나의 거대한 꿈 즉 성공의 불가능성에도 불구하고 투쟁해야만 하는, 이룰 수 없는 목표가 된다. 고래의 밖은 곧 새뮤얼 베케트Samuel Beckett의 유명한 공식처럼, '나는 계속할 수 없어. 그러나 계속할 거야. I can't go on, I'll go on.'의 세계이다.[35]

---

35) Rushdie, "Outside the Whale", pp. 100~101.

오웰에게서 빌어온 루시디의 위 묘사는 콘라드를 연상시켜 준다. 왜냐하면 바로 여기에서 콘라드의 내러티브 양식의 두 번째 노선이 발견되기 때문이다. 예컨대 밖에 대한 명백한 암시를 통해, 그것은 말로우와 그의 청중들에 의해 제공되는 기본적으로 제국주의적인 재현의 밖에 위치해 있는 시각을 우리에게 가르쳐 주고 있다. 그것은 근본적으로 세속적인 시각이며, 역사적 숙명론이나 숙명이 수반하는 원리주의의 눈에는 보이지 않으며, 역사적 무관심이나 현실 회피주의의 눈에도 보이지 않는다. 내부에 위치해 있는 것은 곧 제국주의의 경험으로부터 단절되는 것이며, 유럽 중심주의의 지배와 전체주의적 시각에 스스로를 복종시키는 것이다. 이 다른 시각은 한쪽만을 위한 특별한 역사적 특권이 없는 영역이 있다는 것을 암시해 주고 있다.

나는 루시디를 확대 해석하거나 그가 의도하지 않은 의미를 부과하려는 것은 아니다. 영국의 지방 미디어와의 논쟁 속에서, (『사탄의 시』로 인해 그가 숨기 전에) 루시디는 인도의 대중 매체 속에서는 자신의 경험의 진실을 알아볼 수 없다고 주장했다. 나는 그보다 한걸음 더 나아가, 논쟁에 의해 모호해진 공통의 터전을 드러내 주는 것은 정치가 문화와 미학과 결합함으로써 생기는 미덕이라고 말하고 싶다. 아마도 현장에서 싸우는 투사들은 그러한 것들을 숙고해 보지 않고 투쟁하기 때문에, 그러한 공동의 터전을 발견하기 어려울 것이다. 나는 루시디의 논쟁을 부추긴 분노를 충분히 이해할 수 있는데, 그 이유는 나 역시 그처럼 제3세계는 골칫거리이고, 문화적, 정치적으로 열등하다는 지배적인 서구인들의 동의에 의해 수적으로나 조직적으로나 열세이기 때문이다. 우리는 기껏 소수 인종이나 주변부의 조그만 목소리로 글을 쓰고 말을 하지만, 우리들의 언론인 비평가들과 학자 비평가들은 신문이나 텔레비전이나 잡지나 연구소의 풍부한 학문적 원천과 정보를 통해 우리를 침묵시키려고 하고 있다. 오늘날 그들의 대부분은 우파 성향의 저주의 합창을 퍼붓고 있는데, 그러한 과정에서 그들은 비백인, 비서구인, 비기독교인들을 서구의 에토스와 분리시키며, 그들을 한데 묶어 테러리스트들이나 주변부인들이나 이등 국민이나 중요하지 않는 사람들로 분류해 놓는다. 그리고 그러한 분류 속에 포함된 것을 공격하는 것은 곧 서구의 정신을 옹호하는 것이 된다.

이제 다시 콘라드로 돌아가서, 『암흑의 핵심』에 나타난 덜 제국주의적인 가능성이자, 내가 두 번째 노선이라고 부르는 것에 대해 고찰해 보자. 콘라드가 테임즈 강에 정박해 있는 배의 갑판 위에서 이야기를 하고 있다는 사실을 다시 상기해 보자. 말로우가 이야기하는 동안 해는 지고, 이야기가 끝나갈 무렵에는 영국에 암흑의 핵심이 다시 내리 덮힌다. 말로우의 청중들 외부에는 정의되지 않은 불분명한 세상이 있다. 콘라드는 때로 그 세계를 말로우에 의해 대표되는 제국의 중심 담론으로 포용하기를 원하는 것처럼 보인다. 그러나 스스로의 탈구축된 주관성으로 인해 그는 그러한 유혹에 성공적으로 저항한다. 나는 언제나 콘라드의 자의식적으로 원형적인 내러티브 양식이, 형식적인 장치들과 인공적인 구조들을 통해, 우리로 하여금 제국주의 시절에는 접근이 불가능한 것처럼 보였던 리얼리티의 가능성 즉 1924년 콘라드가 죽은 이후에야 가능했던 제국주의 종말의 가능성을 감지하도록 해준다고 믿어 왔다.

이것은 더 많은 설명을 필요로 한다. 그들의 유럽적인 이름과 매너리즘에도 불구하고, 콘라드의 화자들은 유럽 제국주의의 평범한 증인들은 아니다. 그들은 제국의 관념이라는 이름으로 자행되는 것들을 단순히 받아들이지는 않는다. 그들은 그것에 대해 많이 생각하고 많이 걱정하며 그것을 일상의 것처럼 보이게 할 수 없을까 하고 진정으로 고민하는 사람들이다. 그러나 그것은 결코 그런 것이 아니다. 제국에 대한 정통적인 견해와 자신의 견해 사이에서 그러한 분별을 보여 주는 콘라드의 방법은 관념과 가치가 어떻게 화자의 언어의 자리 바꿈을 통해 구축(그리고 탈구축)되는가를 보여 주는 것이다. 거기에 덧붙여 화자의 이야기하기는 세심하게 무대에 올려져 있다. 콘라드의 화자에게는 청중들과 그들이 거기에 같이 있는 이유, 자기 목소리의 특성, 자기 말의 효과—이 모든 것이 아주 중요하며, 그가 말하고 있는 이야기의 중요한 양상이 된다. 예컨대 말로우는 결코 직선적으로 말하지 않는다. 그는 수다스럽기도 했다가 놀랄 만큼 웅변적이기도 하며, 의도적으로 잘못 진술함으로써 특이한 것을 더욱 특이하게 만들기도 하고, 아니면 그것들을 모호하고 상충되게 만들기도 한다. 그래서 그는 프랑스 군함 한 척이 "대륙 속으로" 포격을 가했다고 말하고 있다. 커츠의 웅변 역시 신뢰성을 주지 않는 만큼이나 계몽적이다. 그의 말은 이상한 모순으로 가득 차 있어서 (이안 와트Ian Watt는 그것을 "지연된 기호 풀기"[36]라고 불렀다) 그의 청중들과 독자들에게 그가 제시하고 있는 것이 실제와 다를 것이라는 느낌을 준다.

 그러나 커츠와 말로우가 말하고 있는 것의 가장 중요한 핵심은, 제국의 지배 즉 아프리카인들과 그들의 상아象牙에 대한 유럽인들의 지배 그리고 원시적인 암흑 대륙에 대한 문명의 지배이다. 제국에 대한 공식적인 "관념"과 실제로 아주 다른 아프리카의 현실 사이의 모순을 강조함으로써, 말로우는 제국 그 자체에 대한 관념뿐만 아니라 보다 더 기본적인 것 즉 리얼리티에 대한 독자들의 느낌을 불안하게 만든다. 왜냐하면 만일 콘라드가 인간의 모든 행동이라는 것이 말로서는 묘사할 수 없는 본질적으로 불안한 리얼리티를 조종하는 데에 달려 있다는 사실을 보여 줄 수 있다면 제국의 경우도 마찬가지일 것이기 때문이다. 그렇다면 콘라드와 더불어 우리는 끊임없이 생성되고 해체되는 세계 속에 존재해 있는 셈이 된다. 안정되고 안전하게 보이는 것 —예컨대 구석에 앉아 있는 경찰관— 은 밀림 속의 백인의 위치보다 겨우 조금 더 안정되게 보일 뿐이며, 그것은 이야기의 끝에 런던과 아프리카 모두에게서 발견되는 지배적인 어두움을 이길 수 있는 지속적인 (불안한) 승리를 요구한다.

 콘라드의 천재성은 스스로로 하여금 항존하는 어두움이 식민지화되거나 밝아질 수 있다는 것을 깨닫게 해주었다. 『암흑의 핵심』은 백인의 의지와 권력의 주둔에 의해 암흑의 대륙에 빛을 가져간다는 문명의 사명감으로 가득 차 있다. 커츠와 말로우는 암흑을 인정한다. 전자는 죽어 가면서, 후자는 커츠의 마지막 말을 회상하면서. 그들은 (그리고 물론 콘라드도) 자신들이 "암흑"이라고 부르는 것이 자주성을 갖고 있으며, 제국주의가 빼앗았던 것들의 반환을 요청할 수 있다는 사실을 알고 있었다는 점에서 시대를 앞서 간 사람들이었다. 그러나 말로우와 커츠는 결국 자기 시대의 산물이었으며 그래서 다음 단계로 나아가지

---

36) Ian Watt, *Conrad in the Nineteenth Century* (Berkeley : University of California Press, 1979), pp. 175~79.

는 못했다. 다음 단계란 즉 자기들이 비유럽적 "암흑"이라고 무시하며 바라본 것이 사실은 콘라드가 환원적으로 말하고 있듯이, 다시 암흑을 가져오는 것이 아니라, 언젠가는 주권과 독립을 되찾기 위해 제국주의에 저항하는 비유럽 세계였다는 것을 인정하는 것이다. 콘라드의 비극적 한계는, 비록 그가 한편으로는 제국주의가 순수한 지배이며 땅 뺏기였다는 것을 잘 알고 있었음에도 불구하고 제국주의는 종식되어야만 하고 "토착민"들은 유럽의 지배로부터 독립해 자유롭게 살아야만 한다고 결론 짓지 못했다는 점이다. 자기 시대의 산물로서, 콘라드는 비록 제국주의에 대해 신랄한 비판을 가했지만 토착민들에게 자유를 허용할 수는 없었던 것이다.

콘라드가 유럽 중심적인 사고 방식에서 벗어나지 못했다는 것의 문화적·이념적 증거는 인상적일 만큼 풍부하다. 그러나 제국에 저항하는 사조와 문학과 이론은 존재해 왔고 ─그것이 이 책의 제3장 주제가 된다─ 또 심하게 무시되어 온 탈식민주의 지역에서 서구의 중심과 똑같은 위치에서 비유럽의 차이와 다양성에 대해 논쟁하고, 비유럽의 역사와 현안들을 논하는 대단히 정력적인 노력들은 언제나 있어 왔다. 그러한 증언의 목적은 유럽과 경쟁하는 지역과 관련 분야를 각인하고 재해석하며 확대하는 것이다. 그러한 것 중에서 일부는 ─예컨대 두 명의 중요하고도 활동적인 이란의 지식인이자, 연설과 저서와 테이프를 통해 이슬람 혁명을 준비해온 알리 샤리아티Ali Shariati와 자랄 알리 이 아메드Jalal Ali i-Ahmed는─ 식민주의를 곧 토착민 문화의 절대적인 저항으로 해석한다. 그런 경우, 서구는 적이고 질병이며 악이다. 다른 경우를 보면, 케냐 작가 응구기나 수단 작가 타옙 살리Tayeb Salih는 자신들의 소설에 미지의 세계로의 항해와 탐색 모티프 같은 식민지 문화를 원용하여, 탈식민주의 목적을 위해 자신들의 것으로 만들고 있다. 『북쪽으로의 이동 계절Season of Migration to the North』에서 살리의 주인공은 커츠와는 정반대의 행동을 한다. 즉 흑인이 백인의 영토인 북쪽으로 여행을 떠나는 것이다.

고전적인 19세기 제국주의와 그것이 만들어 낸 토착민 문화의 저항 사이에는 완고한 대치가 있고 토론의 충돌이 있으며, 대부분의 탈식민주의 작가들은 과거를 수치스러운 부상의 상처 자국이나 서로 다른 실천의 선동, 새로운 미래를 향해 가는 과거에 대한 수정된 비전으로서 그리고 또 절박하게 재해석해야만 되는 것으로서 간직한다. 그래서 그 안에서는 과거에 침묵했던 토착민들이 제국으로부터 되찾은 영토에서 말하고 행동한다. 우리는 그러한 양상을 루시디나 데렉 월코트Derek Walcott, 에메 세제르Aimé Césaire, 치누아 아체베, 파블로 네루다Pablo Neruda 또는 브라이언 프릴Brian Friel에게서 발견할 수 있다. 오늘날 그러한 작가들은 진정으로 위대한 식민지 시대의 대작들을 읽을 수 있다. 즉 식민지인들을 잘못 재현하거나, 식민지인들은 자신들에 대해 유럽인들이 써놓은 것들을 읽거나 반응할 수 없다는 듯이 쓰여진 책들을 말이다. 마치 유럽의 인종학이 자신들의 과학적 담론에 토착민들이 간섭할 수 없다고 생각했던 것처럼 말이다. 그렇다면 그러한 새로운 측면에 대해 좀더 자세히 알아 보기로 하자.

4. 상충되는 경험들

    인간의 경험에는 주관적인 측면이 있지만, 동시에 그것은 역사적이고 세속적이며 분석과 해석이 가능하고 또 —가장 중요한 것으로— 전체주의적인 이론에 의해 고갈되지 않으며, 국가의 또는 원리의 노선에 한정되지 않고, 분식적 구조물에 한정되지 않는다는 생각을 받아들이는 것으로부터 시작해 보기로 하자. 만일 우리가 그람시Antonio Gramsci처럼 지적인 직업이 사회적으로 가능하고 또 바람직하다고 믿는다면, 여자만이 여성의 경험을, 유태인만이 유태인의 경험을 그리고 식민지인들만 식민지 경험을 이해할 수 있다는 제외를 설정해 놓고 역사적인 분석을 시도한다는 것은 용납할 수 없는 모순이 될 것이다.
    나는 사람들이 모든 질문에는 두 가지 측면의 답이 있다고 말하는 식으로 그런 이야기를 하는 것은 아니다. 원리주의와 제외 그리고 장벽과 당파의 이론의 문제점은 그것들이 지식 대신 무지와 민중 선동의 양극화를 허용한다는 점이다. 인종과 현대 국가와 현대의 국수주의에 대한 최근의 이론들은 바로 그러한 슬픈 사실을 증명해 주고 있다. 만일 우리가 아프리카와 이란과 중국과 유태와 독일의 경험이 근본적으로 완전히 분리된 것이고 그래서 오직 아프리카인과 이란인과 중국인과 유태인과 독일인 들만 이해할 수 있는 것이라는 것을 미리 안다면, 우리는 우선 역사적으로 생성되고 나중에 그 결과가 해석된 어떤 것 즉 아프리카성, 유태성 또는 독일성 그리고 오리엔탈리즘과 옥시덴탈리즘Occidentalism의 존재를 인정해야만 할 것이다. 둘째, 그 결과로 우리는 그것에 대한 충분한 지식과 다른 지식과의 관련을 증진시키는 대신, 그 경험 자체의 본질만을 옹호하려고 하게 될 것이다. 그렇게 되면 우리는 필연적으로 타자의 다른 경험을 경시하게 될 것이다.

만일 우리가 처음부터 특별하나 서로 뒤엉킨 그룹의 복합적인 경험을 인정한다면 —예컨대 여성들의, 서구인들의, 흑인들의, 국가들과 문화들의— 그것들 모두에게 이상적으로 또 본질적으로 분리된 위치를 부여할 아무런 이유가 없다. 그럼에도 불구하고 우리가 인간들의 커뮤니티와 그것의 형성에 공헌하는 실제 경쟁들에 대한 관심을 갖는다면, 우리는 자연히 각각의 특성에 대해서도 관심을 갖게 될 것이다. 그와 같은 것의 한 좋은 예는 내가 이미 앞에서 언급한 『전통 만들기』 속에 있는 에세이들인데 그것들은 모두 '만들어진 전통들'이 고도로 전문화되었고 지역적(즉 인도의 궁정 의식durbar과 유럽의 축구 경기)이며, 각기 다름에도 불구하고 비슷한 특성을 공유하고 있다고 말하고 있다. 그 책의 핵심은, 이 서로 아주 다른 것들이 인간 경험이라는 공통의 영역 속에서 일어나고 있으며, 홉스바움이 말하고 있듯이, "적당한 역사적 과거와의 연속성을 세우려는"[37] 시도라는 점이다.

19세기 영국의 대관식과 인도의 궁정 의식의 관계를 이해하려면 비교적인 또는 대위법적인 시각이 필요하다. 말하자면 우리는 서로 상충되는 경험들, 각기 다른 현안과 발전 단계와 내적인 형식과 내부의 질서와 외부 관계 체계를 갖고 있으며, 공존하고 서로 교류하는 경험들을 해석하고 이해할 수 있어야만 한다. 예컨대 키플링의 소설 『킴』은 영국 소설과 후기 빅토리아 시대에 매우 특별한 위치를 차지하고 있는데, 인도에 대한 그 소설의 묘사는 인도의 독립 운동의 발전에 있어서 아주 부정적인 측면을 보여 주고 있다. 그 속에서 재현되고 해석되는 소설과 정치적 운동은 만일 서로를 배제하게 되면, 제국의 실제 경험에 의해 생성된 둘 사이의 중요한 상충까지도 배제하는 셈이 된다.

한 가지 더 명백히 해두어야만 할 것이 있다. "상충되는 경험"에 대한 관념은 이데올로기 문제를 회피하기 위한 것은 아니다. 오히려 그 반대로, 해석되고 회상되는 경험은 모두 역사적이고 사회적이라고 할

---

37) p. 1. Hobsbawm and Ranger, *Invention of Tradition*, Eric Hobsbawm, "서문"

수 있다. 마치 그 어느 비평가나 해석자도 만일 자기들이 역사나 사회에 속하지 않는 아르키메데스적 시각을 성취했다고 주장할 수 없듯이 말이다. 경험들을 서로 병치시키는 데 있어서 그리고 그것들로 하여금 서로 연관 짓게 하는 과정에서 이념적, 문화적으로 서로 문을 닫고 있으며 다른 견해와 경험을 억누르고 거리를 두고 있는 현재의 견해와 경험을 합류시키는 것이 나의 해석학적·정치적 목적(가장 넓은 의미에서)이다. 이데올로기의 중요성을 전혀 축소시키지 않고도, 상충되는 것들을 극화하고 드러내는 작업은 그것의 문화적 중요성을 강조한다. 그리고 그것은 우리로 하여금 그것의 힘과 지속적인 영향을 이해하도록 해준다.

그렇다면 19세기 초의 두 텍스트(둘 다 1820년대이다)를 대조해 보기로 하자. 그중 하나는 인상적일 만큼 방대한 『이집트 묘사*Description de l' Egypte*』이고, 또 하나는 상대적으로 얇은 아브드 알 라만 알 자바르티'Abd al-Rahman al-Jabarti의 『아자입 알-아사*'Aja' ib al Athar*』이다. 『이집트 묘사』는 나폴레옹Napoleon Bonaparte이 이집트 원정 때 데리고 간 프랑스 과학자들이 쓴 24권짜리 나폴레옹의 이집트 원정기이다. 아브드 알 라만 알 자바르티는 바로 그 프랑스 원정 때 이집트에서 살았던 유명한 종교 지도자였다. 그러면 우선 장 밥티스트 조셉 푸리에 Jean-Baptiste-Joseph Fourier가 쓴 『이집트 묘사』의 서문을 살펴보기로 하자.

> 이집트는 아프리카와 아시아 사이에 위치해 있으며 쉽게 유럽과 교류함으로써 고대 대륙의 중심을 차지하고 있다. 이 나라는 다만 위대한 기억만을 제공해 주고 있다. 이 나라는 예술의 고향이자 수많은 기념비들을 보유하고 있다. 가장 최근에 세워진 것이 트로이 전쟁 때 것임에도 불구하고, 그곳의 주요 사원들과 왕들이 살았던 궁전들은 아직도 남아 있다. 호머, 리쿠르구스Lycurgus, 솔론Solon, 피타고라스 그리고 플라톤은 모두 과학과 종교와 법률을 배우기 위해 이집트로 갔다. 알렉산더Alexander는 그곳에 부유한 도시를 건설했으며 (그 도시는 그 후 오랫동안 최고의 상업 도시가 되었다) 폼페이와 시저와 마크 안토니와 아우구스투스가

자신들과 로마의 운명과 세계의 운명을 결정하는 것을 지켜 보았다. 그러므로 이 나라가 세계의 운명을 지배하던 왕자들의 주의를 끈 것은 당연한 일이었다.

서구나 아시아거나간에 강대국들 치고 자신들의 타고난 운명인 이집트로 향하지 않는 나라는 없었다.[38]

푸리에는 1978년 나폴레옹의 이집트 침략을 합리화시키는 대변자로서 말하고 있다. 그가 언급하는 위대한 이름과 장소들과 유럽의 침략의 정당화가 가져다 주는 반향은, 정복을 정복자와 패배자 사이의 충돌로 그리고 정복을 당하는 이집트인들의 비참한 경험으로보다는, 더 길고 더 천천히 일어나는 유럽인들의 감성에 받아들여질 만한 문화적 추론으로 바꾸어 놓았다.

거의 같은 시기에 자바르티는 당시 프랑스의 정복에 대한 고뇌에 찬, 통찰력 있는 회상을 기록으로 남겨 놓고 있었다. 투쟁적인 종교 지도자로서 그는 외국의 침략과 조국의 파멸에 대해 쓰고 있다.

금년은 커다란 전쟁이 일어난 해이다. 심각한 문제들이 무서운 방식으로 발생했다. 비참함은 끝없이 증폭되었으며 사태는 악화되었고, 삶의 의미는 타락했으며 파괴와 폐허가 온 나라를 뒤덮었다. (그리고 그는 선한 모슬렘으로서 자신과 자신의 민족에 대해 생각한다.) "신은," 하고 『코란Koran』(xi, 9)에는 기록되어 있다. "정의로운 백성이 살고 있는 도시는 파멸하지 않으신다."[39]

프랑스의 이집트 정벌에는 이집트를 측량하기 위해 수많은 과학자들이 동행했고, 그 결과가 바로 방대한 『이집트 묘사』였다. 그러나 자바르티만이 이집트를 처벌하는 권력의 본질을 꿰뚫어 보고 있었다. 프

---

38) Jean-Baptiste-Joseph Fourier, *Préface historique*, Vol. 1 of *Description de l'Egypte* (Paris : Imprimerie royale, 1809~1828), p. 1
39) 'Abd al-Rahman al-Jabarti, *'Aja'ib al-Athar fi al-Tarajum wa al-Akhbar*, Vol. 4 (Cairo : Lajnat al-Bayan al-'Arabi, 1958~1967), p. 284.

랑스의 권력은 그를 정복당한 이집트인으로 취급했고, 그것은 그를 종속된 존재이자 프랑스 군대의 오고 감, 프랑스의 칙령, 잔혹한 조치들, 자바르티의 동포들의 힘으로서는 어쩔 수 없는 제국의 무한한 권력 행사만을 기록하는 사람으로 제한시켰다. 『이집트 묘사』를 산출한 정치적 배경과 자바르티의 즉각적인 반응을 산출한 정치적 배경의 상충은, 이렇게 서로 다르고 경직되어 있으며 그것들이 불공평하게 경쟁하고 있는 영역을 드러내 주고 있다.

자바르티의 태도가 초래한 결과를 추적해 보는 것은 그리 어렵지 않다. 수세대의 사가들이 내가 이 책의 후반부에서 시도하려고 하는 그러한 종류의 추적을 시도해 왔다. 자바르티의 경험은 이집트와 아랍과 이슬람과 제3세계 역사에 있어서 부단히 계속되고 있는 뿌리 깊은 반서구주의를 산출했다. 우리는 또한 나중에 위대한 성직자 아즈하와 개혁자 무하마드 압두Muhammad 'Abdu와 그의 동시내인인 자말 알 딘 알 아프가니Jamal al-Din al-Afghani에 의해 발전된 이슬람 개혁주의 —즉 이슬람은 서구에 대항하기 위해 근대화되거나, 메카의 뿌리로 돌아가야만 한다는 이슬람 개혁주의— 의 단초를 자바르티에게서 찾아볼 수 있다. 더욱이 자바르티는 이집트의 독립과 낫세르의 이론과 실천, 이슬람 원리주의에 의해 정점을 이룬 각나라 민족들의 거대한 자주 의식의 물결의 초기에 그러한 말을 했다.

그러나 사가들은 나폴레옹의 이집트 정벌에 입각해서 프랑스의 문화나 역사의 발전를 읽지는 않았다. (제국주의 문화의 구성원들에게 있어서는 그저 자연 현상일 뿐이었던 영국의 인도 지배도 마찬가지였다.) 그러나 동양 정복을 공고히 하는 『이집트 묘사』에 의해 가능해진 유럽의 텍스트들에 대해 후대의 학자들과 비평가들이 하는 작업은, 그와 같은 초기의 경쟁을 다소간 묽게 하고 암시적으로 만드는 것이었다. 오늘날, 동양에서 많은 소재를 빌어 왔던 네르발이나 플로베르에 대해 쓴다는 것은, 프랑스 제국주의의 승리가 만들어 놓은 영토 안에서 작업하는 것이 되고 그것의 자취를 따라가는 것이 되며, 그들을 유럽 제국주의의 150년 역사 속으로 확장시키는 셈이 된다. 그리고 그것은 다시 한번 자바르티와 푸리에의 상징적인 상충을 강조한다. 제국의 점령은 단순히 베일을 한 번 찢는 것이 아니고, 프랑스 문화와 종속된 식민지 문화 사이의 조용한 그리고 합병된 불일치에 대한 반응이 여러 가지 형태로 나타나는, 부단히 계속되는 제도화된 프랑스식 생활의 항존을 의미한다.

불균형은 놀랄 만하다. 한때 우리는 식민지 역사의 긍정적인 부분이 제국주의의 간섭의 기능이었다고 추론했다. 또 다른 때에 우리는 위대한 제국의 중심 문화에서 보면 식민지의 역할은 주변적이고 심지어는 괴상하기까지 하다는 똑같이 완고한 가정을 했다. 그러므로 유럽과 미국의 인류학과 역사와 문화 연구의 경향은 세계사 전체를 역사화 작업과 엄격한 훈련을 통해, 비서구인들의 역사를 빼앗아 가거나 아니면 역사가 "없는" 사람들과 문화들에게 역사를 복원시켜 주는 서구의 수퍼 주제로 보자는 것이다. 현대 서구 제국주의와 그것이 만들어 내는 문화 사이의 관계에 초점을 맞추어 성찰한 본격적인 비평 연구는 아직 없다. 더욱이 프랑스와 영국의 위대한 소설들이 제국의 사실들에 형식적으로 그리고 이념적으로 의존하고 있다는 사실 역시 이론적인 측면에서 연구되지도 않았다. 그동안 우리가 그러한 것들을 부정하거나 제외시켜 왔다는 사실은 제국주의자들이 "오늘의 너희들은 우리가 만들었다, 우리가 떠난 후 너희는 다시 예전의 개탄할 만한 상태로 되돌아갔다. 너희는 아무것도 할 수 없고 또 알 수도 없다는 것을 알아야만 한다. 왜냐하면 현재 너희와 우리 모두를 도와줄 수도 있는 제국주의에 대해서는 별로 알려진 것이 없기 때문이다."라고 주장하는 탈식민화에 대한 최근 언론의 논쟁에서도 반복되어 드러나고 있다.

만일 제국주의에 대한 지식이 단지 방법론과 문화사에 있어서 학문적인 인식과만 관계 있는 것이라면, 우리는 물론 그것을 심각한 것으로 받아들이지 않아도 될 것이다. 그러나 사실, 우리는 권력과 국가들의 중요하고도 흥미있는 배치에 대해 이야기하고 있는 것이다. 예컨대 지난 10년 동안에 세계 각국에 확산된 민족적·종교적 감정들은 제국주의 시대 이후로 계속되어 온 ―만일 그것에 의해 만들어진 것이 아니라면― 정치적 관계 사이의 상충을 더욱 심화시켰다. 더욱이 나라, 민족주의, 인종 집단, 지역, 문화 들 사이에 지배를 놓고 벌이는 다양한 싸움은 의견과 담론의 조종, 이념적인 미디어의 재현 산출, 방대한 복합성을 쉬운 흐름으로 단순화시키는 것, 국가의 이익에 따라 그것들의 착취가 쉬워진 점 등을 증폭시켰다. 이 모든 것에서 지식인들은 중요한 역할을 했는데 특히 세속적인 해석이 이루어진, 식민주의의 유산인, 겹치는 경험과 문화의 지역에서 가장 중요한 역할을 했다. 자연적으로 권력의 우위는 스스로 이루어진 "서구" 사회에 주어졌고, 그것의 사도였고 이념론자였던 지식인들에게 주어졌다.

  그러나 많은 예전 식민지 국가들에서 그러한 불균형에 대한 흥미있는 반응들이 있어 왔다. 인도와 파키스탄에 대한 최근의 연구서들은 특히 탈식민주의적 안정 상태와 국수주의적인 지식인 엘리트 사이의 연루를 강조했다. 아랍과 아프리카와 라틴 아메리카의 반체제 지식인들 역시 비슷한 비평 연구를 했다. 그러나 나는 여기에서 예전 식민지인들에 대항해 무비판적으로 서구의 힘을 추진시킨 불행한 권력의 집중에 초점을 맞추려고 한다. 내가 이 책을 쓰고 있는 동안 쿠웨이트에 대한 이라크의 침략과 합병이 초래한 위기는 그 극에 달했다. 수백 수천의 미국 군인, 비행기, 군함, 탱크, 미사일이 사우디 아라비아에 도착했다. 이라크는 아랍 세계(이집트의 무바라크Mubarak나 사우디의 왕족들과 걸프 연안의 제후들과 모로코인들 같은 미국의 지지자들 또는 리비아나 수단 같은 격렬한 미국 반대자들 그리고 요르단이나 팔레스타인처럼 그 중간에 끼어 있는 나라들로 분열되어 있는)에 구원을 요청했다. UN 역시 미국의 보복과 차단에 대해 의견이 갈라져 있었다. 결국에는 미국이 우세하게 되고 파괴적인 전쟁이 벌어지게 되었다. 두 개의 주요 관념이 과거로부터 나와 현재에도 영향을 끼치고 있다. 하나는 군대를 사용해서라도 머나먼 곳에서 벌어지고 있는 자국의 이익을 지켜야 된다는 강대국의 논리이며, 또 하나는 약소국은 그만큼 국민의 수도 권리도, 군의 사기도, 주장도 약할 수밖에 없다는 것이다.

  미디어에 의해 조작된 인식과 정치적인 태도는 여기에서 중요한 역할을 한다. 1967년 전쟁 이후 서구에서의 아랍 세계에 대한 재현은, 유럽과 미국의 비평적인 문헌에서 드러나고 있듯이, 거칠고 환원적이며 조잡하게 인종 차별적이었다. 또한 아랍인들을 초라한 "낙타를 탄" 테러리스트나 때로는 기분 나쁘게 부유한 "족장"으로 묘사한 영화나 텔레비전 드라마가 쏟아져 나오기 시작했다. 미국식 삶을 보존하고 이라크를 퇴치하자는 부시의 지시 속에 미국 언론이 담합하자 아랍 세계

(사실은 미국에 많은 영향을 끼친)의 정치적·사회적·문화적 실상에 대해서는 거의 할 말이 없어졌다. 즉 그것은 무시무시한 사담 후세인의 모습을 만들어 냈을 뿐, 동시에 본질적으로 다른 복합적인 것들 — 예컨대 아랍 소설(그중 나구이브 마흐파우즈Naguib Mahfouz는 1988년 노벨상을 받았다)과 한때 문명 국가였던 곳에서 아직 남아 있는 제도들을 찾아 냈던 실상들에 대해서는 말이 없었다. 물론 서서히 진행되는 문화와 사회의 과정보다는 희화적이고 선정적인 것들의 보도에 미디어가 더 능숙한 것은 사실이지만 그보다 더 깊은 곳에 숨어 있었던 잘못된 관념은 제국주의적 역학이었으며, 분리시키고 본질화시키며 지배적이고 반동적인 식민주의적 경향이었다.

'자기 정의'는 모든 문화에 의해 실천되는 활동들 중의 하나이다. '자기 정의'에는 그 나름의 수사학과 그렇게 해야만 하는 일련의 경우들과 권위의 문제들(예를 들면, 국가의 경축 행사, 위기 상황, 창시자, 기본 텍스트 등)과 친밀함이 있다. 하지만 전자 통신, 무역, 여행 그리고 엄청난 속도로 퍼져 나갈 수 있는 환경적·지역적인 갈등에 의해 전례 없이 긴밀하게 연결된 세상에서, 정체성의 주장이란 결코 의례적인 문제만은 아니다. 내가 특별히 위험하다고 생각하는 것은, 그것이 열정들을 격세 유전적으로 부추겨서, 진짜 미덕이 아니고 다만 전쟁을 위해 만들어진 미덕들을 서구와 그 반대자들이 옹호하고 구현하던 예전의 제국주의 시절로 사람들을 되돌려 보내고 있다는 점이다.

이러한 격세 유전의 한 사소한 예는 미국내에서 활동하는 중견 오리엔탈리스트 중 한 사람인 버나드 루이스Bernard Lewis가 1989년 5월 2일자 〈월 스트리트 저널The Wall Street Journal〉에 쓴 칼럼에서 발생했다. 루이스는 "서구의 정전"을 바꾸는 것에 대한 논쟁을 시작하고 있었다. 더 많은 비유럽인들과 여성들이 쓴 텍스트를 포함시키도록 하는 교과 과정의 개정을 위해 투표를 했었던 스탠포드 대학의 학생들과 교수들에게 루이스는 —회교에 대한 권위자로서 이야기하면서— "서구 문화가 정말 사라진다면, 많은 것들이 그와 함께 사라지고 다른 것들이 그 자리에 들어설 것이다."라는 극단적인 입장을 취했다. 그 어느 누구도 "서구 문화는 사라져야 한다."는 것처럼 우스꽝스러운 말을 한 적이 없었지만, 루이스는 현안에 대한 엄격한 정확성보다는 훨씬 더 광대한 문제들 쪽으로 초점을 맞춘 후, 교재 목록을 정정하는 것은 서구 문화의 종결에 상응하는 것이므로 노예제 복원, 일부 다처제, 조혼과 같은 문제들이 뒤따를 것이라는 특이한 주장을 펼치고 있다. 그와 같은 놀라운 주장에 루이스는 자신이 서구의 독특한 특성이라고 믿고 있는 "타문화들에 대한 호기심" 역시 종결되리라고 덧붙인다.

징후적이며 조금 우습기까지 한 이러한 논지는, 문화적 업적에 있어서 서구의 독점권이 얼마나 과장되고 있는가를 암시해 주고 있을 뿐만 아니라, 그 나머지 세계에 대한 시각이 얼마나 심하게 제한되고 거의 병적으로 적대적인가를 잘 보여 주고 있다. 서구 세계가 없어지면 노예 제도와 일부 다처제가 되돌아오리라고 말하는 것은, 전제정치와 야만 상태를 넘어서는 어떠한 진보가 서구의 밖에서 일어날 수 있다거나 일어났었다는 가능성을 애초부터 차단하는 셈이 된다. 루이스의 논지는 비서구인을 과격한 분노로 몰아넣거나, 아니면 비서구적 문화들의 업적에 대해 뻐기도록 만들어 버리는 결과를 초래한다. 다양한 역사들의 상호 의존성과 당대 사회들의 상호 작용을 인정하기보다, 문화들을 수사학적으로 분리해 놓았을 때, 문화들간의 살인적인 제국주의 경쟁은 시작된다―슬픈 이야기는 계속해서 되풀이되는 것이다.

또 다른 예는 〈아프리카인들The Africans〉이라는 텔레비전 다큐멘터리가 방송되고 이에 대한 논의가 뒤따르던 1986년 말에 발생했다. 원래 BBC가 의뢰하고 대부분의 자금을 투자했던 이 연속물은 저명한 학자이자 미시간 대학 정치학 교수인 케냐인 회교도 알리 마즈루이Ali Mazrui가 쓰고 해설을 담당했는데, 학계의 최고 권위자로서 그의 능력과 신뢰성에는 의심의 여지가 없었다. 마즈루이의 연속물은 두 개의 전제를 갖고 있었다. 첫째, 서구식 묘사가 좌지 우지해 왔던 아프리카의 재현사에서 최초로 아프리카인이 (크리스토퍼 밀러Christopher Miller의 저서 『공허한 어두움Blank Darkness』에서 인용한 구절을 사용하면, 모든 예와 어조에서 철저하게 아프리카적인 담론을 사용하여)[40]

---

40) Christoper Miller, *Blank Darkness : Africanist Discourse in French* (Chicago : University of Chicago Press, 1985)와 Arnold Temu and Bonaventure Swai, *Historians and Africanist History : A Critique* (Westport : Lawrence Hill, 1981)

자신과 아프리카를 서구의 청중들 앞에서, 바로 수백 년 동안 아프리카를 강탈하고 식민지화하고 노예화했던 사회들에 속한 그 청중 앞에서 기술記述하고 있다는 것이었다. 둘째, 아프리카의 역사는 세 가지 요소, 마즈루이식으로 말하자면 세 개의 동심원으로 이루어졌다는 것이다. 즉 아프리카 토착민의 경험, 회교 경험 그리고 제국주의 경험이 바로 그것이다.

비록 그 연속물이 미국의 PBS에서 방송되기는 했지만, 처음에 NEH (National Endowment for the Humanities)에서 그 다큐멘터리물 방송에 대한 재정 지원을 철회했다. 그 다음에는 미국의 주도적인 신문인 〈뉴욕 타임스The New York Times〉가 그 연속물에 대해 (당시) 텔레비전 특파원이었던 존 코리John Corry가 썼던 연속적인 공격을 논설로 실었다. (1986년 9월 14일자, 10월 9일자.) 코리의 논설들이 이성을 잃었다거나 반쯤 히스테리컬했다고 묘사하는 것은 결코 과장이 아닐 것이다. 코리는 마즈루이가 특정 부분을 "이데올로기적으로" 배제하거나 강조한다고 힐난했는데, 예를 들면 그가 어디에서도 이스라엘에 대해서는 언급하고 있지 않으며 (아프리카 역사에 대한 프로그램에서 이스라엘은 마즈루이에게 별 연관성 없게 보였을 수도 있다) 또 그가 서구 식민주의의 해악을 엄청나게 과장하고 있다는 것이었다. 코리는 특히 마즈루이의 "도덕적·정치적 좌표들"을 지적하여, 그것이 바로 마즈루이가 양심 없는 선전원이나 다를 바 없다는 것을 암시하는 특징적인 완곡 어법이라고 공격했으며, 그러므로 수에즈 운하 건설 중 사망한 사람들이나 알제리아 해방 전쟁 동안 살해된 사람들의 숫자 등과 같은 것들에 대한 마즈루이의 합계에 의의를 제기할 수 있다고 주장했다. 격렬하고 정리되지 않은 코리의 글 표면 아래 숨어 있는 것은, 마즈루이의 작업 자체에 대한 근본적인 불신과 거부이다. 마침내 여기 서구 세계에서 텔레비전 황금 시간대에 한 아프리카인이 등장해서, 감히 서구가 저질렀던 일들을 고발하고 그럼으로써 닫혀졌던 서류철을 다시 열고 있었다. 또한 마즈루이가 회교에 대해 좋게 이야기한다는 사실, 그가 "서구적인" 역사적 연구 방법과 정치적 수사학을 자유 자재로 다

을 보라.

루는 모습을 보여 준다는 사실, 요컨대 그가 참다운 인간의 믿을 만한 모델로 나타난다는 사실―이 모든 것들이 코리가 아마도 무심결에 대변하고 있었던 재구성된 제국주의 이데올로기에 역행했던 것이다. 그 중심부에는, 비유럽인들은 유럽과 미국의 역사를 식민지들을 침해한 역사로 보는 시각을 갖거나 표현해서는 안 된다는 원칙이 놓여 있었다. 만약 그들이 그렇게 한다면 아주 단호하게 물리쳐야 한다는 원칙 말이다.

다만 제국의 정치학만을 보았던 키플링과 고전적인 제국주의를 계승하는 민족주의적 주장들 너머를 보려 했던 파농 사이의 긴장이라고 은유적으로 지칭할 수 있는 것의 유산遺産은 비참했다. 유럽의 제국들과 식민지 사회의 상충을 염두에 두고, 식민주의의 억압이 반식민주의 저항을 낳을 수밖에 없었던 일종의 역사적 필연성이 있었다고 가정해 보자. 나를 염려시키는 것은 지식인들과 권력 기관이 결탁하여 예전의 제국주의 역사 형태를 재생산한 덕택에, 수세대 후에 더 위험한 상태로 지속되고 있는 갈등이다. 내가 앞서 지적했듯이, 이것은 비난이라는 지적知的 전략을 초래하고, 지식인들과 문화 사가의 관심과 논쟁을 위해 주어지는 제재들의 범위를 엄청나게 축소시킨다.

제국주의적 조우의 과거와 현재가 서로 상호 작용하는 방식에 대해 우리의 인식을 넓히고 확장시키고 심화시키기 위해 사용될 수 있을 만한 다양한 전략들에는 어떠한 것들이 있는가? 내게 이것은 매우 절박하고 중요한 문제로 보이며, 실제로 이 책의 이면에 숨어 있는 생각을 설명해 주는 것이 된다. 그러면 일화의 형태로 유용하게 제시된다고 생각하는 두 가지 예를 들어 우선 나의 생각을 간략하게 제시해 보도록 하겠다. 이어지는 페이지들에서 나는 쟁점들과 거기에 수반되는 문화적 해석들과 정치학에 대해, 보다 공식적이고 방법론적인 설명을 하게 될 것이다.

몇 년 전 나는, 본인의 말에 따르자면 몹시도 긴박하고 불쾌한 임무를 띠고 미국에 왔던 아랍인 기독교 성직자를 만날 기회가 있었다. 나 자신이 출생 때부터 그가 봉사하던 작지만 중요한 소수 ―아랍 기독교 프로테스탄트― 의 일원이었기 때문에, 나는 그가 이야기해야만 하는 내용에 대단히 관심이 있었다. 크게 보아 시리아, 레바논, 팔레스타인을 주로 하여 오토만 제국내에서 개종자와 선거권자들을 놓고 벌어진 제국주의 경쟁의 결과로, 1860년대 이후 레반트Levant 지역 전체에 걸쳐 흩어진 소수의 종파들을 포괄하는 신교 공동체가 존재해 왔다. 시간이 경과하면서, 이들 회중들 —특히 장로파, 복음파, 감독파, 침례파들— 은 자기 자신들의 정체성과 전통, 자기 자신의 제도들을 수립하게 되었고, 이 모든 것들은 예외 없이 아랍 르네상스 기간 중 명예로운 역할을 수행했다.

그러나 대략 110년 후에, 초기의 선교 의지에 권위를 부여했었고 사실상 그것을 지탱해 주었던 바로 그 유럽과 미국의 종교회의는 느닷없이 문제를 재고하고 있는 듯했다. 동구 기독교가 실제로는 그리스 정교에 의해 구성되었다는 사실이 그들에게 분명해졌던 것이다. (레반트 지역에서 신교로 개종한 사람들의 대다수가 그리스 정교로부터 왔다는 사실에 주목해야 한다. 19세기 기독교 선교사들은 회교도나 유태인을 개종시키는 데에는 완전히 실패했다.) 1980년대 당시, 아랍 신교 공동체를 담당하는 서구의 책임자들은 그들의 사도들이 정통적 입장으로 돌아오도록 격려하고 있었다. 재정 지원 철회, 교회와 학교 해체에 대한 위협이 있었고, 결국 모든 지원을 취소하고 말 것이라는 소문이 있었다. 선교 책임자들이 백 년 전 교회의 본체에서 동방 기독교도들을 잘라 내는 실수를 저질렀다는 것이었다.

내 성직자 친구에게 이것은 예측 못 했던 정말 끔찍한 사건이었다. 직접 관련된 몹시 괴로운 감정만 아니라면, 아마도 문제 전부를 잔인한 농담으로 여겼을 수도 있을 터였다. 그러나 내게 가장 충격적이었던 것은, 내 친구가 그의 주장을 펼치는 방식이었다. 다음이 그가 미국에서 그의 상급 성직자들에게 말하려고 하던 내용이다. 현대의 종교 통합주의가 소규모 분파들이 교회 본체로부터 독립적으로 남아 있도록 격려하기보다는, 이들 분파를 해체하고 주도적인 공동체를 유지하는 방향으로 움직이려 한다는 것은 이해할 수 있다. 당신들은 그렇게 이야기할 수 있다. 그러나 무섭게 제국주의적이고 완전히 권력의 정치학으로 보이는 것은, 한 세기가 넘는 아랍 신교의 경험이 마치 존재한 적도 없다는 듯 쉽게 취소해 버리는 전적인 무관심이다. 당신들은 우리들이 한때 당신들의 개종자였고 학생이었던 동안, 우리가 사실상 족히 한 세기 이상 당신들의 동료였다는 사실을 깨닫지 못하고 있는 것 같다. 근심에 잠긴 내 친구는 그렇게 말하려고 했다. 우리는 당신들과 우리 자신의 경험을 신뢰해 왔다. 우리는 우리의 영역 안에서, 동시에 정신적으로 당신들의 영역 안에서, 우리 나름대로의 완전함을 발전시켜 왔고 우리 자신의 아랍 신교 정체성을 수립해 왔다. 그런데 어떻게 당신들은 자율적인 역사였던 우리의 근대사를 지워 버릴 것이라고 우리에게 기대하는가? 어떻게 당신들은 한 세기 전에 자신들이 저질렀던 실수를 오늘날 뉴욕이나 런던에서 펜을 한 번 휘둘러 정정할 수 있다고 생각하는가?

우리들은 이 감동적인 이야기가 적대나 분노나 저항이 아니라 본질적으로 공감이나 조화의 경험인 제국주의 경험과 관련된다는 사실에 주목해야만 한다. 두 당사자 중 하나가 하는 호소는 상호 경험의 가치에 대한 것이다. 물론 한때 지배자와 종속자가 있었다. 그러나 대화와 의사 교환 또한 있었던 것이 사실이다. 우리는 이 이야기에서, 주의를 기울이거나 거두어들이는 힘 즉 해석과 정치학에 필수적인 힘을 볼 수 있다. 서구의 선교 당국이 주장하는 함축적인 논지는, 아랍인들이 자신들이 받은 것으로부터 무엇인가 귀중한 것을 얻었으나, 이와 같은 역사적 의존과 종속의 관계에서, 모든 수혜가 한쪽 방향으로만 주어졌고 유용성 역시 대부분 한편으로만 치우쳤다는 것이다. 그러므로 상호 관계란 기본적으로 불가능한 것으로 간주되었다.

이것은 탈제국주의 상황들에 의한 해석을 위해 제시된, 크기가 유사하고 가치와 질에서 대체로 평등한, 관심 분야에 관한 하나의 우화가 된다.

내가 지적하고 싶은 두 번째 문제도 역시 예를 통해 제시될 수 있다. 근대 지성사의 정전이 된 주제들 중 하나는 과학적, 사회적, 문화적 의문을 제기하는 주요 분야내에서의 지배 담론과 훈육dicipline 전통의 발전이었다. 내가 아는 바로는 예외 없이, 그러한 주제를 다루는 패러다임들은 오로지 서구에만 출처를 둔다고 간주된다. 푸코의 작업이 그 한 예이며, 다른 분야에서는 레이먼드 윌리엄스의 작업이 그러하다. 대체로 나는 이 두 명의 위대한 학자들의 계보적인 발견들에 상당히 공감한다. 하지만 이 두 사람에게 있어서 제국주의적 경험은 자신들과 지극히 무관한 것이며, 인류학사의 간헐적인 연구들 —예컨대 요하네스 파비안Johannes Fabian의 『시간과 타자Time and the Other』와 탈랄 아사드Talal Asad의 『인류학과 식민주의의 조우Anthropology and the Colonial Encounter』— 이나 브라이언 터너Brian Turner의 『마르크스와 오리엔탈리즘의 종말Marx and the End of Orientalism』과 같은 사회학 연구서를 제외하면, 서구의 문화적·학문적 분야에서 늘 그래 왔듯이 대체로 간과되고 있다.[41] 내가 나의 저서 『오리엔탈리즘』에서 시도했던 내용 뒤에는, 초연하고 무정치적인 인문학으로 보이는 것들이 사실은 제국주의 이데올로기와 식민주의의 실천이라는 몹시 추한 역사에 의존한다는 사실을 보여 주고자 하는 충동이 숨어 있었다.

그러나 나는 내가 또한 논쟁의 여지 없이 본질적으로 실용주의적인 학문적 과업으로 행세하는 정책 연구들을 둘러싸고 형성되어 온 단단한 부정의 벽에 대해 의식적으로 불만을 표시하려 했었다는 사실을 인정한다. 서구 세계와 예전 식민지 세계 모두에서, 소장파 학자들이 자신들의 공동 역사들을 새로운 시각으로 바라볼 준비가 어느 정도 되어 있지 않았더라면, 내 저서가 획득한 어떠한 효과도 발생하지 않았을 것이다. 그들의 노력에 대한 신랄한 비난에도 불구하고, 많은 중요한 수정주의 저작들이 출간되었다. (사실, 그들은 비서구 세계 전체를 통해 제국에 대한 저항기였던 백 년 전부터 나타나기 시작했다.) 내가 이 책의 다른 곳에서 다루고 있는 이들의 최근 저작들 중 다수는, 동서의 구체화된 대립들을 초월하며, 지성적이고도 구체적인 방식으로 각양 각색이고 때로는 기묘한 발전들을 이해하려고 시도하기 때문에 소중한 자료가 된다. 그런데 그러한 저술들은 방대한 양의 자료들을 단순하고 전체를 포괄하는 것으로 축소시켰던 식민지 시대 오리

---

41) Johannes Fabian, *Time and the Other : How Anthropology Makes Its Object* (New York : Columbia University Press, 1983) ; Talal Asad, ed., *Anthropology and the Colonial Encounter* (London : Ithaca Press, 1975) ; Brain S. Turner, *Marx and the End of Orientalism* (London : Allen & Unwin, 1978). 이러한 작품의 일부에 대한 토론은, Edward W. Said, "Orientalism Reconsidered," *Race and Class* 27, No. 2 (Autumn 1985), 1~15을 보라.

엔탈리스트들이나 소위 세계사 학자들의 한계로부터 벗어나는 것이었다. 언급할 만한 가치가 있는 예로는 피터 그랜Peter Gran의 이집트 근대 자본주의의 회교적 기원에 대한 연구, 주디스 터커Judith Tucker의 제국주의 영향하의 이집트 가족과 촌락 구조 연구, S. H. 알라타스 Alatas의 걸작 『게으른 토착민의 신화The Myth of Lazy Native』가 있다.[42]

그러나 현대의 문화와 이데올로기가 지니는 보다 더 복잡한 계보를 다룬 저작은 거의 없다. 한 가지 주목할 만한 역작은 인도 출신의 컬럼비아 대학 박사 과정 학생의 최근 출간된 저작인데, 나는 교육받은 학자이자 영문학 교사인 이 사람이 역사와 문화 연구를 통해 현대 영문학 연구의 정치적인 기원을 19세기 인도 토착민에게 부과되었던 식민지 교육 제도 안에서 찾아 냈다고 생각한다. 가우리 비스와나산 Gauri Viswanathan의 저작인 『정복의 가면들The Masks of Conquest』은 대단히 흥미있는 책이지만, 그녀의 중심 요지는 특히 중요하다. 그녀의 중심 요지는, 전적으로 영국 젊은이들을 위해 만든 학문이라고 관습적으로 간주되어 왔던 것이, 잠재적으로 반항 기질이 있는 인도 주민을 이데올로기적으로 평정하고 개혁할 목적으로 19세기 초에 식민지 통치자들에 의해 처음 사용되었으며, 그러고 나서 아주 다르지만 연관된 사용을 위해 영국으로 역수입되었다는 것이다.[43] 내 생각에 그 증거는 논쟁의 여지가 없이 명확하며, 대부분의 탈식민주의 저술에 항상 뒤따르는 약점인 "토착민주의nativism"와도 무관하다. 그렇지만 가장 중요

---

[42] Peter Gran, *The Islamic Roots of Capitalism : Egypt, 1760 ~1840* (Austin : University of Texas Press, 1979) ; Judith Tucker, *Women in Nineteenth Century Egypt* (Cairo : American University in Cairo Press, 1986) ; Hanna Batatu, *The Old Social Classes and the Revolutionary Movements of Iraq* (Princeton : Princeton University Press, 1978) ; Syed Hussein Alatas, *The Myth of the Lazy Native : A Study of the Image of the Malays, Filipinos, and Japanese from the Sixteenth to the Twentieth Century and Its Function in the Ideology of Colonial Capitalism* (London : Frank Cass, 1977).

[43] Gauri Viswanathan, *The Masks of Conquest : Literary Study and British Rule in India* (New York : Columbia University Press, 1989).

한 것은 이러한 종류의 연구를 통해, 우리가 문학, 역사, 문화, 철학이라고 연구하는 것의 진정한 궤적이며 텍스트성일 것이라고 여태까지 가정했던 표면의 상당히 아래쪽 깊은 곳에 존재하는 다양하고 뒤엉킨 지식의 고고학을 찾아낼 수 있다는 점이다. 그러한 암시들은 방대하게 널려 있으며, 그것들은 비서구적 모델에 대한 서구적 모델의 우위를 논하는 천편 일률적인 논쟁들로부터 우리를 구해낸다.

현재의 이데올로기적 정치적 순간이 내가 이 책에서 제안하는 지적인 작업의 대체 표준을 찾는 데 어려운 시기라는 사실을 회피할 수는 없다. 전투적인 요인들과 혼란스러운 전장으로부터 날아오는 촉박하고 긴급한 부름들로부터 탈출하는 것 또한 불가능하다. 아랍인으로서 내가 처한 상황이 슬프게도 바로 그러한 상황에 꼭 들어맞는 경우가 되는데, 그러한 부름들은 미국인으로서의 나에게 가해지는 압력 때문에 더욱 악화된다. 그럼에도 불구하고, 반대하는 힘의 저항적이고 궁극적으로 주관적인 요소는 지적이거나 비판적인 소명 의식 그 자체에 있으며, 집단적인 열정이 심지어는 인본주의적이라고 주장하는 연구와 학문 분야들에서까지 애국심과 민족주의로 무장할 때에는 특히나 이 소명 의식을 동원해야만 한다. 그러한 세력에 맞서 대항하면서, 우리는 다른 문화들과 시대들에 대한 진정한 이해로부터 도움을 받을 수 있을 것이다.

편협성과 지역주의를 극복하고 몇 개의 문화들와 문학들을 함께 대위법적으로 보는 것을 그 기원과 목적으로 하는 분야인 비교 문학 comparative literature을 전공하는 훈련받은 학자들은 환원적 민족주의와 무비판적인 신조에 대한 해독제를 이미 갖고 있다고 말할 수 있다. 결국, 비교 문학의 본질과 원래 목표는 자신만의 조국을 초월하는 전망을 얻고, 자신만의 문화, 문학, 역사가 제공하는 보잘것없는 방어적인 편린 대신 전체를 조망하는 것이었다. 나는 우선 우리가 이상과 실천으로서, 비교 문학이 원래 어떤 것이었는지 알아 보자고 제안한다. 곧 알게 되겠지만 반어적이게도, "비교 문학" 연구는 유럽 제국주의의 전성기에 그 기원을 두고 있고, 또 피할 수 없이 그것과 연결되어 있다. 그렇다면 우리는 제국주의가 계속 영향을 미치고 있는 현대 문화와 정치학 안에서 비교 문학이 무엇을 할 수 있는지에 대해 비교 문학의 궤도를 통해 더 잘 알아낼 수 있을 것이다.

5. 제국과 세속적 해석의 연결

　현재는 자취를 감춘 학풍 양식이 2차 대전이 일어나기 오래 전부터 1970년대 초에 이르기까지 유럽과 미국의 비교 문학계의 연구 전통을 주도했다. 그 낡은 형태의 비교 문학 연구 양식은 소위 우리가 말하는 비평이 아닌, 주로 학풍이라 불릴 만한 것이었다. 오늘날에는 파시즘 때문에 미국으로 피신했던 저명한 두 명의 독일 비교 문학자들인 에리히 아우얼바하Erich Auerbach와 레오 스피처Leo Spitzer처럼 연구하는 사람은 아무도 없다.

　학문 연구의 질적 측면에서 뿐 아니라, 양적인 면에서도 이 점은 사실이다. 오늘날의 비교 문학자는 1795년에서 1830년 사이의 프랑스, 영국, 독일의 낭만주의에 대한 학식 정도면 자격을 갖춘 셈이 되지만, 과거의 비교 문학자는 더욱 많은 양을 연구했다.

　먼저, 예전의 비교 문학자는 낭만주의 이전 시대에 대해 연구했고, 다음으로는 여러 대학의 다양한 분야에서 많은 문헌학 전문가들과 학자들 밑에서 수년에 걸친 도제 생활을 했으며, 마지막으로 거의 모든 고전 언어들 특히 초기 유럽의 여러 지역어와 문학들에 대해 확고한 학문적 기반을 닦았던 것으로 보인다. 20세기 초의 비교 문학자들은 프랜시스 퍼거슨Francis Fergusson이 아우얼바하의 저작 『미메시스 Mimesis』에 대한 서평에서 사용한 용어를 빌어 말하자면, 박학 다식하고 정력적인 '언어를 사랑하는 자philolog'들이었으며, 이들은 학문적인 엄정함과 고갈을 단지 흉내만 낼 뿐인 "비타협적인 우리 시대의 학자들이 겁 많고 긴장이 풀린 것처럼 느껴질 정도로" 연구에 정력적이

었다.[44]

  그러한 비교 문학자들 뒤에는, 문헌학 분야의 혁명과 함께 세속적 인류학의 번성에 따른, 보다 유서 깊은 인문학 연구의 전통이 흐르고 있으며, 18세기 말 비코Giovanni Battista Vico, 헤르더Johann Gottfried von Herder, 루소Jean-Jacques Rousseau, 쉴레겔형제 August Wilhelm von Schlegel, Friedrich von Schlegel들이 이 전통에 연결된다. 이들의 저작들은, 인류가 놀랍도록 화음이 잘 맞는 전체를 만들었고, 신성의 한 예시로써가 아닌, 조화를 이룬 세속적 역사 경험으로써만 이 전체의 형성과 진화를 연구할 수 있다는 믿음에 기초해 있다. 바로 "인간"이 역사를 만들었기 때문에, 역사 연구에는 자연 과학과는 연구 방법에서 뿐만 아니라 목적에서도 다른 특별한 해석학적 방법이 있다는 것이다. 이와 같은 위대한 계몽주의적 인식은 곧 널리 퍼지기 시작했고, 독일, 프랑스, 이탈리아, 러시아, 스위스와 영국에서도 차례로 용인되었다.

  인류 문명에 대한 이러한 견해가 1745년과 1945년간의 2세기에 걸쳐 여러 형태로 유럽과 미국에서 유행한 주된 이유가, 그 기간 동안에 있었던 민족주의의 현저한 부상 때문이라고 설명한다고 해서 그것이 역사를 저속하게 만들지는 않는다. 학문(또는 문학)과 민족주의 제도간의 상호 관계는 진지하게 연구되어야 하는 것이지만, 실제로는 그렇게 되지 못했다. 그럼에도 불구하고, 대부분의 유럽 사상가들이 인간성이나 문화를 예찬할 때 자신들이 말하는 사상이나 가치를 주로 자국 문화에만 혹은 동양, 아프리카, 심지어는 미국과도 거리가 먼 유럽에만 속하는 특성으로 보고 찬양하였던 것은 분명하다. 오리엔탈리즘에 대한 나의 연구도, 가령 고전학(사료 편찬, 인류학 그리고 사회학은 말할 것도 없고)과 같은 소위 보편성을 표방한 학문 분야에서마저 마치 다른 나라 문학이나 다른 사회는 자신들보다 열등하거나 초월적인 가치를 지니는 것처럼 극단적으로 유럽 중심적인 연구 방식을 취하는 것에 대한 나 자신의 비판적 인식에서 비롯된 것이다. 심지어는 커티우

---

44) Francis Fergusson, *The Human Image In Dramatic Literature* (New York : Doubleday, Anchor, 1957), pp. 205~6.

스Ernst Robert Curtius와 아우얼바하를 배태한 권위 있는 학문 전통 안에서 교육받은 학자들조차도, 아시아와 아프리카 혹은 라틴 아메리카의 작품에 대해서는 거의 관심을 보이지 않는다. 19세기 동안에 유럽 국가들간의 민족적・국제적 경쟁이 치열해진 것만큼, 한 국가의 학문 해석 전통과 다른 국가간의 경쟁도 그 강도가 더욱 깊어졌다. 독일과 유태계 전통에 대한 어네스트 르낭Ernest Renan의 논증법이 잘 알려진 그 한 예가 될 것이다.

그러나 편협하고, 가끔은 불쾌하기조차 한 이런 민족주의는 제국주의 이전 단계의 독일(아마도 정치적 통일에 대한 보상으로서의 '국가' 단계를 회피한)과 얼마 뒤 프랑스에서 자신들의 사상을 형성한 커티우스와 아우얼바하 이전의 학자들이 표방한, 보다 포용력 있는 문화적 전망에 부딪혀 사실상 좌절되었다. 이 사상가들은 민족주의를 일시적이고 부차적인 문제로 간주했다. 그들은 그보다는 관료제, 군대, 관습 장벽과 외국 혐오주의라는 비루한 정치적 영역을 초월한 민족간의 그리고 시대 정신간의 화합이 더 중요한 문제라고 보았다. 갈등이 극에 이르던 시대에 유럽 사상가들이 (민족주의 사상가들과는 입장이 반대인) 끌렸던 이와 같은 포용력 있는 전통으로부터, 비교 문학 연구야말로 문학 성취에 관해 초민족적인, 더 나아가 초인류적인 시각을 제공해 줄 수 있다는 이상이 형성되었다. 따라서 비교 문학의 이념은 어족 languge families 연구를 통해 얻은 문헌학 학자들의 이해와 보편성을 표현할 뿐만 아니라, 거의 이상 세계와 다름없는 위기가 사라진 평온함의 세계를 상징한다. 편협한 정치적 문제들을 넘어서는 것은, 남녀 모두가 문학을 즐겁게 만들어 내는 인류학적인 의미에서의 일종의 에덴 동산이자, 동시에 매슈 아놀드와 그의 추종자들이 명명한 것처럼 일급의 작품만이 인정받는 "문화" 세계의 도래를 의미한다.

"일급의 저작들"이라는 의미와 모든 세계 문학의 종합이라는 뜻을 엮어 만든 괴테Johann Wolfgang von Goethe의 '세계 문학Weltliteratur'이라는 개념은 20세기 초의 비교 문학자들에게는 매우 중요한 것이었다. 그러나 내가 앞에서 언급한 것처럼 적어도 문학과 문화에 관한 한 유럽이 선두 주자이자 관심의 초점이라는 생각이, 여전히 '세계 문학'이라는 용어의 실제 의미이며 이데올로기이다. 칼 보슬러Karl Vossler

와 드 상티Francesco De Sanctis 같은 위대한 학자들의 시대에도, 전세계에 걸쳐 생산된 문학 작품 분류의 중심 잣대는 특히 라틴어 중심이었다. 마치 교회와 신성 로마 제국이 핵심 유럽 문학들의 완전성을 보장해 준 것처럼, 라틴어 중심은 유럽의 버팀목이 되었다. 보다 심층적인 차원에서 보자면, 우리가 아는 서구 리얼리즘 문학의 탄생도 바로 기독교의 성육Christian Incarnation으로부터라고 할 수 있다. 이 명제는 아우얼바하, 커티우스, 보슬러와 스피쳐에게 왜 단테가 그렇게 중요한 작가였는지를 설명해 준다.

따라서 비교 문학이란 세계 문학간의 상호 작용을 연구하는 것이지만, 인식론적인 측면에서 볼 때 이 분야가 유럽과 라틴 기독계 문학을 논의의 중심이자 최정점으로 보는 일련의 위계 질서 체계로 조직되어 있는 것도 사실이다. 2차 대전 이후에 쓴 「세계 문학의 문헌학 Philologie der *Weltliteratur*」이라는 유명한 논문에서, 아우얼바하가 얼마나 많은 "다른" 문학 언어와 문학들이 형성되어 왔는가에 대해 (마치 아무곳에도 없다가 생겨난 것처럼. 그러나 그는 식민주의나 탈식민지화에 대해서는 언급조차 하지 않고 있다) 말했을 때, 그는 자신이 인정하고 싶지 않았던 미래의 전망에 대해 기쁨보다는 고뇌와 두려움을 표현하고 있었다. 그가 볼 때, 라틴어 중심 문화는 위협을 받고 있었다.[45]

미국의 학과와 학자들도 분명 유럽의 이런 양상을 배우려고 했다. 미국 최초의 비교 문학과는 최초의 비교 문학 간행물과 함께 1891년 컬럼비아 대학에 설치되었다. 당시 초대 학장이었던 조지 에드워드 우드베리George Edward Woodberry가 비교 문학에 대해 설명한 것을 살펴보자.

> 세계의 모든 부분이 가까워지고 있으며 이와 함께 각 분야의

---

45) Erich Auerbach, "Philology and *Weltliteratur*," M. and E. W. said옮김. *Centennial Review* 13 (Winter 1969) ; *The World, the Text, and the Critic* (Cambridge, Mass. : Harvard University Press, 1983), pp. 1~9에서 이 작품에 대한 나의 논의를 보라.

지식도 정치적 영역을 넘어서, 법정이나 의회 같은 제도적 장치 없이도 마침내 세계 결속의 진정한 끈이 될 하나의 지성적 상태로 점차 결합되고 있다. 현대의 학자는 다른 시대인들보다 더욱 더 이 시대의 특징인 확대와 상호 교류, 엄청난 범위의 팽창과 집중, 또한 무한한 확장과 각 민족간의 그리고 과거와의 긴밀한 결합에 따른 이익을 공유한다. 이들의 일상 정신 경험에는 선구자들의 경우보다 더 많은 인종적 경험과 인종적 상상력이 포함되어 있으며, 시대 전후를 보는 전망의 지평선 역시 더욱 확대되었다. 인류는 보다 넓은 세상에 살고 있으며, 설령 그것이 고귀하다 할지라도 인류는 이제 더 이상 한 도시만의 자유를 위해서 태어나는 것이 아니라, 플라톤Plato에서 괴테에 이르는 모든 위대한 학자들이 지닌 한편으로는 모호하기도 하고 또 다른 한편으로는 명확하기도 했던 꿈인, 국경도, 인종도, 권력도 없는 오직 인간 이성이 최고 정점을 이루는 그런 국가의 새로운 시민권을 얻기 위해 태어난다. 비교 문학이라고 알려진 새로운 학문의 출현과 성장은 더욱 커진 세상의 도래와 학자들의 관여에 따른 것이다. 이 연구는 제 길을 갈 것이고, 다른 수렴 요소들과 함께 과학, 예술, 사랑의 정신적인 통일체에서 발견되는 인류 결합이라는 목표에 이를 것이다.[46]

이런 수사술에는 단순하고도 순진할 정도로 크로체Benedetto Croce와 드 상티, 빌헬름 폰 훔볼트Wilhelm von Humboldt의 초기 사상들의 영향이 배어 있다. 나는 "더 넓어진 세상"에 대한 우드베리의 언급이 현실적으로 다소 틀렸다는 점보다는, "법정이나 의회"라는 진술 자체

---

[46] George E. Woodberry, "Editorial"(1903), in *Comparative Literature : The Early Years, An Anthology of Essays*, eds. Hans Joachim Schulz and Phillip K. Rein (Chapel Hill : University of North Carolina Press, 1973), p. 211. Harry Levin, *Grounds for Comparison* (Cambridge, Mass. : Harvard University Press, 1972), pp. 57~130 ; Claudio Guillérn, *Enter lo uno y lo diverso : Introducción a la literatura comparada* (Barcelona : Editorial Critica, 1985), pp. 54~121도 보라.

에 어떤 기묘함이 들어 있다는 점에 대해 언급하려고 한다. 우드베리는 역사상 가장 위대한 서구 제국주의 헤게모니 시대에, 더 지고 지순한 이상적 통일체를 찬양하기 위해 정치적 통합이 주도되고 있다는 사실을 간과하고 있다. 그는 어떻게 과학, 예술, 사랑의 진보적 통일체가 물질주의와 권력과 정치적 분리를 극복할 수 있을 것인지에 대해서는 훨씬 더 모호한 태도를 보인다. 비교 문학에서 이루어진 학문적 작업은 유럽과 미국 모두의 정치적인 입지에서 뿐 아니라, 자국의 문학이 가장 연구 가치가 높다는 이유 때문에도 자신들이 세상의 중심이라는 생각을 펼치도록 해주었다. 유럽이 파시즘에 굴복하고 미국이 자국으로 피신한 많은 학자들 덕분에 풍요로운 이익을 누릴 때에도, 그들은 별 위기 의식을 느끼지 못했다. 아우얼바하가 나치화된 유럽을 피해 이스탄불 망명 중에 쓴 『미메시스』도 텍스트 해설서라기보다는, 앞서 내가 언급한 아우얼바하 자신의 1952년도 논문에서 스스로 밝히고 있듯이, 일종의 문명 생존을 위한 행위였다. 아우얼바하는 비교 문학자로서 자신의 사명이 아마도 마지막으로 호머에서 버지니아 울프 Virginia Woolf에 이르는 다양한 유럽 문학의 복잡한 진보 과정을 기술하는 것으로 생각한 것처럼 보인다. 중세 라틴 시대에 관한 커티우스의 저서도 똑같은 두려움에 쫓겨서 쓰여진 것이다. 그러나 이 두 저서에서 영향을 받은 수천의 문학자들 사이에서 그러한 정신은 얼마나 미미하게 남아 있는가! 『미메시스』는 풍부한 분석이 돋보이는 놀라운 작품이라는 점에서는 평가받지만, 이 저서의 사명감은 종종 이 책을 만든 대단치 않은 사용 목적 속에 파묻혀 버리곤 한다.[47] 마침내 1950년대 말, 구소련이 스푸트닉Sputnik 호로 미국을 따라붙기 시작하자, 외국어 연구와 비교 문학 연구가 국가 보안에 직접적인 영향을 끼치는 분야로 변모되기 시작했다. 국가 방위 교육법[48]이 이런 분야를 촉진

---

47) Erich Auerbach, *Mimesis : The Representation of Reality in Western Literature*, (Princeton : Princeton University Press, 1953) Willard Trask 옮김. Said, *The World, the Text, and the Critic*,에서 "Secular Criticism," pp. 31~53 와 148~49도 보라.

48) The National Defense Education Act (NDEA). 1958년에 통과된 미국 의회

시켰고 이와 함께 통탄스럽게도 우드베리가 상상했던 것보다 더욱 자기 만족적인 인종 중심주의와 은밀한 냉전 전사 체제가 가속화되었다. 그러나 『미메시스』가 즉각 보여 주는 것처럼, 비교 문학 연구의 바로 핵심에 놓여 있는 서구 문학이라는 개념은 분명히 역사의 어떤 생각을 돋보이게 하고 극화하고 예찬하며, 동시에 그런 생각 속에 작용하는 근본적인 지리적 현실과 정치적 현실을 모호하게 만든다. 그 속에 유럽 혹은 서구 문학사의 이념이 녹아 있으며, 비교 문학의 학문적 작업도 본질적으로는 이상주의적이며 헤겔적이라 할 수 있다. 중세의 연대기에서 스탕달Stendhal, 발자크, 졸라Emile Zola, 디킨스, 프루스트Marcel Proust의 작품 등 19세기 소설의 커다란 관문에 이르기까지 정교하게 확장된 문학에는 보다 더 많은 현실이 들어 있다. 각각의 작품에는 『신곡Divine Comedy』에 인상적으로 설계된 기독교의 기본 질서를 뒤흔드는 문제 요소들이 종합적으로 그려져 있다. 계급, 정치적 격동, 경제 형태와 조직의 변화, 전쟁 등 모든 주제가 일군의 이류 작가들에서 뿐 아니라, 세르반테스Miguel de Cervantes, 셰익스피어, 몽테뉴Michel de Montaigne와 같은 위대한 작가들에서도 유럽 자체가 대변하는 변증법적 질서를 지속시키기 위해 반복적으로 나타나는 새로운 구조와 전망과 안정 속에 묻혀 있다. 20세기에 보상적 지위를 획득한 "세계 문학"의 전망은, 식민 지리학 이론가들이 분명하게 하고자 했던 것과 일치한다. 핼포드 매킨더, 조지 치솜George Chisholm, 조지 하디Georges Hardy, 르로이 볼리외Paul Leroy-Beaulieu, 루시엥 페브르Lucien Fevre의 저작에서 핵 중심적이고 제국주의적인 세계 체제에 대한, 보다 더 솔직한 칭찬이 드러난다. 역사 이외에도 현재의 제국과 실제 지리적 공간 모두가 유럽에 의해 운영되는 "세계 제국"을 만드는 데 협력한다. 그러나 지리적으로 명시된 이 전망은 (폴 카르테르가 『보타니 만으로 가는 길』에서 보여 준 것처럼 대부분은 실제 지리학상의 탐험과 정복에 따른 지도 제작에 근거한 것인데) 유럽의 탁월함이 자연스럽다는 믿음과 유럽이 통치한, 보다 비옥하고 부유한 지역의

회의 법은 국가 안보에 중요하다고 판단되는 과학과 어학에 295백만 달러를 지출하도록 규정하고 있다. 비교 문학과는 이 법의 수혜자 중 하나다.

"자연적 이점"을 짓밟을 수 있는, 치슴이 소위 다양한 "역사적 이점"이라고 부른 최고 정점에 대한 강한 확신을 보여 준다.[49] 완전한 백과사전인 페브르의 『토지와 인간의 진화 La Terre et l'evolution humaine』(1922)는 그 범위와 유토피아주의에 있어서 우드베리에 버금간다.

19세기 말과 20세기 초에 위대한 지리 합성자들은 자신의 독자들에게 이미 준비된 정치적 현실을 뒷받침할 기술적인 설명을 제공하였다. 유럽이 전세계를 지배하였고 제국주의 지도가 문화적 전망을 정당화하였다. 한 세기가 지난 우리에게는 세계 체제에 대한 하나의 전망과 다른 전망 즉 지리사와 문화사 사이의 우연의 일치는 흥미롭기는 하지만 의심스러운 점이 있다. 이런 유사성을 어떻게 해야 할 것인가? 무엇보다도 여기에는 명확성과 활성화가 요구되는데, 이것은 우리들이 현재에 대해, 또한 고전 제국을 분해하며 이전에는 식민지 상태였던 수십 개에 이르는 민족과 국경의 새로운 독립에 대해 진지한 설명을 시도한다면 생겨날 수 있다. 우리는 영토가 겹치고 역사가 뒤엉킨 현재의 지구 무대가 이미 비교 문학의 선구자들이 그토록 중요시했던 지리, 문화, 역사간의 일치와 결합 속에 미리 예시되고 언급되었다는 것에 주목할 필요가 있다. 그렇다면 우리는 보다 새롭고 역동적인 방법으로 비교 문학자들의 "세계 문학" 구도에 힘이 되는 이상주의적 역사주의뿐만 아니라, 같은 순간의 구체적인 제국주의 세계 지도도 이해할 수 있게 될 것이다.

그러나 이 생각은 이 두 가지에 모두 공통된 것이 권력의 정교함이라는 사실을 받아들이지 않고는 이루어질 수 없다. 세계 문학을 믿고 실천하는 일군의 학자들은 실제로 세계 문학의 산물을 일종의 주도적인 초연함 속에서 연구할 수 있는 서구라는 위치에 자리 잡은 관찰자의 특권을 갖는다. 동양학자들이나 비유럽 세계를 연구하는 다른 전문가들도 —인류학자, 역사학자, 문헌학 학자들— 이 힘을 지니고 있으며, 내가 다른 곳에서 보여 주고자 한 것처럼, 이 힘은 의식적으로 착수된 제국주의 사업과 종종 한패가 되기도 한다. 우리는 이런 다양한 주도권의 경향을 명확히 하고 그것의 일반적인 방법론을 살펴야 할

---

49) Smith, *Uneven Development*, pp. 101~2에서 인용.

것이다.

명백히 지리적인 모형은 그람시의 「남부 문제의 몇 가지 양상Some Aspects of the Southern Question」이라는 논문에서 제공된다. 그간 자주 읽혀지거나 분석되지는 않았지만, 이 논문은 미완성임에도 불구하고 그람시가 일관되게 집필한 유일한 정치적이며 문화적인 분석 논문이다. 또한 이 글은 남부 이탈리아의 사회적 균열이 남부를 파악하기 어렵게 만들기는 하지만, 역설적으로 그것이 북부 이탈리아를 이해하는 관건이 된다는 점을 감안하면서, 남부 이탈리아에 대해 어떻게 고찰하고 계획하고 연구할 것인가에 대해 다른 학자들이 제기한 지리학적인 난제들을 언급한다. 나는 그람시의 이 탁월한 분석이 1926년의 이탈리아 정치에 대해 적절한 접근법을 제시하는 것 이상의 성취를 거두었다고 생각한다. 왜냐하면 이 논문은 1926년까지의 그의 언론 활동의 한 정점이 되었으며, 탁월한 동료 학자인 루카치Georg Lukacs와는 달리, 사회 생활의 지역적이며 공간적·지리적인 배경에 가장 비중 있는 관심을 기울인 『감옥 수첩The Prison Notebook』의 전조가 되었기 때문이다.

루카치가 헤겔식의 마르크스주의Marxism에 속한다면 그람시는 마르크스주의로부터 크로체식으로 출발하는 비코적인 전통에 포함된다. 『역사와 계급 의식History and Class Consciousness』(1923)에 이르기까지의 주요 저술상에 나타난 루카치의 핵심 문제는 시간성이다. 그람시의 경우에는 지리학 용어를 통해 사회 역사나 현상을 파악한다. 이러한 점은 그가 자주 사용하는 개념어들을 대강 살펴보기만 해도 쉽게 알 수 있는데, 그의 저술에는 예컨대 지형, 지역, 구획, 지방 등의 용어들이 빈번히 등장한다.

「남부 문제」에서 그람시는 이탈리아를 남부와 북부로 구분하는 것이, 위기시 전국적인 노동 계급 운동에 대해 정치적으로 어떻게 대처할 것인가라는 문제의 근간을 이룬다는 점을 열심히 설명하고 있다. 또한 이와 함께 그는 남부의 독특한 지형에 대해 자세히 설명하고 있는데, 이 지역은 그람시도 밝히고 있듯이, 한편으로는 분화되지 않은 대규모의 소작농 집단과 대지주 사이의 현저한 대조로, 또 한편으로는 비중 있는 출판사와 탁월한 문화 형성으로 인해 특기할 만한 곳이다.

특유의 영리함으로 그람시는, 이탈리아에서 가장 인상적이고 주목할 만한 인물인 크로체 자신도 파편화되어 가는 자신의 환경보다는, 오히려 다른 유럽 지역이나 플라톤과 쉽게 연결되는 남부 출신의 철학자라는 점을 간파했다.

그러므로 문제는 가난과 막대한 유휴 노동력으로 인해 북부의 경제 정책과 영향력에 지배받기 쉬운 남부와 상대적으로 독립적인 북부를 연계시키는 방법이다. 그람시는 『콰데르니Quaderni』에서 지식인을 비판할 때 사용했던 방식을 예감케 하는 방법으로 이에 대한 해결책을 모색하고자 했다. 즉 그는 지식인으로서 북부의 노동 계급과 남부의 소작 계급을 연계시킬 필요성을 절감했던 피에로 고베티Piero Gobetti의 방법에 대해 숙고했는데, 그것은 크로체나 귀스티노 포추나토 Guistino Fortunato의 제안들과는 명확히 대조되는 전략이 된다. 고베티는 문화를 정리하는 능력으로 인해 남부와 북부를 연결시켰다. 그의 작업은, "북부의 노동 계급을 남부에 도입시킴으로써, 남부를 단지 이탈리아의 변방으로만 취급하던 전통적인 노선과는 다른 차원의 지형에 남부 문제를 올려놓았다."[50] 그러나 그람시는 우리가 지식인들의 작업이 여타 사회 그룹보다 느리며, 길게 늘려진 일정표에 따라 진행된다는 점을 인식하지 못했다면, 고베티의 이러한 시도는 실천될 수 없었을 것이라고 덧붙인다. 문화란 즉각적인 현상이 아니라, 오히려 그람시가 『콰데르니』에서 지적한 것처럼 천천히 형성되는 과정이다. 새로운 문화 구조는 오랜 시간이 흘러야 비로소 나타나는 것이며, 장기간의 준비와 실천과 전통에 의존하는 존재인 지식인은 문화의 형성 과정에 있어서 필수적인 존재가 된다.

그람시는 또한 길게 확장된 시간 속에서 문화가 완만히 형성되는

---

50) Antonio Gramsci, "Some Aspects of the Southern Question," in *Selections from Politocal Writings, 1921~1926*, Quintin Hoare 편역. (London : Lawrence & Wishart, 1978), p. 461. 남부주의의 이론에 관한 그람시 이론들의 이례적인 적용에 관해서는 Timothy Brennan, "Literary Criticism and the Southern Question," *Cultural Critique*, No. II (Winter 1988~89), 89~114를 보라.

동안, 유기체적인 구조를 단절할 필요가 있다고 생각한다. 고베티도 이러한 종류의 단절 즉 이탈리아 역사 속에서 오랫동안 북부와 남부의 차이를 지지해 오고 밀폐시켜 온 문화 구조 안에서 생긴 균열에 대해 언급한 바 있다. 그람시는 고베티의 영향에 대해 매우 따뜻하고 진심 어린 마음으로 감사해 하며, 그를 친숙한 한 인간으로 대우하고 있다. 이와는 별도로, 남부 문제에 관한 그람시의 분석에 끼친 그의 정치적·사회적 의미를 살펴보자면 ―그람시의 미완성 에세이는 적절하게도 그것으로 끝나고 있는데― 고베티는 자신의 작업에 의해 드러난 남북의 균열 위에 사회가 발전되고 세련되고 강화되어야만 하며, 인간 역사에서 본질적으로 상이하고 각자 자주적인 두 지역의 균열을 연결하는 지식인들이 노력이 필요하다고 강조한다.

우리가 고베티적인 요소라고 부를 수 있는 것은, 비교 문학의 발전과 제국주의적 지리학의 등장간의 관계를 표현하고 드러내는 살아 있는 접합점처럼 매우 역동적이며 유기체적인 활동을 한다. 이 두 가지 담론들을 제국주의적이라고 폄하하는 것은 이 담론들이 형성된 과정과 배경을 간과하는 것이며, 무엇보다도 이들을 함께 묶음으로써 이들이 우연적이며 임의적이며 기계적인 관계를 넘어서는 긴밀한 관계를 유지하도록 해준 기제를 무시하는 처사가 된다. 그러므로 우리는 저항하고 점차 강하게 도전해 온 다른 관점에 서서 비유럽 지역에 대한 유럽의 지배를 주시해야만 한다.

특기할 만한 예외 없이, 오늘날 유럽과 미국에서 나오는 보편화 지향의 담론들은 비유럽 지역이 침묵하고 있다고 자의 반 타의 반으로 가정해 버린다. 여기에는 분명 합병과 편입, 직접적인 지배, 강압이 자리 잡고 있다. 그러나 극히 희소하게나마, 식민지인의 목소리에 귀기울여야 하며 그들의 생각에 관심을 기울여야 한다는 인식이 존재하기도 한다.

"주변부"의 정치적 저항이 서구의 지배력과 어깨를 나란하게 된 20세기에 이르기까지 서구의 그러한 가정들이 계속 영향을 끼치게 된 데에는, 서구 문화 자체의 연속적인 생산과 재해석이 영향을 끼쳤다고 볼 수 있다. 새로운 읽기와 해석을 위해서, 서구의 문화 보관소를 제국들의 노골적인 분할에 의해 지리적으로 분산된 것으로 재해석하는 것이 오늘날 가능하게 되었다. 우선 첫 번째로 비교 문학, 영국학, 문화 분석, 인류학 등을 살펴보면, 이들이 제국 열강들과 제휴했으며, 그람시의 「남부 문제」에서 예시된 공간 의식을 염두에 두고 살펴볼 때, 서구로 하여금 비서구인들에 대해 우위를 유지하도록 도와주었다고 볼 수 있다. 두 번째로는 우리의 관점으로 역사를 다시 보는 해석상의 변화가, 이른바 초연하다고 하는 서구 관찰자들의 지배와 무소불위의 권력에 도전할 수 있도록 해준다.

서구의 문화 형식들은 그간 보호받아 오던 자율적 폐쇄 구조에서 벗어나, 제국주의에 의해 창출되긴 했지만, 현재는 북반구와 남반구, 중심부와 주변부, 백인과 토착민 사이의 지속적인 경쟁의 장으로 재편성된 역동적인 지구적 환경 속에서 새로운 자리 매김을 해야만 한다. 따라서 우리는 제국주의를 중심부 문화의 한 부분으로 진행해 가는 과정으로 생각할 수 있는데, 이때의 중심부 문화는 제국 열강의 일관된 사업을 때때로 승인하기도 하고 방해하기도 한다. 여기에서 중요한 문제는 지극히 그람시적인 문제로서, 영국, 프랑스, 미국의 문화가 주변부에 지배력을 행사하게 되는 방식과 식민지 국민 및 영토에 대한 본국의 통제를 승인하는 합의가 그들 내부에서 어떻게 도출되고 계속적으로 강화되었는지에 대한 것이 된다.

우리는 문화 보관소를 되돌아 보면서 서술되어진 중심부 역사와 함께, 지배 담론에 의해 억압받거나 통합되어진 주변부 역사들을 동시에 고려하면서 단선적이 아닌 대위법적인 방법으로 문화 보관소의 문서들을 다시 읽기 시작한다. 서양 고전 음악의 대위법 안에서는 다양한 주제들이 서로 겨루게 되는데, 이때 어느 개별 주제에나 차별 없이 잠정적인 특권이 부여된다. 그 결과로 나온 화성음에는 조화와 질서, 이를테면 이러한 작업과 관계 없는 엄격한 선율 법칙이나 형식상의 규칙이 아니라, 여러 주제들로부터 파생된 유기적인 상호 작용이 자리 잡는다. 나는 영국 소설도 이와 마찬가지로 새로 읽히고 재해석될 수 있다고 믿는다. 이를테면 영국 소설이 서인도 제도나 인도와 갖는 관련성은 (대부분 억눌려 왔지만) 식민지화와 저항, 고유한 민족주의라는 특수한 역사에 의해 구체화되고 어쩌면 규정되기까지 했다고 볼 수 있다. 바로 이런 식의 접근을 할 때에야 비로소 대안적이거나 참신한 담론들이 등장하게 되며 나아가 제도화되거나 안정된 실재가 된다.

단일한 통합적 이론 원칙이 전제국주의권을 지배하지 못하는 것은 당연하거니와 아프리카의 비평가 친웨이주Chinweizu의 말을 인용하자면, 서구와 나머지 국가들간의 구분에 바탕을 둔 지배와 저항의 논리가 도처에서 균열이 가고 있는 것 또한 자명하다. 그러한 균열은 아프리카, 인도, 기타 주변국에서 나타나는 수많은 상호 교류, 영토의 겹침, 상호 의존 구조에 영향을 끼치는데, 이들 나라는 각기 다르고, 스스로의 운명적인 상호 관련이나 양식을 통해 스스로의 고유한 주제, 과업, 제도를 갖추고 있으며, 또한 재독하는 우리들의 관점에서 보았을 때 가장 중요한 항목이라고 할 수 있는, 앎에 대한 스스로의 조건과 가능성을 지니고 있다. 상호 관련이 일어나고 합병, 보편화, 통합이라는 제국주의 원칙들이 무력해지고 부적절해지면서, 제국주의 모델이 붕괴되는 현장에서 비로소 특별한 양식의 연구와 지식이 구축되기 시작하는 것이다.

그러한 새로운 지식 중 한 가지는 오리엔탈리즘이나 아프리카니즘에 대한 연구가 될 것이며, 그와 관련해서 영국 경향이나 프랑스 경향에 대한 연구 또한 포함될 것이다. 그러한 정체성은 오늘날 신이 부여한 본질적인 것이 아니라, 예컨대 아프리카 역사와 영국의 아프리카에 대한 연구의 결합이며, 프랑스 역사에 대한 연구와 제1제국 시기 동안 재편된 지식 구조 사이의 공동 작업으로 분석되고 있다. 정체성이 본질적인 것처럼 보이며 실제로 그렇게 간주된다는 점이 일부의 끈질긴 주장이기는 하지만, 그럼에도 불구하고 우리는 문화적 정체성을 본질적인 것이 아니라 대위법적인 조합물이라고 생각하고 그 형성 과정을 다루어야만 한다. 왜냐하면 어떠한 정체성도 일련의 대립과 부정적 측면과 반대에서 해방되어 독자적으로 존재할 수는 없기 때문이다. 예컨대 그리스 민족에게는 언제나 주변의 이민족과 유럽계 아프리카나 동양의 국가들이 영향을 끼쳤다. 그 반대의 경우 또한 사실이다. 심지어는 "이슬람", "서양", "동양", "일본", "유럽" 등과 같은 이른바 본질적인 구분 위에서 벌어지고 있는 이 시대의 거대한 상호 연관에서조차도 태도와 상호 연관에 대한 특정 지식과 구조가 엿보이는데, 여기에는 물론 주의 깊은 분석과 연구 과정이 요구된다.

주요 중심 문화 중의 일부, 이를테면 영국, 프랑스, 미국 등의 문화를 제국이 되기 위한 투쟁이라는 지리학적인 맥락에 놓고 연구해 보면 독특한 문화적 지형도가 선명하게 드러난다. "관습과 그 관련물의 구조"라는 용어를 사용할 때 나는 바로 이와 같은 지형도와 레이먼드 윌리엄스의 "감정 구조"라는 아직 미분화된 개념을 염두에 두고 있었다. 나는 지금 지역과 지리적 관련물의 구조가 문학, 역사, 민족학 등의 문화 언어를 통해 나타나는 방식에 관해 언급하고 있다. 이러한 구조는 다른 경우라면 상대방이나 "제국"이라는 공식적 이데올로기에 연결되지 않았을 몇 개의 개별 작업들을 넘나들면서 때로는 암시적으로 또 때로는 조심스럽게 형성된다.

예컨대 우리는 사회적으로 바람직하고 권한을 부여받은 공간을 본국인 영국이나 유럽에 부여하고, 탐이 나지만 종속적이라고 여겨지는 것은 줄거리, 동기, 전개의 방법을 통해서, 멀리 떨어져 있거나 주변적인 세계(아일랜드, 베니스, 아프리카, 자메이카처럼)와 연관 짓는 것이 스펜서나 셰익스피어나 디포우Daniel Defoe나 오스틴Jane Austen의 줄기찬 관심사였음을 영국 문화에서 쉽게 찾아볼 수 있다. 미약하게 유지되어 온 이런 식의 관련물들과 함께 등장한 것이 이른바 규칙, 통제, 이윤, 향상, 적합성 등에 관한 관습적 태도인데, 이러한 태도는 17세기부터 19세기 말까지 놀라울 정도로 강력하게 부상했다. 이들 구조는 당시의 작가들이 주무르고 있었던 기존의 구도가 아니라, 영국의 문화적 정체성의 발전과 긴밀한 관계가 있다. 왜냐하면 이러한 정체성은 지리적으로 파악된 세계 안에서 설정되기 때문이다. 유사한 구조가 프랑스와 미국의 문화에서도 나타나는데, 이들은 현저하게 다른 명분과 경로를 통해 부상했다. 우리는 이러한 전세계적인 통합 구조가 제국적인 통제나 정복을 위한 준비 과정인지, 혹은 그와 같은 것들과 동시에 일어나는 것인지, 아니면 어떤 반사적이고 부주의한 방법을 통해 열강들이 산출해 낸 결과물인지에 대해 분명하게 말할 수 있는 단계에는 아직 도달하지 못했다. 다만 우리는 멀고도 광활한 영토를 지배했던 세가지 서구 문화 안에서 놀라울 정도로 빈번히 일어나는 지리적 접합을 주목해야 하는 단계에 와 있을 뿐이다. 나는 이 책의 두 번째 장에서 이 문제를 살펴보고 심도 있는 논의를 전개시켜 나갈 것이다.

"태도와 언급의 구조"에 대해 내가 능력이 닿는 한도내에서 읽고 이해한 바로는, 이 구조에 대해 반대되거나 벗어나거나 이의를 제기한 사항은 거의 없었다. 오히려 종속 민족은 통치되어야 하며 그들은 엄연히 종속 민족이고, 다른 어떤 민족은 자신들의 영토 너머로 팽창하는 것을 주요 사명으로 부여받은 특별한 민족으로서 지속적으로 권리를 누리고 있으며, 또 그럴 만한 자격이 있다라는 점을 거의 모든 검토 사항들이 드러내고 있었다. (과연 실리가 1883년에 영국에 대해 밝힌 바대로 ─프랑스와 미국은 스스로의 이론가들을 갖고 있다─ 영국은 그렇게 이해될 수밖에 없다.) 현재 진행 중인 사회적 경쟁의 첨병이 되어 온 거대 문화의 각 분파들이 이 제국들의 합의에 순응했다는 사실은 다소 당혹스럽다. 심지어 노동 계급 운동이나 여권 운동마저도 거의 예외 없이 제국에 이득이 되는 쪽으로 작용했다. 또한 상이한 상상, 감수성, 사상, 철학이 존재하며 문학이나 예술의 임무는 특수하다는 사실을 증명하려는 노력이 끊임없이 있어 왔음에도 불구하고, 여기에서조차 그 목적은 제국이 유지되어야 하며 또 유지되고 있다는 점을 천명하는 쪽으로 사실상 통일되었다.

만일 주변부의 곳곳에서 제국에 대항해 일어난 저항 운동이 없었다면, 중심부 문화 텍스트에 대해 새롭게 활성화되고 재인식된 방법으로 다시 읽고 다시 해석하는 작업은 가능하지 못했을 것이다. 나는 이 책의 세 번째 장에서 새로운 세계적 의식이 반제국주의적 투쟁을 전개하는 여러 지역을 서로 연결시키는 과정을 살펴볼 것이다. 오늘날 과거 식민지 출신의 작가들과 학자들이 유럽 중심의 고전 텍스트에 자신들의 다양한 역사를 중첩시키고 있으며, 출신지의 지리를 덧붙여 그려 넣고 있다. 새로운 독해법과 지식은 바로 이러한 중첩되면서도 일치하지는 않는 상호 작용에서 도출되기 시작한다. 장벽의 붕괴, 빈번한 반란, 국경을 가로지르는 이동, 서구에서의 이민, 난민, 소수 인종의 인권 문제 등 1980년대 말에 발생한 엄청나게 위력적인 격변들을 살펴보기만 해도, 과거의 범주들, 완벽한 고립, 안락한 자치 등이 얼마나 구태 의연한 것이 되고 말았는지 쉽게 알 수 있다.

그러나 한편 이러한 낡은 실재들의 구축 과정, 예컨대 무소불위의 영국 문화가 스스로의 권한과 지배력을 지속적으로 획득해서 급기야는 바다 너머에까지 자신들의 이념을 주입시키게 된 과정을 헤아려 보는 작업은 매우 중요하다. 개개인에게는 막중한 부담이 됨에도 불구하고, 제3세계 출신으로서 새로운 세대에 속하는 모든 학자들과 지식인들은 오늘날 이 과업에 진지하게 몰두하고 있다.

바로 이 지점에서 주의와 신중이 필요하다. 내가 맡고 있는 한 가지 주제는, 제국주의에 저항하는 사람들의 이념 내지 목표라고 할 수 있는 민족주의와 해방주의간의 껄끄러운 관계에 관한 것이다. 물론 V. S. 네이폴과 코너 크루즈 오브라이언Conor Cruise O' Brien 같은 작가들이 패러디하고 조롱했으며, 일군의 독재자와 소군주들이 침탈했고, 다양한 민족주의 이념들이 신성시했던, 이른바 상상 속에 존재하는 공동체의 우수성을 탈식민지 세계의 많은 신생 독립국가들이 재정립했다는 점은 대체로 부인할 수 없는 사실이다. 그럼에도 불구하고 많은 제3세계 학자들과 지식인들 속에는 이와 반대되는 특질이 일반적으로 자리잡고 있다. 이들은 반드시 그런 것은 아니지만 망명자, 국외 추방자, 난민, 이민의 신분으로 서양에 거주하면서, 조지 안토니우스George Antonius와 C. L. R. 제임스 같은 20세기 초의 국외 추방자들이 전개했던 과업을 계승하고 있다. 제국의 경계선을 가로질러 서로의 경험을 결합시키며, 위대한 고전들을 재검토하고, 사실상 비평 문학이라고 할 만한 것을 생산하는 이들의 과업은 되살아나는 민족주의, 독재정치 그리고 민족주의를 위해 해방주의적 이상을 배반하는 불공정한 이데올로기 등에 흡수될 수 없으며 대개는 오늘날까지 흡수되지 않은 채 독립적으로 전개되고 있다.

더 나아가 이들의 작업은 제국의 중심지 내부의 '억압받아 온' 소수 목소리들 특히 페미니스트, 아프리카계 미국 작가, 지식인, 예술가 등과 주요 관심사들을 공유하고 있다. 그러나 여기에서도 경계와 자기 비판의 태도는 요청되어진다. 왜냐하면 저항 세력의 투쟁 속에는 관례화될 위험이나 주변부의 목소리가 고립주의로 변형될 위험이나, 저항이 독단으로 굳어질 위험이 항상 내재해 있기 때문이다. 분명, 지성계에 정치적 항거를 자리 잡게 하고 명확히 주장되게끔 하려는 행동주의가 타성적인 정론으로 빠질 위험은 없을 것이다. 그럼에도 불구하고, 억압으로부터 공동체를 지키고, 비평이 획일적인 의견 일치로 전락하지 않게 하며, 무조건 동의하기 전에 세심한 주의를 기울이려는 노력은 언제나 요청되는 법이다.

이 책에서 피력되는 나의 주제들은 역시 미국에서 쓰여진 책인 『오리엔탈리즘』에 이어지는 것들이므로, 미국의 문화적·정치적 환경에 대한 어느 정도의 고려가 당연히 따르게 될 것이다. 미국은 그저 평범하게 큰 나라가 아니다. 미국은 마지막 초강국이며 세계 거의 모든 곳에서 엄청난 영향력을 발휘하고 또 빈번히 개입하는 국가이다. 그러므로 미국의 시민과 지식인은 세계의 다른 나라들과 미국 사이에서 일어나는 일에 특별한 책임이 있다. 소련이나 영국, 프랑스, 중국이 더 나빴다거나 현재도 더 나쁘다고 말함으로 해서 미국인들의 그러한 책임이 면제되거나 완수되는 것은 아니다. 사실 우리는 고르바초프 이전의 소련이나 다른 나라들에 대해서는 책임도 능력도 없었지만, 미국에 대해서만큼은 영향을 미칠 책임이 있고 또 그럴 수 있는 가능성도 더욱 높아졌다. 따라서 우리는 가장 현저한 예로는 중앙 아메리카와 남아메리카에서 또한 중동과 아프리카와 아시아에서도 미국이 어떻게 이전의 강력한 제국들의 뒤를 이었으며, 현재의 지배적 외부 세력이 되었는지 조심스럽게 주목해야 한다.

솔직하게 말한다면 지금까지의 기록은 별로 좋은 것이 못 된다. 2차 대전 이후 미국의 군사적 개입은 거의 모든 대륙에서 일어났으며, 현재도 일어나고 있다. 막대한 국가적 투자를 동반한, 복잡하면서도 넓은 범위의 군사적 개입에 대해 우리는 이제야 겨우 이해하기 시작했을 뿐이다. 이 모든 개입은 윌리엄 애플먼 윌리엄스의 표현을 빌면, 삶의 방식으로서의 제국의 특징을 보인다. 베트남전, 니카라과 "콘트라contra" 지원, 페르시아만의 위기 등에 대해 잇따라 폭로된 사실들은 다만 이런 복잡한 개입들의 일부를 보여 줄 뿐이다. 미국의 대 중동 및 중앙 아메리카 정책은 —그것이 이란 온건파를 통해 지정학적 개방을 획득하는 것이든지, 선거로 세워진 니카라과의 합법적 정부를 전복하기 위해 이른바 "콘트라 자유 투사"를 돕는 일이든지, 혹은 사우디와 쿠웨이트의 왕가를 돕는 일이든지간에— 제국주의적이라고밖에는 달리 표현할 수 없다.

비록 우리가 다른 사람들처럼 미국의 대외 정책이 원칙적으로 이타적이며 자유와 민주주의 같은 나무랄 데 없는 목적에 헌신하고 있다고 인정하려 해도 여전히 회의적 여지는 많다. 엘리엇이「전통과 개인의 개능」에서 역사 의식에 대해 언급한 바는 여기서 매우 중요한 연관성을 갖는다. 하나의 국가로서 우리는 이전에 프랑스, 영국, 스페인, 포르투갈, 네덜란드와 독일이 우리에 앞서 저질렀던 일들을 반복하고 있는 것은 아닌가? 그러면서도 우리만은 이전의 훨씬 더 지저분한 제국주의적 모험들로부터는 면제되어 있다고 생각하는 경향이 있는 것은 아닐까? 게다가 우리는 의심의 여지 없이 세계를 다스리고 지배해야 할 숙명이며 서부 개척 임무의 일부로서 그것을 떠맡는 것이 우리의 운명이라고 가정하는 것은 아닐까?

간단히 말해서 하나의 국가로서 우리는 지금 타자 —즉 다른 문화, 국가, 역사, 경험, 전통, 민족, 운명 등— 와 우리의 관계에 대한 심오하고 매우 혼란된 또 혼란스럽게 하는 문제에 직면하고 있다. 이 문제에 대답하기 위한 아르키메데스적 지점은 없다. 문화들, 제국주의와 비제국주의 사이의 불평등한 권력, 우리와 타인들 사이의 현실적 관계들을 관조할 수 있는 어떤 외부의 우월한 위치도 존재하지 않는다. 방해하는 이해 관계와 계속되는 관계들에 연루되지 않으면서 세계에 대해 판단하고, 가치 평가하고, 해석할 수 있는 인식론적 특권은 아무에게도 없다. 말하지면 우리는 관계로 이루어져 있는 것이지, 결코 그 관계들의 바깥이나 너머에 위치해 있는 것이 아니라는 것이다. 지식인이자 인본주의자, 세속적 비평가를 자처하는 우리들로서는 예이츠가 훌륭하게 표현했듯이, 올리버 골드스미스Oliver Goldsmith처럼 정신이라는 꿀단지를 조금씩 맛보는 초연한 외부적 관찰자여서는 안 된다. 세상의 참여자로서 우리는 미국을 실재의 내부에서 나온 국가와 권력의 세계 안에서 이해할 필요가 있다.

유럽과 미국의 현대 인류학의 최근 노력들은 이와 같은 수수께끼와 논쟁을 징후적으로 나타내 주고 있다. 그런 문화적 실천과 지적 활동은 외부에서 온 서양인 민속학자와 비유럽계 비서양인과의 불평등한 역학 관계를 주요한 구성 요소로서 수반하기 마련이다. 이때 서양인은 관찰자의 입장이며, 비서양인은 원시적이거나 혹은 그렇지 않더라도 적어도 서양인과는 다른, 분명히 무력하고 미개한 입장에 놓여진다. 매우 풍요로운 텍스트인 『킴』에서 키플링은 그런 관계의 정치적 의미를 도출하며, 그것을 크레이튼 대령이라는 인물을 통해 형상화했다. 그는 인도의 조사를 책임진 민족학자이며, 어린 킴이 속한 "위대한 게임"인 인도 주재 영국 첩보부의 수뇌이다. 현대 서양 인류학은 이런 관계의 문제를 자주 드러낸다. 그리고 수많은 이론가들의 최근 저작에서는 힘과 상관없이 타자를 해석학적이고 동정적으로 이해하려는 과학적이고 인본주의적인 욕망과 힘에 기초한 정치적 현실 사이의 극복 불가능한 갈등이 나타난다.

이런 노력들이 성공하느냐 실패하느냐는 부차적인 문제이고, 더 흥미로운 것은 그것을 두드러지게 하는 것 즉 그것을 가능케 하는 것이다. 그것은 곧 도처에 스며 있는 피할 수 없는 제국주의적 배경에 대한 날카롭고 당혹스런 인식을 의미한다. 사실 내가 아는 한, 제국주의적 경쟁 자체를 이해하지 않고서는 (인종 말살과 합병의 전역사를 배경으로 가진) 미국인들이 미국 사회 안으로부터 세계를 이해할 수 있는 방법은 없다. 이것은 해석학적으로 뿐 아니라 정치적으로도 매우 중요한 문화적 사실이라는 점을 나는 지적하고 싶다. 그러나 그것은 문화 이론이나 문학 이론에서는 그 자체로 인식된 적이 없으며, 문화적 담론들 속에서 흔히 우회되고 은폐된다. 대부분의 문화적 해체주의자들, 마르크스주의자들, 혹은 신역사주의자들의 저작을 읽는 것은 정치적 지평, 역사적 지위가 제국주의적 지배에 깊이 침윤된 사회와 문화 안에 자리 잡고 있는 저자들의 저작을 읽는 셈이다. 그러나 이런 지평은 거의 주목되지 않고 있고, 그러한 배경에 대해 감사를 표하는 일도 드물며, 제국의 종결 자체에 대한 인식도 고려된 적이 거의 없다. 대신 사람들은 다른 문화들, 다른 텍스트들 그리고 다른 민족들에 대한 해석 —기본적으로는 이것이 바로 해석이 하는 일일텐데— 이 시간을 초월한 진공 상태에서 일어나는 듯한 인상을 받게 되며, 그 해석을 집착, 억제, 이해 관계로부터 자유로운 보편주의로 곧바로 돌려 버릴 정도로 관용적이고 너그러워진다.

우리는 상품의 세계에 살고 있으면서 동시에 재현의 세계에 살고 있다. 재현들 —재현의 생산, 순환, 역사, 해석— 은 문화의 요소이다. 최근 이론에서 재현의 문제는 핵심적인 것으로 여겨지는데, 그러나 그것이 완전히 정치적 맥락 즉 주로 제국주의적인 맥락에서 고찰되는 경우는 드물다. 대신 우리는 무중력의 이론적 사색과 연구에 자유롭게 무조건적으로 이용될 수 있는 고립된 문화적 영역을 상정하는 한편, 실제 이해 관계간의 싸움이 일어나는 것으로 생각되는 타락한 정치적 영역을 상정한다. 문화의 전문적 연구가들 ―인본주의자, 비평가, 학자들― 은 오직 한 영역만 상관할 뿐이다. 그리고 더 간결하게 요점을 말하면, 그들은 실제로는 연결되었을 뿐 아니라 궁극적으로는 동일한 두 영역을 분리된 것으로 받아들인다.

이 분리에는 철저한 왜곡이 따른다. 문화는 권력과의 연관으로부터 분리되었고, 재현들은 교환의 문법으로 분석·해석될 수 있는 비정치적 이미지들로 여겨진다. 또한 과거로부터 현재의 분리는 완전한 것으로 여겨진다. 그러나 이런 영역의 분리는 중립적이고 우연적인 선택이기는커녕, 실제로는 인본주의자들의 공모 행위로서, 제국 자체의 문제에 대한 지속적 투쟁을 놓고 연합해서 싸울 준비가 된 모델보다는, 가식적이고, 삭제되었으며, 더 체계적으로 순화된 텍스트 모델의 선택을 의미한다.

모두에게 친숙한 예를 통해 다르게 표현해 보자. 적어도 십여 년 간 미국에서는 교양 교육의 의미와 내용과 목적에 대해 진지한 논의가 전개되었다. 전부는 아니더라도 상당 부분의 논의는 1960년대의 격변기 이후 대학에서 나타난 것이다. 1960년대는 사회적, 지적으로 자극받아 분출된 공격적인 에너지로 말미암아 미국 교육의 구조와 권위, 전통이 20세기 들어 최초로 공격을 당하는 것으로 보였다. 대학에서 새로운 조류 그리고 이른바 이론(문헌학, 도덕 철학, 자연 과학과 같은 전통적 영역에서 쫓겨난 정신 분석, 언어학, 니체 철학과 같은 다양한 새로운 학문 분야들을 포함하는 명칭)의 힘이 명성과 관심을 획득했다. 그들은 확립된 정전의 권위와 안정성, 대문자화된 영역들, 학교의 전통, 연구, 지적 노동의 분업 등을 잠식하는 듯했다. 이 모든 것이 반전 시위와 반제국주의 시위의 거대한 물결과 더불어 문화적·학문적 실천의 온건하고 제한된 영역에서 일어났다는 것은 결코 우연이 아니며 그것이 진정한 정치적·지적 종합 국면임을 의미한다.

우리가 모더니즘의 힘이 소진되자 대도시에서 새로운 활기를 얻은 교정橋正된 전통을 탐색하고 있으며, 그런 탐색이 포스트모더니즘 혹은 내가 전에 리오타르를 인용하여 말했듯이, 서양에 의한 해방, 계몽이라는 서사들의 정당화 능력 상실로 표현되는 데 비해서, 같은 시기에 과거 식민지였던 주변 세계에서는 —원래 저항, 대담함의 논리와 오랜 전통(이슬람 세계에서는 알 투라스al-Turath라 부르는 것)에 대한 다양한 탐구가 주조를 이루었는데— 오히려 모더니즘이 재발견되고 있다는 것은 상당한 아이러니이다.

새로운 국면에 대한 서양에서의 한 반응은 매우 보수적이었다. 즉 옛 권위와 정전을 고집하려는 노력, 서양인이라면 그런 책들을 안 읽고는 교육받았다고 할 수 없을 정도로 핵심적인 서양의 책 열 권, 스무 권 혹은 서른 권을 복권시키려는 노력—이런 노력들은 정비된 애국주의적 수사학을 통해 표현되었다.

그러나 여기서 다시 언급할 가치가 있는 다른 반응이 있을 수 있다. 그것은 중요한 이론적 기회를 제공한다. 문화적 경험 혹은 모든 문화적 형식은 철저하게 본질적으로 혼합된 것이며, 서양에서 칸트 Immanuel Kant 이후로 문화적·심미적 영역을 세속적 영역으로부터 분리시키는 것이 관행이었다면, 이제는 그것을 재결합시킬 때라는 것이다. 그러나 이것은 적어도 18세기 후반 이래로는 원격 지배를 획득하고, 헤게모니를 강화함과 아울러 문화와 경험의 영역을 분명히 분리된 영역으로 나누는 것이 서양에 있어서 경험의 본질이었기 때문에 그렇게 간단한 문제가 아니다. 인종이라든가 국가와 같은 실체들, 영국성이나 오리엔탈리즘과 같은 본질들, 아시아적 혹은 서구적 생산 양식, 이 모든 것은 내 견해로는 이데올로기 즉 실제 제국 영토를 세계로 확장하는 데 앞서, 먼저 문화적으로 확장하려는 이데올로기이다.

제국주의를 연구하는 대부분의 역사학자들은 "아프리카 쟁탈전"이 시작되는 1878년 무렵에 공식적으로 "제국의 시대"가 시작된 것으로 본다. 그러나 문화적 현실을 조금 더 세밀하게 관찰하면, 유럽의 세계 지배권에 대한 견해는 훨씬 일찍부터 더 깊고 확고하게 자리 잡고 있음을 발견할 수 있다. 18세기 말에는 일관되고 완전히 힘을 발휘하는 사상 체계를 발견할 수 있으며, 그 뒤로 나폴레옹에 의한 최초의 대규모 체계적 정복들, 민족주의와 유럽 민족 국가의 부상, 대규모 산업화의 도래, 부르주아지 권력의 공고화 등과 같은 일련의 발전이 뒤따른다. 이 시기는 또한 소설 형식과 새로운 역사적 서사가 두드러지게 된 시기이며, 역사적 시간에 있어 주체성이 지닌 중요성이 확고한 위치를 차지하게 된 시기이기도 하다.

그러나 대부분의 문화 사가들 그리고 모든 문학 연구가들은 지리적 기호 즉 당대의 서구 소설, 역사적 저서, 철학적 담론의 바탕이 되는 이론적 지도와 도표를 주목하지 못했다. 우선 유럽인 관찰자들 ─예컨대 여행자, 상인, 학자, 역사가, 소설가들─ 이 지닌 권위가 있다. 또한 제국의 중심, 나아가서 제국의 중심 경제가 점점 해외 영토의 지배, 경제적 착취, 특정한 사회 문화적 전망에 의존한다고 보게 하는 공간의 위계 질서가 있다. 이런 것들이 없었다면 집안에서의 안정과 번영은 ─"집안"이란 매우 강력한 반향을 가진 단어다─ 가능하지 않았을 것이다. 내가 말하려는 것의 완벽한 예가 제인 오스틴의 『맨스필드 파크 Mansfield Park』에서 발견된다. 안티구아에 있는 토마스 버트람의 노예 농장은 맨스필드 파크의 균형과 아름다움을 이루는 데 겉으로는 드러나지 않지만 필수적인 요소이다. 맨스필드 파크는 아프리카 쟁탈전이 시작되기 이전, 제국주의 시대가 공식적으로 시작되기 이전의 도덕적·심미적 용어로 묘사된 곳이다. 존 스튜어트 밀은 『정치 경제의 원칙 Principles of Political Economy』에서 다음과 같이 지적하고 있다.

> 이들(변경에 있는 우리의 소유물)은 결코 개별적인 국가들로 여겨질 수는 없으며 … 오히려 큰 공동체에 속한 주변부의 농업적, 산업적 토지 재산으로 간주된다면 더 적절할 것이다. 예를 들면 우리의 서인도 식민지는 스스로의 생산적인 자본을 소유한 국가라기보다는, 영국이 설탕, 커피, 그 외 다른 열대 상품을 생산하는 데 편리한 장소로 간주될 수 있다.[51]

이 독특한 구절을 오스틴의 소설과 비교해서 읽어 보면, 제국주의

---

[51] John Stuart Mill, *Principles of Political Economy*, Vol. 3, ed. J. M. Robson (Toronto : University of Toronto Press, 1965), p. 693.

이전의 문화적 구성체들의 일반적 인상보다는 훨씬 덜 자비로운 모습을 발견할 수 있다. 우리는 밀에게서 바다를 건너 이송되어 오직 "주인의 이익을 위해" 합병된 지위로 전락한 수백만 노예들의 현실, 노동, 고통을 묵살하는 데에 익숙한, 무자비한 백인 소유주의 말투를 발견한다. 밀에 의하면 이러한 식민지들은 편리한 것 이외의 그 어떤 것으로도 고려될 수 없다. 그 태도에 오스틴 역시 동조했지만 오스틴은 『맨스필드 파크』에서 카리브 연안에 사는 노예들의 고뇌를 '안티구아'에 대해 대여섯 번 가볍게 언급함으로써 순화시켰다. 이와 같은 과정은 영국과 프랑스의 다른 주요 작가들에게서도 나타난다. 간단히 말해서 대도시는 자신의 권위를 세우기 위해 상당 부분 변방의 식민 소유를 착취하는 것에 의존할 뿐만 아니라, 그것의 가치를 낮게 평가하는 것에 의존하고 있다. (월터 로드니가 1972년 식민지의 독립을 주장하는 논문의 제목을 「어떻게 유럽이 아프리카를 낙후시켰는가 How Europe Underdeveloped Africa」로 붙인 것에는 바로 이러한 근거가 있다.)

마지막으로 관찰자의 권위와 유럽의 지리적 중심으로서의 권위는 비유럽적인 것을 인종, 문화, 존재론적인 면에서 부차적인 지위로 전락시키고, 그것에 국한시키는 문화적 담론에 위해 뒷받침된다. 그런데 역설적으로, 이런 부차성은 유럽적인 것의 일차성에 있어서 필수 불가결한 요소가 된다. 바로 그것이 세제르, 파농, 메미에 의해 탐구된 역설이다. 그런데 이런 역설이 책읽기의 난관aporia이나 불가능성에 대한 탐구자들에 의해서는 거의 연구되지 않았다는 것은 현대 비평 이론이 안고 있는 수많은 아이러니 중의 하나이다. 아마도 그런 역설이 발생한 것은, 어떻게 읽을 것인가보다는 무엇을 읽을 것인가 혹은 그것이 어디에 관해 쓰여진 것이며, 어느 곳이 재현되었는가에 더 강조를 두어 왔기 때문일는지도 모른다. 콘라드가 매우 복잡하고 힘들인 산문을 통해 진정한 제국주의자의 특징을 탐색했다는 판단은 콘라드에게는 굉장히 명예스러운 말이다. 우리가 세계적인 규모의 축적과 지배의 세력들에게 정당화 이데올로기(『암흑의 핵심』에서 말로우는 "그것"을 지탱하는 이념에 대한 헌신 때문에 '효율성'이라고 부른다. 그런데 이때 "그것"이란 검은 얼굴색과 낮은 코를 가진 사람들로부터 땅을 빼앗는 것이다)를 제공하면서 동시에 예술과 문화는 "그것"과 아무 관계가 없다고 말함으로써, 그 과정을 어떻게 은폐하는가 하는 것이다.

무엇을 읽을 것인가와 그렇게 읽은 것을 어떻게 할 것인가가 바로 그것이 문제의 핵심이다. 비평 이론과 소설에 퍼부은 모든 정력과 신역사주의나 해체주의나 마르크스주의 같은 탈신비화하는 이론적 실천들은, 현대 서양 문화의 중요한 그리고 결정적인 정치적 지평인 제국주의를 회피했다. 이 중대한 회피는 정전의 포함과 배제를 지속시켰다. 그래서 루소, 니체Friedrich Willhelm Nietzsche, 워어즈워드William Wordsworth, 디킨스, 플로베르 등은 포함시키지만, 그들이 지연되고, 복잡하며, 흠이 난 제국의 작업과 맺는 관계들은 배제한다. 그러나 왜 그것이, 무엇을 읽을 것인가 그리고 무엇에 관한 것인가라는 문제가 되는 것일까? 답은 매우 간단하다. 즉 비평적 담론은 지난 두 세기간 유럽과 미국의 제국주의적 팽창에 대항해 만들어진 매우 자극적이며, 다양한 탈식민주의적 문학은 용인하지 않기 때문이다. 예를 들어 파농과 카브랄은 안 읽으면서 오스틴을 읽는 것은 현대 문화를 그것과 연관된 것, 그것이 참여하고 있는 것들로부터 단절시키는 것이다. 이는 분명 수정되어야만 한다.

해야 할 일은 더 많이 있다. 비평 이론과 문학사 연구는 서양 문학, 예술 철학의 주요한 서삭들을 재해석하고 정당화해 왔다. 이들 중 상당 부분은 비록 흥미롭고 강력한 작업이었지만, 거기에서는 내가 세속적이고 참여적 비평이라고 부르려는 것에 대한 열렬한 참여보다는, 정교함과 섬세함의 힘이 더 자주 감지된다. 세속적 비평은 어떻게 선택된 역사적 모델들이 의식적으로 사회적·지적 변화에 관련되는가에 대한 매우 강한 의식 없이는 수행될 수 없다. 그러나 만약 현대 유럽과 미국의 문화를 제국주의와 관련된 것으로 읽고 해석한다면, 정전을 재해석할 때도 유럽의 팽창과 연관이 충분히 나타나 있지 않고, 특별히 강조도 되어 있지 않은 텍스트들을 재해석하는 것 역시 우리의 의무이다. 달리 표현하면, 그러한 과정은 콘라드와 키플링과 같은 작가들에게 수정된 방향과 가치를 부여하고, 정전을 유럽의 팽창에 대한 다성적 동반물로 읽는 것을 의미한다. 콘라드와 키플링은 항상 재미로만 읽혔을 뿐, 오스틴이나 샤토브리앙François de Chateaubriand과 같은 더 앞선 작가들의 작품에서도 오랫동안 잠재적·내재적 형태로 나타났던 명백한 제국주의적 주제를 다룬 소설로는 읽히지 않았다.

둘째로, 이론적 작업은 제국과 문화 사이의 관계를 공식화하는 것으로부터 시작해야 한다. 획기적인 작업이 몇 있었다. 예를 들어 키어난의 작업이나 마틴 그린Martin Green의 작업과 같은 것인데, 그러나 그 문제에 대한 고려는 강도가 낮았다. 그러나 내가 앞서 언급했듯이, 사태가 바뀌기 시작하고 있다. 다른 학문 분야들에서 나타나는 여러 연구들, 소장파 학자와 비평가들의 새로운 모임 —미국에서 혹은 제3세계나 유럽에서— 은 이론적·역사적 모험을 감행하기 시작했다. 그들 중의 상당수는 다양한 방식으로 제국주의적 담론, 식민주의적 실천 등과 같은 문제들에 집중하고 있다. 이론적으로 현재 우리는 제국이 문화를 소명하는 것을 기록하려 시도하는 단계에 있을 뿐이다. 그리고 지금까지 행해진 노력은 아주 기초적인 수준에 불과하다. 그러나 문화 연구가 대중 매체, 대중 문화, 미시 정치학 등까지 확장될 때 권력과 헤게모니 양식에 대한 이해가 더욱 분명해질 것이다.

셋째로, 우리는 과거에 대한 연구의 길잡이이자 패러다임으로서 현재가 가진 특권에 유념해야만 한다. 내가 과거와 현재, 제국주의화하는 자와 제국주의화되는 자 그리고 문화와 제국주의 사이의 통합과 연관을 주장했다면, 그것은 차이를 평준화하거나 축소시키려 해서가 아니라, 사물들 사이의 상호 의존에 대한 더욱 절실한 의식을 강조하기 위함이었다. 중요한 문화적 차원의 경험으로서 제국주의는 너무나 방대하고 세부적인 것이기에 우리는 남자와 여자, 백인과 비백인, 대도시 거주자와 주변부 거주자, 현재와 미래뿐 아니라 과거에 공통된 중첩된 영역, 뒤얽힌 역사들에 대해 말해야만 한다. 이런 영역들과 역사들은 세속적 인간 역사 전체의 관점에서만 볼 수 있다.

제2장
통합된 비전

우리 스스로를 한 무리의 "침입자"라고 불렀다. 왜냐하면 우리는 영국 외교 정책의 용인된 홀(hall)에 침투하여, 조상들이 우리를 위해 철도를 깔아 놓았음에도 불구하고 동양에 새로운 민족을 세우려고 했기 때문이다.

- T.E. 로렌스, 『지혜의 일곱 기둥』

1. 내러티브와 사회적 공간

19세기와 20세기 초 영국과 프랑스 문화의 거의 모든 부분에서 우리는 제국에 대한 여러 가지 암시를 찾아볼 수 있다. 특히 영국 소설에서는 그러한 암시가 자주 반복적으로 나타난다. 종합적으로 보면, 그러한 암시들은 내가 '태도와 언급의 구조'라고 이름 붙인 것들을 이루고 있다. 『맨스필드 파크』는 제인 오스틴이 자신의 다른 작품들에서도 나타나는 도덕적·사회적 가치들을 조심스럽게 정의하고 있는 작품인데, 이 작품에서는 토마스 버트람 경의 해외 재산이 작품 전반에 걸쳐 여러 번 언급된다. 버트람 경의 해외 재산은 그에게 부를 가져다 줄 뿐 아니라 그가 작품에서 잠깐 없어지는 데 핑계가 되며, 자국에서나 해외에서 그에게 사회적 지위를 부여하고 또 그의 가치관을 형성한다. 패니 프라이스는 그와 같은 것에 동의한다. (오스틴 자신도 결국에는 같은 태도를 보인다.) 오스틴이 주장하듯이 이 소설의 주제가 "사회적 정돈"이라면, 식민지 재산에 대한 권한은 영국내의 사회적 질서와 도덕적 우선 순위를 확립하는 데 직접적인 요인이 된다. 또 다른 예로, 『제인 에어 Jane Eyre』에서 로체스터의 미치광이 부인인 버사 메이슨은 서인도 제도인인데, 그녀는 다락방에 갇힐 수밖에 없는 위협적인 존재로 나타난다. 또한 새커리의 『허영의 시장 Vanity Fair』의 조셉 세들리는 인도에서 부를 축적한 사람이다. 그는 제멋대로인 태도와 과도한 (그런 부를 축적할 만한 자격이 없는) 부의 소유자인데, 그는 베키의 받아들이기 힘든 도리에 벗어난 행동과 대비되며 베키는 결국 자신의 행동에 대해 적절한 보상을 받는 아밀리아의 예의 바름과 대조된다.

조셉 도빈은 결말에서 조용히 편잡의 역사를 서술한다. 찰스 킹슬리 Charles Kingsley의 『서쪽으로!Westward Ho!』에 나오는 로즈라는 배는 카리브 해와 남아메리카를 항해한다. 디킨스의 『위대한 유산』에서 에이블 맥위치는 오스트레일리아로 추방당하는 죄수다. 그는 시골뜨기였던 핍이 런던에서 신사 노릇을 하면서 의기 양양하게 지낼 때, 다행스럽게도 핍의 시야에서 사라진다. 하지만 아이러니컬하게도 핍이 기대하는 위대한 유산을 가능하게 하는 것은 맥위치의 재산이다. 디킨스의 다른 여러 소설에서도 사업가들은 제국과 연결되어 있다. 돔비와 퀼프가 그 대표적인 예다. 디스렐리Benjamin Disraeli의 『텐크레드Tancred』와 엘리엇George Eliot의 『다니엘 데론다Daniel Deronda』에서 동양은 한편으로는 토착민들(아니면 이주한 유럽 사람들)의 거주지이지만, 또 한편으로는 제국의 지배하에 편입된 곳이다. 헨리 제임스Henry James의 『여인의 초상The Portrait of a Lady』의 랄프 투셰는 알제리와 이집트로 여행을 한다. 그리고 키플링, 콘라드, 아서 코난 도일Arthur Conan Doyle, 라이더 해거드Rider Haggard, R. L. 스티븐슨Robert Louis Stevenson, 조지 오웰, 조이스 캐리Joyce Cary, E. M. 포스터Foster, T. E. 로렌스Lawrence의 작품 전반을 보더라도 제국은 매우 중요한 배경을 이룬다.

프랑스의 경우는 영국과 달랐다. 19세기 초 프랑스의 제국적 사명감은 정치 체제 그 자체의 연속성과 안정으로 뒷받침되었던 영국의 그것과는 차이를 보였다. 프랑스에서는 프랑스 혁명과 나폴레옹 통치기에 정책의 전환과 식민지의 상실, 재산의 불안정성 그리고 철학의 변화를 겪으면서 제국이라는 경험은 프랑스 문화 속에서 보다 불안한 정체성과 존재로 전락했다. 샤토브리앙과 라마르틴느Alphonse de Lamartine의 저서에서 우리는 제국의 장엄한 수사학을 엿볼 수 있다. 회화와 역사적·문헌학적 글, 음악과 극장에서는 프랑스의 해외 재산에 대한 생생한 염려가 드러난다. 하지만 프랑스 문화 전반적으로 볼 때 (19세기 중반 이후까지) 철학에 가까우리만치 진지한 영국의 제국적 사명감은 거의 찾아볼 수 없다.

영국과 프랑스가 이러한 상황에 놓여 있을 때, 미국에서는 역설적으로 그 중심에 구세계를 향한 격렬한 반식민주의가 놓여 있었지만,

크스적 분석과 전제에 기반하고 있으며, 근대 서구 문화에서 제국적 사고가 얼마나 중심적인 위치를 차지하고 있는지를 지적하고 있다.

그러나 그 어느 작품도 19세기와 20세기 유럽의 정전들에 대한 우리들의 시각을 변화시킬 만큼 영향을 끼치지는 못했다. 마땅히 그랬어야만 하는데도 말이다. 대부분의 비평가들은 제국주의를 그냥 무시해 버린다. 예컨대 최근 상당히 통찰력이 있는 라이오넬 트릴링Lionel Trilling의 E. M. 포스터론을 다시 읽으면서 놀랐던 것은, 트릴링이 『하워즈 엔드Howards End』의 다른 면에서는 날카로운 비평을 하고 있으면서도 제국주의에 대해서는 단 한번도 언급하고 있지 않다는 점이었다. 그런데 내 생각에는 그 소설을 읽으면서 제국주의를 간과하거나 무시할 수는 없다. 결국 헨리 윌콕스와 그의 가족은 식민지에서 고무를 재배하는 사람들이었다. "그들에게는 식민지적 정신이 있었으며 눈에 띄지 않게 자신의 짐을 내려놓을 수 있는 곳을 찾고 있었다."[8] 또한 포스터는 작품 속에서 영국에서 일어나고 있는 변화와 관련된 사실을 자주 대비시키며 연관시킨다. 이러한 변화는 「레너드Leonard」와 「재키 바스트Jacky Bast」, 「쉴레겔가 사람들the Schlegels」 그리고 「하워드 엔드」 그 자체에도 영향을 끼친다. 또한 이보다 더 놀랄 만한 경우는 레이먼드 윌리엄스의 경우다. 자신의 저서 『문화와 사회Culture and Society』에서 그는 제국 경험을 전혀 다루고 있지 않다. (인터뷰에서 제국주의 언급의 부재를 어떻게 설명한 것인지에 대한 질문을 받았을

1971) ; Gordon K. Lewis, *Slavery, Imperialism, and Freedom : Studies in English Radical Thought* (New York : Monthly Review, 1978) ; V.G. Kiernan, *The Lords of Human Kind : Black Man, Yellow Man, and White Man in an Age of Empire* (1969 ; rprt. New York : Columbia University Press, 1986), and *Marxism and Imperialism* (New York : St. Matin's Press, 1974). Eric Cheyfitz 의 최근 저서인, *The Poetics of Imperialism : Translation and Colonization from The Tempest to Tarzan* (New York : Oxford university Press, 1991). Benita Parry, *Conrad and Imperialism* (London : Macmillan, 1983)는 콘라드 소설에서 제공되는 맥락 속에서 이들 작품과 함께 다른 작품들도 설득력 있게 논의하고 있다.

8) E. M. Forster, *Howards End* (New York : Knopf, 1921), p. 204.

있다) 중요한 기여를 했지만, 이들은 본질적으로 서술과 묘사라는 방식을 채택한다. 즉 그들은 주제, 특정한 역사적 위기, 제국주의에 대한 생각의 영향이나 지속성을 지적했다. 그리고 그들은 방대한 양의 자료를 다루었다.[5]

거의 모든 경우 그들은 제국주의에 대해 비판적이었고, 윌리엄 애플먼 윌리엄스가 다른 이데올로기적 신념과 양립 가능하다고 묘사한 삶의 방식에 비판적이었다. 그리고 초월적인 이데올로기와도 양립 가능해서, "제국의 팽창 때문에" 군사적·경제적·정치적 방법과 연합하여 "그에 적합한 이데올로기를 발전시킬 수밖에 없었다."는 것에도 비판적이었다. 그리하여 "정신적·문화적·경제적 자산을 낭비하지 않고도, 제국을 보존하고 확장"할 수 있게 해주었다. 이러한 학자들의 글에는 제국주의가 꺼림칙한 자기 이미지를 산출한다는 힌트가 있다. 예컨대 윌리엄스의 말을 빌자면 "선의의 진보적인 경찰관" 같은 것이다.[6]

그러나 이러한 비평가들은 주로 이론적이고 이데올로기적인 기여를 한 소수의 학자들과는 달리, 주로 서술적이고 실증적인 작가들이다. 전자의 예를 들자면 조나 라스킨Jonah Raskin의 『제국주의의 신화The Mythology of Imperialism』, 고든 K. 루이스Gorden K. Lewis의 『노예제, 제국주의와 자유Slavery, Imperialism, and Freedom』, V. G. 키어난의 『마르크시즘과 제국주의Marxism and Imperialism』와 그의 중요한 저서 『인간의 왕The Lords of Human Kind』이 있다.[7] 이 모든 저서들은 많은 부분 마르

---

5) Martin Green, *Dreams of Adventure, Deeds of Empire* (New York : Basic Books, 1979) ; Molly Mahood, *The Colonial Encounter : A Reading of Six Novels* (London : Rex Collings, 1977) ; John A. McClure, *Kipling and Conrad : The Colonial Fiction* (Cambridge, Mass. : Harvard University Press, 1981) ; Patrick Brantlinger, *The Rule of Darkness : British Literature and Imperialism, 1830 ~1914* (Ithaca : Cornell University Press, 1988). John Barrell, *The Infection of Thomas de Quincey : A Psychopathology of Imperialism* (New Haven : Yale University Press, 1991)도 보라.

6) William Appleman Williams, *Empire as a Way of Life* (New York and Oxford : Oxford University Press, 1980), pp. 112 ~13.

7) Jonah Raskin, *The Mythology of Imperialism* (New York : Random House,

존재하지 않으면서도 이윤을 남기는 존재들이다. 이것을 문학적으로 표현하자면, 에릭 울프Eric Wolf가 약간의 자화 자찬적인 어조로 말했듯이, "역사가 없는 민족"[4])이다. 제국에 의해 유지되어 온 경제와 정치 체제는 그들에게 의존하고 있지만, 사실상 역사적으로나 문화적으로나 주의를 기울일 필요는 한번도 없었던 '역사 없는 민족' 말이다.

이 모든 경우에 있어 제국에 대한 사실들은 지속적인 재산, 때로는 미지의 광범위한 공간, 기이하거나 받아들일 수 없는 인간, 부자가 되게 해주거나 환상적인 일들을 가능케 해줄 수도 있는 이민, 돈벌이와 성적 방종과 관련되어 있었다. 불명예스럽게 된 젊은 아들들은 식민지로 보내졌고, 늙고 초라해진 친척들은 잃어 버린 자신들의 부를 회복하려고 식민지로 갔으며, 모험심 많은 젊은 여행자들은 여자들과 놀아나며 이국적인 물건들을 수집하려고 식민지로 갔다. 식민지는 가능성의 영역이었으며 항상 사실주의적인 소설들과 연관되었다. 머나먼 아프리카와 태평양과 대서양의 황야에서 자신의 신세계를 창조할 수 있게 한 '식민지화'에 대한 사명감 없이 로빈슨 크루소를 생각한다는 것은 불가능하다. 하지만 대부분의 위대한 19세기 리얼리즘 소설가들은 디포우나 19세기 후반의 작가들인 콘라드와 키플링보다 식민 통치나 식민지 재산에 대해 더 소극적으로만 언급했다. 콘라드와 키플링의 시대에 대대적인 선거 개혁과 대중의 정치 참여가 이루어진 것은, 제국의 경쟁 문제가 국내 문제에 더 깊게 침투했다는 것을 의미한다. 19세기 말에는 아프리카 쟁탈전, 프랑스의 제국 연합 합병, 미국의 필리핀 합병이 일어나고 인도에서 영국 정치가 최고조에 달하면서 제국은 보편적인 관심사로 대두했다.

문제는, 항상 꼼꼼한 논의가 이루어지고 풍부한 이야기거리를 끌어내는 비평에서 이러한 식민적·제국적 현실들이 간과된다는 점이다. 문화와 제국의 관계를 논하는 상대적으로 소수인 작가들과 비평가들은(그중 몇몇을 들자면 마틴 그린, 몰리 메이후드Molly Mahood, 존 맥클루어John McClure와 특히 패트릭 브랜트링거Patrick Brantlinger 등이

---

4) Eric Wolf, *Europe and the People Without History* (Berkely : University of California Press, 1982).

역시 독특한 제국적 색채를 날카롭게 드러내는 글들이 많이 있었다. 예컨대 청교도들의 "황야에서의 사명"과 쿠퍼James Fenimore Cooper, 트웨인Mark Twain, 멜빌Herman Melville과 다른 작가들이 보여 주었던 미국의 서쪽으로의 확장에 대한 특별한 관심 그리고 미국의 토착민들의 대량 식민화와 말살(리처드 슬로킨Richard Slotkin, 패트리샤 리머릭Patricia Limerrick, 마이클 폴 로긴Michael Paul Rogin의 뛰어난 연구에서처럼)[1]을 함께 생각해 보라. 그러면 미국에서도 유럽의 제국주의에 비견할 제국적 모티프가 나타나고 있다는 것을 알 수 있을 것이다. (이 책의 제4장에서 나는 미국이 20세기 후반의 제국적 형태로서 최근 어떠한 면모를 보이고 있는지에 대해 더 다루려고 한다.)

참고의 대상, 모든 것의 정점 그리고 당연하게 여겨지는 부와 서비스와 여행의 장소로서의 제국이 만일 19세기 유럽 소설 속에서 거의 보이지 않는다면, 암호화된 존재로 작용한다. 그것은 마치 거대한 저택과 소설에서 하인들의 일이 당연하게 여겨지며 언급되는 데에만 그치고 거의 연구되지 않으며 거의 비중을 차지하지 않는 것과 마찬가지다. (브루스 로빈스Bruce Robbins가 최근에 이에 대해 쓴 글이 있기는 하다.)[2] 또 다른 흥미로운 비유를 들자면, 제국의 재산은 집단적·익명적인 것으로 그곳에 유용하게 존재해 있다. 임시 고용인과 시간제 직원과 계절을 타는 공예가처럼 추방자로서 말이다. (가레스 스테드만 존스Gareth Stedman Jones가 분석한 대로.)[3] 그들의 이름과 정체성은 중요하지 않더라도 그들의 존재는 항상 중요한 법이다. 그들은 완전히

---

1) Richard Slotkin, *Regeneration Through Violence : The Mythology of the American Frontier, 1600 ~1860* (Middletown : Wesleyan University Press, 1973) ; Patricia Nelson Limerick, *The Legacy of Conquest : The Unbroken Past of the American West* (New York : Norton, 1988) : Michael Paul Rogin, *Fathers and Children : Andrew Jackson and the Subjugation of the American Indian* (New York : Knopf, 1975).
2) Bruce Robbins, *The Servant's Hand : English Fiction from Below* (New York : Columbia University Press, 1986).
3) Gareth Stedman Jones, *Outcast London : A Study in the Relationship Between the Classes in Victorian Society* (1971 ; rprt. New York : Pantheon, 1984).

때, 윌리엄스는 이와 같이 답했다. 제국주의는 "부차적인 것이나 피상적인 것이 아니며 영국의 정치적·사회적 질서의 전체적인 본질을 구성하는 핵심이며 두드러진 사실 그 자체다."[9] 그런데 자신의 웨일즈 배경으로 인해 제국적 경험에 대해 생각했음직 함에도 불구하고, 『문화와 사회』를 집필할 당시에 그의 그러한 경험은 "정지 상태에 있었다."[10] 『시골과 도시The Country and the City』에서도 문화와 제국주의는 잠깐 언급될 뿐이며 그 책의 중심 주제와는 무관하다.

그렇다면 왜 이러한 실책을 범하게 되는 것인가? 문화를 형성하고 모양 짓고 지탱하는 제국적 비전의 중심성이 어느 정도까지 그것을 숨기고 또한 그 문화에 의해 변형되었는가? 만약 누군가가 식민지적 배경을 가지고 있다면 당연히 제국이란 주제는 그 사람의 사고를 형성하는 데 결정적인 역할을 할 것이다. 또한 그 사람이 동시에 열렬한 유럽 문학 비평가라면 제국의 주제에 끌릴 것이 당연하다. 영국 문학을 전공하는 인도나 아프리카 사람이 『킴』이나 『암흑의 핵심』을 읽는다면, 미국이나 영국의 영문학 전공자가 읽는 것과는 다른 비평적 긴박감을 갖게 될 것이다. 하지만 개인적인 차원을 넘어서는 문화와 제국주의의 관계를 어떻게 명료하게 진술할 수 있을 것인가? 식민지 지배를 받던 사람들이 제국주의와 제국주의의 위대한 문화적 성과물들의 해석자로 출현함에 따라, 제국주의는 연구와 엄밀한 수정의 대상으로서 주목받는 정체성을 띠게 되었다. 하지만 주로 비평적 담론의 주변으로 밀려난 그런 특정한 종류의 탈제국적 증언과 연구를 과연 현재 진행 중인 이론적 관심과 활발하게 접목시킬 수 있을 것인가?

제국에 대한 관심을 근대 서구 문화를 구성하는 중요한 요소로 보기 위해서는, 내가 이미 제안한 것처럼 친제국주의자들의 변명뿐 아니라 반제국주의적 저항이 제공하는 시각으로부터도 그 문화를 생각해 볼 필요가 있다. 이것은 무엇을 의미하는가? 그것은 20세기 중반까지,

---

9) Raymond Williams, *Politics and Letters : Interviews with New Left Review* (London : New Left, 1979), p. 118.

10) Williams's *Culture and Society, 1780 ~1950*, (London : Chatto & Windus)의 1958년 간행본.

디킨스건, 오스틴이건, 플로베르건, 카뮈Albert Camus건 모든 서구 작가들이 오로지 서구의 독자들만을 염두에 두고 글을 썼다는 사실을 기억하는 것을 의미한다. 그러한 작가들은 유럽의 통치하에 있는 해외 영토를 이용하거나 언급하는 상황에서도 인물과 장소에 대해 썼을 때도 그러했다. 그러나 오스틴이 『맨스필드 파크』에서 안티구아나 『설득 Persuasion』에서 영국 해군이 머물렀던 영역에 대해 언급할 때 그곳에 사는 카리브인들이나 인도인들의 반응을 전혀 고려하지 않았다고 해서, 우리도 그렇게 해야 할 이유는 없다. 우리는 이제 이 토착민들이 자신들에게 강요된 식민 통치나 자신들의 존재가 다양하게 축소된 형태로 단정된 막연한 침묵을 무관심하게 받아들이지 않았다는 사실을 알고 있다. 그러므로 우리는 이제 위대한 정전의 텍스트들과 아마도 근대와 전근대의 미국과 유럽의 문화 전반의 사료들을 읽으면서 그 작품 속에서 침묵되거나 주변으로 밀려나거나 이데올로기적으로 묘사된 것(키플링의 인도인들에 대한 묘사 같은)들을 끌어내고 확장하고 강조하려는 노력을 기울여야만 한다.

　내가 "대위법적 책읽기"라고 이름 붙인 것은, 쉽게 말하자면 예컨대 작가가 영국에서 특정한 삶의 양식을 유지하는 과정에서 식민지의 설탕 농장을 중요하게 그릴 때 그것이 어떤 의미를 갖는지를 이해하면서 텍스트를 읽는 것이다. 더 나아가, 모든 문학 텍스트처럼 이것은 공식적인 역사의 출발점과 종말점에 의해 제한되지 않는다. 『데이빗 커퍼필드』에서 오스트레일리아나 『제인 에어』에서 인도가 언급되는 이유는, 영국의 힘이 (단순히 작가의 공상 때문만은 아니다) 이 거대한 전유에 대해 잠깐 언급할 수 있는 것을 가능하게 해주었기 때문이다. 하지만 이보다 한 발짝 더 나아간 교훈 역시 이에 못지 않은 사실이다. 즉 이 식민지들이 그 뒤에 직접적·간접적 통치로부터 해방됐다는 것 역시 사실이다. 비록 토착민들의 민족주의를 억압하려고 그 사실에 별로 주목하지 않았지만, 이 과정은 영국(혹은 프랑스, 포르투갈, 독일 등)이 식민지를 통치하고 있을 당시부터 이미 시작되고 전개되었던 것이다. 중요한 것은 대위법적 책읽기가 제국주의와 제국주의에 대한 저항이라는 두 가지 과정을 모두 고려한다는 점이다. 그러기 위해서는 물론 한때 강압적으로 배제되었던 텍스트들도 모두 읽어야 한다. 예컨대 『이방인L'Etranger』을 읽을 경우, 프랑스 식민주의의 역사와 알제리 정부의 파괴와 이후의 독립한 알제리(카뮈는 이것에 반대했다)의 출현 모두를 읽어 내야만 한다는 것이다.

세계의 각 지역이 그 지리적 특성을 지니고 있듯이, 각 텍스트는 겹치는 경험과 상호 의존적인 갈등의 역사라는 고유의 특성을 지니고 있다. 문화는 텍스트에 관한 한, 특성과 주권 (혹은 은자적 배타성) 사이의 차이는 유용하게 드러난다. 어떠한 책읽기도 특정한 텍스트, 작가 혹은 운동의 정체성을 무화할 만큼 모든 것을 일반화하면 안 된다. 게다가 어떤 작품이나 작가에게 있어 확실했던 것, 혹은 확실했던 것처럼 보이는 것이 논쟁의 대상이 될 수도 있다는 여지를 남겨 놓아야 한다. 키플링의 『킴』에 나타난 인도만이 이 훌륭한 소설에서 영원하고 불가피하다는 인상을 주는 것이 아니다. 영국령 인도, 역사, 행정가, 호교론자 그리고 그에 못지 않게 중요한 인도의 민족주의자들 (이들은 인도를 되찾고자 투쟁했다) 역시 그런 인상을 준다. 키플링의 인도에 대해서 이러한 일련의 압력과 반압력에 대한 이야기를 함으로써, 우리는 위대한 예술 작품에 나타난 제국주의의 과정과 반제국주의 저항의 과정을 이해하게 된다. 텍스트를 읽을 때에는 그 안에 들어간 것과 작가가 배제한 것 모두를 꺼내야 한다. 각 문화 텍스트는 순간의 비전이며 우리는 그 비전을, 그 비전이 후에 야기시킨 다양한 수정과 병치시켜야 한다. 이 경우에는 독립을 쟁취한 후의 인도의 민족주의 경험을 말한다.

또한 우리는 내러티브 구조의 바탕이 되는 생각과 개념과 경험들을 내러티브의 구조와 연결시켜야 한다. 예컨대, 콘라드의 작품 세계에 등장하는 아프리카인들은, 말하자면 아프리카니즘이라는 방대한 자료에 기반한 것이다. 텍스트의 언어에서는 세계에 대한 직접(강조)적인 경험이나 반영이란 존재하지 않는다. 아프리카에 대한 콘라드의 인상은 그가 『사적 기록A Personal Record』에서 암시하고 있듯이, 아프리카에 대한 기록과 민속 자료들에 의해 영향을 받았다. 『암흑의 핵심』에서 그가 그리고 있는 것은, 그러한 이야기의 필수 조건들과 관습 그리고 그 자신의 특별한 재능과 역사와 어우러진 텍스트들의 창조적인 상호작용에서 받은 그의 인상들로 가능하게 된 것이다. 이렇게 놀랍도록 풍부한 요소들이 섞여져서 만들어진 작품을 두고 그것이 아프리카를 "반영"한다든지 심지어 아프리카의 경험을 반영한다고 말하는 것은, 다소 무기력하고 확실히 잘못된 인상을 주기 쉽다. 『암흑의 핵심』(이 작품은 엄청난 영향을 끼쳤으며 수많은 비평과 여러 가지 이미지를 야기시켰다)에는 정치화되고 이데올로기적으로 편견이 배어 든 아프리카가 나타난다. 아프리카는 약간은 의도적으로 제국주의화된 장소였으며, 그것은 단지 극히 사실적인 문학적 "반영"에만 그치는 것이 아니라 여러 관심사와 생각들이 강렬하게 작용한 장소였다.

물론 이것은 어쩌면 지나치게 과장된 말일 수도 있다. 그러나 나는 이 점을 확실히 짚고 넘어가고 싶다. 『암흑의 핵심』은 "단지" 문학적인 아프리카의 이미지에 지나지 않는 것이 아니다. 그것은 콘라드가 작품을 쓸 당시에 일어나고 있던 "아프리카 쟁탈전"에 상당 부분 연루되었을 뿐만 아니라, 사실 그것의 유기적인 부분이기도 했다. 물론 콘라드가 매우 소수의 독자들을 가지고 있었다는 것은 사실이며, 그가 벨기에의 식민주의에 대해 매우 비판적이었다는 것도 역시 사실이었다. 하지만 대부분의 유럽인들이 그나마 아프리카를 접할 수 있는 기회는 『암흑의 핵심』과 같이 정화된 텍스트를 읽는 것이었다. 이러한 제한된 의미에서 『암흑의 핵심』은 아프리카를 유지하고 아프리카에 대해 생각하고 계획을 세울 수 있는 유럽인들의 노력의 일부분이었다고 말할 수 있다. 아프리카를 묘사한다는 것은 아프리카를 놓고 벌이는 쟁탈전에 가담하는 것을 의미했으며, 이후의 저항과 식민지의 해체와 불가피하게 관련되는 것을 의미했다.

특히 제국을 주제로 다루는 문학 작품에는 정치적인 색채가 짙어서 내재적으로 혼란스럽고 심지어는 다루기 어려운 면도 있다. 그러나 이러한 작품들의 복잡 다단함에도 불구하고 『암흑의 핵심』과 같은 문학 작품은 실제보다 훨씬 덜 엉망이고 덜 혼란스러운, 작가가 만든 일련의 선택이나 정화물이나 단순화에 불과하다. 그런 작품을 추상적인 것이라고 생각하는 것은 공정하지 못한 처사일 수도 있다. 그러나 『암흑의 핵심』과 같은 소설은 이야기의 필요성에 맞게 작가가 너무나 정교하게 구성해 놓았으며 독자 또한 지나치게 신경을 썼기 때문에 아프리카 쟁탈전에 전문적으로 개입할 수 있는 작품이 되고 말았다.

그렇게 혼합되어 있고 불순하며 복합적인 텍스트를 해석할 경우에는 특히 주의를 기울여야 한다. 근대의 제국주의는 지구에 온통 퍼져 있을 만큼 세계 곳곳에 침투해 있었기 때문에, 그것을 벗어나서 존재할 수 있는 것은 아무것도 없었다. 게다가 이미 언급했던 것처럼, 제국에 대한 쟁탈전은 오늘날까지 지속되고 있다. 그러므로 문화적 텍스트와 제국주의 사이의 연결점을 찾느냐 마느냐의 문제는 사실상 이미 정해진 다음 두 가지 입장을 취하는 것이다. 즉 그것을 비판하고 그것에 대한 대안을 찾기 위해 그 연결점을 연구하거나, 아니면 그것이 검토되지 않고 변화되지 않은 채로 그대로 있도록 하기 위해 아예 연구하지 않는 것이다. 이 책을 쓰는 이유 중 하나는 해외의 통치권에 대한 의식, 관심, 탐색이 얼마 만큼 확장되어 있는지 (콘라드에 있어서 뿐 아니라 새커리와 오스틴처럼 우리가 제국주의와 전혀 연결시키지 않는 작가들에게서도) 그리고 이 주제에 대한 비평가의 관심이 얼마만큼 중요하고 또 비평을 풍부하게 하는지를 보여 주기 위해서이다. 여기에는 정치적인 이유라는 쉽게 떠올릴 수 있는 이유도 있지만, 내가 주장해 왔듯이 이러한 관심은 독자들에게 19세기와 20세기의 권위 있는 작품들을 새로운 눈으로 해석하도록 한다는 이유도 있다.

자, 이제 『암흑의 핵심』이야기로 돌아가 보자. 이 작품에서 콘라드는 제국주의라는 어려운 주제에 가까이 다가가서 그것을 깊이 생각해 볼 수 있는 기이한 함축성을 띤 출발점을 제공한다. 말로우가 로마의 식민주의자들과 말로우 당대의 식민주의자들을 이상하게도 날카롭게 대비하는 것을 생각해 보라. 그는 유럽의 제국주의의 특징인 실용적인 태도, 이데올로기적 에너지와 권력이 뒤섞인 이상한 혼합물의 산물로서의 제국주의를 잘 조명하고 있다. 그는 고대의 로마인들이 "식민주의자들은 아니었다. 그들이 한 짓은 다만 착취였을 뿐이다."라고 말한다. 그런 사람들은 땅을 정복한 것 외에는 한 일이 별로 없었다. 이에 반해, 야만적인 힘에 의존한 로마인들과는 달리 "우리에겐 효율이 있다. 효율에 대한 헌신이 있다." 로마인들의 경우는 "다른 사람들의 허약함에서 비롯된 우연"일 뿐이다. 하지만 오늘날에는,

　　피부색이 다르거나 우리보다 코가 약간 낮은 사람들로부터 땅

을 빼앗는 걸 의미하는 영토의 정복은, 자세히 생각해 보면 그다지 유쾌한 일이 아니다. 그 부정적인 측면에서 건져 주는 것은 관념뿐이다. 그것을 떠받쳐 주는 관념뿐이다. 감상적인 가식이 아니라 관념 말이다. 관념에 대한 이기적이지 않은 관념. 잘 차려 놓고 그 앞에 절을 하며 희생양을 바치는 관념 말이다.[11]

강을 따라 여행했던 이야기를 하면서 말로우는 제국주의라는 행위에 있어서 벨기에의 탐욕과 영국의 합리성(함축에 의해)간의 차이를 지우기 위해 그 논의를 확장시킨다.[12] 이 맥락에서 구원은 흥미로운 생각이다. "우리"는 구원을 받는다는 점에서, 저주받고 무시받을 만한 로마인들이나 벨기에 사람들과는 다르다. 그들의 탐욕은 그들의 양심이나 그 나라 국민들의 땅이나 신체에 아무런 도움을 주지 않는다. "우리"는 구원을 받는다. 왜냐하면 첫째, 우리는 우리가 하는 일의 결과를 직접적으로 들여다 보지 않아도 된다. 그리고 우리는 효율의 실행 그 자체이며, 효율에 의해 땅과 사람을 완전히 이용할 수 있다. 땅과 그 주민들은 우리의 통치에 완전히 편입되었으며, 그로 인해 우리가 그들의 절박한 상황에 효율적으로 반응하게 되고 우리 자신을 완전히 그들에게 편입시킨다. 더 나아가 말로우를 통해 콘라드는, 어떤 의미에서 구원보다 한 단계 더 나아간 속죄에 대해 얘기한다. 만약 속죄가 우리

---

11) Joseph Conrad, "Heart of Darkness," in *Youth Two Other Stories* (Garden City : Doubleday, Page, 1925), pp. 50~51. 현대 문화와 해방 사이의 연계에 관한 하나의 계몽적인 설명은 Leo Bersani, *The Culture of Redemption* (Cambridge, Mass. : Harvard University Press, 1990)을 보라.

12) 제국주의적 양식(고대와 현대, 영국과 프랑스 등)에 대해 1880년 이후 풍부하게 공급되었다. 그 훌륭한 예로써 Evelyn Baring (Cromer), *Ancient and Modern Imperilalism* (London : Murray, 1910)을 보라. C. A. Bodelsen, *Studies in Mid Victorian Imperialism* (New york : howard Fertig, 1968)과 Richard Faber, *The Vision and the Need : Late Victorian Imperialist Aims* (London : Faber & Faber, 1966)도 보라. Klaus Knorr, *British Colonial Theories* (Toronto : Univeristy of Totonto Press, 1944)도 좀더 초기의 것이지만 여전히 유용한 저술이다.

와 우리의 시간과 돈을 구하고, 단순한 단기적인 정복의 폐허로부터 우리를 구원한다면, 속죄는 구원을 더 더욱 확장시킨다. 속죄는 시간에 걸친 자기 합리적인 생각이나 임무의 실행에서 발견될 수 있다. 그것은 아이러니컬하게도 우리가 세워 놓은 구조이지만 우리는 그것을 당연히 여기기 때문에 그것을 더 이상 자세히 연구하지 않는다. 하지만 그러면서도 그것은 우리를 완전히 둘러싸고 우리가 경외하는 구조 안에서 이루어진다.

그러므로 콘라드는 제국주의의 두 가지 상반되면서도 긴밀히 연결되어 있는 면을 보호하고 있다. 한 가지는, 땅을 빼앗는 권력에 기반한 관념이다. 이 관념은 그 힘이나 의심할 여지가 없는 결과에 있어 명백하다. 또 하나는 제국주의의 희생자와 그것의 가해자간에 끼어 있는 자기 과장적이고 자기 발생적인 권위 체제를 발전시킴으로써 그 관념을 본질적으로 가장하거나 숨기는 행위이다.

우리가 만약 병 속에 들어 있는 메시지처럼 그것을 『암흑의 핵심』에서 빼냈다면, 우리는 이 논쟁의 엄청난 힘을 완전히 놓치고 말았을 것이다. 콘라드의 논쟁은 자신이 그것을 계승하고 실천하는 그대로 바로 그의 내러티브 형식에 각인되어 있다. 제국 없이는 우리가 현재 알고 있는 유럽 소설은 존재하지 않을 것이라고 말해도 과언은 아니다. 사실 무엇이 그 원인이 되었는지를 생각해 본다면, 우리는 한편으로는 소설을 구성하는 서술적 권위의 양식과 또 한편으로는 제국주의 경향의 기초가 되는 복합적인 이데올로기적 배치가 합류되는 것이 결코 우연한 일이 아님을 알 수 있다.

유럽 소설의 비평가나 이론가나 작가들 모두 유럽 소설의 제도화된 성격에 대해 언급한다. 소설은 근본적으로 부르주아 사회와 연결되어 있다. 찰스 모라제Charles Morazé의 말에 의하면, 소설은 서구 사회를 동반하며 사실 서구 사회의 정복의 일부분이다. 그는 그것을 '부르주아의 정복'이라고 부른다. 이에 못지 않게 중요한 사실은 영국 소설의 시초가 『로빈슨 크루소』라는 점이다. 이 작품에서 주인공은 신세계를 건설하는데, 기독교와 영국을 위해 이 세계를 통치하고 개간한다. 크루소가 하는 일들이 명백히 해외 확장의 이데올로기로 (이 작품은 형식과 스타일에 있어 위대한 식민지 제국의 기초가 된 16세기와 17세기 탐험 기행 내러티브와 직결되어 있다) 인해 가능해진 데에 반해, 디포우 이후의 주요 소설들과 심지어 디포우의 후기 작품들은 흥미 진진한 해외의 전망이라는 한 가지 목표에 의해 유발된 것처럼 보이지 않는다. 『싱글튼 선장Captain Singleton』은 인도와 아프리카를 두루 여행한 해적의 이야기이며, 『몰 플랜더스Moll Flanders』는 여주인공이 범죄로 일관된 신세계에서의 인생에서 극적으로 구원될 수 있다는 가능성이 기조를 이루는 작품이다. 그러나 필딩Henry Fielding, 리차드슨Samuel Richardson, 스몰렛Tobias George Smollett 그리고 스턴Laurence Sterne은 자신들의 이야기를 해외 영토에서 부를 축적하는 행위와 직접 연결시키지 않는다.

그러나 이러한 소설가들은 영국보다 더 광범위한, 조심스럽게 측량된 영토에 자신들의 작품을 위치시키며 그것으로부터 작품을 끌어낸다. 그런데 이것은 디포우가 선견 지명을 가지고 시작한 것과 관련이 있는 것이다. 하지만 18세기 영국 소설에 대한 저명한 연구들이─이안 와트, 레나드 데이비스Lennard Davis, 존 리체티John Richetti, 마이클 맥키언Michael Mckeon 같은 학자들의─ 소설과 사회적 공간 사이의 관계에 상당한 주의를 기울여 왔음에도 불구하고, 제국적 시각은 무시되어 왔다.[13]

이것은 예컨대 단순히, 새뮤얼 리처드슨의 주제였던 부르주아적 유혹과 탐욕이라는 미세한 구조가 그 당시 인도에서 일어나고 있던 프랑스에 대한 영국의 군사적 움직임과 실제로 연관이 있는가에 대한 불확실성을 의미하는 것은 아니다. 문자 그대로 본다면 그 두 가지는 아무런 관련이 없다. 그러나 그 두 영역 모두에서 우리는 경쟁, 장애물과 역경 그리고 오랜 시간에 걸쳐 원리와 이익을 연결시키는 기술을 통해 권위를 확립하는 데 수반되는 인내심과 같은 공통적인 가치들을

---

13) Ian Watt, *The Rise of the Novel* (Berkeley : University of California Press, 1957) ; Lennard Davis, *Factual Fictions : The Origins of the English Novel* (New York : Columbia University Press, 1983) ; John Richetti, *Popular Fiction Before Richardson* (London : Oxford University Press, 1969) ; Michael McKeon, *The Origin of the English Novel, 1600 ~1740* (Baltimore : Johns Hopkins University Press, 1987).

찾을 수 있다. 다시 말하자면, 우리는 『클라리사Clarissa』나 『톰 존스 Tom Jones』의 거대한 공간들이 어떻게 다음 두 가지 요소를 구현하고 있는지를 감지해 내는 비평적 감수성을 가질 필요가 있다—해외에서의 통치와 주둔이라는 제국적 과제를 수반하는 자국의 대응물이며, 동시에 규율이나 제한을 받아들이기 전에 활발하게 수용되고 즐길 수 있는 공간에서 확장하고 움직이는 것에 대한 실제적인 내러티브라는 점 말이다.

이것은 소설(혹은 넓은 의미에서 문화가) 제국주의의 "원인이 되었다."는 얘기가 아니라, 부르주아 사회의 문화적 가공물로서의 소설과 제국주의를 따로따로 생각하는 것이 불가능하다는 것을 의미한다. 모든 주된 문학적 형식 가운데 소설은 가장 최근에 출현한 것으로서, 서구와 가장 밀접한 관련이 있으며 사회적 권위의 규범적인 양식이 가장 잘 조직화되어 있다. 그리고 제국주의와 소설은 서로와의 연관성 없이 따로따로 생각하는 것이 불가능할 정도로 서로를 강화시킨다.

이것뿐만이 아니다. 소설은 합병적이고 어느 정도 백과 사전적인 문화 형식이다. 소설 안에는 고도로 통제된 플롯 메커니즘과 기존하는 부르주아 사회라는 제도, 권위와 권력에 의존하는 사회적 언급이라는 체제가 들어 있다. 소설의 남자 주인공과 여자 주인공은 진취적인 부르주아 계급의 특징인 활동성과 에너지를 보여 준다. 그리고 주인공 자신들의 경험은 자신들이 추구하는 한계, 도달할 수 있는 곳 그리고 가능성을 드러내는 모험을 제공해 준다. 그러므로 소설은 남자 주인공이나 여자 주인공의 죽음이나 (줄리앙 소렐, 엠마 보바리, 바자로프, 비운의 주드 등 이들 모두는 자신들의 넘쳐나는 에너지 때문에 사회와 충돌한다) 안정을 찾는 것으로 (오스틴, 디킨스, 새커리와 조지 엘리엇의 소설과 같은 경우, 주로 결혼하거나 자신의 정체성을 확인한다) 끝난다.

하지만 이런 질문이 가능할 것이다. 왜 하필이면 소설에 그리고 영국에 그렇게 큰 강조점을 두고 있는가? 그리고 홀로 떨어져 있는 이 심미적 형태와 "문화"나 "제국주의"와 같은 커다란 주제나 시도 사이의 거리를 어떻게 메꿀 수 있겠는가? 1차 대전이 일어났을 무렵, 대영 제국은 의심할 여지 없이 세계 최강 세력으로 등장했다. 이것은 16세기 말에 시작되었던 과정의 결과였다. 19세기 말에 실리와 홉슨이 주장했던 것처럼, 그 과정은 너무나도 강력하고, 그 결과는 너무나도 결정적이어서, 이것은 영국 역사의 중심적인 사실이 되었으며 그 안에는 여러 가지 다른 활동이 포함되었다.[14] 영국이 소설 제도를 생산하고 유지했는 데 반해, 다른 유럽 국가들은 그와 비슷한 것조차 없었던 것은 우연이 아니다. 아놀드, 카알라일, 밀, 조지 엘리엇과 같은 지식인들이 언급하며 개탄했듯이, 프랑스에는 적어도 19세기 전반에 더 고도로 발전된 지적 제도들이 (아카데미, 대학, 연구소, 잡지 등) 있었다. 그러나 이러한 차이는 영국 소설이 점차적으로 발전하며 논쟁의 여지 없이 우세하게 되면서 놀랍게도 좁혀지지 시작했다. (1870년 이후 프랑스 문화에서 북아프리카가 일종의 중심적인 존재로 부상하기 시작하면서 영국 소설과 필적할 만한 심미적·문화적 구조가 형성되기 시작했다. 이 시기에 로티Pierre Loti, 초기의 지드, 도데Alphonse Daudet, 모파상 Guy de Maupassant, 밀Mille, 시샤리Ernest Psichari, 말로André Malraux, 세갈렝Segalen과 같은 이국적 취미를 가졌던 예술가 그리고 당연히 카뮈 등이 자국과 제국적 상황 사이에 세계적인 조화를 투사한다.)

1840년대에 이르면 영국 소설은 영국 사회에서 심미적 형식으로, 그리고 말하자면 주된 지적 목소리로 명성을 얻게 된다. 예컨대, 소설이 "영국의 상황"에서 너무나 중요한 자리를 차지했기 때문에, 그것은 점차 영국의 해외 제국에 가담하게 되었다. 레이먼드 윌리엄스가 영국 남자와 여자의 "인식할 수 있는 공동체"라고 부르는 것을 그려 냄에 있어서 제인 오스틴, 조지 엘리엇과 개스켈 부인은 영국이 정체성을 띠고, 해외에 주둔할 수 있는 기회를 제공하며 재사용할 수 있는 발언

---

14) J. R. Seeley, *The Expansion of England* (1884 ; rprt. Chicago : University of Chicago Press, 1971), p. 12 ; J. A. Hobson, *Imperialism : A Study* (1902 ; rprt. Ann Arbor : University of Michigan Press, 1972), p. 15. Hobson은 제국주의의 확산에 있어서 다른 유럽 권력들도 함축하고 있기는 하지만 영국이 가장 두드러진다.

을 부여하는 방법으로 영국이라는 이미지를 만들어 냈다.[15] "자국"과 "해외" 사이의 관계는 그러한 이미지의 한 부분이다. 그러므로, 영국은 조사되고, 평가되고, 알려지는 반면, "해외"는 런던, 시골 혹은 맨체스터나 버밍검과 같은 북부의 산업 중심부에 아낌없이 쏟아부은 직접적인 관심 없이 다만 간단하게 언급되거나 비쳐졌을 뿐이다.

점진적으로 영국을 안정시켰다고도 말할 수 있는 소설의 업적은 영국의 독특한 특징이며, 자국에 국한해서 말하자면 아직 문서화되지 않고 연구되지 않은 인도, 아프리카, 아일랜드 혹은 카리브의 상황에 대한 중요한 문화적 협력 자료로 간주되어야만 한다. 이것과 유사한 경우를 들자면, 이미 연구되어 온 것처럼 영국의 해외 정책과 재정과 무역 사이의 관계를 들 수 있다. 이것에 대한 D.C.M. 플랫Platt의 고전적인 (하지만 아직도 논쟁이 되는) 연구인 「영국 해외 정책의 재정, 무역 그리고 정치, 1815~1914*Finance, Trade and Politics in British Foreign Policy 1815~1914*」를 보면 그 문제가 얼마나 강렬하고 복합적인가를 알 수 있으며, 영국의 무역과 제국적 확장을 짝짓는 것이 교육, 저널리즘, 국제 결혼과 계급과 같은 문화적·사회적 요인에 얼마 만큼 의존하고 있는지를 잘 알 수 있다. 플랫은 "영국의 해외 정책에 실제적인 압력을 가했던 사회적·지적 접촉(우정, 친절, 상호 원조, 공통된 사회적·교육적 배경)"에 대해 논하며, "구체적인 증거(이러한 접촉의 실제적인 성취)는 아마 결코 존재하지 않았을 것"이라고 말한다. 그럼에도 불구하고, "국채, 공채 소유자, 해외 계약과 양도 장려"와 같은 문제들에 대한 정부의 태도가 어떻게 발전했는지를 살펴보면, 우리는 그가 "제도화된 시각"이라고 부르는 것 즉 제국에 대한 책임이 있는 일련의 사람들의 일종의 의견 일치를 쉽게 찾아볼 수 있다. 그것은 "관료들과 정치가들이 대체로 어떻게 반응할지 암시"해 주는 것이었다.[16]

이 시각의 특징을 어떻게 설명하는 것이 가장 좋겠는가? 1870년까

---

15) Raymond Williams, *The Country and the City* (New York : Oxford University Press, 1973), pp. 165~82 등.

16) D.C.M. Platt, *Finance, Trade and Politics in British Foreign Policy, 1815 ~1914* (Oxford : Clarendon Press, 1968), p. 536.

지는 영국의 정책이 (예컨대 초기의 디스렐리에 의하면) 제국을 확장하는 것이 아니라, "제국을 장려하고 유지하고 붕괴되지 않도록 보호하는 것"이었다는 데에는 학자들 사이에 대체적인 동의가 이루어진 것 같다.[17] 이 사업에서 인도는 핵심적인 위치를 획득하고 있었는데, 그 이후에도 지속적으로 "제도적" 사고의 관심 대상이 되었다. 1870년 이후 (슘피터는 1872년 디스렐리가 크리스탈 궁전에서 한 연설을 침략적인 제국주의 즉 "국내 정책의 표어"의 한 증거로 예를 든다)[18] 인도를 (영역이 점점 확대되는) 보호하고 러시아와 같은 경쟁 세력을 견제하기 위해 영국은 아프리카와 중동과 극동으로 제국을 확장하게 됐다. 그 이후로 계속해서 플랫이 말한 것처럼 "영국은" 지구 전역에서 "이미 영국이 소유하고 있는 땅을 계속 유지하는 데 몰두했다." 그리고 영국이 획득한 땅은 나머지 땅을 보존하는 데도 도움을 주었기 때문에 필요한 것이었다. 영국은 만족당party of *les satisfaits*에 속했으며, 그 부류에 남아 있기 위해 그 어느 때보다 열심히 투쟁했어야 했다. 그리고 영국이 손해볼 여지가 가장 많았다.[19] 영국 정책의 "제도적 시각"은 근본적으로 신중했다. 플랫의 논제를 재정의한 로날드 로빈슨Ronald Robinson과 존 갤라거John Gallagher는 이렇게 말한다. "영국은 할 수만 있다면 무역과 영향력으로 팽창할 것이다. 그리고 팽창을 위해서는, 제국적 통치라는 방법을 사용할 것이다."[20] 그들은 1829년과 1856년 사

---

17) 같은 책, p. 357.
18) Joseph Schumpeter, *Imperialism and Social Classes*, Heinz Norden 옮김. (New York : Augustus M. Kelley, 1951), p. 12.
19) Platt, *Finance, Trade and Polotics*, p. 359.
20) Ronald Robinson and John Gallagher, with Alice Denny, *Africa and the Victorians : The Official Mind of Imperialism* (1961 ; new ed. London : Macmillan, 1981), p. 10. 그러나 이러한 주제가 제국주의에 대한 학문적 토론에서 갖는 영향들의 분명한 의미에 대해서는 William Roger Louis, ed., *Imperialism : The Robinson and Gallagher Controversy* (New York : Franklin Watts, 1976) 보라. Robin Winks, ed., *The Historiography of the British Empire-Commonwealth : Trends, Interpretations, and Resources* (Durham : Duke University Press, 1966)은 전연구 분야에 대한 완벽한 저술이다.

이에 세 번이나 중국에서 그리고 페르시아(1856), 이디오피아와 싱가포르(1867), 홍콩(1868), 아프가니스탄(1878), 이집트(1882), 미얀마(1885), Ngasse(1893), 수단과 우간다(1896)에서 적어도 한 번은 인도 군대가 투입되었다는 것을 잊거나 가볍게 보지 말도록 우리에게 상기시킨다.

인도에 더하여, 영국 정책은 제국주의적 상업을 위해 명백히 소위 말하는 백인 식민지들(오스트레일리아, 뉴질랜드, 캐나다, 남아프리카 심지어 이전 미국의 영토들까지)뿐 아니라, 영국 본토 자체를 (끊임없이 식민지 문제로 남아 있는 아일랜드와 더불어) 보호벽으로 삼았다. 해외와 자국 영토를 계속해서 투자하고 보존하는 영국에 필적할 만한 유럽이나 미국 세력은 없었다. 유럽과 미국 같은 경우 더 많은 어려움들이 있었고, 갑작스럽게 영토를 취득하고 상실하게 되는 사례와 즉흥적인 일들이 더 많이 일어났다.

간단히 말해 영국은 막강한 힘을 자랑했으며, 이 힘은 지속적으로 강화되었다. 이와 밀접한 관련이 있는 문화적 영역에서 그 힘은 정교하게 되고 더 논리적이 되었으며 소설에서 명료하고 핵심적인 존재로 나타났다. 하지만 우리는 최대한 꼼꼼히 이 문제를 검토해야 한다. 소설은 군함도 아니고 은행 어음도 아니다. 소설은 먼저 소설가의 노력으로 그리고 둘째로는 독자들이 읽는 객체로 존재한다. 결국 소설은 축적되고 해리 레빈Harry Levin이 유용하게도 '소설의 제도'라고 부르는 것이 된다. 그러나 소설은 사건으로서의 자신의 지위나, 독자들과 다른 작가들에 의해 인정되고 수용되는 계속적인 계획의 일부로서 자신의 특정한 비중을 절대로 잃지 않는다. 그러나 소설이 사회적으로 존재한다 하더라도, 소설을 사회적인 조류로 축소할 수는 없으며 계급이나 이데올로기 혹은 이익의 종속적인 형태로서의 심미적·문화적·정치적 산물로만 볼 수도 없다.

그러나 이와 마찬가지로, 소설은 천재적인 재능을 지닌 작가 자신만

Historians of India, Pakistan and Ceylon, ed. Cyril H. Philips, and *Historians of South East Asia*, ed. D.G.E. Hall은 Winks(p. 6)가 언급하는 두 가지 저서이다.

의 산물도 아니다. (헬렌 벤들러Helen Vendler와 같은 현대의 비평가 군이 암시하려고 노력하는 것처럼.) 그것은 절대적인 창조력의 표현으로만 간주될 수도 없다. 최근의 비평 가운데 가장 흥미를 끄는 비평들은 (가장 인기 있는 비평의 예를 들자면 프레드릭 제임슨Fredric Jameson의 『정치적 무의식The Political Unconscious』과 데이빗 밀러 David Miller의 『소설과 치안The Novel and the Police』이 있다)[21] 일반적으로는 소설이 그리고 특히 내러티브가 서구 유럽 사회에서 일종의 조절력을 가진 사회적 존재라는 점을 보여 준다. 그러나 다른 면에서 중요한 비평적 시각을 제시하는 이러한 글들에는 소설과 내러티브의 실제 배경이 되는 실제 세계에 대한 예시가 없다. 영국 작가가 된다는 것은 매우 구체적인 의미를 지녔으며, 예컨대, 프랑스나 포르투갈 작가가 된다는 것과는 달랐다. 영국 작가는 "해외"를 이국적이고 이상하며 모호하게 느꼈고 외부에 존재한다는 것이 적합하지 않다고 생각했으며, 토착민들이 공개적으로 군사적 또는 정치적인 저항을 보일 때, 억압하고, "마음대로" 무역을 하거나 어떤 식으로든 조절할 수 있는 "우리의 것"이라고 생각했다. 소설은 이러한 감정과 태도와 언급에 상당한 기여를 했으며, 세계에 대한 통합적 비전이나 제도권내의 문화적 시각에 있어 주된 요소가 되었다.

그러면 지금부터는 어떻게 소설의 기여가 이루어졌으며, 그와 반대로 어떻게 소설이 1880년 이후에 나타난 더 공격적이고 더 대중적인 제국주의적 감정을 억제하지도 막지도 않았는지 구체적으로 논하겠다.[22] 소설은 독자가 소설을 읽기 시작할 때나 끝부분에서 리얼리티를

---

21) Fredric Jameson, *The Political Unconscious : Narrative as a Socially Symbolic Act* (Ithaca : Cornell University Press, 1981) ; David A. Miller, *The Novel and the Police* (Berkeley : University of California Press, 1988). Hugh Ridley, *Images of Imperial Rule* (London : Croom Helm, 1983)도 보라.

22) John MacKenzie, *Propaganada and Empire : The Manipulation of British Public Opinion, 1880 ~1960* (Manchester : Manchester University Press, 1984) 에는 대중 문화가 제국의 시대에 어떤 공식적인 영향을 미쳤는지에 관한 훌륭한 설명이 있다. MacKenzie, ed., *Imperialism and Popular Culture* (Mancheter : Mancheaster University Press, 1986)도 보라. ; 같은 기간 동안

강렬하게 경험한다. 사실 소설은 다른 소설로부터 전수받은 리얼리티를 발전시키고 유지한다. 소설가의 상황, 재능, 그가 무엇을 선호하느냐에 따라 소설은 다시 이야기되고 재구성된다. 그러므로 플랫이 "제도권적 시각"에서 보존을 강조하는 것은 타당하다. 이것은 또한 소설가에게도 중요한데, 예컨대 19세기 영국 소설들은 영국의 지속적인 존재를 강조한다. (이에 반대되는 것은 혁명적인 전복이다.) 게다가 그들은 절대로 식민지를 포기하라고 권하지도 않고, 오히려 소설은 영국 통치권 안에 있고 통치는 일종의 표준이므로 식민지와 더불어 보존된다는 원시안적인 시각을 갖는다.

결국 다음과 같은 그림이 그려진다—사회적, 정치적, 도덕적으로 계획되고 구석구석까지 미세하게 구별된 영국은 중심에 자리 잡게 되고, 일련의 해외 영토는 그 주변부에 연결되어 있다. 19세기 전반에 걸친 대영 제국 정책의 연속성(사실 이것은 하나의 내러티브이다)은 이러한 소설적인 과정과 보조를 나란히 한다. 소설적 과정의 주된 목적은 더 많은 문제들을 제기하거나 주의를 선취하거나 방해하려는 것이 아니라, 제국을 대체로 그 자리에 유지시키려는 것이었다. 소설가가 인도를 (『허영의 시장』과 『제인 에어』) 혹은 오스트레일리아를 (『위대한 유산』) 언급하거나 인용하는 것 이상에 관심을 가진 적은 거의 없다. 그들은 (자유 무역의 일반적인 원칙을 따라) 해외의 영토들은 주로 이민, 부 혹은 국외 추방과 같은 상대적으로 단순한 목적을 위해 소설가의 재량에 따라 자유 자재로 사용할 수 있다고 생각했다. 예컨대 『어려운 시절 Hard Times』의 결말 부분에서 톰은 식민지로 보내진다. 19세기 중반이 훨씬 넘어서야 제국은 해거드, 키플링, 도일, 콘라드와 같은 작가들의 주의를 끄는 주된 주제가 되었다. 제국은 또한 민족지, 식민지 행정, 이론과 경제, 유럽 외 지역의 역사 편찬 그리고 오리엔탈리

영국의 국가적 정치성을 더욱 복잡하게 다루고 있는 것으로는 Robert Colls and Philip Dodd, eds., *Englishness : Politics and Culture, 1880~1920* (London : Croom Helm, 1987)을 보라. Raphael Samuel, ed., *Patriotism : The Making and Unmaking of British National Identity*, 3 vols. (London : Routledge, 1989)도 보라.

즘, 이국 정서, 대중 심리학에 있어서 대두되는 담론의 주제가 되었다.

소설에 의해 묘사된 이러한 태도와 언급의 점진적인 구조의 실제적인 해석의 결과는 다양하다. 그중 네 가지를 구체적으로 논해 보겠다. 첫째, 문학사에 있어서 제국과 별로 상관없다고 간주되는 초기 내러티브와 명백히 제국에 대한 후기의 내러티브 사이에는 독특한 유기적인 연속성이 있다. 오스틴과 새커리, 디포우, 스코트Walter Scott 그리고 디킨스는 키플링과 콘라드를 위해 길을 터놓았으며, 또한 전자의 작가들과 하디Thomas Hardy와 제임스 같은 동시대 작가들 사이에 흥미로운 연결점을 찾을 수 있다. 하디와 제임스는 대체로 해외 소재를 다룬 좀 더 괴상한 작가들과 단지 우연의 일치로 관련됐다고 간주된다. 그러나 이 모든 소설가들의 작품들의 형식적인 특징과 내용은 모두 같은 문화적 조직에 속한다. 그들의 작품들 사이에는 다만 강조점, 강세, 억양의 차이가 있을 뿐이다.

둘째, 태도와 언급의 구조는 권력의 문제를 제기한다. 현대 비평가들은 소설에 입법적 혹은 직접적인 정치적 권위를 갑자기 주어서도 안 되고 줄 수도 없다. 즉 우리는 소설이, 영국과 세계에 대한 태도와 이해를 명료하게 하고 강화하며, 심지어 때로는 발전시킬 수도 있는 매우 느리고 지극히 미세한 정치적 움직임에 기여하고 그것의 일부분이며 그것에 참여한다는 사실을 계속해서 염두에 두어야만 한다. 소설에서 저 너머에 있는 세상이 항상 종속되거나 통치된 상태로밖에 묘사되지 않으며, 영국의 존재는 규범적이고 지배적인 역할을 하는 것으로 묘사되는 것은 주목할 만한 사실이다. 『인도로 가는 길』에서 아지즈의 시험이 특별히 색다르게 느껴지는 이유 중 하나는 포스터가 "법정이라는 얄팍한 틀"[23]은 버텨 낼 수 없다고 시인했기 때문이다. 그에 의하면, 그 법정은 영국의 권력(실재의)을 인도인들에 대한 공정한 정의(실재하지 않는)와 타협하는 "환상 속에서만 존재하는 것"이기 때문이다. 그러므로 포스터는 기꺼이 (심지어는 일종의 좌절된 성급함을 가지고) 그 장면을 인도의 "복합성"으로 애매 모호하게 만든다. 이것

---

23) E. M. Forster, *A Passage to India* (1924 ; rprt. New York : Harcourt, Brace & World, 1952), p. 231.

은 『인도로 가는 길』보다 24년 전에 발표된 키플링의 『킴』에서도 역시 마찬가지로 볼 수 있는 것이다. 이 둘 사이의 주된 차이점은 반항하는 토착민들의 소란이 작가를 괴롭히면서 포스터가 그것을 의식하게 됐다는 점이다. 포스터는 키플링처럼 쉽사리 혼합된 것을 무시할 수는 없었던 것이다. (예컨대 포스터는 1857년의 유명한 "반란"을 인도인들이 영국 지배에 대해 심각하게 반대하는 것으로 보지 않고, 단지 변덕스러운 행위로만 보았다.)

독자들이 실제로 각 작품에서 기호를 기입하고, 소설의 역사가 연속적인 계획이라는 일관성을 가지고 있다고 여기지 않는 한, 소설이 권력의 불균등을 강조하고 받아들인다는 의식을 가지기는 어렵다. 해외 영토에 대한 영국의 흔들리지 않는 "제도권적 시각"이 19세기 전반에 걸쳐 유지되었던 것에서도 알 수 있듯이, 완전히 문학적인 의미에서 해외 영토에 대한 심미적 (그러므로 문화적인) 이해는, 때론 우연하게 때로는 매우 중요하게 소설의 일부분이 되었다. 소설의 "통합된 비전"은 일련의 겹쳐지는 확신이 빚어 낸 결과였으며 이러한 확신들에 의해 거의 만장 일치를 이룬 시각이 유지되었다. 이러한 일이 외부에서 강요된 말로 이루어진 것이 아니라 각각의 매체나 담론(소설, 기행기, 민족 지학에 대한 연구)의 언어로 이루어졌다는 사실은 순응, 협력 관계, 자발성을 암시한다. 그러나 그렇다고 해서 그것이 명백한 정치적 의제를 포함한다는 것은 아니다. 적어도 그 세기의 후반이 되기 전까지는 그렇지 않았다. 19세기 후반에는 제국의 프로그램 자체가 훨씬 더 명백해졌고 직접적인 대중 선전이 되었다.

세 번째로는 간략한 예를 들어 설명하는 것이 제일 좋을 성싶다. 『허영의 시장』 전반에 걸쳐 인도에 대한 암시가 나타나는데, 여기에서 인도는 베키의 운이나 도빈, 조셉, 아밀리아의 지위를 변화하는 데 우연적인 역할을 하는 것에 지나지 않는다. 그러나 소설 내내 우리는 그 절정이 영국과 나폴레옹 사이의 워털루 대결을 향해 점점 고조되고 있는 것을 느낄 수 있다. 새커리가 이렇게 해외를 언급했다고 해서 『허영의 시장』이 헨리 제임스가 후에 "국제 주제"라고 부르는 것을 다루고 있다고 할 수는 없다. 그렇게 말한다면 새커리가, 작품의 배경을 화려하게 해외로 잡은 월폴Horace Walpole, 레드클리프Ann Radcliffe

혹은 루이스와 같은 일군의 고딕 소설가와 같은 부류라고 말하는 것과 마찬가지가 된다. 그러나 새커리와 19세기 중반의 모든 주요 영국 소설가들은 지구촌적 세계관을 받아들였으며, 실제로 대영 제국의 권력 안에 있는 엄청난 해외 영토를 무시할 수는 없었다. (그리고 대부분의 경우, 무시하지도 않았다.) 『돔비와 아들』의 예에서 잠깐 보았던 것처럼, 자국의 질서는 구체적으로 영국의 해외 질서에 매여 있었고, 그 안에 자리 잡고 있었으며, 심지어는 그것에 의해 돋보였다. 그것이 안티구아에 있는 토마스 버트람 경의 농장이건, 아니면 100년 후 나이지리아에 있는 윌콕스의 고무 농장이건간에, 소설가는 권력을 가진 것과 해외에서의 특권을 그에 걸맞는 자국의 활동과 동일시했다.

소설을 꼼꼼하게 읽으면 내가 여태까지 묘사했던 노골적인 "세계적", 제국적 비전보다 훨씬 더 예리하고 미묘한 시각을 발견할 수 있다. 이것은 내가 '태도와 언급의 구조'라고 불러 왔던 것과 연결이 된다. 이것이 바로 네 번째 결과이다. 예술 작품의 완전 무결성을 강조하고 개개 작가들의 다양한 공헌을 뭉뚱그리지 않으려면, 우리는 소설에 연결점을 제공하는 구조가 소설 밖에서는 그 자체로 존재할 수 없다는 사실을 받아들여야만 한다. 이것은 "해외"에 대한 특별하고 구체적인 경험을 개개 소설에서만 얻을 수 있으며, 그와는 반대로 각각의 소설만이 예컨대 영국과 아프리카 사이의 관계를 구현하고 활기를 띠게 하며 묘사할 수 있음을 의미한다. 그렇기 때문에 비평가들은 자신들이 정치적인 면에서나 도덕적인 면에서 이의가 있다고 여길지 모르는 진부한 내용의 작품을 단지 요약하고 판단하기보다는 읽고 분석하게 된다. 한편으로, 치누아 아체베는 유명한 논문에서 콘라드의 인종 차별을 비판하면서 심미적 형식에 대해서는 아무 말도 하지 않거나, 아니면 콘라드가 감수해야만 했던 심미적 형식으로서의 소설 자체의 한계에 대해서는 무시한다. 또 한편으로 아체베는 자기 자신의 소설에서 콘라드를 다시 쓸 때 (그의 글은 독창적이며 애를 쓴 흔적이 보인다) 형식이 어떻게 작동하는지 이해한다는 것을 보여 준다.[24]

---

24) 콘라드에 대한 공격은, Chinua Achebe, *Hopes and Impediments : Selected Essays* 에서 "An Image of Africa : Racism in Conrad's *Heart of Darkness*,"

영국이 너무나 오랫동안 다른 이들의 부러움을 살 정도의 명성을 떨치며 보호하고 유지한 해외의 제국을 가지고 있었기 때문에, 영국 소설에 대한 이러한 사실들은 더욱 절실하게 다가온다. 프랑스가 영국의 라이벌이 되었다는 것은 사실이지만, 내가 어디선가 말했던 것처럼 프랑스의 제국 의식은 19세기 후반이 될 때까지 그다지 강력하지 않았으며(영국이 제국 의식을 일깨워 줬다), 체제, 이익, 범위에 있어서도 뒤떨어져 있었다. 그러나 대체적으로 19세기 유럽 소설은 현상 유지의 권위를 공고히 하면서도 그것을 묘사하고 더 세련되게 만드는 문화적 형식이었다. 예컨대 비록 디킨스가 법 체제, 시골 학교, 관료 제도에 대해 독자들로 하여금 분노하게 했다고 해도 그의 소설은 어떤 비평가가 "타결의 소설"이라고 불렀던 것처럼 결국 "타결"을 보고 만다.[25] 그것은 가족의 재통합을 통해 이루어지는데, 디킨스의 경우 가족이란 항상 사회의 축소판이다. 오스틴, 발자크, 조지 엘리엇, 플로베르 —저명한 소설가의 이름을 몇 들자면— 의 경우, 권위의 강화는 사유 재산과 결혼을 포함하고 실제로 그것과 뗄 수 없는 것이었다. 그들은 사유 재산과 결혼이라는 체제에 거의 도전하지 않는다.

 내가 소설의 권위의 강화라고 불러 왔던 것의 중요한 면은, 그것이 단지 사회의 권력과 지배의 기능에만 연결된 것이 아니라, 규범적이고 통치권이 있는 것처럼 보이게 만들어졌다는 것 즉 내러티브의 과정에 있어서 스스로를 유효하게끔 만들었다는 것이다. 내러티브 주제의 구성이 아무리 비정상적이고 이상해도 그것이 훌륭한 사회적 행위이며 그 뒤에 혹은 안에 사회와 역사의 권위를 가지고 있다는 점을 잊어 버린다면 그것이 역설적으로 느껴질 것이다. 첫째로 작가의 권위가 있다. 그는 관습을 지키고 패턴을 유지하면서 받아들여질 만한 제도화된 방식으로 사회의 과정을 글로 쓴다. 그리고 화자의 권위가 있다. 화자의

 (New York : Doubleday, Anchor, 1989), pp. 1~20을 보라. 아체베에 의해 제기되는 문제의 일부들은 Brantlinger, *Rule of Darkness*, pp. 269~74에서 잘 논의되고 있다.

25) Deirdre David, *Fictions of Resolution in Three Victorian Novels* (New York : Columbia University Press, 1981).

담론은 내러티브를 인식할 수 있고, 그렇기 때문에 그것을 실존적으로 참조할 수 있는 상황에 고착시킨다. 마지막으로 공동체의 권위라고 할 수 있는 것이 있다. 공동체를 가장 잘 대표하는 것은 가족이겠지만, 그것은 국가, 특정 장소 그리고 구체적인 역사적 순간도 될 수 있다. 이 모든 것이 합쳐져서 소설이 전례 없는 방식으로 역사를 수용하게 되었고, 그것은 19세기 초에 가장 왕성하고 눈에 띄도록 기능했다. 콘라드의 말로우는 이 모든 것의 직접적인 계승자였다.

루카치는 유럽 소설에 있어 역사의 출현을 훌륭하게 연구했다.[26] 예컨대 그는 스탕달과 특히 스코트가 어떻게 자신들의 내러티브를 대중의 역사 안에 위치시켰고, 또 내러티브의 일부분으로 만들어 역사를 이전처럼 단지 왕이나 귀족들에게 뿐 아니라 모든 사람들이 접할 수 있는 것으로 만들었는가를 보여 주었다. 그러므로 소설은 실재하는 국가들의 실재 역사에 의해 형성된 구체적인 역사적 내러티브가 된다. 디포우는 해외의 이름도 없는 섬 어딘가에 크루소를 갖다 놓았고, 몰은 애매 모호하게밖에 알 수 없는 캐롤리나스로 보내진다. 그러나 토마스 버트람과 조셉 세들리는 특정한 역사적 순간에 각각 카리브와 인도라는 역사적으로 합병된 영토에서 특정한 부와 특정한 이익을 얻는다. 그리고 루카치가 말하듯이, 스코트는 영국 정치 체제를 단순한 해외 모험[27](예컨대 십자군 원정)과 자국의 갈등(전투적인 하이랜드 부족들의 1745년의 반란)으로부터 구해 내어 역사적 사회라는 형태로 구축한다. 그래서 영국 정치 체제는 국내의 반란과 대륙의 도발 모두를 성공적으로 물리치면서 안정된 대도시가 되는 것이다. 이러한 해석은 정말이지 설득력이 있다. 프랑스에서 역사는 부르봉 왕조 복권이 구현한 혁명 이후의 보수 성향을 확인해 준다. 그리고 스탕달은 비통한 (자신에게는) 성취들을 기록한다. 후에 플로베르는 1848년 사건을 놓고 같은 식의 작업을 한다. 그러나 소설은 또한 미슐레Jules Michelet와 맥콜레이Thomas Babington Macaulay의 역사적 글쓰기에 의해 도움

---

26) Georg Lukacs, *The Historical Novel*, Hannah and Stanley Mitchell 옮김.(London : Merlin Press, 1962), pp. 19~88.

27) 같은 책, pp. 30~63.

을 받는다. 그들의 내러티브는 국가 정체성의 성격에 비중을 더한다.

소설에 힘을 제공해 주는 역사의 전용, 과거의 역사화, 사회의 내러티브화는 모두 사회적 공간의 축적과 차별을 포함한다. 그리고 이 공간은 사회적인 목적을 위해 사용된다. 이러한 점은 19세기 후반에 더욱 명백해지며, 식민지 소설에 노골적으로 드러난다. 예컨대 키플링이 그려 낸 인도에서 토착민과 그들의 주권은 다른 공간을 차지하는데, 키플링은 놀라운 재능으로 킴을 만들어 낸다. 킴은 젊음과 에너지를 가지고 마치 식민지의 장벽이라는 권위를 뒤엎기 위한 것처럼 용감무쌍하게 한 공간에서 다른 공간을 건너다니며 그 두 공간 모두를 탐험한다. 사회적 공간내의 장벽은 콘라드에도 존재하며 해거드, 로티, 도일, 지드, 시샤리, 말로, 카뮈, 오웰에서도 마찬가지이다.

사회적 공간 밑에는 제국적 그리고 문화적 대결의 실제적인 지리학적 토대인 영토, 땅 그리고 지리학적 영역이 놓여 있다. 머나먼 곳에 대해 생각하고, 그곳을 식민지로 만들고, 사람들로 하여금 그곳에 거주하게 하거나 떠나게 하는 것—이 모든 일들은 땅 위에서, 땅에 대해서 혹은 땅 때문에 일어난다. 제국을 최종적으로 분석해 보면 남는 것은, 땅을 실제로 그리고 지리학적으로 소유하는 것이다. 실제적인 지배와 권력 사이에 그리고 어떤 장소가 어떠했는지(가능성까지)라는 생각과 실제의 장소 사이에 우연의 일치가 일어나는 순간, 바로 그 순간에 제국을 향한 투쟁이 시작된다. 서구인들이 땅을 탈취해서 소유하는 것과 식민지 해방 운동이 벌어질 때 땅을 회복하려는 토착민을 진압하려는 데는 그러한 우연의 일치가 논리적인 근거가 된다. 그것과 관련된 제국주의와 문화는 지리의 우선적인 위치와 땅의 지배에 대한 이데올로기 모두를 긍정한다. 지리학적 의식은 투사를 상상적, 지도 제작상의, 군사적·경제적·역사적 혹은 일반적인 의미에서 문화적인 것으로 만든다. 그것은 또한 다양한 종류의 지식을 구성하는 것을 가능하게 한다. 그 모든 지식은 어떤 식으로든 특정한 지리의 운명과 인지된 성격에 의존하고 있다.

상당히 제한된 세 가지 문제를 여기서 지적해야겠다. 첫째, 19세기 말 소설에서 잘 드러나는 공간적 차별화는 단순히 침략적인 "제국의 시대"에 대한 수동적인 반영으로서 갑작스럽게 거기에 나타나는 것이 아니라, 그 이전의 역사적·사실적 소설에서 이미 공인된 그 이전의 사회적 구별과 연속 선상에 있는 것이다.

제인 오스틴은 토머스 버트람의 해외 재산을 맨스필드 파크의 평화, 질서, 아름다움이 자연스럽게 확장된 합법적인 것으로 본다. 그런데 맨스필드 파크는 중심적인 저택으로서, 주변의 타자에게 경제적으로 도움을 주는 역할을 수행한다. 식민지가 눈에 띄지 않는 경우에도 내러티브는 공간의 도덕적 질서를 허용한다. 그것이 국가적인 격동기에 매우 중요한 미들마치라는 동네의 공동체적 회복이건, 디킨스의 런던 사회의 밑바닥을 통해 조명된 왜곡되고 불확실한 해외의 공간이건, 브론테Emily Brontë의 작품 세계에 나타난 폭풍우가 몰아치는 언덕이건간에 말이다.

두 번째로, 소설의 결론이 근저에 깔린 계급 제도 —가족, 재산, 국가— 를 확인하고 강조함에 따라 계급 제도에 매우 강력한 공간적 현재성이 부여된다. 『음울한 집Bleak House』의 놀랄 만한 힘은 바로 이와 같은 데서 나온다. 데드로크 부인은 죽은 지 오래된 남편의 무덤에, 도망자로서 살아온 자신의 비밀스러운 과거에 대해 우리가 느껴 왔던 것(매정하고 비인간적인 성격과 비정상적일 정도로 메마른 권위)을 묻으면서 흐느낀다. 이것은 젤리비의 체제(아프리카와 괴상하게 연결된)의 무질서한 혼란과 대조될 뿐 아니라 에스더와 그녀의 후견인 겸 남편이 사는 특별한 집과도 대조된다. 내러티브는 이러한 장소들을 탐험하고, 그 사이로 움직이며 결국 확증적으로 긍적적 혹은 부정적인 가치들을 부여한다.

이처럼 내러티브와 자국의 공간 사이에 이루어지는 도덕적으로 균등한 상호 작용은 파리나 런던과 같은 대도시의 중심지를 넘어서서 세계 어느 곳으로든 확장되고 실제로 재생산될 수 있다. 그 대신 그런 프랑스나 영국의 장소들은 일종의 수출 가치를 지니고 있다—자국에서 어떤 장소에 대해 좋거나 나쁜 것은 밖으로 수송되어 해외에서 이와 비견되는 미덕이나 악덕으로 지정된다. 1870년에 옥스포드 대학에서 슬레이드 교수 취임 연설을 하는 중에 러스킨은, 영국의 순수한 인종에 대해 이야기하면서 그의 관중들에게 영국을 "왕들의 왕좌가 있는 나라, 모든 세계에게 빛의 근원이 되고 평화의 중심이 되는 왕권의 섬"으로 만들라고 말한다. 그가 셰익스피어를 언급했던 이유는 영국이 따로 구별된 특혜를 받은 나라라는 감정을 재확립하고 다시 위치 지으려는 의도에서였다. 그러나 이번에 러스킨은 영국을 세계라는 차원에서 정식으로 기능하는 나라로 구상한다. 셰익스피어가 주로, 하지만 완전히 자국에 국한된 것으로만은 아니라고 상상한 섬 왕국에 대한 그의 찬미의 감정은 놀랄 만큼 제국적이고 실제로 침략적인 식민지 건설에 복무하도록 동원된다. 러스킨의 말은 마치 식민지 개척자가 되어서 "식민지를 능력이 닿는대로 최대한 빨리" 건설하라는 것처럼 들린다.[28]

세 번째로 지적할 점은, 내러티브 픽션과 역사(여기서 나는 다시 한번 내러티브 요소를 강조하고 싶다)로서 그러한 자국의 문화적 계획은 중심적인 권한을 부여하는 주체나 자아가 기록하고 명령하며 관찰하는 능력을 전제로 한다는 것이다. 이 주체에 관해 유사 반복적인 방법으로 말하자면, 그리고 그것이 쓸 수 있기 때문에 쓴다고 말한다면, 자국 사회를 언급하는 것이 될 뿐 아니라 해외 세계에 대해서도 언급하는 것이다. 묘사하고 특색을 그려 내고 하는 것은 아무 사회에서 아무나 쉽게 할 수 있는 것은 아니다. 게다가 개인에게 상당한 자유를 주면서 "어떤" "사물"을 "어떻게" 표현하는가는 한정된 것으로서 사회적으로 조절된다. 우리는 최근 몇 년간 여성이 문화적으로 어떻게 묘사되는가에 대한 제한과 열등한 계급과 인종을 묘사하는 데 가해지는 압력에 대해 새로운 인식을 갖게 되었다. 이 모든 분야 —성, 계급, 인종— 를 염두에 두고 비평이, 본질적으로 종속적인 존재라고 여겨지는 것을 표현하는 데 제한을 가하고 모양 짓는 근대 서구 사회의 제도적 힘에 대해 관심을 갖게 된 것은 참으로 바람직한 일이다. 그러므로 재현 그 자체의 특징은 종속적인 것을 종속적인 것으로, 열등한 것을 열등한 것으로 유지하는 것이었다.

---

28) R. Koebner and H. Schmidt, *Imperialism : The Story and Significance of a Political World, 1840 ~1866* (Cambridge : Cambridge University Press, 1964), p. 99 에서 러스킨의 몇 구절이 인용되고 논평되고 있다.

2. 제인 오스틴과 제국

"제국은 어떤 사상의 틀이나 조건 반사를 가지고 있어야 하며 젊은 국가들은 젊은이들이 부와 명예를 꿈꾸듯이 위대해지기를 열망한다."[29] 라는 키어난의 말은 우리에게 토의의 출발점을 제공한다. 내가 계속해서 말했듯이, 유럽과 미국 문화의 모든 것이 제국의 거대한 이념을 준비하거나 합병한다고 말하는 것은 너무나 단순하고 환원적인 논의가 된다. 그러나 그와 동시에, 서구가 제국의 경험을 즐기도록 격려해 주고 뒷받침해 준 그러한 경향들 —예컨대 내러티브, 정치 이론, 회화적 기법 등— 을 무시하는 것 또한 역사적으로 정확하지 않은 것이다. 만약 제국적 사명이라는 개념에 대한 문화적 저항이 있었다면, 문화 사상의 주류 세력은 저항을 지지하지 않았을 것이다. 비록 진보적이기는 했지만 존 스튜어트 밀은 —이러한 점에서 좋은 예가 되는데— 여전히 다음과 같이 말할 수 있었다. "문명국들의 서로의 독립성과 민족성에 대한 신성한 의무들은 민족성과 독립이 일종의 악이 되거나 기껏해야 의심스러운 선이 되는 사람들에게는 해당되지 않았다." 이러한 생각이 밀의 독창적인 생각은 아니다. 이러한 생각은 이미 16세기에 아일랜드를 정복한 영국에서도 흐르고 있었고, 니콜라스 케니Nicholas Canny가 설득적으로 예증했듯이, 아메리카 대륙에서 자행된 영국의 식민지화 이데올로기에서도 똑같이 유용하게 사용되었다.[30] 거의 모든

---

29) V. G. Kiernan, *Marxism and Imperialism* (New York : St. Martin's Press, 1974), p. 100.
30) John Stuart Mill, *Disquisitions and Discussions*, Vol. 3 (London : Longmans,

식민지 계획은 토착민의 후진성에 대한 가정과 이들이 독립하고 "평등"하기에는 적합하지 않다는 가정에서 출발하였다.

왜 그래야만 했을까? 왜 한쪽에서의 신성한 의무가 다른 곳에서는 구속력이 없었을까? 왜 권리들이 한편에서는 받아들여지고 다른 한편에서는 거부되었는가 하는 문제들은, 만족스러운 지역 즉 유럽의 질서는 인정하되, 해외의 비슷한 질서에 대해서는 권리를 박탈하도록 만들어진 도덕적·경제적 그리고 심지어는 형이상학적 규범들에 잘 기초하고 있는 문화의 측면에서 보면 가장 잘 이해할 수 있다. 이러한 진술은 일견 터무니없고 극단적인 것으로 보일 수도 있다. 사실 그것은 한편으로는 유럽의 복지와 문화적 정체성을, 다른 한편으로는 해외의 영토 정복 사이의 관계를 너무 꼼꼼하고 신중하게 규정한다. 오늘날 우리가 그 어떤 연관이라 할지라도 받아들이기 어려운 이유 중 하나는, 우리가 그러한 복잡한 문제를 표면적이고 간단한 인과 관계로 환원하려는 경향이 있기 때문이다. 이것은 한편 비난과 방어의 수사학을 만들어 낸다. 내가 말하려고 하는 것은 초기 유럽 문화의 주요 요인이 19세기 후반 제국주의의 원인이 되었다는 것도 아니고, 이전 식민지 세계의 모든 문제들에 대한 비난을 유럽에 돌려야 한다는 것도 아니다. 나는 다만 유럽의 문화가, 항상 그런 것은 아니지만, 자주 머나먼 곳의 제국주의를 비판하면서도 동시에 옹호했다고 말하려는 것뿐이다. 밀은 확실히 그랬다―그는 항상 인도가 독립하면 안 된다고 충고했다. 유럽이 1880년 이후 여러 가지 이유로 제국 통치에 더 큰 관심을 갖게 되었을 때 그러한 정신 분열증적 태도는 유용하게 되었다.

첫 번째로 해야 할 일은, 단순히 유럽과 비유럽 세계 사이의 관계만을 통해 생각하고, 동시에 똑같이 단순한 시간적 순서에 대한 우리의 관념을 다소 포기하고 완화시키는 것이다. 예컨대 워어즈워드, 오스틴 또는 콜리지Samuel Taylor Coleridge 등이 1857년 이전에 글을 썼기 때

Green, Reader & Dyer, 1875), pp. 167~68. 이것에 대한 이유와 초기 해석에 대하여는 Nicholas Canny의 논의, "The Ideology of English Colonization : From Ireland to America," *William and Mary Quarterly* 30 (1973), 575~98 를 보라.

문에, 이들이 실제로 1857년 이후의 영국 정부의 인도 지배의 원인이 되었다고 말하는 것과 같은 관념을 받아들여서는 안 된다는 것이다. 대신 우리는 영국에 대한 영국의 저술에 나타난 패턴과 영국 제도 너머의 세계에 대한 재현 사이의 대위법을 분별해야 한다. 이러한 대위법에 대한 내재적인 유형은 시간적인 것이 아니라 공간적인 것이다. 노골적이고 계획적인 식민지 확장의 절정기 —"아프리카 쟁탈전"과 같은— 이전의 작가들이 어떻게 더 넓은 세계 속에서 그들 자신들과 자신들의 작품을 위치시켰는가? 우리는 그들이 대담하지만 세심한 전략들(이중 많은 것은 예상했던 원천—가정, 국가와 언어, 적합한 질서, 좋은 행동, 도덕적 가치에 대한 긍정적인 이념들에서 비롯되었다)을 사용했다는 것을 알 수 있다.

그러나 이러한 종류의 긍정적인 이념들은 "우리의" 세계를 정당화하는 것 이상의 일을 한다. 이러한 이념들은 다른 세계의 가치를 떨어뜨리고, 아마도 우리가 되돌아볼 때 더 중요한 점은, 그 이념들이 끔찍할 정도로 매력 없는 제국주의의 작업을 막거나 금지하거나 저항하지 않았다는 것이다. 아니, 소설이나 오페라와 같은 문화적 양식들은 사람들로 하여금 밖으로 나가 제국주의를 실행하게 하지는 않는다. —카알라일은 로드 섬을 직접 다스리지 않았으며, 그는 분명히 오늘날의 남부 아프리카 문제로 인해 "비난"받을 수는 없다— 그러나 우리가 탈역사적으로 여전히 추앙하는, 영국의 위대한 인본주의적 이념과 제도, 기념비들이 얼마나 제국주의적 과정을 가속화하는 데 아무런 제재를 가하지 않았는지를 보면서 난감함을 느끼지 않을 수 없다. 우리는 어떻게 이러한 인본주의적 이념들이 아무런 갈등 없이 제국주의와 공존하였는가를 물어 볼 권리가 있다. 그리고 왜 —제국주의의 지배를 받는 지역 즉 아프리카, 아시아, 라틴 아메리카에서 제국주의에 대한 저항이 발전될 때까지— 본국에서 제국을 반대하거나 억제하는 세력이 거의 없었는지 물을 권리가 있다. 아마도 "우리"의 가정과 질서를 "그들"의 것과 구별 지으려는 관습이 "그들"을 좀더 다스리고 가르치고 정복하기 위해 축적하려는 가혹한 정치적 규칙이 되었던 것 같다. 유럽의 주류 문화에 의해 공표된 위대한 인도적 이념과 가치 속에는 키어난이 말했던 "사상의 틀이나 조건 반사"가 포함되어 있었다. 그 안으로 제국의 사업이 유입되었던 것이다.

이러한 이념들이 실제의 장소들 사이의 지리적 구별에 현실적으로 어떻게 이용되었는가 하는 것은 레이먼드 윌리엄스의 가장 훌륭한 저서 『시골과 도시』의 주제가 된다. 영국의 도시와 시골 사이의 상호 작용에 대한 그의 논의는, 랭랜드의 목가적 대중주의에서 시작해, 벤 존슨Ben Jonson의 시골집 시를 거쳐, 런던을 배경으로 한 디킨스의 소설과 20세기 문학에서의 대도시에 관한 비전에 이르기까지의 엄청난 변형을 인정한다. 윌리엄스의 이 저서는 주로 영국 문화가 땅, 소유, 상상력, 조직을 어떻게 다루어 왔는가에 관한 책이다. 그리고 윌리엄스가 식민지에 대한 영국의 수출에 대해 언급하기는 하지만, 내가 앞서 암시했듯이, 그것은 실제만큼 충분히 포괄적이거나 명확한 것은 아니었다. 『시골과 도시』의 결말부에서 그는 "적어도 19세기 중반부터 (이전에도 중요한 사례가 있었지만) 모든 관념과 이미지들이 의식적으로 그리고 무의식적으로 영향을 받은 더 큰 맥락이 (이것은 영국과 식민지간의 관계인데, 이로 인해 영국의 상상력은 '쉽게 짚어볼 수 없도록 더 깊이 발전되었다.') 있다."고 설명한다. 그는 곧 그러한 이미지의 한 예로, "식민지로의 이민의 관념"이 디킨스와 브론테Charlotte Brontë와 개스켈의 여러 소설들에 많이 나타난다고 말하고 있으며, 모두 다 식민지적인 "새로운 시골 사회들"은 키플링이나 초기의 오웰이나 모옴Somerset Maugham을 통해 영국 문학의 상상적 중심 경제로 유입된다는 것을 잘 보여 주고 있다. 1880년 이후 "풍경과 사회적 관계의 극적인 확장"이 일어나는데, 이것은 제국의 절정기와 꽤 정확하게 부합된다.[31]

윌리엄스와 의견을 달리하는 것은 위험하지만, 나는 누군가 영국 문학에서 세계의 제국주의 지도와 같은 것을 찾으려고 한다면, 그것은 19세기 중반기 이전부터 이미 강력한 존재로 발견될 것이라고 감히 말하고 싶다. 비록 활발하게 나타나고 있지는 않지만 그것은 규칙적으로 나타난다. 그러나 더욱 흥미로운 것은, 그것이 언어학적·문화적 실천 분야에 만연되어 있고 그것의 중요한 일부분이라는 것이다. 16세기 이

---

31) Williams, *Country and the City*, p. 281.

래로 아일랜드, 아메리카, 카리브 그리고 아시아에서 확립된 영국의 이해 관계가 있어 왔다. 그리고 목록을 잠깐 들여다보기만 해도 계속적인 관심을 갖고 이러한 이해 관계를 아끼고 소중히 가꾼 시인, 철학자, 역사가, 극작가, 정치가, 소설가, 기행 작가, 군인, 우화 작가들을 볼 수 있다. (피터 흄Peter Hulme의 『식민지의 조우Colonial Encounters』에서 이 점이 상당히 잘 논의되고 있다.)[32] 그러한 점은 해외 권력자로서 뿐만 아니라, 영국과의 경쟁자였던 프랑스와 스페인과 포르투갈에게 있어서도 마찬가지였다. 그렇다면 제국의 시대 이전 즉 1800년대부터 1870년 사이에 근대 영국에서 일어났던 그러한 이해 관계들의 작동을 과연 어떻게 바라볼 것인가?

우선 윌리엄스의 선구자적인 연구를 단초로 해서 시작하는 것이 좋을 것이다. 그래서 18세기 말 영국의 대규모 영토 합병에 따른 위기의 시기를 고찰해 보자. 유기체적인 옛날의 농촌 공동체들은 와해되었고 새로운 공동체가 의회의 활동, 산업화 또는 인구 통계학적인 자리 바꿈의 충동하에 건설되었다. 그러나 세계 지도의 훨씬 더 큰 범위내에서 영국(프랑스에서는 프랑스를)을 재배치하는 새로운 과정이 진행되었다. 18세기 전반부에 북아메리카와 인도를 놓고 영국과 프랑스는 치열한 경쟁을 했다. 18세기 후반에는 영국과 프랑스 사이에 아메리카 대륙, 카리브, 레반트 그리고 유럽 자체내에서 수많은 격렬한 대립이 있었다. 프랑스와 영국의 주요한 낭만주의 이전의 문학에는 해외 통치에 대한 수많은 언급이 있다―다양한 백과 사전 제작자들, 아베 라이날Abbé Raynal, 드 브로스de Brosses, 볼네이Volney를 생각해 낼 수 있을 뿐 아니라 에드먼드 버크, 벡포드William Beckford, 기본Edward Gibbon, 존슨 그리고 윌리엄 존스William Jones 등을 생각할 수도 있다.

1902년에 J. A. 홉슨은 확장과 민족성 두 단어 중에서 확장이 더 중요

---

32) Peter Hulme, *Colonial Encounters : Europe and the Native Caribbean, 1492 ~ 1797* (London : Methuen, 1986). Neil L. Whitehead, *Wild Majesty : Encounters with Caribs from Columbus to the Present Day* (Oxford : Clarendon Press, 1992) 와 그의 선집을 함께 보라.

하다는 것을 고려할 때 그러한 과정이 이해가 된다고 말하면서 제국주의를 민족성의 확장으로 설명한다. 그 이유는 "민족성"이 완전히 형성되고 고착된 것이기 때문이다.[33] 이에 반해 1세기 전에는 해외뿐 아니라 자국에서도 민족성이라는 것은 단지 형성되고 있는 단계에 있었던 것이다. 월터 베이지호트Walter Bagehot는 『물리학과 정치학Physics and Politics』(1887)에서 "국가 건설"이 그것과 얼마나 긴밀한 관계가 있는지를 잘 보여 준다. 프랑스와 영국은 18세기 후반에 두 가지 사안을 두고 대결했다. 해외에서의 (인도, 나일 삼각주, 서반구) 전략적 우위에 대한 싸움과 의기 양양한 민족에 대한 싸움, 이 두 싸움은 곧 "영국적인 것"과 "프랑스적인 것"을 대비한다. 그리고 영국과 프랑스의 가정된 "본질"이 아무리 독특한 것처럼 보여도 그 본질이란 거의 항상 만들어지고 있는 것으로 (이것은 이미 만들어진 것과는 대조되는 개념이다) 그리고 다른 막강한 경쟁자들과 투쟁해서 쟁취되는 것으로 간주되었다. 예컨대 새커리의 베키 샤프는 그 이전 세기의 프랑스 피가 섞인 유산 때문에 벼락 부자가 된다. 윌버포스William Wilberforce의 정직한 노예 제도 폐지론자의 태도와 그와 뜻을 같이 하는 자들이 생긴 것은 안틸제도에서의 프랑스 헤게모니를 위협하려는 욕망이 있었기 때문이기도 했다.[34]

이러한 점들은 갑작스럽게 『맨스필드 파크』(1814)의 새롭고 매혹적인 확장된 면들을 보여 준다. 이 작품은 오스틴의 소설 가운데 가장 솔직하게 그녀의 이데올로기적·도덕적 신념을 드러내고 있다. 윌리엄스는 다시 한번 대체적으로 정확하다. 즉 오스틴의 소설들은 획득한 돈과 재산에서, 도덕적 분별력을 드러내는 데에서, 적절히 결정된 선택에서, 올바른 "개선"을 수행하는 데에서, 세련된 뉘앙스를 풍기는 언어

---

33) Hobson, *Imperialism*, p. 6.
34) C.L.R. James의 *The Black Jacobins : Toussaint L'Ouverture and the San Domingo Revolution* (1938 ; rprt. New York : Vintage, 1963)은 이에 대한 가장 훌륭한 논의가 이루어지고 있으며 특히 2장 "The Owners."가 그 핵심이다. Robin Blackburn, *The Overthrow of Colonial Slavery, 1776 ~1848* (London : Verso, 1988), pp. 149~53도 보라.

를 분류하고 긍정하는 데에서, "달성할 수 있는 삶의 질"을 표현한다. 그러나 윌리엄스는 계속해서 이렇게 말한다.

> 말을 타고 길을 지나가며 (코베트)는 계급에 대해 말하고 있다. 제인 오스틴은 집 안에서 그것을 결코 볼 수 없었다. 그녀가 사회의 모든 세세한 부분까지 묘사하고 있음에도 불구하고, 그녀의 판별력은 내적이며 배타적이다. 이것은 이해할 만한 일이다. 오스틴은 개선을 추구하면서 복잡한 상황에 빠진 사람들이 계속해서 자신들을 한 계급으로 형성하려고 하는 행동에 관심을 갖는다. 그러나 단 하나의 계급만 보일 때에는 아무 계급도 보이지 않는 법이다.[35]

오스틴이 어떤 "도덕적 분별력"을 어떻게 "독립적인 가치"로 끌어올리는지를 설명하기 위해 위의 인용은 훌륭한 설명이 된다. 그러나 『맨스필드 파크』에 관한 한, 윌리엄스의 조사를 훨씬 더 구체적으로 폭넓게 설명하면서 훨씬 더 많은 논의를 할 필요가 있다. 그렇다면 제국주의 확장을 위한 이론적 근거에는 오스틴과 제국주의 이전의 소설들이, 우리가 얼핏 생각하는 것보다 대체적으로 더 깊이 연루되어 있다는 것을 알 수 있다.

루카치와 프루스트의 이론이 나온 이후로 우리는 소설의 플롯과 구조가 주로 일시성에 의해 구성된다고 생각하는데 익숙해져서, 공간과 지리와 장소의 기능은 간과해 왔다. 아주 젊은 스티븐 디덜러스뿐 아니라 그 이전의 다른 모든 젊은 주인공들도 자신들이 고향에서, 아일랜드에서, 세계에서, 소용돌이의 안에 있다고 생각했다. 다른 여러 소설들처럼 『맨스필드 파크』는 바로 조카딸 패니 프라이스가 맨스필드 파크의 정신적 주인이 된다는 소설의 결말 이전에 일어난 일련의 작고 큰 공간에서의 자리 바꿈과 재배치에 관한 것이다. 그리고 오스틴은 맨스필드 파크를 중심으로 모든 관심이 지구의 반구, 태평양과 대서양, 네 개의 대륙으로 뻗어나가게끔 그곳을 중심에 위치시킨다.

---

[35] Williams, *Country and the City*, p. 117.

오스틴의 다른 소설에서처럼, 결국 결혼을 하고 재산을 "받는" 중심에 있는 몇몇 사람들은 단지 혈연으로 그런 운을 누리는 것은 아니다. 오스틴의 소설에서는 가족의 몇몇 일원들의 관계가 끊어진다. (문자 그대로 그렇다.) 그리고 선택된 소수의 몇몇과 시험을 거쳐 받아들여진 외부인들 사이에 관계가 이루어진다. 다시 말하자면 국내와 국제적인 연속성, 위계 질서, 권위를 확인하는 데에는 혈연 관계만으로는 부족하다. 그러므로 패니 프라이스(패니는 포츠머스라는 외곽의 도시에서 온 가난한 조카딸이자 착실하고 정직한, 버려진 고아이다. 하지만 남자들에게는 인기가 없다)는 점차 그녀보다 더 운 좋은 친척들 대부분과 동등한, 아니, 심지어 더 높은 지위를 획득하게 된다. 패니 프라이스가 사람들과 친분을 맺어가고 권위를 갖게 되는 패턴을 보면, 그녀가 상대적으로 수동적이라는 것을 알 수 있다. 그녀는 주로 다른 사람들의 나쁜 행실과 집요한 부탁에 수동적으로 저항하며, 아주 드물게만 스스로 나서서 행동을 취한다. 그러나 전체적으로 볼 때 오스틴은 패니 자신도 거의 이해하지 못하는 계획을 고안했다는 인상을 받게 된다. 소설 전반에 걸쳐 패니의 기본적인 자질과 상관없이 모든 사람이 그녀를 "위안을 주는 사람" 혹은 "보물"로 본다는 것이 바로 그러한 점을 보여 준다. 키플링의 킴 오하라처럼 패니는 성숙한 주인공일 뿐 아니라 더 큰 패턴 안의 장치와 도구로서 제시된다.

킴처럼 패니는 보잘것없는 자신의 경험이 줄 수 없는 외부의 권위와 후원자 그리고 자신을 이끌어 줄 사람을 필요로 한다. 의식의 세계 속에서 그녀는 어떤 사람들과 어떤 장소들과 연관되어 있지만, 소설은 그녀가 거의 의식하지 못하는, 그러나 그녀의 존재와 봉사를 필요로 하는 다른 사람들과의 관계를 드러낸다. 그녀는 분류와 적응과 재조정이 요청되는 일련의 정교한 움직임이 필요한 상황 속에 빠져들어가게 된다. 토머스 버트람경은 워드 자매 중 한 명에 사로잡혀 있고, 다른 둘은 별로 잘해 내지 못했으며, 그래서 "절대적인 틈"이 빌어진다. "각 사회는 너무 뚜렷하게 구분되어" 있었고, 그 사이의 거리는 너무 멀어서 11년간 아무런 교류가 없었다.[36] 이러한 어려운 때에 프라이스가는

---

36) Jane Austen, *Mansfield park*, ed. Tony Tanner (1814 : rprt. Harmondsworth

버트람가를 찾아 나선다. 비록 패니는 장녀가 아니지만 맨스필드로 보내져서 점차적으로 사람들의 관심의 대상이 되고 새로운 삶을 시작하게 된다. 마찬가지로 버트람가의 사람들은 런던을 떠나 (버트람 부인의 "건강이 약간 안 좋고 게으른 탓으로") 시골에 정착한다.

  이 삶을 가능하게 하는 물질적 토대는 안티구아에 있는 버트람가의 재산이다. 그런데 안티구아의 상황은 별로 좋지 않다. 오스틴은 두 가지의 명백하게 다른, 그러나 실제로는 하나로 합쳐지는 과정—즉 안티구아를 포함한 버트람가의 경제에 패니가 점점 더 큰 중요성을 띠는 점과 여러 도전과 위협과 예기치 않았던 일에 패니가 요동하지 않는 침착함을 보여 주는 모습을 보여 준다. 이 두 가지에 있어 오스틴의 상상력은 지리학적·공간적 명료화라고 부를 수 있는 방식을 통해 강철같이 탄탄하게 작용하고 있다. "유럽 지도를 볼 줄"[37] 모르는 사건은 겁에 질린 10살짜리 소녀로 맨스필드에 도착했을 때 패니가 얼마나 무지했었는가를 상징한다. 그리고 소설의 전반부의 대부분은 공간이라는 공통 분모가 잘못 사용되거나 잘못 이해된 일련의 문제들을 다루고 있다—예컨대 안티구아에 있는 토머스 경은 그곳의 상황을 개선시키려고 할 뿐 아니라, 집과 맨스필드 파크의 상황을 개선시키려고 한다. 패니, 에드먼드 그리고 그녀의 숙모 노리스는 불을 지필 때 일하고 읽고 살 곳을 협상한다. 친구들과 사촌들은 재산을 어떻게 증식시킬 수 있을지에 관심을 가지며, 가정 생활에 예배당이 (종교적 권위등) 얼마나 중요한지에 대해 토론을 한다. 크로포드 부부가 뭔가 생활에 활기를 불어넣기 위해 연극을 제안하자 (그들이 프랑스와 연관이 있을지도 모른다는 희미한 암시는 의미 심장하다) 패니는 매우 불편한 심기를 보인다. 그녀는 삶을 영위하는 공간을 극장의 공간으로 바꾸어 놓은 것을 쉽게 받아들이지 못하고 참여할 수도 없다. 하지만 역할이나 목적이 혼란스러운 가운데서도 사람들은 코체부August von Kotzebue

---

  : Penguin, 1966), p. 42. Tony Tanner의 *Jane Austen* (Cambridge, Mass, : Harvard University Press, 1986)은 그 소설에 대해 가장 훌륭하게 설명하고 있다.

37) 같은 책, p. 54.

의 『연인들의 맹세Lovers' Vows』를 준비한다.

내 생각에는 토마스 경이 자신의 식민지 정원을 가꾸느라 잠시 떠난 중에, 뭔가 불가피하게 잘못된 일이 (구체적으로 여성적인 "무질서"와 관련된) 일어날 것이라고 독자들이 추측하게 되는 것 같다. 세 쌍의 젊은 친구들이 순수한 마음으로 공원에서 산책할 때 예기치 않게 서로를 잃게 되는 사건에서도 이 점은 명백하게 드러나며, 진정한 부모의 권위를 모르는 젊은 남녀들이 장난 삼아 연애를 하며 사귈 때 가장 잘 드러난다. 버트람 부인은 무관심하며 노리스 여사는 적합하지 못하다. 은밀한 말다툼과 암시와 위험한 역할 맡기 등이 극을 준비하는 과정에서 구체화된다. 극에서는 방탕한 행동에 근접하는 위험한 일들이 일어나려고 한다. (하지만 결코 그렇게 되지는 않는다.) 이전에 고아로서의 두려움, 거리의 생활, 소외를 경험했던 패니는 이제 무엇이 옳은 것이며 어느 정도가 과도한 것인지를 가늠하는 일종의 대리적 양심을 지닌 존재의 역할을 한다. 그러나 그녀에게는 자신의 불안한 인식을 달래 줄 힘이 없다. 그러므로 토마스 경이 갑작스럽게 "해외"에서 돌아올 때까지 그녀의 마음은 이리저리 표류한다.

토마스 경이 나타나는 순간, 연극을 위한 준비는 즉각적으로 중단이 되며, 신속한 일 처리가 돋보이는 다음의 대목에서 오스틴은 그 지방에서의 토마스 경이 자신의 지배를 다시 확립하는 과정을 다음과 같이 서술한다.

> 그는 분주한 아침을 보냈다. 그들이랑 대화하는 시간은 극히 짧았다. 그는 집안 관리가 잘 되고 있는지 확인하기 위해 토지 관리인과 집사를 만나는 등, 맨스필드 생활의 일상적인 모든 부분에 대해 통솔권을 다시 행사해야만 했다. 또한 그는 일들이 잘 되고 있는지, 마구간과 정원과 가까운 농장들을 둘러보았다. 활력이 넘치고 체계적인 그는 이 모든 것을 저녁 식탁에 집주인으로서 자신의 자리를 차지하기 전까지 다 완료했다. 또한 그는 당구실에 최근에 누가 뭔가를 설치해 놓은 것을 다시 없애도록 목수에게 부탁했으며, 그동안 자신은 아주 먼 노스햄튼에 가 있었던 것이 오히려 즐거운 일이었다는 듯이, 무대 장치 화가를 해고했다. 그

화가는 방 한 개의 바닥을 망쳐 놓았고, 모든 마부들의 스펀지를 망쳐 놓았으며, 하인 중 다섯 명을 게으르고 불만으로 가득차게 해놓고는 사라졌다. 토마스 경은 하루나 이틀 안으로 겉으로 드러나 보이는 이제까지의 모든 흔적을 없앨 수 있다고 생각했다. 심지어는 집 안에 나돌아 다니는 『연인들의 맹세』의 대본을 모두 없애는 것까지 말이다. 그는 눈앞에 보이는 대본을 모두 불에 태우고 있었다.[38]

이 단락에는 부인할 수 없는 힘이 있다. 이것은 크루소가 사물에 질서를 부여하는 것과 비슷할 뿐 아니라 모든 종류의 쓸데없는 행위의 흔적을 없애는 초기 개신교도의 모습이다. 그러나 토마스 경이 같은 식의 행동을 (좀더 넓은 차원에서) 안티구아에 있는 "농장"에서 보였다고 가정할지라도 『맨스필드 파크』의 어떤 내용도 그 사실에 위배되지 않을 것이다. 무엇이 잘못되었건간에 (워런 로버츠Warren Robert가 수집한 내적 증거에 의하면 경제적 침체, 노예제, 프랑스와의 경쟁이 그 당대의 문제였다고 한다)[39] 토머스 경은 그것을 다 고칠 수 있었다. 그렇게 해서 그는 자신의 식민지 영역에서 지배력을 유지할 수 있었던 것이다. 오스틴은 이 부분에서 국내의 권위와 국제적 권위를 작품 그 어느 곳에서보다 가장 잘 일치시키고 있다. 그래서 정돈, 법, 예의 바름과 같은 더 높은 차원의 가치들이 영토의 소유와 실제적인 통치에 단단히 뿌리 박고 있어야 한다는 사실을 잘 보여 주고 있다. 오스틴은 둘간의 불가피한 연관은 말할 것도 없으며, 맨스필드 파크를 잘 다스리는 것이 제국적 재산을 잘 다스리는 것을 의미한다는 것을 보여 준다. 국내의 평화와 매력적인 조화를 이루려면 제국의 생산성과 조절된 규율이 필수적이다.

---

38) 같은 책, p. 206.
39) Warren Roberts, *Jane Austen and the French Revolution* (London : Macmillan, 1979), pp. 97~98. Avrom Fleishman, *A Reading of Mansfield Park : An Essay in Critical Synthesis* (Minneapolis : University of Minnesota Press, 1967), pp. 36~39 등도 보라.

그러나 그 둘 모두를 확실히 안전하게 하려면 패니는 전개되는 사건에 더 적극적으로 뛰어들어야만 한다. 그녀는 겁이 많고 희생된 가난한 친척에서 점차 맨스필드 파크에서 버트람 가계의 일원으로서 직접 참여하는 사람으로 변화하게 된다. 나는 오스틴이 이러한 변화를 위해 책의 2부를 고안했다고 생각한다. 2부에서 그녀는 리디아와 헨리 크로포드의 불명예스러운 방탕함, 에드먼드와 메리 크로포드의 낭만적 연애의 실패를 그리고 있을 뿐 아니라, 패니 프라이스가 자신의 포츠머스 집을 다시 발견하고 거부하는 사건, 톰 버트람(장남)의 부상과 무능력 그리고 윌리엄 프라이스가 해군으로의 삶을 시작하는 사건들이 나타난다. 이 모든 관계와 사건들은 결국 에드먼드와 패니의 결혼으로 정리가 된다. 그리고 버트람 부인 가문에서 패니가 떠맡고 있던 역할을 패니의 동생인 수잔 프라이스가 이어받는다. 『맨스필드 파크』의 결론 부분을, 영국의 질서의 중심부에 자리 잡고 있는, 부자연스러운 (적어도 비논리적인) 원칙의 대관식으로 해석하는 것도 무리는 아니다. 대담한 오스틴의 비전은 그녀의 목소리에 의해 약간 가려진다. 하지만 그 목소리는 가끔은 장난스럽기는 해도 억제되어 있으며 신중하다. 그러나 우리는 바깥 세상과 작품, 과정, 계급에 대해 가볍게 강조한 암시와 "결국에는 사회적 토대와 따로 떼어낼 수 없는 타협할 줄 모르는 일상적인 도덕성"(이는 레이먼드 윌리엄스의 표현이다)을 추상화하는 능력에 대한 제한된 언급을 잘못 해석하면 안 된다. 사실 오스틴은 그것보다 훨씬 덜 수줍어하며 훨씬 더 엄격하다.

이에 대한 단서는 패니를, 혹은 그것보다는 우리가 얼마만큼 패니를 엄격한 잣대를 놓고 고려하는지 생각해 보면 찾을 수 있다. 패니가 자신의 직계 가족이 아직도 살고 있는 포츠머스 집에 갔을 때, 맨스필드에서 익숙해진 그녀의 심미적·감정적 균형이 깨진 것은 사실이다. 또한 그녀가 너무나 편하고 좋은 호화로운 생활을 당연하게 받아들이며, 그것을 본질적이라고까지 생각하기 시작한 것도 사실이다. 이러한 과정은 새로운 과정에 익숙해지기 시작할 때, 늘상 자연스럽게 일어나는 결과들이다. 그러나 오스틴이 말하고자 하는 다른 두 가지 점들을 제대로 알아야만 한다. 첫째는 '집에 있다'라는 개념에 대해 갖게 된 확장된 새로운 의식이다. 패니가 포츠머스에 간 후에 물건들을 잔뜩 가지고 간 것은 단지 확장된 공간의 문제만은 아니다.

> 패니는 멍한 상태에 빠졌다. 집은 좁고 벽은 얇아서 패니는 답답함을 느꼈고 여행의 피로는 더해만 갔다. 최근에 겪은 불안함을 그녀는 어떻게 씻어내야 할지 몰랐다. 방 안은 고요했다. 수잔은 다른 이들과 어디론가 갔고, 방에는 아버지와 자신만 남았다. 아버지는 이웃이 항상 빌려 주는 신문을 들고 그녀가 있는지를 잊었다는 듯이 신문만 열심히 읽었다. 그와 신문 사이에 촛불 하나가 빛을 비추고 있었고 그녀의 존재는 무시되었다. 그러나 패니는 아무런 할 일이 없었다. 그녀는 터질 듯이 아픈 머리를 빛으로부터 막아 주는 걸 다행으로 여겼으며, 혼란스럽고 어지러운 슬픈 사색에 잠겼다.
> 그녀는 집으로 돌아왔다. 하지만 슬프게도 그것은 그녀가 바라던 그런 집이 아니었다. 그녀는 자신의 감정을 억눌렀다. 그녀는 자신의 생각이 말도 안 되는 것이라고 생각했다. 하루나 이틀 후면 달라질는지도 모른다. 그녀 자신의 잘못이었다고도 생각했다. 그러나 그녀는 자신이 맨스필드에 있었다면 그렇지 않았으리라고 생각했다. 삼촌의 집에서는 때와 계절에 대한 관심과 하인과 재산에 대한 관리가, 그리고 모든 사람에 대한 관심이 있었을 것이다. 그러나 이곳에서는 아니었다.[40]

너무나 작은 공간에서는 명확하게 볼 수 없으며, 제대로 사고할 수 없고 제대로 된 관심을 가질 수가 없다. 오스틴의 세세한 설명은 ("그와 신문 사이에 촛불 하나가 빛을 비추었고 그녀의 존재는 무시되었다.") 더 크고 더욱 잘 관리된 공간에서 수정된 비사교성의 위험, 외로운 고립, 축소된 의식을 정확하게 그려낸다.

패니가 직접적인 유산 상속, 법적 신분, 근접 혹은 인접으로 (맨스필드 파크와 포츠머스간의 거리는 매우 멀다) 그러한 공간을 차지할 수 없다는 것이 바로 오스틴이 말하고자 하는 점이다. 맨스필드에 살

---

40) Austen, *Mansfield Park*, pp. 375~76.

권리를 획득하기 위해 일종의 고용된 하인으로, 혹은 더 극단적인 용어를 빌어 말하자면, 일종의 수송된 상품으로 먼저 집을 떠나야만 한다. 바로 그것이 패니와 패니의 오빠 윌리엄의 운명이다. 그러나 그 이후에는 미래의 부라는 약속을 얻게 되는 것이다. 오스틴은 패니와 토머스 경의 움직임이 상응하는 것을 알고 있다고 생각된다. 즉 패니가 공간 속에서 내부의 혹은 작은 규모의 움직임을 보여 준다면, 그녀가 재산을 상속받는 자신의 정신적 지주인 토머스 경의 움직임은 더 크고 더 공공연하게 식민지적인 것이었다. 그 두 움직임은 상호 의존적이다.

오스틴이 간접적으로나마 시사하고 있는 좀더 복잡한 점은 흥미로운 이론적 문제를 제기한다. 제국에 대한 오스틴의 의식은 물론 콘라드나 키플링의 의식과는 물론 매우 다르다. 그녀는 다만 제국에 대해 가볍게 암시하고 있을 뿐이다. 그녀의 당대에 영국은 카리브와 남아메리카 특히 브라질과 아르헨티나에서 활발한 활동을 벌이고 있었다. 광대한 서인도 농장이 매우 중요하다는 생각이 대도시인 영국에 꽤 널리 퍼져 있었음에도 불구하고 오스틴은 이 활동의 세세한 부분에 대해서는 막연하게밖에 알지 못했던 것 같다. 안티구아와 토머스 경의 그곳으로의 여행은 『맨스필드 파크』에서 결정적인 역힐을 한다. 내가 계속해서 말해 왔던 것처럼, 그 역할이란 단지 잠깐 언급되는 것으로 우연적이기도 하면서, 줄거리에는 절대적으로 중요한 것이다. 안티구아에 대한 오스틴의 몇 번의 언급을 우리는 과연 어떻게 평가할 것이며, 또 어떻게 해석할 것인가?

나의 주장은 이렇다—오스틴은 안티구아에 대해 무관심한 듯하면서도 그곳을 강조하는 이상한 태도 속에서, 제국이 자국의 상황에 중요하다고 추정하고, 또 중요한 척(이것은 마치 패니가 'assume'이란 동사의 두 가지 측면을 다 드러내는 것과 마찬가지이다)하고 있다. 이 생각을 좀더 발전시켜 보면, 오스틴이 『맨스필드 파크』에서 안티구아를 언급하고 사용하고 있기 때문에, 그 언급의 역사적 가치를 구체적으로 이해할 수 있는, 같은 정도의 노력이 독자들에게도 요구된다는 결론이 나온다. 말을 바꾸면, 우리는 그녀가 도대체 무엇을 언급했고, 왜 그것에 그러한 중요성을 부여했으며, 왜 실제로 그러한 선택을 했는지 이해하려고 노력해야 한다는 것이다. 왜냐하면 그녀가 토마스 경의 부를 확립하는 데 다른 방법을 사용할 수도 있었기 때문이다. 이제 '맨스필드 파크'의 안티구아에 대한 언급의 '의미화의 힘'을 측정해 보자. 즉 안티구아는 어떻게 그 장소를 차지하고 있으며 어떤 역할을 하고 있는가?

오스틴에 의하면 영국의 장소(맨스필드와 같은)가 아무리 고립되고 외딴 곳에 있어도 그것을 유지하기 위해서는 해외의 재산이 필요하다. 카리브에 있는 토마스 경의 재산은 노예 노동(1830년대가 되서야 폐지되었다)으로 운영된 설탕 농장일 수밖에 없었다. 이것은 케케묵은 역사적 사실이 아니라, 오스틴이 확실히 알고 있었듯이, 명백한 역사적 현실이었다. 영불간의 경쟁이 일어나기 이전에 서구 제국은 (로마, 스페인, 포르투갈) 뚜렷한 특징을 가지고 있었다. 그 이전의 제국들은 콘라드가 말했던 것처럼, 식민지 그 자체내의 발전, 조직 혹은 체제에 거의 아무런 관심 없이, 단지 식민지에서 유럽으로 약탈품과 보물을 싣고 오는 데에만 혈안이 되어 있었다. 프랑스는 자신들의 제국을 장기적이고, 이윤을 내는 계속적인 관심의 대상으로 삼고자 했다. 그리고 이러한 일에 가장 큰 경쟁이 유발되었던 곳이 바로 카리브의 식민지였다. 그곳에서는 노예 수송, 대설탕 농장의 기능, 설탕 시장의 발전과 같은 문제가 계속해서 경쟁이 되었으며 보호주의, 독점, 가격 문제를 제기했다.

오스틴 당대에 안틸 제도와 리워드 섬들에서 영국의 식민지 소유는 상당한 것이었고, 영불 식민지 경쟁에서 중요한 배경이 되었다. 프랑스로부터 혁명적 관념들이 그쪽으로 수출되었고, 그에 비례해서 영국의 이윤은 점차적으로 줄어들었다. 프랑스의 설탕 농장들은 더 적은 자본으로 더 많이 생산했다. 그러나 아이티Haiti 안팎에서의 노예 반란은 프랑스를 무능력하게 만들고 있었으며, 영국과의 이해 관계로 하여금 더 직접적으로 개입하고 더 큰 지역적 권력을 획득하도록 고무했다. 그러나 그 이전 국내 시장의 위세에 비하면, 19세기 영국 카리브의 설탕 생산은 브라질과 모리티우스Mauritius의 또 다른 사탕수수 공급자들, 유럽의 사탕무 설탕 산업과 자유 무역 이데올로기와 자유 무역의 점진적인 우세와 경쟁해야만 했다.

'맨스필드 파크'에서는 (형식적인 특징과 그 내용 모두에 있어) 이러한 몇몇 흐름들이 합류한다. 가장 중요한 것은, 대도시에 대한 식민지의 공공연하고도 완전한 종속이다. 맨스필드 파크에 없었던 토마스 경은 결코 안티구아에 실제로 있는 것으로 나타나지 않는다. 소설에서는 많아야 여섯 번 정도 안티구아가 언급된다. 내가 이전에도 인용한 바 있지만, 오스틴이 안티구아를 어떻게 사용했는지 그 정신을 포착한 존 스튜어트 밀의 『정치적 경제의 원리』의 한 단락을 살펴보자. 여기서는 문단 전체를 인용하겠다.

> 우리의 해외 소유들을 다른 나라들과 상품을 교환하는 개개 나라로 간주하면 안 된다. 그것보다는 더 큰 공동체에 속한 농업을 하거나 제조업을 하는 땅으로 간주해야 하는 것이다. 예컨대 서인도 식민지들은 자체의 생산적 자본을 가지고 있는 나라로 간주될 수 없고, 그보다는 영국이 설탕, 커피와 그 밖의 몇몇 열대 상품들을 편리하게 생산할 수 있는 곳으로 보아야 한다. 사용되는 그 모든 자본은 영국의 것이다. 거의 모든 산업은 영국을 위한 것이며 원료 상품 외에 생산되는 것은 거의 없다. 그리고 생산된 이 원료들은 영국으로 보내진다. 무역을 통해 식민지에 수출되어 그 주민들이 소비하기 위한 것이 아니라, 영국의 경영자들의 이익을 위해 팔리는 것이다. 서인도와의 무역은 외적 무역이라고 볼 수 없으며 시골과 도시 사이의 교역에 가깝다.[41]

안티구아는 어떤 정도까지는 런던이나 포츠머스와 같다. 맨스필드 파크와 같은 시골 저택보다는 호감이 덜 가는 배경이지만, 그곳에서는 모든 사람들의 (19세기 초에 거의 모든 영국인들은 설탕을 소비했다) 소비를 위해 상품을 생산한다. 비록 그곳을 소유하고 유지하는 사람들

---

41) John Stuart Mill, *Principles of Political Economy*, Vol. 3, ed. J. M. Robson (Toronto : University of Toronto Press, 1965), p. 693. Sidney W. Mintz, *Sweetness and Power : The Place of Sugar in Modern History* (New York : Viking, 1985), p. 42에서는 그 구절이 인용되고 있다.

은 소수의 귀족들과 신사 계층이었지만 말이다. 버트람가 사람들과 『맨스필드 파크』의 다른 인물들은 그 소수내의 하부 그룹이다. 그들에게는 섬이 곧 부를 의미하며, 오스틴은 그 섬이 예의 바름, 질서, 그리고 소설의 결말에는 안락함과 보너스처럼 주어진 상품으로 전환되는 것으로 보았다. 그런데 왜 "보너스처럼"인가? 왜냐하면 오스틴이 마지막 몇 장에서 뚜렷하게 설명하고 있듯이, 그녀는 "특별히 자기 잘못이 아닌 모든 사람들이 안락함을 누리고 다른 모든 문제도 잘 해결하도록"[42]하고 싶기 때문이다.

이것은 첫째로, 소설이 "모든 사람들"의 삶을 충분히 불안하게 했으며 이제는 휴식을 주어야 한다는 것으로 해석할 수도 있을 것이다— 실제로 오스틴은 약간의 메타 픽션적인 조급함을 가지고 이러한 점을 노골적으로 말한다. 오스틴은 소설이 너무 길게 늘어졌으며 이제 끝을 내야 한다는 식의 언급을 한다. 둘째로 그것은 "모든 사람들"이 이제 더 이상 방황하거나 왔다갔다 할 필요 없이 이제 집에서 휴식을 취한다는 것이 무엇인지 깨닫도록 한다는 것을 의미하는지도 모른다. (여기에 젊은 윌리엄은 포함되지 않는다. 그는 아직도 필요한 상업적·정치적 사명감을 가지고 영국 해군으로 계속해서 바다 위의 생활을 해야 한다. 오스틴은 이러한 점을 마지막으로 간략하게, 윌리엄이 "계속해서 좋은 행실로 명성을 얻고 있다"고 잠깐 언급한다.) 맨스필드 파크에 마지막으로 남게 된 사람들, 새로운 환경에 완전히 적응한 이 영혼들에게는 가정의 이점들이 주어진다. 토마스 경의 경우, 이러한 점이 가장 두드러지게 나타난다. 그는 처음으로 자기 자식들의 교육에서 부족했던 점이 무엇인지를 깨닫게 되는데, 역설적으로, 말하자면 그것은 안티구아의 부와 수입된 패니 프라이스의 예와 같은 무명의 외부의 힘으로 인해 가능하게 된 것이다. 외부와 내부의 신기한 교차가 오스틴의 말을 빌자면 "기질"이라고 하는 것의 사용에 의해, 밑이 외부가 내부가 된다고 하는 것이라고 지적한 패턴을 따르고 있는지 주목해 보기를 바란다.

---

42) Austen, *Mansfield Park*, p. 446.

그가 충분한 훈련을 받지 못한 것, 노리스 여사에게 너무 큰 역할을 허락한 것, 아이들에게 자신들의 감정을 가장하고 억압하게 한 것은 큰 실수였다. 하지만 그것이 실수였기는 했지만 교육을 계획하는 데 있어서 가장 큰 실수는 그것이 아니라는 점을 그는 점차 깨닫게 되었다. 내부에 뭔가가 부족했음이 틀림없다. 그렇지 않았더라면 좋지 못한 영향은 시간이 지남에 따라 희석되었을 것이다. 그는 그들에게 어떤 원리, 능동적인 원리가 부족했으며, 그들의 경향과 기질을 다스리도록 가르침을 제대로 받지 못했다고 생각했다. 그들에게는 그 자체로 훌륭한 어떤 의무감이 없었던 것이다. 그들은 이론적으로 종교를 배워 왔으나, 실생활에서 실행으로 옮긴 적은 한번도 없었다. 남보다 더 우아하고 교양 (이 가치들은 정당한 젊은이들의 목적이다) 있는 사람이 되기 위한 노력은 그러한 점에서 유용한 영향력을 발휘하지 못했으며, 도덕적인 영향력도 주지 못했다. 그는 그들에게 선하라고 가르쳤지만, 그는 기질이 아니라 이해와 예절을 가르치느라 수고를 했던 것이다. 그들은 그 누구로부터도 자신을 부인하거나 겸손해야한다는 말을 들어본 적이 없었다. 그는 이에 대해 잘못을 느꼈다.[43]

안에서 부족했던 것들은 사실 서인도 제도의 농장과 가난한 시골 친척이 가져다 준 부에 의해 채워졌다. 그러나 그 둘 모두, 그 자체로는 아무런 의미가 없었을 것이다. 그 둘이 같이 있었기 때문에 그리고 더욱 중요한 것은, 그 둘이 실천력을 가지고 있었기 때문에 버트람가를 도울 수 있었던 것이다. 오스틴은 독자들이 이 모든 것을 읽어 내도록 유도한다.

오스틴의 작품을 읽을 때에는 바로 그러한 책읽기가 필요하다. 그러나 외부로부터 도입된 이 모든 것들은 그녀의 암시적이고 추상적인 언어 때문에 명백히 그곳에 있는 것처럼 느껴진다. "내부에 있기를 원하는 것"이라는 원칙을 환기시키는 데에는 다음과 같은 이유가 있다고 생각된다—토마스 경이 안티구아로 가고 없는 것이나, 감상적이고

---

43) 같은 책, p. 448.

변덕스러우며 각각 결점을 지닌 세 명의 워드 자매들 때문에 조카딸이 다른 집으로 가게 되는 것을 기억하도록 하기 위해서이다. 그러나 버트람가 사람들이 완전히 교화되지는 않았을지라도 좀 나아졌다는 사실, 또 그들이 약간의 의무감을 배우게 된 점, 그들이 자신들의 성향이나 성질을 다스리고 일상 생활에서 종교의 가르침을 실천하게 된 것, 그들이 "기질을 조절하게 된 것"—이 모든 것이 가능해진 이유는 외부의 요인들이 내부에 제대로 안착되었기 때문이다. 그 외부의 요인들은 토착화되어 맨스필드 파크의 일부가 되었는데, 조카딸인 패니는 결국 정신적인 여주인이 되며 둘째 아들인 에드먼드는 정신적인 주인이 된다.

또 한 가지의 이점은 노리스 여사가 떨어져 나가게 된 것이다. 이 사실을 오스틴은 "토마스 경의 삶의 보충적인 안락함"[44]이라고 서술한다. 일단 그 원리가 내면화되자 잇달아 안락함이 따라온다—예컨대 패니는 "아무런 불편함 없이" 손튼 레이시에 당분간 자리를 잡았으며, 후에 그녀의 집은 "애정과 편안함이 넘치는 집"이 된다. 수잔은 "우선 패니에게 위안이 되고 또한 결국은 패니의 자리를 메꾸는"[45] 역할을 하게 된다. 새로 유입된 수잔은 패니 대신 버트람 부인 곁에 있게 된다. 소설이 시작할 때 확립된 패턴이 계속되는 것이 확실하다. 차이점은 이제 오스틴이 원래 의도했던 대로, 그 패턴이 내면화되고, 또 돌아보건대, 보장된 논리적 근거를 갖게 된 것이다. 이 논리적 근거는 레이먼드 윌리엄스가 "결국에는 그 사회적 토대와 분리될 수 있고 또 한편으로는 그 사회적 토대에 대항할 수 있는 일상적이며 비타협적인 도덕성"이다.

나는 도덕성이 실제로 사회적 토대와 분리될 수 없는 것이라는 사실을 보여 주려고 했다. 마지막 문장까지 오스틴은 도덕성에 선행하며, 도덕성의 기초가 되고 도덕성을 보장하는 무역, 생산, 소비를 포함하는 지리학적 확장 과정을 긍정하고 반복한다. 그런데 갤라거는 "식민 통치를 통해 사람들이" 확장을 "좋아했건 싫어했건"간에 "어떤 방식으로

---

44) 같은 책, p. 450.
45) 같은 책, p. 456.

든 확장을 바라는 생각은 대체적으로 받아들여졌고, 그래서 자국내에서 확장을 억제하는 목소리는 거의 없었다."⁴⁶⁾고 지적한다. 대부분의 비평가들은 그 과정을 망각하거나 간과하는 경향이 있다. 오스틴 자신이 생각했던 것보다 비평가들은 그 사실을 덜 중요하게 여겼던 것이다. 그러나 오스틴을 해석하는 데 있어서 누가, 언제, 해석을 하며 이와 못지 않게 어느 지점에서 해석을 하는가는 중요한 문제가 된다. 여성 해방 비평가들이나, 윌리엄스와 같이 역사와 계급에 민감한 위대한 문화 비평가들이나 문화적·문체적 해설가들의 글을 볼 때, 그들이 제기하는 문제에 민감하게 반응한다면 우리는 이제 세계의 지리학적 분할을 (결국 이 문제는 『맨스필드 파크』에서 매우 중요하다) 보면서도 마찬가지로 민감하게 반응해야 한다. 계급과 성性이 중립적이지 않듯이, 세계의 지리학적 분할 역시 중립적이지 않다. 그것은 정치적인 함의를 지니며, 그것의 상당한 비중을 고려할 때 그것은 상당한 주의와 설명을 요한다. 그러므로, 문제는 오스틴의 도덕성과 그 사회적 토대를 어떻게 이해하며, 그것들을 무엇과 연결시키느냐가 아니라 그것을 '어떻게 읽어 내는가'이다.

다시 한번 안티구아에 대한 간략한 언급과 영국에서의 토마스 경의 필요가 카리브에 머무르면서 이렇게 간단하게 채워지는지 그리고 굴곡되지 않고 아무 생각 없이 안티구아가 (버트람 부인이 갑작스럽게 조급함에 사로잡혀 윌리엄에게 인도나 지중해에 가서 "숄을 가지고 와라. 두 개는 있어야겠다."⁴⁷⁾라고 말하는 것도 같은 맥락의 이야기이다) 인용되는지를 살펴보자. 그것들은 이곳에서 정말로 중요한 사건을 결정 짓는 "저곳"의 중요한 상징이 된다. 하지만 그것들이 대단한 일에 쓰이는 것이 아니다. 그러나 이러한 "해외"의 상징들은 풍부하고 복합적인 역사를 억압하면서도 포함하고 있다. 그들의 역사는 버트람가 사람들, 프라이스가 사람들 그리고 오스틴이 인식할 수도 없고 인식하려고 하지도 않을 만큼 놀랍게 발전했다. 이 세계를 "제3세계"라

---

46) John Gallagher, *The Decline, Revival and fall of the British Empire* (Cambridge : Cambridge University Press, 1982), p. 76.
47) Austen, *Mansfield Park*, p. 308.

고 부를 때 우리는 현실과 만나게 된다. 그렇다고 해서 그것이 정치적·문화적 역사를 고갈시키는 것은 결코 아니다.

우리는 먼저 『맨스필드 파크』에서 예시하고 있는 이후의 영국 역사에 대한 서술들이 소설에 기록되어 있다고 보아야 한다. 『맨스필드 파크』에 나타나는 버트람가의 사용 가능한 식민지는 『노스트라모』에 나오는 찰스 굴드의 산 토메 광산, 혹은 포스터의 『하워즈 엔드』에 나오는 윌콕스가의 제국적 서아프리카 고무 회사, 혹은 디킨스의 『위대한 유산』, 진 리이스Jean Rhys의 『광막한 바다, 사르가소 Wide Sargasso Sea』, 혹은 『암흑의 핵심』에 나오는 머나먼 곳에 있지만, 편리하게 사용되는 보물 발굴 장소를 예시하고 있다고 읽을 수 있다. 이 모든 자원들은 그 지역의 대도시의 이익과 자국의 혜택을 위해 묘사되고, 이야기되고, 탐험되며 존재의 의의를 갖게 된다. 앞을 내다보며 이 소설들을 생각해 보면, 토마스 경의 안티구아는 『맨스필드 파크』에 듬성듬성 가끔 나오는 것에 비해 훨씬 더 큰 비중을 차지한다는 것을 알 수 있다. 우리의 소설 읽기는 아이러니컬하게도 오스틴이 말을 가장 많이 절제하고 비평가들이 대부분 무시하는 (감히 이렇게 말해 보지만) 바로 그 시점에서 단서가 풀리기 시작한다. 그러므로 오스틴의 "안티구아"는 윌리엄스가 '국내의 개선'이라고 부르는 것의 결정적인 한 방법이거나, 재산을 얻기 위해 해외의 영토를 지배하는 상업적인 모험이거나, 아니면 세계사의 혁명적인 시기에 벌어진 관념들의 다툼과 경제적·사회적 변화에 대한 인식과 나폴레옹적인 프랑스와의 투쟁이라고 할 수 있을 것이다.

두 번째로, "안티구아"는 오스틴의 소설이 망망 대해를 가로질러가는 역사적 변화에 의해 도덕적 지리와 글 속에 정확한 위치를 차지하고 있다는 것을 알아야만 한다. 버트람가 사람들은 노예 무역, 설탕, 식민지 농장주 계급이 없이는 존재할 수 없었다. 사회적 전형으로서의 토마스 경은 18세기와 19세기 독자들에게 친숙한 인물이었을 것이다. 그 독자들은 정치, 극(컴벌랜드William Augustus Cumberland의 『서인도 제도인The West Indian』 그리고 다른 여러 공적 활동(대저택, 유명한 파티, 사회적 제의, 유명한 사업, 유명한 결혼)을 통해 계급의 강력한 영향을 잘 알고 있었다. 보호받던 독점적 사업들이라는 오래된 체제가 점차 사라지고 새로운 정착 농장주 계급이 옛 부재 지주 체제를 대신하자, 서인도에 대한 관심도 시들해졌다. 심지어 더 개방된 무역 제도인 면 제조업과 노예 무역의 폐지는 버트람가 같은 사람들의 권력과 특권을 축소시켰다. 그리고 카리브에 오는 그들과 같은 사람들의 수는 점점 줄어들었다.

그러므로 토마스 경이 부재 지주로 안티구아에 그다지 자주 가지 않은 것은 토마스 경의 계급 권력이 줄어든 것을 반영하며, 이 사실은 로웰 라게츠Lowell Joseph Ragatz의 고전 『영국령 카리브의 농장 지주 계급의 몰락The Fall of the Planter Class in the British Caribbean 1763~1833』 (1928)의 제목에 직접적으로 표현되어 있다. 그러나 오스틴에게 있어 숨겨지거나 암시되던 것이 100년이 넘은 후인 라게츠의 시대에 와서는 충분히 구체적으로 드러나는가? 1814년의 심미적 침묵이나 신중이 1세기가 지난 후 주요한 역사 연구에 의해 충분히 설명되는가? 해석의 과정이 성취되었다고 볼 수 있는가, 아니면 새로운 자료가 밝혀지면서 이 과정이 계속될 것인가?

그 많은 학식에도 불구하고 라게츠는 "흑인"이 다음과 같은 성격을 지녔다고 말한다. "흑인은 훔치고, 거짓말을 하고, 단순하며, 의심이 많고, 비효율적이며, 책임감도 없고, 게으르며, 미신적이고, 방탕한 성생활을 한다."[48] 이와 같은 "역사"는 에릭 윌리엄스Eric Williams와 C. L. R. 제임스와 같은 카리브 역사가들과 더 최근에는 로빈 블랙번Robin Blackburn의 『식민지 노예 제도의 전복The Overthrow of Colonial Slavery 1776~1848』 같은 수정주의적인 연구에 의해 대치되었다. 이 연구들에 의하면, 노예제와 제국은 예전의 독점 농장 시대를 넘어서서 자본주의가 발전하고 공고하게 되도록 해주었으며, 또한 특정한 경제적 이익은 없어졌지만 그 영향은 수십 년간 계속된 강력한 이데올로기 체제로 잔류해 왔다고 한다.

---

48) Lowell Joseph Ragatz, *The Fall of the Planter Class in the British Caribbean, 1763~1833 : A Study in Social and Economic History* (1928 ; rprt. New York : Octagon, 1963), p. 27.

한 시대의 정치적·도덕적 사상들은 경제 발전과의 밀접한 관련하에서 고찰해야만 한다. …

역사적 관점에서 볼 때 케케묵은 한물 간 이해 관계로 연구에 임한다면, 그것은 역사의 흐름을 방해하고 역사를 분열할 뿐이다. 그런 영향이 아직도 남아 있는 이유는, 예전에 그것이 강력한 서비스를 제공했었고, 강력한 거점을 구축했었기 때문이다. …

이러한 이해 관계에 기반한 사상들은 그 이해 관계가 무너진 지 한참 후에도 계속되며 사고를 유발한다. 그것이 더 더욱 위험한 이유는 그 사상들과 상응하는 이해 관계들이 더 이상 존재하지 않기 때문이다.[49]

에릭 윌리엄스는 『자본주의와 노예 제도Capitalism and Slavery』에서 이렇게 기술하고 있다. 해석의 문제 즉 글쓰기의 문제 그 자체는 이해 관계라는 문제와 관련이 있다. 우리는 그 문제가 과거이건 현재이건 역사적 글쓰기뿐 아니라, 심미적 글쓰기에도 작용하고 있다는 사실을 알았다. 우리는 『맨스필드 파크』가 소설이기 때문에 그 작품과 불결한 역사 사이에는 아무런 관계가 없다거나, 작품은 현실을 초월한다는 식의 이야기를 할 수는 없다. 왜냐하면 그렇게 말하는 것은 무책임할 뿐 아니라 그렇게 말하기에는 너무나 많은 것들을 알고 있기 때문이다. 『맨스필드 파크』를 확장하고 있는 제국주의적 모험의 구조의 일부분으로 읽고 난 후, 그것을 "위대한 고전 문학"의 정전이라고 하면서 (이 작품은 분명 "위대한 고전 문학"의 정전에 속한다) 말을 끝맺을 수는 없다. 그것보다는 소설은 조용히 점차적으로, 자국의 폭넓은 제국주의적 문화를 펼쳐 준다. 그것이 없이는 영국은 그 이후에 영토를 획득하지 못했을 것이다.

나는 『맨스필드 파크』의 분석을 통해 주류 비평이나 세련된 이론에 근거한 꼼꼼한 비평에서도 거의 접할 수 없는 종류의 분석을 보여 주

---

49) Eric Williams, *Capitalism and Slavery* (New York : Russell &Russell, 1961), p. 211. 그의 *From Columbus to Castro : The History of the Caribben, 1492 ~1969* (Lodon : Deutsh, 1970), pp. 177~254도 보라.

고자 했다. 그러나 오스틴이 암시한 지구촌적 시각과 그녀가 그린 인물들이 있었기 때문에 이 소설의 놀라운 구도가 명확해질 수 있었다. 나는 그러한 해석이 다른 해석들을 무시하거나 대치하는 것보다는, 그 해석들을 보충하고 완성시켜 준다고 생각한다. 그리고『맨스필드 파크』가 해외의 영국 세력의 실제 상황을 버트람 저택내의 복잡한 상황에 연결시키기 때문에, 소설을 구체적으로 분석하지 않고는 내가 해석한 것처럼 할 수가 없으며 "태도와 언급의 구조"를 이해할 수가 없다는 사실을 강조할 필요가 있다고 생각한다. 소설을 제대로 읽지 않고서는 우리는 그 구조의 힘과 그 힘이 문학 안에서 어떻게 활성화되고 유지되었는지를 이해할 수 없을 것이다. 이 소설을 꼼꼼하게 읽을 때, 우리는 비로소 해외 부서 행정관들, 식민지 관료들, 군사 전략가들 그리고 도덕적 평가, 문학적 균형, 문체의 세세한 점들을 열심히 연구하는 지적 독자들이 식민지의 의존적인 인종과 땅에 대해 어떤 생각을 했는지 알 수 있다.

    나는 제인 오스틴을 읽으면서 깊은 인상을 받았지만, 그녀에게는 해결할 수 없는 한 가지 역설이 있다. 서인도의 설탕 농장에서 노예들에게 아무리 잘 대해 줬어도 그들이 끔찍한 경험을 했다는 것은 부인할 수 없는 사실이다. 그리고 우리가 오스틴과 그녀의 가치에 대해 알고 있는 모든 사실들은 노예제의 잔인성과는 부합되지 않는다. 패니 프라이스는 토마스 경에게 노예 무역에 대해 물어 본 이후, 마치 영국의 세계와 다른 세계는 공통된 언어를 가지고 있지 않기 때문에 그 두 세계가 연결될 수 없다는 듯한 암시를 하며 "무거운 침묵이 흘렀다."[50] 라고 사촌에게 말한다. 그것은 사실이다. 그러나 삶의 놀라운 괴리를 자극하는 것은 대영 제국 자체의 흥망 성쇠와 몰락 그리고 그 결과인 식민지 이후의 새로운 의식의 출현이다. 『맨스필드 파크』와 같은 작품을 더 정확하게 읽기 위해서는 우리는 이러한 작품들이 주로 영국과는 다른 배경을 피하려고 한다는 것을 알아야만 한다. 그 작품들의 형식적인 내포성과 역사적 정직함 그리고 예언자적인 암시도 그러한 사실을 완전히 가릴 수는 없다. 시간이 지남에 따라 노예제를 이야기할

---

50) Austen, *Mansfield Park*, p. 213.

때 더 이상 무거운 침묵이 흐르지 않고 유럽이 무엇인지 새롭게 깨닫게 되는데, 그 주제는 오늘날 핵심적인 것이 되었다.

오스틴이 새로이 해방된 노예나 노예 제도 폐지론자의 열정을 가지고 노예 제도를 다루기를 기대하는 것은 어리석은 일일 것이다. 그러나 내가 비난의 수사학이라고 부른 요즘의 하위, 소수, 혹은 손해당하는 목소리들이 자주 사용하는 그 수사는 그녀가 백인이고, 특권을 가졌으며, 둔감하고 공범의 죄를 저질렀다고 오스틴이나 오스틴과 같은 작가들을 공격한다. 물론, 오스틴은 노예를 소유하는 사회에 속했다. 그러나 그렇다고 해서 그녀의 소설을 초라한 심미적 성과로만 평가할 수 있을 것인가? 결코 그렇지 않다. 어떤 연결점을 만들고, 증거를 최대한 잘 다루며, 소설에 나타난 것 혹은 나타나지 않을 것을 읽어 내며, 무엇보다도, 인간 역사의 침입을 배제하거나 금하는 고립되고 존경받으며 형식화된 경험 대신 경험을 보완적이고 상호 의존적인 것으로 파악하기 위해, 우리는 우리가 수행해야 할 지적인 해석 작업에 진지하게 임해야만 한다.

『맨스필드 파크』는 심미적·지적으로 복합성을 지녔다는 점에서 값진 작품이다. 이 작품을 분석하려면 많은 시간과 깊은 사고가 필요하다. 그것은 그 작품이 지리학적 문제를 안고 있다는 점 때문에 더 더욱 그러하다. 배경은 영국이지만 스타일을 유지하기 위해서 이 작품은 카리브 섬에 의존하고 있다. 토마스 경이 재산이 있는 안티구아로 가고 또 돌아오는 것은 맨스필드 파크를 오고 가는 것과는 다른 문제이다. 맨스필드 파크에서는 그의 존재와 도착과 출발은 상당한 중요성을 띤다. 그러나 오스틴이 한 맥락에서는 너무나 간략하게 다루고 또 다른 맥락에서는 자극을 줄 정도로 풍부한 묘사를 하기 때문에 —바로 이러한 불균형 때문에— 우리는 소설 속에 개입해서 그 유려한 문장 속에 거의 언급되지 않은 상호 의존성을 드러내고 강조할 수 있다. 그보다 떨어지는 작품이라면 그러한 역사적인 협력 관계를 더 빨리 드러내 보이며, 작품은 더 단순하고 더 직접적으로 세속적인 성격을 드러낼 것이다. 마치 1857년의 인도 반란이나 마디Mahdi 추종자들의 반란이 일어날 때 유행하던 국수주의적인 노래가 그러한 상황과 그러한 상황을 만들어낸 요소를 직접적으로 연결시켜 주는 것처럼 말이다.

『맨스필드 파크』는 경험을 단순히 반복해서 말하지 않고 그것을 암호화한다. 우리가 지금 와서 되돌아볼 때 우리는 토마스 경이 안티구아에 오는 가고 힘을 개인의 정체성, 행위 그리고 "정돈"이라는 침묵된 국가적 경험에서 비롯된 것이라고 해석할 수 있다. 그러한 경험은 맨스필드 파크에서 아이러니와 놀라운 안목으로 상연된다. 우리가 해야 할 일은 그 두 경험을 동시에 포착해서, 전자의 경험에 대한 진정한 역사적 의식을 잃지 않으면서도 후자의 경험을 충분히 즐기면서 감상하는 것이다.

3. 제국의 문화적 완벽성

　19세기 중반 이후까지 맨스필드 파크(제인 오스틴의 소설 제목이자 지명)와 해외 영토 사이에 무역이 손쉽게 이루어지고 있었으나, 프랑스 문화에는 그것에 상응될 만한 것이 전혀 없다. 물론 프랑스에는 나폴레옹 이전에도 비유럽 세계에 대한 아이디어, 여행, 논쟁, 성찰 등의 문헌들이 풍부하게 존재했다. 그 예로 볼네이나 몽테스키외Charles Louis de Secondat Montesquieu를 들 수 있다. (이들의 일부는 츠베탕 토도로프 Tzvetan Todorov의 최근 저서 『우리들과 타인들Nous et les autres』에서 논의되고 있다.)[51] 이러한 프랑스의 문헌은 아베 레이널의 훌륭한 「식민지에 대한 보고서」에서와 같이 예외 없이 전문적이거나 또는 죽음, 노예 제도, 타락 등과 같은 인류에 관한 일반적인 논쟁을 다루는 장르에 속하였다. 후자의 훌륭한 예로서 백과 사전 학파와 루소를 들 수 있을 것이다. 여행자이자 회고록의 저자이고, 탁월한 자아 심리학자, 낭만주의자였던 샤토브리앙의 경우를 보면 억양과 문체에서 필적할 만한 것이 없을 정도로 강한 개성을 드러내고 있다. 그의 저서 『르네René』와 『아탈라Atala』는 소설과 같은 문학적 형식에 속한다고 할 수도 없으며, 역사 편찬이나 언어학과 같은 학문적 담론에 포함되지도 않는다. 미국과 근동近東 지역의 생활에 대한 그의 묘사는 너무 독특하여 쉽게 동화되거나 본받을 수 없다.
　프랑스는 무역업자, 학자, 선교사, 군인들이 직접 다녀왔거나, 아니

---

51) Tzvetan Todorov, *Nous et les autres : La réflexion sur la diversité humaine* (Paris : Seuil, 1989).

면 그들이 근동과 미국에서 조우한 영국계의 동료들로부터 알게 된 지역에 대한 문학적·문화적 관심을 비록 간헐적이지만 분명히 한정적이고 전문화된 형태로 드러내고 있는 것이다. 프랑스는 1830년 알제리를 획득하기 이전까지는 영국의 인도와 같은 점령지를 전혀 갖고 있지 않았다. 그 결과, 프랑스인들이 짧은 기간 동안 해외에서 겪었던 경험은 회고록이나 문학 작품에 실제보다 과장하여 반영되었다. 아베 푸아레Abbé Poiret의 『바르바리로부터의 편지Lettres de Barbarie』는 그 훌륭한 사례의 하나가 될 수 있다. 이 책에는 프랑스와 아프리카 회교도 간의 만남이 대부분 이해하기는 어렵지만 흥미있게 그려지고 있다. 프랑스 가장 지성적인 역사학자 라울 지라르데Raoul Girardet는 1815년과 1870년 사이 프랑스에 식민적 경향이 풍부하게 존재하고 있지만 그 어느 것도 다른 분야를 지배하지 못했고, 프랑스 사회에서 두드러지거나 결정적인 위상을 갖지도 못했음을 지적하고 있다. 비록 플래트등의 영국 제국주의 연구자들과 달리 지라르데가 여느 프랑스인들처럼 "한정된 관점"을 갖고 있다는 것을 입증할 만한 근거를 전혀 찾을 수 없지만, 그는 무기 거래상, 경제학자, 군인, 선교사 집단을 프랑스의 제국주의적 제도들이 국내적으로 활력을 유지할 수 있게 하는 자들로 묘사하고 있다.[52]

프랑스의 문학 작품에 나타난 문화에 대하여 그릇된 결론을 도출할 가능성이 많기 때문에 영국과 비교해 볼 필요가 있다. 영국의 해외에 대한 인식이 광범위하고, 비전문화되고 접근하기 쉬웠던 데 비하여 프랑스는 전혀 그렇지 못했다. 오스틴 작품 속의 시골 귀족이나 디킨스 작품에서의 사업가들은 카리브 해나 인도에 대해 일상적으로 언급하지만 프랑스 문학에는 이에 상응할 만한 것들을 찾아보기가 쉽지 않다. 여전히 프랑스의 문화적 담론은 해외에 대한 관심을 두세 가지의 보다 전문화된 방법을 통해 드러내고 있다. 먼저 그 하나는 매우 흥미 있는 것으로 나폴레옹을 거의 거대한 성자와 같은 인물로 묘사하고 있는 것에서 찾아볼 수 있다. (위고Victor Hugo의 시 「그Lui」에서처

---

52) Raoul Girardet, *L'Idée coloniale en France, 1871 ~1962* (Paris : La Table Ronde, 1972), pp. 7, 10~13.

럼.) 나폴레옹은 낭만적인 프랑스 정신을 해외에서 구현하였으며, 이집트에서의 실제 모습인 정복자라기보다는 사색적이고 멜로드라마적인 존재로서의 모습들을 지닌 마스크로서 표현된다. 루카치는 이러한 나폴레옹의 삶의 역사가 프랑스와 러시아 문학에 미친 엄청난 영향을 주도 면밀하고 예리하게 지적하고 있다. 19세기 초반 코르시카 섬에서의 나폴레옹은 이국적 분위기 또한 지니고 있다.

스탕달의 젊은 등장 인물들은 나폴레옹을 빼놓고서는 이해할 수 없다. 『적과 흑 Le Rouge et le noir』의 줄리앙 소렐은 나폴레옹(특히 성 엘레나의 회고록)을 읽고서 그의 열정적인 위대함, 지중해 특유의 돌진적인 사고 방식, 충동적인 벼락 출세주의와 같은 것들로부터 절대적인 영향을 받게 된다. 그러나 오늘의 프랑스에서는 이러한 줄리앙의 삶의 과정에서 재현된 나폴레옹에 대한 모든 것들이 한낱 진부하고 교활한 것에 지나지 않는 것으로 치부되고 있다. 나폴레옹의 신화를 축소시키는 데 구태여 소렐에 대한 영향을 부정할 필요도 없을 정도로 나폴레옹에 대한 인식이 변화한 것이다. 한편 매우 놀랍고도 유익한 지적의 하나는 『적과 흑』에 나폴레옹의 분위기가 매우 강하게 나타나고 있지만 그 소설의 어느 곳에도 나폴레옹이 직접적으로 언급되지 않았다는 사실이다.

실제로 마틸드가 줄리앙에게 사랑의 선언문을 보낸 이후에야 프랑스의 외부 세계에 대해서 유일하게 언급하고 있을 뿐이며, 스탕달은 그녀가 파리에서 사는 것이 알제리를 여행하는 것보다 오히려 더 많은 위험에 둘러싸인 것으로 묘사하고 있다. 따라서 스탕달도 예외 없이 프랑스가 주요 제국주의적 영토를 획득하는 시기인 정확히 1830년에만 유일하게 외부 세계에 대하여 언급하고 있는데, 그것도 위험과 놀라움과 일종의 의도적인 무관심을 가장하고 있다. 이는 동시에 영국 문학의 안팎에 있는 아일랜드, 인도, 미국에 대한 가벼운 언급과도 전혀 다르다.

둘째로 프랑스의 제국적 관심을 문화적으로 적절하게 나타내고 있는 방법의 하나가 나폴레옹의 해외 탐험에서 비로소 가능하게 된 새롭고도 매혹적인 과학이라고 할 수 있다. 이는 프랑스 지식의 사회적 구조를 완벽하게 반영하고 있는 것으로서 영국의 아마추어식이고 대부분 난처한 시대 착오적인 지적 생활과는 극명한 대비를 이룬다. 파리의 위대한 학문 기관들(나폴레옹에 의해 발전된)은 고고학, 언어학, 역사학, 동양학, 실험 생물학의 발생에 절대적인 영향을 미쳤다. (이들의 대부분은 『이집트 묘사』에 풍부하게 활용되고 있다.) 대개 프랑스의 소설가들은 —예를 들면 『매춘부의 슬픔La Peau de chagrin』이나 『사촌 베트』의 발자크— 영국과는 달리 전문가적 지식과 현명함을 통해서 동양, 인도, 아프리카에 대해 학문적으로 정리된 담론을 인용하고 있다. 이에 비하여 영국인 해외 거주자들의 글을 보면 워틀리 몬테규 Wortley Montagu 부인에서부터 웹Webb에 이르기까지 모두 일상적 관찰 언어가 사용되고 있음을 발견할 수 있다. 또 토마스 버트람 경과 밀 같은 영국의 식민지 "전문가"들의 글도 학문적이기는 하지만 기본적으로는 비조직적이고 비공식적인 태도를 견지하고 있으며, 행정적 또는 공적인 글의 경우도 오만하지만 여전히 어느 정도 개인적인 완고성을 지니고 있다. (이 가운데 맥콜레이의 1835년 인도 교육에 대한 비망록이 가장 훌륭한 사례이다.) 그러나 19세기 프랑스의 문화에서는 이러한 일상적이고 비공식적·개인적인 관점은 찾아볼 수 없으며, 프랑스의 모든 화법을 주도하고 있는 것은 학문적인 것과 파리의 공식적 영예를 지닌 것들이다.

내가 주장하였듯이 제국의 중심 도시 경계 밖의 것들을 표현하기 위한 일상 화법에 있어서의 영향력까지도 제국주의 사회의 영향력에서 파생된 것이며, 그러한 영향력은 원래의 또는 토착적인 자료를 자국적 관례에 의해 유럽식 화법과 공식적 언어로 또는 프랑스의 경우에는 학문적 질서의 체계성으로 재형성 또는 재정리된 비일관적 형식을 취하고 있다. 또한 이렇게 하는 데에 있어서 그들은 아프리카, 인도, 이슬람의 토착민 청중들을 만족시키거나 설득해야 할 어떤 의무도 없었다. 실제로 그것은 토착민의 침묵을 전제로 하고 있는 유력한 사례들이다.

유럽 제국의 중심을 벗어나게 되면 표현의 기법(예술)과 규율(학문)들은 —한편으로는 소설, 역사와 여행에 관한 저술, 회화, 다른 한편으로는 사회학, 행정 또는 관료적 저술, 철학 종교 이론— 비유럽 세계를 더 잘 알고, 습득하고, 수용할 수 있는 표현으로 바꾸기 위해 유럽의 영향력에 의존하였다. 필립 커틴Philip Curtin의 두 권으로 된 저서 『아프리카의 이미지The Image of Africa』와 버나드 스미스Bernard Smith의 『유럽의 미래와 남태평양European Vision and the South Pacific』은 그렇게 한 가장 폭넓은 분석의 경우이다. 이러한 일반적 특성화의 좋은 사례가 아프리카에 관한 20세기 중반까지의 각종 저술에 대한 베이질 데이빗슨의 조사 연구이다.

(아프리카)의 탐험과 정복에 관한 문헌들은 그러한 과정 이상으로 광범위하고 다양하다. 그러나 약간의 특기할 만한 예외를 제외하고서는 그러한 기록들은 오직 한 가지 지배적 태도에 의해 형성되었다. 그것들은 철저하게 외부에서 아프리카를 들여다본 사람들의 일지들이다. 나는 그들의 대다수가 그렇지 않을 수도 있을 것이라는 점을 말하고 있는 것이 아니다. 요컨대 중요한 점은 그러한 관찰의 특질이 협소한 범주내로 제한되어 있기 때문에 오늘날 이 문헌들을 읽을 때는 이 사실이 유념되어야 한다는 점이다. 만일 그들이 익히 알고 있던 아프리카에 관한 정신과 행동을 이해하고자 했다면 그것은 우연이고 드문 경우이다. 그들 모두는 자신들이 직면하고 있는 것이 "원시인"이고, 역사가 시작되기 이전에나 있었던 인간이고, 아직도 시대의 여명기에 머물러 있는 사회라고 확신하였다. (브라이언 스트리트Brian Street의 중요한 저서인 『문헌 속의 야만인The Savage in Literature』은 학문적 문헌과 대중적 문헌에서 그것이 진실로 드러나는 단계를 세분화하고 있다.) 이러한 관점은 권력과 부에 있어서 유럽의 절대적인 팽창과 정치적 힘, 탄력성, 교활함 그리고 유럽이 신으로부터 선택된 대륙이라는 신념의 단계와 병행하여 진행되었다. 그렇지 않다면 헨리 스탠리Henry Stanley와 같은 사람의 저술과 세실 로드스와 그의 광맥 탐색업자들의 행동에 비추어 볼 때 존경받는 탐험가들은 조약이 보장하는 한에 있어서는 자신들이 아프리카 친구들의 정직한 동맹자임을 기꺼이 표현하고자 했음을 알 수 있다. 이 경우에 있어서 조약은 그 자체를 통해 정부 차원 또는 사적인 수준에서 이익을 제공하고 형성함으로써 토착민과 그들 모두에게 "효과적인

직업"을 보장해 주는 성격의 것이다.[53]

모든 문화는 지배하거나 어떤 경우에 있어서는 통제하기 위해, 외국 문화를 더 잘 묘사하는 경향을 보인다. 그러나 모든 문화가 외국 문화를 묘사할 수는 없고 현실적으로도 지배하거나 통제할 수 있는 것은 아니다. 나는 이것이 근대 서구 문화의 특징이라고 믿는다. 그렇기 때문에 비유럽 세계에 대한 서구의 지식과 묘사를 연구할 때 그들이 표현한 정치 권력에 대한 연구가 함께 이루어져야 한다. 그와 같은 점에서 본다면 19세기 말의 키플링과 콘라드와 같은 예술가들이나 역시 19세기 중엽의 제롬Jean Léon Gérôme과 플로베르 같은 인물들의 경우 모두가 국외 영토의 문화를 단순히 재생산한 것이 아니다. 그들은 막스 뮬러Max Müller, 레난, 찰스 템플Charles Temple, 다윈Charles Darwin, 벤자민 키드Benjamin Kidd, 에머리치 드 바텔과 같은 사상가들에 의해 제공된 대화 기법, 역사적이고 탐험적인 태도 그리고 실증적인 생각들을 이용하여 그것들을 완성하고 생명력을 불어 넣은 것이다. 이러한 모든 것은 유럽인이 지배하고 비유럽인이 지배받는다는 것을 선언하는, 유럽 문화에 있어서의 본질주의적 입장을 발전시키고 강화한 것이다. 그리고 유럽인들은 실제로 지배했었다.

이제 우리들은 합리적인 측면에서 이러한 소재들이 얼마나 꽉 들어차 있고, 그 영향력이 얼마나 광범위한 것인지를 알 수 있게 되었다. 스테판 제이 굴드Stephen Jay Gould와 낸시 스테판Nancy Stepan에 의해 행해진, 인종적 관념이 19세기의 과학적 발견과 관습, 제도에 미친 영향력에 대한 연구를 예로 들어 보자.[54] 그들이 제시하였듯이 흑인의

---

53) Basil Davidson, *The African Past : Chronicles from Antiquity to Modern Times* (London : Longmans, 1964), pp. 36 ~37. Philip D. Curtin, *Image of Africa : British Ideas and Action, 1780 ~1850*, 2 vols. (Madison : University of Wisconsin Press, 1964) ; Bernard Smith, *European Vision and the South Pacific* (New Haven : Yale University Press, 1985)도 보라.

54) Stephen Jay Gould, *The Mismeasure of Man* (New York : Norton, 1981) ; Nancy Stepan, *The Idea of Race in Science : Great Britain, 1800 ~1960* (London : Macmillan, 1982).

열등성에 대한 이론 그리고 진보한 인종과 발전하지 못하여 후에 신민이 되는 인종 사이의 계층성에 대해서는 전혀 이견이 없다. 이러한 조건들은 유럽인들이 열등한 종족의 직접적인 증거로 간주하고 있던 것들을 갖고 있는 해외 영토에서 파생되었거나, 많은 경우에는 그러한 영토에 암묵적으로 적용되었다. 그리고 엄청난 비유럽 지역의 절대권이 상실되는 것과는 반대로 유럽의 권력이 증대됨에 따라서 백인에게 도전 불가능의 권위를 보증해 주는 선험적 인식의 힘 또한 증대했다.

이러한 계층성은 모든 영역에 냉혹하게 적용된다. 인도에 수립된 교육 체계는 학생들이 영국 문헌들뿐만 아니라 영국 인종의 타고난 우월성에 대해서도 배우게 되어 있었다. 조지 스톡킹George Stocking이 설명하였듯이 아프리카, 아시아, 오스트레일리아에서 민족 지학적 관찰이 등장하는 데 기여한 사람들은 치밀한 분석 도구는 물론 야만, 원시, 문명화에 대한 이미지, 관념과 유사 과학적 개념을 통해 그것들을 수행했다. 인류학의 태동기에 있어서 다위니즘, 기독교, 공리주의, 이상주의, 인종 이론, 법 역사학, 언어학 그리고 용감한 여행자들의 지식이 갈피를 잡지 못하게 뒤섞여 있다. 그러나 그 어느 것도 백인 (즉 영국) 문명의 최상의 우월적 가치를 확언하는 데에는 흔들림이 없다.[55]

이러한 문제에 대하여 많은 것을 읽을수록 또 그것에 대한 근대 학자들의 저술을 많이 읽을수록, 그것들은 "타자"에 대한 기본적 인식과 반복성이라는 강한 인상을 미친다. 예컨대 카아라일이 자신의 저술 『과거와 현재Past and Present』에서 영국인의 정신적 생활을 훌륭하게 평가한 것과 그가 그 책 또는 「흑인 문제에 대한 담론Occasional Discourse on the Nigger Question」에서 흑인에 대해 말한 것을 비교할 때 매우 명백한 두 가지 요인이 주목된다. 그중 하나는, 영국에 활력을 불어넣고, 일, 유기적 연결, 산업과 자본주의 무한한 발전에 대한 애정을 일깨우는 것 등에 대한 카알라일의 혹독한 비판이다. 그러나 이것은 "추함", "게으름", "불복종"으로 상징되는 흑인 "쿠아시Quashee"에게 전혀 활력을 불어넣지 못했으며, 영원히 하위 인간적 상태로 운명

---

55) George W. Stocking, *Victorian Anthropology* (New York : Free Press, 1987) 에서 초기 인류학의 이러한 경향에 대한 철저한 설명을 볼 수 있다.

지워져 있다. 카알라일은 『검둥이 문제The Nigger Question』에서 이에 대하여 솔직하게 표현한다:

> 아니다: 신들은 서인도에서 호박 (카알라일의 "검둥이들"이 특히 선호하는 식물) 이외에도 향료들과 가치 있는 산물들이 자라기를 희망한다. 그 가짓수는 신들이 서인도 제도에서 그러한 것들을 원하는 만큼이나 많다. 그리고 신들은 희망하는 것이 많을수록 자신들의 땅 서인도 제도를 풍부한 호박에만 흡족해 하는 게으른 두 다리를 가진 가축들보다는 근면한 인간들이 점유하기를 희망한다. 이러한 두 가지 사실은 불멸의 신들이 결정한 것이고, 그 때문에 신들은 자신들의 영원한 법률을 통과시켰다고 단언할 수 있다. 따라서 그 둘은 지상의 모든 의회와 정부 기구가 죽음을 다해서 반대할지라도 시행되어질 수밖에 없는 것이다. 쿠아시는 향료가 자라는 것을 돕지 않는다면 다시 노예가 되기를 자초하는 것이며, (그에게 노예 상태는 현재보다 약간 덜 추한 모습이다) 그때는 다른 방법이 효과가 없기 때문에 자비로운 채찍에 의해 강제로 일하게 되는 것이다.[56]

말할 것도 없이, 열등한 종족은 영국이 엄청나게 팽창하는 동안 영국 국내적으로는 산업화를 위해, 대외적으로는 자유 무역을 보호하기 위해 변화하는 영국의 문화를 제공받았다. 흑인의 지위는 "영구적인 법"에 의해 정해졌기 때문에, 흑인들에게는 자립이나 상향적 신분 이동, 비참한 노예 상태를 모면할 실질적인 기회가 전혀 없었다. (비록 카알라일이 그 자신은 노예 제도를 반대한다고 말하고 있지만.) 문제는 카알라일의 논리와 태도가 전적으로 그 자신의 것인가 (그렇기 때문에 상궤를 벗어난 것인가) 아니면 그러한 그의 극단적이고 분명한 방법의 논리와 태도가 수십 년 전의 오스틴이나 십 년 후의 존 스튜어트 밀의 그것과 별로 다르지 않게 본질적 태도를 표현하는 것인가 하는 점이다.

---

56) D. Curtin, *Imperialiam* (New York : Walker, 1971), pp. 158~59에서 인용.

유사성이 매우 두드러지고 또 개인간에 있어서의 차이점도 그만큼 크다. 문화에 대한 전체적 비중이 그럴 수밖에 없도록 만들었기 때문이다. 오스틴이나 밀 모두에게 카리브의 비백인들은 영국인에 대해 영원히 복종적 지위에 있는 설탕 생산자일 뿐, 그들에게 상상적으로든 추론적으로든 심미적으로든 지리적으로든 경제적으로든 그 어떤 측면에서도 지위를 부여하지 않았다. 물론 이는 '생산성'이라는 지배의 또 다른 구체적 측면인 것이다. 카알라일의 쿠아시는 토마스 경의 '안티구안 소유권'과 유사하다. 이 소유권은 영국인이 사용하기 위한 부를 생산하도록 만들어진 것이다. 따라서 카알라일에게 있어 쿠아시가 '그곳'에서 침묵을 지키는 것은 영국의 경제와 무역이 유지될 수 있도록 복종적이고 공손하게 일하는 것이다.

이러한 주제에 대한 카알라일의 글에서 두 번째로 주목해야 하는 것은 불분명하거나 가리워지거나 비밀스럽지 않다는 점이다. 그는 자신이 흑인에 대하여 생각하는 것을 말하고 있으며, 자신이 부과하려고 하는 위협과 제재에 대해서도 매우 솔직하다. 카알라일은 인종, 국민, 문화의 본질에 대한 틀림없는 확실성에서 비롯되는 전체적 일반성을 지닌 언어로 말하고 있으며, 그렇기 때문에 그 모든 것들은 그의 독자들에게 익숙한 것들로서 설명을 필요로 하지 않는다. 그는 본국 영국에 대해서는 '공동 언어lingua franca'로 말한다. 영국은 전세계적이고 포괄적이며, 사회적 권위 또한 매우 커서 어느 누구나 쉽게 국가에 관한 것을 국가에 말할 수 있다. 이러한 공동 언어는 영국을 세계의 중심점에 위치시키고 있다. 세계는 영국의 권력에 의해 통제되고, 영국의 사상과 문화에 의해 계몽되며 영국의 도덕적인 교사, 예술가, 의원들에 의해 생산성이 유지된다.

이러한 것은 1830년대의 맥콜레이나 40년 이후의 러스킨에게서도 거의 변함없이 똑같이 들을 수 있다. 러스킨의 1870년 옥스퍼드에서의 슬레이드Slade 강의는 영국의 운명에 대한 신성한 신의 가호를 기원하는 것으로부터 시작한다. 그것은 길게 인용할 가치가 있다. 그것이 러스킨의 좋지 않은 측면을 보여 주기 때문이 아니라 러스킨의 수많은 예술에 대한 저술을 틀지우고 있기 때문이다.

쿡과 웨든번이 편찬한 권위 있는 러스킨의 저술들은 이러한 그에게 매우 중요한 의미를 갖는 구절에 대해 주석을 달고 있다. 러스킨은 그 구절을 자신의 모든 가르침 중에서 "가장 함축적이고 본질적인 것"으로 간주하였던 것이다.[57]

이제 우리에게 가능한 하나의 숙명이 있다. 그것은 한 국가가 수용하거나 아니면 거부하거나를 떠나서 그 이전에 이미 설정된 최고의 운명이다. 우리는 가장 훌륭한 북방 혈통이 혼합된 종족으로서 여전히 인종적 측면에서 퇴화하지 않고 있다. 우리는 여전히 기질적으로 방종하지 않고, 지배에 대한 확신과 복종에 대한 은총을 갖고 있다. 우리는 순수한 자비의 신앙을 가르쳐 왔는데, 이제 그것을 저버리거나 아니면 충실하게 이행함으로써 방어하는 것을 배워야만 한다. 우리에게는 천 년의 훌륭한 역사를 통해 전해진 풍요한 명예의 유산이 있기 때문에, 그것을 증진시키고자 하는 영광스러운 욕망으로 인해 일상적 갈증을 겪고 있는 것이 당연하다. 따라서 명예를 탐내는 것이 굳이 죄악이라고 한다면 영국인들은 살아 있는 영혼들 중에서 가장 많은 죄를 범하고 있는 영혼들이라고 단언할 수 있다. 지난 수년 사이에 눈부신 자연 과학의 법칙들이 급속도로 우리들 앞에 전개되었다. 그리고 통신과 운송 수단이 우리에게 주어졌고 그것은 인간이 생존할 수 있는 지구를 단 하나의 왕국으로 만들었다. 하나의 왕국! 그러나 누가 그 왕이 되어야 하는가? 그곳에는 어떤 왕도 없고, 단지 모든 사람들이 자신의 관점에서 옳다고 믿는 것에 따라 행동한다고 생각할 수 있는가? 그렇지 않으면 유일한 공포의 왕이 있고 '마몬Mammon'과 '벨리알Belial'와 같은 음탕한 제국이 있을 뿐인가? 아니면 당신들 영국의 젊은이들이 당신의 조국에 다시 왕좌를 만들어 주겠는가. 그것은 바로 섬나라 영국이 전세계의 빛의 원천이자 평화의 원천으로서 그리고 학문과 예술의 여왕으로서 왕권을 확립하는

---

[57] *The Works of John Ruskin*, Vol. 20, ed. E. T. Cook and Alexander Weddenburn에서 John Ruskin, "Inaugural Lecture" (1870), (London : George Allen, 1905), p. 41, n. 2.

것이다. 이러한 것들은 불경스럽기 짝이 없고 그저 하루살이의 미래밖에 없는 와중에서 위대한 과거의 추억에 대한 충실한 수호자가 되는 길이다. 또 그와 같은 수호자란 하고 싶은 일들과 방탕한 욕구 아래에서도 원칙을 고수함으로써 시간을 기다리는 충실한 하인이 되는 것이다. 그것은 또 국가에 대한 잔인하고 소란스러운 질시가 난무하는 가운데에서도 국가가 인간에 대해 선의를 갖고 있다는 이상 야릇한 용감성으로 인해 숭배를 받는 것을 의미한다.
29. "왕의 깃발은 마련되었다." 그렇다. 그러나 어느 왕의 깃발인가? 두 가지의 왕의 깃발이 있다. 가장 먼 섬에 어느 깃발을 꽂을 것인가. 천국의 화염에 휘날리는 깃발이냐 아니면 더러운 속세의 금 조각을 겹겹이 두른 깃발이냐? 진실로 자비스러운 영광의 길이 우리에게 열려져 있다. 그 길은 이제껏 죽음을 피할 수 없는 모든 불쌍한 영혼의 집단들에게 결코 열린 적이 없었다. 그러나 이제 그것이 분명하게 우리와 함께 하고 있다. 그것은 바로 "통치하느냐 아니면 죽느냐"의 문제를 우리에게 부여하고 있는 것이다. 그것은 이 나라에 왕관을 거부하는 것이 지금까지의 역사에 기록된 중에서 가장 치욕스럽고 가장 시기적으로 옳지 않다는 사실("Fece per viltate, il gran rifiuto,")을 말하는 것이 될 것이다. 이는 영국이 그러한 것들을 행할 것이냐 아니면 멸망할 것이냐의 문제이다. 영국은 할 수 있는 한 가장 빨리 그리고 먼 곳까지 식민지를 건설해야 하고, 그러한 식민지들이 영국을 위해 가장 활기가 넘치고 쓸모있는 인간들로 채워지도록 해야 한다. 그것은 바로 영국이 그 발을 내딛는 모든 비옥한 미개척지들을 장악하여, 그곳 영국의 식민지 개척자들에게 그들의 최선의 덕목이 국가에 대한 충성심이라는 것과 그들의 첫째 임무가 영국의 권력을 육지와 해양에 걸쳐서 확장시키는 것이라는 사실을 가르치는 것이다. 또 그것은 영국 함대의 선원들이 먼 파도 위를 항해하고 있기 때문에 자신들이 조국으로부터 시민권을 박탈당했다고 생각하지 않듯이, 자신들이 본토에서 멀리 떨어져 살고 있을지라도 그들 또한 시민권을 상실하지 않고 있음을 가르치는 것이다. 따라서 문자 그대로 이러한 식민지들은 함대들에 의해 결합되어져야만 한다. 식민지들

의 모든 사람들은 선장과 장교의 권위를 따라야만 하며, 전함 대신에 들판과 거리에서 더욱 훌륭한 명령이 내려질 것이다. 그리고 영국은 이러한 국가의 움직이지 못하는 해군들(또는 진실되고 가장 강력한 의미에서 전세계의 갈릴리 호수 위의 비행사에 의해 지배되는 움직이지 못하는 영국 교회들)로 인하여 "모든 사람이 자신의 의무를 다할 것으로 기대할" 수 있다. 그것은 그러한 의무가 진실로 평화의 시기에도 전쟁의 시기나 다름없이 가능할 것이라는 인식을 하는 것이다. 만일 돈을 거의 받지 못한다는 이유로 영국의 애정을 위한 성스러운 기도에 스스럼 없이 반대하는 사람들을 우리가 찾을 수 있다면, 영국을 위해 씨뿌리고 경작할 사람, 영국을 위해 우호적이고 정당하게 행동하는 사람, 그들의 자녀에게 영국을 사랑하도록 양육시킬 수 있는 자들, 더욱이 열대의 하늘 빛보다 더 환한 영국의 영광 속에서 더 많이 즐거워하는 자들도 역시 발견할 수 있을 것이다. 그러나 그들이 이러한 것들을 할 수 있으려면 영국은 국가의 존엄성에 흠을 남겨서는 안 될 것이다. 영국은 그들이 조국에 대하여 긍지를 갖도록 해야 할 것이다. 지구 절반의 주인이 되어야 할 영국이 불평 불민의 미전한 군중들에 의해 짓밟혀 한 무더기의 잿더미로 남을 수는 없다. 영국은 이제 다시 과거와 같은 영국이 되어야만 하며, 모든 아름다운 방법으로 더 많은 것을 이루어야 한다. 신성하지 않은 구름이라고는 하나도 없는 영국의 하늘에 매우 행복하고 한적하고 순수하여 천상이 보여 주는 모든 별들을 똑바로 새길 수 있을 것이다. 그리고 질서 있고 광활하며 공정한 영국의 들판에는 이슬을 나르는 모든 초목들의 이름을 붙일 것이다. 그리고 영국의 매혹적인 정원의 초록빛 대로에서 신성한 키르케(Circe : 오디세우스의 부하들을 돼지로 변하게 했다는 그리스 전설 속의 마녀-역주)와 진정한 태양의 딸인 영국은 인간의 예술을 인도해야 하고, 야만인으로부터 인간으로 발전되고 절망에서 평화를 구원해 낸 먼 나라의 신성한 지식을 모아야 한다.[58]

---

58). 같은 책, pp. 41~43.

전부는 아닐지라도 러스킨이 논의한 대부분의 것에는 이러한 구절이 들어 있지 않다. 그러나 러스킨은 카알라일처럼 평범하게 말한다. 그의 의미는 암시와 비유로 장식되어 있지만 틀린 것이 없다. 영국은 세계를 지배할 것이다. 그렇게 하는 것이 최선이기 때문이다. 권력이 사용되어질 것이고, 제국주의의 경쟁자들은 아무런 가치가 없고, 그 식민지는 증가하고 번영하며 영국과 결합될 것이다. 러스킨의 충고적인 어조에서 알 수 있는 것은 그가 자신이 옹호하는 것을 열렬하게 믿을 뿐 아니라 영국의 세계 지배에 대한 그의 정치적 이념을 자신의 심미적·도덕적 철학과 연결 짓고 있다는 사실이다. 그가 열정적으로 영국의 세계 지배를 믿는 한에 있어서는, 심미적·도덕적인 것을 포괄하고 어떤 의미에서는 보장한다고 할 수 있는 정치적·제국적 측면 또한 열정적으로 믿는 것이다. 영국이 지상의 "왕"과 "전세계의 빛의 원천인 왕권의 섬나라"가 되어야 하기 때문에 젊은이들의 일차적 목적은 영국의 권력을 육지와 해양에 걸쳐서 확산시키는 식민지 개척자들이 되는 것이어야 한다. 영국이 그렇게 하지 않으면 멸망하기 때문에 러스킨의 관점으로 보면 영국의 예술과 문화는 전적으로 제국주의의 강화에 달려 있는 것이다.

나는 19세기의 거의 모든 텍스트에서 쉽게 접하게 되는 이러한 관점을 단순하게 무시하는 것은 주마 간산식의 설명에 지나지 않는 것이라고 믿는다. 문화적 형태 또는 담론이 전체성이나 총체성을 갖기를 갈망할 때마다 거의 모든 영국의 저술가, 사상가, 정치가, 상인 들은 세계적 관점에서 생각하는 경향을 보였다. 그리고 이러한 것들은 수사적인 비약이 아니라 그들 국가의 실질적이고 팽창적인 세계적 영역과 상당히 정확하게 일치하고 있다. V. G. 키어난은 특히 러스킨과 동시대의 인물인 테니슨Alfred Tennyson과 『왕의 전원시The Idylls of the King』의 제국주의에 대해 쓴 통렬한 글에서 영국의 매우 엇갈리는 해외 정책들을 연구했는데 그 모든 정책은 영토의 획득이나 강화를 가져왔으며, 테니슨은 이러한 점에 대해 때때로 목격했고, 또 때로는 직접적으로 (비록 상대적이기는 하지만) 연관되었음을 밝혔다. 그러한 연구의 목록들이 러스킨이 살았던 시기의 것이기 때문에 키어난이 인용한 목록을 살펴보도록 하겠다.

1839~42	중국의 아편 전쟁
1840년대	남아프리카, 뉴질랜드 마오리와의 전쟁 ; 편잡의 정복
1854~6	크리미아 전쟁
1854	미얀마 남부 지역 정복
1856~60	제2차 중국 전쟁
1857	페르시아 공격
1857~8	인도 무티니 진압
1865	자메이카 총독 아이레 소송 사건
1866	아비시니아 원정
1870	캐나다에서 피니아 세력 팽창의 격퇴
1871	마오리 항쟁 진압
1874	서아프리카에서 아산티 세력에 대한 결정적 타격
1882	이집트 정복

그 밖에도 키어난은 테니슨이 "아프간의 하찮은 일들을 전혀 참아내지 못했음"을 언급하고 있다.[59] 러스킨, 테니슨, 메러디스George Meredith, 디킨스, 아놀드, 새커리, 조지 엘리엇, 카알라일, 밀 등 빅토리아 시대의 중요한 모든 작가들은 영국이 전세계에 걸친 무제한적으로 권력을 행사하는 것을 보았다. 그들은 이러한 권력을 영국내에서 이미 다양한 방법을 통해 규명했던 한두 가지 방법을 이용하여 논리적이고 또 손쉽게 확인할 수 있었다. 영향을 미치거나 또는 지적이고 비유적으로 조형하고자 했던 문화, 이념, 취미, 도덕성, 가족, 역사, 예술, 교육과 같은 대표적인 주제를 말할 때면 그들은 반드시 그것들을 세계적인 규모로 확인했다. 영국의 국제적 정체성, 금융과 무역 정책의

---

59) V.G. Kiernan, " Tennyson, King Arthur and Imperialism," in his *Poets, Politics and the People*, ed. Harvey J. Kaye (London : Verso, 1989),p. 134.

범주, 군대의 효율성과 기동성은 그에 필적하는 불가항력적인 모델과 새로운 지도와 그에 맞는 행동을 제공하였다.

따라서 섬이나 제국의 중심 경계를 벗어나는 주제들의 대표성은 거의 처음부터 유럽의 권력을 확인하는 것이었다. 여기에 하나의 인상적인 순환 논법이 있다. 우리는 권력(산업적·기술적·군사적·도덕적)을 소유하고 있기 때문에 지배하고 있고 반면 그들은 그렇지 못하기 때문에 지배하지 못하며, 그들은 열등하고 우리는 우월하다… 등등. 사람들은 최소한 16세기 초반부터의 아일랜드와 아일랜드 사람들에 대한 영국인의 특별한 고집이 내포되어 있는 이러한 동어 반복을 볼 수 있다. 그것은 18세기 동안에도 오스트레일리아와 미국에 있어서 백인 식민지 개척자들의 견해로 작용하게 된다. (오스트레일리아의 토착민들은 20세기에도 열등한 인종으로 남아 있다.) 그것은 지속적으로 영국 해안을 넘어서 특히 전세계에 걸쳐서 확대되었다. 프랑스 문화의 경우에도 프랑스의 국경을 벗어나는 해외의 것들에 대해서 그와 유사한 반복적이고 포괄적인 동어 반복 현상을 보이고 있다. 서구 사회 주변부의 모든 비유럽 지역들은 —그 거주자, 사회, 역사와 존재들이 비유럽적 실재를 대표하는— 모두 유럽에 종속적인 것으로 되었고, 이 사실은 유럽이 비유럽 지역을 계속해서 통제해야 하고 그와 같은 통제를 유지하는 방법으로 비유럽을 대표하는 것을 순환론적으로 입증한다.

이러한 동질성과 순환성은 사상, 예술, 문학, 문화적 담론과 관련되는 한, 전혀 금지되거나 억압되지 않았다. 변화하지 않는 유일한 관계는 일반적으로 식민지 본국과 해외 사이의 계층적인 것 그리고 서구 유럽의 백인 기독교 남성과 지리적, 도덕적으로 비유럽 지역(아프리카와 아시아이며 영국의 경우는 아일랜드와 오스트레일리아까지 포함된다)에 거주하는 자들 사이의 계층적인 관계이다.[60] 그렇지 않는 경우에는 서방측에 대한 변화에 따라서 결과적으로 양측 각각의 정체성이

---

60) 서구와 비서구간의 계층적 관계에 대한 역사에서의 하나의 중요한 일화에 대한 논의는 E. W. Said, *Orientalism* (New York : Pantheon, 1978), pp. 48~92 등을 보라.

강화되는 환상적인 조작이 허용되었다. 예컨대 매우 솔직하게 사실을 밝히는 카알라일과 같은 저자의 경우는 제국주의라는 기본적인 주제를 언급할 때면 수많은 찬성과 함께 흥미있는 문화적 소견들을 덧붙였는데 이 소견들은 각각 독특한 생각, 즐거움, 형식적 특성들을 지녔다. 현재의 문화 비평에 있어서는 그것들을 어떻게 결합하느냐가 문제이다. 다양한 학자들이 제시했듯이 제국주의에 대한 적극적 의식, 공격적이고 자의식적인 제국주의 선교 단체의 능동적 의식이 19세기 후반까지는 유럽의 저술가들에게 있어서 불가피한 것이 아니었음은 분명한 사실이다. 종종 수용되고 관련되고 적극적으로 동의하기까지도 하였다고 할 수 있다. (1860년대의 영국에 있어서 "제국주의"라는 단어가 약간은 혐오스러운 의미로, 황제가 지배하는 나라로 프랑스를 언급하는데 사용되는 사례가 종종 있었다.)

그러나 19세기 말까지 고급 문화 또는 공적인 문화는 여전히 제국적 역동성을 형성하는 그 역할에 대한 면밀한 조사를 회피하고 있었으며, 신비스럽게도 제국주의의 원인, 이익 또는 해악이 논의될 때면 거의 망상적으로 그 분석으로부터 면제되었다. 이는 내 주제의 흥미있는 측면의 하나이다. 문화가 제국주의에 참여하면서도 어떻게 그 역할을 변명하느냐는 것이다. 예컨대 홉슨은 기딩스F. H. Giddings의 "소급적 동의retrospective consent"[61](신민이란 먼저 정복된 다음에 그들이 노예화에 동의했다고 소급해서 단정하는 것)라는 신뢰할 수 없는 아이디어를 경멸스럽게 이야기하고 있지만, 그는 그러한 아이디어가 어느 곳에서, 어떤 방법으로 기딩스와 같은 사람들에게 그러한 자화 자찬식의 유창한 견강 부회적인 아이디어가 발생하게 되었는지는 좀처럼 묻지 않고 있다. 1880년대 이후의 제국을 이론적으로 정당화하는 프랑스의 르로이 볼리외나 영국의 실리와 같은 위대한 수사학자들은 성장, 번영, 팽창을 표현하는 언어를 이용했고, 재산과 정체성에 대해서는 목적론적 구조를 갖는 언어를 이용했으며, 이미 소설, 정치학, 인종론, 여행기 등 모든 곳에서 뿌리를 내린 "우리"와 "그들"을 차별하는 언어를 전개했다. 콩고와 이집트와 같은 식민지에서는 콘라드, 로저

---

61) Hobson, *Imperialism*, pp. 199~200.

케이스먼트Roger Casement, 윌프리드 스카웬 블런트Wilfrid Scawen Blunt 등이 백인의 학대와 무자비하기 이를 데 없는 무제한적인 폭정을 기록하고 있는 반면, 국내에서는 르로이 볼리외가 식민화의 본질에 대해 열광적으로 쓰고 있다.

> 사회 질서란 출산과 교육이 모두 중요한 가족의 질서와 유사한 것이다. … 그 내부로부터 새로운 생산물에 활력이 부여된다. … 인간을 형성하는 것 이상으로 인류 사회의 형성은 우연에 맡겨져서는 안 된다. … 그렇게 볼 때 식민화는 경험의 학교에서 형성된 하나의 기술이다. … 식민화의 목적은 하나의 새로운 사회에 번영과 진보를 위한 최상의 상태를 제공해 주는 것이다.[62]

영국에서 19세기 후반까지 제국주의는 일반적으로는 영국의 풍요로운 복지를 위해서, 특별하게는 어머니와 같은 보호자로서 복지를 제공하기 위해서 필수적인 것으로 고려되었다.[63] 바덴 포웰Baden-Powell의 일대기를 주의 깊게 읽으면 그의 보이 스카우트 운동이 제국과 전국가적 보건(자위 행위, 퇴폐, 우생학 등에 대한 두려움)이라는 기존의 문제에서 직접적으로 연원되고 있음을 알 수 있을 것이다.[64]

따라서 종종 이데올로기적으로 실행하는 제국적 지배를 제시하기 위한 아이디어의 절대적인 확산 외에는 어떤 예외도 없는 것이다. 이제 다양한 분야에서의 학문적 노력이 낳은 모든 현대 연구를 내 견해는 "문화와 제국주의"라는 연구 속에 간단히 종합할 수 있을 것이다. 이는 다음과 같이 체계적으로 정리해 볼 수 있다.

---

62) Hubert Deschamps, *Les Méthodes et les doctrines coloniales de la France du XVIe siècle à nos jours* (Paris : Armand Colin, 1953), pp. 126~27에서 인용.

63) Samuel, ed., *Pariotism*, Vol. 1에서 Anna Davin, "Imperialism and Motherhood," pp. 203~35을 보라.

64) Michael Rosenthal, *The Character Factory : Baden-Powell's Boy Scouts and the Imperatives of Empire* (New York : Pantheon, 1986), especially pp. 131~60. H. John Field, *Toward a Programme of Imperial Life : The British Empire at the Turn of the Century* (Westport : Greenwood Press, 1982)도 보라.

1. 서구와 그 밖의 지역간의 근본적이고 존재론적인 구별에 대해 어떤 반대도 없다. 서방과 비서방 주변부간의 지리적·문화적 경계가 너무도 강하게 느껴지고 인식되기 때문에 이러한 경계를 절대적인 것으로 간주할 수 있다. 구별의 절대성으로 인해 요하네스 파비안이 시간의 관점에서 "동시대성"의 거부라고, 인류 공간의 관점에서 급신적 단절성이라고 부르는 현상이 존재한다.[65] 따라서 "동양", 아프리카, 인도, 오스트레일리아는 비록 다른 인종에 의해 인구가 형성되었다고 할지라도 유럽에 의해 지배되었을 지역이다.

2. 스톡킹에 의해 설명되고, 언어학, 인종론, 역사적 분류에서 입증되고 있듯이 민족학의 발생으로 인해 원시 인종으로부터 복종 민족으로 그리고 최종적으로는 우월하고 문명화 사람에 이르는 다양한 진화의 기제와 차별성의 법칙들이 존재한다. 이러한 주제에 대해서는 고비노Comte de Joseph Arthur Gobineau, 메인Henry Maine, 레난, 훔볼트는 핵심적으로 중요한 인물들이다. 원시적, 야만적, 퇴화, 자연적, 비자연적 등과 같이 평상적으로 사용되는 범주도 여기에 속한다.[66]

3. 서방의 비서방계에 대한 적극적 지배는 이제 역사 연구에서 정식적인 분야의 하나로 수용되었고, 그 범주는 그에 걸맞게 전세계적이다. (예, 파니카K. M. Panikar의 『아시아와 서구의 지배Asia and Western Dominance』 또는 마이클 에이다스Michael Adas의 『인간의 척도로서의 기계 : 과학, 기술, 서구 지배의 이데올로기Machines as the Measure of Men : Science, Technology, and Ideologies of Western Dominance』[67]) 제국들의 특

---

65) Johannes Fabian, *Time and the Other : How Anthropology Makes Its Object* (New York : Columbia University Press, 1983), pp. 25~69.

66) Martianna Torgovnick, *Gone Primitive : Savage Intellects, Modern Lives* (Chicago : University of Chicago Press, 1990)를 보라. 분류, 편집, 전시에 대한 연구는 James Clifford, *The Predicament of Culture : Twentieth Century Ethnography, Literature, and Art* (Cambridge, Mass. : Harvard University Press, 1988)을 보라. Street, *Savage in Literature,* and Roy Harvey Pearce, *Savagism and Civilization : A Study of the Indian and the American Mind* (1953 ; rev. ed. Berkeley : University of California Press, 1988)도 보라.

67) K. M. Panikar, *Asia and Western Dominance* (1959 ; rprt. New York :

히 영국의 거대한 지리적 범위와 보편화하고 있는 문화적 담론은 양자 사이에 일종의 수렴 현상을 보이고 있다. 이러한 수렴을 가능하게 하는 것은 물론 권력이다. 그렇게 함으로써 먼 곳까지 전파되고, 다른 사람들에 대하여 배울 수 있는 능력, 지식을 정리하고 보급시킬 수 있는 능력, 또한 다른 문화의 구체적 사례를 특징화할 수 있고, 옮기고, 이식하고, 전시할 수 있는 능력을 부여하며 (전시회, 탐험, 사진, 그림, 설문 조사, 학교 등을 통해서) 무엇보다도 지배할 수 있는 능력을 부여한다. 이러한 모든 능력은 그 다음에 토착민[68]에게 "의무"라고 불리우는 것을 생산해 낸다. 그 의무는 아프리카와 기타 모든 지역에 토착민의 "이익"과 모국의 영예를 위하여 식민지를 건설하는 것이 필요 조건이다. 문명화의 사명이 바로 그에 대한 비유법이 될 것이다.

4. 지배는 활발하지 못한 것이 아니라 다양한 방법으로 본국의 문화를 전달하는 것이다. 제국의 지배 그 자체에서 제국의 영향은 일상 생활의 세목에 있어서까지도 이제 막 연구되기 시작했을 뿐이다. 일련의 최근 저서들[69]은 대중 문화, 소설 그리고 역사, 철학, 지리의 수사법 등의 구조 속에 짜여진 제국주의적 모티브를 묘사하고 있다. 맥콜레이와 벤틴크William Bentinck로부터 아이디어를 착상해 낸 가우리 비스와나단의 노력으로 인해 교실에 전파된, 불평등한 인종과 문화에 대한 개념과 함께 인도에서의 영국 교육 제도가 확산되고 있음을 알 수 있다. 그러한 것에 대한 옹호론자인 찰스 트래블리안Charles Trevelyan에 따

Macmillan, 1969), and Michael Adas, *Machines as the Measure of Men : Science, Technology, and Ideologies of Western Dominance* (Ithaca : Conrnell University Press, 1989). Daniel R. Headrick, *The Tools of Empire : Technology and European Imperialism in the Nineteenth Century* (New York : Oxford University Press, 1981)또한 흥미있는 저술이다.

68). Henri Brunschwig, *French Colonialism, 1871 ~1914 : Myths and Realities*, W.G. Brown 옮김. (New York : Praeger, 1964), pp. 9~10.

69). Brantlinger, *Rule of Darkness* ; Suvendrini Perera, *Reaches of Empire : The English Novel from Edgeworth to Dickens* (New York : Columbia University Press, 1991) 을 보라. ; Christoper Miller, *Blank Darkness : Africanist Discourse in French* (Chicago : University of Chicago Press, 1985).

르면 그것은 다음의 목적을 지닌 교육 과정과 교수법의 일부분이었다.

> 플라톤적인 의미에서 식민지의 신민에게 동양 사회의 봉건적 특성을 통해서…오염되었을지라도 그들 본래의 특성을 기억하도록 일깨우는 것이 목적이다. 일찍이 선교사들에 의해 형성되었던 시나리오를 다시 쓰는 이러한 보편화의 화법에 있어서 영국 정부란, 영국의 지배자들이 플라톤적 보호자로서의 지위를 획득한 국가인 인도인들이 자발적 표현을 통해 열망하는 이상형적인 공화국으로 재구성되어졌다.[70]

내가 직접 지배와 물리적 힘에 의해서뿐만 아니라 설득적 수단을 통해 장기간에 걸쳐서 더욱 효과적으로 실행되고 유지되었던 이데올로기적 비전에 대해 토론하고 있기 때문에 매우 창조적이고, 발명적이고, 흥미있고 무엇보다도 실행력 있는 헤게모니의 인용 과정들이 분석과 설명을 놀랍게도 잘 제공해 주고 있다. 알프레드 크로스비Alfred Crosby가 "생태학적 제국주의"[71]라고 부른 물리적 환경의 재형성이나 또는 식민지 도시(알제리, 델리, 사이공)의 건설과 같은 행정적 건설적 제도적 방법을 통해서 가장 가시적인 수준에서 제국주의적 영역의 물리적 전환이 있었다. 국내적으로 새로운 제국의 엘리트, 문화, 학문들(연속적인 식민 정책에 종속된 제국적 "손들", 기관, 부서, 지리, 인류학 등과 같은 학문의 학파) 여행 사진, 이국적이고 동양적인 회화, 시, 소설, 음악, 기념비 조각, 저널리즘(모파상의 『좋은 친구Bel-Ami』에 의해 인상적으로 특징지워지듯이)을 포함하는 새로운 형식의 예술이 등장한 것이다.[72]

---

70) Gauri Viswanathan, *The Masks of Conquest : Literary Study and British Rule in India* (New York : Columbia University Press, 1989), p. 132에서 인용.

71) Alfred Crosby, *Ecological Imperialism : The Biological Expansion of Europe, 900 ~1900* (Cambridge : Cambridge University Press, 1986).

72). Guy de Maupassant, *Bel-Ami* (1885) ; Georges Duroy는 알제리에서 근무한 기병 대원으로, 그것을 바탕으로 알제리 생활에 관한 것들을 저술함으로써 파리 저널리스트로서의 경력을 쌓았다. 뒷날 그는 탄자니아 정복에

그러한 헤게모니의 토대들은 파비안의 『언어와 식민지 권력 Language and Colonial Power』, 라나지트 구하Ranajit Guha의 『뱅갈의 재산 규칙A Rule of Property for Bengal』과 홉스바움과 레인저가 편집한 책에서 버나드 콘Bernard Cohn의 "빅토리아 시대 인도에서의 권위의 대표"(또한 그의 『역사학자들에서의 인류학자An Anthropologist Among the Historians』에서 영국의 대표성과 인도에 대한 조사와 같은 그의 훌륭한 연구의 경우에서도)와 같은 글들에서 통찰력 있게 연구되었다.[73] 이러한 글들은 역동적인 일상 생활에 권력의 일상적인 부과, 토착민, 백인, 공공 당국간의 상호 작용들을 보여 준다. 그러나 제국주의에 대한 미시적 수준의 물리적 현상 가운데 중요한 요소는 "의사 소통(교환)에서 명령"으로 변하고 대환원되는 하나의 통합된 담론 —또는 그보다 파비안이 부르는 대로 "의사 전달 경과의 장 또는 아이디어의 횡단과 교차의 장"[74]— 이 거의 변화 불가능할 정도로 통합적이고 적응적인 토착민과 서구인간의 구별의 토대 위에 발달하고 있다. 우리는 식민 체제에 있어서의 마니교주의와 폭력에 대한 계속적인 욕구에 대한 파농의 언급으로 인해 시간이 지남에 따라 분노와 좌절을 느끼고 있다.

5. 제국주의적 태도는 그 범위와 권위를 지니고 있었을 뿐만 아니라

가담한 재정 스캔들에 연루되었다.

73) Johannes Fabian, *Language and Colonial Power : The Appropriation of Swahili in the Former Belgian Congo, 1880 ~1938* (Cambridge : Cambridge University Press, 1986) ; Ranajit Guha, *A Rule of Property for Bengal : An Essay on the Idea of Permanent Settlement* (Paris and The Hague : Mouton, 1963) ; Bernard S. Cohn, "Representing Authority in Victorian India," in Eric Hobsbawm and Terence Ranger, eds., *The Invention of Tradition* (Cambridge : Cambridge University Press, 1983), pp. 185~207, *An Anthropologist Among the Historians and Other Essays* (Delhi : Oxford University Press, 1990). 이에 관련된 두 편의 저술이 Richard G. Fox, *Lions of the Punjab : Culture in the Making* (Berkeley : University of California Press, 1985), and Douglas E. Haynes, *Rhetoric and Ritual in Colonial India : The Shaping of Public Culture in Surat City, 1852 ~1928* (Berkeley : University of California Press, 1991)이다.

74) Fabian, *Language and Colonial Power*, p. 79.

해외적으로는 팽창하고, 국내적으로는 사회적 해체를 겪는 기간에 커다란 창조력 또한 지니고 있었다. 나는 여기에서 일반적인 "전통의 창조"는 물론 자율적으로 지적이고 심미적인 이미지를 창출하는, 능력에 대해서도 언급하고자 한다. 동양주의, 아프리카주의, 아메리칸주의적인 담론들은 역사적 저술, 회화, 소설, 대중 문화로 짜여지면서 발전하였다. 담론에 대한 푸코의 생각은 여기에 적절하다. 그리고 버날이 설명하듯이 하나의 일관성 있는 고전 언어학이 고대 그리스에서 셈 아프리카적 뿌리를 제거하였던 9세기 동안에 발달하였다. 그리고 로날드 인덴Ronald Inden이 『인도의 형상화Imagining India』[75]에서 보여 주고자 했듯이 그 시기에는 완전히 반독립적인 대도시가 제국적 소유와 그들의 이익을 위해 형성되기 시작했다. 콘라드, 키플링, T. E. 로렌스, 말로가 그러한 것들에 대해서 이야기하였다. 그리고 이들의 조상과 관장curators으로서 클리브Robert Clive, 해이스팅스Warren Hastings, 뒤플라이Joseph François Dupleix, 뷔고Theodore Bugeaud, 브루크James Brooke, 아이레E. J. Eyre, 팔머스톤Henry John Temple Palmerston, 쥘페리Jules Ferry, 료티Hubert Lyautey, 로드스 등이 있었다. 이러한 위대한 제국주의에 대한 화자들에게서 제국주의적 성향이 분명하게 형성되었다. 19세기 말의 제국주의 담론은 실리, 딜케Charles Wentwort Dilke, 푸르드James Anthony Froude, 르로이 볼리외, 하맨드 등에 의해서 너욱 잘 형성되었다. 오늘날에는 이들의 대다수가 잊혀져 읽히지 않고 있지만 강력한 영향을 미쳤을 뿐 아니라 심지어 당시에는 예언적이기까지 했다.

서구 제국주의적 권위에 대한 이미지는 여전히 사라지지 않고 있으며, 이상스럽게도 매력적이고 불가항력적이다. G. W. 조이Joy의 유명한 그림에서 보면 수단의 회교 탁발승은 날카롭게 응시하고 있는데, 카르토움의 고든Charles Gordon은 오직 권총과 칼집에 들어 있는 단도만으로 무장하고 있을 뿐이다. 콘라드 작품 속의 커츠 또한 아프리카의 중심부에서 총명하고, 열정적이고, 불운하며, 용감하고, 약탈적이고, 달변을 구사하는 인물로 등장한다. 아라비아 로렌스의 경우도 그는 아랍

---

75) Ronald Inden, *Imagining India* (London : Blackwell. 1990).

전사의 우두머리로서 사막에서 낭만적인 삶을 즐기고, 게릴라 전투를 창안하며, 왕과 정치인들과 교유하며 호머를 번역하고 영국 연방의 "브라운 자치령Brown Dominion"을 유지하려 노력하고 있다. 또 세실 로드스는 다른 사람들이 아이를 갖거나 사업을 시작하는 만큼이나 손쉽게 지역과 부동산, 자금을 형성하고 있다. 그리고 뷔고는 압델 카데르Abdel Qader의 군대를 이끌고서 알제리를 프랑스령으로 만들었다. 그 밖에 제롬에서의 첩, 무희, 하녀들, 들라크루아의 사르다나팔루스Sardanapalus, 마티스Henri Matisse의 북아프리카, 생상스Charles Camille Saint-Saëns의 『삼손과 데릴라Samson and Delilah』 등이 있다. 이러한 목록은 길고 그 보물들은 무궁하다.

4. 활동 중인 제국: 베르디의 『아이다』

나는 이제 문화적 행위의 영역들이 오늘날에 와서는 비열한 제국주의적 착취와 관계가 없다 할지라도, 이러한 소재들이 문화 활동의 일부 분야에 얼마나 대단히 그리고 얼마나 창조적으로 영향을 미쳤는지를 입증하고자 한다. 다행인 것은 몇몇 소장 학자들이 제국주의 세력권에 대한 연구를 충분히 발전시켜, 이집트와 인도에서의 행정과 조사·연구에 내재된 심미적인 요소를 관찰할 수 있다는 점이다. 예를 들면 티모시 미첼Timothy Mitchell의 『이집트 식민지화Colonizing Egypt』[76]를 생각해 볼 수 있다. 이 책에서는 외견상 오토만의 식민지이나, 실제로는 유럽의 식민지인 이집트에서의 모델 마을의 건설, 회교도 생활과의 친밀성, 새로운 양식의 군사적 행동의 제도화 등이 유럽의 권력을 재확인함은 물론, 그 지역에 대한 조사·연구와 지배라는 부가적인 즐거움을 제공하고 있음을 보여 준다. 제국적 지배에서의 권력과 쾌락의 결합이 벨리 댄스(배꼽춤)에 관한 라일라 키니Leila Kinney와 제이넵 셀릭Zeynep Çelik의 연구에서 놀라울 만큼 잘 입증되고 있다. 이 연구에서는 유럽적인 해석에서 허용되고 있는 유사 민족 지학적인 것들이 사실상 유럽에 기반을 둔 소비 지향적 레저와 결합하고 있었음을 드러낸다.[77] 이에 관련된 것으로는 두 가지 부류가 있는데, 그중

---

76) Timothy Mitchell, *Colonising Egypt* (Cambridge : Cambridge University Press, 1988).
77) Lelia Kinney and Zeynep Çelik, "Ethnography and Exhibitionism at the Expositions Universelles," *Assemblages* 13 (December 1990), 35~59.

하나는 마네Edouard Manet와 다른 파리 화가들에 대한 연구인 T. J. Clark의 『현대 생활의 회화The Painting of Modern Life』로, 이 책에는 특히 이국적 모델에서 일부 영향을 받은 프랑스 제국의 중심 도시에서의 비정상적인 레저와 관능주의가 나타나고 있다. 다른 하나는 20세기 초 프랑스 우편 엽서 속의 알제리 여인을 해체주의적으로 읽는 것으로서 말렉 알룰라Malek Alloula의 『식민지 하렘The Colonial Harem』이 그 한 예가 된다.[78] 여기에서 분명한 것은 동양이 약속과 권력의 땅으로서 아주 중요한 의미를 지닌다는 점이다.

그러나 나는 왜 대위법적인 독서에 대한 나의 시도가 상궤를 벗어난 색다른 것인지를 제시하고자 한다. 첫째, 나는 19세기 초부터 말까지를 일반적으로 연대기적인 계보에 따라 전개하지만, 그것은 사건이나 경향, 작품에 대한 연속적인 일관성을 제공하기 위한 것은 아니다. 각각의 개별적인 작품은 그 자체에 대한 과거의 해석과 그 이후의 해석과 관련지어서 파악될 것이다. 둘째, 내 종합적 논지는 내가 관심을 갖는 그러한 문화 작품들이 장르나 시대 구분이나 민족성이나 스타일에서 발견되는 명백히 안정되고 공고한 범주들 즉 서구와 서구 문화가 다른 문화와는 별도로 존재하며, 세속적 권력이나 권위나 특권이나 지배와는 별 관계가 없다고 추정하는 그러한 범주들을 간섭하여 사실은 그렇지 않다는 것을 드러내 주고 있다는 것이다. 그러나 나는 그러한 것과는 달리, "태도와 언급의 구조"가 제국이 공식적으로 의도하였던 시대 이전까지도 모든 유형의 방법, 형태 및 장소에 널리 확산되어 있었고 영향력을 미치고 있었다는 점을 제시하고자 한다. 문화는 자율적이거나 초월적이라기보다는 역사적인 세계에 밀접해 있고, 고정적이거나 순수하다기보다는 혼합적이며, 예술적인 우수성만큼 인종적인 우월성을 포함하고 있고, 기술적인 권위만큼이나 정치적인 권위를 갖고

---

78) T.J. Clark, *The Painting of Modern Life : Paris in the Art of Manet and His Followers* (New York : Knopf, 1984), pp. 133~46 ; Malek Alloula, *The Colonial Harem*, Myrna and Wlad Godzich 옮김. (Minneapolis : University of Minnesota Press, 1986) ; Sarah Graham- Brown, *Images of Women : The Portrayal of Women in Photography of the Middle East, 1860 ~1950* (New York : Columbia University Press, 1988)도 보라.

있으며, 복잡한 기술만큼이나 단순화시키는 축소가 포함되어 있다.

"이집트"적인 것을 소재로 한 베르디Giuseppi Verdi의 유명한 오페라 『아이다Aida』를 생각해 보자. 시각적이고 음악적이며 연극적 장관인 『아이다』는 유럽 문화를 위해서 또 유럽 문화 속에서 많은 것을 실천하고 있다. 그중 하나는 그것이 동양을 본질적으로 이국적이고 먼 거리에 있으며 고전적인 장소 즉 유럽인들이 자신들의 어떤 힘을 전시할 수 있는 장소로 확인하고 있다. 『아이다』의 작곡과 더불어 그것에 대한 유럽적인 "보편적" 해석에는 식민지 마을과 도시와 법정 등과 같은 모델이 반드시 포함되어 있다. 또 열등한 문화의 유순함과 이동성도 강조되었다. 이와 같은 하위 문화는 좀더 커다란 제국적 지배의 소우주로서 서구인들 앞에 전시되었다. 이러한 기본 틀내에서 비유럽적인 예외는 설령 있다 해도 거의 허용되지 않았다.[79]

『아이다』는 유일하게 절정기 19세기 형식의 "대형 오페라"에 대한 동의어가 된다. 매우 소수의 다른 오페라와 함께 『아이다』는 대단히 인기가 있고, 또한 음악가, 비평가 및 음악 사가들이 건전한 존경을 갖는 작품으로서 1세기 이상 그 명성을 지속해 왔다. 그럼에도 불구하고 『아이다』의 장엄함과 탁월함은 —비록 그것을 보거나 들은 사람들에게는 명백하겠지만— 모든 종류의 사색적인 이론들이 들어 있는 복합적인 문제들을 함축하고 있으며 그것이 『아이다』를 서구의 역사적 문화적 순간과 연결시켜 준다. 허버트 린덴버거Herbert Lindenberger는 『오페라 : 호화로운 예술Opera : The Extravagant Art』에서 『아이다』, 『보리스 고두노프Boris Godunov』 및 『신들의 황혼Götterdämmerung』 등 1870년의 오페라 그 각각에 대해서 고고학, 자연주의 역사학, 철학을 결부시키는 상상력 넘치는 이론을 전개하였다.[80] 1962년에 베를린에서 『아이

---

79) 예컨대, Zeynep Çelik, *Displaying the Orient : Architecture of Islam at Nineteenth Century World's Fairs* (Berkeley : University of California Press, 1992)와 Robert W. Rydell, *All the World's a Fair : Visions of Empire at American International Expositions, 1876 ~1916* (Chicago : University of Chicago Press, 1984)을 보라.

80) Herbert Lindenberger, *Opera : The Extravagant Art* (Ithaca : Cornell University Press, 1984),pp. 270~80.

다』를 연출한 빌란트 바그너Wieland Wagner는 이 오페라를 다루면서 그것을 "아프리카의 신비"라고 불렀다. 그는 이 작품에서 자신의 할아버지의 오페라인 『트리스탄Tristan』의 원형을 에토스Ethos와 비오스Bios 사이의 핵심에 놓인 극복할 수 있는 갈등으로 보았다.[81] 그의 작품 구성 체계에 따르면, 엠너리스는 거대한 남근의 지배를 받는 중심 인물인데, 이 남근은 강력한 곤봉과도 같이 그녀를 위협하고 있다. 오페라에 따르면 "아이다는 대부분의 경우 배경 속에서 엎드려 있거나 웅크리고 있다."[82]

제2막의 그 유명한 개선 장면은, 비록 종종 드러나는 천박스러움은 있지만 그것이 1840년대의 『나부코Nabucco』와 『일 롬바르디 I Lombardi』에서부터 1950년대의 『리골레토Rigoletto』, 『일 트로바토레Il Trovatore』, 『라 트라비아타La Traviata』, 『시몬 보카네라Simon Boccanegra』, 『마스체라의 발로Un Ballo in Maschera』를 거쳐 1860년대의 문제 작품인 『라 포르자 델 디스티노La Forza del Destino』와 『돈 카를로스Don Carlos』까지 이끌어 왔던 스타일과 비전의 발전에 있어서 절정을 이룬다는 점에 주목해야만 한다. 30년 동안 베르디는 자신이 살았던 시대의 탁월한 작곡가였으며, 그의 경력에는 리소르지멘토Risorgimento (19세기 이탈리아의 자유와 통일을 위한 운동 - 역주)에 대한 언급이 따라 다녔던 것 같다. 『아이다』는 그가 본질적으로 감정적인 것, 그가 작곡가로서의 생활을 마감하고 강렬한 두 편의 오페라인 『오델로Otello』와 『폴스타프Falstaff』로 전환되기 이전에 썼던 공식적이고 정치적인 최후의 오페라였다. 주요 베르디 연구자들은 —줄리안 버든Julian Budden, 프랭크 워커Frank Walker, 윌리엄 위버William Weaver, 앤드루 포터 Andrew Porter, 조셉 웨크스버그Joseph Wechsberg— 모두 『아이다』가 카발레타cabaletta(후렴이 있는 짧은 아리아, 가극에서의 앙상블이 있는 이중창 - 역주)와 콘체르타토concertato(혼성의 대합창이나 합주 - 역주)

---

81) Antoine Goléa, *Gespräche mit Wieland Wagner* (Salzburg : SN Verlag, 1967), p. 58.

82) *Opera* 13, No. 1 (January 1962), 33. Geoffrey Skelton, *Wieland Wagner : The Positive Sceptic* (New York : St. Martin's Press, 1971), pp. 159 ff도 보라.

같은 전통적인 음악 형식을 재사용했을 뿐 아니라, 바그너Richard Wagner를 제외하고는 당시 어떤 작곡가의 작품에서도 발견되지 않는 새로운 변주 기법, 오케스트라의 섬세성, 극적인 능률화를 첨가하였다는 사실을 지적하고 있다. 『드라마로서의 오페라Opera as Drama』에서 조셉 커만Joseph Kerman의 이견異見은 그것이 『아이다』의 독특성에 대해 얼마나 인식하고 있는가 하는 점에서 흥미롭다.

> 필자의 견해로 볼 때 『아이다』는 오페라 가사의 특별히 경박스러운 단순성과 놀랍도록 복잡한 음악적 표현의 거의 끊임없는 부조화로 이루어져 있다. 물론 베르디의 기법이 그렇게 풍부했던 적은 결코 없다. 앰너리스만이 활기 있고 아이다는 철저하게 혼동을 겪고 있다. 라다메스Rhadames가 메타스타시오Metastasio에게는 아니라 하더라도 최소한 롯시니Rossini에게로 후퇴하는 것 같다. 몇몇 사건, 곡목, 장면들이 이 오페라의 대단한 인기를 충분히 설명할 수 있을 만큼 극찬을 받는다는 사실은 말할 필요도 없다. 그럼에도 불구하고 정말로 베르디적이지 못하며 또 대형 오페라의 요소인 승리, 봉헌 및 취주 악단보다도 더욱 혼란스럽게 메이어비어Meyerbeer를 회상하게 하는 『아이다』에는 호기심을 끄는 오류가 있다.[83]

이는 그것이 계속되는 한 부정할 여지가 없이 설득적이다. 그러나 커만은 『아이다』의 잘못된 점에 대해서는 바르게 지적하지만, 그 오류를 낳는 원인에 대해서는 전혀 설명하지 못한다. 우리들은 무엇보다도 베르디의 그 이전 작품들이 대부분의 이탈리아 청중들을 포함시키고 또 끌어들였기 때문에 관심을 끌었다는 점을 기억해야만 한다. 그의 음악극은 권력과 명성과 영예를 위한 장엄한 경쟁(종종 근친 상간적인)에 철저하게 빠져 있는 붉은 피에 물들은 영웅과 여걸을 그리고 있지만 ─폴 로빈슨Paul Robinson이 『오페라와 아이디어Opera and Ideas』에서 자신있게 주장한 것처럼─ 그러한 음악극은 거의 대부분이 수사

---

83) Joseph Kerman, *Opera as Drama* (New York : Knopf, 1956), p. 160.

적修辭的인 불협화음과 호전적인 음악과 절제되지 않은 감정으로 가득 찬 정치적인 오페라를 지향하는 것이다. "아마도 베르디의 수사학적 스타일의 가장 분명한 요소는 —드러내 놓고 말하자면— 완전한 시끄러움이다. 그는 모든 주요 작곡가들 중에서 가장 시끄러운 작곡가인 베토벤과 같다. … 정치적인 웅변가처럼 베르디는 오랫동안 잠자코 있을 수가 없다. 베르디 오페라의 어느 곳이든지 마음대로 전축의 바늘을 놓아 보라. 그러면 언제나 상당한 양의 소음을 들을 것이다."[84] 로빈슨은 또 베르디의 장엄한 소음이 "행진, 시위 및 연설"[85]과 같은 경우에 효과적으로 이용되었으며, 리소르지멘토 기간 동안에는 베르디가 자신의 실제 생활에서 발생하는 사건들을 상술詳述하고 있는 것처럼 들린다고 말한다. (『아이다』도 예외는 아니다. 예를 들면 제2막 앞부분에서 몇몇 주자들과 대규모 합창을 위해서 굉장한 앙상블을 보이는 부분인 "Su del nilo"를 들 수 있다.) 베르디 초기 오페라(특히 『나부코』, 『일 롬바르디』, 『아틸라Attila』)는 그 영향의 직접성과 그것들의 현재와 관련의 명료성, 모든 사람을 빠르고, 거대한 극장의 절정으로 휘몰아치는 능률적이고 완벽한 베르디의 기법으로 인해 자신의 청중을 참여의 열광으로 끌어들이기 위해 그의 초기 오페라에 맞추는 것은 이제 상식이 되었다.

종종 이국적이거나 기이한 주제임에도 불구하고 베르디의 초기 오페라에서 언급되었던 것은 이탈리아와 이탈리아인이었던 반면에 (『나부코』에서는 특별한 힘, 역설적으로 충분한 힘을 지닌) 『아이다』에서는 초기 고대의 이집트와 이집트인이었는데, 그것은 베르디가 일찍이 음악에 표현했던 것과는 매우 동떨어지고 또 그가 거의 하지 않았던 것이다. 『아이다』가 습관적인 정치적 소음을 갈망하는 것은 아니다. 분명히 제2막 제2장(소위 말하는 개선 장면)은 베르디가 무대 공연을 위해서 썼던 가장 거대한 것으로, 오페라 하우스가 수집하고 전개할 수 있는 모든 것의 실질적인 잼버리이기 때문이다. 그러나 『아이다』가 뉴

---

84) Paul Robinson, *Opera and Ideas : From Mozart to Strauss* (New York : Harper & Row, 1985), p. 163.
85) 같은 책, p. 164.

욕의 메트로폴리탄 오페라 극장에서 다른 어떤 작품보다도 더 많이 공연되었을지라도, 『아이다』는 자기 한계적이며 변칙적으로 공연되었는데 그것과 관련하여 청중도 열정적으로 참여했다는 기록은 없다. 멀리 떨어져 있거나 이국적인 문화를 다루는 베르디의 다른 작품들에서 그의 청중들은 어떤 식으로든 스스로 그 작품들이 일체화되는 것을 방해받지 않고 있는데, 『아이다』는 초기의 오페라처럼, 사랑을 원하지만 바리톤과 메조 소프라노에 의해서 방해받는 테너와 소프라노에 관한 것이다. 『아이다』에서의 차이점은 무엇이며, 베르디의 습관적인 혼합이 그와 같이 기묘한 훌륭한 전능성과 영향력 있는 중립성의 기묘한 혼합을 만들어 내는 이유는 무엇인가?

 베르디의 일생을 통해서 볼 때 『아이다』가 최초로 연출되고 쓰여졌던 환경은 독특하다. 1870년 초반과 1871년 후반 사이에 베르디의 작품 속에 나타나는 정치적이고 분명한 문화적 배경은 이탈리아뿐만 아니라 제국주의적인 유럽과 총독 지배의 이집트 즉 기술적으로는 오토만 제국에 속하지만 점차 유럽의 일부분으로서 유럽에 대해서 의존적이고 종속적으로 되어 가는 이집트를 포함하고 있다. 『아이다』의 고유성 —주제와 배경, 거대한 웅장함, 이상할 정도로 영향력을 미치지 못하는 시각적이고 음악적인 효과, 과잉 발전된 음악과 답답한 국내 상황, 베르디의 일생 중의 별난 시기— 은 이탈리아 오페라의 표준적인 견해에 일치하는 것도 아니고 좀더 일반적으로는 19세기 유럽 문명의 최대 걸작의 보편적인 관점에도 일치하지 않는, 내가 말하는 대위법적인 해석을 필요로 한다. 『아이다』는 오페라 형식 그 자체처럼 혼혈의 문화적 역사와 해외 지배의 역사적 경험에 대등하게 포함되는 철저하게 비순수한 작품이다. 그것은 또 합성적인 작품 즉 무시되었거나 실험되지 않았고, 또 설명적으로 회상될 수 있으며 구체화될 수 있는 불균형과 불일치를 바탕으로 하는 작품이다. 그것들은 스스로 흥미를 끌고 있고 단지 이탈리아와 유럽 문화에만 초점을 맞추어 분석하는 것에 비하여 아이다는 불균형적이고, 변칙적이고 제약적이고 침묵적인 느낌을 갖도록 한다.

 나는, 간과될 수 없지만 역설적이게도 체계적으로 간과되고 있는 소재들을 독자들 앞에 제시하고자 한다. 이러한 점은 대부분의 경우 『아이다』의 당혹스러움이 궁극적으로 제국주의 지배에 관한 정도의 것이라기보다는 제국주의 지배 그 자체에 관한 것이기 때문에 일어난다. 바로 그러한 점에서 제인 오스틴의 작품 —똑같이 예술이 제국과 관련되지 않는 것처럼 보이는— 과의 유사성이 드러난다. 『아이다』를 그와 같은 시각에서 해석하고, 이 오페라가 베르디와는 아무 관련이 없는 아프리카의 한 나라에 대하여 쓰여졌고 그곳에서 처음으로 공연되었다는 것을 알게 되면, 수많은 새로운 양태들이 드러날 것이다.

베르디는 자신의 오페라가 한 이집트 오페라와 거의 완전하게 잠재적인 관련성을 지니고 있다는 말로 시작하는 한 편지에서 이러한 효과에 대해서 몇 가지를 언급하고 있다. 베르디는 1868년 2월 19일에 『동양의 여행 voyage en Orient』을 탈고한 자신의 절친한 친구 카미유 뒤 로클 Camille du Locle에게 쓴 편지에서 다음과 같이 말하고 있다. "우리들이 만나면 자네는 여행에서 경험한 모든 것들, 자네가 보았던 경이로움, 내가 찬양할 수 없었으나 일찍이 위대함과 문명을 지녔던 한 나라의 아름다움과 추함에 대하여 말해 주어야만 하네."[86]

1869년 11월 1일에 있었던 카이로 오페라 하우스의 개관은 수에즈 운하 개통 축하 기간에 있었던 훌륭한 행사였다. 개관 기념 공연 오페라는 『리골레토』였다. 몇 주 전에 베르디는 그러한 개관 기념을 위한 찬가를 작곡해 달라는 크헤티브 이스마일 Khedive Ismail의 제안을 거절하였으며 12월에는 뒤 로클에게 "잡동사니" 오페라의 위험에 대한 장문의 편지를 보냈다. 그는 "나는 자네가 좋아하는 각색이나 교묘함이나 제도적인 것이 아니라, 그 자체로서 명료함을 드러내는 예술을 원하네."라고 말하고, 자신의 입장으로서는 통합된 작품을 원한다고 주장하면서 "아이디어는 하나이고 또 모든 것이 그 하나를 형성하는 데 수렴되어져야 한다."[87]고 쓰고 있다. 이러한 주장들이 비록 뒤 로클의 제안 즉 베르디가 파리를 위한 오페라를 작곡해야 한다는 제안에 대

---

86) *Verdi's "Aida" : The History of an Opera in Letters and Documents*, trans. and collected by Hans Busch (Minneapolis : University of Minnesota Press, 1978), p. 3.

87) 같은 책, pp. 4, 5.

한 반응으로 나온 것이기는 하지만, 그러한 것은 베르디의 작품 『아이다』의 작곡 과정에서 중요한 주제가 될 정도로 충분히 여러 차례 있었다. 1871년 1월 5일 베르디는 니콜라 드 기오사Nicola de Giosa에게 다음과 같이 썼다. "오늘날 오페라는 거의 해석 불가능할 정도로 너무나 여러 종류의 상이한 연극적·음악적 의도로 쓰여지고 있습니다. 그리고 제가 보기에 작곡자가 자신의 작품이 처음으로 만들어졌을 때, 작곡자 자신의 감독하에서 용의 주도하게 그 작품을 연구한 사람에게 보내진다면 어느 누구도 그것을 공격할 수는 없을 것 같습니다."[88] 1871년 4월 11일 베르디는 리코르디Ricordi에게 자신은 자신의 작품에 "단 한 사람의 창조자" 즉 자기 자신만을 허용한다고 말했다. "저는 성악가와 지휘자에 대해서 '창조'할 권리를 고려하지 않습니다. 그것은 전에 말한 바와 같이 끝없는 혼란을 야기하는 근본이기 때문입니다."[89]

그렇다면 왜 베르디는 카이로를 위한 특별한 오페라를 작곡해 달라는 크헤티브 이스마일의 제안을 마침내는 받아들였는가? 아마도 돈이 그 이유일 것이다. 그는 150,000프랑의 금화를 받았다. 그 역시 의기 양양했다. 왜냐하면 결국 그가 바그너와 구노Charles François Gounod에 앞서 1번으로 선택되었기 때문이다. 나는 뒤 로클이 베르디에게 한 이야기도 그만큼 중요하다고 생각한다. 뒤 로클은 프랑스의 유명한 이집트 학자인 오귀스트 마리에트Auguste Mariette로부터 오페라적 처리의 가능성에 대한 개요를 전달받았었다. 1870년 5월 26일 베르디는 뒤 로클에게 보낸 편지에서 자신이 "이집트의 개요"를 읽었으며 그것이 잘 되었고, "장엄한 무대 장치mis-en-scène[90]를 제공할 것이라는" 점을 지적하였다. 그는 또한 그 개요가 매우 전문적인 처리 즉 작곡에 익숙하고 극장을 매우 잘 아는 사람의 처리를 보여 준다는 점을 지적하였다. 6월 초에 『아이다』를 작곡하기 시작했을 때 베르디는 오페라 작사자인 안토니오 기슬란조니Antonio Ghislanzoni에게 도움을 요청했음에도 불구하고, 일의 진척이 얼마나 더디게 진행되는지에 대해서 리코르디에

---

88) 같은 책, p. 126.
89) 같은 책, p. 150.
90) 같은 책, p. 17.

게 자신의 조바심을 직접적으로 드러냈다. 이 시점에서 베르디는 "일은 아주 빠르게 진척되어야만 했다."라고 말했다.

간결하면서도 강렬하고 또 무엇보다도 진정으로 "이집트적"인 마리에트의 시나리오에서 베르디는 신이 음악에서 조화시키고자 했던 통합 의도와 훌륭하고 전문가적인 의지의 흔적을 인식하였다. 자신의 인생이 절망으로 점철되고, 의지를 충족시키지 못하고, 또 오페라 주관측, 입장권 판매원, 성악가와의 협조가 만족스럽지 못했을 때 —『돈 카를로스』의 파리 초연은 여전히 훌륭한 최근의 예가 되었다— 베르디는 소곡小曲에서부터 공연이 초연되는 저녁까지 자신이 그 모든 세부 사항을 감독할 수 있는 하나의 작품을 작곡할 수 있는 기회를 얻게 되었다. 더욱이 그는 이러한 작업에서 왕실의 지원을 받게 되었다. 실제로 뒤 로클은 총독 자신이 그러한 작품을 열성적으로 원하고 있을 뿐만 아니라 마리에트가 그러한 작품을 작곡하도록 도와준 적이 있다는 점을 알려 주었다. 베르디는 한 부유한 동양의 권력자가 베르디 자신에게 절대적이고 무한한 예술적인 재능을 발휘할 수 있는 기회를 부여하기 위해서, 천부적으로 총명하고 외골수인 한 서방의 고고학자와 손을 잡으리라고 추측할 수 있었다. 낯설은 이집트 지역과 배경이 역설적이게도 기술적 숙련에 대한 그의 감성을 자극했던 것처럼 보인다.

내가 확인할 수 있는 한, 베르디는 그가 오페라에 전념했던 2년 동안에 비록 자신이 국가적인 차원에서 이집트에 대한 그 무엇을 하고 있다는 확신을 갖고는 있었지만 이탈리아, 프랑스 및 독일에 대해서 갖고 있었던 고양된 느낌과는 대조적으로 현대 이집트에 대해서는 전혀 아무런 느낌이 없었다. 카이로 오페라 매니저인 드라네호트 베이 Draneht Bey(파블로스 파블리디스Pavlos Pavlidis에서 태어났음)는 그에게 이러한 점을 이야기하였으며, 1870년 여름에 의상과 무대 장치를 마련하기 위해서 파리에 왔던 마리에트는 (결과적으로 파리에 머물러야만 했었는데) 정말로 장엄한 쇼를 올리기 위하여 비용을 전혀 아끼지 않을 것이라는 점을 그에게 빈번히 상기시켰다. 베르디는 오페라 작사자 기슬란조니가 완벽한 "극장 언어parola scenica"[91]를 마련할 수

---

91) 같은 책 p. 50. Philip Gossett, "Verdi, Ghislanzoni, and *Aida* : The Uses of

있다는 점을 확신함으로써, 또한 부단한 주의 관찰로 공연 세부 사항을 파악함으로써 곧바로 대사와 음악을 마련하고자 의도했다. 맨 처음 앰너리스를 캐스팅하는 대단히 복잡한 협상 과정에서, 베르디의 그 문제의 해결에 대한 기여로 인해 베르디는 "세계에서 가장 뛰어난 책략가"[92]라는 명칭을 얻었다. 베르디의 일생에서 이집트의 순응적이거나 최소한 무관한 존재로서의 특성은 그에게 부조리의 강렬성이라는 것으로 예술적인 의지를 추구하도록 했다.

그러나 나는 베르디가 이러한 복잡하고, 통합되고, 궁극적으로는 일상과는 거리가 있는 오페라 이야기를 만들어 내는 협동적 능력과 단일 창작자의 심미적 의도에 의해서만 전달되는 본질적으로 통합된, 이음매가 없는 예술 작품이라는 낭만주의적 이념을 서로 혼동하였다고 믿는다. 따라서 예술가의 제국주의적 관념은 유럽 작가에 대한 요구가 최소한이거나 아니면 전혀 없다는 비유럽 세계에 대한 제국주의적 관념과 편리하게 결합되었다. 베르디에게 있어서 이러한 연관성은 확실히 보호할 가치가 있는 것처럼 보였음에 틀림없다. 수년 동안 개인적인 오페라 하우스의 주제넘는 변덕 덕분에, 그는 이제 그 자신의 도전 불가능한 영역을 지배할 수 있게 되었다. 카이로에서의 오페라 공연을 준비하고 또 서너 달 뒤에는 (1872년 2월) 라 스칼라La Scala에서 이탈리아 초연을 준비하는 동안, 베르디는 리코르디로부터 "당신은 라 스칼라의 몰트케Moltke가 될 것이오."(1871년 9월 2일)[93]라는 말을 들었다.

이처럼 엄청난 지배적인 역할에 대한 매력이 너무나 강렬했기 때문에 베르디는 리코르디에게 보내는 편지의 한 구절에서 분명하게 자신의 심미적인 목적을 바그너의 목적과 관련 짓고, 더욱 의미 있게는 (아직은 이론적인 제안에 불과하지만) 바이로이트 오페라 하우스 Bayreuth Opera House와 관련 짓고 있다. 바그너는 프로그램에 대해 스스로 직접 관여했다.

Convention," *Critical Inquiry* 1, No.1 옮김. (1974), 291~334도 보라.
92) *Verdi's "Aida,"* p. 153.
93) 같은 책, p. 212.

오케스트라의 좌석 배정은 보통 생각하는 것보다 훨씬 더 중요하다, 악기의 화음을 위해, 음의 울림을 위해 그리고 효과를 위해. 이러한 눈에 띄지 않는 개선은 결국에는 다른 개혁을 위한 길을 열어 줄 것이며, 그것은 분명히 언젠가 이루어질 것이다. 그러한 개혁에는 객석을 무대로부터 분리하고, 무대 커튼을 무대 아래로 끌어 내리는 것은 물론 오케스트라를 보이지 않게 하는 것이 포함된다. 이러한 점은 나의 아이디어가 아니라 바그너의 아이디어이며, 그것은 훌륭하다. 예를 들면 오늘날 우리들은 초라한 연미복과 흰색 넥타이의 광경, 이집트 의상, 앗시리아 의상 및 드루이드교 복장 등과 혼합된 광경을 묵인하는 것은 불가능한 것 같으며, 더구나 무대의 거의 한가운데에서 하프의 윗부분과 더블 베이스의 목부분과 허공에 떠 있는 지휘자의 지휘봉을 보는 것을 감내하는 것도 불가능한 것 같다.[94]

베르디는 여기에서 오페라 하우스의 관습화된 간섭에서 벗어나고 청중에게 권위와 진실성의 기묘한 혼합의 인상을 주는 방법으로부터 탈피한 극장의 모습에 대해서 말하고 있다. 이러한 점은 분명히 스티븐 반Stephen Bann이 『클리오의 옷 입기The Clothing of Clio』에서 월터 스코트와 바이런George Gordon Byron 같은 역사적인 작가에게 있어서의 "장소의 역사적인 구성"이라고 불렀던 것과 대응한 것이다.[95] 그 차이점은 베르디가 유럽 오페라에서 처음으로 이집트학의 역사적인 비전과 학문적인 권위를 스스로 이용할 수 있었고 또 실제로 그렇게 했다는 점이다. 이러한 학문은 베르디에게 오귀스트 마리에트라는 사람과의 밀접한 연계 속에 구체화되었는데, 마리에트의 프랑스적 국민성과 훈련은 결정적인 제국주의적 계보의 일부분이었다. 아마도 베르디는 마리에트에 대해서 구체적인 많은 것을 알 길이 전혀 없었겠지만, 마리에트의 초기 시나리오에 강한 인상을 받았으며 정당한 신뢰를 갖

---

94) 같은 책, p. 183.
95) Stephen Bann, *The Clothing of Clio* (Cambridge : Cambridge University Press, 1984), pp. 93~111.

고서 고대 이집트를 대표할 수 있는 자질을 갖춘 전문가로 그의 능력을 인식하였던 것이다.

여기에서 분명한 점은, 이집트학은 이집트학이지 이집트가 아니라는 점이다. 마리에트는 두 사람의 중요한 선배 연구자 즉 모두 프랑스인이고 제국주의적이고 모두 재건적인 그리고 노드롭 프라이Northrop Frye로부터 빌린 한 단어로 표현한다면 모두 '표상적'인 두 선배 연구자에 의해서 가능하게 되었다. 첫째는 나폴레옹의 『이집트 묘사 Description de l'Egypte』이고, 둘째는 샹폴리옹Jean François Champollion이 1822년의 그의 저서 『다시에 씨에게 보낸 서한Lettre à M. Dacier』과 1824년의 『상형 문자 체계의 개요Précis du système hiéroglyphique』에서 그가 제시한 상형 문자의 해독이다. "표상적"과 "재건설"이라는 말에 나는 베르디에게 딱 들어맞는 것 같은 몇 가지 특징을 말하고자 한다. 나폴레옹 군내의 이집트 원성은 이집트를 획득하고, 영국을 위협하고, 프랑스의 힘을 과시하기 위한 욕망에서 비롯된 것이다. 그러나 나폴레옹과 그의 학문적 전문가들은 또한 이집트를 유럽 앞에 내놓기 위해서, 어떤 의미에서는 이집트의 고대 문화, 풍부한 수학적 조합, 문화적 중요성과 독특한 분위기를 유럽의 청중들을 위해 무대에 올리기 위해서 그곳에 있었던 것이다. 이러한 점은 정치적인 의도가 없이는 이루어질 수 없었다. 나폴레옹과 그의 원정팀은 고대적 차원의 이집트가 프랑스의 침략군과 고내 이집트 사이의 모든 곳에 있는 회교도, 아랍, 심지어는 오토만에 의해 가리워져 있다는 것을 발견하였다. 그렇게 다르고 더 오래 되고 명예스러운 지역에 어떻게 사람이 도착했는가?

여기에서 이집트학에 대한 프랑스적인 특수한 측면이 시작되었고 그것이 샹폴리옹과 마리에트의 작업 속에 지속되었다. 이집트는 모델이나 회화에서 재건되었으며 그 규모는 "투사적projective" 장엄함—나는 여기에서 "투사적"이라는 말을 사용하였다. 『이집트 묘사』를 대충 훑어본다면, 우리가 보고 있는 회화와 도형이 마치 현대 이집트인들은 전혀 없고 다만 유럽의 관광객만 있는 듯이, 이상적이고 장엄하게 보이는 먼지 투성이의 낡고 버려진 파라오적인 유적으로 된 그림이라는 것을 알 것이기 때문이다. 이국적인 거리감은 실제로 전례 없는 것이었다. 따라서 『이집트 묘사』의 재생은 설명이 아니라 귀속ascription이었다. 먼저, 사원과 궁전은 제국적인 안목으로 반영된 것으로서 고대 이집트의 현실을 무대에 올리는 방향과 시각 속에서 재생되었다. 그런 다음 그런 것들은 ―그 모든 것이 공허하거나 생명력이 없기 때문에― 앙페르André Marie Ampère의 언어에 의해서 말해져야만 했으며, 여기에는 샹폴리옹의 판독의 효능성이 기여했다. 그리고 최종적으로 그런 것들은 그 자체의 맥락으로부터 해체되어 유럽에서의 쓸모를 위해 유럽으로 옮겨졌다. 앞으로 보겠지만 이는 마리에트의 기여였다.

이러한 지속적인 진행은 대충 1789년부터 1860년대까지 계속되었으며 그 주축은 프랑스였다. 인도를 지배하고 있던 영국이나 또는 페르시아와 인도에 대해서 체계화된 지식을 지니고 있었던 독일과는 달리, 프랑스는 이 점에 대해서 오히려 상상적이고 모험적인 영역을 지니고 있었다. 레이몬드 슈와브Raymond Schwab가 『동양의 르네상스The Oriental Renaissance』에서 말했듯이, "루제Emmanuel Rougé로부터 (샹폴리옹의 활동에서 비롯된) 그 계열의 마지막인 마리에트에까지 이르는 학자들은 … 자신들 스스로가 모든 것을 터득한 독자적인 경력을 지닌 탐험가들 … 이었던"[96]

나폴레옹 시대의 지식인들은 스스로 모든 것을 터득한 탐험가들이었다. 왜냐하면 그들이 접근할 수 있는 이집트에 대해서 체계적으로 정말로 현대적이고 과학적인 지식을 가진 사람은 아무도 없었기 때문이었다. 마틴 버날이 특징 짓고 있듯이, 18세기를 통해서 이집트의 영예가 상당한 것이었다 할지라도 그것은 비밀 결사 메이슨Masonry처럼 비밀스럽고 신비스러운 경향과 관련되었다.[97] 샹폴리옹과 마리에트는 유별난 독학자였지만 이들 모두는 학문적이고 합리적인 에너지에 감동을 받은 사람들이었다. 프랑스 고고학에 있어서 이집트의 재현이 갖는 이데올로기적인 의미는 이집트가 "서구에 대한 최초이자 본질적인 동양적 영향"으로서 묘사되고 있다는 점이다. 그런데 이는 당연히 슈

---

96) Raymond Schwab, *The Oriental Renaissance*, Gene Patterson-Black and Victor Reinking 옮김. (New York : Columbia University Press, 1984), p. 86. Said, *Orientalism*, pp. 80~88도 보라.

97) Martin Bernal, *Black Athena : The Afroasiatic Roots of Classical Civilization*, Vol. 1 (New Brunswick : Rutgers University Press, 1987), pp. 161~88.

와브에 의해 매우 잘못된 것으로 간주되는 주장이다. 그것은 고대 세계의 다른 지역에 대해 유럽학자들이 이룩한 동양의 연구를 무시한 것이기 때문에. 슈와브는 이렇게 말했다.

> 루도빅 비테Ludovic Vitet는 1868년 6월에 드라네흐트, 크헤티브 이스마일 및 마리에트가 『아이다』적이라 생각하기 시작했던 바로 그 시점에 해당하는 〈두 세계 평론Revue des Deux-Mond〉의 글 중에서 지난 50년 동안에 있었던 동양학자들의 "전례 없는" 발견들에 찬사를 보냈다. 그는 "동양이 극장이 되는 고고학적 혁명"에 대해서까지도 말하고 있으나, "그러한 운동은 샹폴리옹에 의해 시작되었고 모든 것이 그로 인해서 시작되었다는 것과 그가 이러한 모든 발견의 출발점"이라는 것을 흔들림 없이 주장하였다. 비테 자신의 글은 이미 대중의 마음에 자리 잡은 과정을 따라 전개되었으며, 그런 다음 그는 앗시리아의 기념물에 대해 언급하였고 최종적으로 베다Veda에 대해서 몇 마디 언급하였다. 비테는 지체하지 않았다. 분명히 나폴레옹의 이집트 원정 이후에 거기에 있었던 기념물들과 이집트 지역에 대한 학문적인 임무는 이미 모든 사람들에게 전달되었다. 인도는 연구를 통하지 않고서는 결코 소생된 적이 없다.[98]

마리에트의 일생은 여러 가지 흥미로운 방법으로 『아이다』에게 중요한 의미를 갖는다. 『아이다』 대본에 대한 정확한 기여에 대해서는 일부 논쟁이 있기는 하지만 장 움베르트Jean Humbert에 의해 그의 개입이 그 오페라를 위한 중요한 출발점이라는 사실이 분명히 입증되고 있다.[99] 오페라 대본이 완성된 직후 마리에트에게는 1867년에 있었던 제국주의 잠재력에 대한 가장 위대하고 가장 최초의 전시에 해당하는

---

98) Schwab, *Oriental Renaissance*, p. 25.
99) Jean Humbert, "A propos de l'egyptomanie dans l'oeuvre de Verdi : Attribution à Auguste Mariette d'un scénario anonyme de l'opéra *Aida*," *Revue de Musicologie* 62, No. 2 (1976), 229~55.

파리 만국 박람회의 이집트관에 대한 고대 유물의 주요 설계자로서의 역할이 주어졌다.

고고학, 대형 오페라 및 유럽의 세계적 전시는 분명히 다른 세계이지만, 마리에트와 같은 사람들은 그것들을 암시적인 방법으로 결합하였다. 마리에트가 이들 세 가지 세계 사이를 연결할 수 있었던 것에 대한 명쾌한 설명이 있다.

> 19세기의 세계적 박람회는 미래에 대한 전망에 대한 제시와 인류의 모든 경험 —과거와 현대— 을 함께 요약하는 소우주로서 의도되었다. 주의 깊게 계산된 자신들의 질서에서 이들은 지배적인 세력 관계를 나타냈다. 질서화와 특징화는 상이한 사회를 서열화하였고 합리화하였으며 객관화하였다. 계층화의 결과는 주최 국가의 전시 위원회에 의해서 인종, 성별 및 국가별로 할당된 고정된 공간을 점유하고 있는 세상을 설명하였다. 박람회장에서 비서구 문화가 드러내게 되는 형식은 "주최국" 문화인 프랑스에서 이미 설정된 사회적 질서에 의해서 예견된 것이었다. 따라서 국가적 재현 양식을 설정하고 문화적 표현의 통로를 제공함으로써, 박람회에 의해 생산된 지식이 유행하게 되는 매개 변수를 설명하는 것은 중요한 의미를 갖는다.[100]

마리에트는 1867년 박람회에 대해 자신이 기록한 말 그대로 자신이 이집트를 처음으로 유럽에 소개했다는 점을 모든 사람들에게 강조하였다. 그는 기자Giza, 사카라, 에드푸, 테베를 포함하여 브라이언 페이건Brian Fagan의 언급과 같이 "완전히 버려진 지역인" 거의 35개 지역에서의 자신의 훌륭한 고고학적 성공으로 인해서 그렇게 할 수 있었다.[101] 그 밖에도 마리에트는 유물을 발굴하는 데 정기적으로 참여하였으며, 따라서 유럽의 박물관들(특히 루브르 박물관)이 이집트의 보물로 가득 차게 되었을 때, 마리에트는 "낙담한 이집트 관료들에

---

100) Kinney and Çelik, "Ethnography and Exhibitionism," p. 36.
101) Brian Fagan, *The Rape of the Nile* (New York : Scribner's, 1975), p. 278.

게"[102] 온화한 태도를 유지하면서 아무것도 없는 이집트의 실제 무덤을 냉소적으로 공개하였다.

이집트 총독을 위해 일하던 중 마리에트는 운하 설계자인 페르디낭 드 레세프Ferdinand de Lesseps와 조우하였다. 우리는 이 두 사람이 여러 가지 유적 복원 작업과 박물관 관련 작업을 서로 공동으로 했다는 것을 알 수 있는데, 나는 이 두 사람이 자신들의 상당히 놀라운 계획의 구상에 대한 똑같은 비전 —아마도 이집트에 대해서 생 시몽 Claude Henri Saint-Simon적이고 프리메이슨(비밀 결사 회원)적이며 신성한 유럽적인 아이디어로까지 거슬러 올라가는— 을 지니고 있었으며, 이들 각자의 개인적 의지, 연극적 성향에 대한 강한 호기심 및 과학적 신속성의 결합에 의해서 그러한 계획의 효과가 증가되었다는 점은 주목할 만한 중요성이 있다고 확신한다.

『아이다』에 대한 마리에트의 오페라 대본은 의상과 무대 장치에 대한 그의 설계를 낳게 했으며, 이는 다시 『이집트 묘사』에 대한 탁월한 예언적 장면의 설계로 거슬러 올라간다. 『이집트 묘사』에서 가장 눈에 띄는 페이지에서는 그러한 구상을 충족시키려는 바로 그 몇몇 거대한 동작이나 등장 인물을 찾고 있는 것 같았으며, 그러한 빈 공간과 구상의 규모는 공연을 기다리는 오페라 장치와도 같았다. 그것의 함축된 유럽적 맥락은 권력과 지식의 극장이고, 반면에 19세기의 실제 이집트적인 배경은 손쉽게 사라졌다.

『이집트 묘사』에서 표현되었던 필래의 사원(멤피스에 있었다고 생각되는 원래의 사원이 아닌)은 마리에트가 『아이다』의 첫 장면을 구상했을 때에 거의 분명히 그의 마음 속에 있었으며, 비록 베르디가 바로 그 글들을 본 것 같지는 않지만 그는 당시 유럽에서 널리 유통되고 있던 재발간된 책을 읽었을 것이다. 그것을 본 것이 그에게 『아이다』의 처음 두 장에 매우 자주 나오는 요란한 군대 음악을 좀더 쉽게 수용하도록 했다. 또한 그가 오페라에 적용했던 의상에 대한 마리에트의 견해는 실질적인 차이점이 있을지라도 『이집트 묘사』의 내용에서 비롯된 것처럼 보인다. 나는 마리에트가 그 자신의 심안心眼 속에 원래의

---

102) 같은 책, p. 276

파라오적인 것을 조잡스러운 현대적 대응물 즉 선사 시대 이집트인들로 하여금 1870년대에 성행하던 스타일을 착용하도록 변형시켰다고 생각한다. 거기에다가 유럽화된 얼굴, 콧수염, 턱수염이 덤으로 제공되었다.

그 결과 베르디는 바로 자신의 음악에서 동양화된 이집트에 도달했다. 가장 잘 알려진 사례는 대부분 제2막에서 찾아볼 수 있다. 여사제들의 합창과 이어지는 의식무儀式舞가 그것이다. 이 장면이 최고의 신빙성을 요구하였으며 베르디에게 가장 구체적인 역사적 질문을 하였기 때문에 우리들은 베르디가 바로 이 장면의 정확성에 가장 큰 관심을 갖고 있었다는 점을 알고 있다. 1870년 여름 리코르디가 베르디에게 보낸 서류는 고대 이집트에 대한 자료를 포함하고 있었으며, 그 자료에서 가장 구체적인 것은 고대 이집트의 종교에 관계되는 봉헌, 사제들의 의식 및 그 밖의 사실들에 관한 것이었다. 베르디는 이러한 자료들을 거의 활용하지는 않았지만 그러한 자료는 볼네이와 크로저 Creuzer에게서 시작되고 샹폴리옹에 의해 좀더 최근의 고고학적 연구가 더해진 유럽인의 동양에 대한 일반적 지식의 지표가 된다. 그러나 이 모든 것은 남성 사제에 관계되는 것이지 여성에 대해서는 언급된 것이 없다.

베르디는 이러한 자료에 두 가지 일을 했다. 동양 여성을 모든 이국적 사실의 중심으로 만드는 관례적인 유럽적 행위를 따라서 베르디는 우선 남성 사제의 일부를 여성 사제로 바꾸었다. 그의 여성 사제들의 대등한 역할은 19세기 중반의 유럽 예술로 그리고 1870년대까지는 오락으로 성행하였던 무희, 노예, 애첩 및 목욕하는 아름다운 회교 미녀 등이었다. 동양에 대한 여성 에로티시즘의 이러한 전시는 "세력 관계를 형성하고 표상을 통해 우월성을 고양시키려는 욕구를 드러냈다."[103] 이들 중 일부는 제2막 앰너리스의 밀실 내부의 배경의 장면에서 좀더 쉽게 파악될 수 있는데 그 장면에는 애욕과 잔인함이 불가피하게 결합되어 있다. (예를 들면 무어족 노예의 춤에서.) 한편 베르디가 행한 단 한 가지 작업은 궁중에서의 동양식 생활을 남성들만의 사제 제도

---

103) Kinney and Çelik, "Ethnography and Exhibitionism," p. 38.

에 대항하는 더 암시적인 수녀의 흰 천으로 바꾸는 것이었다. 나는 주임 신부 람피스가 베르디의 리소르지멘토적인 반교권주의와 합법과 신성한 전례의 탈을 썼지만 순전한 잔인성으로 인해 복수를 수행하는 독재적인 동양의 군주에 대한 관념의 산물이라고 생각한다.

전형적인 이국적 음악에 관한 것은 베르디가 자신을 괴롭히기도 하고 또 자신에 대해 매력을 갖기도 했던 것 같은 벨기에 음악가 프랑수아 조셉 페티François-Joseph Fétis의 작품에 대해서 상담했던 그 자신의 편지에 의해서 알 수 있다. 페티는 자신의 『음악사에 대한 철학적 요약Resumé philosophique de l'histoire de la musique』(1835)에서 일반적인 음악사의 독립된 부분으로서 비유럽의 음악에 대한 연구를 시도했던 최초의 유럽인이다. 미완성 저서인 『고대부터 현대까지의 일반 음악사 Histoire générale de la musique depuis les temps anciens à nos jours』(1869~76)는 이국 음악의 고유한 독특성과 종합적인 정체성을 강조함으로써 더 발전된 연구를 수행하였다. 페티는 19세기 이집트에 대한 두 권의 저서를 알고 있었던 것 같다.

베르디에 대한 페티의 가치는 베르디가 페티의 저술에서 "동양" 음악에 대한 몇 가지와 ―카니발의 축제에서 많이 사용되었던 조화로운 수법은 고도의 긴장을 야기하는 긴박감에 근거하였다― 일부 동양 악기를 읽을 수 있었다는 점이다. 그러한 점은 몇 가지 경우, 『이집트 묘사』에 나타나 있는 표상성과 대응하였다. 베르디는 하프, 플루트 및 그때까지 알려졌던 의전용 트럼펫 등을 이탈리아에서 만들기 위해 조금은 우스운 노력을 하게 되었다.

마지막으로 베르디와 마리에트는 제3막의 이른바 나일 강 장면에서 상당히 훌륭한 분위기를 연출하는 데 있어 서로 상상의 측면에서 협력하였는데, 내 견해로는 그것은 가장 성공적인 것이었다. 여기에서도 또한 나폴레옹적인 『이집트 묘사』에서 이상화된 표상성은 이 장면에 대한 마리에트의 이미지에 대한 그럴 듯한 모델이 된 반면, 베르디는 좀더 모호하고 암시적인 음악적 방법을 활용함으로써 자신의 고대 동양에 대한 개념을 재고시켰다. 그 결과는 제3막의 개막 장면의 고요한 그림을 연출하는 충만한 분위기가 있는 웅대한 색조의 장면이 설정되고, 그런 다음에 아이다와 그녀의 아버지, 라다메스 사이의 혼란과 갈등이 얽힌 절정으로 전개되는 것이다. 이와 같이 장엄한 장면의배경에 대한 마리에트의 스케치는 이집트에 대한 그 자신의 종합과도 같은 것이다. "그 배경은 궁전의 정원을 나타낸다. 좌측에는 부속 건물 또는 텐트의 비스듬한 장면이 있다. 무대의 뒤쪽에는 나일 강이 흐른다. 수평선 위로는 리비아 산맥의 산봉우리들이 저녁 해에 의해서 생생하게 비추어진다. 조각, 종려나무 그리고 열대림."[104] 베르디처럼 마리에트가 자신을 창조자로 생각했다는 점은 전혀 이상한 것이 아니다. 인내력이 강하고 항상 활력이 넘치는 드라네흐트에게 보낸 편지(1871. 7. 19.)에서 마리에트는 "『아이다』는 실제로 제 자신의 작업의 산물입니다. 저는 그것을 총독에게 확신시킨 사람입니다. 한 마디로 말해 『아이다』는 제 두뇌의 창조물입니다."[105]라고 말하였다.

　이렇게 볼 때 『아이다』는 베르디와 마리에트가 각각 정당하게 자신의 작업의 결과물이라고 주장할 수 있는 형태로 이집트에 관한 자료를 모으고 융합하고 있다. 그러나 나는 이 작품이 그 안에 포함하거나 함축적으로 배제한 것 같은 선별성과 강조적 특성으로 인해서 고통을 받고 있거나 아니면 적어도 고유한 특징을 갖는다고 생각한다. 베르디는 현대 이집트인들이 자신의 작품에 대해서 생각하는 것, 자신의 음악에 대한 각 청중의 반응 양태, 초연 후 그 오페라는 어떻게 될 것인가에 대해 생각할 기회를 가졌음에 틀림없다. 그러나 초연에 대한 유럽의 비평들을 비난하는 나쁜 감정의 일부 편지 외에는 이러한 점에 대한 기록을 알아볼 수 없다. 이들 유럽의 비평가들은 베르디에게 달갑지 않은 평가를 내렸고 그는 그것을 촌스럽다고 말하였다. 필립피 Filippi에게 보낸 한 편지에서 이미 오페라 즉 『아이다』의 장면과 대본으로 씌어졌다고 내가 생각하는, 낯설게 하기 효과의 하나인 오페라에 대한 베르디의 거리감을 파악할 수 있다.

　　… 카이로에 있군요? 이것은 누구나 생각할 수 있는 『아이다』
　에 대한 가장 강력한 선전입니다! 제가 보기에는 이런 식으로 예

---

104) *Verdi's "Aida,"* p. 444.
105) 같은 책, p. 186.

술은 더 이상 예술이 아니라 사업, 오락 게임, 사냥, 추구되어야 할 그 무엇, 성공적이 아니라면 적어도 어떤 대가를 치르고라도 유명세라도 부여되어야만 하는 것입니다. 이러한 점에 대한 저의 반응은 불명예이고 모욕의 그것입니다. 저는 언제나 저의 초창기를 즐겁게 기억합니다. 그때는 아무런 친구도 없었고, 저에 대해서 말할 사람도 없었고, 준비도 없었고, 어떤 종류의 영향도 없이, 제가 어떤 바람직한 인상을 남기는 데에 성공하기만 한다면 기꺼이 비난을 받으면서도 매우 행복하게 대중 앞에 제 오페라를 내놓았던 때입니다. 그런데 이제는 한 편의 오페라에 대해 얼마나 야단 법석인가요! 언론인들, 예술가들, 성가 지휘자들, 지휘자들, 악기 연주자들, 이들 모두는 자신들의 돌을 발표라는 건물에 내던져야만 하며 따라서 한 편의 오페라의 가치에는 전혀 도움이 되지 않는 하찮은 분쟁의 틀을 만들고 있습니다. 사실 그것들은 진실한 가치(만일 있다면)를 모호하게 합니다. 이러한 점은 비참한 것이며 대단히 비참한 것입니다!

저는 카이로에 대한 선생님의 정중한 제의에 감사합니다만 그러나 엊그제 보테시니Bottesini에게 『아이다』에 대한 모든 것을 편지로 전했습니다. 이 오페라를 위해서 저는 무엇보다도 훌륭하고 지성적인 노래와 악기 연주와 장면의 배치를 원할 뿐입니다. 그 나머지는 신의 뜻입니다. 왜냐하면 그렇게 시작되었듯이 제 일생을 그렇게 마치고자 하기 때문이지요…[106]

여기에서의 항의는 오페라의 유일한 의도에 대한 베르디의 태도를 확장한 것이다. 그는 『아이다』가 자체 충족적인 예술 작품이라는 점을 말하고 있는 것 같으며, 또 우리는 그렇다고 믿어 보기로 한다. 그러나 여기에는 희망 없는 교착 상태와 정확한 매장으로 끝맺는 구성과 함께, 자신과 전혀 관련 없는 어떤 장소에 대해서 오페라를 썼던 베르디의 역할에 과연 어떤 다른 의미는 없는가?

『아이다』의 부조화에 대한 베르디의 인식은 여러 곳에서 나타난다.

---

[106] 같은 책, pp. 261~62.

어떤 점에서 그는 아이러니컬하게도 이집트 음악의 조화를 위해서 고대 체육 훈련장을 추가할 것을 언급하고 있으며, 또 고대 이집트가 죽은 문화일 뿐만 아니라 죽음의 문화였고, 분명한 정복 이데올로기가 사후 세계의 이데올로기와 관련되었다는 (베르디가 헤로도투스 Herodotus와 마리에트로부터 적용한 바와 같이) 점을 어느 정도 의식하고 있었던 것 같다. 베르디가 『아이다』를 작곡할 때 가졌던 리소르지멘토정치의 보다 암울하고, 미몽에서 깨어나고, 잔존적인 애착이 그의 작품에서 개인적 실패를 수반하는 군사적인 성공으로 드러나거나 또는 그것은 인간적인 곤경의 애매 모호한 색조를 수반하는 정치적 승리 즉 현실 정치로서 그려질 수 있다. 베르디는 지상의 고별의 장례식 분위기로 끝맺음으로써 라다메스의 부성애에 대한 긍정적인 특질을 생각했던 듯하며, 확실히 제4막의 분리된 무대는 ―『이집트 묘사』에 나타나 있는 동판의 하나가 그 원천의 하나라고 볼 수 있다― 자신의 마음 속에 앰너리스의 보상 없는 열정과 아이다와 라다메스의 축복된 죽음이라는 부조화의 조화에 대한 강한 인상을 심어 주었던 것 같다.

『아이다』의 고요함과 부동성이 발레와 개선 행진에 의해서 소생되지만 어떤 점에서는 그러한 장면까지도 훼손되고 있다. 즉 베르디가 너무 지적이고 또 외골수적이기 때문에 그것들을 건드리지 않은 채 남겨 두지는 못하였다. 물론 제1막에서 람피스의 개선 봉헌의 춤이 제3막과 제4막에서의 라다메스의 죽음으로 이어지기 때문에, 즐거워할 것은 거의 없다. 제2막 제1장에서 무어족 노예의 춤은 자신의 노예의 라이벌인 아이다와 악의적으로 춤을 추므로써 앰너리스를 즐겁게 하는 것이다. 정말 유명한 장면인 제2막 제2장에 대하여 우리들은 아마도 관중과 제작진 모두에 대한 열렬한 호소의 핵심을 볼 수 있는데, 그 극이 완벽하게 전개되면 그러한 호소 속에서 다른 것을 볼 수 있는 기회를 얻을 수 있다. 실제로 이러한 점은 베르디의 의도와 동떨어진 것이 아닐 수도 있다.

다음과 같은 세 가지의 현대적인 사례를 들어 보도록 하자. 첫째,

신시내티Cincinnati(1986. 3.)에서의 『아이다』. 신시내티 오페라

에서 간행된 한 출판물은 이번 시즌에 『아이다』의 공연에 다음과 같은 동물들이 개선 장면에 참여할 것이라고 알리고 있다. 개미핥기 1마리, 공작 1마리, 큰 부리새 1마리, 붉은 꼬리 새매 1마리, 백호 1마리, 시베리아산 시라소니 1마리, 앵무새 1마리, 치타 1마리—총 11마리. 그리고 공연을 위한 전체 숫자는 모두 261명으로 여기에는 8명의 주연 배우, 117명의 합창 단원(40명의 정규 단원과 77명의 보조 단원), 24명의 발레 단원, 101명의 임시 단원들(12명의 동물원 감시자를 포함하여) 및 11마리의 동물로 구성된다.[107]

이러한 것은 『아이다』를 다소 잘못 추정하고 있는 것인데, 일부 희극적 과잉 분출과 함께 카라칼라Caracalla의 목욕 장면에서 극도로 상스럽게 연출되고 반복되는 가벼운 재주라고 할 수 있다.

이와는 대조적인 것으로 바그너의 제2막 제2장 즉 청중에게 제공되는 민족학적인 전시의 요소로서 토템과 가면과 의식적인 것들을 수행하는 이디오피아 죄수들의 행렬이 있다. 이러한 행렬은 "파라오 시대의 이집트에서부터 선사 시대의 좀더 암흑기 아프리카에 이르는 이 작품 전체 배경의 전달자가 된다."

> 내가 무대 장면과 관련지어서 하려는 것은 이집트 박물관에서 비롯된 것이 아니라 작품 그 자체의 본질적인 분위기에서 발생되는 화려한 향기를 『아이다』에 부여하는 것이다. 나는 그릇된 이집트적 인위성과 잘못된 오페라의 기념비성 그리고 헐리우드식의 역사적 그림 그리기로부터 빠져 나와서 원형적인 —말하자면 이집트학의 어휘에서— 왕조 이전의 시대로 돌아가기를 원했다.[108]

바그너는 분명히 그 오페라가 처음에는 파리, 밀라노, 베니스라는

---

107) *Opera*, 1986.
108) Skelton, *Wieland Wagner*, p. 160. Goléa, *Gespräche mit Wieland Wagner*, pp. 62~63도 보라.

장소를 위해 작곡되거나 설계되지 않았다는 것을 인식하고 "우리들의 세계"와 "그들의 세계"의 차이점에 대해 강조하고 있다. 그것은 베르디 역시 분명히 강조하고 있는 사실이다. 이러한 인식은 아주 흥미롭게도 1952년 『아이다』를 멕시코에서 공연하게 하였으며, 그곳에서 최고 가수인 마리아 칼라스Maria Callas는 베르디가 작곡했던 음계보다 한 옥타브 높은 E-플랫으로 끝맺음으로써 훌륭하게 전체적인 조화를 만들어 냈다.

이 모든 세 가지 사례에서 베르디가 그 작품에 허용한 하나의 열린 공간을 이용하기 위한 노력이 이루어졌는데, 그것은 만일 그렇지 않았다면 전혀 다른 어떤 요소도 개입될 수 없었을 것인데도 그 스스로가 외부 세계의 개입을 허용하고 있는 듯한 틈새였다. 그렇지만 그의 조건은 엄격하다. 그는 마치 이국인이나 포로로서 입국하여 잠시 머물면서 자신의 일을 자신 마음대로 할 수 있도록 내버려 두라고 말하는 것이나 다름없다. 그리고 자신의 영역을 지키기 위해서 그는 음악적으로 자신이 전에 거의 사용한 적이 없는 기구에 자주 의존하였는데, 그 모든 장치는 음악적 대가가 자신의 벨 칸토(bel Canto : '아름다운 노래'라는 뜻으로 이탈리아 가극의 전통이 낳은 가창법. 목소리의 아름다움, 미끄러움에 중점을 둠-역주) 창법의 동류들로부터 비난받은, 익히 알려진 전통적 기법에 심취되어 열심히 활동하고 있다는 점을 청중들에게 알리는 상징으로서 고안되어 있었다. 1871년 2월 20일에 그는 통신원 쥬세페 피롤리Giuseppe Piroli에게 "그렇기 때문에 나는 소장 작곡가들이 대위 작곡법의 모든 분야에 대해 장시간의 엄격히 연습할 것을 원하였습니다. … 그것은 현대에 대한 어떤 연구도 아닙니다."[109]라고 썼다. 이러한 점은 그가 작곡하고 있던 오페라의 장례식 장면에 부합되며 (그는 미이라에게 노래를 시키는 것이라고 말한 바 있다), 그것은 또 하나의 엄격한 작곡 규범에 의해 열린 것이다. 『아이다』에서 베르디의 대위 작곡법과 스트레토(stretto : 푸가 등에서 어떤 성부의 주제 가락이 끝나기 전에 다른 성부에도 겹쳐 나타내어 긴박감을 자아내는 기법. 클라이맥스에서 많이 씀-역주) 기법에 의해 그가 성취한 적이 없는 고도의

---

109) *Verdi's "Aida,"* p. 138.

강렬성과 엄격한 질서에 도달하게 된 것이다. 바로 『아이다』의 악보에 점을 찍는 군대식 음악과 함께 —그중 몇몇 부분은 후에 총독 국가 이집트의 국가國歌가 되었다— 이러한 잘 알려진 악절들이 오페라의 위풍 당당함과 나아가 그것의 철벽과 같은 구조를 강화하였던 것이다.

간단히 말해서 『아이다』는 매우 정확하게 그 자체의 임무와 작곡에 가능한 환경을 불러들이며, 원음에 대한 메아리와 같이 당대의 분리할 수 없는 맥락적 측면 상황과 일치하고 있다. 고도로 전문화된 심미적인 기억 형식으로서 『아이다』는 그것이 의도하였듯이 19세기의 시점에서 이집트에 대한 유럽적인 해석의 권위를 구현하였는데, 그 역사는 1869년부터 1871년까지 카이로가 특별히 적절한 장소였다는 것을 보여주고 있다. 『아이다』에 대한 완전한 대위법적인 이해는 관련 대상과 태도의 구조와 제휴, 연계, 결정, 협동의 거미줄을 드러내는데, 그것은 오페라의 시각적이고 음악적인 텍스트에서 일련의 유령과 같은 기보법記譜法을 떨쳐 버릴 때 읽혀질 수 있다.

다음과 같은 이야기를 생각해 보자. 이집트 군대가 이디오피아 군대를 무찌른다. 그러나 전쟁에서 젊은 이집트 영웅이 반역자로 의심받아 사형을 선고받고는 질식사한다. 이러한 고대 아프리카내에서의 경쟁 관계에 대한 이야기는 1840년대에서 1860년대까지의 동아프리카에서 영국과 이집트의 경쟁 관계를 배경으로 설정하여 읽는다면 상당한 공감을 얻는다. 거기에서 영국은 이집트적인 것들을 오토만의 총독 이스마일의 통치하에 있는 것으로 간주하였는데, 이스마일은 그들의 홍해의 패권에 대한 위험과 인도로 가는 길의 안전을 위해서 남쪽으로 확장하고자 열망하였던 자다. 1870년대 초반까지 그러한 변화는 끝났으며 1882년에는 영국이 이집트를 완전히 점령하였다. 프랑스의 관점에서 보면 마리에트와의 협력으로 『아이다』는 이디오피아에서의 이집트의 성공적인 군사 정책의 위험을 극적인 것으로 만들었는데, 그것은 특히 이스마일 자신 —오토만 총독으로서— 이 이스탄불로부터 좀더 많은 독립을 얻는 방법으로써 그러한 모험에 관심을 가졌기 때문이었다.[110]

---

110) Muhammad Sabry, *Episode de la question d'Afrique : L'Empire egyptions sous*

『아이다』의 단순성과 엄격성에는 그것이 특히 오페라와 (베르디의 작품을 공연하기 위해 건축된) 오페라 하우스에 관한 것이기 때문에 이스마일 그 자신과 그의 통치(1863~1879)와 관련된 것보다 더 많은 것들이 있다. 최근에는 나폴레옹의 이집트 원정 이후 80년의 기간 동안 유럽의 이집트 개입과 관련한 경제, 정치, 역사에 대한 상당히 많은 연구가 이루어졌다. 이러한 작업의 대부분은 이집트의 민족주의 역사학자들(사브리Muhammad Sabry, 라피Rafi', 그호르발Ghorbal)의 입장 즉 모하마드 알리Mohammad Ali 왕조의 승계 우선 순위를 구성하고 있었던 과거 총독의 상속자들이 "세계 경제"[111], 좀더 정확하게는 유럽의 자본가, 상인 은행가, 대부 회사 및 상업적 투자자들이 느슨한 연합을 이루고 있었던 이집트와 더욱 깊게 관련되었던 입장에 따라서 이루어졌다. 이는 필연적으로 1882년 영국의 점령을 초래했으며, 그것은 또한 똑같이 필연적으로 1956년 7월의 가말 압델 낫세르Gamal Abdel Nasser에 의한 수에즈 운하의 최종적인 반환을 가져올 것이었다.

1860년대와 1870년대까지 이집트 경제의 가장 놀라운 양태는 미국 남북 전쟁이 유럽의 직물 공장에 대한 미국의 공급을 차단했던 시기에 발생한 면화 판매의 확장이다. 이러한 급속한 발전은 오직 더욱 광범위하게 더 큰 불황을 겪고 있던 지역 경제에 대한 많은 왜곡을 가속화했을 뿐이다. (오웬에 의하면 1870년대까지 "전델타 지역은 두세 가지 작물의 생산과 제조와 수출을 위한 수출 구역으로 전환되었다."[112]) 이집트는 더러는 해롭고 더러는 철도와 도로의 건설처럼 이로우며 아주 비싼 모든 유형의 기제들, 특히 운하에 의해 개방되었다. 발전을 위한 재정 지원은 국채 발행, 화폐의 인쇄 및 예산 적자의 증대를 통해서 이루어졌다. 공공 부채의 증가는 이집트의 외채와 외채 비용을 더욱 크게 증가시켰고 외국의 투자자와 그들의 현지 관리인들에 의한

Ismail et i'ingérence anglo-française (1863 ~1879) (Paris : Geuthner, 1933), pp. 391 ff.

111) Roger Owen, *The Middle East and the World Economy, 1800 ~1914* (London : Methuen, 1981).

112) 같은 책, p. 122.

이집트에 더욱 깊이 침투하는 결과를 낳았다. 외채의 일반 비용은 그 액면가의 30~40% 정도였던 것으로 보인다. 데이빗 란데스의 『은행가와 군사령관Bankers and Pashas』은 지저분하지만 흥미로운 모든 과정들에 대해 구체적으로 기술하고 있다.[113]

경제적인 취약성의 심화와 유럽 재정에 대한 종속 외에도 이스마일 통치하의 이집트는 일련의 중요한 대조적인 발전 과정을 겪었다. 예컨대 인구의 자연 증가와 동시에 외국인 거주지의 규모도 지역적으로 증가하였는데 1880년대 초반까지는 90,000명에 이르렀다. 총독의 가족과 그 가신들에 대한 부의 집중은 실질적인 봉건적인 토지 소유와 도시적 특권의 유형을 확립하였으며, 그것은 다시 민족주의적 저항 의식의 발달을 촉진시켰다. 여론은 외국인들이 이집트의 정체성과 나약함을 당연한 것으로 간주하기 때문에 그들에게 반대했듯이, 이스마일이 이집트를 외국인에게 넘기려 한다고 인식하였기 때문에 그에게 반대했던 것 같다. 이집트의 역사학자 사브리가 말했듯이 운하 개통식에서 있었던 연설에서 나폴레옹 3세는 프랑스 및 프랑스가 건설한 운하만을 언급하고 결코 이집트를 언급하지 않았기 때문에 이집트인들의 분노를 사게 되었다.[114] 한편 이러한 스펙트럼의 다른 쪽에는 이스마일이 친오토만 언론인들[115]로부터 그의 과도하게 비용이 드는 유럽 여행에 대한 어리석음과 (이러한 점은 조르주 두잉Georges Douin의 『크헤티브 이스마일의 통치의 역사Histoire du règne du Khedive Ismail』 제2권[116]에 거의 병적으로 상세한 연대기로 기록되어 있다) 터키 제국으로부터의 독립에 대한 그의 구실, 신민에 대한 과도한 세금 부과 그리고 운하 개통식에 유럽계 축하 사절단의 호화스러운 초대 등으로 인해서 공공연하게 공격을 받았다. 크헤티브 이스마일이 독립적으로 보이고자 하면 할수록 그의 뻔뻔스러움이 이집트에 더욱더 많은 대가를 치르게

---

113) David Landes, *Bankers and Pashas* (Cambridge, Mass. : Harvard University Press, 1958).
114) Sabry, p. 313.
115) 같은 책, p. 322.
116) Georges Douin, *Histoire du règne du Khedive Ismail*, Vol. 2 (Rome : Royal Egyptian Geographic Society, 1934).

하였고 오토만인들은 그의 독립적 제스처를 더욱더 증오하게 되었으며 그의 유럽인 신뢰자들은 그와 밀접한 관계를 유지하려는 의지를 더욱더 확고히 하였다. 이스마일의 "야망과 상상력은 그의 청중을 놀라게 하였다. 무덥고 숨막히는 1864년 여름에 그는 운하와 철도뿐만 아니라 나일 강가의 파리와 아프리카 황제로서의 아스마일에 대해서도 생각하고 있었다. 카이로는 탄탄 대로, 증권 거래소, 극장, 오페라를 가질 것이다. 이집트는 거대한 군대와 강력한 함대를 가질 것이다. '왜?'라고 프랑스 영사가 물었다. 그는 '어떻게?'라고도 물었을 것이다."[117]

"어떻게"는 카이로의 변혁과 더불어 진행되었다. 그것은 수많은 유럽인들(그들 중에는 드라네흐트도 포함되었다)의 고용과 도시 거주자라는 새로운 계층의 형성을 필요로 하였으며, 이들 도시 거주자들의 취향과 필요한 것들은 값비싼 수입품을 위한 지역 시장의 팽창을 예고하였다. 오웬이 말한 바와 같이 "외국 수입품이 중요한 역할을 하던 지역에서는 … 많은 외국인 거주자들과 건축 재료를 비롯한 모든 것을 다 수입해서 쓰던, 카이로와 알렉산드리아의 유럽화된 지역에서 유럽식 저택을 짓고 살기 시작한 이집트의 지주들과 관리들에 의해 완전히 다른 소비 형태가 생겨나기 시작했다.[118] 그리고 거기에다가 우리들은 오페라, 작곡가, 가수, 무대 장치 및 의상을 추가할 수도 있다. 이와 같은 계획에 부여된 중요한 이점은 외국 원조자들에게 그들의 자금이 바르게 사용되고 있다는 것을 증거에 의해 확신시키는 것이었다.[119]

그러나 알렉산드리아와는 달리, 카이로는 이스마일의 황금기에서조차도 아랍적이고 이슬람적인 도시였다. 기자 지방의 고고학적인 지역적 이야기와는 별도로, 카이로의 과거는 유럽과 쉽게 또는 잘 소통되지 않았던 것이다. 카이로에는 헬레니즘적이거나 지중해 연안의 레반트적인 결합도 없었고 부드러운 바닷바람도 없었으며 부산한 대도시

---

117) Landes, *Bankers and Pashas*, p. 209.
118) Owen, *Middle East*, pp. 149~50.
119) 같은 책, p. 128.

항구 생활도 없었다. 아프리카, 이슬람, 아랍 및 오토만 세계에 대한 카이로의 거대한 집중성은 유럽의 침입자들에 대한 완강한 장벽과도 같았으며 카이로를 좀더 접근 용이하고 매력적으로 만들려는 이 유럽인들의 희망은 분명히 이스마일에게 도시의 현대화를 추진하도록 부추겼다. 이는 본질적으로 카이로의 양분에 의해 이루어졌다. 그 점에 대해서는 카이로에 대한 20세기의 가장 훌륭한 저서인, 미국의 도시사가 재닛 아부 루고드Janet Abu-Lughod의 『카이로 : 승리의 도시 1001년Cairo : 1001 Years of the City Victorious』에서 인용하는 것이 적절할 것이다.

따라서 19세기 말까지 카이로는 두 개의 분명한 물리적인 지역으로 구성되었는데, 이들 지역은 실제 경계선인 작은 골목길보다도 훨씬 더 넓은 어떤 장벽에 의해서 서로 분리되었다. 이집트의 과거와 미래의 불연속성이 19세기 초에는 아주 작은 틈새로 드러났지만 19세기 말에는 거대한 분열의 격차로 확대되었다. 도시의 물리적 이중성은 문화적 단절의 시현일 뿐이있다.

동쪽에는 기술, 사회 구조 및 생활 방식이 본질적으로 여전히 산업화 이전 양태인 토착민 도시가 자리 잡았고, 서쪽에는 증기 동력 기술, 더욱 빠른 바퀴 달린 교통 수단의 행렬 및 유럽적인 정체성을 지닌 "식민지" 도시가 자리 잡았다. 동쪽은 비록 당시 대문이 해체되고 어두운 구역을 관통하는 두 개의 새로운 도로가 뚫렸어도 여전히 포장되지 않은 작은 미로의 거리 형태를 이루고 있었다. 반면 서쪽에는 군대식처럼 똑바른 직각의 형태로 교차하고 또 이곳 저곳에는 이 도로들이 원형으로 집중되는 넓은 보도와 담벽을 갖춘, 넓고 곧게 뻗은 포장 도로가 있었다. 동부 도시 지역은 여전히 떠돌이 물장수에게 의존하였지만, 서부 도시의 주민들은 강 가까이의 증기 펌프장에 연결된 편리한 수도관을 통해서 식수를 공급받았다. 동부 지역은 저녁이 되면 어둠에 휩싸였지만, 서부 지역은 가스등 불빛이 대로를 밝혀 주었다. 동부의 도시에는 중세 도시의 모래와 진흙 투성이를 정화시킬 공원이나 가로수가 전혀 없었다. 그러나 서부의 도시는 프랑스식 정원, 꽃밭이나 인공적으로 다듬은 나무들로 정성들여 장식되어 있었다. 구도시로 가는 사람들은 낙타를 타고 들어가서 도보나 동물의 등을 타고 다녔지만 신도시로 가는 사람들은 기차를 타고 들어가서 말이 끄는 포장 마차를 타고 지나갔다. 간단히 말해서 이 두 도시는 인접해 있음에도 불구하고 모든 비판적인 안목으로 볼 때, 사회적으로는 수마일 떨어져 있었고 기술적으로는 수세기 떨어져 있었다.[120]

베르디를 위해서 이스마일이 건축한 오페라 하우스는 남북 축의 바로 중앙이자 드넓은 광장의 한가운데에 자리 잡고 있었고 나일 강 제방을 따라 서쪽으로 뻗어 있는 유럽화된 도시를 향하고 있었다. 북쪽으로는 기차역, 세퍼즈 호텔 및 아즈바키야 정원이 자리 잡았는데, 이에 대해서 아부 루고드는 이렇게 덧붙였다. "이스마일은 그가 찬양하는 불로뉴 숲과 샹 드 마르를 설계한 프랑스풍의 건축가를 영입하였으며 그에게 아즈바키야를 19세기 프랑스 정원의 필요 불가결한 특징인 완벽히 자유로운 형태의 수영장, 동굴, 다리 및 전망대를 갖춘 몽코 공원처럼 재설계하도록 임무를 부여하였다."[121] 남쪽으로는 압딘 궁전이 있었는데 그것은 이스마일의 주거주지로서 1874년에 그 자신이 직접 재설계한 것이었다. 오페라 하우스의 뒷편에는 오페라 하우스의 으리으리한 규모와 유럽적 권위를 갖춘 무스키Musky, 사이다 자이납 Sayida Zeinab 및 아타바 알 크하드라'Ataba al-Khadra가 밀집된 지역이 있었다.

카이로는 유럽 침투의 영향하에서 결코 전부는 아니라 해도 대부분이 지적인 개혁의 분위기에 휩싸이기 시작했으며, 이는 자크 베르크 Jacques Berque가 말했듯이 혼돈의 생산을 초래하였다.[122] 이러한 점은

---

120) Janet L. Abu-Lughod, *Cairo : 1001 Years of the City Victorious* (Princeton : Princeton University Press, 1971), p. 98
121) 같은 책, p. 107.
122) Jacques Berque, *Egypt : Imperialism and Revolution*, Jean Stewart 옮김. (New York : Praeger, 1972), pp. 96~98.

아마도 이스마일 시대의 카이로에 대한 가장 훌륭한 설명인 알리 파샤 모바라크Ali Pasha Mobarak의 『크히타트 타우피키야Khittat Tawfikiya』에서 아름답게 환기되고 있다. 모바라크는 공공 사업과 교육 분야의 대단히 정력적인 장관이자 엔지니어, 민족주의자, 현대화 추진자, 지칠 줄 모르는 역사가, 초라한 마을의 아들이었으며 또한 그는 이슬람적인 동양의 전통과 종교에 의해 구속되었던 것만큼이나 서양에 대해서도 깊이 매료되었던 사람이었다. 알리 파샤는 카이로의 역동성이 이제는 카이로 사람들에 대한 유래 없는 차별과 관찰에 대한 새롭고 구체적인 관심을 요구하게 되었다는 인식에서 카이로의 변화에 대해 기록했던 것 같다. 알리는 궁전, 정원과 동물원 및 방문 인사를 위한 환영에 대한 이스마일의 과도한 지출에 대해서는 구체적으로 언급하지만, 오페라에 대해서는 전혀 말하지 않는다. 후세의 이집트 저술가들도 알리처럼 이 시기의 열기를 강조하지만, 그들은 또한 (예: 안와르 압델 말렉Anwar Abdel-Malek) 오페라 하우스와 『아이다』를 이집트의 예술 생활과 제국주의 통치의 이율 배반의 상징으로 강조한다. 1971년에 목재로 된 오페라 하우스는 불타 버렸다. 그리고 결코 복원되지 않았으며 그 자리는 처음에는 공원이 그리고 나중에는 고층 창고가 세워졌다. 1988년에 일본의 자본으로 게지라Gezira 섬에 새로운 문화 센터가 완공되었으며 이 문화 센터에는 오페라 하우스도 포함되어 있었다.

명백히 우리는 『아이다』가 비록 수십 년 동안 서구 무대에서 성공을 거두었지만 정작 오래 지속되었을 것 같은 상황과 시기의 카이로에서는 그렇지 못했다는 결론을 내릴 수 있다. 『아이다』의 이집트적 정체성은 식민지 도시 본래의 지역과 제국적인 지역을 양분하는 상상의 장벽에 새겨진 그 도시의 유럽적인 외관과 단순성과 엄격성으로 이루어진 것이다. 『아이다』는 분리의 미학이며, 우리들은 『아이다』에서 『아이다』와 카이로 사이의 조화를 찾아볼 수가 없다. 달리 말하면 키츠John Keats가 그리스 항아리의 조각과 그것에 상응하는 것들 즉 그리스 마을과 이러한 마을의 주민 또 그 경건한 아침이 없는 성채 양측면에서 보았던 그러한 조화를 발견할 수가 없는 것이다. 대부분의 이집트인들에게 있어서 『아이다』는 오락성을 추구하는 소수의 고객을 위한 제국주의적인 신용 구매 품목이었던 것이다. 베르디는 『아이다』

를 자신의 예술에 대한 기념비로 생각했다. 이스마일과 마리에트는 다양한 목적으로 인해서 그들의 넘치는 에너지와 끊임없는 의욕을 『아이다』에 낭비했다. 『아이다』는 그 자체의 결점에도 불구하고 일종의 기념비적인 예술로 즐길 수 있고 해석될 수 있다. 『아이다』의 활력적이고 확고한 틀은 무자비한 죽음의 논리와 함께, 정확한 역사적 순간과 특별하게 기록된 심리적 형식, 거의 전적으로 유럽 청중들에게 보여 주고 감동을 주기 위해 의도된 제국주의적인 웅장한 면을 상기시켜 준다.

물론 이러한 점은 오늘날의 문화적 보고로서의 『아이다』의 입장과는 아주 거리가 먼 것이다. 그리고 분명히 제국의 수많은 거대한 심미적 대상이 잉태에서 생산까지의 과정을 통해서 이루어진 지배의 짐을 지지 않고서 기억되고 찬양되었다는 점도 사실이다. 그렇지만 우리는 영향과 흔적 속에 남아 있는 제국을 읽고, 듣고, 또 볼 수 있다. 만일 우리가 영토와 조종을 위한 싸움과는 아무런 상관이 없어 보이는 『아이다』 같은 작품 속에서 암시되고 있는 제국주의적 태도와 언급에 대해 고려하지 않는다면 우리는 그러한 작품들을 단순한 캐리커처로 ― 비록 정교하고도 세련된 캐리커처이긴 하겠지만― 축소시키게 될 것이다.

또한 누구나 자신이 제국적이고 식민지적인 대응에서 더욱 강한 편에 속하게 되는 경우 바로 그곳에서 일어나고 있는 유쾌하지 못한 측면을 간과하거나 망각하거나 무시할 가능성이 매우 크다는 점을 기억해야만 한다. 문화적인 기제 ―『아이다』와 같은 거대한 장관, 여행자와 소설가와 학자들이 집필한 정말로 흥미있는 서적들, 환상적인 사진과 이국적인 그림― 는 유럽 청중들에게 정보적인 효과 이상으로 심미성 또한 지니고 있었던 것이다. 거리를 두고 심미화시키는 그러한 문화적 실천이 채택되는 곳에서는 아무것도 변하는 것은 없다. 왜냐하면 그것들은 제국의 의식을 분열시키고 마취시키기 때문이다. 1865년에 자메이카의 영국 총독 E. J. 아이레는 소수의 백인을 죽였다는 이유로 보복적인 흑인 학살을 명령했다. 그것은 많은 영국인들에게 식민지 생활의 불공정성과 공포를 드러내 주었다. 계속되는 토론은 아이레의 계엄령 선포와 자메이카 흑인의 살해에 대해 찬성하는 측 (러스킨, 카알라일,

아놀드)과 반대하는 측(밀, 헉슬리Aldous Huxley, 왕정 최고 법관 콕번Cockburn) 모두에게 그 행위의 훌륭한 공공성에 대한 논의로 귀결되었다. 그러나 그것은 시간의 경과에 따라 잊혀졌고 또 다른 형태인 "행정적 학살"이 제국에서 발생하였다. 그러나 한 역사가의 말을 빌리면 "대영 제국은 국내의 자유와 해외에서의 제국적 권위 —그것을 그 역사가는 "억압과 공포"라고 설명하였다— 간의 차이를 유지했다."[123]

아놀드의 고통에 찬 시편이나 문화의 찬양에 대한 그의 훌륭한 이론을 읽는 대부분의 현대 독자들은 그가 이상적으로 명령된 '행정상의 학살'과 식민지 아일랜드에 대한 영국의 강격 정책을 자신의 작품에 연계시키고 또 그가 이 모두에 강력하게 동조하고 있다는 사실을 알지 못한다. 『문화와 무정부Culture and Anarchy』는 1867년의 '하이드 파크 폭동Hyde Park Riots'의 한가운데에서 씌어진 산물인데, 문화에 대한 아놀드의 이러한 언급은 그것이 난폭한 무질서를 저지할 것이라고 특별히 믿게 되었기 때문이라고 할 수 있다. 식민지, 아일랜드, 국내적으로 자메이카인, 아일랜드인과 여성 그리고 일부 역사가들은 이러한 내학살을 "부적절한" 순간에 제기하지만 그러나 영미계 아놀드 독자들의 대부분은 이러한 점을 망각한 채 그것들을 —그들이 조금이라도 그러한 점을 파악한다면— 즉 아놀드가 모든 시대를 위해서 촉진시켰던 것 같은 더욱 중요한 문화 이론과는 무관한 것으로 파악하고 있다.

(하나의 작은 괄호 속 언급으로서 말하자면, 사담 후세인의 야만적인 쿠웨이트 정복에 반대하는 합법적인 근거가 무엇이든지간에 '사막태풍 작전Operation Desert Storm'은 또한 부분적으로는 "베트남 신드롬"의 망령을 제거하고 또 미국이 전쟁에서 승리할 수 있다는 것과 조속히 승리할 것이라는 정신을 강조하기 위해서 시작되었다. 이러한 동기를 유지하기 위해서는 2백만 베트남인들이 죽었고 또 전쟁이 끝난

---

123) Bernard Semmel, *Jamaican Blood and Victorian Conscience : The Governor Eyre Controversy* (Boston : Riverside Press, 1963), p. 179. Irfan Habib, "Studying a Colonial Economy—Without Perceiving Colonialism," *Modern Asian Studies* 19, No. 3 (1985), 355~81에서 연구되고 있다.

16년 동안 동남 아시아는 여전히 황폐한 채로 남아 있다는 사실을 잊어야만 했다. 그렇기 때문에 미국을 강하게 만들고 지도자로서 부시 대통령의 이미지를 고양시키는 것이 먼 거리에 있는 사회를 파괴하는 것보다 우위를 점하게 되었다. 그리고 고도의 기술과 교묘한 공공 관계 기법이 전쟁을 멋지고, 깨끗하고, 도덕적인 것으로 보이도록 하는 데 이용되었다. 이라크가 분할과 대응 보복과 대중의 인간적 고통이라는 극도의 상황을 겪었던 데 비하여, 미국의 대중적인 이익은 순식간에 증대하였다.)

19세기 후반 유럽에서는 하나의 흥미있는 선택의 폭이 제공되었는데 그 모두는 토착민의 굴복과 희생을 전제로 하였다. 하나는 먼 거리에 있는 영토와 국민을 관찰하고 지배하고 장악하고 이윤을 추구하는 권력을 사용하는 데 있어서의 자기 망각적인 기쁨이다. 이러한 기쁨으로부터 발견의 여행, 수지 맞는 장사, 행정, 합병, 학구적인 탐험과 전시, 지역의 장관, 식민지 지배자와 전문가라는 새로운 계급이 발생하였다.

또 다른 하나는 토착민을 지배받아야 하고 종속되어야만 하는 사람들로 만들고 구조화하는 이데올로기적인 논리적 근거이다. 토마스 호지킨Thomas Hodgkin이 자신의 『식민지 아프리카의 민족주의 Nationalism in Colonial Africa』에서 특징지웠듯이 거기에는 언제나 독특한 지배 스타일 —프랑스의 데카르트주의, 영국의 경험주의, 벨기에의 플라톤주의— 이 있었다.[124]

누구나 그러한 특징이 토착민 엘리트들이 아프리카와 아시아 전역에 개교했고 운영했던 식민지 학교, 대학 및 대학교와 같은 인문적인 제도 그 자체내에 새겨져 있음을 알 수 있다. 셋째는 서구의 "문명화 사절단"을 통한 서구의 보호와 구원의 이념이다. 이념의 전문가들(선교사, 교사, 조언가, 학자)과 현대 산업과 통신의 전문성에 의해 지원을 받음으로써 후진국을 서구화한다는 제국주의 이념이 전세계적인 항구적 위상을 얻었지만 그것은 마이클 에이다스와 그 밖의 사람들이

---

124) Thomas Hodgkin, *Nationalism in Colonial Africa* (London : Muller, 1956), pp. 29~59.

지적한 바와 같이 언제나 지배를 수반했다.[125] 넷째는 정복자가 자신이 하고 있는 폭력의 진실을 파악하지 못하도록 하는 어떤 상황의 보장이다. 문화의 이념 그 자체는 아놀드가 정립한 바와 같이 당대와 역사적인 것에서부터 추상적이고 일반적인 것에 이르기까지 실천적 행위를 이론의 수준으로까지 끌어올리고, 저항적인 요소 —국내와 외국에서— 에 대항할 수 있는 이데올로기적 강제를 만들어 내기 위해서 마련된 것이다. "사고하고 행해지는 최상의 것"은 국내외적으로 난공 불락의 지위를 갖는 것으로 생각되기 마련이다. 다섯째는 토착민들이 자신들의 영토에서 그들의 역사적 위치가 뒤바뀌어진 이후에 그들의 역사가 제국주의적 역사의 기능으로 다시 쓰여지는 과정이다. 이러한 과정은 제국적 존재가 너무도 지배적이어서 그것을 역사적 필요성과 분리시키려는 어떤 노력도 불가능하게 만듦으로써, 제국적 존재의 폭력성 —이국적인 것이 권력에 대한 인상을 알량한 호기심으로 대체하는— 을 차단하고 모순된 기억을 떨쳐 버리는 화법을 사용하고 있다. 이 모든 것은 그 동안 축적되고, 지배되고, 통치받았던 영토의 도착민이 결코 운명적으로 회피할 수 없고 유럽의 의지의 창조물로 남는 것에 관한 기술의 합성물을 창출했다.

---

125) Adas, *Machines as the Measure of Men*, pp. 199~270를 보라.

5. 제국주의의 즐거움

『킴』은 영문학에서 독특한 그 위상만큼이나 저자인 키플링의 생애에서도 독특한 의미를 갖는 소설이다. 이 소설은 키플링이 태어나고 또 언제나 그의 이름이 연상되는 인도라는 나라를 떠난 지 12년 이후인 1901년에야 등장했다. 더욱 흥미있는 것은 그 소설이 키플링의 장편 가운데 유일하게 성공을 유지하고 있는 성숙한 작품이라는 점이다. 이 소설은 사춘기의 청소년들에게 즐겁게 읽혀질 수 있지만 사춘기가 지난 이후의 일반 독자와 비평가들 모두에게 똑같이 존경과 즐거움을 갖고 읽혀질 수 있다. 키플링의 다른 소설은 단편들이나 (또는 『정글북The Jungle Book』과 같은 선집), 아니면 심각한 결점을 지닌 장편(『용감한 선장Captains Courageous』, 『사라진 불빛The Lihgt That Failed』, 『스토키 회사Stalky and Co.』 등과 같은 소설인데 이러한 작품들은 일관성, 비전, 판단의 측면에서 실패함으로써 일반적으로 그 흥미들이 사실상 가려져 있다)들 뿐이다. 또 다른 훌륭한 문장가인 콘라드만이 그의 젊은 동료인 키플링과 더불어 그와 같은 열정을 가지고 제국주의 경험을 작품의 핵심 주제로 삼았다고 볼 수 있다. 그리고 이 두 예술가는 어조나 문체에서 상당히 다르면서도 근본적으로 섬사람의 지방색이 있는 영국 독자에게 영국의 대외 사업이 갖는 개성과 매력, 사랑 이야기 등을 소개하였으며 그러한 이야기들은 영국내의 전문적인 사회 부문에 더욱 잘 알려졌다. 이들 두 사람 중에서 먼저 다수의 독자를 확보한 것은 키플링이었는데, 그것은 그가 콘라드보다 덜 반어적이고 기교적으로 자의식적이었기 때문이다. 그러나 이 두 작가는 영문학자들에게는 곤혹스러운 존재다. 왜냐하면 이 두 작가가 디킨스, 하디와 같은 그의 동료들에게 순화되거나 기본 원리에 흡수되기보다는 그런 것들에 신중하거나 아니면 심지어 그런 것들을 근본적으로 벗어나 이상하고 말썽을 일으키고 있기 때문이다.

제국주의에 대한 콘라드의 비전은 『암흑의 핵심』에서는 아프리카, 『로드 짐』에서는 남태평양, 『노스트로모』에서는 남아메리카와 관계된다. 키플링의 위대한 작품은 인도와 관련되는데 콘라드는 한번도 그곳에 관해 쓴 적이 없다. 19세기 말까지 인도는 영국의 모든 식민지 영토, 아마도 전유럽의 식민지 영토 중에서 가장 거대하고 가장 영속적이고 가장 이용 가치가 많은 영토가 되었다. 1608년 영국의 최초 탐험대가 인도에 도착했을 때부터 1947년 영국의 마지막 총독까지 인도는 상업과 교역에서, 산업과 정치에서, 이데올로기와 전쟁에서, 문화와 상상적 삶에서 영국에 막대한 영향을 끼쳤다. 영국의 문학과 사상에서 인도를 취급하고 또 인도에 대해서 썼던 위대한 이름의 목록은 매우 인상적이다. 왜냐하면 거기에는 윌리엄 존스, 에드먼드 버크, 윌리엄 메이크피스 새커리, 제레미 벤섬Jeremy Bentham, 제임스와 존 스튜어트 밀, 로드 맥콜레이, 해리에트 마티노Harriet Martineau는 물론 키플링도 포함되어 있기 때문이다. 대영 제국의 전반적인 영광이 분산되고 와해되기 시작했던 직전까지 제국의 절정기의 인도는 대영 제국에 대해 무엇이었는가에 대한 정의, 상상력, 공식화의 측면에서 이들 위대한 이름들이 지니고 있는 중요성을 부정할 수는 없다.

키플링은 인도에 대한 글을 썼을 뿐만 아니라 그 자신이 인도의 일부분이었다. 그의 아버지 록우드는 훌륭한 학자이자 교사이며 예술가로서 —『킴』의 제1장에서 라호레Lahore 박물관의 친절한 관장의 모델— 영국령 인도에서 교사를 역임하였다. 키플링은 1865년에 인도에서 태어났으며 생애의 초기에는 북부 인도어의 표준어인 힌두스타니 Hindustani를 사용하였고 킴처럼 사히브(식민지 시대 인도의 영국 지배계급 - 역주)족 복장을 하고 생활했다. 여섯 살이 되어서 키플링과 누이 동생은 학교에 다니기 위해 영국에 갔다. 영국에서 처음 몇 해의 매우 긍정적인 경험 —남쪽 해변에 사는 홀로웨이 부인의 보호 속에서— 은 키플링에게 젊은 층과 불쾌한 권위자간의 상호 작용이라는 그에게 일생동안 지속되는 중심 주제를 제공하였는데, 그는 자신의 일생을 통해서 이러한 상호 작용을 매우 복잡하고 또 이중적인 문제로 생각하였다. 이후 키플링은 식민지 근무자의 자녀들을 위해 마련된 공립적 성격이 약한 학교인 웨스트워드 호에 있는 United Services College(이러한 학교들 중에서 가장 훌륭한 학교는 헤일리베리였으며 이 학교는 식민지 엘리트의 상류 계층을 위해 마련된 학교였다)에 다녔다. 1882년에 키플링은 인도로 돌아왔다. 그의 가족은 여전히 그곳에 있었으며 그는 7년 동안 그곳에 머물렀다. 그는 그의 사후에 간행된 자서전 『나 자신의 모든 것Something of Myself』에서 그 기간 동안 일어난 일들을 말하고 있는데, 그는 그 7년 동안 처음에는 〈민군 신문The Civil and Military Gazette〉, 그 다음에는 〈개척자The Pioneer〉라는 편잡에 있는 잡지사에서 활동했다.

그의 첫 번째 소설은 이러한 경험을 바탕으로 하였고 지방에서 출판되었다. 당시 그는 또한 시—엘리엇이 운문verse이라고 불렀던 것—를 쓰기 시작했으며, 처음에 그것은 『부문별 노래Departmental Ditties』(1886)로 선집되었다. 키플링은 1889년에 인도를 떠났으며, 그의 예술이 이후 그의 삶 속에서 인도에서의 어린 시절에 대한 기억을 되살리기는 하지만, 인도에 거주하기 위해서 얼마 동안이라도 다시 돌아온 적은 결코 없다. 게다가 키플링은 미국 여자와 결혼하여 미국과 남아프리카에서 거주했지만 1900년 이후에는 영국에 정착하였다. 『킴』은 베이트만Bateman에서 집필되었는데 여기에서 그는 1936년 세상을 떠날 때까지 살았다. 그는 출간 즉시 대단한 명성을 얻었고 굉장한 독자층을 형성하였다. 1907년에 그는 노벨 문학상을 수상하였다. 그의 친구들은 부자였고 세력이 있었으며 그들 중에는 사촌 스탠리 볼드윈 Stanley Baldwin, 조지 5세King George Ⅴ 는 물론 하디가 포함되었다. 헨리 제임스와 콘라드를 비롯한 수많은 훌륭한 작가들이 그에 대한 존경을 표했다. 제1차 세계 대전(그의 장남 존이 전사한 전쟁)이후 그의 비전은 상당히 어두워졌다. 그가 비록 토리당의 제국주의자로 남아 있기는 했지만 영국과 영국의 미래에 대해서 어두운 전망을 보이는 그의 소설은 특이하고 동물적이면서도 유사신학적인 소설과 더불어 그의 명성에 대한 변화를 예고하였다. 사후에 그는 영국의 가장 위대한 작가에게 수여하는 영국 최고의 영예를 받았으며 웨스트민스트 사원에 안장되었다. 그는 영문학에서 하나의 전형으로 남게 되었으나, 위대하고 중심적인 조류와는 언제나 조금은 동떨어진, 말하자면 인정되기는 하지만 좀 경시되는, 높게 평가되기는 하지만 그러나 결코 완전하게 정전화되지는 않는 전형으로 남게 되었다.

    키플링을 찬미하는 사람들과 추종자들은 일반적으로 인도에 대한 그의 표현을 말하고 있다. 인도가 지리적 구성체에서 실제로 그런 것처럼, 매우 시적인 장소나 되는 것처럼, 마치 그가 인도가 시간을 초월하고 불변적이고 필연적인 지방으로 쓴 표현들을 자주 언급해 왔다. 이것은 내가 생각하기에 그의 작품을 근본적으로 잘못 읽는 것이다. 키플링의 인도가 필연적이고 불변의 특질을 지니고 있다면 그가 인도를 의도적으로 그런 식으로 파악했기 때문이다. 결국 우리는 영국 또는 보어Boer 전쟁에 대한 키플링의 후기 소설이 필연적인 영국이나 본질적인 남아프리카에 대한 것이라는 점을 전제로 해서는 안 된다. 오히려 우리는 키플링이 이러한 지역의 역사 속에서 어느 특정한 순간에 해당 지역에 대한 자신의 느낌을 상상적으로 재구성하는 데 책임이 있고, 또 실제로 그렇게 했다는 점을 정확하게 추정할 수가 있다. 이러한 점은 키플링의 인도에 대해서도 마찬가지이다. 인도는 영국에 의해서 300년간 통치된 지역으로, 오직 탈식민지화와 독립에 의해 절정에 이른, 사회적 소요를 경험하기 시작하는 지역으로 해석되어야만 한다.

    『킴』을 해석할 때 우리는 두 가지 요소을 기억해야만 한다. 하나는 우리가 좋든 싫든 작가가 식민지 점령에 있어 백인의 지배적인 관점이 아니라, 경제, 기능, 역사가 자연스럽게 실질적인 사실로써 위상을 획득하게 되는 거대한 식민지 체계에 대한 시각에 의해 소설을 집필했다는 점이다. 키플링은 기본적으로 논쟁의 여지가 없는 제국을 전제로 하였다. 식민지 분할의 한쪽에는 백인의 기독교적인 유럽 즉 주로 영국과 프랑스지만 네덜란드, 벨기에, 독일, 이탈리아, 러시아, 포르투갈, 스페인 같은 다양한 국가들이 대부분의 지구 표면을 통치하였다. 분할의 다른 한쪽에는 거대하고 다양한 지역과 인종이 있었으며 이들 대부분은 그렇게 중요하지 않고 열등하며 의존적인 존재라고 생각되었다. 예를 들면 도미에르Honoré Daumier의 유명한 그림은 아일랜드 백인과 자메이카 흑인을 분명하게 관련 짓고 있다. 이들 열등한 대상은 각각 조지 쿠비에Georges Cuvier, 찰스 다윈, 로버트 녹스Robert Knox 같은 학자와 과학자들에 의해 과학적으로 증명된 인종 체계 속에서 분류되고 배치되었다. 인도를 비롯한 모든 곳에서 백인과 비백인의 구분은 절대적이었고 『킴』에서는 물론 키플링의 그 밖의 작품을 통해서도 암시되어 있다. 사히브는 사히브이며, 우정이나 동지애의 그 어떤 것도 인종적 차이의 근본을 변화시킬 수는 없다. 키플링이 그러한 차이점과 유럽 백인의 통치할 권리에 전혀 의문을 갖지 않았다는 것은 그가 히말라야 산맥에 대해 의문을 품지 않는 정도만큼이나 확실하다.

두 번째 요소는 인도 그 자체처럼, 키플링이 대예술가였다는 점 이상으로 역사적 존재라는 사실이다. 『킴』은 그의 일생에서 어떤 특정한 순간 즉 영국인과 인도인의 관계가 변화하던 때에 집필된 것이다. 『킴』은 제국의 유사 관료적인 시대의 중심에 있으며, 어떤 점에서는 그것을 대표하기도 한다. 그리고 키플링이 이러한 현실에 저항하기는 했을지라도 인도는 이미 영국의 통치에 대해 활발하고 분명한 반대의 길로 잘 나아가고 있던(1885년에 인도 의회가 결성되었다) 반면에, 1857년 폭동의 결과로서 민간인은 물론 군인을 비롯한 영국 식민지 관료 중의 지배적인 카스트 사이에 중요한 태도 변화가 일어났다. 영국인과 인도인들은 다 같이 합류하고 하나가 되었다. 그들은 공통적으로 상호 의존적인 역사를 지니고 있었으며, 그 역사 속에서 반목, 대립, 적개심은 물론 동정심까지도 그들을 분리시키거나 하나로 통합시켰다. 『킴』과 같이 탁월하고 복잡한 소설은, 다른 위대한 예술 작품과 마찬가지로 강조와 변형과 사려 깊은 내포와 배제로 충만되었으며, 이 소설은 키플링이 영국-인도의 상황에서 중립적인 인물이 아니라 그러한 상황의 탁월한 행동가였다는 점 때문에 더욱 흥미롭게 되었으며, 그러한 역사에서 아주 명백하게 일부분이 되는 것이다.

인도가 1947년에 독립을 쟁취(그리고 독립을 분배받았다)했다 하더라도, 그동안의 인도와 영국의 역사를 탈식민지화 이후에 어떻게 해석하느냐에 대한 문제는 여전히 그처럼 깊고 고도로 복잡화된 조응처럼 그것이 언제나 향상적인 것은 아닐지라도 지속적인 논쟁거리이다. 예를 들면 제국주의가 인도인의 생활에 영원히 상처를 입혔고 왜곡시켰다는 견해가 있으며, 이 견해에 따르면 독립 후 수십 년이 지난 후에도 인도 경제는 영국의 수요와 관행에 의해 갈취당해서 여전히 고통받는다는 것이다. 반대로 제국 ―그러한 상징으로는 수에즈 운하, 아덴 및 인도가 있다― 을 포기하는 것은 영국인에게도 유감이었고 '토착민'에게도 유감이었다고 믿고 있는 영국의 지성인들, 정치적 인물들, 역사가들이 있으며, 이들은 그런 경우 토착민은 모두 다 그 후에는 어떤 형태로든 쇠퇴하게 된다고 본다.[126]

우리들이 오늘날 키플링의 『킴』을 읽을 때 이러한 여러 가지 문제를 취급할 수 있다. 키플링은 인도인들을 열등한 종족으로 또는 거의 동등하나 좀 다른 종족으로 취급하였는가? 분명히 인도의 독자는 다른 요인보다는 어떤 몇 가지 요인, 예를 들면 동양인 주인공에 대한 키플링의 전형적인 견해(누군가는 그것을 인종 차별적인 견해라고 부를 수도 있다)에 중점을 두어 대답하게 될 것이지만, 영국과 미국의 독자는 인도 생활 ―주요 간선 도로변의― 에 대한 키플링의 애정을 강조하게 될 것이다. 그러면 우리는 스코트, 오스틴, 디킨스, 엘리엇의 작품에 선행하는 19세기 후반의 소설로서 『킴』을 어떻게 읽을 것인가? 우리는 이 책이 결국 소설의 계열에 드는 하나의 소설이라는 점, 거기에는 기억되어야 하는 역사가 하나 이상으로 존재한다는 점, 제국주의 경험은 전적으로 정치적인 것으로만 간주되었지만 그러나 또 대도시 서구의 문화적 심미적인 생활에도 침투해 있다는 점을 망각해서는 안 된다.

이 소설의 구성에 대한 간략한 요약은 여기에서 재현될 수도 있다. 킴발 오하라Kimball O'Hara는 인도 군대 상사의 고아 아들이다. 그의 어머니는 백인이다. 그는 라호레 시장市場의 아이로서 부적과 자신의 출생을 증명하는 몇 가지 서류를 가지고 성장한다. 그는 성스러운 티벳 스님을 만나게 되고 그 스님은 자신의 죄악을 씻을 수 있는 강을

---

126) 이러한 유형의 사고에 대한 한 표본으로 J. B. Kelly, *Arabia, the Gulf and the West* (London : Weidenfeld & Nicolson, 1980)을 보라.

찾고 있다. 킴은 그의 제자 또는 문하생이 되고 두 사람은 라호레 박물관의 영국인 관장의 도움으로 모험적인 방랑자가 되어 인도 전역을 방랑한다. 그러는 동안 킴은 편잡 북부 지방의 한 지역에서, 반란을 일으키는 것을 목적으로 하는 러시아의 지령을 받은 음모자를 격퇴하라는 영국의 비밀 임무 계획에 연루된다. 킴은 영국을 위해서 활동하는 아프간의 말장사꾼인 마흐법 알리와 그 임무의 책임자이자 학문적으로는 민족지학자인 크레이톤 대령간의 전령으로 이용된다. 후에 킴은 크레이톤을 만나게 되면서 자신이 백인(비록 아일랜드인이기는 하지만)이며 외양에서 드러나듯이 토착민이 아니라는 점을 알게 되며 그는 성 자비에르의 학교에 보내져 그곳에서 백인 소년으로서의 교육을 끝마치게 된다. 킴의 사부는 학비를 위해 돈을 마련하며 노인과 젊은 제자는 휴가 중에는 방랑을 다시 시작한다. 킴과 노인은 러시아 스파이들을 만나고 소년은 스파이들에게서 여러 방법을 동원해 범죄에 사용된 서류를 훔치지만 외국인들이 그 성자를 구타하기 전에 끝내지 못한다. 그 음모가 드러나고 끝맺게 되기는 하지만 제자와 스승은 모두 절망하게 되고 병들게 된다. 이들은 킴의 회복 능력과 대지와의 새로운 접촉력에 의해서 치료된다. 킴을 통해서 노인은 강을 발견했다고 이해한다. 소설이 끝나감에 따라 킴은 "위대한 게임"(인도에서의 영국의 첩보 활동)에 되돌아오게 되고 실제로 영국 식민지의 정규군으로 입대하게 된다.

『킴』의 몇 가지 특징은 정치나 역사와는 무관한 모든 독자들을 놀라게 할 것이다. 그것은 소설의 중심에 있는 두 명의 놀랍도록 매력적인 남성 —청년으로 성장하는 소년과 고행하는 스님— 으로 이루어진 전적으로 남성적인 소설이다. 다른 사람들은 단지 이 두 사람의 주변에 무리지어 있으며, 이들 중 몇몇은 동반자이고 몇몇은 동료이고 몇몇은 친구이다. 이들은 현실을 정의해 냄으로써 소설의 중심을 이루고 있다. 이처럼 소설의 풍부한 다수 인물 중에서 몇 사람만을 언급한다면 마흐법 알리, 루간 사히브, 바부는 물론 늙은 인도 군인과 그의 활기에 찬 기병대 아들을 비롯하여 크레이튼 대령, 베네트 씨, 빅토르 신부가 있다. 이들 모두는 남자인 자신들 사이에서만 사용하는 언어로 말한다. 이 소설 속의 여성은 상대적으로 눈에 띄게 적으며 이들 모두는 어떻든간에 그 바탕이 약하거나 남성의 매력을 끌기에는 부적당하다. 매춘부나 나이 든 과부나 또는 샴레히의 과부들처럼 성가시면서도 탐욕스런 여성들이다. 킴은 "여성에 의해서 영원히 괴롭힘을 당하는 것"은 위대한 개인을 전개하는 데 있어서 방해가 되며 그러한 게임은 남성만으로 가장 훌륭하게 전개된다는 점을 말하고 있다. 우리는 여행, 교역, 탐험, 음모가 지배하는 남성적 세계 속에 존재하며 그것은 금욕적인 세계로서 거기에서 소설의 보편적인 사랑 이야기와 결혼의 지속적인 제도는 제거되고 회피되며 모두 무시된다. 기껏해야 여성은 일을 도울 뿐이다. 그들은 표를 구하고 요리를 하고 병자를 돌보며 … 남성을 괴롭힌다.

킴이 비록 소설에서는 열세 살에서부터 열여섯이나 열일곱 살에 해당하지만 그 자신은 속임수, 장난, 현명한 말장난, 임기 응변에 대한 소년다운 열정을 지닌 소년으로 남아 있다. 키플링은 자기 자신을 횡포한 학교장과 성직자(『킴』에서 베네트 씨는 예외적으로 매력적이지 못한 인물이다)라는 어른의 세계에 의해 괴롭힘을 당하는 한 소년으로서 평생동안 스스로를 동정했던 것 같다. 이들 성직자와 학교장의 권위는 크레이톤 대령과 같은 또 다른 권위 있는 인물이 나타나서 젊은이를 더 이상의 권위가 아닌 이해심 어린 애정으로 대하게 될 때까지는 언제나 고려되어야만 한다. 킴이 잠시 동안 다녔던 성 자비에르 학교와 "위대한 게임"의 복무 사이의 차이는 후자쪽의 좀더 큰 자유 때문이 아니다. 그와는 반대로 "위대한 게임"의 요구는 더욱 엄격한 것이다. 그 차이점은 전자가 쓸데없는 권위를 부여하는 반면 비밀 임무의 위급 상황은 킴에게 그가 기꺼이 수용하고자 하는 고무적이면서도 정확한 훈련을 요구한다는 사실에 있다. 크레이톤의 관점에서 보면 "위대한 게임"은 일종의 통치의 경제학이다. 그가 한때 킴에게 말한 바와 같이 그러한 통치에서 가장 커다란 죄악은 무지 즉 알지 못하는 것이다. 그러나 킴이 "위대한 게임"을 일종의 확장된 장난으로 완벽하게 즐길 수 있다 하더라도 그 복잡한 모든 양상을 전부 인식할 수는 없을 것이다. 킴이 친구이든 적이든간에 나이 든 사람들과 함께 농담을 하고, 거래를 하고, 재치 있는 대화를 하는 것은, 어떤 유형의 게임이든간에 일종의 게임을 하는 순간적인 단순한 즐거움에 있어 아마도 지칠 줄 모르는 키플링의 소년다운 쾌락적 기질의 표시일 것이다.

우리들은 이러한 소년다운 즐거움을 오해해서는 안 된다. 그러한 즐거움은 인도에 대한 영국의 통치나 영국이 갖고 있는 다른 해외 지배의 모든 정치적인 목적에 위배되는 것은 아니다. 그와는 반대로 제국주의적이고 식민지적인 작품과 비유적이고 음악적인 예술의 여러 가지 형식에서 점진적으로 드러나는 즐거움은 논의되지 않은 채 자주 미루어져 왔지만 그러한 즐거움이 『킴』에서는 부인할 수 없는 요소인 것이다. 말장난과 진지한 정치적 신중성의 혼합이라는 이와 같은 또 다른 예를 1907~1908년에 창설되어서 시작된 로드 바덴 포웰의 보이 스카우트 개념에서 찾아 볼 수 있다. 키플링과 거의 정확하게 동시대인인 바덴 포웰은 사람들이 그렇게 보는 것처럼 보편적으로는 키플링의 소년들에 의해 굉장한 영향을 받았다. "소년학boyology"에 대한 바덴 포웰의 생각은 그와 같은 이미지들을 '제국의 벽을 강화하는' 위대한 보이 스카우트 구조에서 절정을 이루는 거대한 제국주의 권위의 기제 속에 직접적으로 제공해 주었으며 그것은 열지어 서 있는 총명한 눈빛, 열정과 재능을 지닌 제국의 중산층 어린 봉사자들에게서 즐거움과 봉사의 창조적인 결합을 확인한 것이다.[127] 결국 킴은 아일랜드 계이자 사회적으로는 열등한 카스트에 속하였다. 키플링의 관점에서 이러한 점은 임무에 대한 킴의 자격에 가치를 더 부여해 주는 것이다. 바덴-포웰과 키플링은 또 다른 두 가지 점에서 일치한다. 하나는 소년들이 궁극적으로 파괴 불가능한 법칙에 의해 지배되는 인생과 제국을 생각해야만 한다는 점이고 다른 하나는 임무는 좀 부족하게는 이야기와 같은 것 ―일련의 지속적인, 일시적인― 과 좀 과도하게는 현지에서의 활동 ―다면적, 단절적, 공간적― 을 고려할 때에 좀더 즐길 수 있다는 점이다. 역사가 J. A. 맨간Mangan의 최근 저서 『게임 윤리와 제국주의The Games Ethic and Imperialism』는 이러한 점을 훌륭하게 요약하고 있다.[128]

---

127) Rosenthal, *Character Factory*, p. 52 and passim.
128) J. A. Managan, *The Games Ethic and Imperialism : Aspects of the Diffusion of an Ideal* (Harmondsworth : Viking, 1986).

인간의 가능성의 영역에 대한 키플링의 시각이 너무나 거대하고 또 이상할 정도로 민감해서 그는 티베트의 낯선 라마승과 이 소설의 주인공과 그의 관계로 표현되는 키플링 자신의 또 다른 완전한 감정적 편애를 부여함으로써 『킴』에서 이러한 봉사를 윤리적인 것으로 상쇄시켜 버렸다. 킴이 비록 정보 활동을 하도록 징집되었다 해도 이 재능 있는 소년은 이 소설의 시작부터 라마승의 제자가 될 만큼 매력적인 것이다. 이러한 두 남성 동료 사이의 거의 목가적인 관계는 흥미있는 계보를 갖고 있다. 수많은 미국 소설처럼,(쉽게 떠오르는 것으로『허클베리 핀Huckleberry Finn』, 『모비-딕』, 『사슴 도살자The Deerslayer』 같은 소설) 『킴』도 어렵고 때로는 적의에 찬 환경에서 두 남성간의 우정을 찬양하고 있다. 미국의 개척자와 식민지 인도는 전혀 다르지만, 이들은 양성간의 가정적, 애정적 관계를 강조하기보다는 "남성 유대 관계"에 더 높은 우선권을 부여한다. 어떤 비평가는 이런 관계에서 숨겨진 동성애적인 모티브를 고려하기도 하지만 그러나 거기에는 남성 모험가(집에 아내나 어머니 또는 그 둘 모두가 안전하게 있는)와 그의 남성 동반자가 특별한 꿈—제이슨, 오디세우스 또는 좀더 무리하게는 동키호테와 산초 판자같이—을 찾는 데 참여하는 악한을 소재로 하는 이야기(picaresque)와 관련된 오랜 동안의 문화적 모티브 또한 있다. 황야나 또는 확 트인 길에서 두 사람은 좀더 쉽게 같이 여행할 수 있으며 이들은 여성이 동행하는 것보다는 더 신뢰감 있게 서로를 구조할 수가 있다. 이렇게 해서 오디세우스와 그의 선원들에서부터 로운 레인저와 톤토, 홈즈와 와트슨, 배트맨과 로빈에 이르는 모험담의 긴 전통이 유지되는 것 같다.

킴의 성스러운 교부는 부수적으로 모든 문화에 공통적인 순례나 추구라는 공공연한 종교적 양식에 속한다. 우리는 키플링이 초서 Geoffrey Chaucer의 『켄터베리 이야기Canterbury Tales』와 버년Bunyan의 『순례자의 길Pilgrim's Progress』의 찬양자였다는 점을 알고 있다. 『킴』은 상당 부분이 버년의 작품보다는 초서의 작품과 유사하다. 키플링은 뜻밖의 사항, 예외적인 인물, 인생의 단편, 인간의 결점과 기쁨에 대한 흥미로운 지각 등에서 중세 영국 시인의 안목을 가지고 있었다. 그러나 초서나 버년과는 달리 키플링은 종교 그 자체에(비록 우리들이 수도원장 라마승의 신앙심을 결코 의심하지는 않지만) 대해서보다는 지방색, 이국적인 풍광에 대한 주의 깊은 관심 및 모든 것을 포함하는 "위대한 게임"의 실체에 대해서 더 많은 관심이 있었다. 노인을 간단히 매도하거나 어떻든간에 그 노인의 추구에서 나타나는 아름다운 진지성을 조금도 손상시키지 않고서도 키플링이 인도에서의 영국 통치의 보호망 속에 그 노인을 확고 부동하게 배치한 것은 그가 이루어 낸 위대성을 말한다. 이는 제1장에서 상징화되는데, 거기에서는 나이 든 영국인 박물관장이 라마승에게 안경을 건네줄 때 인간의 정신적 특권과 권위를 부여하게 되고 또 영국의 자비로운 영향력의 정당상과 합법성을 확실하게 부여하는 것이다.

이러한 견해는 내가 보기에 키플링의 수많은 독자들에 의해 오해되었고 심지어 부인되고 있다. 그러나 우리는 라마승이 도움과 안내를 킴에게 의존하고 있다는 점과, 킴의 성취가 라마승의 가치를 배반한다든가 또는 소년 스파이로서의 활동을 약화시키는 것이 아니라는 점을 망각해서는 안 된다. 소설 전편을 통해서 키플링은 라마승이 현명하고 선량한 사람이지만 킴의 젊음과 안내와 기지를 필요로 한다는 점을 우리들에게 분명히 보여 주고 있다. 더욱이 제9장 마지막 부분에 해당하는 베나레스에서 "자타카Jataka" 즉 쇠다리 철창에 갇힌 늙은 코끼리(아난다Ananda)를 풀어 주는 젊은 코끼리("신 그 자신")에 얽힌 우화를 이야기할 때 라마승은 킴을 절대적으로 또 신앙적으로 필요로 한다는 점을 알고 있음을 보여 준다. 분명히 수도원장 라마승은 킴을 자신의 구원자로 간주한다. 뒤에 가서 영국에 대한 반란을 주도했던 러시아 스파이와 숙명적으로 대면한 이후 킴은 라마승을 도와주자 키플링의 모든 소설에서 가장 감동적인 장면 중 하나인 이 대목에서 그 라마승은 "애야, 오래된 담장의 라임나무에 붙은 늙은 나뭇잎처럼 나는 네 힘에 의지해서 살아왔구나."라고 말한다. 그렇지만 역시 킴 또한 사부의 사랑으로부터 감동을 받고 "다른 어떤 일"을 위해 스승이 필요하다고 그 노인에게 고백을 하지만, 결코 자신의 "위대한 게임"은 포기하지 않는다.

의심의 여지없이 이러한 "다른 어떤 것"은 신념과 변화하지 않는 목적이다. 이 소설의 주요 내러티브 경향의 하나는 『킴』은 언제나 라마승의 "삶의 윤회"로부터 구원의 길에 대한 탐색, 킴의 호주머니 속에 넣고 다니는 복잡한 설계도, 확실한 식민지 관료의 자리를 찾기 위한 킴의 노력이라는 것들 사이를 항상 방황하도록 하고 있다는 점이다. 그 어느 것에도 키플링은 결코 빠져 들지 않는다. 그는 "육신의 현혹"으로부터 벗어나고자 하는 욕망 속에서 라마승이 가는 곳이면 어디든지 따라가는데 그것은 우리가 이러한 순례를 소설가적 관심으로 믿을 수 있는 소설의 동양적 차원에 틀림없이 우리를 끌어들이고 있으며, 키플링은 그것을 조금도 오류가 없는 이국주의로 표현한다. 실제로 라마승은 거의 모든 사람으로부터의 관심과 존경을 독차지한다. 그는 킴의 교육비를 벌 것이라는 자신의 말을 지킨다. 그는 약속된 시간과 장소에서 킴을 만난다. 그의 말은 존경과 신앙적으로 경청된다. 제14장에서 특별히 훌륭하게 다루고 있는 부분에서 키플링은 소설가들이 반복하기를 매우 꺼리는 사건들인 티베트 산맥에서의 라마승의 고향에서 일어나는 경이로운 사건들을 이러한 노령의 성자에게는 마치 일련의 영어 산문으로는 표현이 불가능한 자신만의 삶을 갖고 있다는 것을 말하듯이 그에게 마력과 기적이라는 어떤 환상으로 가득 찬 말들을 하도록 시킨다.

 소설의 마지막에서 라마승의 추구와 킴의 질병은 함께 해결된다. 키플링의 다른 소설의 독자들은 비평가인 J.M.S. 톰킨스Tompkins가 "치료로서의 주제"[129]라고 적절히 표현한 것에 익숙해 질 것이다. 여기에서도 역시 이야기는 커다란 위기를 향해서 부단히 진행된다. 잊을 수 없는 한 장면에서 킴은 라마승에 대한 불경스러운 외국인 습격자를 공격하고 노인이 부적과 같은 주문을 사용하고 결과적으로 이 두 비참한 순례자들은 조용함과 건강성을 잃어 버린 언덕을 방랑하게 된다. 킴은 자신의 짐 즉 자신이 외국 스파이에게서 훔친 서류 뭉치의 부담으로부터 벗어나기를 기다리고, 라마승은 그의 정신적인 목적을 성취할 때까지 이제 얼마나 오래 더 기다려야 하는지를 고통스럽게 깨닫는다. 키플링은 이처럼 비통한 상황에서 그 소설의 몰락한 위대한 두

---

129) J. M. S. Tompkins, "Kipling's Later Tales : The Theme of Healing," *Modern Language Review* 45 (1950), 18~32.

여성 중의 한 사람인 샴레히의 여성(다른 한 사람은 쿨루Kulu의 늙은 과부이다)을 끌어 들이는데, 그녀는 오래 전에 자신이 "케를리스트 Kerlistian" 사히브에 의해 버림받았음에도 여전히 강하고 활기 차며 열정적인 여성이다. 여기에서는 키플링의 가장 영향력 있는 초기 단편소설 「리스페스Lispeth」이 기억되는데, 이 소설은 백인 남성으로부터 사랑을 받고 그가 죽게 되지만 결코 결혼하지 않는 토착민 여인의 모습을 다루고 있다. 킴과 육욕적인 샴레히 여인 사이의 성적 욕구에 대한 아주 단순한 암시가 드러나지만 킴과 라마승이 다시 한번 떠나게 되면서 그것은 곧 사라지게 된다.

 킴과 노령의 라마승이 안식을 얻기 전에 이 두 사람이 거쳐야만 하는 치료 과정은 무엇인가? 이처럼 복잡하고 흥미로운 질문은 천천히 그리고 사려 깊게 답변될 수 있을 것이며, 키플링 또한 매우 조심스럽게 제한적 한계를 갖는 극단적인 제국주의적 해결책에 매달리지 않는다. 키플링은 아주 단순한 일이 잘 해결된다는 평판을 얻은 허울 좋은 만족감을 위해 킴과 그 스승이 면죄부를 부여하는 것을 버려두지는 않을 것이다. 물론 이러한 경계심은 소설가로서의 훌륭한 실천이지만 그러나 거기에는 다른 불가피한 요소(정서적이고 문화적이며 심미적인)도 작용하고 있다. 킴은 정체성을 위한 그의 끊임없는 투쟁에 대한 그 만큼의 삶의 근거지를 제공받아야만 한다. 그는 루르간 사히브의 환상적인 유혹에 저항하였고 '나는 킴이다'라고 단언하였다. 더욱이 그는 시장거리나 지붕 위의 얌전한 아이였을 때에도 사히브의 지위를 지켰다. 그는 게임을 잘 전개했고 생명의 위험을 무릅쓰면서도 때로는 용감하게 영국을 위해서 싸웠다. 그는 샴레히의 여인을 피하였다. 그러면 그는 어디에 자리 잡아야만 하는가? 그리고 그 사랑스러운 노성직자는 어디에 자리 잡아야만 하는가?

 빅터 터너Victor Turner의 인류학 이론을 읽은 독자들은 킴의 자리바꿈, 변장, 보편적인 (보통은 이로운) 착각으로부터 그가 '자극적liminal'이라고 불렀던 것의 본질적인 특징을 인식하게 될 것이다. 터너는 몇몇 사회에서는 그 사회를 하나의 공동체로 엮을 수 있고 그 사회를 행정적이거나 합법적인 구조의 집합의 그 어떤 것으로 전환시킬 수 있는 중재적 인물이 필요하다고 말한다.

입회나 성년 의식에서 초심자들과 같은 자극적 또는 경계적 실체들liminal or threshold entities의 아무것도 소유하지 않은 것으로 표현될 것이다. 이들은 한 겹의 얇은 옷만을 걸치거나 심지어는 자신들은 아무런 지위도, 재산도, 계급도 없다는 것을 드러내기 위해서 전혀 아무것도 입지 않은 모습으로 위장된다. … 그것은 마치 그들을 삶에 맞추고 새 삶의 근거지에 적응할 수 있도록 새로운 권력을 부여받는 것과 같다.[130]

킴은 그 자신이 버려진 아일랜드인이면서 훗날 영국 비밀 업무인 "위대한 게임"의 필수적 행동 대원이라는 사실은, 킴이 한 사회를 운영하고 통제하는 것에 대하여 미묘하게 이해하고 있다는 점을 나타내는 것이다. 터너에 따르면 사회는 "구조"에 의해서 엄격하게 움직이는 것도 아니고 주변적, 예언적 또는 소외된 인물들 예컨대 히피족이나 백만장자에 의해 철저하게 뒤집히는 것도 아니다. 서로간에 상호 작용이 틀림없이 있게 되고 그에 따라서 한쪽의 혼란이 다른 한쪽의 영향을 받아 제모습으로 돌아가거나 완화된다. '자극적 인물liminal figure'은 사회의 유지에 도움이 되는데, 키플링이 소설 구성의 극적 순간에 그리고 킴이라는 인물의 전환에 있어서 사용하는 것은 바로 이러한 절차인 것이다.

이러한 문제들을 해결하기 위해서 키플링은 킴의 병약과 라마승의 쓸쓸함을 만들어 낸다. 또한 감당할 수 없는 바부—허버트 스펜서의 있을 수 없는 열성가에 해당되는 "위대한 게임"에서 킴의 토착민의 세속의 스승— 로 하여금 킴의 영웅적인 행동을 보장하도록 하는 조그마한 실제적인 장치가 있다. 그 장치는 러시아와 프랑스간의 책략과 인도 왕자의 비열한 음모를 입증하는 범죄와 관련된 서류 뭉치를 킴

---

130). Victor Turner, *Dramas, Fields, and Metaphors : Symbolic Action in Human Society* (Ithaca : Cornell University Press, 1974), pp. 258~59. 피부색과 카스트 문제에 대한 미묘한 조정은 S.P. Mohanty, "Kipling's Children and the Colour Line," *Race and Class*, 31, No. 1 (1989), 21~40을 보라. 그리고 그의 "Us and them : On the Philosophical Bases of Political Criticism," *Yale Journal of Criticism* 2, No. 2(1989), 1~31도 보라.

으로부터 안전하게 전달받는 것이다. 그런 다음에 킴은 오델로의 언급에서처럼 자신의 일이 사라져 버렸음을 느끼기 시작한다.

> 그가 비록 말로 형언할 수는 없었지만, 느꼈던 모든 것 즉 자신의 영혼이 그 환경과 잘 맞물려 돌아가지 않았다는 것 —어떤 기계와도 연결되지 않는 톱니바퀴— 은 귀퉁이에 놓여진 값싼 베헤아Beheea 설탕 분쇄기의 느리기 그지 없는 톱니바퀴와도 같았다. 미풍은 그에게 불어왔고 앵무새는 그에게 노래했고 사람들이 들끓는 집안의 시끄러움 —말싸움, 명령 및 잔소리— 은 들리지 않고 귓전에 울려 퍼졌다.[131]

실제로 킴은 이러한 세계에서 죽었고 서사시의 영웅이나 한계역의 인물처럼 지하 세계로 하강하였으며, 그러한 지하 세계에서 그가 나타난다면 그는 전보다 더 강하고 더 힘이 넘칠 것이다.

킴과 "이 세계" 사이의 계약 파기는 이제 회복되어야만 한다. 그 이후의 다음 페이지는 키플링 예술의 절정은 아닐지라도 거의 그것에 가깝다. 그 구절은 킴의 질문에 대해 점차 그것을 풀어 가는 것으로 구조화된다. "나는 킴이다. 그리고 킴은 무엇인가?"

> 그는 울고 싶지 않았지만 —자신의 생애에서 결코 조금도 울고 싶었던 적이 없었던— 갑작스럽게 너무 쉽게도 바보 같은 눈물이 그의 콧잔등 위로 떨어졌고 찰칵 하는 소리가 들리듯이 그는 자신의 존재의 수레 바퀴가 다시 새롭게 외재하는 세상에 감금되는 것을 느꼈다. 바로 조금 전까지만 해도 눈동자에 어떤 의미가 실리지 않았던 것들이 적절한 자리를 찾아간다. 길은 걷기 위한 것으로, 집은 살기 위한 것으로, 소는 마차를 끌기 위한 것으로, 들은 경작되기 위한 것으로 그리고 남성과 여성은 대화를 하기 위한 것으로 의미가 부여되었다. 그들은 모두는 —확고하게 뿌리 내

---

131) Rudyard Kipling, *Kim* (1901 ; rprt. Garden City : Doubleday, Doran, 1941), p. 516.

리고 있고 완벽하게 이해 가능한— 그 이상도 그 이하도 아닌 그 자신의 육신의 육신이라는 모든 사실과 진실이었다.[132]

서서히 킴은 그 자신과 세상이 하나라는 것을 느끼기 시작한다. 키플링은 계속해서 다음과 같이 말을 잇는다.

> 으레 그렇듯이 막 새로 갈아엎은 평지 위에 하나의 망루와 같은 어린 보리수 나무가 있는 작은 언덕 위에 빈 우마차가 서 있었다. 그리고 그가 그것에 가까이 갔을 때 그의 눈꺼풀은 부드러운 바람을 맞으면서 점점 내려 앉았다. 대지는 훌륭한 깨끗한 흙이었다. 이미 반쯤은 죽은 상태로서 살아 있는 새로운 목초지는 아니지만 그러나 모든 생명의 씨앗을 간직하고 있는 희망의 흙이었다. 그는 그 흙을 자신의 발가락으로 느꼈고 손바닥으로 다독거렸으며 기분좋게 숨을 내쉬며 나무로 만들어진 마차의 그늘을 따라 온몸을 쫙 펴고 길게 누웠다. 그리고 '대지의 어머니'는 사히바(킴에게 다정했던 쿨루의 미망인)처럼 믿음직스러웠다. 대지는 그 좋은 느낌을 차단하고 있는 마차에 기대어 그렇게 오래 누워 있음으로써 그가 잃어 버린 평정을 회복시키기 위해 그의 온몸에 바람을 불어 넣었다. 그의 머리는 대지의 가슴에 무력하게 놓여 있었고 그의 벌린 두 팔은 대지의 힘에 내맡겨져 있었다. 그의 위에 있는 수많은 뿌리를 가진 나무와 그 곁에 있는 수레의 제동장치인 나무는 그 스스로도 모르는, 그가 찾고 있는 것이 무엇인지를 알고 있었다. 시간이 지남에 따라서 그는 잠 자는 것보다 더욱 깊이 빠져들었다.[133]

킴이 잠이 들었을 때 라마승과 마흐법은 소년의 운명을 논의한다. 이 두 사람은 그가 치료되었다는 것을 알고 있다. 따라서 남아 있는 것은 그의 삶의 방향을 정하는 문제이다. 마흐법은 그가 일을 다시 하

---

132) 같은 책, pp. 516~17.
133) 같은 책, p. 517.

기를 원하였다. 라마승은 그의 순수함을 일깨우며 그가 바른 길로 가는 순례자로서 스승과 제자 사이로 되어야만 한다고 마흐법에게 제안한다. 이 소설은 라마승이 킴에게 모든 것이 잘 되어 간다는 사실을 드러내 줌으로써 끝을 맺게 된다.

> 바다의 실론에서부터 작은 산과 수시첸Shchzen에 있는 내 자신의 오색 바위에 이르기까지 모든 농부들을 보았기 때문이다. 나는 적어도 우리들이 안식을 취했던 모든 야영지와 마을을 보았다. 나는 그러한 곳을 어떤 시간과 어떤 장소에서 보았다. 왜냐하면 그것들은 영혼 속에 존재하기 때문이다. 이러한 점에 의해서 나는 영혼이 시간과, 공간의 환상과 그리고 존재하는 모든 것들의 환상을 초월하여 흘러간다는 사실을 알았다. 이 때문에 내가 모든 것들로부터 자유롭다는 사실을 알게 되었다.[134]

이들 일부는 물론 우상 숭배적인 것이지만 그러나 그 모든 것을 그냥 지나쳐서는 안 된다. 자유에 대한 라마승의 해박한 비전은 놀랍게도 크레이톤 대령의 인도 연구와 흡사한데 모든 야영지와 마을이 충분히 언급되어 있다. 차이점은 영국의 지배 범주내에서 장소와 사람에 대한 적극적인 창조가 라마승의 관대한 포괄성에서는 속죄의 것이 되고, 그 연구에는 킴을 위해서는 치료적인 비전으로 나타난다는 점이다. 모든 것은 이제 다같이 하나가 되었다. 그 중앙에는 "거의 들을 수 있는 찰칵 소리와 함께" 사물들을 재포착했던 소년인 킴이 자리 잡았다. 말하자면 철도 위로 되돌아가는 영혼에 대한 기계적인 비유는 고상하고 교화적인 것으로 승화된 상황을 약간 손상시키지만, 그러나 영국 작가에게는 젊은 백인 남성이 인도와 같이 광활한 나라에서 되돌아오는 상황은 익숙한 모습이다. 결국 인도의 철도는 영국이 건설한 것이며 그 땅 위에서 그 전보다도 더욱더 많은 장악을 담보로 하는 것이다.

키플링 이전의 다른 작가들은 이러한 삶의 장면을 재포착하는 유형

---

134) 같은 책, p. 523.

을 저술하였다. 그 가운데 『미들마치Middlemarch』의 조지 엘리엇과 『여인의 초상』의 헨리 제임스는 가장 주목할 만한 작가인데 엘리엇은 헨리 제임스에게 영향을 미쳤다. 이 두 사례에서 여주인공들 —도로시 브루크와 이사벨 아처— 은 애인의 배반이 갑자기 드러남으로써 충격을 받는 것은 아니더라도 최소한 놀라게 된다. 도로시는 윌 래디슬로우가 분명히 로사몬드 빈시와 놀아나는 것을 보게 되며, 이사벨은 그녀의 남편과 멀 부인 사이의 농탕질을 직감한다. 이 두 주인공에게는 킴의 병과 다르지 않은 고통스러운 긴 밤이 계속된다. 그러자 두 여성은 그들 자신과 세상에 대한 새로운 인식에 눈을 뜨게 된다. 이 두 소설의 장면은 상당히 유사하며 두 장면을 설명하기 위해서는 도로시 브루크의 경험을 여기에 인용할 수 있다. 도로시는 "불행의 작은 방"을 지나 세상을 내다보며,

> 현관문 밖에 있는 그 너머의 들녘을 바라본다. 길에는 등에 짐을 지고 있는 남자와 아이를 데리고 가는 여자가 있다. … 그녀는 세상이 넓다는 것과 일하고 감내해야 하는 인간의 여러 가지 길을 느끼게 되었다. 그녀는 그러한 원하지 않는 고통스러운 삶의 일부였으나, 자신의 호사스러운 안식처로부터 그저 단순한 방관자로서 그러한 것을 들여다 본 적도 없었고, 이기적인 불만에 의해 자신의 눈을 결코 숨긴 적도 없었다.[135]

엘리엇과 제임스는 그와 같은 장면들을 도덕적 재발견뿐만 아니라 여주인공이 좀더 커다란 사물의 체계 속에서 자신을 파악함으로써 자신의 고통을 버리거나 실제로 망각할 수 있는 순간들로서 설정하고자 했다. 엘리엇 전략의 일부는 도로시의 친구가 결백함이 입증되는 것은 그녀가 도울 수 있도록 하는 도로시가 좀더 일찍이 그와 같은 계획을 갖도록 하는 것이었다. 따라서 다시 깨어나는 장면은 세상 속에 존재하고 세상 속에 뛰어들고 또 그 속에서 살아가고자 하는 충동을 확인

---

[135] George Eliot, *Middlemarch*, ed. Bert G. Hornback (New York : Norton, 1977), p. 544.

하는 것이다. 세상이 그 안에 갇혀 있는 영혼을 책임져야 하는 것으로 정의되는 것을 제외한다면 『킴』에서도 이와 똑같은 동기가 발생한다. 내가 앞에서 인용했던 『킴』의 구절들은 목적, 의지, 자발성이라는 그것의 강조된 영향 속에서 이루어지는 일종의 도덕적 승리주의를 내포하고 있다. 그 결과 사물은 적절한 몫을 찾아가고 길은 걷기 위한 것으로 의미가 부여되고 사물은 완벽하게 이해 가능한 것이며 굳건하게 뿌리를 내렸다. 이러한 구문 위에는 "그것들이 외재하는 세상에 다시 한번 감금될 때" 킴의 존재의 '수레바퀴'가 있다. 그리고 이러한 일련의 움직임은 킴이 마차에 기대어 쉬게 될 때 어머니 대지의 그에 대한 축복에 의해 계속적으로 다시 강화되고 공고하게 된다. "대지는 상실되었던 것을 보충하기 위해 그를 통해 숨을 쉬었다."는 구절은 바로 이를 의미한다. 키플링은 의식 이전의 순결한 성적 욕구가 없는 관계 속에서 아들을 그 어머니에게 다시 되돌려 놓는 것에 대한 강력하면서도 본능에 가까운 욕구를 드러낸다.

 그러나 도로시와 이사벨이 불가피하게 "원하지 않는 고통스러운 삶"의 일부로서 묘사되는 반면에 킴은 자신의 삶을 자발적으로 다시 소유하는 것으로 그려졌다. 내가 생각하기에 그 차이점은 자본이다. 지배력, "감금", "연대" 그리고 역할에서 지배로의 이동에 대하여 명료해진 킴의 이해는 식민지 인도에서 영국계 지배 계급이 되는 엄청난 기능을 한다. 키플링이 킴에게 거치도록 하는 과정은 재유용의 의식 즉 영국이 인도를 다시 한번 장악하는(신성한 아일랜드 주인공에 의해서) 것이다. 회복된 건강의 원하지 않는 리듬으로서 자연은 킴에게 다시 다가오고 대부분의 정치·역사적인 제스처는 그를 대신하여 키플링에 의해 신호로 전달된다. 이와는 대조적으로 유럽의 유럽인 여주인공이나 미국인 여주인공들에게 세상은 다시 발견되기 위해서 존재한다. 그것으로 인도하기 위한 것이나 또는 그것에 대한 지배권을 행사하는 어떤 것도 필요로 하지 않는다. 이러한 경우는 길들이 적절하게 걷게 될 수 없거나, 집이 올바르게 살기 위한 것이 아니거나, 남성과 여성이 정확한 어조로 말하지 않는다면, 혼란과 폭동에 휩싸이게 될 영국의 인도에는 해당되지 않는다.

 『킴』에 대한 가장 훌륭한 비평적 설명 중 하나인 마크 킨키드 위크

제국주의의 즐거움 263

스Mark Kinkead-Weekes는 『킴』이 그 소설의 해법으로서 명백히 의도되는 것이 실제로는 작용하지 않기 때문에 키플링의 전작품 중에서 독특한 것이라고 주장한다. 그 대신에 킨키드 위크스는 그 작품의 예술적인 승리가 키플링이라는 작가의 실질적 의도를 초월하게 한다고 말한다.

> 소설은 다양한 시각간의 독특한 긴장의 산물이다. 상이한 시각으로는 외적인 실제 그 자체의 변화무쌍함에 대한 애정 넘치는 매료, 서로서로간의 또는 자기 자신에 대한 상이한 태도의 표면 밑에서 갖는 부정적인 능력, 그리고 마지막으로 이러한 것들의 최후의 산물이기는 하지만 가장 강렬하고 창조적인 반자아에 의한 승리에 찬 성취가 너무나 강렬한 그것이 모든 것의 시금석 —라마승의 창조— 이 되는 것이다. 이러한 점은 대부분 키플링 그 자신과는 가장 거리가 먼 관점에서 어떠한 관점과 인물의 성격을 상상하는 것을 포함하고 있다. 그러나 그것이 너무나 사랑스럽게 폭로되기 때문에 좀더 깊은 종합에 대한 일종의 촉매로서 작용할 수 있을 뿐이다. 이러한 특별한 도전 (자아 집착을 막고 그 자신 외부의 실재에 대한 단순한 객관적인 관점보다는 더욱 깊은 탐색, 그가 이제는 자신을 초월하여 보고, 생각하고, 느끼도록 하는 것)은 『킴』에게 다른 어떤 작품보다도 더 포괄적이고 복잡하며 인간적이고 성숙한 새로운 비전이 되었다.[136]

우리가 약간은 미묘한 이러한 독서에서 그 어떤 통찰력에 아무리 동의한다 해도 내가 보기에 그 역시 상당히 반역사적이다. 그렇다. 라마승은 인종의 반자아이다. 그렇다. 키플링은 어느 정도의 동정심을 가지고 타인의 피부 속으로 들어갈 수 있었다. 그러나 아니다. 키플링은 킴이 부정할 수 없는 영국령 인도의 일부분이라는 점을 결코 잊지 않는다. "위대한 게임"은 라마식의 많은 우화가 있다고 해도 그 일부분

---

136) Mark Kinkead-Weeks, "Vision in Kipling's Novels," in *Kipling's Mind and Art*, ed. Andrew Rutherford (Lodon : Oliver & Boyd, 1964).

인 킴과 더불어 진행된다. 우리는 당연히 『킴』을 세계의 가장 위대한 문학에 속하는 소설로서 어느 정도는 그것이 갖고 있는 역사적·정치적인 환경에서 자유로운 소설로 읽을 자격이 있다. 그렇지만 이와 똑같은 점 때문에 우리는 키플링에 의해 주의 깊게 관찰되었던 그 안에 있는 그 당시의 실제 상황과의 관계를 일방적으로 폐기해서는 안 된다. 확실히 크레이톤, 마흐법, 바부 그리고 라마승까지도 인도를 키플링이 본 것과 똑같이 보고 있다. 그리고 분명히 키플링은 그가 킴—순수 혈통의 영국인보다 계층적 서열에서 신분이 더 낮은 초라한 아일랜드계 소년—에게 라마승이 영국을 찬양하기 훨씬 전에 영국의 우월성을 거듭 주장한 것에서 볼 때 이러한 비전을 끊임없이 견지하고 있다.

키플링의 가장 훌륭한 작품을 읽은 독자들은 똑같이 그를 자신의 처지로부터 구원하고자 노력했다. 대개 이러한 점은 『킴』에 대한 에드먼드 윌슨Edmund Wilson의 훌륭한 판단을 확증하는 효과를 낳는다.

> 이제 독자가 기대하게 되어 있는 것, 킴이 언제나 자신의 사람들이라고 생각했던 자들인 영국 침입자들의 노예로 전락되었다는 사실과 충성심 사이에 투쟁이 비롯되리라는 점을 결과적으로 인식하게 된다는 것이다. 키플링은 독자를 위해 (상당히 극적인 효과의 설정과 함께) 신비주의와 관능미를 갖고 있고, 또 신성함과 천박함의 양극단을 지니고 있는 동양과 우수한 조직, 현대적 방법에 대한 확신, 토착민의 신화와 신앙을 거미집과 같이 쓸어내 버리려는 본능을 지니고 있는 영국 사이의 대조를 설정하였다. 그 결과 우리들은 나란히 존재하는 전적으로 다른 두 가지 세계, 그 어느 쪽도 다른 쪽을 결코 이해하지 못하는 세계를 보아 왔으며 킴이 이 두 세계 사이를 오갈 때에 우리들은 킴의 동요를 목격하였다. 그러나 이 평행선은 결코 만난 적이 없다. … 따라서 키플링의 소설은 그가 결코 어느 하나와도 만나지 않기 때문에 어떠한 근본적인 갈등도 극적인 것으로 만들지 못한다.[137]

---

137) Edmund Wilson, "The Kipling that Nobody Read," *The Wound and the*

그러나 나는 이러한 두 가지 관점을 대신하여 당시 여기에는 키플링을 비롯한 다른 사람들이 목격했던 19세기 후반 영국령 인도의 실재에 대해서 좀더 정확하고 섬세한 하나의 대안이 있었음을 믿는다. 킴의 식민지의 일과 자신의 인도인 동반자에 대한 충성심간의 갈등은 해결되지 않는데 그것은, 키플링이 그러한 갈등에 직면할 수 없었기 때문이 아니라 키플링에게는 실제로 그와 같은 갈등이 전혀 존재하지 않았기 때문이다. 이 소설의 한 가지 목적은 킴이 자신의 의심을 치료받고, 또 라마승이 강에 대한 열망으로부터 벗어나고, 인도가 소수의 벼락 출세자와 외국인 근무자들만 제외한다면 갈등이 부재하다는 것을 보여 주는 것이었다. 키플링이 인도를 제국주의에 불행하게 종속된 것으로 파악했더라면 갈등이 존재했을 것이라는 점은 의심하지 않을 수 없으나 키플링은 그렇지 않았다. 그에게 있어서 인도가 가질 수 있는 최상의 운명은 영국의 지배를 받는 것이었다. 누군가 이를 똑같이 반대로 환원하며 키플링을 단순히 '제국주의적 음유 시인'(그는 결코 그렇지 않았다)이 아니라 프란츠 파농을 읽었고, 간디Mohandas Gandhi를 만났고, 그들에게 심취되었으며 완강하게 그들에게 설득당하지 않은 채 남아 있는 사람으로 읽는다면 그것은 키플링이 순화시키고 공들여 만들고, 또 계몽하였던 그의 맥락을 심각하게 왜곡하는 것이다. 콘라드가 제국주의의 죄악을 아무리 인식하였다고 해도, 그에게는 제국주의 말고는 다른 선택이 없었던 것과 마찬가지로 키플링이 지녔던 제국주의적 세계관에는 그 어떤 장애는 없었다는 점을 기억하는 것이 중요하다. 따라서 비록 키플링의 소설이 제국과 제국의 의식적인 정당화한다고 말하는 것이 사실이라 해도 —그러한 점이 소설에서는 (종잡을 수 없는 산문과는 대조적으로)오스틴이나 베르디 및 앞으로 카뮈에게 발견하게 되는 그러한 유형의 아이러니와 문제점을 초래하는— 를 드러낸다고 말하는 것이 사실이라 해도 그는 독립된 인도라는 개념으로 인한 어떤 어려움도 꺾지 않는다. 이러한 대위법적인 글읽기에 대한 나의 입장은 분열을 간과하거나 무시하는 것이 아니라 그것을 강조하고 중점적으로 조명하는 것이다.

Bow (New York : Oxford University Press, 1947), pp. 100 ~1, 103.

『킴』에 관련된 두 가지 일화를 생각해 보자. 라마승과 그의 제자가 움발라Umballa를 떠난 직후 그들은 "폭동Mutiny 기간에 정부에 근무"했던 나이 들고 병약한 늙은 군인을 만나게 된다. 현대의 독자에게 '폭동'은 19세기 영국과 인도의 관계에서 가장 중요하고도 잘 알려져 있는 유일한 폭력적 일화를 의미하였다. 1857년의 '대폭동the Great Mutiny'은 5월 10일에 메이루트에서 발단되어 델리를 장악하기에 이르렀다. 영국과 인도의 수많은 책들 (예컨대 크리스토퍼 히버트Christopher Hibbert의 『대폭동The Great Mutiny』) 이 이 '폭동'을 은폐한다.(인도 작가들은 '폭동' 대신에 '반란'이라고 했다.) '폭동'—여기에서 나는 이데올로기적인 영국적 명칭을 사용하고자 한다— 이 일어난 원인은 인도 군대내의 힌두교 군인과 회교 군인이 그들 각자의 총알이 살찐 소 (힌두교도에게 부정한 행위인) 에게로 향했고 회교도에게는 더러운 살찐 돼지 (회교도에게 부정한 행위인) 에게로 향했다는 의구심 때문이었다. 실질적인 폭동의 원인은 영국 제국주의 그 자체에 있었고, 주로 토착민인 사병과 사히브 장교로 구성된 군대 때문이었으며, 동인도 회사에 의한 법규의 변칙적 적용 때문이었다. 그 외에도 수많은 다양한 인종과 문화의 나라에서 백인 기독교 통치에 대해 근본적으로 많은 불만이 있었으며, 이들 모두는 영국에 대한 자신들의 예속을 신분 저하로 간주했을 것이다. 그러한 굴욕은 수적으로 자신들의 상관들보다 대단히 많이 넘쳐 흘렸던 폭도들 가운데 어느 누구에게서도 사라지지 않았다.

인도와 영국의 역사 모두에서 이 폭동은 하나의 분명한 경계선이었다. 폭동 기간 동안에 또 그 이후에 끊임없이 논의되었던 행위들, 동기, 사건 그리고 도덕성의 복잡한 구조를 파악하지 않고서도, 우리들은 무자비하고 가혹하게 폭동을 진압했던 영국인들에게 그들의 모든 행동이 보복적이었다고 말할 수 있다. 그들은 폭도들이 유럽인들을 살해했으며 그와 같은 행동이 마치 증거가 필요하기라도 한듯이 인도인들이 영국의 유럽적인 고등 문화에 예속될 만하다는 점을 입증한다고 말하였다. 1857년 이후 동인도 회사는 훨씬 더 공식적인 인도 정부로 대치되었다. 인도인들에게 폭동은 영국의 통치에 반대하는 민족적 항거였으며 남용과 착취는 물론 표면적으로 주의를 끌지 못하는 토착민의 불평에도 불구하고 영국은 단호하게 통치 그 자체를 거듭 주장했다.

1925년에 에드워드 톰슨Edward Thompson이 그의 영향력 있는, 작은 책자 『메달의 이면The Other side of the Medal』―영국의 통치에 반대하고 인도의 독립을 지지하는 열정적인 진술―을 발간했을 때, 그는 폭동을 인도와 영국 양측 모두 그들 상호간의 완벽하게 의식적인 대립에 의해 가능했던 위대하고 상징적인 사건으로 정의했다. 그는 인도와 영국의 역사가 그것에 대한 표현에 있어서 가장 극단적으로 분리되어 있음을 극적으로 보여 주고 있다. 요컨대 폭동은 식민주의자와 피식민주의자의 차이점을 강화했던 것이다.

이와 같이 민족주의적인 것과 자기 정당화적인 흥분 속에서 인도인이 된다는 것은 영국의 복수에 의한 희생자들과 자연적인 연대성을 느끼도록 하는 것을 의미하였다. 반면에 영국인이 된다는 것은 그들에게 야만적인 성향의 역할을 충족시켰던 '토착민'에 의한 그 끔찍스러운 잔인함이 부여하는 반감과 모욕 ―정당한 해명에 대해서는 아무런 언급도 없이― 을 느끼는 것을 의미하였다. 인도인에게 이러한 감정을 갖지 않는 것은 아주 작은 소수 집단에 속하는 것이다. 그렇기 때문에 키플링이 폭동에 대해서 말하도록 선택한 인도인이 자기 동료들의 저항을 미친 행동으로 간주하는 정부 군인이라는 점은 매우 중요하다. 놀랄 것도 없이 키플링은 우리들에게 이 군인이 "그를 방문하기 위해서 도로의 곁으로 물러나는" 영국인 "대위"의 존경을 받게 된다는 점을 말하고 있다. 키플링이 이 소설에서 제거한 것은 그 군인이 그의 국민에 대하여 배신자로 (매우 최소한) 보이게 될 개연성이다. 몇 페이지 뒤에 가서 그 늙은 군인이 폭동에 대해서 라마승과 킴에게 말하게 될 때 그 사건에 대한 그의 해석은 영국측의 일어난 모든 일에 대한 합리화로 가득 차 있다.

> 광란이 군대 모두를 잠식했으며 그들은 자신들의 상관에게로 향했다. 그것은 맨 처음의 죄악이지만 그러나 그들이 그때 멈추었더라면 치유하지 않아도 되었을 것이다. 그러나 그들은 사히브의 아내와 자식들을 살해했다. 따라서 바다 건너로부터 사히브들이

왔고 그들을 가장 가혹하게 다루게 되었다.[138]

영국이 '광란'에 대해 둔감한 데 대비하여 그것에 대항하고 있는 인도의 저항(그렇게 불려져 왔던 것처럼), 즉 인도인의 분노를 축소시키는 것, 또한 인도인의 행동을 주로 선천적으로 영국인 부녀자와 어린이에 대한 살해를 선천적인 것으로 표현하는 것—이러한 점들은 인도의 민족주의적인 사례를 단순히 순진하게 축소하는 것이 아니라 편향성을 보여 주는 것이다. 그리고 키플링이 늙은 군인을 통하여 영국의 대응 보복—'도덕적' 행동을 결심한 백인에 의한 그 끔찍스러운 복수와 더불어 —을 인도의 폭도들에게 '정확한 설명'을 요구하는 것으로 묘사했을 때, 우리는 세계의 역사의 세계를 떠나 제국주의 논쟁의 세계로 진입하게 되는데, 이러한 논쟁에서는 토착민은 당연히 범죄자이고 백인은 엄격하지만 도덕적인 부모이자 재판관이다. 이렇게 볼 때 키플링은 폭동에 대한 영국인의 극단적인 견해를 우리들에게 그대로 드러내고 있으며, 그것을 다만 인도인의 입을 빌어서 전달하고 있을 뿐이며, 반면에 좀더 그럴 듯한 민족주의자이자 피해 입은 반대쪽의 인물은 소설 속에서 결코 등장하지 않는다. (크레이톤의 충실한 부관이었던 마흐법 알리가 역사적으로 19세기 동안 내내 영국에 대해서 평온한 날이 없는 저항을 계속했으나 영국과의 공동체는 물론 그 통치까지도 행복한 것으로 나타나 있는 파탄 지역 사람인 것은 그러한 유사한 사례다.) 키플링이 우리에게 열심히 제공하고자 했던 두 가지 갈등의 세계와는 너무 동떨어지게, 그는 우리에게만 하나만을 보여 주었으며 그 모두에게 나타나는 어떠한 갈등도 제거해 버렸다.

두 번째 사례는 첫 번째의 것을 확인하는 것이다. 일단 그것은 작지만 중요한 순간이 된다. 제4장에서 킴, 라마승, 쿨루의 과부는 사하룬포레로 향한다. 킴은 "그것의 한가운데에서 어떤 사람보다 더 자각적이고 더 흥분하는 존재"로 충분히 묘사되고 있는데, 키플링의 이러한 묘사에서 "그것은 실제상의 진실의 세계를 나타낸다. 그러한 세계는 그가 가졌던 삶이었다. 이와 같은 시끄러움과 외침, 벨트 채우는 소리,

---

138) Kipling, *Kim*, p. 242.

황소의 채찍과 수레바퀴 소리, 화염의 불빛과 음식 만들기, 구석구석의 적합한 눈빛에 비치는 새로운 장면이다."[139] 우리들은 영국 독자의 편리를 위해서 그 모든 다양성에서 노출된 그 색조와 흥분 그리고 흥미를 갖는 인도의 이러한 측면을 상당히 많이 보아 왔다. 그렇지만 어떻든간에 키플링은 인도에 대한 어떤 권위를 보여 줄 필요도 있었다. 왜냐하면 불과 몇 페이지 앞에서 그는 폭동에 대한 늙은 군인의 위협적인 설명에서 더 많은 "광란"을 막을 것에 대한 필요를 느꼈기 때문이다. 결국 인도 그 자체는 킴이 즐겼던 지역적인 활력과 대영 제국에 대한 위협 모두에 책임이 있다. 어떤 지역의 경찰서장이 지나가고 나자, 그의 등장은 늙은 과부에 의해 다음과 같은 생각으로 드러난다.

> 이러한 점들이 일종의 정의를 살피는 것이다. 그들은 지역과 그 지역의 관습을 알고 있다. 백인 여자의 보호를 받으며 서적을 통해서 우리들의 언어를 배우는 모두 다 유럽에서 새로 온 사람이 아닌 다른 사람들은 페스트보다 더 나빴다. 그들은 왕을 해롭게 했다.[140]

의심의 여지 없이 몇몇 인도인들은 영국 경찰관이 토착민보다도 인도를 더 잘 알고 있다는 점과 그러한 경찰관 —인도의 통치자보다는— 이 통치권을 가져야만 한다는 점을 믿고 있다. 그러나 『킴』에서 어느 누구도 영국 지배에 도전하지 않는 점과, 키플링처럼 고집스러운 사람들조차도 매우 명백한 증거를 틀림없이 갖고 있는 인도의 지방에서 도전의 그 어느 것도 발전시키는 사람이 아무도 없는 점을 주목해야 한다. 그 대신에 식민지 경찰관이 당연히 인도를 통치해야 한다고 분명히 말하는 단 하나의 인물이 있는데 그녀는 토착민 사이에서 살았고 전문적으로 훈련된 새로 부임한 관료들보다 훌륭한 구식 스타일의 관료들(키플링과 그의 가족처럼)을 더 선호하는 점을 덧붙이고 있는 인물이다. 이는 소위 인도에서의 동양주의자들의 논쟁에 대

---

139) 같은 책, p. 268.
140) 같은 책, p. 271.

한 해석이며 그들은 인도인들이 인도의 '손'에 의해 동양적이고 인도적인 방식에 따라 통치되어야만 한다는 점을 믿고 있었지만, 그러나 그 과정에서 키플링은 '동양주의'에 대립되는 철학적이거나 이데올로기적인 모든 접근을 학문적인 것으로 제껴둔다. 이러한 신뢰받지 못하는 지배 양식들 중에는 (베네트 씨에 의해서 패러디된 선교사들과 개혁자들의) '복음주의', '공리주의'와 '스펜서주의'(바부에 의해서 패러디된)는 물론 "페스트보다도 더 나쁜 것"으로 풍자된 이름 없는 학문들이 있다. 그것이 어떻게 표현되든 흥미로운 것은 과부의 인정이 서장과 같은 경찰관은 물론 벡토르 신부같이 유연한 교육자와 온화하면서도 권위적인 인물인 크레이톤 대령을 폭넓게 포괄하기에 충분할 정도로 폭넓다는 점이다.

과부에게 인도와 그 통치자들에 대해서 검증되지 않는 일종의 규범적인 판단을 실제로 표현하게 하는 것은 토착민들이 식민지 지배를 그것이 정당한 한 수용한다는 것을 입증하는 키플링의 방법이다. 이와 같은 사실은 역사적으로 유럽의 제국주의가 언제나 그 자체의 구미에 맞도록 만드는 방법이 되어 왔는데 왜냐하면 미개하고 후진적이고 쇠퇴하는 토착민 사회의 본질에 대한 유럽적인 판단을 묵시적으로 수용함으로써, 외부인의 지식과 세력에 대해서 동의를 표현하는 토착민 신민들보다 유럽 제국주의 그 자체의 의미를 위해서 더 좋은 그 무엇이 있을 수 있겠는가?『킴』을 한 소년의 모험으로 또는 풍부하고 애정 깊은 인도 생활의 구체적인 파노라마로 읽게 된다면, 그것은 키플링이 깊은 관점과 절제와 생략으로 너무 조심스럽게 써넣었던 키플링이 실제로 쓴 그러한 소설을 읽는 것이 아니다. 프란시스 허친스Francis Hutchins가 19세기 후반까지를『영원에 대한 환상 : 인도에서의 영국의 제국주의The Illusion of Permanence; British Imperialism in India』에서 다음과 같이 설명하고 있다.

> 상상 속의 인도는 사회적인 변혁이나 정치적인 위협에 대한 그 어떤 요인도 갖지 않는 것으로 창조되었다. 동양화東洋化는 영국 지배의 영속화에 대한 적대적 요인이 없는 것으로 생각하는 것은 이와 같은 노력의 결과였다. 왜냐하면 동양화를 시행한 자들이 영

원한 지배를 구축하고자 모색했던 것은 인도에 대한 이와 같은 가정을 근거로 하고 있었기 때문이었다.[141]

『킴』은 이러한 상상 속의 동양화된 인도에 기여한 주요 인물이며, 그것이 바로 역사가들이 "전통의 창조"라고 부르게 된 것이다.

주목되어야 할 것들이 훨씬 더 많이 있다. 『킴』의 구성을 강조하는 것은 불변적이지 않은 백인 사회와 구분되는 것으로서 동양 사회의 불변의 본질에 대한 편집자의 약간의 방백이다. 따라서 예를 들면 "킴은 동양인처럼 거짓말을 하게 되었다." 또는 조금 뒤에 가면 "24시간의 모든 시간이 동양인들의 것과 같다." 혹은 킴이 라마승의 돈으로 기차표 값을 지불할 때, 그 자신은 매 루피마다 1아나를 간직하며, 키플링은 그것이 "아시아에서는 태고적부터의 임무"라고 설명하였다. 뒤에 가서도 키플링은 여전히 "돈에 대한 동양의 소상인의 본능"을 언급한다. 기차역 광장에서 마흐법의 부하들은 토착민들이 해야만 하는 트럭의 짐을 내리지 않았다. 시끄러운 기차 소리에도 잠을 잘 수 있는 킴의 능력은 "단순한 소음에도 무관심한 동양인"의 예가 된다. 야영지가 파괴되었을 때 키플링은 그것이 "수백 번 더 잊어먹은 것들에 대해서 장황한 설명과 수다스러운 말들과 함께 점검을 했음에도 신속하게 (동양인들이 그것을 빠름으로 이해하듯이) 붕괴되었다는 점을 말했다. 시크교도들은 "돈에 대한 특별한 애정"을 가지고 있는 것으로 특징지워졌다. 후레에 바부는 벵갈인이 되는 것과 두려워하는 것을 동일시하였다. 바부가 외국인 업자로부터 훔친 짐꾸러미를 숨겼을 때, 그는 "오직 동양인들만이 할 수 있는 것처럼 그 귀한 물건을 자신의 몸에 숨겼다."

이와 같은 그 어떤 것도 키플링에게만 유일한 것은 아니다. 19세기

---

141) Francis Hutchins, *The Illusion of Permanence : British Imperialism in India* (Princeton : Princeton University Press, 1967), George Bearce, *British Attitudes Towards India, 1784 ~1858* (Oxford : Oxford University Press, 1961) 도 보라. 그리고 그러한 체계의 해체에 대해서는 B. R. Tomlinson, *The Political Economy of the Raj, 1914 ~1947 : The Economics of Decolonization in India* (Lodon : Macmillan, 1979)을 보라.

후반 서구 문화에 대한 가장 피상적인 연구는 이러한 종류의 대중적 지혜의 엄청난 보고寶庫를 드러내 주는데, 더욱이 그 가운데 상당량은 여전히 아주 많이 오늘날까지 존재하고 있다. 더 나아가 존 M. 맥켄지 John M. MacKenzie가 그의 가치 있는 저서 『선전과 제국Propaganda and Empire』에서 밝힌 바와 같이, 담배 카드, 우편 엽서, 낱장 악보, 연감 및 안내서에서부터 음악홀 연주회, 장난감 병정, 취주악 연주회 및 운동 경기에 이르기까지 수많은 조작 가능한 것들은 제국을 찬양하였고, 영국의 전략적·윤리적·경제적인 복지에 대한 필요성을 강조하였고, 그와 동시에 흑인 또는 억압과 혹독한 지배와 무한한 예속이 필요한 사악한 인종으로 특징짓고 있다. 군대적 성향에 대한 예찬은 분명하였는데, 그것은 보통은 그러한 군대식 성향이 소수의 검은 머리통을 두들겨 부쉈기 때문이다. 해외 영토를 유지라는데 대한 상이한 정당화가 이루어졌다. 때로는 그것이 이익이 되었고 때로는 그것이 다른 제국주의 세력과의 전략이 되거나 경쟁이 되었다. (『킴』에서 그랬듯이 앵거스 윌슨Angus Wilson은 그의 『이상한 여행The Strange Ride of Rudyard Kipling』에서 일찍이 열 여섯 살에 이 학교의 한 토론에서 "러시아의 중앙 아시아 진출은 영국의 권력에 적대적인 것이다."라는 제안을 하였다는 사실을 강조하고 있다.)[142] 항시적으로 남는 단 한 가지 사실은 비백인의 예속이다.

『킴』은 굉장히 훌륭한 심미적 장점을 지닌 작품이다. 그것은 신경증적이고 과민 반응적인 제국주의자를 연상하는 인종 차별주의자로 단순히 지나쳐 버릴 일이 아니다. 조지 오웰이 키플링의 언어에 구절과 개념을 덧붙이는 득특한 능력 (동양은 동양이고 서양은 서양이다 ; 백인의 짐 ; 수에즈의 동쪽 어느 곳)이 있다고 말한 것은 분명히 맞는 사실이며 또한 키플링의 관심이 그 끊임없는 흥미에 있어서 통속적이며 항구적이라고 말한 것도 옳다.[143] 키플링이 힘을 갖는 한 가지 이유는

---

142) Angus Wilson, *The Strange Ride of Rudyard Kipling* (London : Penguin, 1977), p. 43.

143) George Orwell, "Rudyard Kipling," in *A Collection of Essays* (New York : Doubleday, Anchor, 1954), pp. 133~35.

그가 굉장한 재능을 지닌 예술가였다는 점이다. 그가 자신의 예술에서 성취했던 것은 예술성을 결여한 그 모든 통속성으로 인하여 항구적이지 못했던 이념을 다듬어 내는 것이었다. 그러나 또한 19세기 유럽 문화의 권위 있는 찬사와 비백인종의 열등성 즉 그들은 우월한 인종의 통치를 받아야만 한다는 필요성에도 확신을 가졌으며 (따라서 활용될 수 있었으며), 이러한 것들의 절대적인 불변적 본질은 어느 정도 현대 생활의 분명한 원칙이 되었다.

실제로 식민지가 지배를 받는 방법이나, 또는 식민지의 일부가 포기되어야 할 것인지에 대한 논쟁들이 있었다. 항상 우선권을 지니고 있는 유럽 백인 남성의 기본적인 우월성에 대해서 이의를 제기할 수 있는 공공 토론이나 정착에 영향을 미칠 수 있는 힘을 가진 자는 어느 누구도 없었다. "힌두교도는 본질적으로 진실하지 못하고 도덕적인 용기가 없다."는 모든 벵갈 통치자 가운데 거의 어느 누구도 동의하지 않는 자가 없었던 지혜의 표현이었다. 유사하게 H. M. 엘리엇 경 같은 인도의 역사가가 저서를 구상할 때, 핵심적인 것은 인도인의 야만성에 대한 개념이었다. 기후와 풍토는 인도인에 대한 어떤 특징적 속성을 나타냈다. 인도의 가장 공포스러운 지배자의 한 사람인 로드 크로머에 따르면, 동양인은 길 옆으로 걷도록 배울 수 없었고, 진실을 말하도록 배울 수 없었고, 논리를 사용할 수 없었다. 그만큼 말레이지아 토착민은 본질적으로 게을렀다. (북유럽인이 활동적이고 능력이 있었던 것과 정반대로.) 앞에서 인용했던 V. G. 키어난의 저서 『인류의 지배자』는 이러한 견해가 얼마나 광범위했는가에 대한 명확한 모습을 제공한다. 내가 앞에서 제시했듯이 식민지 경제, 인류학, 역사, 사회학 연구자들은 이러한 언명들로부터 형성되었으며, 그것은 인도와 같은 식민지를 취급했던 유럽인들의 거의 어느 누구에게도 변화와 민족주의라는 사실과 사실과 단절되는 결과를 낳았다. (고유한 역사, 요리, 방언, 가치, 수사 등의) 모든 경험 —마이클 에드워즈Michael Edwardes의 『사히브와 연꽃The Sahibs and the Lotus : The British in India』에서 구체적으로 정확히 설명되었듯이— 은 충만하고 모순적인 인도의 현실과 다소 분리되었으며 그러한 것 자체를 부주의하게 영속시켰다. 칼 마르크스까지도 변함없는 아시아의 마을이나 농업 또는 전제 정치에 대한 생각들에 굴복되었다.

그 절대적 지배권을 갖는 "약정된" 행정 업무의 일부분을 담당하기 위해 인도로 파견된 영국의 젊은이는 인도인들이 아무리 귀족이고 부자라고 해도 관계없이 인도인 각 개인과 전체에 대한 절대적 지배권을 갖는 계급에 소속되었다. 그러한 젊은이들은 다른 모든 젊은 식민지 관료들처럼 똑같은 이야기를 들었고, 똑같은 책을 읽고, 똑같은 교육을 받았으며, 똑같은 클럽에 소속되었다. 그러나 마이클 에드워즈는 이렇게 말했다. "자신들이 통치하는 사람들의 언어를 유창하게 배우는 데 애쓰는 사람들은 거의 없었으며, 이들은 토착민 관료들에게 전적으로 의존하였고, 또 토착민 관료들은 자신들의 지배자의 언어를 배우는 데 어려움을 겪었으며, 그들의 대부분은 경우 자신들의 이익을 위해 지배자들의 무지를 이용하는 데 있어서 전혀 주저하지 않았다."[144] 포스터의 『인도로 가는 길』에서 토니 헤슬럼은 이와 같은 관료의 실제적 인물이다.

이 모든 것은 『킴』과 관련된 것이며, 이 소설에서 현세적 권위를 지니고 있는 핵심 인물은 크레이톤 대령이다. 민족학자, 학자, 군인인 크레이톤 대령은 단지 창조적 인물이 아니라 편잡 지방에서의 키플링의 겪은 경험으로부터 비롯된 인물이며, 그는 초기의 식민지 인도에서의 권위를 지닌 인물로부터 도출되었고 또 키플링의 새로운 목적을 위한 완벽한 독창적인 인물의 모습으로 도출되었다는 양측면에서 가장 흥미롭게 해석되고 있다. 우선적으로 크레이톤이 자주 등장하지 않고 또 그 성격이 마흐법 알리의 성격이나 바부의 성격처럼 그렇게 충분하게 드러나지 않아도 그는 모든 행동의 준거점이자, 사건의 신중한 안내자로 존경받을 가치가 있는 권력을 소유한 사람으로 나타나고 있다. 그러나 그는 거칠고 엄격한 군인은 결코 아니다. 그는 자신의 계급에 근거한 명령이 아니라 설득에 의해서 킴의 삶을 양도받는다. 그는 생활이 합리적이라고 보일 때—킴의 자유로운 휴가 기간에 어느 누가 크레이톤보다도 더 훌륭한 상관을 원할 수 있겠는가?—는 유연할 수 있

---

[144] Michael Edwardes, *The Sahibs and the Lotus : The British in India* (London : Constable, 1988), p. 59.

으며 상황이 엄격함을 요구할 때는 엄격할 수가 있다.

두 번째로 그가 식민지 관료인 동시에 학자라는 점이 특히 흥미롭다. 이러한 권력과 지식의 결합은 도일의 셜록 홈즈—그의 충실한 서기 와트슨 박사는 북서 전선의 참전 용사이다— 의 창조와 동시대적인데, 홈즈의 인생에 대한 접근은 과학화되어 가는 탁월하고 전문화된 지성과 결합된 법규에 대한 건강한 보호와 존경심을 포함하고 있다. 이 두 사례 모두에서 키플링과 도일은 자신들의 독자에게 그 두 인물의 비전통적인 삶의 양식이 분야의 경험으로 합리화되는 것을 유사학문적인 성격의 전문성으로 치환되는 새로운 보여 준다. 식민지 지배와 범인 추적은 대부분 고전이나 화학에 대한 존경심과 질서를 획득한다.

마흐법 알리가 교육 때문에 킴에게 찾아왔을 때, 그들의 대화를 듣게 된 크레이톤은 '이 소년이 알려진 그대로라면 버려질 것임에 틀림없다.'고 생각한다. 그는 총체적이고 체계화된 관점에서 세상을 바라본다. 인도에 대한 모든 것이 크레이톤의 흥미를 끄는데 그것은 거기에 있는 모든 것이 통치에 중요하기 때문이다. 크레이톤에게 민족학과 식민지 활동간의 상호 교환은 빈번하다. 그는 재능 있는 소년들을 장래의 스파이로서 그리고 인류학적인 호기심의 양측면에서 연구할 수 있다. 따라서 빅토르 신부가 크레이톤이 킴의 교육에 관련되는 관료적인 세부 사항에 이르기까지 관여하는 것은 너무 지나친 것이 아닐까라고 생각할 때, 대령은 양심의 가책을 저버리게 된다. "당신이 그 '붉은 황소'와 같은 군대의 연대 배지를 소년이 따르는 일종의 물신物神으로 전환하는 것은 매우 흥미로운 것입니다."

인류학자로서의 크레이튼은 다른 몇 가지 이유로 중요하다. 모든 현대 사회 과학 중에서 인류학은 역사적으로 식민주의와 가장 밀접하게 관련된 학문인데 그것은 인류학자들과 민족학자들이 토착민의 태도 등 많은 것에 대해서 식민지 지배자들에게 충고해 주는 경우가 많기 때문이다. (인류학을 "식민주의의 시녀"로 파악한 클로드 레비 스트로스Claude Levi-Strauss의 비유는 이러한 점을 인식한 것이다. 타랄 아사드가 편저한 탁월한 논문 선집인 『인류학과 식민주의의 만남』은 더 많은 연관성을 발전시켰으며, 라틴 아메리카 정책에 있어서 미국에 관한 로버트 스톤Robert Stone의 소설 『일출을 향한 깃발A Flag for Sunrise』의 중심 인물은 CIA와 모호하게 연관되어 있는 인류학자인 홀리웰이다.) 키플링은 식민지에서 작용하고 있는 서구 학문과 정치적 권력간의 이러한 논리적인 밀접성을 그리고 있는 맨 처음의 소설가 중 한 사람이었다.[145] 그리고 키플링은 언제나 크레이톤을 신중하게 고려하고 있는데, 그것이 바부가 그곳에 존재하는 이유의 하나이기 때문이다. 왕립학회에 소속되고자 하는 부단한 야망이 분명한 근거가 있는 현명한 토착민 인류학자의 경우는 그에게 자격이나 능력이 없어서가 아니라 반대로 그가 백인이 아니었기 때문에, 거의 언제나 우습거나 미숙하거나 어떤 경우에는 희화적이기까지 했다. 즉 그는 결코 크레이톤이 될 수 없었다. 키플링은 이 점에 대해서 매우 신중했다. 그가 영국의 통제 밖의 역사적 흐름 속에서 인도를 생각할 수 없는 것과 똑같이 그와 당시의 다른 사람들이 서구의 욕구를 전적으로 고려했던 일들 속에서 효율적이고 진지할 수 있는 인도인들을 상상할 수 없었다. 인도인들이 사랑스럽고 찬양받는다 하더라도, 그에게는 "우리들"과 같이 되려는 희망없는 노력을 하는 존재론적으로 희화적인 토착민의 우거지상을 하고 있는 전형적인 모습만이 남아 있었다.

   나는 크레이톤과 같은 인물이 인도에서 영국의 힘을 의인화하는 데 있어서 많은 세대에 걸쳐서 발생하는 변화의 절정이라는 점을 말하였다. 크레이톤의 뒤에는 워렌 헤이스팅스와 로버트 클라이브 같은 18세기 후반의 탐험가와 개척자들이 있었으며, 이들의 혁신적인 통치와 개인적인 월권은 영국이 인도 자체의 무한한 통치의 권위를 법에 의해 굴복시키도록 하였다. 크레이톤 속에 남아 있는 클라이브와 헤이스팅스는 그들의 자유에 대한 의미, 그들의 즉흥성에 대한 자발성, 비공식성에 대한 그들의 선호 등이다. 그러한 무자비한 개척자들 뒤로는 토마스 먼로Thomas Munro와 마운트스튜워트 엘핀스톤Mountstuart

---

145) Edward W. Said, "Representing the Colonized : Anthropology's Interlocutors," *Critical Inquiry* 15, No. 2 (Winter 1989), 205~25을 보라. Lewis D. Wurgaft, *The Imperial Imagination : Magic and Myth in Kipling's India* (Middletown : Wesleyan University Press, 1983), pp. 54~78을 보라. Bernard S. Cohn, *Anthropologist Among the Historians*도 역시 보라. .

Elphinstone이 왔으며, 그들은 그 통치권이 전문 지식을 어느 정도 반영했던 최초의 최상급의 학자 행정 관리들 가운데서 개혁자와 종합자였다. 또한 인도에서의 근무가 이방인 문화를 연구하는 기회가 되었던 학문적으로 위대한 인물이 있으며, 이러한 인물에는 윌리엄 존스 경, 찰스 윌킨스Charles Wilkins, 나다니엘 할헤드Nathaniel Halhed, 헨리 콜브루크Henry Colebrooke, 조나단 던컨Jonathan Duncan 등이 있다. 이 인물들은 원칙적으로 상업적 기업에 소속되어 있었으며, 크레이톤(과 키플링)이 했던 것처럼 그렇게 인도에서의 활동이 전체의 체계를 운영할 만큼의 유영화되고 경제적 (정확한 의미에서) 이었다고 느끼지 못했던 것 같다.

크레이톤의 규범은 개인적인 취향이나 변덕(클라이브의 경우와 같이)이 아니라 법규 또는 질서와 통제의 원칙에 바탕을 둔 공평 무사한 정부의 것들이다. 크레이톤은 인도를 알지 못하면 인도를 지배할 수 없다는 개념을 구체화했으며, 인도를 아는 것은 그것이 운용되는 방식을 이해하는 것을 의미한다. 이러한 이해는 윌리엄 벤틴크가 총독으로 통치했던 기간에 발전되었으며, 가장 많은 인도인에게 최대한의 이익 (인도인은 물론 영국인에게)을 부여하는 공리주의적 지배의 원칙 이상으로 동양주의적인 원칙도 끌어 들였다.[146] 그러나 그것은 영국의 제국적 권위라는 불변의 사실에 의해 언제나 봉쇄되었으며, 그것은 또한 총독을 평범한 사람들과 격리시키는 결과를 낳았다. 그들 보통 사람들에게는 옳고 그름과 이익과 손해의 문제는 정서적인 관련성과 중요한 것이있다. 인도에서 영국을 대표하는 정부 관료에게 중요성을 갖는 점은 어떤 것이 좋고 나쁘냐가 아니고 또 그렇기 때문에 변화되어야만 하느냐 아니면 그대로 있어야만 하느냐의 문제가 아니라, 그것이 작용하든 안 하든 관계없이 이방인의 모든 것을 지배하는 데에 도움이 되느냐 아니면 방해가 되느냐의 문제일 뿐이다. 따라서 크레이톤은 제국의 영원하고 통합된 일부분으로서 불변적이고 매력적인 인도를 상상

---

146) Eric Stokes, *The English Utilitarians and India* (Oxford : Clarendon Press, 1959)와 Bearce, *British Attitudes Towards India*, pp. 153~74를 보라. Bentinck'의 교육 개혁에 관해서는 Viswanathan, *Masks of Conquest*, pp. 44~47를 보라.

했던 키플링을 만족시켰다. 누구나 복종하는 권위였다.

「이념의 역사에서 키플링의 위상Kipling's Place in the History of Ideas」라는 유명한 글에서, 노엘 아난Noel Annan은 사회에 대한 키플링의 비전은 새로운 사회학자들인 뒤르켕Emile Durkheim, 베버Max Weber, 파레토Vilfredo Pareto의 비전과 유사했다는 점을 제시했다.

> 그들은 사회를 집단의 관계망으로 파악했다. 그리고 그것은 기본적으로 인간의 의지나 또는 인간의 행동을 결정짓는 계급, 문화, 국가적 전통과 같은 모호한 어떤 것이라기보다는 이러한 집단들이 무의식적으로 설정하는 행위의 유형들이다. 그들은 이러한 집단들이 사회에서 질서 또는 불안정성을 촉진시키는 방법에 대해 알고자 했던 반면에 그들의 선행 연구자들은 어떤 집단이 사회를 진보시키는 데 기여하는가에 대한 해답을 찾고자 했다.[147]

아난은 키플링이 "사회의 구성원들이 위험을 무릅쓰고 깨뜨리고자 하는 어떤 규칙을 그들에게 부과하고 있는 (종교, 법률, 관습, 관례, 윤리 등) 사회 통제력"에 의존하고 있는 인도에서, 키플링이 효율적인 정부의 필요성을 믿고 있는 한, 그는 현대 사회학적 담론의 창시자들과 유사하다는 점을 계속해서 언급하고 있다. 대영 제국은 질서와 법규가 확산되어 있다. 그러나 법이 단지 약탈과 이용의 의미밖에 갖지 못했던 냉혹한 체제인 로마 제국과는 다르다(더 좋다)는 것은 영국 제국주의 이론에서는 거의 상식이나 다름없다. 크로머는 『고대와 현대의 제국주의』에서 이 점을 분명히 했고, 말로우는 『어둠의 핵심』에서 분명히 했다.[148] 크레이톤은 이 점을 완벽하게 이해했으며, 그것이 그가 회교인, 벵갈인, 아프리카인, 티베트인들의 신앙을 경시하거나 그들의 차이점을 무시하지 않은 채 그들과 함께 활동하는 이유이다. 키플링이 크레이톤을 식민지 관료나 약탈적인 모리배로서보다는 복잡한 사회의

---

147) Noel Annan, "Kipling's Place in the History of Ideas," *Victorian Studies* 3, No. 4 (June 1960), 323.
148) 주 11 and 12를 보라.

작은 기능을 담당하는 전문성을 지닌 학자로서 상정했던 것은 그의 당연한 통찰이었다. 크레이톤의 당당한 유머, 사람들에 대한 그의 애정 있으면서도 거리를 유지하는 태도, 그의 유별난 인내는 이상적인 인도 관료에 대한 키플링의 장식이었다.

  조직원으로서 크레이톤은 "위대한 게임"을 관장할 뿐만 아니라 (그의 궁극적인 이익은 물론 황제 부부나 제국의 왕후, 영국인을 위한 것이었다), 소설가인 키플링 자신과 손을 맞잡고 활동한다. 키플링에게 일관된 관점을 찾을 수 있다면 우리는 그 누구보다도 크레이톤에게서 그것을 발견할 수가 있다. 키플링처럼 크레이톤은 인도 사회 내부에 있는 차별성을 존경하였다. 마흐법 알리가 킴에게 자신이 사히브라는 점을 결코 잊지 않았다고 말했을 때, 그는 크레이톤의 신임을 받고 고용되었던 것을 말하고 있다. 키플링처럼 크레이톤도 위계 질서 카스트 제도의 우선권과 특권, 종교, 민족성, 인종에 대해서 결코 간섭하지 않았으며, 자신을 위해서 활동하는 남녀를 포함하는 모든 사람들에 대해서도 간섭하지 않았다. 19세기 말까지 이른바 '신분 보장'—제프리 무어하우스에 의하면 "열 네 개의 상이한 신분"을 인정함으로써 시작된—은 "어떤 경우는 단 한 사람만의 신분으로서 또 다른 경우는 수많은 사람들이 공유하는 신분에 이르기까지 예순 한 개"[149]로 확장되었다. 무어하우스는 영국인과 인도인간의 애증 관계가 양 민족에 현존하는 복잡한 계층적인 태도로부터 파생된 것으로 생각했다. "그 각각은 다른 쪽의 기본적인 사회적 전제를 파악했고 그것을 삼재 의식적으로 자신들의 흥미로운 다양성으로 이해했을 뿐 아니라 존경하기까지 했다."[150] 이러한 유형의 생각이 『킴』의 거의 모든 곳에서 재현되는 것을 볼 수 있다. (키플링의 인도의 상이한 인종과 카스트 제도에 대해 끈기 있는 구체적인 목록, 모든 사람(라마승까지도)에 의한 인종적 분리의 원리에 대한 수용, 외부자에 의해 손쉽게 부정될 수 없는 경향과 관습.) 『킴』에서 모든 사람은 다른 집단들에 대해서는 국외자이고 자신의 집단에는 내부인이다.

---

149) Geoffrey Moorthouse, *India Britannica* (London : Paladin, 1984), p. 103.
150) 같은 책, p. 102.

킴의 능력 —그의 재빠름, 그에게는 마치 본능적인 것과 같은 어떤 상황을 위장하고 또 그 상황에 뛰어드는 그의 역량— 에 대한 크레이톤의 호감은 모험, 음모, 일상적 사건에 뛰어들고 벗어나는 복잡하고 카멜레온 같은 주인공에 대한 소설가의 관심과 같은 것이다. 그 궁극적인 유추는 "위대한 게임"과 소설 그 자체 사이에 있다. 통제된 관찰이라는 유리한 위치에서 인도 전체를 바라볼 수 있다는 것. 바로 그것은 하나의 커다란 만족이다. 또 다른 것은 경계선을 스포츠하듯이 넘나들 수 있고 영토를 침범할 수 있는 인물, 즉 모든 세계의 작은 친구인 킴 오하라를 당장 이용하는 것이 가능하다는 점이다. 그것은 마치 소설의 중앙에 킴을 놓음으로써 (스파이 대장 크레이톤이 "위대한 게임"에서 소년을 장악하고 있는 바와 같이) 키플링이 제국주의조차도 결코 꿈꿀 수 없었던 방법으로 인도를 소유하고 즐길 수 있는 것과 같다.

이러한 사실은 구조를 구조화하고 부호화하는 19세기 말의 사실주의 소설의 관점에서 볼 때 무엇을 의미하는 것인가? 콘라드와 더불어 키플링은 주인공들이 외국의 모험과 개인적인 카리스마를 지니는 놀라울 정도로 이상한 세계에 속하는 소설의 작가이다. 말하자면 킴, 로드 짐, 커츠는 『지혜의 일곱 기둥』의 T. E. 로렌스와 『왕도』에서 말로의 퍼켄처럼 후기의 모험을 예견하는 놀라운 의지를 지닌 인물들이다. 비범한 성찰 능력과 무한한 아이러니에 의해 괴로움을 겪게 되어도 콘라드의 영웅들은 강력하면서도 대부분 주위에 신경쓰지 않고 대담하게 행동하는 인물로 남는다.

그리고 비록 이들의 소설이 탐험 제국주의 장르—라이더 해거드, 도일, 찰스 리드Charles Reade, 버논 필딩Vernon Fielding, G. A. 헨티Henty 및 그보다 못한 수십 명의 작가들의 작품과 더불어—에 속한다 하더라도 키플링과 콘라드는 심미학적이거나 비평적 측면에서 진지한 주의를 필요로 한다.

그러나 키플링에게서 독특한 면을 포착하는 한 가지 방법은 간단하게 그의 동료들이 누구였는가를 생각해 보는 것이다. 우리들은 그를 해거드와 버찬John Buchan과 관련하여 파악하는 데에만 너무 익숙해 있기 때문에 우리는 예술가로서의 그가 하디, 헨리 제임스, 메레디스,

기싱George Gissing, 좀 뒤로는 조지 엘리엇, 조지 무어George Moore 또는 새무엘 버틀러Samuel Butler와 정당하게 비교할 수 있다는 점을 잊고 있다. 프랑스에서 그의 동료들은 플로베르와 졸라, 프루스트와 초기의 지드까지 포함된다. 그렇지만 이들 작가의 작품은 본질적으로 환영과 미몽에서 깨어나는 소설인 반면, 『킴』은 그렇지 않다. 거의 예외 없이 19세기 후반 소설의 주인공은 생활을 설계―그 소망은 위대하고 풍부하거나 독특한 것이지만―하는 것이 그저 환상이고 허상이고 꿈에 지나지 않는 다는 것을 깨닫는 사람이다. 플로베르의 『감성 교육 Sentimental Education』에서의 프레데릭 모로나 『여인의 초상』에서의 이사벨 아처나 버틀러의 『모든 육신의 길The Way of All Flesh』에서의 어니스트 폰티펙스 등이 바로 그러한 사례이다.―이러한 인물들은 젊은 남자와 여자로서 성취, 행동, 영광의 환상적인 꿈으로부터 비통하게 깨어나며 그 대신에 환원된 신분, 배반당한 사랑, 무시무시하게 거칠면서도 다정 다감한 부르주아 세계에 처해진다.

   이러한 깨달음이 『킴』에서는 발견되지 않는다. 킴과 가장 정확하게 동시대 인물인 주드 폴리, 즉 토마스 하디의 『비운의 주드Jude the Obscure』의 주인공을 비교하는 것보다 더 강력하게 이 점을 분명히 하지는 못한다. 이 두 주인공은 객관적으로 그들의 환경에 조화되지 못하는 일탈된 고아들이다. 킴은 인도에 있는 아일랜드인이고 주드는 농사일보다는 그리스에 더 관심이 있는 최소한의 재능을 지닌 영국의 시골 소년이다. 이 두 사람은 모두 자신들에게 매력석인 삶을 상상하고 일종의 도제徒弟 기간을 거쳐서 (킴은 방랑하는 대수도승의 제자로서, 주드는 대학에 지원하는 학생으로서의) 그러한 삶을 성취하고자 노력한다. 그러나 거기에서 비교는 중단된다. 주드는 상황 하나 하나의 유혹을 받는다. 그는 어울리지 않는 아라벨라와 결혼하고 수브라이 헤드와 파멸적인 사랑에 빠지고 자살한 아이들을 생각하고 수년간의 초라한 방황을 한 후에 버려진 사람으로서 삶을 마감한다. 이와는 대조적으로 킴은 빛나는 성공을 하나씩 거두게 된다.

그렇지만 『킴』과 『비운의 주드』의 유사점을 다시 강조하는 것이 중요하다. 킴과 주드 두 소년은 모두 자신들의 평범하지 않은 혈통으로부터 선별되었다. 그들 중 어느 누구도 인생에 평탄한 길를 보장해 주는 부모나 가족이 있는 "정상적인" 소년이 아니다. 그들의 곤경의 핵심은 정체성—무엇이 될 것인가, 어디로 갈 것인가, 무엇을 할 것인가—에 있다. 그들이 다른 사람들과 같을 수 없다면 그들은 누구인가? 그들은 형식 그 자체의 원형적인 인물이라고 할 수 있는 돈키호테처럼 부단한 추구자이고 방랑자이다. 돈키호테는 루카치가 『소설의 이론 The Theory of the Novel』에서 밝힌 바와 같이 "상실된 초월"이라는 추락한 불행한 상태라는 소설의 세계를 서사시의 행복하고 만족스러운 세계와 결정적으로 구별짓는다. 루카치는 모든 소설의 주인공은 잃어버린 상상의 세계를 복원하고자 한다고 말했는데 그것은 19세기 말의 각성의 소설에서는 비현실적인 꿈이나 다름없다.[151] 프레데릭 모로, 도로시 브루크, 아사벨 아처, 어니스트 폰티펙스 등 모든 주인공들같이 주드는 그러한 운명의 저주를 받았다. 개인적인 정체성의 역설적인 측면은 그와 같은 성공적이지 못한 꿈에 함축되어 있다는 점이다. 주드는 학자가 되고자 하는 허무 맹랑한 소원이 아니었다면 결코 현재의 그러한 상태는 안 되었을 것이다. 사회의 비실재적인 것으로부터 도피하는 것이 구원의 약속을 얻는 것이지만 그러나 그것은 불가능한 것이다. 구조적인 아이러니는 정확하게 그러한 연관성의 문제이다. 원하는 것은 정확하게 가질 수 없는 것이다. 『비운의 주드』의 결말에서 쓰라림과 희망의 좌절은 바로 주드의 정체성과 동의어가 되었다.

킴 오하라는 이처럼 무력하고 의기 소침하고 곤란한 지경을 뛰어넘기 때문에, 너무도 분명하게 낙관적 인물인 것이다. 제국주의 소설의 다른 영웅들과 마찬가지로 그의 행동은 패배가 아닌 승리로 끝난다. 침략적인 외국 첩보원들이 체포되고 추방되었을 때 그는 인도를 건강하게 회복시켰다. 그의 힘의 일부는 자신의 주위에 있는 인도인들과는 다른 심오하고도 거의 본능적인 지식에서 비롯된다. 그는 어린 시절

---

151) Georg Lukacs, *The Theory of the Novel*, Anna Bostock 옮김. (Cambridge, Mass. : MIT Press, 1971), pp. 35 ff.

그에게 주어진 특별한 부적을 가지고 다니며 다른 소년과는 달리 그는 출생의 예언을 통해 그가 모든 사람이 깨닫기를 희망하는 독특한 운명을 부여받아 활동한다. 이러한 점은 소설의 서두에 설정되어 있다. 후에 그는 사히브가 되는 것, 백인 남성이 되는 것을 분명하게 깨닫게 되고, 그가 흔들릴 때마다 거기에는 그가 정말 특별한 계층의 모든 권한과 특권이 있는 사히브라는 점을 그에게 상기시켜 주는 누군가가 있다. 키플링은 성자 같은 사부에게 백인과 비백인 사이의 차이점을 확인하시키기까지도 한다.

그러나 이 점만이 이 소설의 흥미로운 재미와 신뢰를 전해주는 것은 아니다. 제임스나 콘라드와 비교할 때 키플링은 내성적인 작가도 아니었고 ―우리들이 본 증거에서 볼 때에도― 그는 자신을 조이스와 같은 예술가라고 생각하지도 않았다. 그의 가장 훌륭한 글쓰기의 힘은 편안하고 유창한, 그의 나레이션과 성격 묘사에서 비롯되고, 완벽한 다양성과 그의 창조성은 디킨스와 셰익스피어에 비길 만하다. 그에게 언어는 콘라드의 언어와 같이 저항의 매개체가 아니었다. 그는 자신이 탐험하는 세계를 나타내는 모든 것을 수많은 어조와 억양을 쉽게 이용하여 명백하게 나타냈다. 그리고 이러한 언어는 킴에게 쾌활함과 기지, 활력과 매력을 부여했다. 여러 가지 방법으로 킴은 19세기에 있어서 훨씬 더 일찍이 묘사된 인물을 닮았다. 예컨대 스탕달 같은 작가는 파브리스 델 동고와 줄리앙 소렐에 대한 생생한 묘사가 모험과 동경의 똑같은 혼합을 한 것이라고 말하고, 스탕달은 이를 '편협한 애국주의'라고 불렀다. 스탕달의 주인공들과는 같지만 하디의 주드와는 다른 킴에게 세상은 가능성으로 가득 찬, 칼리번의 섬과도 같이 "즐거움을 줄 뿐 해로움은 없는 소음과 소리와 달콤한 공기로 가득 찬" 곳이다.

때로 그러한 세상은 편안하고 나태하기까지 하다. 따라서 우리들은 대로의 시끌벅적함과 다양성뿐만 아니라, 소규모의 여행자들이 평화롭게 휴식할 때 늙은 군인들(제3장)의 모습과 더불어 그 장면이 지니고 있는 반갑고 부드러운 목가적 분위기도 갖게 된다.

    따가운 햇빛 속에는 작은 생명체의 졸리운 날개짓 소리, 비둘기의 울음 소리, 들녘을 가로지르는 훌륭한 마차의 졸리운 덜컹거리는 소리가 있었다. 천천히 그리고 인상 깊게 라마승은 시작했다. 십 분이 다 되어서 그 늙은 군인은 그의 말을 더 잘 듣기 위해서 조랑말에서 내려와 허리에 고삐를 차고 앉았다. 라마승의 목소리는 더듬거렸고—그 간격은 길어졌다. 킴은 회색빛 다람쥐를 정신없이 바라보았다. 나뭇가지에 착 달라붙었던 그 작은 야단스러운 털뭉치가 사라졌을 때, 설교자와 청중은 곧바로 잠들었으며 짧은 머리칼을 한 그 늙은 군인의 머리는 팔을 베고 누웠고, 라마승의 머리는 나무 둥치를 베고 누웠으며, 그 나무 둥치에서 그는 노란색 상아처럼 보였다. 발가벗은 어린 아이가 아장아장 걸어 나와서 물끄러미 바라보다, 라마승을 보고, 그 앞에서 경건한 작은 공경을 표시하는 존경심의 행동으로 재빨리 움직였다. 어린 아이는 너무나 작았고 뚱뚱했기 때문에 그만 길가에 넘어졌으며, 킴은 벌렁 넘어진 그 오동통한 다리를 보고 웃었다. 어린 아이는 놀라고 또 화가 나서 큰 소리를 질렀다.[152]

낙원과 같은 이러한 구성의 모든 측면에는 대로大路의 "놀라운 장관"이 있는데, 그 도로는 늙은 군인이 말한 바와 같이 "모든 카스트 계급과 인간의 유형이 움직이고 있다. … 바라문Brahmin과 노예, 은행가와 땜장이, 이발사와 술집 여급, 순례자와 옹기장이—모든 세상 사람들이 오간다. 그것이 내게는 장마 뒤의 통나무처럼 뒤로 물러섰던 강물과도 같다."[153]

이러한 풍부하고 이상하게도 친절한 세계를 다루는 킴의 방법에서 하나의 환상적인 지표는 변장에 대한 그의 놀라운 재능이다. 우리들은 그가 라호레의 광장—거기에는 오늘에도 여전히 이 광장이 있다—에서 인도 소년들 중 한 명의 소년으로서 낡은 권총을 들고 있는 것을 처음으로 보게 된다. 키플링은 조심스럽게 각 소년의 종교와 배경을 차별화하지만 (회교도인, 힌두교인, 아일랜드인), 그러나 이들의 정체성 그 어떤 것이 비록 그것이 다른 소년들을 방해한다 해도 킴에게는

---

152) Kipling. *Kim*, p. 246.
153) 같은 책, p. 248.

방해가 되지 않는다는 점을 우리에게 조심스럽게 암시해 주고 있다. 그는 하나의 방언, 일련의 가치와 믿음을 지나쳐 다른 방언, 가치, 신념으로 옮겨갈 수 있다. 이 소설을 통해 킴은 수많은 인도 공동체의 방언을 터득하게 되고 우르두Urdu어, 영어(키플링은 자신의 과장된 영국 인도어의 굉장히 재미 있으면서도 점잖은 조롱을 알게 되었으며 궁극적으로 바부의 굉장한 수다스러움을 구분하였다), 유라시아어, 힌두어 및 뱅갈어를 말할 수 있다. 마흐법이 패스투Pashtu어를 말할 때 킴도 그것을 말한다. 라마승이 중국 티베트어를 할 때 킴도 그것을 이해한다. 키플링은 이러한 언어의 바벨탑 즉 산시Sansis어, 캐시미르Kashmiris어, 애칼리Akalis어, 시크Sikhs어 및 그 밖의 다양한 언어의 노아의 방주의 연주자로서, 수많은 상황을 경험하고 그 각각의 경험에 능숙하고 위대한 배우와도 같이 또한 방주를 넘나들며 춤추는 킴의 카멜레온 같은 변화를 다루었다.

이 모든 것은 유럽 부르주아의 보잘것없는 세계와는 얼마나 다른가? 모든 주요 소설가들이 언급한 바와 같이 그러한 분위기는 현대 생활의 퇴보, 모든 열정과 성공과 이국적 모험에 대한 꿈의 파멸을 재확인하는 것이다. 키플링의 소설은 대립을 제공한다. 그의 세계는 영국의 지배를 받는 인도를 배경으로 하기 때문에 조국을 떠난 유럽인으로부터는 아무것도 선택하지 않는다. 킴은 백인 사히브가 이러한 사치스러운 복잡성 속에서 인생을 얼마나 즐기고 있는지를 보여 주고 있다, 나는 그러한 복잡성 속에서 유럽의 개입에 대한 저항이 없는 것이 —인도에서 상대적으로 무서움을 모르고 행동하는 킴의 능력에 의해 상징화된— 제국주의 비전 때문이라는 점을 주장하고자 한다. 왜냐하면 자기 자신의 서구 환경 —거기에서 성공적인 추구에 대한 원대한 꿈을 위해 살아가려고 노력하는 것은 평범한 자기 자신과 세계의 타락과 파멸에 저항하는 것을 의미한다— 에서 성취할 수 없는 것을 외국에서 성취할 수 있기 때문이다. 인도에서는 무엇이든지 하는 것이 가능한가? 어느 것이라도? 어디든지 무사히 갈 수 있는가?

킴의 방랑이 소설의 구조에 영향을 미친 것과 같이 그 방랑의 유형을 생각해 보자. 그의 여행의 대부분은 인도 북부의 연방州라는 지역의 경계선에 자리 잡은 영국군 수비대 마을인 라호르와 움발라에 형성된 축의 주위에 있는 편잡 지역내에서 이루어진다. 라마승이 베나르 Benares 지역을 넘어서 남동쪽으로 결코 내려가지 않지만, 16세기 후반 위대한 회교 통치자인 세르 샨Sher Shan에 의해서 건설된 대로는 페시아르Peshawar에서 캘커타까지 이어지고 있다. 킴은 심라까지, 루크노우까지 후에는 쿨루 계곡까지 여행을 한다. 마흐법과 더불어 그는 봄베이와 같은 먼 남쪽까지 그리고 카라카치와 같은 훨씬 먼 서쪽까지 간다. 그러나 이러한 여행에 의해서 만들어지는 전반적인 인상은 태평스러운 삶의 방랑이다. 킴의 여행은 때때로 성 자비에르에서의 학교생활에 대한 필요 때문에 중단된다. 그러나 그 등장 인물에 유일한 짐을 부여하는 것이기도 하는 진지한 관심 사항은 대수도승 라마의 구도 과정—이는 상당히 탄력적이다. 북서부 국경 지역에서 소요를 일으키려는 외국 정부원을 추적하고 최종적으로는 추방하는 것이었다. 키플링의 동시대의 주요 유럽 소설에 있었던 것들인 교활한 자금 대부 업자, 마을의 잔소리꾼, 사악한 소문, 매력없고 냉정한 벼락 출세자도 없었다.

　이와 같이 『킴』은 상당히 느슨한 구조와는 대조적으로, 그것과 동시대의 소설에서 나타나는 긴밀하면서도 철저하게 망각하지 않는 현세적 구조와 함께 대단한 지역적이고 공간적인 팽창성에 기초하고 있다. 『소설의 이론』에서 루카치는, 시간이 주인공을 더 많은 환상과 광기로 몰아 넣으며, 또한 그러한 환상이 근거 없고 공허하며 극도로 무모하다는 것을 드러내는 것과 같은 소설에서 나타나는 특징을 형성하는 위대한 아이러니스트가 된다고 말하였다.[154] 『킴』에서 여러분은 시간이 여러분의 편에 있다는 인상을 받게 되는데, 그것은 그 지역이 어느 정도는 자유롭게 이동할 수 있는 여러분의 지역이기 때문이다. 분명히 킴은 그렇게 느끼고 있으며, 크레이톤 대령도 그의 인내력과 그가 나타나고 사라지는 산발적이고도 애매 모호한 방법에서도 그렇게 하고 있다. 인도라는 공간의 풍요성과, 그곳에서의 명령적인 영국의 존재와, 이 두 요인들 사이의 상호 작용에 의해서 전달되는 자유에 대한 느낌은 『킴』의 페이지를 찬란하게 비추고 있는 훌륭한 긍정적인 분위기를

---

154) Lukacs, *Theory of the Novel*, pp. 125~26.

더 밝게 한다. 이러한 점은 플로베르나 졸라에서처럼 급작스러운 재난에서 비롯되는 세계가 아니다.

이 소설의 편안한 분위기는 키플링 자신이 인도에서 편안하게 머무르는 데 대한 그 자신의 축적된 느낌에서 비롯되었다고 나는 생각한다. 『킴』에서 통치자Raj의 대표성은 그것이 "외국인"이라고 해서 문제가 되지는 않는다. 그들에게 대하여 인도는 그 어떤 자의식적인 용서나 당혹감이나 불편함을 전혀 요구하지 않는다. 프랑스어를 구사하는 러시아 공작원은 인도에서 "우리들은 어디에도 아직까지 흔적을 남겨 놓지 않았다."는 점을 인정하였지만[155] 그러나 영국인들은 후례에만큼이나 많은 자의식적인 '동양'이 그 국민들이 아니라 통치자를 대신하는 러시아인의 음모에 의해서 선동될 것이라는 점을 알고 있었다. 러시아인들이 라마승을 공격해서 그의 지도를 찢어 버렸을 때, 그러한 모독은 비유적으로 인도에 대한 모독이었으며 킴은 뒤에 가서 그러한 모독을 정정하게 된다. 키플링의 마음은 결론 부분에 가서 화해와 치료와 통일을 위해서 작용하며 그것은 지리적인 방법에 의해 가능하다. 즉 인도의 광활성을 한번 더 만끽하기 위해 또, 그곳에 또다시 편안함을 누리기 위한, 영국식의 인도에 대한 재장악이다.

인도 지역에 대한 키플링의 주장과 거의 반 세기 이후에 쓰여진 카뮈의 알제리 이야기에서 주장 사이에는 놀라운 일치가 있다. 이들의 몸짓은 신뢰의 몸짓이 아니라 은폐적인 것이며, 내가 생각하기에는 종종 인식하지 못했던 불쾌한 몸짓이다. 왜냐하면 당신이 어떤 지역에 소속하려면 그 지역을 지속적으로 말하거나 보아서는 안 되기 때문이다. 『이방인』에서의 아랍인이나 『암흑의 핵심』에서의 곱슬머리 흑인이나 또는 『킴』에서의 많은 인도인들처럼 그저 존재할 뿐이다. 그러나 식민지적인, 즉 지리적인 이용은 이와 같은 단정적인 언어의 굴절을 필요로 하며 이러한 강조는 그 자체에 대해서도 또 스스로 재확인하는 제국주의 문화의 특징이다.

제국의 중심인 유럽 소설의 일시적인 통치보다는 『킴』에서 이루어진 키플링의 지역적이고 공간적인 지배는, 정치적이고 역사적인 요인

---

155) Kipling, *Kim*. p. 466.

에 의해서 특별한 우수성을 획득하고 있다. 그것은 키플링의 입장에서의 확고한 정치적 판단을 나타내는 것이다. 그것은 마치 그가, 인도가 우리들의 것이고 따라서 우리들은 이러한 대개의 경우 논쟁의 여지가 없고 굴곡되고 목적을 충족시키기 위한 방법으로 인도를 관찰할 수 있다고 말하는 것과 같다. 인도는 '다른 것'이며 중요하게도 그 엄청나게 큰 영토와 다양성 때문에 인도는 영국에 의해서만 안전하게 유지된다.

키플링은 심미적으로 또 다른 어떤 만족스러운 일치를 만들어 내고 있는데, 그것 또한 설명할 필요가 있다. 그것은 크레이톤의 "위대한 게임"과 변장과 모험으로 끊임없이 새로워지는 킴의 능력간의 합류이다. 키플링은 이 두 가지를 긴밀하게 연결짓고 있다. 첫째는 정치적 감시와 통제의 장치이다. 둘째는 좀더 심층적이고 흥미로운 차원으로서 모든 것이 가능하다고 생각하는 사람들의 희망적 환상이다. 『지혜의 일곱 기둥』에서 T. E. 로렌스가 자신─노란 머리에 파란 눈을 한 영국인─이 아랍인 중의 한 사람이나 되는 것처럼 아랍의 사막을 어떻게 이동했는가를 우리에게 일깨우는 장면은 이러한 환상을 거듭해서 표현하고 있는 것이다.

나는 이러한 점을 환상이라고 부르고자 하는데, 왜냐하면 키플링과 로렌스가 끊임없이 우리들에게 상기시키고 있듯이 어느 누구도 ─최소한 식민지에서의 실제상의 모든 백인과 비백인─이러한 "토착민이 되거나" 아니면 "위대한 게임"에 참여하는 것이 유럽의 암벽 같은 권력의토대에 달려 있음을 전혀 망각하고 있기 때문이다. 토착민들 사이를 지나갔던 파란 눈이나 초록색 눈의 킴과, T. E. 로렌스에 의해서 농락당한 토착민이 일찍이 있겠는가? 나는 이 점을 의심하는데, 그것은 백인 지배자와 토착민 피지배자 사이의 세력에서의 불일치가 절대적이었다는 사실을 전적으로 망각하고 있는 유럽 제국주의 세력권에서 살았던 모든 백인 남녀들이, 문화적·정치적·경제적인 현실에 뿌리를 내리고 변하지 않으려고 했다는 점을 내가 의심하는 것과 똑같은 것이다.

국경선과 지붕 위를 가로지르고 텐트와 마을에 뛰어들면서 변장한 채 인도 전역을 여행하는 적극적인 소년 영웅인 킴은 크레이톤의 "위대한 게임"에서 표현되듯이 영국의 힘에 대해 한결같은 책임이 있다. 우리가 그 점을 그렇게 분명하게 파악할 수 있는 이유는 지드의 『배덕자The Immoralist』와 카뮈의 『이방인』이 발표된 이래 알제리가 프랑스로부터 독립한 것과 같이 『킴』이 발표된 이래 인도가 독립되었기 때문이다. 제국주의 시대의 이러한 주요 작품들을 그것들에 대응되는 다른 역사와 전통과 더불어 회고적으로 또는 동음 이의적으로 읽는 것 그리고 탈식민지화에 비추어서 읽는 것은 이러한 작품의 위대한 미학적인 힘을 훼손하는 것도 아니고, 이들 작품을 제국주의자의 선전물로서 축소시켜 취급하는 것도 아니다. 그보다는 이러한 작품에 정보를 제공했고 가능하게 했던 권력의 요소과의 연관성을 벗겨 버린 채 작품을 읽는 것은 훨씬 더 중대한 잘못이다.

인도에 대한 영국의 통제(위대한 게임)가 인도를 위한 것이고 그리고 뒤에는 그 훼손을 치유하는 환상적인 킴의 변장과 구체적으로 일치하는 것과 같은 키플링에 의해 만들어진 정치는 이러한 것들은 영국 제국주의가 없이는 불가능한 것이다. 우리들은 소설을 엄청난 누적의 과정이 현실화된 것으로 읽어야만 하는데, 그 과정은 인도의 독립을 앞두고 최후의 중요한 사건에 노날하는 19세기가 막을 내려가는 시기이다. 그것은 한편으로는 인도에 대한 감시와 통제이고, 다른 한편으로는 바로 그 구체성에 대한 사랑과 환상적인 관심이 대두되는 시기이다. 한편에서는 정치적인 장악이 그리고 다른 한편에서는 심미적이고 심리학적인 즐거움 사이의 중복이 영국 제국주의 그 자체에 의해서 가능해졌다. 키플링은 이러한 점을 이해하였지만 그의 수많은 후기 독자들은 이러한 어려움은 물론 곤혹스러운 진실까지도 수용하기를 거부한다. 그리고 인간적이고 세속적인 진실을 드러내는 (그러한 사실들이란 유럽인들이 도착하기 전에도 인도는 존재했고, 통치권이 유럽의 권력에 장악되었고, 그러한 세력에 대한 인도인의 저항은 영국의 압제하에서 불가피하게 투쟁을 가져왔다는 것들이다.) 역동성의 시각을 거의 상실할 때, 그것은 영국 제국주의에 대한 일반적인 키플링의 인식이 아니며, 특정 시점에서의 제국주의적인 것들을 잃어 버리는 결과를 낳는다.

오늘날 『킴』을 읽는 데 있어서 우리는 키플링으로부터 그가 자신의 색깔과 독창적인 기술로 보았던 실재들을 키플링이 그것들이 영원하고 본질적이라는 관념과 혼동하는 인도에 관한 자신의 통찰력으로 인해 어떤 의미에서는 눈이 멀어 버린 한 위대한 예술가를 볼 수 있다. 키플링은 이와 같이 근본적으로 애매 모호한 결말로 끝맺고자 하는 특질을 소설 형식에서 찾았다. 그러나 그가 실제로는 이러한 애매 모호함에 성공하지 못했고, 다만 이러한 목적을 위해서 소설을 활용하려는 그의 시도가 그의 심미적 완벽성을 재확인시켜 주었다는 것은 틀림없는 위대한 예술적 아이러니이다. 『킴』은 분명히 정치적인 영역이 아니다. 자신이 사랑하기는 했지만 그러나 적절하게 사랑할 수 없었던 인도를 깊게 다루기 위한 소설 형식과 킴 오하라라는 인물에 대한 키플링의 선택.—그것은 우리들이 이 소설의 중심적인 의미로써 절대적으로 유지해야만 하는 것이다. 그런 다음에 우리들은 『킴』을 역사적인 순간에 대한 위대한 기록으로써 그리고 1947년 8월 14일과 15일 사이의 자정, 바로 그 순간 자식들이 과거의 풍요와 그 끊임없는 문제에 대한 우리의 느낌을 너무 많이 바꾸어 버린 그 자정에 이르는 심미적 이정표로써 읽을 수가 있다.

6. 통제하의 토착민

나는 지금까지 제국주의가 그 성공을 촉진시키기 위해 활용한 지속적인 유럽 문화의 그러한 측면에 초점을 맞추고자 노력하는 한편, 제국주의 유럽인이 어떻게 자신이 제국주의자라는 점을 알고 싶어 하지도 않고 또 알 수도 없었는지 그리고 아이러니컬하게도 똑같은 상황에 처해 있던 비유럽인이 어떻게 유럽인을 제국주의자로만 파악했는지를 설명하고자 노력하였다. 파농은 객관성과 같은 유럽적인 가치는 언제나 "토착민에게" 불리하게 작용했다고 말했다.[156]

그렇다고 하더라도 제국주의가 19세기 유럽에 철저하게 스며들어 있어서 문화 속에서 제국주의를 찾아낼 수 없다고 말할 수 있을까? "제국주의자"라는 말이 키플링의 섬세한 문학 작품에서처럼 또는 그와 동시대의 테니슨과 러스킨에게서처럼 호전적 애국주의 작품에 사용되었을 때 의미하는 것은 무엇인가? 이론적으로 모든 문화적 공예품은 내포된 의미를 갖고 있는가?

두 가지 답이 스스로의 모습을 드러낸다. 우리들은 우선 "아니다"라고 말해야만 한다. "제국주의" 같은 개념은 서구의 중심 문화가 갖고 있는 흥미로운 이질성을 용납할 수 없는 모호성으로 가리는 보편적인

---

156) Frantz Fanon, *The Wretched of the Earth*, Constance Farrington 옮김. (1961 ; rprt. New York : Grove, 1968), p. 77. 이러한 주장의 내용과 제국주의에서 정당화의 역할과 "객관적 담론"에 대해서는 Fabiola Jara and Edmundo Magana, "Rules of Imperialist Method," *Dialectical Anthropology* 7, No. 2(September 1982), 115~36을 보라.

특질을 지니고 있다. 한 가지 유형의 문화 작품이 제국주의에 관여하게 될 때 그것과 다른 유형의 문화 작품은 차별화되어야 한다. 그에 따라, 예컨대 우리는 인도에 대한 보수적인 태도에도 불구하고 존 스튜어트 밀이 제국이라는 개념에 대해서는 카알라일이나 러스킨보다 더 복합적이었고 더 고양되어 있었다고 말할 수 있다. (아이레의 경우와 같이 밀의 행동은 원칙에 입각해 있었으며 돌이켜보면 경의를 표할 만도 했다.) 부캔이나 해거드와 비교할 때, 예술가로서 콘라드와 키플링의 경우도 마찬가지다. 그렇지만 문화를 제국주의의 일부로 생각해서는 안 된다는 입장은 이 두 요소를 진지하게 연관 짓는 것을 방해하는 전법이다. 문화와 제국주의를 신중하게 바라봄으로써 우리는 그 속에서 다양한 관계의 양식을 발견할 수 있으며 주요 문화 텍스트의 독서를 풍부하게 하고 예리하게 해주는 연관성을 도출할 수 있다는 점을 알게 된다. 물론 역설적인 점은 유럽 문화 역시 대부분의 제국주의 경험을 지지하는 데 있어서 복합적이고 풍부하며 재미있다.

19세기 후반에 활동했던 작가들, 콘라드와 플로베르를 생각해 보자. 전자는 드러내 놓고 제국주의에 관여했고 후자는 암묵적으로 제국주의에 관여했다. 이 두 작가는 서로의 차이점에도 불구하고 자신들이 창조해 낸 구조내에서 고립되고 제한되는 주인공의 능력이 식민주의자 —자신이 통치하는 제국의 중심에 있는— 와 똑같은 형태를 취하게 됨을 서로 강조하고 있다. 『승리 Victory』에서 엑셀 헤이스트와 『유혹 La Tentation』의 성 앙투안느 —둘 다 후기 작품인데— 는 마술적인 총체성의 수호자처럼 자신들의 통치를 어렵게 만드는 저항이 사라짐으로 해서 적대적인 세계를 합병할 수 있는 곳으로 물러나 있다. 올메이어, 아프리카 오지의 주둔지의 커츠, 팽투산의 짐과 가장 기억되는 경우로는 술라코의 찰스 굴드 등이 있으며, 플로베르의 경우는 그러한 고독한 후퇴가 『보바리 부인 Madame Bovary』 이후에 점점 더 강하게 야기된다. 자신의 섬에 있었던 로빈슨 크루소와는 달리 자기 구원을 위해 애쓰는 현대의 제국주의가, 섬 세계에서 그들이 배제하고자 했던 것이 스며들어옴에 따라 방해와 간섭의 고통을 받을 운명에 처하게 된 것이다. 고독하면서도 고압적인 태도에 대한 플로베르의 묘사에 미치는 은밀한 제국주의적 조종은 콘라드의 공공연한 재현과 병치될 때

충격적인 양상을 보여 준다.

  유럽 소설의 그러한 규범에서 보면 제국주의적 요소들의 이러한 간섭은 아무도 세상으로부터 후퇴해 사적인 리얼리티로 침잠해 들어갈 수 없다는 것을 상기시켜 준다. 돈키호테까지 거슬러 올라가는 이 연관성은 명확하고, 그러한 지속성은 소설 양식 그 자체의 제도적인 측면과 더불어 진행되며, 소설 형식 속에서 비정상적인 개인은 보통 집단적 정체성에 의해 훈련받고 처벌받는다. 콘라드의 명백한 식민지적 배경에서, 그러한 분열은 유럽인들에 의해 이루어지며 또한 유럽인들의 해석과 심문을 필요로 하는 내러티브 구조 속에 자리 잡게 된다. 이러한 점은 초기 『로드 짐』과 후기 『승리』에서 모두 찾아볼 수 있다. 이상적이거나 후퇴한 백인(짐, 헤이스트 등)이 돈키호테적인 은둔의 삶을 사는 것과 같이, 그의 공간은 악마 같은 영향력과 모험가들 ─그들의 부정 행위는 화자인 백인에 의해서 조사받게 된다─ 에 의해 침입당한다.

  『암흑의 핵심』은 또 다른 예가 된다. 말로우의 청중은 영국인이며, 말로우 자신은 계시를 이해하려 애쓰는 서구 정신을 알아내려 함으로 써 커츠의 개인적 영역을 꿰뚫어 본다. 이 소설에 대한 대부분의 비평은 식민지 사업에 대한 콘라드의 회의주의에 주목하고 있지만, 말로우가 아프리카 여행담을 이야기하면서 커츠의 행동 즉 아프리카의 이질성을 역사화하고 서술함으로써 아프리카를 유럽의 패권에 되돌려 주는 것을 반복하고 확신한다는 점에 대해서는 거의 언급하지 않는다. 야만인들, 황야, 거대한 대륙으로 파고들어 가는 폭격의 어리석음―이 모든 것은 식민지를 제국의 지도상에 놓고 서술 가능한 역사의 일과성에 배치하고자 하는 즉 그 결과가 아무리 복잡하고 우회적이라 하더라도 배치하고자 하는 말로우의 요구를 다시 강조하는 것들이다.

  말로우의 역사적 대응자들로서 두 명의 탁월한 예를 든다면 헨리 메인 경과 로드릭 머치슨Roderick Murchison 경이 될 것이다. 이 두 사람은 자신들이 문화적, 과학적으로 거대한 작업 즉 제국주의적 맥락을 벗어났을 때는 비지성적인 작업으로 유명한 사람들이다. 메인의 위대한 연구서 『고대의 법Ancient Law』(1861)은 원시 계급 사회에서 법 구조 즉 고정된 "지위"에 특권을 부여하고 "계약"에 기초한 변화가 일어나고 나서야 현대화될 수 있었던 법 구조를 파헤쳤다. 메인은 불가사의하게도 푸코가 『감시와 처벌Discipline and Punish』에서 파악한 역사인 유럽이 "통치"에서 행정상의 감독관으로 전환한 역사를 미리 예견하였다. 메인이 볼 때, 그 차이점은 제국이 자신의 이론을 증명하기 위한 일종의 실험실이 되었다는 것이다. (푸코는 유럽의 교도소에서 사용 중인 제레미 벤섬의 '판옵티콘Panopticon'을 역사적 증거로 이용했다.) 인도 총독 회의의 합법적인 위원으로 임명되었을 때, 메인은 자신의 동양 체류를 "장기간의 현장 여행"으로 간주했다. 그는 인도 입법 행정(그는 200여 항목을 작성했다)의 혁신적 개혁의 문제와 관련해 공리주의자에 반대했으며, 자신의 임무는 인도인의 정체성 부여와 보전에 있다고 생각했다. 그가 보기에 인도인들은 "신분 제도"에서 벗어날 수 있으며 조심스럽게 교육받은 엘리트로 만들어 영국 정책 수행자로 사용할 수 있었다. 『마을 공동체Village Communities』(1871) 및 이후 자신의 '리드Rede 강연'에서 메인은 마르크스 이론과 같이 놀라운 하나의 이론을 개괄했다. 영국 식민주의의 도전을 받게 된 인도의 봉건 제도가 필연적인 발전을 이루었다는 것이다. 그러는 동안 봉건 군주는 개인적 소유의 기초를 마련하였고, 소시민 계층의 원형이 출현하는 것을 가능하게 했다는 것이다.

똑같이 충격적인 로드릭 머치슨은 지질학자, 지리학자 및 '왕립 지리 학회'의 행정관으로 전환한 군인이었다. 머치슨의 일생과 경력에 대한 설명에서 로버트 스태포드Robert Stafford가 지적한 바와 같이, 한 사람에게 군의 배경, 결정적인 보수주의, 지나친 자기 확신과 의지, 학문적이고 향학열 높은 열성이 주어졌을 때, 그가 모든 것을 정복한 군대처럼, 전투에서 권력과 지상의 모든 영역을 대영 제국에 가져다 주었던 한 명의 지질학자로서 자신의 활동을 시작한 것은 필연적이었다.[157] 영국 그 자체이든, 러시아나 유럽이든, 또는 그 반대 지역이든, 아프리카든 인도이든간에 머치슨의 활동은 곧 제국 그 자체였다. 머치

---

157) Robert Stafford, *Scientist of Empire : Sir Roderick Murchison, Scientific Exploration and Victorian Imperialism* (Cambridge : Cambiridge University Press, 1989). 인도에서의 초기 사례 중의 하나는 Marika Vicziany,

슨은 "여행과 식민지화는 영국인들이 랄리Walter Raleigh와 드레이크 Francis Drake의 시절에 그랬던 것처럼 여전히 그들의 지배적인 욕망이었다."고 다시 한번 강조했다.[158]

따라서 자신의 이야기에서 콘라드는 실제로 전세계를 이끌고 가는 제국주의적 제스처를 재연하였으며, 그러한 제스처의 불가피한 모순을 강조하면서도 그것의 장점을 드러냈던 것이다. 그의 역사학자적 비전의 역동성은 아프리카, 커츠, 말로우 —그들의 본질적인 괴짜스러움에도 불구하고— 를 우월한 서구에 대한 본질적 이해의 대상(그러나 명백하게 문제점 많은)으로 인정케 했다. 그렇지만 내가 말한 바와 같이 콘라드의 내러티브의 대부분은 명확한 설명이 피해진 모든 것, 말하자면 밀림, 절망적인 토착민들, 거대한 강줄기, 아프리카의 장엄함, 형언할 수 없는 암담한 생활 등이 압도하고 있다. 이 두 가지 경우 후자에서 어떤 토착민이 지성적인 말을 하게 될 때, 콘라드는 커츠의 죽음을 알리는 초입에서 "오만한 검은 머리"를 강요한다. 마치 유럽적인 해명만이 아프리카인이 일관성 있게 말할 수 있는 충분한 이유를 갖게 되는 것처럼. 말로우의 내러티브는 아프리카의 본질적인 차이점에 대한 인식보나는 아프리카의 경험을 유럽에 있어서의 중요성이라는 측면에서 인정했다. 그래서 아프리카는 완전한 의미 속으로 후퇴하게 된다. 마치 커츠가 지나감에 따라 그곳은 또 다시 그의 제국주의적인 의지가 지배하고자 했던 공백이 되는 것처럼.

당시 콘라드의 독자들은 토착민에게 무슨 일이 일어났는가에 대해서 묻거나 관심을 갖지 않는 것을 당연하게 생각했다. 그들에게 중요한 것은 말로우가 어떻게 모든 것을 이해하는가였다. 사려 깊게 형성된 그의 내러티브가 없다면 이야기할 역사도, 흥미로운 소설도, 의논할 만한 권위도 없기 때문이었다. 이 점은 '국제 콩고 협회International Congo Association'에 대한 리오폴드Leopold 왕의 설명인 "진보를 위

"Imperialism, Botany and Statistics in Early Nineteenth-Century India : The Surveys of Francis Buchanan (1762~1829)," *Modern Asian Studies* 20, No. 4 (1986), 625~60을 보라.

158) Stafford, *Scientist of Empire*, p. 208.

한 지속적인 봉사"¹⁵⁹⁾에서 잠시 물러서는 것이며, 한 동조자가 1885년에 "일찍이 있었거나 앞으로 시도하게 될 아프리카 발전을 위해 가장 고귀하고 자기 희생적인 계획"으로부터 한 발자국 물러서는 것이다.

콘라드에 대한 치누아 아체베의 잘 알려진 비평(콘라드가 아프리카 토착민을 전적으로 비인간화한 인종 차별주의자였다는 점)은 콘라드의 초기 소설 세계가 후기 작품 —『노스트로모』와『승리』처럼 아프리카를 취급하지 않았던— 에서 더욱 심화되었고 분명해졌다는 점을 강조하지는 않았다.¹⁶⁰⁾『노스트로모』에서 코스타구아나의 역사는 웅장한 구도를 갖고 있으며, 자살 성향이 있는 백인 가족의 참혹한 역사이다. 그 지역의 인도인이나 술라코의 지배 계층인 스페인 사람 그 누구도 대안적 전망을 내놓지는 못한다. 콘라드는 자신이 아프리카 흑인과 동남아시아 농부들을 위해 간직하고 있던 동정 어린 경멸과 이국적 느낌과 똑같은 그 무엇으로 이들을 취급했던 것이다. 결국 콘라드의 청중은 유럽인이었으며, 그의 소설 세계는 그러한 사실에 도전한다기보다 그것을 확인하고 또 그러한 의식을 통합하는 결과를 가져다 주었다. 비록 역설적으로 자기 자신의 회의주의는 드러냈지만 말이다. 이와 똑같은 역동성은 플로베르에게서도 나타난다.

따라서 19세기 식민지 시대 그림¹⁶¹⁾이 그 "리얼리즘적 요소"에도 불구하고 이데올로기적이고 억압적이었던 것과 같이, 주변부의 비유럽적 무대를 다루는 문화 양식 역시 "토착민들"이 관계되는 한, 상당히 이데올로기적이고 제한되어 있었다. 이 시기의 그림은 '타자'를 효과적

---

159) J. Stengers, "King Leopold's Imperialism," in Roger Owen and Bob Sutcliffe, eds., *Studies in the Theory of Imperialism* (London : Longmans, 1972), p. 260. Neil Ascherson, *The King Incorporated : Leopold II in the Age of Trusts* (London : Allen & Unwin, 1963)도 보라.

160) Achebe, *Hopes and Impediments* ; 주 24를 보라.

161) Linda Nochlin, "The Imaginary Orient," *Art in America* (May 1983), 118~31, 187~91. 그와 함께 Nochlin의 논문에 대한 하나의 확장으로서 보스턴 대학의 훌륭한 박사 학위 논문 Todd B. Porterfield, *Art in the Service of French Imperialism in the Near East, 1798~1848 : Four Case Studies* (Ann Arbor : University Microfilms, 1991)을 보라.

으로 침묵하게 한다. 그것은 차이를 정체성으로 재구성한다. 그것은 비활동적인 주민에 의해서가 아니라 지배 세력에 의해 그 모습을 드러낸 곳을 통치하고 재현한다. 흥미를 끄는 문제는 콘라드의 내러티브와 같이 직접적으로 제국주의적 양상을 띠는 내러티브에 대해서 무엇이 ―만약 그러한 것이 있다면― 저항했느냐 하는 점이다. 부단한 유럽의 통합된 비전이었는가? 아니면 유럽내에서의 저항할 수 없고 반대할 수 없는 것이었는가?

A. P. 손톤Thornton, 포터Bernard Porter, 홉슨이 제시한 바와 같이[162] 유럽의 제국주의는 실제로 19세기 중반과 말기 사이 유럽간의 대립을 발전시켰다. 예를 들면 노예 제도 폐지론자들인 안소니 트롤로프 Anthony Trollope와 골드윈 스미스Goldwin Smith는 개인과 단체 운동을 이끌었던 명예로운 인물이었다. 프루드, 딜케 및 실리 같은 사람들은 좀더 강력하고 성공적인 전문 제국주의 문화를 숨김없이 대표하였다.[163] 선교사들이 비록 19세기에 제국주의 세력의 대리인으로서 자주 활동하기는 했지만 스티븐 닐Stephen Neill이 『제국주의와 기독교 선교 Colonialism and Chritian Mission』에서 주장한 바와 같이 그들은 때때로 최악의 상태에 있는, 지나친 제국주의를 억제할 수 있었다.[164] 토착민편

---

162) A.P. Thornton, *The Imperial Idea and its Enemies : A Study in British Power* (1959 ; rev. ed. London : Macmillan, 1985) ; Bernard Porter, *Critics of Empire : British Radical Attitudes to Colonialism in Africa, 1895 ~1914* (London : Macmillan, 1968) ; Hobson, *Imperialism*. 프랑스에 대해서는 Charles Robert Ageron, *L'Anticolonialisme en France de 1871 à 1914* (Paris : Presses Universitares de France, 1973)를 보리.

163) Bodelsen, *Studies in Mid-Victorian Imperialism*, pp. 147~214를 보라.

164) Stephen Charles Neill, *Colonialism and Christian Missions* (London : Lutterworth, 1966). Neill의 저술은 그러한 연맹들이 선교적 행위에 대한 수많은 깊이 있는 저술에 의해 보관되고 더욱 심화된 매우 종합적인 저술이다. 그 예로서 그는 Murray A. Rubinstein : "The Missionary as Observer and Imagemaker : Samuel Wells Williams and the Chinese," *American Studies* (Taipei) 10, No. 3 (September 1980), 31 ~ 44 와 "The Northeastern Connection : American Board Missionaries and the

에서 보면 아닐지 몰라도 유럽인들이 식민지 시대 이후까지 계속된 이점에 해당하는 현대적인 기술 변화 —증기 기관, 전보, 교육까지도— 를 전수했다는 점 또한 사실이다. 그러나 『암흑의 핵심』에서 제국주의 추구의 놀라운 순수성 —말로우가 지도 위의 거대한 빈 공간을 채우고 싶은 욕망을 언제나 느꼈음을 인식했을 때— 은 제국주의 문화에서 여전히 압도적인 리얼리티 즉 제국주의의 본질을 이루는 사실로 남아 있다. 제국주의 문화의 고무적인 상황 속에서 이러한 순수성이라는 제스처는 로드, 머치슨, 스탠리 같은 실질적인 탐험가와 제국주의자를 상기시켜 준다. 제국주의에 의해서 형성되고 식민지와의 조우 속에서 지속된 모순의 힘을 극소화할 수는 없다. 콘라드는 그러한 사실을 내용면에서뿐만 아니라 '야만인 관습 억제 협회Society for the Suppression of Savage Custom'에 제출한 열일곱 페이지에 달하는 커츠의 보고문 형식에서도 강조하였다. 암흑 지역을 문명화하고 빛을 밝히려는 목적은 효과적인 결과와 반대되기도 하고 논리적으로 맞아떨어지기도 한다. 술라코에서 굴드는 광산의 후견자인 동시에 기업을 붕괴시키려는 사람이기도 하다. 그 외에는 어떤 연관성도 필요하지 않다. 제국주의의 비전은 토착민의 삶을 가능하게 하는 동시에 죽음도 가능하게 한다.

그러나 물론 토착민들을 실제로 모두 다 사라지게 할 수는 없었으며, 사실 그들은 제국주의적 의식 속으로 점점 더 침범해 들어왔다. 그리고 뒤이어 인종 차별적·종교적 이유로 백인과 토착민 —아프리카인, 말레이지아인, 아랍인, 베르베르인, 인도인, 네팔인, 자바인, 필리핀인— 을 격리하는 작업이 이루어졌고, 그런 다음에는 그것이 식민지적인 이식이든지 지배적 담론이든지간에 토착민들로 하여금 스스로를 적응시켜 거기에 예속되게 만드는, 유럽의 존재를 필요로 하는 사람들로서 그들을 재구성하려는 작업이 이루어졌다. 따라서 한편으로는 인도인들을 영국이 보호해야 하는 대상으로 보고 인도를 에워싼 다음, 인도를 동화시키는 일종의 내러티브 역할을 하고 있는 키플링의 소설

Formation of American Opinion Toward China : 1830~1860," *Bulletin of the Modern History* (Academica Sinica), Taiwan, July 1980 등을 이용하고 있다.

이 있다. 영국이 없었다면 인도는 부패와 저개발로 인해 전락했을 것이기 때문이다. (키플링은 제임스와 존 스튜어트 밀과 그 밖의 공리주의자들이 인도 총독부에 근무하는 동안 가졌던, 잘 알려진 견해를 반복하고 있다.)[165]

또 다른 한편으로, 우리는 자유로운 자유 무역 정책에 뿌리를 두고 있는 (또는 복음주의 문학에서 비롯된) 식민지 자본주의의 어두운 담론을 갖고 있다. 예를 들면 그 담론 속에서 게으른 토착민은 다시 한 번 자신의 본질적인 타락과 산만한 성격으로 인해 유럽의 군주를 필요로 하는 인물로 나타난다. 우리들은 이러한 점을 식민지 통치자들 즉 갈리에니Joseph Simon Galieni, 휴버트 료티, 크로머 경, 휴 클리포드Hugh Clifford, 존 바우링John Bowring의 관찰에서 찾아볼 수 있다. "나무를 기어오르고 또 그 밖의 서너 가지 다른 활동으로 단련된 그의 손은 커다랗고 그의 발가락은 유연하였다. … 그에게 형성된 인상은 순간적인 것이며, 그는 지나가고 있거나 지나가 버린 사건에 대해 다만 희미한 기억만을 간직하고 있다. 그의 나이를 물으면 그는 대답하지 못할 것이다. 그의 조상은 누구였는가? 그것에 대해서도 그는 알지 못했고 또 알려고 하지도 않았다. … 그의 치명적인 오류는 게으름이었는데 그것이 그에게는 행복이었다. 그러한 필요성이 요구하는 노동을 그는 마지못해서 했다."[166] 그리고 우리들은 그러한 점을 경제사학자인 클라이브 데이Clive Day 같은, 학문적으로 볼 때 식민주의적인 사회 과학자들의 엄격한 저술에서 찾아볼 수 있다. 1904년에 데이는 이렇게 썼다. "실제로 토착민(자바인) 자신들을 더 좋게 하고 또 그들의 수준을 향상시키려는 야망에 대해 아무리 호소해도 그들의 봉사를 유발시킬 수는 없다. 즉각적인 물질적 쾌락만이 그들의 나태한 일상

---

165) Bearce, *British Attitudes Towards India*, pp. 65~77과 Storkes, *English Utilitarians and India*을 보라.

166) Syed Hussein Alatas, *The Myth of the Lazy Native : A Study of the Image of the Malays, Filipinos, and Javancese from the Sixteenth to the Twentieth Century and Its Function in the Ideology of Colonial Capitalism* (London : Frank Cass, 1977), p. 59에서 인용.

생활을 자극할 것이다."[167] 이러한 설명이 토착민과 그들의 노동을 상품화하였고 천박스러움과 저항을 제거함으로써 실제 역사적 상황을 빛나게 하였다.[168]

그러나 이러한 설명은 또한 관찰자의 실질적인 힘을 없애 버리고 차단하였으며 삭제해 버렸다. 이들 관찰자들은 권력에 의해 또 세계 역사의 정신과 유대 관계를 통해 권위를 부여받았기 때문에 "토착민"의 관점을 대체했고, 신학문의 진부한 용어를 사용해 토착민의 현실을 초객관적인 시각의 불가시적인 시점으로부터 선언할 수 있었다. 예를 들면 로밀라 사파Romila Thapar가 지적한 바와 같다.

> 인도의 역사는 이러한 관심을 선전하는 하나의 수단이 되었다. 역사적인 전기와 연대기를 강조하는 전통적인 인도 역사의 서술은 대체로 무시되었다. 인도 역사의 유럽적인 서술은 신선한 역사적 전통을 창조하려는 시도였다. 18세기와 19세기 식민 시대에 형성되었던 인도 과거에 대한 사료 편찬의 형태는 아마도 다른 식민지 사회의 역사에 나타난 형태와 유사하였다.[169]

마르크스와 엥겔스Friedrich Engels 같은 반대 입장의 사상가들이라 하더라도 그러한 발언을 할 능력이 프랑스와 영국 정부의 대변인들보다 없는 것은 아니었다. 예를 들면 이 두 정치적 진영은 식민지 서류들 예컨대 오리엔탈리즘의 담론에 의존하고 있으며, 동양과 아프리카는 정체되어 있고 전제 군주적이며 세계사와는 무관하다는 헤겔G. W. F. Hegel의 동양관에 의존하고 있었다. 알제리의 무어인들이 억압받기는 했지만 그러나 "드러나는 윤리적 특성은 아주 낮은 반면 그들은 잔인함과 복수심을 간직하고" 있기 때문에,[170] 엥겔스가 1857년 9월 17일

---

167) 같은 책, p. 62.
168) 같은 책, p. 223.
169) Romila Thapar, "Ideology and the Interpretation of Early Indian History," *Review* 5, No. 3 (Winter 1982), 390.
170) Karl Marx and Friedrich Engels, *On Colonialism : Articles from the New York Tribune and Other Writings* (New York : International, 1972), p. 156.

알제리의 무어인을 "소심한 인종"이라고 말했을 때 그는 다만 프랑스 식민주의의 주장을 반복했을 뿐이었다. 마르크스와 엥겔스가 동양과 아프리카의 무지와 미신에 대한 이론을 도출한 것과 똑같이 콘라드도 나태한 토착민에 대해 식민주의적인 설명을 활용하였다. 이러한 점은 말없는 제국주의적 소원의 두 번째 측면이 된다. 왜냐하면 만일 물질주의적인 토착민이 순응적인 존재에서 열등한 인간으로 변형된다면, 그렇다면 식민주의자는 보이지 않는 기록자로 똑같이 변형되며, 그의 글쓰기는 '타자'에 대해 보고하는 동시에 그들의 학문적 무관심을 지적하고 (캐서린 조지Katherine George가 강조한 바와 같이)[171] 유럽 문화와 접촉한 결과로써 토착민의 상태, 특성, 관습의 점진적인 향상을 주장하게 되기 때문이다.[172]

우리는 금세기 초 제국주의의 절정에서 한편으로는 세계를 통국가적이고 비인격적인 음미가 가능한 보편적인 하나의 세계로 단정하는 유럽의 담론적 글쓰기와, 다른 한편으로는 식민화된 거대한 세계간의 복합적인 융합을 목도하게 되었다. 이러한 통합된 비전의 대상은 언제나 하나의 희생물이거나 고도로 강요된 인물로서, 그는 지독한 형벌의 위협을 받으며 미덕이나 봉사, 업적 등과 상관없이 이방인을 정복하고 조사하고 문명화시키는 데 있어 어떤 이득도 보지 못하고 본질적으로 배제된 사람들이다. 식민주의자에게 이러한 합병은 그것을 유지하기 위한 끊임없는 노력을 요구한다. 희생자에게 제국주의는 다음과 같은 것을 부과한다—봉사하든지 아니면 파멸하든지.

---

171) Katherine George, "The Civilized West Looks at Africa : 1400~1800. A Study in Ethnocentrism," *Isis* 49, No. 155 (March 1958), 66, 69~70.

172) 이러한 기법을 통한 "원시적"에 대한 정의는 Torgovnick, *Gone Primitive*, pp. 3~41을 보라. Ronald L. Mees, *Social Science and the Ignoble Savage* (Cambridge : Cambridge University Press, 1976)도 역시 유럽 철학과 문화 사상에 기초하여 야만인의 4단계 이론에 대해 훌륭한 해석을 하고 있다.

7. 카뮈의 제국주의 경험

　　그러나 모든 제국이 다 같은 것은 아니었다. 프랑스의 가장 유명한 역사가 중의 한 사람에 따르면 프랑스 제국은 이윤, 플랜테이션 농장 그리고 노예에 대해서 영국에 못지 않게 관심을 가졌을지라도 "영예"에 의해 활력을 얻었다.[73] 3세기에 걸쳐 획득한 (때로는 상실한) 프랑스의 다양한 영토는, 『해외에서의 프랑스 건설자들Les Constructeurs de la France d'outre-mer』이라는 매력적인 저서의 편저자인 들라비뉴Robert Delavigne와 샤를르 앙드레 쥘리앙Charles André Julien의 말 속에서 나타나는 프랑스의 "우수한 천직"이라는 빛나는 천재성에 의해 관리되었다.[74] 그러한 인물들의 배역들로는 샹플랭Samuel de Champlain과 리슐류Cardinal Richelieu에서 시작하여 알제리의 정복자 뷔고, 프랑스령 콩고를 건설한 브라자Pierre Paul François Camille Savorgnan de Brazza, 마다가스카르의 평정자 갈리에니, 무슬렘 아랍의 가장 위대한 유럽 통치자 크로머를 비롯한 료티이 등 거창한 식민지 총독들을 포함된다. 어느 누구나 영국의 "행정부서적 관점"과 같은 것은 거의 느

---

173) Brunschwing, *French Colonialism*, p. 14.
174) Robert Delavigne and Charles André Julien, *Les Constructeurs de la France d'outre-mer* (Paris : Corea, 1946), p. 16. 유사한 인물들을 다루고는 있지만, 또 다른 흥미있는 책이 *African Proconsuls : European Governors in Africa*, eds. L. H. Gann and Peter Duignan (New York : Free Press, 1978)이다. Mort rosenblum, *Mission to Civilize : The French Way* (New York : Harcourt Brace Jovanovich, 1986)도 보라.

끼지 못하며, 위대한 동화주의적 작업속에서 프랑스인이 되는 인간적 형태를 보다 많이 느낄 수 있다.

이러한 점이 프랑스의 자아 인식인가에 대한 여부는 실질적인 문제가 되지 않다. 그 이유는 지속적이고 반복적인 호소가 영토 획득의 이전에, 그리고 이후에 영토획득을 정당화하는 추진력이기 때문이다. 실리 —그의 유명한 저서가 1885년에 프랑스에서 번역되었고 수많은 존경을 받고 논의되었다— 가 획득된 대영 제국의 무신경한 영토획득에 대해 언급하면서 그는 제국에 대한 당대의 프랑스 작가들과의 태도와는 매우 다른 한 가지 태도를 기술하고 있을 뿐이다.

아그네스 머피Agnes Murphy가 보여 주듯이 1870년에 일어난 프랑스와 프러시아의 전쟁은 프랑스 지리 협회를 확대하도록 자극했다.[175] 그 뒤부터 지리적인 지식과 탐험은 제국의 담론(그리고 획득)과 밀접하게 관계를 갖게 되었으며, 유진 에티엔느Eugene Etienne —1892년 식민지 협회Groupe Coloniale의 창설자— 와 같이 대중적으로 알려진 사람들에게서 보면 그들의 누구에게서 프랑스 제국주의 이론의 발생이 대부분 정확한 학문으로 성장하고 있음을 알 수 있다. 지라르데에 따르면 1872년 이후 처음으로 식민지 팽창이라는 일관된 정치적 원리가 정치 이론이 프랑스 국가에서 가장 우위를 차지하게 되었다. 1880년과 1895년 사이 프랑스의 식민지 소유는 1백만에서 9백 5십만 평방킬로미터로 확장되었고, 토착민 인구는 5백만에서 5천만으로 늘어났다.[176] 프랑스 공화국 대통령, 파리 시장, 지리학회 회장 등이 참석한 1875년도 지리 학회 제2차 국제 학회에서 라 루시에르-르 누리La Roucière-Le Noury의 개막식 연설은 학회에서는 당시 유행하고 있던 지배적인태도를 드러내고 있다.

---

175) Agnes Murphy, *The Ideology of French Imperialism, 1817 ~1881* (Washington : Catholic University of America Press, 1968), p. 46 and passim.

176) Raoul Giradet, *L'Idée coloniale en France, 1871 ~1962* (Paris : La Table Ronde, 1972), pp. 44~45. Stuart Michael Persell, *The French Colonial Lobby* (Stanford : Hoover Institution Press, 1983)도 보라.

참석자 여러분, 전지전능하신 신께서는 우리에게 지구를 알고 또 그것을 정복하라고 말씀하셨습니다. 이 최고의 명령은 우리들의 지성에 또 우리들의 행동에 부여된 절대적인 의무의 하나입니다. 지리학은 아름다운 헌신을 불러일으켰고, 또 그 이름으로 수많은 사람들이 희생되어왔던 학문으로서 이제 지리학은 지구상의 철학이 되었습니다.[177]

(르 봉Gustave Le Bon에 의해 자극된) 사회학, 심리학(레오폴드 드 소쉬르Leopold de Saussure에 의해서 시작된) 역사는 물론 인류학은 1880년 이후 몇 십 년 동안 성행하게 되었으며, 그중 대다수는 1889년과 1894년 등에 개최된 '국제 식민지 학회International Colonial Congresses'나 파리에서 개최되었던 1890년 국제 식민지 사회 학회, 1902년 '민족학 연구 학회Congress of Ethnographic Science'에서 절정을 이루었다. 세계 전지역들이 식민지적인 관심의 대상이 되었다. 레이몽 베츠Raymond Betts는 『국제 사회학 평론Revue internationale de sociologie』이 1900년에는 마다가스카르에 대해서, 1908년에는 라오스와 캄보디아에 대해서 연례적인 연구를 했다고 한다.[178] 인종 형태론 ―구스타브 르 봉의 원시적 인종, 열등한 인종, 중간층 인종 및 우월한 인종, 또는 어네스트 사일레르Ernest Seilère의 순수한 힘의 철학, 또는 알베르 사로Albert Sarraut와 폴 르로이 볼리외의 식민지 실천의 계통, 또는 쥘 아르망의 지배의 원칙[179]― 이 프랑스의 제국적 전략을 이끌었던 것과 같이, 식민지의 동화와 관련된 이데올로기 이론은 혁명의 붕괴된 아래에서 시작되었다. 토착민과 그들의 땅은 그것이 '문명화의 임무'를 배제하지는 않는다 해도, 프랑스화 될 수 있는 실체가 아니라 분

---

177) Murphy, *Ideology of French Imperialism*, p. 25에서 인용.
178) Raymond F. Betts, *Assimilation and Association in French Colonial Theory, 1840~1914* (New York : Columbia University Press, 1961), p. 88.
179) 나는 *Freedom and Interpretation*, ed. Barbara Johnson (New York : Basic Books, 1992)에서 "민족주의, 인권, 해석"에 있어서 19세기 후반 제국주의에서 사용되기 위해 동원되었던 민족 정체성 이론에 관한 이와 같은 소재들을 논의하고 있다.

리 또는 감독을 필요로 하는 불변적 특징을 지닌 소유물로서 다루어 졌을 뿐이다. 푸이예Alfred Jules Emile Fouillée, 클로젤Clozel 및 지랑 Giran 등이 미친 영향은 이러한 아이디어를 언어로 바꾸었고, 제국주의의 영역에서 그들 스스로는 프랑스가 떠맡은 열등한 인종의 자원, 영토 및 운명을 지배하는 학문과 거의 닮은 실천적 행위로 전환하였다. 르네 모니에René Maunier가 자신의 저서 『식민지 사회학The Sociology of Colonies』에서 주장하였듯이 알제리, 세네갈, 모리타니아 및 인도차이나에 대한 프랑스의 관계는 잘해야 "계층적 제휴"에 의해 결합하였다.[180] 그러나 베츠는 "제국주의의 이론은 초대에 의해서가 아니라 무력에 의해 발생하였으며 결국 모든 훌륭한 주의를 고려하여, 이러한 최후의 수단이 명백해졌을 때에만 성공적이었다."는 점을 바르게 지적하고 있다.[181]

프랑스에 의한 또 프랑스를 위한 제국에 대한 논의를 제국주의적 정복의 실제와 비교하는 것은 그에 따르는 불일치와 아이러니로 인해 드러나게 된다. 실용적인 고려가 료티이, 갈리에니, 페데르브Louis Léon César Faidherbe, 뷔고 —장군, 총독, 행정가 들— 와 같은 인물들에게 무력적이고 엄격한 행동을 취하도록 했다. 그 사건 이후에 (그동안에) 제국주의 정책을 형성했던 쥘 페리 같은 정치가들은 "관리 그 자체와 … 국가 유산의 방어"와 같이 토착적인 것들을 제거하려는 목표를 담고 있는 권리를 마련했다.[182] 로비스트와 그리고 오늘날 우리가 시사평론가 라고 부르는 자들에 이르기까지 —소설가와 호전적 애국주의자에서 부터 보수적인 철학자에 이르는— 프랑스 제국이 프랑스 국가의 정체성, 그 영광, 문명화의 에너지, 그리고 특히 지리적이고 사회적이며 역사적인 발전등에 독특하게 연계되어 있다. 이러한 것들 중 그 어떤 것도 마르티니크Martinique나 알제리나 가봉이나 마다가스카르에서의 일상 생활과 일치되지도 상응되지도 않으며, 좀 완곡하게 말한다면 그것들은 토착민들에게는 어려운 것이었다. 그 외에도 다른 제국들

---

180) Betts, *Association and Assimilation*, p. 108.
181) 같은 책, p. 174.
182) Girardet, *L'Idée coloniale en France*, p. 48.

―독일, 덴마크, 영국, 벨기에, 미국― 은 프랑스를 몰아 내었고, 프랑스와 전면전을 전개하였고(패쇼다Fashoda에서처럼), 1917~18년의 아라비아에서처럼 프랑스와 협상하였고 프랑스를 위협하거나 능가하려고 하였다.[183]

1830년 이래 알제리에 대한 프랑스 정부의 정책이 일관성이 없었다고 해도, 알제리를 프랑스로 만드는 과정은 부단히 전개되었다. 우선 그들은 토착민으로부터 땅을 빼앗았고 토착민의 건물을 점령하였다. 그리고 프랑스인 정착자들이 코르크 나무 숲과 광산 투자의 통제권을 차지하였다. 다음에는 데이빗 프로체스카David Prochaska가 아나바Annaba ―공식적으로는 본Bône이라고 불리는― 에 주목한 바와 같이 "그들은 알제리인들을 몰아내고 본을 (본과 같은 장소들을)유럽인들로 채워 버렸다."[184] 1830년 이후 수십 년간 경제는 "약탈 자본"으로 운영되었고 토착민 인구는 감소했으며 정착민 그룹은 증가하였다. 이중적 경제가 도래하게 된 것이다. "유럽 경제는 대체로 기업 중심의 자본주의 경제와 비유될 수 있는 반면, 알제리 경제는 재래적 시장통 중

---

183) 영국과의 제국적 경쟁에 대한 하나의 작은 일화가 Albert Hourani, "T. E. Lawrence and Louis Massignon," in his *Islam in European Thought* (Cambridge : Cambridge University Press, 1991), pp. 116~28에서 짤막하지만 재미있게 다루어지고 있다. Christopher M. Andrew and A. S. Kanya-Forstner, The Climax of French Imperial Expansion, 1914~1924 (Stanford : Stanford University Press, 1981)도 보라.

184) David Prochaska, *Making Algeria French : Colonialism in Bône, 1870~1920* (Cambridge : Cambridge University Press, 1990), p. 85. 프랑스의 사회 과학자와 도시 기획자들이 알제리를 실험하고 재설계하는 장소로 사용한 방법에 대해서는 Gwendolyn Wright, *The Politics of Design in French Colonial Urbanism* (Chicago : University of Chicago Press, 1991), pp. 66~84.에서 매우 재미있는 연구가 이루어지고 있다. 그 책의 후반부는 모로코, 인도차이나, 마다가스카르에서의 이러한 계획의 영향을 논의하고 있다. Janet Abu-Lughod, *Rabat : Urban Apartheid in Morocco* (Princeton : Princeton University Press, 1980)는 한정적인 연구가 이루어지고 있다.

185) 같은 책, p. 124.

심의 자본주의 이전의 경제와 비유될 수 있다."[185] 따라서 "프랑스는 알제리에서 스스로를 재생시킨 반면"[186] 알제리인들은 주변과 빈곤으로 내몰렸다. 프로체스카는 본 이야기에 대한 프랑스 식민주의자의 설명과 알제리 애국자의 아나바에서의 사건에 대한 설명과 비교하였는데 그것은 "본에 대한 프랑스 역사가들의 이야기를 뒤집어서 읽는 것과 같다."[187]

    그 무엇보다도 아르노Arnaud는 알제리인들에 의해 남겨진 곤경 이후 본에 있는 프랑스인들에 의해 이루어진 발전을 경축하고 있다. '구도시'가 원형대로 보존되어야 하는 것은 "이 도시가 더 럽기" 때문이 아니라 "그 이전에는 버려졌고 황폐했으며 실제로 천연 자원이 없는 이 나라 바로 이곳, 인구 1천5백 명 정도의 작고 추악한 아랍의 마을에서 프랑스인들이 이룩해 놓은 장엄하고 아름다운 업적을 이곳의 방문객들에게 "더 잘 이해하도록 하기" 때문이다.[188]

아나바에 대한 후센 데르두어H'sen Derdour의 저서가 1954~1962년의 알제리 혁명과 관련된 장후의 제목으로서 "세상의 강제 수용소 수감자인 알제리는 식민주의를 산산조각내 버리고 자유를 획득하였다."를 사용하고 있는 것은 전혀 이상한 일이 아니다.[189]

본의 이웃에 있는 18마일 떨어진 몬도비 마을이 있는데, 이 마을은 1849년 정부에 의해 파리에서 보내진 (정치적 문제 요인들을 제거하는 방법으로) "붉은" 노동자들이 세웠으며, 알제리 토착민들에게서 약탈한 땅을 부여받아 건설되었다. 프로체스카의 연구는 몬도비가 어떻게 본의 포도주 생산 도시로서 시작되었는지를 보여 준다. 본은 1913년에 알베르 카뮈가 태어난 곳으로 그는 "스페인 가정부와 주류를 취급하

---

186) 같은 책, p. 141~42.
187) 같은 책, p. 255.
188) 같은 책, p. 254.
189) 같은 책, p. 255.

는 프랑스인"의 아들이었다.[190]

카뮈는 세계적 지위를 정당하게 인정받은 알제리인의 작자 중 하나다. 1세기 이전의 제인 오스틴처럼, 카뮈는 자신의 작품에서 제국주의적 실제라는 사실을 제거하고 있음이 너무도 분명하게 드러나고 있다. 이는 마치 오스틴이 소설 속에 평범하게 주어진 지리적인 장소에 대해 묘사하는 것과는 매우 다른 보편성과 인본주의를 제시하고 있는 에토스를 따로 남겨두고 있는 것과 같다. 패니는 멘스필드 공원과 안티구아 농장을 장악하였다. 프랑스는 알제리를 장악하였고, 뫼르소에서 분명하게 드러나고 있는 실질적 분리를 받아들였다.

카뮈는 20세기 프랑스가 겪은 탈식민지화 격동 속에서 추악한 식민지의 소요와 관련하여 특별히 중요성을 지니고 있다. 그는 제국의 절정기에 생존하였을 뿐만 아니라, 이제는 잊혀져 버린 과거의 식민주의에 뿌리를 내리는 '보편주의' 작가로서 오늘날까지 생존하고 있는 가장 후기적 제국주의의 인물이다. 카뮈와 조지 오웰의 관계에 대한 회고는 더욱 흥미롭다. 오웰처럼 카뮈도 1930년대와 1940년대에 집중적으로 부각되었던 문제들과 관련하여 가장 잘 알려진 작가가 되었다. 파시즘, 스페인 내전, 파시스트의 공격에 대한 저항, 빈곤의 문제와 사회적 불평등의 문제등이 사회주의 담론, 작가와 정치와의 관계, 지성인의 역할들 내에서 다루어졌다. 이 두 작가는 정치 논리의 변함없는 명료성 이상으로, 그들 문체의 명징성과 평범성 ―우리는 롤랑 바르트의 여백의 글쓰기ecriture blanche로서의 『중성적 글쓰기Le Degré zéro de l'ecriture』(1953)에서 카뮈의 문체에 대한 설명을 기억해야만 한다[191]― 으로도 유명하다. 그들은 또 전후 시대에 변신을 꾀했으나, 좋지 않은 결과를 가져온 사람들이다. 요컨대 그들을 면밀하게 살펴보면 이제는 그때는 명백히 다른 것으로 보이는 것에 대해서 그들이 썼던 내러티브로 인해 그들은 사후에 관심을 끌었다. 오웰의 영국 사회주의에 대한 소설적인 검토는 냉전 논쟁의 영역에서는 예언적인 특징(여러분이

---

190) 같은 책, p. 70.
191) Roland Barthes, *Le Degré zéro de l'écriture* (1953 ; rprt. Paris : Gonthier, 1964), p. 10.

그러한 분석을 좋아한다면 예언적일 수 있으나 좋아하지 않는다면 징후에 지나지 않는)을 지녔다. 카뮈의 저항과 존재론적 대결에 관한 내 러티브는 한때는 도덕성과 나치주의 모두에 대해서 저항하거나 반대하는 것처럼 보였지만, 이제는 문화와 제국주의에 대한 논쟁의 일부로 읽혀질 수도 있다.

레이몬드 윌리엄스의 강력한 비판에도 불구하고 오웰의 사회적 비전은 일정하게 좌익과 우익의 지성인들로부터 지지를 받았다.[192] 노먼 포드호레츠Norman Podhoretz가 주장한 것처럼 오웰은 과연 자신의 시대를 앞서간신보수주의자였는가, 아니면 크리스토퍼 히친스 Christopher Hitchens가 좀더 설득력 있게 주장하듯이 좌익의 영웅이었는가?[193] 카뮈는 이제 영미쪽의 관심에는 그다지 적용되지 않지만, 그는 테러리즘과 식민주의 논쟁에 있어 비평가, 정치적 도덕주의자로, 뛰어난 소설가로서 인용되고 있다.[194] 카뮈와 오웰의 놀라운 유사성은 이 두 사람이 그들 각자의 문화에서 모범적인 인물들이면서도, 또 그들의 중요성이 토착민적 맥락의 직접적인 힘으로부터 파생되었음에도 불구하고 그것을 초월하는 것 같이 보이고 있다는 사실에서 같다는 점이다. 이러한 점들에 대해서는 레이몬드 윌리엄스의 오웰에 대한 연구서 『현대의 스승들Modern Masters』과 여러 가지 면에서 유사한 코노 쿠르즈 오브라이언의 한 저서를 주목할 필요가 있는데, 그는 이 저서에서 카뮈에 대한 명쾌한 탈신비화를 위한 목적 속에 카뮈에 대한 설명을 완벽하게 드러내고 있는 것을 주목할 필요가 있다. 오브라이언은 다음과 같이 기술하고 있다.

---

192) Raymond Williams, *George Orwell* (New York : Viking, 1971), especially pp. 77~78.

193) Christopher Hitchens, *Prepared for the Worst* (New York : Hill & Wang, 1989), pp. 78~90.

194) Michael Walzer는 카뮈를 대표적인 지적 인물로 만들고 있는데 그것은 정확하게 그가 노여워했고 방황하고 테러를 반대하고 어머니로부터 사랑 받았기 때문이다. Walzer, "Albert Camus's Algerian War," in *The Company of Critics : Social Criticism and Political Commitment in the Twentieth Century* (New York : Basic Books, 1988), pp. 136~52.

> 아마도 그의 시대 어떤 작가도 상상력에 대해서, 그리고 또 그 자신과 그 이후의 세대의 윤리적, 정치적인 의식에 대해 그렇게 깊은 흔적을 남겨 놓지는 못했다. 그는 유럽의 변방계에 소속되었기 때문에 매우 유럽적이었으며, 그 위협을 인식했다. 그 위협은 또한 그를 유혹하였다. 그는 투쟁을 거부했지만 투쟁이 전혀 없었던 것은 아니다.
> 그 밖의 다른 작가, 콘라드까지도 비유럽 세계와의 관계에서 서구의 의식과 양심을 더 잘 대표하지 못한다. 카뮈의 작품이 갖는 내적 드라마는 가중되는 억압과 고통 하에서의 이러한 관계의 발전을 나타낸다.[195]

오브라이언은 카뮈의 가장 유명한 소설과 알제리의 식민지적 상황 간의 관계를 용의 주도하게 또 냉정하게 드러냄으로써, 그를 곤경에서 벗어나게 하였다. 카뮈를 "유럽 변방계"에 소속된 사람으로 생각하는 오브라이언의 개념에는 미묘한 초월적 행위가 있다. 그 당시에 프랑스, 알제리 및 카뮈에 대해 무엇이든 알고 있는 사람이라면, 그 어느 누구도—오브라이언은 분명히 많이 알고 있었다— 식민지적 연계를 유럽과 그 변방과의 관계로 특징짓지는 않았을 것이다. 바로 그와 같이 콘라드와 카뮈는 "서구 의식"처럼 비교적 가벼운 것들을 대표하기보다는 오히려 비유럽적인 세계에 대한 서구의 '지배'를 대표한다. 콘라드는 자신의 「지리와 몇몇 탐험가들Geography and Some Explorers」이라는 글에서 정확성의 힘에 의해 이러한 추상적인 점들을 밝히고 있다. 이 글에서 콘라드는 영국의 북극권 탐험을 찬양했고, 자신의 "군사 지리"를 예로 들어 "그 당시에는 아프리카의 하얀 심장 바로 그 중앙에 있는 지점에 손가락을 놓고서 언젠가는 내가 거기에 갈 것이라고 선언했다."라고 말함으로써 그러한 방법에 대한 결론을 내리고 있다.[196] 물론 그는 그 후 거기에 갔으며 『암흑의 핵심』에서 그러한 제스처를

---

195) Conor Crusie O'Brien, *Albert Camus* (New York : Viking, 1970), p.103.
196) Joseph Conrad, *Last Essays*, ed. Richard Curle (London : Dent, 1926), pp. 10~17.

재연하였다.

오브라이언과 콘라드가 그렇게도 고통스럽게 설명하는 첫째는 서구 식민주의가 유럽 변방계를 넘어 또 다른 지역적 실체의 핵심으로 나아가는 침입이라는 점이며, 둘째는 "비서구 세계와의 관계에서… 반역사적인 서구 의식"에 있는 것이 아니라(대부분의 아프리카나 인도 토착민들은 자신들의 짐이 "서구 의식"보다는 노예, 토지수탈, 살인적인 군사력 등과 같은 식민지의 실체들과 더 관계가 많다고 생각했다), 프랑스와 영국이 그들 스스로를 대부분 저개발되었고 침체된 "비서구 세계"에서의 예속적이고 열등한 사람들에 대비하여 "서구"라고 부른 바로, 힘들에 구축된 관계에 있다는 것이다.[197]

그렇지 않는 경우 오브라이언이 카뮈에 대한 그의 감정에 치우치지 않은 현실적 분석에서 빼먹고 압축시켜 버렸다면 그것은 그가 카뮈를 힘겨운 선택 상황 속에서 고통받는 개인 예술가로 취급하는 데에서 따르는 것이라고 볼 수 있다. —오브라이언에 따르면 사르트르와 장송 Jeanson이 이들이 알제리 내전 기간에 프랑스의 정책에 반대하는 것은 상당히 용이했던 반면에, 카뮈는 프랑스령 알제리에서 태어났고 성장하였으며 그가 프랑스에 살기 시작한 후에도 가족은 거기에 남아 있었으며, FLN과의 투쟁에 그가 가담한 것은 삶과 죽음의 문제였다. 누구나 오브라이언의 주장의 이같은 점에 확실하게 동의할 것이다. 다만 받아들이기에 좀 쉽지 않은 것은, 오브라이언이 카뮈의 어려움을 감각과 반성에 대한 역량을 제외하고는 아무것도 없는 빈 그릇인 "서구 의식"이라는 상징적인 반열로 고양시킨 방법이다.

나아가 오브라이언은 카뮈의 개인적인 경험의 특권을 강조함으로써

---

197) 후에 O'Brien은 이와 매우 유사한 관점과 카뮈에 대한 자신의 책의 요점과는 매우 다르게 "제3세계"의 국민들에 대한 그의 반감을 전혀 숨기지 않았다. 그의 사이드와의 광범위한 의견 불일치에 대하여는 *Salmagundi* 70~71 (Spring-Summer 1986), 65~81를 보라.

그가 카뮈에게 부여했던 당혹스러움으로부터 카뮈를 구출하고 있다. 이러한 방법으로 인해 우리는 어느 정도 동정을 갖고 있는 듯하다. 왜냐하면 알제리에서 프랑스가 행한 식민지적 행위의 불행스러운 집단적 본질이 무엇이든지간에 그로 인해 카뮈를 괴롭힐 이유가 없기 때문이다. 예컨대 허버트 로트만Herbert Lottman의 전기에서 잘 설명된 바와 같이[198] 카뮈가 알제리에서 받은 프랑스식 교육이 프랑스 식민주의에 의해서 그 대부분 기인하고 있는 그곳의 참상에 대한 그의 유명한 전전戰前 보고를 방해하지는 않았다.[199] 따라서 여기에서는 비윤리적인 상황 속에서 윤리적인 사람이 존재하게 된다. 그리고 카뮈가 초점을 맞춘 것은 사회적 환경 속의 개인이다. 이러한 점은 『페스트La Peste』와 『추락La Chute』에 나타난 이상으로 『이방인』에서도 진실이다. 그는 최악의 상황 속에서도 자아 인식, 자각적 성숙, 윤리적인 신념을 획득하고 있다.

그러나 세 가지 방법론적인 점이 지적될 필요가 있다. 첫째는 『이방인』과 『페스트』와, 그리고 『추방과 왕국L'Exil et le royaume』(1957)이라는 제목으로 선집된 특별히 흥미 있는 단편 소설들에서 나타나고 있는 지리적 배경에 대한 카뮈의 선택에 대하여 문제를 제기하고 해체하는 것이다. 왜 알제리는 언제나 그 주된 언급 대상(『이방인』과 『페스트』의 경우)이 되고 있는 배경이 항상 일반적으로 프랑스와 같은 것으로 드러나는, 그리고 더욱 특별하게는 나치 점령하의 프랑스로 추론되는 알제리가 배경이 되는가? 오브라이언은 그러한 선택이 순수하지 않다는 점, 즉 이야기(예를 들면 뫼르소의 판결)에서의 상당 부분이 프랑스 지배에 대한 비밀스럽거나 무의식적인 정당화이거나 또는 그것을 치장하려는 이데올로기적인 시도라는 점을 강조하는 데에 더 많이 주

---

198) Herbert R. Lottman, *Albert Camus : A Biography* (New York : Doubleday, 1979). 식민지 전쟁 그 자체 동안 알제리에서의 카뮈의 실제적 행동은 Yves Carrière's *La Guerre d'Algérie II : Le Temps des léopards* (Paris : Fayard, 1969)에 가장 잘 기록되어 있다.

199) "Misère de la Kabylie" (1939), in Camus, *Essais* (Paris : Gallimard, 1965), pp. 905~38.

의를 기울였다.[200] 그러나 개인 예술가로서 카뮈와 알제리에서의 프랑스 식민주의 사이의 지속성을 설정하기 위해 노력할 때 우리는 카뮈의 내러티브 그 자체가 더 이전의 더욱 분명하게 드러나는 프랑스 제국주의적 서술에 연관되어 있는지, 또는 거기서부터 어떤 이점을 얻고 있는지에 대해서 물어야만 한다. 1940년대와 1950년대의 매혹적이고도 고독한 작가인 카뮈로부터 알제리에서 프랑스의 존재를 포괄하는 것에 이르기까지 그 세기에 있어서 역사적 전망을 확장할 때, 우리는 아마도 그의 내러티브 형식과 내러티브의 이데올로기적인 의미는 물론 그의 작품이 알제리에서 프랑스가 한 행위들의 본질을 굴절시키고, 언급하고, 공고화하고 더욱 정확하게 하는 점도 또한 아마 더 잘 이해할 수 있을 것이다.

　두 번째 방법론적인 점은, 이러한 폭넓은 시각을 위해 필요한 증거의 유형과 또 그것을 누가 해석을 하느냐와 연관된 문제이다. 역사적 굴곡에 대한 유럽의 한 비평가는 카뮈가 중대한 분수령에 가까워진 유럽의 '위기'에 대해서 비극적으로 무력화된 프랑스 의식을 표현있다는 점을 믿는 것 같다. 비록 카뮈가 식민지의 이식들이 지난 1960년(그가 작고한 해) 이후를 구원하고 확장할 수 있는 것으로 보는 것같다고 해도, 그는 간단히 말해 역사적으로 틀렸다. 왜냐하면 프랑스인들이 알제리에 대한 모든 소유와 요구를 단지 2년 후에서야 양도하였기 때문이다. 카뮈의 작품이 분명하게 현재의 알제리에 대해 암시하고 있는 한, 그의 보편적 관심은 프랑스와 알제리의 문제에 대한 실제적인 상태에 있지, 그들의 오랜 숙명 속에서 극적으로 변화하는 역사에 대한것이 아니다. 몇 가지 경우를 제외하고 그는 역사를 보통 무시하거나 간과하였다. 그러나 프랑스라는 존재가 일상적 힘의 법칙이었던 알제리인들은 역사를 그렇게 인식하지 않았다. 따라서 알제리인에게 1962년은 프랑스인들이 1830년에 도착했을 때에 시작되었던 역사에 있어서의 그 길고 불행한 시기의 종말로써 또 새로운 단계로의 승리의 출발로써 훨씬 더 그럴 듯하게 보였을 것이다. 그러므로 카뮈의 소설을 해석하는 상관 관계적 방법은 알제리를 프랑스적으로 만들고 유지

---

200) O'Brien, *Camus*, pp. 22~28.

하려는 알제리에서의 프랑스의 노력의 역사에 그의 개입이지, 작가의 마음 상태를 우리들에게 전해 주는 소설에 대한 것이 아니다. 알제리 민족주의와 프랑스 식민주의간의 경쟁의 의미를 보다 충분히 파악하기 위해서는, 알제리 역사에 대한 카뮈의 협력과 가정을, 독립 후 알제리인들이 쓴 역사와 비교할 수 있을 것이다. 그리고 카뮈의 작품을 역사적으로 프랑스의 식민지 모험 그 자체(왜냐하면 그는 그것을 불변적이라고 전제하기 때문에)로서, 그리고 알제리의 독립과는 명백히 대립적인 것으로 보는 것이 타당할 것이다. 이러한 알제리에 대한 전망이 카뮈에 의해서 은닉하고 당연한 것으로 여기고 거부했던 측면을 밝혀내고 드러낼 수 있을 것이다.

마지막으로 카뮈의 고도로 압축했던 텍스트가 관계하고 있는 끈기 있고도 일관성 있던 구체적인 결정적인 방법론적 가치가 있다. 독자들에게 이러한 경향은 카뮈의 소설과 프랑스에 관한 프랑스 소설을 결합해 주는 것이다. 이는 『아돌프*Adolphe*』와 『세 이야기*Trois Contes*』 같은 훌륭한 전례에서 이어받은 것으로 보이는 그들의 언어와 형식 뿐만이 아니라, 알제리 무대에 대한 카뮈의 선택이 가까이에 있는 긴박한 윤리적인 문제에 당연히 따라오는 문제처럼 보이기 때문이다. 결국 이 소설은 첫 등장 후 거의 반세기가 지나, 이제 인간의 조건에 대한 비유담으로 읽혀진다. 카뮈의 소설에서 뫼르소가 아랍인을 죽이지만 이 아랍인이 어머니와 아버지는 차치하더라도 그 아랍인은 이름도 없고 역사도 없는 것 같다는 것은 사실이다. 아랍인들이 오란Oran에서 페스트로 죽지만, 그들 역시 이름이 없으며 반면에 리유Rieux와 타루Tarrou는 떠밀려서 행동을 하게 된다. 누군가 텍스트를 읽어야 한다면 텍스트에서 배제된 것을 위해서가 아니라 그것 내부에 존재하는 것을 파악하기 위해서 텍스트를 읽어야만 한다고 우리는 말하기 쉽다. 그러나 나는 누구나 카뮈의 소설에서 일찍이 분명하게 되었던 것 —바로 정확하게 1830년에 시작되어서 카뮈의 일생 동안 지속되고 그의 텍스트의 작성에 반영된 프랑스 제국주의 정복에 대한 세부 사항— 을 발견해야 한다고 주장하고 싶다.

이러한 회고적인 해석은 복수적 의미를 갖고 있는 것은 아니다. 나 역시 그러한 사실 이상으로 카뮈가 그 소설에서, 예를 들면 그가 설명하기에 고통스러워했던 『알제리 연대기Chroniques algériennes』에 수록된 다양한 단편에서 알제리에 대한 일을 숨겼다고 해서 그를 비난하려 하지 않는다. 내가 하고 싶은 것은 카뮈의 소설을 방법론적으로 형성된 알제리에 대한 프랑스의 정치 지형 속의 한 요소로 파악하는 것으로, 그러한 요소를 완성하는 데에는 수세대가 걸렸으며, 영토 그 자체를 대표하고 거기에 거주하고 그것을 소유하려는 —영국이 인도를 떠났던 바로 그때에— 정치적, 해석적으로 흥미있는 설명을 제공함으로써 그러한 요소들을 더 잘 파악할 수 있다. 카뮈의 소설은 예외적으로 뒤늦게, 어떤 점에서는 무능력한 제국주의 감각에 의해 알려졌으며, 그러한 점은 어떤 형식, 즉 사실주의 소설 —유럽에서는 그것의 가장 위대한 성취가 지나가 버린— 형식내에서 또 그 형식에 의해서 제국주의적인 제스처를 드러낸다.

하나의 기준으로서 나는 「간통한 부인La Femme adultère」의 마지막 부분에 나오는 일화를 활용하고자 한다. 이 부분에서 주인공 재닌Janine은 알제리의 시골 한 작은 호텔에서 잠 못 이루는 밤, 남편의 침대 곁을 떠난다. 전에는 전도 유망한 법학도였던 남편은 이농 관매원이 되었다. 길고 지루한 버스 여행에서 이들 부부는 자신들의 목적지에 도달한다. 거기에서 그는 많은 아랍 고객들에 둘러싸인다. 여행하는 동안 재닌은 토착민 알제리인들의 조용한 피동성과 불가해성에 의해 감동받았다. 그들의 존재는 아무런 증거 없는 자연스러운 사실처럼 보였고, 그들은 그녀의 정서적 어려움 속에서 거의 눈에 띄지 않는 존재였다. 재닌이 호텔과 잠자고 있는 남편 곁을 떠날 때, 그녀는 야간 경비원을 만나고 그 경비원은 아랍어 즉 그녀가 이해할 수 없는 것 같은 언어로 말을 건넨다. 이야기의 절정은 그녀가 하늘과 사막과 더불어 갖는 분명한 어떤 의식이다. 카뮈의 의도는 분명히 여성과 지리와의 관계를 이제는 거의 식어 버린 그녀 남편과의 관계에 대한 대안을 성적性的인 어휘로 나타낸 것이라고 나는 생각한다. 그러므로 간통은 이야기의 제목에 의존한다.

> 그녀는 그것들('일종의 느린 회전 속에서 움직이는' 하늘을 떠다니는 별들)과 함께 돌았으며, 분명히 정지된 진행은 조금씩 그

녀와 그녀의 존재의 핵심을 일치시켜 주었고, 거기에서 추위와 욕망은 이제 서로 겨루었다. 그녀의 앞으로 별들은 하나씩 떨어졌고 사막의 돌 사이에서 소멸하였으며 재닌은 조금 더 한밤중으로 향했다. 심호흡을 하면서 그녀는 추위를, 다른 것들의 무거운 짐을, 생명의 광기나 지루함을, 죽고 사는 오랜 고통을 잊어 버렸다. 공포로부터 미친 듯한, 목적없는 도망을 친 지 수년이 지난 후에야 그녀는 마침내 한 곳에 멈추게 되었다. 또 동시에 그녀는 자신의 뿌리를 회복하는 것 같았고, 그녀가 움직이는 하늘을 향해 내뻗었을 때, 벽에 기대 선 그녀에게는 다시 활기가 일어났다. 그녀는 다만 두근거리는 가슴을 가라앉히고 또 자신 속에 침묵이 자리잡기를 기다릴 뿐이었다. 성좌의 마지막 별들은 그 무리들을 사막의 지평선 위로 조금 낮게 떨어뜨린 후 잠잠해졌다. 그런 다음에 견딜 수 없는 부드러운 밤의 물줄기가 재닌을 채웠고, 추위에 잠기게 했고, 그녀의 숨겨진 존재의 핵심으로 조금씩 솟아올랐으며 신음 소리로 가득한 그녀의 입에까지 올라왔다. 다음 순간 하늘 전체가 차디찬 대지 위에 드러누운 그녀 위로 펼쳐졌다.[201]

그 효과는 재닌이 자신의 당시 생활의 비참한 내러티브에서 탈피하는 선집 제목이 나타내는 왕국으로 들어서는 시간에서 벗어나는 순간의 그것이다. 카뮈는 그것을 그의 계속적인 선집 속에 넣기를 바랬던 한 노트에서 드러내고 있다. "왕국은 … 자유롭고 발가벗은 생활과 일치하며 궁극적으로 우리들이 다시 태어나기 위해서 재발견을 하는 문제는 전적으로 우리에게 달려 있다."[202] 그녀의 과거와 현재는 그녀에게서 떨어져 나갔으며 이와 똑같이 다른 것들의 현실도 그랬다. (저스틴 오브라이언에 의해서 "다른 것들의 무거운 짐"이라는 유사한 의미를

---

201) Camus, *Exile and the Kingdom*, trans. Justin O'Brien (New York : Knopf, 1958), pp. 32~33. 북아프리카인의 맥락에서 카뮈에 대한 통찰력 있는 읽기는 Barbara Harlow, "The Maghrib and *The Stranger*," *Alif* 3 (Spring 1983), 39~55를 보라.
202) Camus, *Essais*, p. 2039.

갖는 것으로 오역된 부분.) 이 귀절에서 재닌은 하늘과 사막에 있는 부분과 기꺼이 친교를 이룰 준비가 되어 있는 정지된 풍요로운 곳에 "마침내 멈추게 되었다" 거기에서 (그 후의 여섯 편의 단편에 대한 설명으로 의도하고 있는 카뮈의 강조점을 반향함으로써) 여성 —알제리출신의 프랑스인이자 식민지인— 은 자신의 뿌리를 발견한다. 그녀의 실질적 정체성은 무엇이며, 또 무엇이 될 수 있느냐는, 그녀가 틀림없이 성적 절정을 얻게 되는 그 귀절에서 나중에야 판가름나게 된다. 여기에서 카뮈는 "존재 그 자체의 애매 모호한 핵심"에 대해서 말하고 있으며 이는 애매 모호성과 무지에 대한 그녀의 느낌은 물론 카뮈 자신의 느낌을 암시하고 있다. 알제리에서 프랑스 여성으로서 그녀의 특별한 역사는 문제가 되지 않는데, 그것은 그녀가 그러한 특별한 지상과 하늘에 대해 잇따라서 즉각적이고 직접적인 접근을 성취하기 때문이다.

『추방과 왕국』에서 각각의 이야기(단 한 가지 이야기 즉 파리 시민의 예술 생활에 대한 장황하고 변함없는 우화를 제외하고는)는 심각하고 위협적으로까지 느껴질 정도로 기분 나쁜 비유럽 역사에 나타난 사람들의 추방을 다루고 있으며(네 가지 이야기는 알제리를 배경으로 하며 다른 한 가지는 브라질을 배경으로 한다), 그들은 휴식의 순간, 목가적인 고립, 시적 자아 실현을 성취하기 위해 조심스럽게 노력한다. 다만 「간통한 부인」과 브라질을 배경으로 한 이야기 —거기에서 토착민들은 희생과 헌신을 통해, 한 유럽인을 죽은 토착민의 대체물로서 자신들의 가까운 그룹으로 수용한다— 에는 카뮈 자신이 유럽인들은 해외 영토와 지속적이고 만족스런 제휴를 성취할 수 있다는 점을 믿게 된다는 어떤 암시가 있다. 「변절자Le Renégat」에서 한 선교사는 버림받은 남부 알제리 부족에게 붙잡혀 혓바닥을 잘리고 —폴 바울스 Paul Bowles의 이야기「머나먼 에피소드A Distant Episode」와 비슷하게 으시시한 이야기— 프랑스 군대의 복병에 가담함으로써 극도로 분노에 찬 남부 알제리 부족의 당원이 된다. 이는 토착민이 된다는 것은 다만 불구의 결과일 수 있다는 점, 즉 그러한 불구는 병들고 결국에는 받아들이기 어려울 정도의 정체성 상실을 야기할 수도 있다는 점을 말하는 것으로 보인다.

불과 몇 개월이지만 상대적으로 이처럼 뒤늦은 단편 소설집(1957) —그 각각의 출판은 『추락(1956)』의 발표보다 앞선 것도 있고 뒤진 것도 있다— 은 1958년에 출간된 카뮈의 『알제리 연대기』의 후기 작품 내용과 다르다. 『추방과 왕국』에서의 내용이 초기 서정주의와 『결혼 Noces』 —알제리 생활에 대한 카뮈의 몇 안 되는, 분위기 있는 작품— 의 절제된 향수鄕愁로까지 거슬러 올라가지만, 이러한 단편은 산적되는 위기에 대한 불안으로 가득 차 있다. 우리는 알제리 혁명이 공식적으로는 1954년 11월 1일에 선포되면서 시작되었다는 점을 기억해야 한다. 프랑스 군대의 알제리 시민에 대한 세티프Sétif 대학살이 1945년 5월에 일어났으며 즉 카뮈가 『이방인』을 집필하던 시기 내내 프랑스에 대항하는 알제리 민족주의의 길고 긴 유혈 저항으로 점철되는 수많은 사건이 일어났다. 카뮈가 프랑스 젊은이로서 알제리에서 성장하기는 했지만 그의 전기 작가에 따르면 그는 언제나 프랑스-알제리 투쟁의 상황 속에 휩싸여 있었으며, 그러한 투쟁의 상황 대부분을 모면했든가 아니면 말년에 가서는 그러한 상황을 알제리의 회교 토착민에 반대하는 독특한 프랑스적 의지를 솔직하게 언어와 이미저리와 지역적인 이해로 바꾸었다. 1957년에 프랑수아 미테랑François Mitterrand의 저서 『프랑스의 현재와 양도Presence française et abandon』는 "아프리카 없이는 21세기 프랑스의 역사도 없을 것이다."라고 명백히 언급하였다.[203]

카뮈를 그의 대부분의 실제 역사에 (아주 작은 부분에 대립되는 바와 같이) 대위법적으로 배치하기 위해서 그의 솔직한 프랑스적인 일화는 물론 독립 후의 알제리 소설가, 사회학자, 정치학자의 활동에 주목해야만 한다. 오늘날에도 쉽게 해석 가능한(그리고 지속적인) 카뮈가(그리고 미테랑이) 알제리에 대해서 차단했고, 그의 소설 속의 등장인물들이 차단해 버린 것을 해석적으로 차단하고 있는 유럽 중심의 전통이 잔존해 있다. 카뮈는 예술적인 일생을 시작했을 때 알제리를 나타낸 것과 똑같은 방법으로, 생애 말년에 그가 알제리의 독립을 위

---

203) Manuela Semidei, "De L'Empire à la decolonisation à travers les manuels scolaires," Revue française de science politique 16 No. 1 (February 1961), 85 에서 인용.

한 민족주의의 요구를 공공연하게 또 맹렬하게 반대했을 때 —비록 지금은 그의 말이 공식적인 영불 수에즈 수사학修辭學의 억양을 절망적으로 반영하고는 있지만— 그는 자신의 예술가적 생애의 초기에서 알제리를 표현했던 것과 같은 방법으로 그와 같은 것을 표현했던 "식민지 나세르", 아랍과 회교 제국주의 등에 대한 그의 언급은 우리에게 익숙한 것이지만 그가 텍스트에서 이루어 내는 알제리에 대한 물러설 수 없이 단호한 정치적 진술은 자신이 쓴 이전 글의 꾸밈없는 정치적 요약으로 나타나 있다.

> 알제리에 관한 한, 민족의 독립은 다름아닌 열정에 이외의 어느 것도 아닌 것에 의해 충동된 하나의 형식 논리이다. 지금까지 알제리라는 국가는 결코 없었다. 유태인, 터키인, 그리스인, 이탈리아인 또는 베르베르인이 이 잠정적인 나라를 지도할 능력이 있다고 주장할 자격이 있는 것으로 되어 있다. 잘 아는 바와 같이 아랍인만 전알제리인과 협상을 하지 않았다. 특히 프랑스인의 정착 규모와 기간은 역사에서 그 어느 것과도 비교될 수 없는 문제를 야기하기에 충분한 것이다. 알제리의 프랑스인은 이 어휘가 지니고 있는 강력한 의미 속에서 역시 토착민이다. 더구나 순수하게 아랍적인 알제리는 —정치적 독립이 단지 하나의 환상이라는 것이 없었다면— 경제적 독립을 성취할 수 없었다. 프랑스의 노력이 아무리 부적절하였다 하더라도, 그것은 오늘날 그 어떤 나라도 기꺼이 책임을 떠맡으려고 동의하지 않는 상당한 노력, 바로 그것이었다.[204]

아이러니는 카뮈가 이야기를 진행하는 소설이나 설명적인 글 어디에서든지 알제리에서의 프랑스의 존재는 국외자적인 서술이나 아니면, 시간이나 해석(재난과 같이) 그 어느 것 하나도 쉽지 않은 본질적인 또는 역사로서 서술될 만한 가치가 있는 유일한 역사로서만 표현된다는 사실에 있다. (1958년에 출판된 피에르 부르디유Pierre Bourdieu의

---

204) Camus, Essais, pp. 1012~13.

『알제리의 사회학Sociologie de l'Algérie』은 그 태도와 어조면에서 아주 다르다. 부르디외의 분석은 카뮈의 지루한 형식 논리를 논박하였으며, 그는 식민지 전쟁을 갈등 속에 있는 두 사회의 결과로서 솔직하게 설명하고 있다.) 카뮈의 완고함은 뫼르소에 의해 살해된 아랍인의 배경이 전혀 없고 공허하다는 점을 설명해 준다. 또한 오란에서의 폐허화의 의미를 설명하였는데 그것은 주로 아랍인의 죽음(그것은 결국 인구 통계 문제이다)뿐만 아니라 프랑스의 의식을 나타내려 하고 있다.

따라서 카뮈의 내러티브가 엄격하면서도 존재론적으로는 알제리 지역에 대한 우선적 요구에 있다고 보는 것이 정확하다. 알제리에서 확장된 프랑스 식민지 모험에 대해 피상적으로라도 알고 있는 사람들에게 있어서 이러한 주장은, 프랑스 장관 쇼탕Chautempe이 1938년 3월 아랍어가 알제리에서 "외국어"라고 선언한 것만큼이나 터무니없이 모순된 것이다. 카뮈가 비록 반투명하고 지속적인 주장을 하기는 했지만 그러한 주장은 카뮈 혼자만의 것이 아니었다. 그는 그러한 주장을 알제리에 대한 식민적 글쓰기의 오랜 전통 속에서 형성된 관례로 이어받았고 무비판적으로 수용하였다. 그의 독자들과 비평가들은 오늘날 이 점을 망각했거나 모르고 있다. 그들 대부분은 그의 작품을 "인간의 조건"에 대한 것으로 해석하는 것이 훨씬 더 용이하다고 알고 있다.

카뮈의 독자와 비평가들이 프랑스 식민지에 대해서 얼마나 많은 전제를 공유하고 있는가에 대한 훌륭한 지표는 제1차 세계 대전에서 제2차 세계 대전이 끝난 바로 그 시기까지 프랑스 교과서에 대해서 매뉴엘라 세미다이Manuela Semidei가 집필한 탁월한 보고서에 나타나 있다. 세미다이의 조사 결과는 제1차 세계 대전 후 식민지에서 프랑스의 역할, "세계 패권"으로 프랑스 역사에서의 "찬란한 일화"는 물론 식민지에서 프랑스의 업적에 대한 서정적인 설명, 평화와 번영에 대한 프랑스의 업적, 토착민에게 이익이 되는 다양한 학교와 병원 등에 대해서 점진적으로 축적된 주장을 제시하였다. 폭력의 사용에 대해서 이따금 실례를 제시하고는 있지만, 그러나 이러한 실례는 즉 노예 제도와 전체주의를 폐지하고, 그러한 것을 평화와 번영으로 대체하려는 프랑스의 전반적인 그러한 것을 평화와 번영으로 대체하려는 목표에 의해 가리워졌다. 북아프리카는 좀더 분명한 모습을 드러냈지만 그러나 세미다이에 따르면 거기에는 식민지가 독립될 것이라는 인식이 전혀 없었다. 1930년대의 민족주의 운동은 진지한 도전이라기보다는 "난관"이었다.

세미다이는 양차 대전 사이 학교 교과서 —프랑스의 통치는 영국측이 지니고 있는 편견과 인종 차별 없이 지배되었다는 점을 제시함으로써— 가 프랑스의 탁월한 식민지 정책과 영국의 식민지 정책을 기꺼이 비교하였다는 점에 주목한다. 1930년대까지 이러한 모티브는 끊임없이 반복되었다. 예컨대 알제리에서의 폭력에 대한 실례가 제시되었을 때, 그 실례는 토착민들의 "독실한 신앙심과 약탈의 유혹" 때문에 그와 같이 바람직하지 못한 수단을 택해야만 하는 프랑스 세력을 옹호하는 식으로 제시되었다.[205] 그러나 알제리는 이제 번창하고 훌륭한 학교와 병원과 도로로 충만된 "하나의 새로운 프랑스"가 되었다. 현재의 알제리와 그 이전의 프랑스령 식민지 사이의 "형제애적인" 관계의 바탕을 강조함으로써 독립 이후까지노 식민지에서 프랑스의 역사는 본질적으로 구조적인 것처럼 보인다.

경쟁의 한쪽 측면만이 프랑스 독자와 관계가 있는 것처럼 나타나기 때문이라든가, 또는 그것이 식민지 이식과 토착민 저항의 완벽한 역동성이 놀랍게도 대부분의 유럽 전통에 해당하는 매력적인 인본주의에서 비롯되었기 때문이라는 것은, 이러한 해석상의 흐름과 부응하거나 건설과 이데올로기적인 이미지를 수용하게 되는 이유가 되지 않는다. 지금까지 나는 카뮈의 가장 유명한 소설이 여러 가지 면에서 그것에 의존하는 즉 알제리에 대한 거대한 프랑스적인 담론을 혼합하였고 비타협적으로 개괄하고 있고, 프랑스 제국주의 태도와 지역적인 관계에 대한 언어에 의존하는 작품이기 때문에 그의 작품은 흥미롭지 못한 것이 아니라, 그만큼 더 흥미롭다는 점을 말하고자 하였다. 명쾌한 문체, 솔직하게 드러내는, 고통스러운 윤리적 딜레마, 주인공들이 침해받는 개인적 운명—그가 그토록 정확하게 또 절제된 아이러니로 취급하는 모든 것은 알제리에 대한 프랑스 지배의 역사를 용의 주도하고 정

---

205) Semidei, "De L'Empire à la decolonisation," 75.

확하게 그리고 회한이나 동정이 전혀 없이 자신의 소설로 끌어들이고 또 실제로 소생시키는 것이다.

언젠가는 지역적·정치적 다툼간의 상관 관계는 카뮈가 —사르트르에 의해서 "박해의 분위기"를 제공하는 것으로서 높이 평가된 바 있는— 초구조superstructure 에 의해서 그러한 관계를 은닉시키는 곳에서 정확하게 재활성화될 것임에 틀림없다.[206] 『이방인』과 『페스트』는 둘 다 아랍인의 죽음에 관한 것인데, 그 죽음은 프랑스인 주인공이 갖게 되는 양심과 성찰의 어려움에 촛점을 맞췄고 그것을 조용히 전달해 주는 것과 관련된 것이다. 게다가 너무도 생생하게 드러난 시민 사회 구조 —지방 자치제, 합법적인 기구, 병원, 레스토랑, 클럽, 위락 시설, 학교— 는 비록 비프랑스계 주민들을 통치하는 것이지만 프랑스적이었다. 이것에 대해서 카뮈가 기술한 방식과 프랑스 교과서의 기술 방식의 연관 관계는 관심을 끄는 대목이다. 장편 소설과 단편 소설은 영토에 대한 권리가 철저하게 차단된 회교 주민들 즉 평정되고 처형당한 회교 주민들에 대해 이룩한 승리의 결과를 서술한다. 따라서 프랑스의 우선권을 확신하고 통합하는 데 있어 카뮈는 알제리 회교도에 대해서 백 년 넘게 부여된 통치권 운동을 논박하지도 않았고 이의를 제기하지도 않았다.

이러한 다툼의 한가운데는 군대의 투쟁이 있으며, 이러한 투쟁에서 맨 처음의 위대한 주인공은 해군 제독 데오도르 뷔고와 아랍의 호족 에미르 압델 카데르Emir Abdel Kader이다. 전자는 포악한 군인으로 알제리 토착민에 대한 그의 절대적인 탄압은 훈련의 일환으로 1836년에 시작되어 십여 년 뒤에 집단 학살과 대단위 영토의 강제 수용으로 끝맺었다. 후자는 신비로운 수피인Sufi이자 무자비한 게릴라 투사로서 더 강하고 더 현대적인 침략군에 대항해서 자신의 군대를 재결합하고 개혁하고 재정비하였다. 그 당시의 서류를 읽는 것 —뷔고의 서간문과 성명서와 공문서(『이방인』과 같은 시기에 편찬된), 또는 압델 카데르의 수피 시Sufi poetry에 대한 최근의 편저(미셸 쇼드키에비츠Michel

---

[206] Jean-Paul Sartre, *Literary Essays*, trans. Annette Michelson(New York : Philosophical Library, 1957), p. 32.

Chodkiewicz가 프랑스어로 번역, 편저하였다)[207], 그리고 FLN의 상임 위원이자 독립 이후 알제리 대학 교수를 역임한 모스타파 라셰라프 Mosatafa Lachraf의 프랑스어로 쓰여진 1830년대와 1840년대의 일기와 서간문에서 재구성된 정복의 심리학에 대한 탁월한 설명[208]— 은 아랍의 존재에 대한 카뮈의 평가 절하를 불가피하게 만든 역동성을 인식하는 것과 같다.

뷔고와 그의 휘하의 장교들이 형성한 프랑스 군 정책의 핵심은 알제리의 마을, 가정, 수확물, 여성과 어린이들에게 가해졌던 습격이나 형벌이었다. 뷔고는 "우리는 아랍인들이 씨뿌리는 일, 수확하는 일 및 그들의 가축 방목하는 일을 금지한다.."[209]라고 말하였다. 라셰라프는 프랑스 장교들이 활동 중에 그들에 의해서 몇 번에 걸쳐 기록된 시적 분위기 즉 알제리에서는 모든 도덕이나 필요성을 초월하여 마침내 끝까지 수행하는 전쟁의 기회였던 그들 자신의 느낌의 표본을 제시하였다. 예를 들면 샹가르니에 장군 General Nicols Changarnier은 평화로운 마을을 습격할 때 그의 군대가 가졌던 즐거운 광기를 기술하고 있다. 그는 이러한 형태의 행위는 성서에서 여호수아와 다른 위대한 지도자들이 "더욱 끔찍한 습격"을 행한 것에서 가르침을 받았으며, 따라서 그런 행위는 신의 축복을 받은 것이었다고 말했다. 황폐, 총체적 파괴, 극단적인 잔인성 등은 신에 의해서 정당화되었기 때문만이 아니라, 뷔고에서부터 살랑 Salan에 이르기까지 반향되고 재반향되었던 "아랍인들은 잔인한 세력을 이해하지 못한다"라는 언급 때문에 묵인되었다.[210]

라셰라프는 처음 몇 십 년 동안 프랑스 군대의 노력이 그 목적들

---

207) Emir Abdel Qader, *Ecrits spirituels*, trans. Michel Chodkiewicz (Paris : Seuil, 1982).
208) Mostafa Lacheraf, *L'Algérie : Nation et societé* (Paris : Maspéro, 1965). 그 기간의 훌륭한 인간적인 재건은 Assia Djebar의 소설 *L'Amour, la fantasia* (Paris : Jean-Claude Lattès, 1985)에서 이루어지고 있다.
209) Quoted in Abdullah Laroui, *The History of the Mgreb : An Interpretive Essay*, trans. Ralph Manheim (Princeton : Princeton University, Ppess, 1977), p. 301.
210) Lacheraf, *L'Algérie*, p. 92.

―알제리의 저항을 진압하는 일― 이상으로 잘 진행되었고, 이상적인 절대 지위를 획득하였다고 말하였다.[211] 뷔고 자신의 부단한 열정으로 표현된 바와 같이 그러한 측면의 이면이란 바로 식민화였다. 알제리에서의 체류가 끝날 즈음 그는 유럽의 민간인 이민들이 아무런 자제나 이성 없이 알제리의 자원을 고갈시키는 것 때문에 언제나 분개하였다. 그는 편지에서 "식민화를 군대에 맡겨 달라, 그렇지 않으면 아무 소용 없다."라고 썼다.[212]

잘 아는 바와 같이 발자크에서 프시샤리와 로티로 이어지는 프랑스 소설에 흐르고 있는 무언의 주제 중 하나는 알제리에 대한 남용과 추문이었다. 이러한 남용과 추문들은 이윤이 예상되거나 약속되면 알제리 지역의 개방이 거의 모든 것에서 가능한 비양심적인 개인에 의해 전개되는 음성적陰性的 재정 구조에서 비롯되었다. 이러한 사업의 위상과 관련하여 잊을 수 없는 설명은 도데Alphonse Daudet의 『타라스콩의 허풍장이Tartarin de Tarascon』와 모파상의 『아름다운 친구』에서 찾아볼 수 있다. (이 두 소설은 모두 마르틴 루트피Martine Loutfi의 명쾌한 『문학과 식민주의Littérature et colonialisme』을 참고하였다.)[213]

프랑스의 알제리에 대한 파괴는 한편으로 체계적이었고, 다른 한편으로는 새로운 프랑스 정책을 이룩하는 것이었다. 이에 대해서 1840년과 1870년 사이 있었던 당시의 모든 물증에는 의심의 여지가 없다. 흑인과 토착민 인디언에 대한 미국의 정책을 철저하게 비판했던 토크빌 Alex de Tcqueville과 같은 몇몇 사람들은 유럽 문명의 진출이 회교 토착민에 대한 가혹한 잔인성을 필요로 했다고 믿었다. 그의 관점에서 총체적인 정복은 프랑스의 위대함과 동등하게 되는 것이었다. 그는 이

---

211) 같은 책, p. 93.
212) Theodore Bugeaud, *Par l'Epée et par la charrue* (Paris : PUF, 1948). Bugeaud의 뒷날 경력은 똑같이 돋보인다. 그는 1848년 2월 23일에 폭동 군경들에게 총격을 가했던 군대를 명령했고 다시 Flaubert 의 *L'Education sentimentale*에서 주목을 끌었으며, 그의 인기 없는 고위 군인은 1848년 2월 24일 궁정 소요 기간 동안 심장이 관통되었다.
213) Martine Astier Loutfi, *Littérature et colonialisme : L'Expansion coloniale vue dans la littérature romanesque française, 1871 ~1914* (Paris : Mouton, 1971)

슬람 문화가 "일부 다처제, 여성의 고립, 모든 정치 생활의 부재, 남성에게 그들 자신을 감추고 가정 생활에서 만족을 찾도록 강요하는 전제적인 만능의 정부"와 같다고 생각하였다.[214] 그리고 그는 토착민이 유목민이라고 생각했기 때문에, 그는 "이들 종족을 전멸시키는 모든 수단이 사용되어야만 한다."고 믿었다. "나는 국제법과 인간성에 저촉되는 경우만을 제외시켰다."라고 말했다. 그러나 맬빈 리처Melvin Ritcher가 언급한 바와 같이 토크빌은 "자신이 아랍인들의 인간적 자질을 인정한 침략 과정에서 수백 명의 아랍인들이 불에 타 죽었다는 사실이 드러난 1846년에 대해서는 아무 말도 하지 않았다.[215] 토크빌은, 그것이 "불행스러운 일"이지만 프랑스 정부에 의해서 "어느 정도 문명화된" 회교도가 소유하고 있는 "훌륭한 정부"만큼 중요한 정부는 다른 어디에도 없다고 생각했던 것이다.

오늘날 지도적인 위치에 있는 북아프리카 역사가인 압둘라 라루이 Abdullah Laroui에게 프랑스 식민지 정책은 알제리 정부 —지금까지 보아 온 바와 같이— 를 파괴하고자 익도했을 뿐이었다. 알제리라는 국가는 결코 존재하지 않았다는 카뮈의 선언은 분명히 프랑스의 약탈 정책이 알제리를 휩쓸어 버렸다는 점을 전제로 하는 것이었다. 그럼에도 불구하고 내가 언급한 바와 같이 후기 식민지 시대의 사건들은 좀 더 긴 서술과 더 포괄적이고 탈신비적인 해석을 우리들에게 부여해 준다. 라루이는 이렇게 말했다.

> 1830년부터 1870년까지 알제리 역사는 가식으로 이루어져 있다. 알제리인들을 그들 자신과 같은 사람으로 전환시키는지를 희망했다

---

214) Melvin Richter, "Tocqueville on Algeria," *Review of Politics* 25 (1963), 377.

215) 같은 책, p. 380. 이러한 소재에 대한 최근의 더욱 완벽한 설명은 Marwan R. Buheiry, *The Formation and Perception of the Modern Arab World*, ed. Lawrence I. Conrad (Princeton : Darwin Press, 1989)를 보라. 특히 1장, "European Perceptions of the Orient,"은 19세기 프랑스와 알제리에 대한 4개의 논문으로 구성되어 있는데 그 가운데 하나가 토크빌과 이슬람에 관한 것이다.

고 단언하는 식민주의자들. 그런데 실제로 이 시기 그들의 유일한 욕망은 알제리의 토양을 프랑스 토양으로 전환하는 것이었다. 알제리의 고유한 전통과 생활 방식을 존중했던 것같이 보이는 군대.그러나 실질적으로 그들의 유일한 관심은 최소한의 노력으로 통치하는 것이었다. 아랍 왕국을 건설하고 있었다는 나폴레옹 3세의 주장. 그러나 그의 핵심적인 사상은 프랑스 경제를 "미국화Americangation" 하는 것이었고, 알제리의 프랑스 식민지화였다.[216]

1872년에 도데의 허풍장이가 알제리에 도착했을 때 그는 자신에게 약속되었던 "동양"의 흔적을 거의 찾지 못하며 그 대신에 그는 자신의 고향 타라스콩의 해외 복사판 속에 있음을 알아차린다. 세갈렝과 지드 같은 작가들에게는 알제리가 자신들의 정신적인 문제 —재난의 문제와 같은— 를 언급할 수 있고 임상 병리적으로 치료받을 수 있는 이국적인 곳이었다. 토착민에게는 어떠한 주목도 하지 않았다. 토착민의 목적은 의지의 실험 —『배덕자』에서의 미셸뿐만 아니라 캄보디아를 배경으로 하는 말로의 『왕도』에서의 주인공 퍼켄에서도— 에 틀에 박힌 순간적인 위협이나 기회를 제공하는 것이었다. 알제리에 대한 프랑스 대표성 —그것이 말렉 알룰라에 의해서 그렇게도 훌륭하게 연구된 자연 그대로의 난삽한 우편 엽서이든,[217] 화니 콜로나Fanny Colonna와 클로드 브라히미Claude Brahimi에 의해 파헤쳐진 세련된 인류학적 구성이든,[218] 카뮈의 작품이 그렇게도 중요한 예시를 제공하는 인상 깊은 서술적 구조이든간에— 의 차이점은 모두 다 식민지에서 프랑스의 실천에 대한 지역적인 무관성으로까지 거슬러 올라갈 수 있다.

어떤 제도를 얼마나 심각하게 느끼고 지속적으로 보충하고 통합하고 제도화하느냐 하는 것이 지리와 식민지적 사상을 다룬 20세기 초 작품들에서 우리들이 더 많이 발견하게 되는 프랑스적인 담론이다. 알베르 사로의 『식민지의 영광과 질곡Grandeur et servitude coloniales』은 인

---

216) Laroui, *History of the Magreb*, p. 305.
217) Alloula, Colonial Harm.
218) Fanny Colonna and Claude Haim Brahimi, "Du bon usage de la science coloniale," in *Le Mal de voir* (Paris : Union Générale d'éditions, 1976).

류의 생물학적인 단위 즉 "인류의 연대성"을 언급하는 것만큼 식민주의의 목적도 언급하고 있다. 자신들의 자원을 활용할 능력이 없는 종족(예를 들면 프랑스의 해외 영토에서 토착민들)은 인간적인 가계家系로 환원되어야 할 것이다. "왜냐하면 식민주의자들은 소유 행위의 공식적인 반대편이며 이는 그러한 행동에서 약탈의 특징을 제거하고 인간적인 법규를 창조하였다."[219] 조지 하디는 그의 고전인 『19세기에서 20세기에 이르는 정책과 영토 분할La Politique coloniale et le partage du terre aux XiX^e et XXe Siècles』에서 식민지가 프랑스에 동화되는 것을 "돌발적인 영감을 자극하였고 수많은 식민지 소설의 출현을 야기했을 뿐만 아니라 작가들로 하여금 새로운 유형의 심리학적 연구를 인용하도록 고무시킴으로써 윤리적이고 정신적으로 다양한 형식에 마음을 열도록 했고 단호하게 주장하고 있다."[220] 하디의 저서는 1937년에 출판되었다. 알제Algiers 아카데미의 원장이었던 그는, 또한 식민지 학교의 교장이었으며 그의 여러 가지 불가사의한 선언에서 볼 때 카뮈에 앞서는 선구자였다.

따라서 카뮈의 소설과 단편은 프랑스의 알제리에서의 적응과 관련된 전통, 어법, 담론적인 전략들을 매우 정확하게 드러냈다. 그는 이러한 거대한 "느낌의 구조"에 대하여 그것의 가장 정교한 명료함과, 그것의 최종적인 발전과정을 부여하고 있다. 그러나 이 구조를 간별하기 위해서 우리들은 카뮈의 작품을 식민지 딜레마에 대한 제국의 중심으로 전환한 것으로 보아야 한다. 그의 작품은 개인적 역사가 프랑스의 이러한 정부의 남부 부서와 불가피하게 관련되는 프랑스 독자들을 위한 식민지 글쓰기를 대표한다. 그 어떤 곳에서든지 발생하는 역사는 비지성적이다. 그렇지만 이러한 지역과의 관계에 대한 기념 의식 —알제리의 수도 알제에서 뫼르소에 의해 재현되었고 오란의 장벽내에서 타루와 리유가 밝혀 내었으며 사하라 전야제 동안 재닌이 파악한—

---

219) Albert Sarraut, *Grandeur et servitude coloniales* (Paris : Editions du Sagittaire, 1931), p. 113.
220) Georges Hardy. *La Politique coloniale et le partage du terre aux XIXe et XXe siècles* (Paris : Albin Michel, 1937), p. 441.

은 아이러니컬하게도 독자들에게 그러한 확신의 필요성에 대한 의문을 제기하였다. 따라서 프랑스 과거의 폭력이 우연히도 상기되었을 때 이러한 기념 의식은 어느 공동체도 갈 곳이 아무 데도 없을 정도로 축소되었고 고도로 압축된 생존의 기념일이 되었다.

뫼르소의 곤경은 다른 사람의 곤경보다 더 심각했다. 왜냐하면 우리들이 거짓으로 형성된 법정이 지속적으로 존재한다는 것을 전제로 한다 하더라도(오브라이언이 아랍인을 살해한 프랑스인에게 가장 부적합한 장소라고 말한 바 있는), 뫼르소 자신은 그 목적을 이해하고 있기 때문이다. 마침내 그는 구원과 저항 모두를 경험하게 된다. "나는 옳았다. 역시 옳았다. 여전히 옳았다. 나는 이렇게 살아 왔고 또 그렇게 살아 갈 수 있었다. 나는 이러한 것을 하였고 그러한 것을 하지 않았다. 나는 그 밖의 다른 것을 하지 않았다. 그래서? 그것은 내가 마치 혐의에서 벗어날 수 있는 이 순간과 이 새벽을 전적으로 기다려 온 것과도 같다."[221]

여기에는 그 어떤 다른 선택, 그 어떤 다른 대안, 인간적인 어떤 다른 대체물도 없다. 식민지인은 자신의 공동체가 부여하는 진정한 인간적인 노력과 제도 면에서 불평등한 정치 제도를 포기할 것을 거부하는 장애물을 구현하고 있다. 뫼르소의 자살에서 비롯되는 자의식이라는 극도로 혼돈된 힘은 이와 같은 특별한 역사에서부터 그리고 이같이 특별한 공동체내에서만 나타날 수 있었다. 마지막 부분에서 그는 자신이 무엇인지를 수긍하게 되고 아울러 양노원에만 틀어박혀 있는 어머니가 왜 재혼하기로 결정했는지를 이해하게 된다. "어머니는 다시 출발하려는 것이었다. … 죽음에 임박해서 어머니는 자유를 만끽하였고 모든 것을 기꺼이 다시 살고자 했다."[222] 우리는 우리가 여기서 행한 모든 일을 하였으며 따라서 다시 그렇게 하도록 하자. 이처럼 비극적으로 무감동적인 고집은 새로운 세대와 혁신을 위해 인간의 단호한 능력으로 변했다. 카뮈의 독자들은 『이방인』에 대해 끝없는 무관심에 직면해 있는 해방된 실존적 인간성의 보편성과 몰지각한 금욕주의로

---

221) Camus, *Théâtre, R cits, Nouvelles* (Paris : Gallimard, 1962), p. 1210.
222) 같은 책, p. 1211.

뭉친 인간적 잔인성을 부여하였다.

『이방인』을 그것의 서술적 궤적이 나오게 된 지역적 관계망 속에 재배치하는 것은 그것을 고도화된 역사적 경험이 고양된 형식으로 해석하는 것을 의미한다. 사회적 상황에 대한 카뮈의 평이한 문체와 꾸밈없는 보고는 영국에서의 오웰의 작품과 그 위치처럼 비평가들이 그렇게 한 것처럼 프랑스령 알제리에 대한 카뮈의 충성심을 인간의 조건에 대한 우화로 간주함으로써 미해결의 대립, 즉 매력적인 복잡한 대립을 감추어 버린다. 이러한 점이 바로 그의 사회적, 문학적 명성이 여전히 의존하고 있는 점이기도 하다. 그러나 그것이 알제리의 민족에 대한 이해에 동정적이거나 공유를 차단하고 있다해도, 우선은 프라으의 영토 장악과 정치적 주권을 판단하는 것에 대한 더욱 어렵고도 도전적인 대안이 있을 수 있으며, 그럴 경우 그것을 거부할 수 있을 것이기 때문에 카뮈의 한계가 수용되기 어렵게 무력화되고 있는 것 같다. 프랑스이든 아랍이든간에 당시의 탈식민지 문학 ―제르맹 티용 Germaine Tillion, 카텝 야신Kateb Yacine, 파농이나 수네― 과 내응하여 카뮈의 내러티브는 부정적인 활력을 지니고 있으며, 거기에는 식민지에서의 비극적인 인간의 진지한 노력이 그것에 파멸이 닥치기 전에 그것의 최후적인 위대한 명료성을 성취하고 있다. 카뮈의 내러티브는 우리들이 아직도 완전하게 이해하거나 복원할 수 없는 황량함과 슬픔을 표현하고 있다.

8. 모더니즘론에 관한 주석

　그 어떤 비전도 사회 제도와 마찬가지로 그 영역에 대해서 총체적인 헤게모니를 쥐고 있지는 않다. 유럽 제국과 미국 제국의 전세계적인 활동과 행복하게 공존했거나 또는 지지를 했던 문화 텍스트를 연구하는 데 있어서, 누구도 이들 제국을 싸잡아 비난하거나 이들 활동이 복잡한 방법으로 제국주의적인 과업의 일부분이 되는 기교로서 별로 흥미롭지 못하다는 점을 암시하지는 않는다. 여기에서 나의 설명은 해외 영토에 대해 완전히 반대하지 않는 의지에 대해서가 아니라 그것에 대해서 대체로 반대하지 않고 또 억제되지 않는 의지에 대해 언급하고 있다. 우리는, 예를 들면 19세기 말 유럽에서 식민지 로비 활동이 어떻게 음모에 의해서든 또는 대중적인 지지에 의해서든간에 국가가 좀더 많은 영토 확장을 하도록 압력을 가했고, 좀더 많은 토착민들이 제국주의에 봉사하도록 강요했는지에 대해서 —국내에서 그러한 과정을 기꺼이 근절시키거나 방해하지 않고— 흥미를 가져야만 한다. 그렇지만 아무리 비효율적이라 해도 저항은 언제나 있게 마련이다. 제국주의는 지배의 관계이면서 동시에 어떤 특별한 확장 이데올로기에 관여한다. 실리가 자신의 명예를 걸고 확장은 어떤 경향 이상의 것이었다고 인식했던 것처럼 "그것은 분명히 현대 영국 역사의 중요한 사실이다."[223] 미국의 마한 Mahan 제독과 프랑스의 르로이 볼리외도 같은 주장을 하였다. 그리고 확장은 유럽과 미국에서 그 과업을 위한 충분한 힘 —군사력, 경제력, 정치력 그리고 문화력— 이 있다는 이유만

---

223) Seeley, *Expansion of England*, p. 16.

으로 그러한 놀라운 결과와 함께 가능할 수 있었다.

일단 비서구 세계에 대한 유럽과 서구의 통치에 있어 기본적인 사실이 사실로서 불가피한 것으로 받아들여지자 훨씬 복잡하고 도덕 폐기론적 —나는 이 말을 덧붙이고 싶다— 인 문화 논쟁이 눈에 띄게 자주 시작되었다. 이러한 점은 통치의 불변성과 돌이킬 수 없는 존재의 의미를 즉각적으로 방해하지는 않았다. 그러나 그것은 서구 사회에서 엄청나게 중요한 문화적 실천 양식을 출현케 하였으며 그러한 양식은 식민지에서 반제국주의적 저항을 전개하는 데에 흥미로운 역할을 담당하엿다.

알버트 오 허시만Albert O. Hirschman의 『열정과 이익The Passions and the Interests』의 독자들은, 그가 유럽의 경제적 확장을 동반한 지적 논쟁을 인간의 열정은 세상을 통치하는 방법으로서의 이익에 굴복해야만 한다는 주장에서 비롯되는 —그리고 그 주장을 확고히 하는— 것으로 설명한다는 점을 상기하게 될 것이다. 18세기 말 이러한 주장이 승리하게 되었을 때 그 주장은 자신들이 이전 세대에서 물려받았던 이익 중심의 세계에서 지루하고 무관심하며 이기적인 상황에 대한 하나의 상징을 발견하였던 낭만주의자들에게는 기회를 위한 표적이 되었다.[224]

허시만의 방법을 제국주의 문제로 확장하자. 19세기 후반 무렵 대영제국은 세계에서 독보적인 존재였으며, 제국에 대한 문화적 논쟁은 승리하고 있었다. 제국은 결국 진정한 실체였으며 실리가 자신의 독자들에게 말한 바와 같이 "유럽에서 우리들은 … 서구 문화의 핵심을 형성하고 있는 진리라는 보물은 서구 문화가 겨루어야만 하는 바라문의 신비주의뿐 아니라 심지어 옛 로마 제국이 유럽의 각 나라에 전달했던 로마의 계몽주의와도 비교할 수 없을 정도로 훌륭하다는 점에 모두 다 동의한다."[225]

---

224) Albert O. Hirschman, *The Passions and the Interests : Political Arguments for Capitalism Before Its Triumph* (Princeton : Princeton University Press, 1977), pp. 132~33.

225) Seely, *Expansion of England*, p. 193.

이처럼 상당히 믿을 만한 진술의 중심부에는 실리가 능숙하게 구성하고 또한 무시한 좀 까다로운 두 가지 현실이 있다. 하나는 싸우는 토착민(바라문의 신비론자 그 자신)이고, 다른 하나는 현재 뿐 아니라 과거 속의 다른 제국들의 존재이다. 이 두 경우에서 실리는 제국주의의 승리의 역설적인 결과를 암시적으로 기록한 다음, 다른 주제로 넘어간다. 일단 제국주의는 이익의 원리처럼 유럽의 세계적인 운명에 대한 정치 사상 속에서 고정된 규범이 되었으며, 그런 다음에 아이러니컬하게도 제국주의 반대자들의 유혹, 제국주의에 의해 정복된 계층의 비타협, 제국주의의 압도적인 통치에 대한 저항이 분명하게 되었고 고양되었다. 실리는 이러한 문제들을 한쪽을 고상하거나 낭만적인 존재로 만들고자 하거나 또는 다른 한쪽을 비열하고 부도덕적인 경쟁자로 만들고자 하는 시인으로서가 아니라 현실주의자로서 다룬다. 그는 또 홉슨(그의 제국주의에 대한 저서는 반대 의견을 제시하는 책이다)의 방식으로 수정주의적인 설명을 시도하지도 않는다.

내가 이 장章에서 상당한 관심을 가지고 있었던 사실주의 소설로 이제 재빨리 돌아가자. 19세기 말까지 그 소설의 중심적인 주제는 해방이었거나 또는 루카치가 '아이러니적인 각성'이라고 불렀던 것이다. 비극적으로 또는 때로 희극적으로 차단된 주인공들은 소설의 행동에 의해 자신들의 환상적인 기대와 사회 현실 사이의 모순에 대해 갑작스럽게 또 종종 미숙하게 깨닫는다. 하디의 주드, 조지 엘리엇의 도로시아, 플로베르의 프레데릭, 졸라의 나나, 버틀러의 어니스트, 제임스의 이사벨, 기싱의 리어돈, 메레디스의 페버렐 등이 그들이다. ―이 명단은 상당히 길다. 상실과 무능력에 대한 이러한 내러티브 속에는 점차적으로 하나의 대안이 삽입되었다― 솔직한 이국주의와 자신감 있는 제국에 관한 소설뿐만 아니라 여행기, 식민지적인 탐험과 연구, 회고, 경험 및 전문 지식에 대한 작품이 삽입되었다. 리빙스턴David Livingstone 박사의 개인적인 내러티브와 해거드의 『그 여자She』, 키플링의 『통치Raj』, 로티의 『터키 기병의 이야기Le Roman d'un Spahi』 및 쥘 베른Jules Verne의 대부분의 모험담에서 우리들은 새로운 서술적 발전과 승리주의를 발견할 수 있다. 거의 예외 없이 이러한 서사 및 식민지 세계 모험의 흥분과 관심에 토대를 두고 있는 실제로 수백 가지의 내러티브는 그 과업에 대한 의심을 던지기보다는 제국주의 과업의 성공을 확신하고 찬양하는 데 이용된다. 탐험가들은 자신들이 찾고 있었던 것을 발견하고, 모험가들은 안전하게 더 부유해져서 돌아오며 단련된 킴은 위대한 승부에 발탁되기까지 한다.

이와 같은 낙관주의, 확신 및 고요한 확신에 반대해서 콘라드의 내러티브 —이에 대해서 나는 꽤 자주 언급했는데 왜냐하면 어느 누구보다도 그는 제국의 미묘한 문화적 강화와 의사 표명을 더욱 훌륭하게 다루었기 때문이다— 는 극단적이고 불안정한 불안감을 분출시키고 있다. 그의 내러티브들은, 허시만이 낭만주의자들이 이익 중심적 세계관의 승리에 반응을 보였던 방식으로 제국의 승리에 대해 반응을 보였다. 콘라드의 이야기와 소설은 어떤 의미에서는 절정기 제국주의적 과업에 대한 공격적인 정세를 재현하였지만, 또 다른 의미에서는 후기 사실주의적인 모더니스트의 감수성이라는, 쉽게 인지할 수 있으며 반어적인 인식의 영향을 받았다. 콘라드, 포스터, 말로, 로렌스는 제국주의의 승리주의적 경험에서 나온 서사를 극단적인 사의식, 단절, 자기 지시성self-referentiality, 신랄한 아이러니로 전환하고, 이러한 것들의 형식적 패턴을 우리들은 —조이스, T. S. 엘리엇, 프루스트, 만Thomas Mann 및 예이츠의 주요 작품이 포함되는— 모더니스트 문화의 특징으로 인식하게 되었다. 나는 모더니스트 문화의 가장 두드러지는 특징 중에 상당수 —우리들은 서구 사회와 문화 속에 존재하는 순수하게 내적인 역동성에서 그러한 특징을 끌어 내는 경향이 있다— 가 통치권에서 비롯된 문화에 가해지는 외적 압력에 대한 반응을 포함한다는 점을 제시하고 싶다. 확실히 이러한 점은 콘라드의 전 작품에 적용되며 그것은 또한 포스터, T. E. 로렌스, 말로에 대해서도 적용된다. 아일랜드인의 감성에 대한 제국의 침해는 다른 방식으로 예이츠와 조이스에게서 나타나며, 국외 이주 미국인에 대한 제국의 침해는 T. S. 엘리엇과 파운드Ezra Pound의 작품에 기록되어 있다.

창조성과 질병의 연관성에 대한 토마스 만의 위대한 우화『베니스에서의 죽음Death in Venice』에서 유럽을 감염시킨 전염병은, 원래 아시아가 그 발생지이다. 아셴바흐Aschenbach의 심리학에 의해서 그렇게도 효과적으로 제공된 전율과 약속의 결합, 타락과 욕망의 결합은 토마스 만의 암시 방법 즉 유럽은 예술과 정신과 기념물에 있어서 더 이상 불변적인 것도 아니며 해외 영토와의 관계를 더 이상 무시할 수 있는 것도 아니라는 점을 암시하는 방법이라고 나는 믿고 있다. 이와 똑같이 조이스에게 아일랜드 민족주의자이며 지성적인 스티븐 디덜러스는 아이러니컬하게도 아일랜드계 천주교 동료에 의해 강화되는 것이 아니라 방랑하는 유태인 리오폴드 블룸에 의해 강화되며, 블룸의 이국주의와 범세계적인 기술들은 스티븐의 반항에 나타나는 병적인 엄숙함을 약화시킨다. 프루스트 소설에 나타난 환상적인 반전처럼 블룸은 유럽내에서의 새로운 존재 ─해외의 발견, 정복, 비전이라는 이국적 연대기에서 정확하게 선택하여 아주 놀랍게 묘사한 존재─ 를 증명하고 있다. 다만 이제 〈봄의 축제Sacre du printemps〉의 원시적 리듬이나 피카소 예술에서의 아프리카 성상聖像처럼 성가신 존재로서 그들은 '거기'에 존재하는 것이 아니라 '여기'에 존재한다.

모더니스트 문화에서 형식의 전환과 치환 그리고 아주 놀랍게도 그것으로 충만된 아이러니는 실리가 제국주의 결과로서 언급한 바 있는 두 가지 방해 요인 ─투쟁하는 토착민과 다른 제국이라는 사실─ 에 의해 정확하게 영향을 받았다. 자신의 위대한 모험을 망치고 강요하는 "노인들"과 더불어, 『지혜의 일곱 기둥』에서 로렌스의 아랍인들은 프랑스 제국과 터키 제국이 그랬던 것처럼 자신의 슬프고도 만족할 줄 모르는 인식을 요구한다. 『인도로 가는 길』에서 현재의 인도 신비주의와 민족주의 ─고드볼Godbole과 아지즈Aziz─ 에 내재되어 있는 도덕적 드라마가 어떻게 대영 제국과 무갈 제국 사이의 오래 된 갈등에 반대해서 펼치는가를 놀라울 정도로 정확하게 (그리고 불편하게) 보여주는 것은 포스터의 위대한 업적이다.

로티의 『(영국인 없는) 인도L' Inde (sans les Anglais)』에서 우리들은 인도를 횡단하는 여행에 바탕을 둔 여행담을 읽게 된다. 거기에서는 마치 다만 토착민만을 보게 된다는 점을 암시라도 하듯이 지배층인 영국은 의도적으로 심지어 악의적으로까지, 단 한번도 언급되지 않는다.[226] 반면에 물론 인도는 전적으로 영국의 소유였다. (그리고 분명히

---

226) Alec G. Hargreaves, *The Colonial Experience in French Fiction* (London :

프랑스의 소유가 아니었다.)

유럽 문화가 마침내 제국적인 "환상과 발견" —영국, 인도의 문화적 만남에 대한 베니타 패리Benita Parry의 훌륭한 표현은[227]— 에 대한 당연한 설명을 시작했을 때, 그것은 적대적이 아니라 아이러니컬하게 새로운 것을 포함하려는 필사적인 시도와 더불어 그렇게 설명했다는 점을 나는 감히 제안하고자 한다. 유럽 문화는 마치 수세기 동안 제국을 당연한 것으로 받아들이든 찬양되고 강화되고 고양된 것으로 받아들이는 국가의 운명이라는 사실로 이해함으로써, 지배적인 유럽 문화의 구성원들은 이제 자신들이 본 것을 통해 놀라고 충격을 받기까지 한 사람들의 회의주의와 혼란스런 마음으로 해외를 바라보기 시작했다. 문화적인 텍스트는 제국주의적인 과업과 탐험가와 민족학자들, 지질학자와 지리학자들, 상인과 군인들의 흔적을 아주 분명하게 지니는 방식으로 외국것을 유럽에 수입하였다. 처음에는 이러한 텍스트가 유럽 독자들의 흥미를 유발하였다. 20세기가 시작되면서 이러한 텍스트는 유럽이 얼마나 취약했던기에 대해서 그리고 콘라드의 훌륭한 구절에서 어떻게 "이곳(유럽) 역시 지구상의 암울한 지역 중의 하나였는가"에 대해서 반어적인 의미를 전달하는데 사용되었다.

이것을 다루기 위해서는 세 가지 분명한 하나의 새로운 백과 사전 형식이 필요하게 되었다. 첫째는 『율리시즈Ulysses』, 『암흑의 핵심』, 『잃어 버린 시간을 찾아서A la recherche』, 『황무지The Waste Land』, 『캔토스Cantos』, 『등대로To the Lighthouse』에서처럼 포괄적인 동시에 개방적인 구조의 순환성이었다. 둘째는 전적으로 다른 지역, 원천, 문화에

Macmillan, 1983), p. 31를 보라. 이 책에는 이와 같은 이상한 음의 생략이 로티의 고유한 심리학과 반영국 사상의 결과물로 강조되고 흥미있게 설명되고 있다. 그러나 로티의 소설에 대한 공식적 결과는 언급되고 있지 않다. 더 중요한 설명으로는 프린스턴 대학의 미간행 박사 학위 논문인 Panivong Norindr, *Colonialism and Figures of the Exotic in the Work of Pierre Loti* (Ann Arbor : University Microfilms, 1990)를 보라.

227) Benita Parry, *Delusions and Discoveries : Studies on India in the British Imagination, 1880~1930* (London : Allen Lane, 1972)

서 자의식적으로 끌어 온 낡고 시대에 뒤떨어지기까지 한 단편들에 대한 재형상화에 거의 전적으로 토대를 둔 신기함이었다. 모더니스트 형식의 특징은 희극적인 것과 비극적인 것, 고상한 것과 저속한 것, 평범한 것과 이국적인 것, 익숙한 것과 낯선 것을 이상할 정도로 병치한 것으로, 그러한 병치의 가장 독창적인 것은 조이스가 『오디세이 Odyssey』와 방랑하는 유태인, 광고와 버질Virgil(또는 단테), 완벽한 균형과 판매원의 목록 등을 혼합한 데서 나타나 있다. 셋째는 예술과 창조물을 한때는 가능했던 세계 제국들의 통합과 대체하는 것으로 주의를 기울이는 형식의 아이러니이다. 영국이 대양을 영원히 지배하게 되리라는 점을 더 이상 추정할 수 없을 때에, 당신은 지역에서보다는 역사 속의 현실을 예술가인 당신에 의해 모두 장악할 수 있는 어떤 것으로 재인식해야만 한다. 더욱더 많은 지역들 —인도에서부터 아프리카를 거쳐 카리브 해까지— 이 고전적인 제국과 그 문화에 대해 도전함에 따라 공간은 아이러니컬하게도 정치적인 지배의 특성보다는 심미적인 지배의 특성이 되고 있다.

제3장
저항과 대립

그대의 광활한 팔로 빛나는 땅에
나를 묶어 다오.

- 에메 세제르, 『귀향 수첩』

1. 두 개의 진영

　지성사와 문화 연구에 있어 기본적인 주제는 "영향"이라는 일반적인 표제 아래서 수집될 수 있는 일련의 관계망들이다. 나는 T.S. 엘리엇의 유명한 에세이 「전통과 개인의 재능」을 가장 기본적이면서 추상적이기까지 한 형식 속에서 영향의 문제를 소개하는 하나의 방식으로 제시하면서 이 책을 시작하였다. 여기서 영향이란 현재와 과거의 과거성(또는 과거가 아닌 과거성)간의 연관성, 다시 말해 엘리엇이 논의한 바와 같이 개별 작가와 그 일부가 된 전통간의 관계를 포함하는 연관성의 문제를 말한다. 나는 "서구"와 서구에 의해 지배받는 문화적 "타자"의 관계를 연구하는 것은 불평등한 대화자간의 불평등한 관계를 이해하는 차원뿐 아니라 서구의 문화적 실천 그 자체의 형성과 의미를 연구하는 데 시발점이 된다고 제안했다. 그리고 만일 우리들이 소설 형식, 민족적이고 역사적인 담론 형식, 시와 오페라의 어떤 형식 등 불균형에 대한 암시와 그 불균형에 기초한 구조가 풍부한 문화 형식을 정확하게 이해하고자 한다면, 서구와 비서구간의 집요한 힘의 불균형은 반드시 고려되어야만 한다. 문학이나 비평 이론과 같은 중립적 문화 분과들이 약하거나 종속적인 문화에 초점을 맞추고 그것을 불변하는 유럽적·비유럽적 본질에 관한 사상, 지리적 소유물에 대한 내러티브 그리고 합법성과 구원에 관한 심상을 가지고 그 문화를 해석할 때, 충격적인 결과는 권력 구도를 가장하고, 강한 자들의 경험이 약한 자들과 얼마나 중복되고 의존하는지를 감추고 있다는 사실이다.
　이것의 한 예를 지드의 『배덕자』(1902)에서 찾을 수 있다. 이 소설은 이상한 성적 충동이 아내 마셸린과 자신의 경력을 상실하고 물론 역설적으로 자신의 의지마저 박탈당하는 것을 내버려 둠으로써, 기이한 성적 충동을 받아들이는 미셸이라는 남자의 이야기이다. 미셸은 문헌학자인데, 유럽의 야만스러운 과거에 대한 그의 학문적인 연구가 자신의 억압된 본능, 열망, 성향을 자신에게 밝혀 준다. 토마스 만의 『베니스에서의 죽음』과 같이, 그 배경은 유럽의 경계에 있거나 또는 그것을 조금 넘어서는 이국적인 장소를 대표한다. 『배덕자』의 주요 무대는 사막과 나른한 오아시스와 도덕 관념이 없는 토착민 소년 소녀들이 있는 프랑스령 알제리이다. 미셸의 니체적인 스승인 메날크는 식민지 관리로 솔직하게 설명되어 있다. 그리고 그가 비록 로렌스나 말로의 독자들에게 곧바로 인식될 수 있는 제국주의 세계에서 나왔다 하더라도, 그의 방탕하고 향락적인 존재는 상당히 지드적이다. 메날크는 (미셸 이상으로) 자신의 "애매 모호한 탐험" 생활, 육감적인 탐닉 및 길들여지지 않은 자유로부터 지식과 쾌락까지도 유도해 낸다. 미셸은 자신의 대학 강좌 과목과 현란한 제국주의자를 비교함으로써 "메날크의 일생, 작은 행동은 나의 강의보다 수천 배 능수 능란하지 않은가?"라고 회상한다.[1]

그러나 이 두 사람을 처음 연결하는 것은 상상도 아니고 일대기도 아니며 비스크라Biskra(지드가 여러 소설에서 되돌아왔던)에 있는 토착민 소년 목티르의 고백이다. 목티르는 마셸린의 가위를 훔치는 자신의 행동을 몰래 감시하는 미셸이 자신을 어떻게 관찰했는가를 메날크에게 말해 준다. 이 세 사람의 동성애적인 공모성은 정확하게 위계적인 관계에 놓여 있다. 아프리카 소년 목티르는 자신의 고용주인 미셸에게 비밀스러운 쾌감을 주고, 그 쾌감은 다시 그의 자아 인식 방법의 한 단계가 되며, 거기에서 메날크의 우월한 통찰력은 그를 이끌어 준다. 목티르가 느끼거나 생각하는 것(그것이 또한 인종적인 것은 아니지만 선천적으로 장난기 있어 보이는)은 미셸과 메날크가 그와 같은 경험을 하는 것보다는 훨씬 덜 중요하다. 지드는 미셸의 자아 인식을 자신의 알제리 체험과 명백하게 연관시키고 있는데 이 경험은 아내의

---

1) André Gide, *L'Immoraliste* (Paris : Mercure de France, 1902), pp. 113~14.

죽음과 지성적인 재정립, 마지막이면서 오히려 애수에 찬 양성적 외로움과 인과적으로 관련되어 있다.

프랑스령 북아프리카 —그가 마음에 두는 곳은 튀니지이다— 에 대해 언급할 때, 미셸은 다음과 같이 관찰하고 있다.

> 이 쾌락의 땅은 욕망을 잠재우지 않고도 만족한다. 정말로 모든 만족은 단지 욕망을 강화시킬 뿐이다.
>
> 예술 작품에서 해방된 땅. 나는 아름다움이 전사되고 해석될 때에만 그것을 인정할 수 있는 사람들을 경멸한다. 아랍인들을 칭찬할 만한 것 한 가지는 그들이 예술을 경험하며 날마다 그것을 노래하며 확산시킨다는 점이다. 그들은 예술에 집착하지도 않으며 작품들 속에서 향료를 발라 보관하지도 않는다. 이는 위대한 예술가가 나오지 않는 이유이자 결과이다. … 호텔로 돌아오고 있는 바로 그때, 나는 작은 카페의 밖에, 야외에 있는 매트에 누워 내 주목을 끌게 된 한 무리의 아랍인들을 기억한다. 나는 거기로 가서 그들과 함께 잤다. 나는 온몸이 벌레로 덮힌 채 돌아왔다.[2]

아프리카 사람들 특히 아랍 사람들은 바로 그곳에 존재하고 있을 뿐이다. 그들은 작품으로 구체화된 축적하는 예술이나 역사를 가지지 않는다. 이러한 사실을 증명해 준 유럽의 관찰자가 없다고 해도 그것이 중요한 문제는 아니다. 그러한 사람들 속에 있는 것은 즐거운 일이기는 하나 그에 따르는 위험(예를 들면 벌레들)을 감수해야 하는 것이다.

『배덕자』의 일인칭 서술 —미셸은 자신의 이야기를 서술한다— 에는 그가 포괄하고 있는 수많은 것들에 의존하고 있는 부가적으로 문제되는 차원이 있다. 왜냐하면 미셸을 통해 북아프리카 사람들이 등장

---

2) Gide, *The Immoralist*, Richard Howard 옮김. (New York : Knopf, 1970), pp. 158~59. 지드와 카뮈의 연계에 대해서는 Mary Louise Pratt, "Mapping Ideology : Gide, Camus, and Algeria," *College Literature* 8 (1981), 158~74를 보라.

하고 그의 아내와 메날크가 등장하기 때문이다. 미셸은 부유한 노르망디의 지주이며 학자이고 프로테스탄트인데, 이러한 사실들은 지드가 이기심과 세속성이 지닌 고통을 화해시킬 수 있는 다면적인 인물 창조를 의도했음을 보여 준다. 최종적인 분석에서 이 같은 모든 측면들은 미셸이 아프리카에 있는 자신에 관해 발견하는 것에 의존하고 있지만 그의 자아 발견은 무상과 투명성에 의해 제한과 가치 절하를 당한다. 다시 한번 이 내러티브는 "태도와 언급의 구조"를 갖고 있으며, 이 구조는 유럽적인 작가 주체인 지드에게 해외 영토를 장악하고 그로부터 이익을 얻어 내고, 그에 의존하면서도 궁극적으로는 그곳의 자율성이나 독립을 부정하는 권한을 부여한다.

지드는 북아프리카를 다룬 작품들에서 상대적으로 제한된 소재 즉 이슬람이라든지 아랍 또는 동성 연애 등의 소재를 다루고 있다는 점에서 특별한 경우이다. 그러나 한 사람의 매우 개인주의적인 예술가의 예임에도 불구하고, 지드가 맺고 있는 아프리카와의 관계는 아프리카 대륙을 향한 유럽의 태도와 실천의 더 큰 형성에 속하는 문제이며, 그로부터 20세기 후반의 비평가들이 서양을 위해 아프리카를 다루고 연구하는 체계적인 언어인 아프리카주의 혹은 아프리카적인 담론이라고 명명한 모든 것이 출현하게 되었던 것이다.[3] 원시주의라는 개념은 부족주의, 생기론生氣論, 독창성 등과 같이 아프리카에 기원을 둔 것들에서 그 독특한 인식론적 특권을 추출한 개념들뿐 아니라 아프리카 주의와도 관련되어 있다. 우리는 이같이 기꺼이 이용될 수 있는 개념이 콘라드와 아이작 다이센은 물론 나중에 가면 레오 프로베니우스Leo Frobenius와 플라시드 템펠즈Placide Tempels의 대담한 연구에서 나타나고 있음을 볼 수 있다. 여기서 레오 프로베니우스는 아프리카 체계

---

3) Christopher Miller, *Blank Darkness : Africanist Discourse in French* (Chicago : University of Chicago Press, 1985)에서 이용되고 있다. Paulin J. Hountondji, *Sur la "philosophie africane"* (Paris : Maspéro, 1976)에서는 "아프리카주의"에 대한 심도 있는 철학적 비난이 보인다. Hountondji는 Placide Tempels의 작품에 대한 그의 비평에 특별한 우선 순위를 부여하고 있다.

의 완전한 질서를 발견했다고 주장한 독일의 인류학자이며, 플라시드 템펠즈는 아프리카 철학의 핵심인 본질주의적 (그리고 환원적인) 생명력을 그의 책 『반투 철학Bantu Philosophy』에서 제안했던 벨기에 선교사이다. 아프리카의 정체성에 관한 이러한 개념은 매우 생산적이고 적용 가능한 것이어서 서양의 선교사들, 그 다음에는 인류학자, 그 다음에는 마르크스주의 역사가들에 의해 이용되었으며, 이와는 반대로 V. Y. 무딤베Mudimbe가 아프리카의 그노시스gnosis라고 부른 역사인 『아프리카의 발명The Invention of Africa』(1988)이라는 놀라운 저서에서도 보여 준 바와 같이 심지어 해방 운동에조차 이용되었다.[4]

서구와 해외 제국간에 형성된 전반적인 문화 상황은 근대까지, 특히 1차 대전을 전후한 시기까지 이상과 같은 유형에 잘 맞았다. 나의 거대한 주제는 이 단계에서 일반적인 연구와 매우 독특한 지역적 연구를 번갈아 함으로써 가장 잘 다룰 수 있을 것이기 때문에, 나의 목적은 제국주의자와 피제국주의 주민들을 연결해 주는 상호 작용하는 경험을 개관하는 것이다. 발전의 매우 초기에 있어서 문화와 제국주의 관계에 대한 연구는 단순히 연대기적인 내러티브는 물론 일화적인 내러티브를 (아주 많은 내러티브들의 분리된 영역에서 존재한다) 필요로 하는 것도 아니며, 오히려 세계화된 (총체적이 아닌) 서술을 시도하는 것을 필요로 한다. 그리고 물론 문화와 제국의 관계에 대한 모든 연구는, 항상 그 자체가 주제의 필수적인 부분 즉 멀리 떨어져 관여하지 않는 전망에서 쓰여진 담론이라기보다는, 다른 관계 속에서 조지 엘리엇이 이른바 동일하게 혼란에 빠진 매체라고 한 것의 일부분이다. 1945년 이후 거의 백 개에 달하는 새롭게 탈식민화된 탈식민 국가들의 출현은 하나의 중립적인 사실이 아니라 오히려 그것에 대한 논쟁에서 학자, 역사가, 활동가 등이 찬성하거나 반대해 온 사실이다.

전성기의 제국주의는 그 내부로부터 형성된 문화 담론만을 허용해 주는 경향이 있었던 것처럼, 오늘날의 탈제국주의는 이전의 피식민지 민족편에서의 의혹의 문화 담론과 제국의 중심도시 지성인들에게는

---

4) V. Y. Mudimbe, *The Invention of Africa : Gnosis, Philosophy, and the Order of Knowledge* (Bloomington : Indiana University Press, 1988).

잘 해야 이론적 회피라는 문화 담론을 주로 인정했다. 나는 전통적인 식민지 제국주의가 해체되던 바로 그 시기에 성장했던 많은 우리들처럼 이 둘 사이에 억류되어 있는 자신을 발견하게 된다. 우리는 식민주의와 동시에 그에 저항하는 시대에 살고 있다. 그러나 우리는 또한 뛰어난 이론의 정교화 해체주의와 구조주의 그리고 루카치와 알튀세르식 마르크스주의라는 보편화하는 기법의 시대에 살고 있다. 참여와 이론의 반명제에 대한 내 나름의 결론은 폭넓은 전망이며, 우리는 이 전망에 근거하여 문화와 제국주의 둘 모두를 바라볼 수 있으며, 물론 그 무수한 세부 사항들은 가끔을 제외하고는 다 관찰되지 못할 수도 있지만 그 둘간의 더 큰 역사적 변증법은 관찰되어질 수도 있을 것이다. 나는 문화 전체는 분리된 것이지만 문화의 중요한 모든 요소들은 서로 대위법적으로 함께 작용한다는 가정하에 논의를 진행할 것이다.

여기에서 나는 금세기 초 서구 문화와 제국의 관계에서 일어난 예외적이고도 거의 코페르니쿠스적인 대변화에 특별히 관심을 갖고 있다. 이러한 변화가 그 범위와 의미에 있어 이전의 두 가지 대변화와 유사하다고 파악하는 것은 유용하다. 그 하나는 유럽 문예 부흥의 인본주의 시대에 일어난 희랍의 재발견이고, 다른 하나는 인도, 중국, 일본, 페르시아 및 이슬람의 문화 유물이 유럽 문화의 중심부에 확고하게 쌓아 놓았던 18세기 후반부터 19세기 중반까지 일어난 "동양의 문예 부흥"—이에 대한 가장 훌륭한 현대 역사가인 레이몬드 슈와브가 그렇게 불렀던[5]— 이다. 둘째로 슈와브가 동양에 대한 유럽의 엄청난 횡령이라고 불렀던 것은 —독일과 프랑스 문법학자들에 의한 산스크리스트어의 발견, 영국과 독일과 프랑스 시인 및 예술가들에 대한 위대한 인도 민족 서사시의 발견, 괴테에서 에머슨Ralph Waldo Emerson으로 이어지는 수많은 유럽 사상가들과 심지어 미국 사상가들이 거둔 페르시아 심상들과 수피 철학의 발견— 인류 모험의 역사에서 가장 화려한 일화들 중의 하나이자 그 자체만으로도 충분한 주제

---

5) Raymond Schwab, *The Oriental Renaissance*, Gene Patterson-Black and Victor Reinking 옮김. (New York : Columbia University Press, 1984).

였다.

　슈와브의 내러티브에서 누락된 것은, 정치적인 영역 즉 문화 영역보다 훨씬 더 슬프며 훨씬 유익하지는 않은 영역인 정치적인 차원이다. 내가 『오리엔탈리즘』에서 논의한 바와 같이 불평등을 의식하는 사람들 사이에서 이루어지는 교류의 최종적인 결과는 사람들이 고통받고 있다는 점이다. 희랍 고전은 실제 희랍인들의 성가신 간섭 없이 이탈리아, 프랑스 및 영국의 인본주의자들에게 봉사했다. 세상을 떠난 사람들이 쓴 텍스트가 이상적인 민주 국가를 꿈꾸는 사람들에 의해 읽히고 감상되며 전용되었다. 이것이 학자들이 의혹을 가지고 또는 깔보듯이 문예 부흥을 좀체로 언급하지 않는 한 가지 이유이다. 그러나 현대에 와서 문화 교류에 대해 생각해 본다는 것은 지배와 강제적인 횡령 ―누군가는 잃고 누군가는 얻는다― 에 대해서 생각하는 것을 말한다. 예를 들어 오늘날 자신의 역사를 논의하는 미국은 토착민과 이민 온 사람들 그리고 억압받는 소수 민족에게 행한 역사에 대해 더 많은 의문을 제기하는 것이다.

　그러나 최근에 와서야 비로소 서구인들은 자신들이 "피지배" 민족의 역사와 문화에 대해서 언급해야 했던 것이 그 민족 자신들에 의해 도전받을 수 있음을 인식하게 되었다. 이들은 몇 년 전만 하더라도 문화, 영토, 역사와 모든 것을 위대한 서구 제국과 그 규율의 담론 속에 단순히 통합하였던 민족이다. (이는 수많은 서구 학자들, 역사가들, 예술가들, 철학자들, 음악가들 및 선교사들의 업적을 격하시킨다는 의미는 아니다. 유럽 이익의 세계를 알리려는 공동적이며 개인적인 이들의 노력은 놀라운 업적이다.)

　반식민적 그리고 궁극적으로는 반제국주의적인 활동과 사상과 수정의 거대한 물결은, 그람시의 생생한 비유에 따르면, 서로 포위 공격하면서 서구 제국에 도전하면서 서구 제국이라는 거대한 구조물을 압도하였다. 서구인들은 처음으로 단지 통치자로서 뿐 아니라 폭력의 범죄, 억압의 범죄, 양심의 범죄로 비난받는 한 문화의 대표자로서 자신들과 대결할 것을 요구받았다. 『저주받은 대지』에서 파농은 다음과 같이 말하고 있다. "오늘날 제3세계는… 유럽이 해결책을 찾을 수 없었던 문제를 해결하려고 노력해야만 하는 거대한 집단과 같이 유럽과 대면하고 있다."⁶⁾ 물론 이러한 규탄은 그 이전에도 이미 새뮤엘 존슨Samuel Johnson과 W. S. 블런트 등과 같은 용기 있는 유럽인들에 의해서 제기되었다. 바로 저편의 비유럽 세계에 산토 도밍고Santo Domingo 혁명과 압둘 카데르의 반란에서 1857년 반란과 오라비Orabi 폭동과 의화단 사건까지 초기 식민지 봉기가 있었다. 보복 행위, 통치권의 변화, 타당한 이유, 논쟁, 개혁 및 재평가가 있었다. 그러나 이 모든 상황에서도 제국은 언제나 그 규모와 이익을 신장시켜 나갔다. 새로운 국면이라면 서구로서 제국에 대해 지속적으로 남아 있는 대결의 문제와 체계적 저항의 문제였다. 태평양에서 대서양에 이르기까지 오랫동안 누적된 백인에 대한 적개심은 충분히 성숙된 독립 운동으로 폭발하였다. 아무도 막을 수 없었던 아프리카적이고 전아시아적인 투사들이 출현했다.

양차 대전 사이의 투쟁 단체들이 분명히 또는 전적으로 반서구적인 것은 아니었다. 어떤 투쟁 단체는 기독교와의 협력을 통해 식민주의로부터의 해방을 가져올 수 있다고 믿었다. 다른 단체들은 서구화가 그 해결책이라고 믿었다. 베이질 데이빗슨에 의하면 아프리카에서 양차 대전 사이에 이러한 투쟁 노력은 허버트 맥콜리, 리오폴드 셍고르Leopold Senghor, J. H. 캐슐리 헤이포드Casely Hayford, 새뮤엘 애후마 Samuel Ahuma와 같은 사람들에 의해 재현되었다.⁷⁾

같은 시기 아랍 세계의 투사들로는 사아드 재그흘룰Saad Zaghloul, 누리 애즈 사이드Nuri as-Said, 비샤라 알 크후리Bishara al-Khoury가 있었다. 후기의 혁명 지도자들 —예를 들어 베트남의 호지민Ho Chi Minh— 까지도 원래부터 서구 문화의 양상들이 식민주의를 종결시키는 데 도움이 된다는 견해를 갖고 있었다. 그러나 이들의 노력과 사상은 대도시에서는 거의 아무런 반응도 얻지 못했으며 그러는 사이 그들의 저항은 변형되었다.

그 이유는 사르트르가 전후에 쓴 글에서 말하고자 했던 바와 같이

---

6) Frantz Fanon, *The Wretched of the Earth*, Constance Farrington 옮김. (1961 ; rprt. New York : Grove, 1968), p. 314.
7) Basil Davidson, *Africa in Modern History : The Search for a New Society* (London : Allen Lane, 1978), pp. 178~80.

만일 식민주의가 일종의 제도라면, 저항 역시 제도적이어야 한다는 인식이 시작되었기 때문이다.[8] 사르트르와 같은 사람은 파농의 『저주받은 대지』의 자신의 서문 첫 문장에서, 세계는 정말로 두 가지 투쟁하는 당파 즉 "5억의 사람들과 50억의 토착민들로 이루어졌다. 전자는 '언어(말)'를 가지고 있었고, 후자는 그것을 활용하였다. … 식민지에서 진실은 발가벗은 채로 서 있지만, 모국의 국민들은 그것에 옷을 입히기를 좋아했다."[9]라고 말할 수 있었다. 데이빗슨은 언제나 웅변적인 명민성을 지니고 아프리카의 새로운 반응에 대한 사례를 다음과 같이 들고 있었다.

> 역사는 … 계산기가 아니다. 「역사는 마음과 상상력에서 펼쳐지고, 또 역사는 물적인 현실, 기본적인 경제적 요인, 불굴의 객관성 등에 대한 한없이 미묘한 매개로서 민족 문화 자체에 대한 각양각색의 반응 속에서 구체화된다.」 1945년 이후 아프리카의 문화적 반응은 매우 많은 사람들과 인식된 관심으로부터 예상할 수 있을 만큼 다양했다. 그러나 그것들은 무엇보다도 변화에 대한 살아 있는 희망 즉 전에는 거의 있을 수 없었던 기대, 확실히 그와 같은 강렬하고도 폭넓은 호소를 결코 느껴보지 못했던 기대에 의해 자극받았다. 그리고 씩씩한 음악에 맞추어 고동 치는 가슴을 가진 사람들은 이러한 것들을 언급하였다. 이 점이 아프리카 역사를 새로운 과정으로 움직였던 반응이었다.[10]

서구와 비서구 관계의 전망에 있어 굉장하면서도 혼란스러운 변화에 대해 유럽인들의 느낌은 유럽 문예 부흥이나 3세기 후 있게 된 동양의 "발견"에서도 경험할 수 없었던 전적으로 새로운 것이었다. 1460년대 폴리지아노Poliziano의 희랍 고전의 발견과 편집, 1810년대의 봅

---

8) *Situations V : Colonialisme et néo-colonialisme*에서 Jean-Paul Sartre, "Le Colonialisme est un système," (Paris : Gallimard, 1964).
9) Fanon, *Wretched of the Earth*,의 Sartre, "서문" p. 7.
10) Davidson, *Africa in Modern History*, p. 200.

Franz Bopp과 슐레겔의 산스크리스트 문법학자들에 대한 해독 등과 1961년 알제리 전쟁시 프랑스 정치 이론가들이나 동양학자들이 파농을 읽은 것이나 프랑스가 디엔 비엔 푸에서 패배한 바로 직후인 1955년에 출판된 세제르의 『식민주의 담론Discours sur le colonialisme』과의 차이점을 생각해 보라. 이 마지막으로 불행한 사람(세제르)은 자신의 군대가 토착민들에 의해 포위되었을 때 토착민의 명령을 받았을 뿐 아니라 (그의 전임자들은 결코 그렇지 않았다), 헤겔, 마르크스 및 프로이트 Sigmund Freud 모두를 배출한 문명을 낳은 바로 그 문명을 고발하기 위해 그들 개념을 사용함으로써, 보수에Jacques Bénigne Bossuet와 샤토브리앙의 언어로 쓰여진 텍스트를 읽은 사람이기도 하다. 파농은 여기서 유럽이 식민지인들에게 그들의 현대성을 부여하였다는 당시의 패러다임을 전복하고, 대신 "유럽의 복지와 발전은 … 흑인, 아랍인, 인도인, 황인종의 땀과 시체로 이룩되었으"[11] 뿐만 아니라 "유럽은 문자 그대로 제3세계의 창조물이다."[12] — 월터 로드니, 친웨이주 및 그 밖의 사람들에 의해 반복해서 받았던 비난— 라고 주장하면서 한 걸음 더 멀리 나가고 있었다. 이처럼 터무니없이 이러한 상황들을 다시 순위를 매기면서 결론 짓는 데서 우리들은 사르트르가 "인종 차별주의자의 인본주의보다 더 일관된 것은 없다. 왜냐하면 노예와 괴물을 창조해 내고 나서야 유럽인들은 인간이 될 수 있었기 때문이다."[13]라고 말할 때 그는 파농(그 밖의 다른 방법 대신에)의 말을 되풀이하고 있음을 알게 된다.

　1차 대전은 식민지 영토에 대한 서구의 장악을 하나도 경감시키지 못했다. 왜냐하면 서구는 아프리카인과 아시아인에게는 직접적인 이해관계가 거의 없는 전쟁을 위해 인력과 자원을 유럽에 공급할 영토를 필요로 했기 때문이었다.[14] 그러나 2차 대전 이후 독립을 가져온 일련

---

11) Fanon, *Wretched of the Earth*, p. 96.
12) 같은 책, p. 102.
13) Sartre, "서문," p. 26.
14) Henri Grimal, *Decolonization : The British, French, Dutch and Belgian Empires, 1919 ~ 1963*, Stephan de Vos 옮김. (1965 ; rprt. London : Routledge & Kegan Paul, 1978), p. 9. 탈식민지화에 대한 훌륭한 문학들이 다음의 주

의 과정은 이미 수행되고 있었다. 식민 지역에서 제국주의에 대한 저항이 언제 발단했는가를 결정 짓는 문제는 제국주의가 양편 모두에게 어떻게 비쳐졌느냐와 관련하여 중요한 문제이다. 그 이유는 유럽인의 패권, 합법성, 문화적 탁월성에 대항해서 투쟁을 이끌었던 성공적인 민족주의 집단들은, 침략적인 백인에 항거하며 버티고 섰던 맨 처음의 투사들에게까지 거슬러 올라가는 부단한 지속성을 주장하는 데 의존하기 때문이다. 이렇게 해서 1954년 프랑스에 저항하여 반란을 시작했던 알제리 민족주의 해방 전선은, 그 원조를 1830년대와 1840년대에 프랑스 점령에 반대해서 투쟁하였던 에미르 압델 카데르까지로 거슬러 올라갔다. 기니Guinea와 말리Mali에서의 프랑스에 대한 저항은[15] 사모리Samory와 하지 오마르Hajji Omar의 세대로까지 거슬러 올라간다. 그러나 제국의 기록자들은 다만 간간이 이러한 저항의 타당성을 인식할 뿐이었다. 키플링에 대한 논의에서 우리가 본 바와 같이 토착민의 존재(예를 들면 "그들"은 말썽꾼들에 의해서 자극을 받을 때까지는 정말로 행복했었다)에 대한 수많은 희박한 합리화보다도 오히려 불만에 대한 몇 가지 단순한 이유 ―토착민들은 자신들의 영토에 있는 유

목할 만한 제목의 책들이다. R. F. Holland, *European Decolonization, 1918 ~ 1981 : An Introductory Survey* (London : Macmillan, 1985) ; Miles Kahler, *Decolonization in Britain and France : The Domestic Consequences of International Relations* (Princeton : Princeton University Press, 1984) ; Franz Ansprenger, *The Dissolution of the Colonial Empires* (1981 ; rprt. London : Routledge, 1989) ; A. N. Porter and A. J. Stockwell, Vol. 1, *British Imperial Policy and Decolonization, 1938 ~51*, and Vol. 2, *1951 ~64* (London : Macmillan, 1987, 1989) ; John Strachey, *The End of Empire* (London : Gollancz, 1959).

15) Terence Ranger, "Connexions Between Primary Resistance Movements and Modern Mass Nationalisms in East and Central Africa," pts. 1 and 2, *Journal of African History* 9, No. 3 (1968), 439. Michael Crowder, ed., *West African Resistance : The Military Response to Colonial Occupation* (London : Hutchinson, 1971)와 the later chapters (pp. 268 ff.) of S. C. Malik, ed., *Dissent, Protest and Reform in Indian Civilization* (Simla : Indian Institute of Advanced Study, 1977)도 보라.

럽인들의 존재로부터 벗어나기를 원하였다— 를 택했던 것이다.

이러한 논쟁은 오늘날까지 유럽과 미국의 역사가들 사이에서 지속되고 있다. 마이클 에이다스가 명명한 바와 같이 이들 초창기 "반란의 예언자들"은 "현대화하는" 유럽인들에 대항해 부정적으로 행동했던 과거 집착적이고 낭만적이며 비현실적인 사람들이었는가,[16] 아니면 이들의 초창기의, 대체로 실패했던 노력의 지속적인 중요성에 대해서 이들의 현대적 상속자들—예를 들면, 줄리우스 니에레르Julius Nyerere와 넬슨 만델라Nelson Mandela의 진술을 진지하게 받아들일 것인가? 테렌스 레인저는 이 점이 단지 학문적인 성찰의 문제일 뿐 아니라 위급한 정치 운동의 문제라는 점을 보여 주었다. 예를 들면 수많은 저항 운동은 "이후 정치 발전의 환경을 형성하였다. … 저항은 백인의 정책과 태도에 지대한 영향을 끼쳤다. … 저항 과정에서 또는 몇몇 저항에서 중대한 방식으로 미래를 예견하는 정치 조직이나 영감의 유형이 출현하였다. 이러한 점은 어떤 경우에서는 직접적으로, 다른 경우에서는 간접적으로 그 이후의 (유럽 제국주의에 대한) 아프리카의 분명한 반대 의견 제시와 연관되었던 것이다."[17] 레인저는 제국주의에 대한 민족주의 저항의 지속성과 일관성에 대한 지적이고도 도덕적인 투쟁이 수십 년 동안 계속 되었으며, 그것은 제국주의 경험의 유기적인 일부분이 되었다는 점을 증명한다. 만일 아프리카인이나 아랍인으로서 1896, 97년과 1882년의 엔데벨 쇼나Ndebele-Shona 봉기와 오라비 봉기를 각각 기억하고자 한다면, 여러분은 그들의 패배가 훗날의 성공을 가능하게 했던 민족주의자의 지도력을 존경하게 될 것이다. 그러나 유럽인들이 이러한 봉기를 소수 집단이나 지복 천년을 믿는 미치광이 등의 활동으로 좀더 경멸적으로 해석하는 것도 가능하다.

그런 다음에 놀랍게도 전세계의 대부분은 2차 대전 이후 탈식민지화

---

16) Michael Adas, *Prophets of Rebellion : Millenarian Protest Movements Against the European Colonial Order* (Chapel Hill : University of North Carolina, 1979). 또 다른 예로는 Stephen Ellis, *The Rising of the Red Shawls : A Revolt in Madagascar, 1895 ~1899* (Cambridge : Cambridge University Press, 1985).

17) Ranger, "Connexions", p. 631를 보라.

되었다. 그리멀Henri Grimal의 연구는 절정기 대영 제국의 지도를 포함하고 있다. 그것은 영국의 소유가 얼마나 방대했는지 그리고 1945년 전쟁이 끝난 후 몇 년 동안에 어떻게 그 많은 소유를 거의 완전히 상실했는지에 대한 불변의 증거이다. 존 스트라치John Strachy의 잘 알려진 저서 『제국의 종말The End of Empire』(1959)은 그러한 상실을 명확하게 기념한다. 런던에서 온 영국 정치인, 군인, 상인, 학자, 교육자, 선교사, 관료, 스파이들은 오스트레일리아, 뉴질랜드, 홍콩, 뉴우기니, 실론, 말레이지아, 전아시아 대륙, 대부분의 중동, 이집트에서부터 남아프리카에 이르는 동아프리카 전역, 중서부 아프리카의 상당 부분의 영토(나이지리아를 포함하여), 기아나, 카리브 해안의 몇몇 도서, 아일랜드, 캐나다 등에 대해 결정적인 책임을 지고 있었던 것이다.

대영 제국보다 확실히 작은 프랑스 제국은 태평양과 인도양의 도서 지역, 카리브 해안(마다가스카르, 뉴 칼레도니아, 타히티, 과델루프 등), 기아나, 인도차이나 전역(안난, 캄보디아, 코친차이나, 라오스 및 통킹은 물론)을 점령했다. 아프리카에서 프랑스는 지배권을 놓고 영국과 심각하게 겨루었다. 지중해에서 에콰도르에 이르는 아프리카 대륙의 서쪽 대부분은 프랑스령 소말리아를 비롯하여 프랑스가 장악하였다. 그 밖에도 시리아와 레바논이 있었으며, 프랑스의 수많은 아프리카와 아시아 식민지처럼 이 지역은 영국의 항로 및 영토를 침식하였다. 대영 제국의 총독 중에서 가장 유명하고 가공할 인물인 로드 크로머— 오만하게도 일찍이 "우리들은 이집트를 통치하는 것이 아니다. 우리들은 다만 이집트 총독들을 지배할 뿐이다."[18]라고 말했다— 는 1883년에서 1907년 사이에 거의 단독으로 이집트를 통치하기 이전에 인도에서도 훌륭한 통치를 하였는데, 그는 영국 식민지에 대한 프랑스의 "엉뚱한" 영향력에 대해서 종종 신경질적으로 말하곤 했다.

이처럼 거대한 영토(그리고 벨기에, 네덜란드, 스페인, 포르투갈, 독일의 영토)를 위해 대도시 서구 문화는 방대한 투자와 전략을 수립했다. 영국이나 프랑스 사람들은 대부분 어떤 변화가 오리라고 생각하지

---

18) Afaf Lutfi al-Sayyid, *Egypt and Cromer* (New York : Praeger, 1969), p. 68에서 인용.

않았던 것 같다. 나는 지금까지 대부분의 문화 형성은 제국주의 세력의 영원한 탁월성을 전제로 했다는 점을 제시하려고 노력했다. 그럼에도 불구하고 여전히 제국주의에 대한 대안적인 견해가 제기되었고 지속되었고, 결과적으로 지배적이었다.

1950년에 와서 인도네시아는 네덜란드로부터 자유를 얻었다. 1947년에 영국은 인도를 '의회당'에 넘겨 주었으며 파키스탄은 즉각적으로 분리되어 지나흐Muhammad Ali Jinnah의 회교 연합이 파키스탄을 이끌었다. 말레이지아, 실론, 미얀마가 독립하였고, "프랑스령" 동남아 국가들도 독립하였다. 동서 아프리카 및 북아프리카 전역에 걸쳐서 영국, 프랑스, 벨기에의 점령은 종식되었으며 때로는 (알제리에서처럼) 수많은 목숨과 재산을 잃었다. 1990년까지 49개의 아프리카 신생 국가가 탄생하였다. 그러나 이러한 투쟁 중 그 어떤 것도 진공 상태에서 일어나지는 않았다. 그리멀이 지적한 바와 같이 식민자와 피식민자의 국제화된 관계는 세계적인 세력들 ―교회, UN, 마르크스주의, 소련, 미국―의 자극을 받았다. 수많은 범아프리카, 범아랍, 범아시아 의회가 증언한 바와 같이 반제국주의 투쟁은 보편화되었으며, 서구(백인의, 유럽적인, 선진의)와 비서구 (유색의, 토착민의, 후진의) 문화와 민족간의 갈등이 극화되었다.

이러한 세계 지도를 다시 그리기가 너무나 극적이었기 때문에, 우리들은 호전적인 투쟁에서조차 제국주의와 그 반대자들이 동일한 영토에서 싸웠고 동일한 역사를 다투었다는 도덕적 의미는 물론이고 정확한 역사적 의미도 상실해 버렸다. 그리고 아마도 상실하도록 격려받았던 것 같다. 프랑스식 교육을 받은 알제리인이나 베트남인, 영국식 교육을 받은 동인도인이나 서인도인, 아랍인과 아프리카인들이 자신들의 제국주의 주인과 대면한 곳에서 공통적으로 나타나는 것은 분명했다. 런던과 파리의 제국주의에 대한 반대는 델리와 알제리에서 있었던 저항의 영향을 받았다. 비록 그것이 똑같은 투쟁은 아니었다 하더라도 (제국주의의 대표적인 과오는 자유에 대해 전적으로 서구적인 사상이 식민지 통치에 반대하는 투쟁을 이끌었고, 제국주의에 대해서 언제나 대항했던 인도와 아랍 문화의 이면을 어설프게 간과하였고, 제국주의에 반대하는 투쟁을 제국주의의 핵심적인 승리에 반대한 투쟁이라고 주장했다는 점이다) 동일한 문화적 토대 위에서 반대자들은 환상적으로 대면하였다. 대도시의 의심과 반대가 없었더라면, 제국주의에 대한 토착민 저항의 주동자들과 구호와 바로 그 구조는 상당히 달라졌을 것이다. 이런 점에서 문화는 역시 정치나 군의 역사나 경제 과정보다 앞서 있다.

이러한 중복은 하찮거나 소홀히 할 수 있는 문제가 아니다. 문화가 또 다른 해외 지배를 위해서 하나의 사회를 상정하고 적극적으로 준비하는 것과 똑같이, 문화는 그 사회로 하여금 해외 지배에 대한 생각을 포기하거나 수정하기 위해 준비시킬 수도 있다. 식민 통치의 억압에 저항하고, 손에 총을 들고 해방의 사상을 투사시키며 새로운 민족 공동체를 상상하며 (베네딕트 앤더슨Benedict Anderson이 그런 것처럼) 최후의 돌진을 단행하려는 모든 이의 의지가 없으면, 이러한 변화는 일어날 수 없다. 제국의 경제적 또는 정치적 고갈이 국내에서 일어나지 않는다면, 제국의 사상과 식민지 통치 비용이 대중들에게 도전받지 않는다면, 제국주의의 재현들이 그 정당성과 합법성을 잃기 시작하지 않는다면, 그리고 마지막으로 저항적인 "토착민들"이 식민지 침략으로부터 해방된 자신들의 고유 문화의 독자성과 완전성을 대도시 문화에 각인시키지 못한다면, 그러한 변화는 또한 일어날 수 없는 일이다. 그러나 이 모든 선행 조건에 주목한 다음에, 우리는 다시 그려진 지도의 양끝에서 일어나는 제국주의에 대한 반대와 저항이 문화에 의해 제공된 대체적인 공통 영역 —비록 그 영토가 논쟁적이기는 하지만— 위에서 모두 다 분명해졌다는 점을 인정해야만 한다.

토착민과 자유주의적 유럽인들이 살아가며 서로를 이해했던 문화적 바탕은 무엇인가? 그들은 서로를 얼마나 많이 인정할 수 있었는가? 제국주의 지배의 범주내에서 그들은 급진적인 변화가 발생하기 이전에 서로를 얼마나 다룰 수 있었는가? 우선 포스터의 『인도로 가는 길』을 생각해 보라. 이 소설은 인도에 대한 작가의 애정(때로는 언짢으면서도 신비화된)을 확실하게 표현하고 있다. 『인도로 가는 길』에 있어서 가장 흥미있는 점은 소설 형식의 정전에 따르면 실제로 재현될 수도 없는 소재 —광활함, 이해 불가능한 교리, 내밀스러운 움직임, 역사, 사회 형태— 를 나타내기 위해서 포스터가 인도를 활용한 것이라고 항상 느껴 왔다. 특히 무어 부인과 필딩도 (자신들에게는) 그토록 놀라운 새로운 요소 속에 남아 있음으로써 —신인 동형神人同形의 기준을 초월하는 유럽인들로 이해되도록 분명히 의도되고 있다— 필딩의 경우 인도의 복잡성을 경험하고 단지 익숙한 인본주의로 돌아간다. (그는 이러한 시련을 경험하고 인도가 시간과 공간에 대한 각 개인의 느낌에 대한 무시무시한 예감을 가지고 수에즈 운하와 이탈리아를 거쳐서 영국으로 귀향한다.)

그러나 포스터는 자신을 포함하고 있는 현실을 그대로 떨쳐 버리기에는 너무나 용의 주도한 현실 관찰자이다. 소설은 마지막 부분에서 사회적 예의 범절에 대한 전통적 의미로 되돌아온다. 이 부분에서 작가는 관습적인 소설의 가정적 해결 방안(결혼과 재산)을 신중하게 그리고 긍정적으로 인도에 끌어들인다. 필딩은 무어 부인의 딸과 결혼한다. 그렇지만 그와 아지즈 —회교 민족주의자— 는 동승한다. 그리고 서로 떨어져 있다. "이들은 자신들의 수백 가지 목소리로 '그들은 그것을 원하지 않았다.'라고 말했고 하늘은 '아니다, 아직은 아니다. 아니다, 여기서는 아니다.' 라고 말했다." 해결과 통합이 있지만 그러나 그 어느 쪽도 완벽하지는 않다.[19]

오늘날의 인도가 정체성, 집중성, 통합을 위한 장소와 시간도 아니라면, (포스터의 지시는 신중하다) 그렇다면 무엇을 위한 것인가? 이 소설은 이러한 문제의 정치적 기원은 영국의 존재에 있다는 점을 암시하고 있으면서도 우리로 하여금 정치적인 갈등은 미래에 쉽게 해결될 것이라는 느낌과 더불어 이러한 곤경의 다양한 측면을 경험하게 해준다. 제국에 대한 고드볼과 아지즈의 정반대의 저항 형태가 인지되었으며 —아지즈는 회교 민족주의의 저항이고 고드볼은 거의 초현실적인 힌두교도이다— 필딩의 선천적인 반대도 마찬가지이다. 그는 정치적·철학적 측면에서 영국 통치의 죄악성에 대해서 반대할 수는 없으나, 국지적인 학대에 대한 국지적 반대를 할 수 있을 뿐이다. 포스터가 소설을 긍정적으로 해결한다는 베니타 패리의 『환상과 발견Delusions and

---

19) E. M. Forster, *A Passage to India* (1924 ; rprt. New York : Harcourt, Brace & World, 1952), p. 322.

Discoveries』에서의 흥미로운 주장은 "총체적인 텍스트"임에도 불구하고 포스터에 의해 주어진 "어렴풋한 암시"에 의존하고 있다.[20] 포스터가 인도와 영국 사이의 간극을 유지하고자 했지만 그 사이를 오가는 중간적인 왕래를 허용하였다고 말하는 것이 더 정확하다. 그렇다 하더라도, 우리들은 아지즈가 재판받는 동안 영국 통치에 대해 인도인들이 드러냈던 적개심을 가시적인 인도의 저항의 출현과 연관 지을 권리가 있다. 그러나 필딩은 그러한 저항을 아지즈 —일본이 그의 민족주의 모델이 되는— 에게서 마지못해 인식하게 된다. 필딩을 사퇴하게 한 영국인 클럽 회원들의 경멸은 성급하고 노골적으로 고약하였으며, 그들은 아지즈의 위법을 "약점"의 어떠한 표시도 영국 통치 그 자체에 대한 공격이 될 수 있는 것처럼 생각한다. 이러한 상황은 또한 절망적인 분위기를 나타내는 것이다.

대체로 필딩의 자유롭고 인간적인 견해와 태도의 결합 덕분으로, 『인도로 가는 길』은 당혹스럽게 되는데, 부분적 이유로는 소설 형식에 대한 포스터의 집착이 그가 다룰 수 없는 난제를 자신에게 드러냈기 때문이다. 콘라드의 아프리카처럼 포스터의 인도는 번번이 이해 불가능하고 너무 광대한 것으로 묘사되는 지역이다. 소설의 첫 부분에서 어느날 로니와 아델라가 함께 있을 때, 이들은 한 마리 새가 나무 속으로 사라지는 것을 바라보지만 그러나 그것을 분간할 수가 없다. 왜냐하면 마치 포스터가 그들의 이익과 우리들의 이익을 위해서 덧붙이는 것처럼 "인도에서는 아무것도 분간할 수 없으며, 단지 질문을 하는 것은 질문 그 자체를 사라지게 하거나 또는 무엇인가 다른 것으로 합쳐지는 것"[21]이기 때문이다. 그러므로 소설의 가장 중요한 문제는 식민지 영국 주민들 —"잘 발달된 체격, 상당히 발전된 정신 및 발전되지

---

20) Benita Parry, *Delusions and Discoveries : Studies on India in the British Imagination, 1880 ~1930* (London : Allen Lane, 1972)의 마지막 314~20페이지를 보라. 반대로 *The Rhetoric of English India* (Chicago : University of Chicago Press, 1992)에서 Sara Suleri는 심리 성적인 psycho-sexual 용어로 Aziz와 Fielding간의 관계를 읽고 있다.

21) Forster, *Passage to India*, p. 86.

않은 마음"— 과 인도 사이에 지속되는 만남이다.

아델라가 마라바 동굴에 접근할 때, 그녀는 자신의 명상을 수반했던 기차 "달리는 소리"가 자기로서는 이해할 수 없는 메세지를 가졌다고 강조한다.

> 그러한 나라를 어떻게 마음이 간직할 것인가? 침입자들은 수세대에 걸쳐 노력했지만, 그러나 그들은 추방된 채로 남아 있을 뿐이다. 그들이 건설하는 중요한 마을들은 단지 피난처일 뿐이며, 그들의 싸움은 귀향길을 찾지 못하는 불행한 사람들의 막연한 불안일 뿐이다. 인도는 그들의 고통을 알고 있다. 인도는 전세계의 고통을 가장 깊은 곳까지 알고 있다. 인도는 수백 개의 입을 통해서, 우습고도 엄숙한 사물들을 통해서 "오라"고 부른다. 그러나 무엇에게 갈 것인가? 인도는 결코 정의하지 않는다. 인도는 하나의 희망이 아니라 하나의 간청일 뿐이다.[22]

그렇지만 포스터는 영국 "관료주의"가 인도에게 어떻게 의미를 부여하고자 했는지를 보여 준다. 거기에는 우선 순위, 규칙이 있는 클럽, 제약, 군대 서열 및 모든 것을 능가하고 또 모든 것을 알려 주는 영국 세력이 있다. 인도는 "다과회"가 아니라고 로니 헤슬롭Ronny Heaslop은 말했다. "영국인들과 인도인들이 사회적으로 친숙해지려고 했을 때에 재난이 생긴다는 것 말고는 나는 결코 아무것도 몰랐다. 교제, 그렇다. 예의 범절, 반드시 그렇다. 친밀함—절대로, 절대로 있을 수 없다."[23] 무어 부인이 회교 사원에 들어가려고 구두를 벗었을 때, 경의를 표하면서 또 규정으로 금지된 방식으로 우정을 나누려는 제스처를 보였을 때에 아지즈 박사가 그렇게도 놀라는 것은 당연하다.

필딩은 또한 비전형적이다. 다시 말해 그는 정말로 지성적이고 감성적이며, 개인적인 대화를 주고 받을 때 가장 행복한 사람이다. 그러나 인도가 지닌 거대한 이해 불가능성 앞에서 그의 이해력과 공감력은

---

22) 같은 책, p.136.
23) 같은 책, p.164.

실패하고 만다. 그는 포스터의 초기 소설에서였다면 완벽한 영웅이었을 것이지만, 이 소설에서는 패배자이다. 적어도 필딩은 아지즈와 같은 인물 다시 말해 인도를 두 개의 부분 —하나는 이슬람교이고 다른 하나는 힌두교— 으로 나눔으로써 영국 소설에서 인도를 취급하기 위한 포스터의 계략의 반을 차지하는 인물과 "연결"될 수 있다. 1857년에 해리에트 마티노는 다음과 같이 말하였다. "힌두교이든 회교도이든간에 아시아적인 상황에서 발전되지 않은 정신은 다소나마 지적으로나 도덕적으로 기독교화된 유럽적인 정신과 조금도 일치될 수 없다."[24] 포스터는 회교도들을 강조한다. 이들과 비교해 힌두교도들은 (고드볼을 포함해서) 마치 그들이 소설적 처리에 어울리지 않는 것처럼 주변부적이다. 포스터의 찬드라포르Chandrapore에 있어서 영국인과 힌두교도의 중간 입장에 있는 이슬람교는 서구 문화에 더 근접해 있었다. 포스터는 『인도로 가는 길』에서 힌두교보다는 이슬람교에 조금 더 가깝지만, 궁극적으로는 공감이 부족한 것이 분명하다.

이 소설은 힌두교는 모든 것이 혼란이고 모든 것이 엉켜 있어, 신은 하나이고 하나가 아니며, 하나였고 하나가 아니었다고 믿는다. 이와는 대조적으로 이슬람교는 아지즈가 대표되는 바 질서와 특별한 신을 이해한다. (아지즈가 상대적으로 단순한 정신을 지니고 있고 일반적으로 말해서 "마호맷교도" 역시 그렇다는 점을 암시하기라도 하듯이 포스터는 "비교적 단순한 마호맷교도들의 정신"[25]에 대해서 애매 모호하게 말한다.) 필딩에게 아지즈는 비록 과거 무갈인에 대한 그의 과장된 견해, 시에 대한 그의 열정, 자신이 간직하고 다니는 아내 사진에 대한 유별난 수줍음 등이 이국적이고 비지중해적인 존재를 암시하기는 하지만 이탈리아인과 유사하다. 필딩의 놀라운 블룸스베리적Bloomsbury 특징, 자비롭고 애정 있게 판단할 수 있는 그의 능력, 인간적인 기준에 바탕을 둔 그의 열정적인 지성에도 불구하고, 그는 궁극적으로 인도 그 자체로부터 거부되며, 무어 부인만이 인도의 혼란스러운 마음을 꿰

---

24) Francis Hutchins, *The Illusion of Permanence : British Imperialism in India* (Princeton : Princeton University Press, 1967), p. 41에서 인용.

25) Forster, *Passage to India*, p. 76.

뚫어 보지만 그녀 역시 궁극적으로 그녀 자신의 비전에 의해서 살해된다. 아지즈 박사는 민족주의자가 되지만 내가 생각하기에는 포스터는 아지즈 박사의 외양적인 태도 때문에 그에게 실망한다. 포스터는 아지즈 박사를 보다 거대하고 일관성 있는 인도 독립 운동과 연관지울 수 없다. 프란시스 허친스에 따르면 19세기 후반과 20세기 초반에 "민족주의 운동은 놀라울 정도로 인도에서 영국적인 상상력으로부터 아무런 반응도 유도해 내지 못했다."[26]

1912년 인도를 여행했을 때, 베아트리체와 시드니 웹은 총독을 위해서 일하는 인도 노동자들과의 관계에서 영국인 고용주들이 지니고 있던 어려움을 지적했다. 왜냐하면 게으름은 저항의 한 가지 형태 —S. H. 알라타스가 제시한 바와 같이, 다른 아시아 지역에서 아주 보편적이다[27]— 였든가 또는 소위 말하는 다답하이 나오로지Dadabhai Naoroji의 "소모 이론drain theory"이었기 때문이다. 민족주의 단체의 만족을 위해 나오로지는 인도의 재산이 영국에 의해서 소모되고 있음을 주장했다. 웹 부부는 "인도에 오랫동안 거주했으나 인도인들을 다루는 기술을 터득하지 못한 유럽인들"을 비난한다. 그러고 나서 다음과 같이 덧붙인다.

> 똑같이 분명한 점은 인도인이 때로는 땀 흘려 일하기에는 엄청나게 힘든 노동자들이라는 점이다. 그들은 자신들의 수입에 대해 관심이 별로 없다. 그들은 스스로 과로하기보다는 반쯤은 굶주림의 상태에서 허송 세월하기를 더 좋아한다. 생활 수준이 아무리 낮다 하더라도, 작업 수준은 어떻든간에 그들이 좋아하지 않는 고용주를 위해서 일을 할 때 더 낮다. 그리고 그들의 규칙 없는 생

---

26) Hutchins, *Illusion of Permanence*, p. 187.
27) In Syed Hussien Alatas, *The Myth of the Lazy Native : A Study of the Image of the Malays, Filipinos, and Japanese from the Sixteenth to the Twentieth Century and Its Function in the Ideology of Colonial Capitalism* (London : Frank Cass, 1977). James Scott, *Weapons of the Weak : Everyday Forms of Peasant Resistance* (New Haven : Yale University Press, 1985)도 보라.

활은 당혹스럽다.[28]

이런 것은 싸우고 있는 두 나라 사이에 경쟁을 좀처럼 암시해 주지 않는다. 이와 똑같이 『인도로 가는 길』에서 포스터는 인도가 어려운 나라라는 것을 알게 된다. 왜냐하면 인도는 너무나 낯설고 알 수가 없고 또는 아지즈와 같은 사람들은 미숙한 민족주의 감정에 쉽게 유혹되고 또는 무어 부인이 그랬듯이 어떤 사람이 인도와 친해지고자 한다면 그 사람은 대립으로부터 회복될 수 없기 때문이다.

서구인들에게 무어 부인은, 그녀가 동굴에서 체류한 후에 스스로 그랬던 바와 같이 귀찮은 존재이다. 법정에서 일종의 민족주의적 일관성에 순간적으로 자극받은 인도인들에게 있어서 무어 부인은, 사람이라기보다는 유동적인 구절인 "에스미스 에스무어" 다시 말해, 우습게 인도화된 저항과 공동 사회의 원칙이나 다름없는 것이다. 그녀는 자신이 이해하지 못하는 인도에 대한 경험을 간직하고 있다. 반면에 필딩은 표면적으로는 이해하지만 심층적인 경험은 없다. 이 소설의 무력함은 전역으로 퍼져서 영국 식민주의를 비난하거나 (옹호하는 것도 아니고) 인도 민족주의를 비난하거나 옹호하는 것도 아니다. 정말로 포스터의 아이러니는 초보수적인 터톤스Turtons와 버톤스Burtons에서부터 어설프고 우스운 인도인까지 모든 사람들을 꺾어 버린다. 그러나 우리는 1910년대와 1920년대의 정치 현실의 관점에서 보면 『인도로 가는 길』같이 탁월한 소설까지도 인도 민족주의라는 피할 수 없는 사실에 굴복함을 느끼지 않을 수가 없다. 포스터는 내러티브 과정을 영국인인 필딩과 동일시한다. 필딩은 인도를 광활하고 당혹스러운 것으로만 이해할 수 있고, 또 아지즈와 같은 회교도는 식민주의에 대한 그의 적대감이 수용하기 어려울 정도로 아주 어리석기 때문에 단지 어느 정도까지만 친구가 될 수 있다는 것을 이해할 수 있다. 인도와 영국이 적대국(비록 이 두 나라의 입장이 중복되기는 하지만)이라는 의미는 약

---

28) Sidney and Beatrice Webb, *Indian Diary* (Delhi : Oxford University Press, 1988),P. 98. 식민 생활의 기묘한 모욕적 분위기에 대해서는 Margaret MacMillan, *Women of the Raj* (London : Thames & Hudson, 1988)를 보라.

화되었고 감추어졌고 축소되고 있다.

이것들은 공식적이거나 민족적인 역사가 아닌 개인적인 역사를 다루는 소설의 특권이다. 이와는 대조적으로 키플링은, 인도에서의 영국의 역사가 자신에게 아무리 위협적이거나 비극적이거나 폭력적이라 하더라도, 정치 현실을 소설적 아이러니의 원천 이상으로 직접적으로 인정했다. 인도인들은 다양한 인종으로 구성되어 있다. 그들을 알고 이해할 필요가 있다. 영국 세력은 인도에서 인도인들을 고려해야만 한다. 정치적으로 말해서 이러한 점들이 바로 키플링의 입장이다. 포스터는 회피적이고 좀더 생색을 낸다. "『인도로 가는 길』은 인도를 탐험하는 영국적 상상력의 성공적인 표현이다."[29]라는 패리의 논평은 사실이지만, 포스터의 인도는 너무나 애정이 넘칠 정도로 개인적이고 너무도 철저하게 은유적이기 때문에, 통치권을 위해 영국과 겨루는 국가로서 인도인에 대한 그의 견해는 정치적으로 아주 진지한 것도 아니고 존경스러운 것도 아니다. 다음의 인용을 생각해 보라.

하미둘라는 민족주의 경향을 보이는 명사들의 성가신 위원회에 참석해 달라는 통보를 받았다. 이 위원회에서 힌두교도, 회교도, 두 명의 시크교도, 두 명의 파르시교도, 한 명의 자이나교도, 토속 기독교도인은 자신들에서 자연스러운 것보다도 더욱더 친밀해지고자 노력했다. 누군가가 영국인을 학대하는 한, 모든 것은 잘 되어 갔지만, 그 어떤 건설적인 일도 성취되지 않았으며, 영국인이 인도를 떠난다면, 이 위원회 역시 사라질 것이다. 그는 자신이 사랑했고 자신의 가족과 관계가 있는 아지즈가 정치에 관심이 없는 것을 보고 기뻐하였으며, 정치는 주인공과 생애를 파멸시키지만 정치 없이는 아무것도 성취될 수가 없다. 그는 끝나 버린 다른 시를 생각하듯이 슬프게 캠브리지를 생각하였다. 20년 전 그곳에서 자신은 얼마나 행복했던가! 배니스터 씨 부부의 교구에서 정치는 문제되지 않았다. 그곳에서는 게임과 노동과 즐거운 사회가 서로 결합되어 있었고, 민족의 삶에 있어 충분한 하부 구조로 보였다.

---

29) Parry, *Delusions and Discoveries*, p. 274.

여기에서 모든 것은 조종과 두려움이었다.[30]

이것은 정치적 분위기에서 변화를 기록한다. 배니스터 부부의 교구에서나 캠브리지에서 한때 가능했던 것은 삐거덕거리는 민족주의 시대에는 더 이상 합당한 것이 아니다. 그러나 포스터가 종파간에 서로를 증오한다는 것은 자연스러운 것이라고 말하고, 영국의 존재를 초월하여 지속되는 민족주의 위원회의 세력을 해산시키고, 민족주의가 비록 평범하고 겸허한 것이었다 하더라도 "조종과 두려움"일 뿐이라고 말할 때, 그는 인도인을 제국적인 시각으로 바라본 것이다. 본질적인 인도에 대한 유치한 민족주의 겉치레를 통과할 수 있다는 것이 그의 가설이다. 인도를 지배하게 되었을 때 ―그것은 하미둘라를 비롯한 다른 사람들이 선동한 것이다― 영국인들은 그들 자신의 실수에도 불구하고 인도를 통치하는 것이 더 좋다는 것이 그의 가설이다. "그들"은 아직까지 자치를 할 준비가 되어 있지 않았다.

이러한 견해는 물론 존 스튜어트 밀에게까지 거슬러 올라가며 놀랍게도 불워 리튼Bulwer-Lytton의 견해와 흡사하다. 그는 1878년과 1879년의 인도 총독으로서 다음과 같이 말했다.

> 인도에 대한 우리의 입장에 내재한 근본적인 인종적 자질의 본질적이면서도 극복 불가능한 특징을 무시하려는 이류급 인도 공직자들과 피상적인 영국인 박애주의자들의 통탄스러운 성향에 의해서 이미 굉장한 잘못이 저질러졌다. 따라서 본의 아니게 어느 정도 교육을 받은 토착민은 자존심과 자만심을 충족시키게 되고, 상식과 현실에 대한 총체적인 인식에 대해서 심각한 손해를 끼치게 된다.[31]

또 다른 경우에 그는 "벵갈 저지 지방의 배부돔Baboodom에서는 다행스럽게도 불충不忠에 대한 용기가 없었으며 그러한 불충의 대가는

---

30) Forster, *Passage to India*, pp. 106~7.
31) Anil Seal, *The Emergence of Indian Nationalism : Competition and*

사소한 것이었고, 그곳은 더러웠지만 위험하지는 않다."[32]고 말하였다. 이러한 구절이 인용된 『인도 민족주의의 출현The Emergence of Indian Nationalism』에서 애닐 실Anil Seal은 불워 리튼이 인도 정치에서의 주요 경향, 용의 주도한 한 지역 행정관이 인식했던 경향을 파악하지 못했다는 점에 주목한다. 그 지역 행정관은 다음과 같이 말하였다.

> 20년 전 … 우리들은 지역 국민들과 특별한 종족을 고려해야 했다. 마흐라타족의 원망에는 벵갈족의 원망이 포함되지 않았다. … 이제 … 우리들은 모든 것을 변화시켰으며 우리들 스스로가 개별 지역의 주민과 직면하고 있는 것이 아니라, 우리들 자신이 창조하고 키워 낸 공감과 교류를 통해 통합된 2억 인구와 대면하고 있음을 알기 시작했다.[33]

물론 포스터는 정치 관료나 이론가나 예언자가 아니라 소설가였다. 그러나 그는 기존의 태도와 언급의 구조를 바꾸지 않고서도 그 구조를 정교하게 하기 위해 소설의 기법을 활용하는 방법을 알게 되었다. 이러한 구조는 우리가 몇몇 인도인들 및 일반적으로 인도 전체에 대한 애정은 물론 친밀감까지도 느끼게 했지만 그러나 인도 정치를 영국인이 책임지는 것으로 파악하게 만들었고 문화적으로는 인도 민족주의에 대한 특권을 거부하였다. (그러한 점은 기꺼이 희랍인과 이탈리아인에 대해서도 적용되었다.) 다시 애닐 실은 이렇게 말한다.

> 인도에서처럼 이집트에서도 영국인들에게 불편한 활동은 순수한 민족주의라기보다는 이기주의적인 책동으로 평가되었다. 글래드스톤William Ewart Gladstone 정부는 이집트의 오라비 폭동을 라마르틴느의 작품을 읽었던 지성인들에 의해 선동된 극소수 군

Collaboration in the Later Nineteenth Century (Cambridge : Cambridge University Press, 1971), p. 140에서 인용.
32) 같은 책, p. 141.
33) 같은 책, p. 147.

장교들이 주도한 것으로 파악하였다—그 폭동에 대한 안이한 결론은 이집트 지성인들의 원칙들을 부정하는 데서 글래드스톤 정부 사람들을 정당화하였다. 결국 카이로에는 어떠한 가리발디 군대도 없었다. 그리고 캘커타에도 없었고 봄베이에도 없었다.[34]

저항적 민족주의를 동정적으로 바라보는 한 영국 작가에 의해 그것이 어떻게 재현될 수 있는가의 문제는 포스터가 자신의 작품에서 분명히 하지 않은 문제이다. 그러나 그러한 점은 인도에서의 영국 정책에 대한 개혁적인 반대자 에드워드 톰슨이 『인도로 가는 길』 이후 2년 뒤인 1926년에 출판한 『메달의 이면』에서 상당히 심도 있게 연구되었다. 톰슨의 주제는 잘못된 재현이다. 톰슨에 따르면 인도인들은 전적으로 1857년 "폭동" 기간에 드러난 영국의 잔인성에 대한 경험에 비추어서 영국인들을 파악한다. (그 기간에 영국인들은 통치자의 최악의 오만하고 냉정한 광신으로 인도인들과 인도 문화를 야만적이고 비문명화되고 비인간적인 것으로 파악하였다.) 톰슨은 이 두 가지 잘못된 재현간의 불균형에 주목한다. 즉 하나는 현대 기술과 그 확산의 모든 힘—군대에서부터 『인도의 옥스포드 역사 Oxford History of India』까지—을 지니고 있는 반면, 다른 하나는 억압받는 민족의 소책자와 기동성 있는 반대자들의 감정에 의존하고 있다는 것이다. 톰슨은 여전히 다음과 같은 사실을 우리가 인식해야만 한다고 말한다.

> 증오 —야만적이고 확고한 증오— 가 존재한다는 점은 분명하다. 그러한 점을 빨리 인식하면 할수록 또 그 이유를 더 빨리 파악하면 할수록, 그만큼 더 좋다. 우리의 통치에 대한 불만은 점점 더 보편화되었으며, 우선 그러한 불만이 널리 퍼질 수 있다는 점을 설명하기 위해서는 광범위한 대중적인 회고가 있어야만 한다. 둘째로는 그 같은 급속도의 계기를 한 자리에 수렴하게 할 수 있게 만든 가슴 속 깊이 불타는 증오심이다.[35]

---

34) 같은 책, p. 191.
35) Edward Thompson, *The Other Side of the Medal* (1926 ; rprt. Westport : Greenwood Press, 1974), p. 26.

따라서 그는 우리들이 "인도 역사의 새로운 방향"을 추구해야 하고 우리들이 한 행동에 대해 "속죄"를 표현해야만 하며 또 무엇보다도 인도인들은 "자신들의 자존심을 되돌려 받기를 원한다. 그들을 다시 자유롭게 하고 그들로 하여금 우리와 모든 사람을 정면으로 바라볼 수 있게 하라. 그러면 그들은 자유인으로 행동할 것이고 거짓말을 하지 않을 것"이라는 점을 인식해야만 한다고 말한다.[36]

힘이 넘치고 훌륭한 톰슨의 저서는 두 가지 면에서 상당한 징후를 내보인다. 그는 제국적인 감정을 확고히 하는 데 있어 문화가 중요하다는 것을 인정한다. 그는 역사의 기술이 제국의 확장과 맞물려 있음을 반복해서 말한다. 그의 노력은 제국주의가 피식민지인은 물론 식민주의자에게까지도 문화적 고뇌라는 점을 이해시키고자 한 가장 최초의 설득력 있는 유럽적인 시도였다. 그러나 그는 양쪽이 연루된 사건들에는 양쪽을 초월하는 어떤 하나의 "진리"가 존재한다는 생각에 도달하게 되었다. 인도인들은 자신들이 자유롭지 못하기 때문에 "거짓말"을 하는 반면에, 그는 (톰슨처럼 다른 적대적인 사람들) 자신들이 자유롭기 때문에 또 자신들이 영국인이기 때문에 진리를 알 수 있다고 본다. 포스터와 마찬가지로 톰슨도 —파농이 주장한 바와 같이— 제국은 선의에서 어느 것도 결코 양보할 수 없다는 점을 파악하지 못했다.[37] 제국은 인도인들에게 자유를 줄 수는 없지만, 시간이 지남에 따라 덜 적대적인 것이 아니라 점점 더 적대적이 되는, 지속되어 온 정치적·문화적 때로는 군사적인 투쟁의 결과로써 자유를 내주지 않을 수 없었다. 제국을 장악하는 데 있어 동일한 역동성의 일부인 영국인들도 역시 마찬가지이다. 왜냐하면 영국도 그들의 태도는 패배당할 때 까지는 옹호될 수 있는 것이다.

토착민과 백인 사이에 투쟁은 가시적으로 벌여야만 했다. 1926년에 톰슨은 이미 자신이 "다른 편"에 속해 있음을 알았다. 식민지 벼락 부자에 의해서 번갈아 노래되며 —반응으로— 답변되는 백인 지배자의

---

36) 같은 책, p. 126. Parry's sensitive account of Thompson in *Delusions and Discoveries*, pp. 164~202 도 봐라.

37) Fanon, *Wretched of the Earth*, p. 106.

목소리만이 아니라, 이제 거기에는 투쟁하는 두 가지 측면, 두 개의 국가가 존재한다. 파농은 과장된 구문에서 이러한 점을 "단절과 분쟁과 투쟁의 변화"[38]라고 불렀다. 톰슨은 이러한 점을 포스터보다 더 충분하게 수용하였다. 포스터에게는 토착민을 종속적이고 의존적인 존재로 보는 19세기 소설의 유산이 여전히 강력하게 남아 있다.

프랑스에는 제국을 찬양하기는 했지만 임박하게 된 격동적인 변화를 경고했던 키플링이나 포스터 같은 사람도 없었다. 프랑스는 라울 지라르데가 긍지와 염려 ―식민지에서 이룩한 활동의 긍지와 식민지의 미래에 대한 염려― 의 이중적인 움직임이라고 불렀던 것과 문화적으로 연계되어 있었다.[39] 그러나 공산당이 제3인터내셔널과 연대해서 제국에 대항하는 반식민주의 혁명과 저항을 지지했을 때를 제외하고는, 영국에서처럼 아시아와 아프리카 민족주의에 대한 프랑스의 반응은 별로 주목거리가 되지 못하였다. 지라르데는 『배덕자』 이후에 지드의 중요한 두 작품, 『콩고 여행 Voyage au Congo』(1927)과 『차드의 귀향 Retour du Tchad』(1928)이 사하라 남쪽 아프리카에서의 프랑스 식민주의에 의문을 제기한다는 점을 언급하지만, 그는 지드가 어디에서도 "식민지화 그 자체의 원칙"[40]에 대해서 문제 제기하지 않는다는 점을 날카롭게 덧붙인다.

아! 그 패턴은 언제나 똑같았다. 지드와 토크빌 같은 식민주의 비판가들은 그들에게 그렇게 심각하게 느껴지지 않던 여러 곳에서의 학대와 권력의 남용을 공격하였으며, 그들이 관심을 갖고 있는 프랑스 영토에서의 권력의 남용은 묵인하거나 또는 모든 억압이나 제국주의 패권을 반대하는 총체적인 견해를 제시하는 데 실패하고 침묵을 지킨다.

---

38) Frantz Fanon, *Black Skin, White Masks*, p. 222. Charles Lam Markmann 옮김. (1952 ; rprt. New York : Grove Press, 1967), p .222. Fanon의 초기의 심리학적 스타일에 대한 보충적인 것으로서는 Ashis Nandy, *The Intimate Enemy : Loss and Recovery of Self Under Colonialism* (Delhi : Oxford University Press, 1983)을 보라.

39) Raoul Girardet, *L'Idée coloniale en France, 1871~1962* (Paris : La Table Ronde, 1972), p. 136.

40) 같은 책, p. 148.

1930년대 진지했던 민족학적 문학은 애정을 가지고 정성을 들여 프랑스 제국내에서 토착민 사회를 논의하였다. 모리스 델라포스Maurice Delafosse, 샤를르 앙드레 쥴리엥, 라부레Labouret, 마르셀 그리올 Marcel Griaule, 미셀 라리스Michel Leiris의 작품들은 멀리 있는 자주 애매 모호한 문화에 실질적이고도 세심한 사상을 불어넣었으며, 그렇지 않으면 정치적 제국주의 안에서 부정되었을 존경심을 그러한 문화에 부여하였다.[41]

학문적인 주목과 제국주의 봉쇄의 독특한 혼합의 일부가 말로의 작품 중에서 가장 알려지지 않았고 논의되지 않은 작품인 『왕도』(1930)에서 발견되기도 한다. 말로 자신은 탐험가이자 아마추어 민족학자·고고학자였다. 그의 배경에는 레오 프로베니우스, 『악흑의 핵심』의 콘라드, T. E. 로렌스, 랭보Arthur Rimbaud, 니체 및 내가 확신컨데 지드의 주인공 메날크가 있다. 『왕도』는 "안"으로의 여행, 이 경우에는 프랑스령 인도차이나로의 여행을 의미한다. (말로의 주요 비평가들에 의해서 좀체로 드러나지 않았던 사실 즉 카뮈와 그의 비평가들과 마찬가지로 그들에게 있어서 말할 가치가 있는 유일한 배경은 유럽적인 것이다.) 한편에서는 퍼켄과 클로드(서술자)가, 다른 한편에서는 프랑스 당국이 지배와 약탈을 위해서 경쟁한다. 퍼켄은 캄보디아가 부각되기를 원하고 관료들은 의구심과 혐오감을 지닌 채 그의 탐험을 바라본다. 탐험가들이 붙잡혀서 눈멀고 고문받은 커츠 같은 인물인 그라보를 발견했을 때, 그들은 토착민에게서 그를 넘겨받으려 노력하지만 그의 정신은 이미 파괴되어 버렸다. 퍼켄이 부상을 입고 그 상처받은 다리가 자신을 파멸시키리라는 것을 알게 되었을 때, 그 불굴의 자존심 강한 사람은 (최후의 고통을 받고 있는 커츠처럼) 슬퍼하고 있는 클로

---

41) 같은 책, pp. 159~72. Griaule에 대해서는 그의 경력과 공헌에 대해 훌륭하게 기록하고 있는 책으로서 James Clifford, *The Predicament of Culture : Twentieth Century Ethnography, Literature, and Art* (Cambridge, Mass. : Harvard University Press, 1988), pp. 55~91와 Clifford's account of Leiris, PP. 165~74를 보라. 그러나, 두 사례에서 Clifford는 그의 저자들을 Girardet에게서 분명하게 드러나는 세계 정치적 맥락인 탈식민화와 연결짓고 있지 않다.

드(말로우처럼)에게 도전적인 메세지를 전한다.

> 죽음이란 … 없다 … 다만…·내가 … 있을 뿐이다 … 손가락은
> 다리 위에서 바르르 떨고 … 나는 … 죽어간다.[42]

　인도차이나의 밀림과 부족들은 『왕도』에서 공포와 매혹적인 유혹으로 결합되어 재현되고 있다. 그라보는 모이족에게 붙잡혔다. 퍼켄은 오랫동안 스티앙stieng을 지배하였으며, 헌신적인 인류학자와도 같이 밀려드는 현대화로부터 (식민지 철도의 형태로) 그들을 보호하고자 헛되이 노력하나 실패한다. 그렇지만 소설이 갖고 있는 제국주의적 배경에서 오는 위협과 불안에도 불구하고 정치적인 위협은 거의 암시되어 있지 않으며, 클로드와 퍼켄과 그라보를 삼켜 버리는 우주론적 숙명은 누구나 자신의 의지를 다 투자해 대항해야 하는 보편화된 증오라기보다는 역사적으로 보다 구체적인 그 무엇이다. 그렇다. 토착민의 외계 세계에서는 누구나 작은 협상을 할 수가 있지만 (예를 들면 퍼켄은 모이족과 그렇게 한다) 캄보디아에 대한 전면적인 증오는 감상적으로 동양과 서양을 갈라 놓는 형이상학적인 간격을 암시한다.
　나는 『왕도』에 대해서 상당히 많은 중요성을 부여하였다. 왜냐하면 이 소설은 매우 독특하게 유럽적인 재능을 보이는 작품으로, 제국주의 영토의 정치적 도전에 대응할 서구의 인본주의적 양심의 무능력을 아주 결정적으로 증명해 주고 있기 때문이다. 1920년대의 포스터와 1930년의 말로 모두는 정말 비서구 세계에 익숙해 있었으며, 서구와 대적하는 단순한 민족 자결 —자의식, 의지 또는 취향과 차별 대우라는 충격적인 문제까지도— 보다 좀더 거창한 운명을 잘 알고 있었던 사람들이다. 아마도 소설 형식 그 자체가 이전 세기부터 전해 내려온 태도와 언급의 구조와 더불어 포스터와 말로의 인식을 무디게 한 것인지도 모른다. 만일 우리가 말로와 인도차이나 문화에 대한 유명한 프랑스 전문가 폴 뮈Paul Mus —그의 저서 『베트남 : 전쟁 사회학*Viet-Nam : Socioloie d'une guerre*』은 20년이 지난 후 디엔 비엔 푸의 전야제에 출판

---

42) André Malraux, *La Voie royale* (Paris : Grasset, 1930), p. 268.

되었으며, 에드워드 톰슨이 그랬던 것처럼 그는 프랑스와 인도차이나를 갈라 놓는 심각한 정치적 위기를 파악하였다—를 비교한다면, 그 차이점은 엄청나다. "베트남이 가야할 길"이라는 제목이 붙은 훌륭한 장에서 (아마도 『왕도』를 반향하는 듯한) 뮈는 프랑스의 제도상의 체제와 그것이 불러일으킨 베트남의 신성한 가치에 대한 세속적 폭력에 대해 분명하게 언급하고 있다. 중국인들이 철도, 학교, "세속적 행정"에 있어서 프랑스보다 베트남을 더 잘 이해했다고 그는 말한다. 종교적인 위임 없이, 베트남의 전통 윤리에 대한 아무런 지식도 없이, 심지어 지역적인 토착주의와 감수성에 대한 아무런 주의도 기울이지 않고 프랑스인들은 그저 태만한 정복자였을 뿐이었다.[43]

톰슨처럼 뮈도 유럽인들과 아시아인들이 함께 묶여 있는 것으로 파악하였으며, 톰슨과 같이 그는 식민 제도를 지속시키는 데 반대했다. 소련과 중국의 위협에도 불구하고 그는 베트남의 독립을 주장했지만 베트남의 재건에 있어 프랑스의 우선권을 부여하게 되는 프랑스 베트남 계약을 바랬다. (이것은 그의 저서의 마지막 장인 "무엇을 해야 하나?"의 임무이다.) 이러한 면은 말로의 주장과는 상당히 동떨어진 주장이지만, 비유럽인들을 위한 유럽적인 보호 개념 —계몽된 보호이기는 하지만— 에 있어서의 작은 변형일 뿐이다. 그리고 서구 제국주의와 관련하여 협동이 아니라 적대감을 표현했던 것의 힘을 제3세계의 반체제적인 민족주의를 충분히 인식하지 못하고 있다.

---

43) Paul Mus, *Viet-Nam : Sociologie d'une guerre* (Paris : Seuil, 1952), pp. 134～35. 미국의 베트남과의 전쟁에 대한 Frances FitzGerald의 훌륭한 1972년 저작 *Fire in the Lake*는 폴 뮈를 위해 헌정되었다.

2. 저항 문화의 주제들

　탈식민지화의 핵심인 느리면서 종종 격렬하게 논의되는 지리적 영토의 회복보다 —제국의 경우에서처럼— 문화적 영토의 회복이 선행되는 작업이다. 외부의 침입에 대항해서 실제로 싸우는 "일차적인 저항의" 시기 이후에 베이질 데이빗슨이 언급한 "식민지 체제의 모든 억압에 저항하여 공동 사회에 대한 감각과 의미를 구해 내거나 회복하기 위해 산산히 부서진 공동 사회"[44]를 재구성하려고 노력하는 제2의 시기, 다시 말해 이데올로기적 저항의 시기가 도래한다. 이것은 다시 새롭고 독립적인 말뚝들을 박는 것을 가능하게 한다. 여기에서 중요한 것은 우리가 저항의 지식인들, 시인들, 예언자들, 지도자들, 역사가들에 의해 그들의 개인적인 과거에서 발견된 유토피아적인 지역들 —다시 말해 목가적인 초원지들— 에 관해서만 주로 말하고 있지 않다는 사실을 지적하는 일이다. 데이빗슨은 예를 들어 기독교는 거부하면서 서양식 의상을 입는 초기 단계의 몇몇 사람들이 만든 "다른 세계"가 꾸며낸 약속에 대해 말하고 있다. 그러나 그들 모두는 식민주의의 굴욕에 의해 반응하여 "민족주의의 주요 교훈, 다시 말해 이전에 알려진 어떤 것보다 광범위한 통일성에 대한 이데올로기적인 토대를 찾아내야 할 필요성"[45]을 배우게 된다.

　이러한 토대는 제국주의의 과정들 속에서, 토착민들의 과거에서 억압되었던 것들을 재발견하고 복구하는 데서 찾는다고 나는 믿는다. 이

---

44) Davidson, *Africa in Mordern History*, p. 155.
45) 같은 책, p. 156

렇게 해서 우리는 식민지 상황의 견지에서, 파농이 헤겔의 주인과 노예의 변증법을 다시 읽는 것을 고집하는 것을 이해할 수 있는 것이다. 이러한 식민지 상황 속에서 파농이 설명하는 것은 제국주의의 주인이 "헤겔이 설명하는 주인과는 기본적으로 어떻게 다른가이다. 헤겔에게는 주인과 노예의 상호성이 존재한다. 다시 말해 여기에서는 주인이 노예의 의식을 비웃는다. 주인이 노예로부터 원하는 것은 인정을 받아내는 것이 아니라 노동이다."[46] 인정을 얻는다는 것은 종속을 위해 확보된 제국주의적인 문화 형태들 속에서 자리를 다시 매기고 나서 점령하는 것이다. 다시 말해 지배된 열등한 타자의 종속을 가정했던 의식에 의해 한때 지배되었던 바로 그 같은 영토 위에서 자리 매김을 위해 싸우면서 자의식적으로 그 자리를 차지하는 것이다. 그러므로 재기입再記入이 생겨나는 것이다. 여기에서 생기는 아이러니는, 헤겔의 변증법은 궁극적으로 헤겔의 것이라는 점이다. 왜냐하면『저주받은 사람들』에서 파농이 식민주의자와 피식민지 주민들 사이의 투쟁을 설명하기 위해 마르크스의 변증법을 사용하기 이전에, 이미 마르크스의 주체와 객체의 변증법이 존재했었던 것과 같이 헤겔은 맨 먼저 그곳에 존재했기 때문이다.

저항이 어느 정도 이미 확립되었거나 적어도 제국의 문화에 의해 영향을 받았거나 침식된 형태를 회복하기 위해 노력해야 한다는 것은 저항이라는 비극의 일부분이다. 이것은 내가 겹치는 영토들이라고 부른 것의 또 다른 예이다. 다시 말해 20세기의 아프리카를 놓고 벌인 투쟁은 수세대 동안 유럽으로부터 온 탐험가들에 의해 그려지고 다시 그려진 영토에 관한 예이다. 그리고 이러한 과정은 필립 커튼의 『아프리카의 이미지』[47]에서 기억에 남을 만큼 공들여서 설명되어 있다. 유럽인들이 아프리카를 점령했을 때 그곳은 비어 있는 공간이라고 주장했고 또는 유럽인들이 1884, 85년 베를린 회의에서 아프리카를 분할하려는 음모를 꾸몄을 때, 아프리카를 누워서 떡 먹기식으로 쉽게 이용될

---

46) Fanon, *Black Skin, White Masks*, p. 220.
47) Philip D. Curtin, *The Image of Africa : British Ideas and Action, 1780 ~1850*, 2 vols. (Madlison : University of Wisconsin Press, 1964).

수 있는 곳으로 생각한 것과 똑같이, 탈식민화하고 있는 아프리카인들은 그 제국주의적 과거가 사라진 하나의 새로운 아프리카를 상상하는 것이 필요하다는 사실을 알게 되었다.

투사들과 이데올로기적 심상들에 대한 이러한 싸움의 특별한 예로 많은 유럽 문학과 특히 비유럽 세계에 관한 문학에 나타나는 소위 탐색 모티브와 여행 모티브를 들어보라. 후기 르네상스 시대의 모든 위대한 탐험가들의 내러티브들과 (다니엘 디퍼트Daniel Defert가 적절하게 그것들을 세계의 집합이라고 불렀다)[48] 콘라드의 콩고 강을 따라 올라가는 여행은 말할 것도 없고, 19세기의 탐험가들과 종족학자들의 내러티브에는 통제와 권위의 모티브가 "단절되지 않고 소리나고" 있는 지드와 카뮈[49]를 지적하면서 메리 루이즈 프랫Mary Louise Pratt이 불렀던 것과 같이 남쪽으로의 여행에 관한 진부한 주제가 들어 있다. 그러한 끈질긴 어조를 보고 듣기 시작하는 토착민들에게는 그것은 "위기의 어조, 추방 —마음으로부터의 추방, 고향으로부터의 추방— 의 어조"를 나타내고 있다. 이것이 『율리시즈』[50]의 도서관 일화에서 스티븐 디덜러스가 그 주제를 기억에 남게 진술하는 방식이다. 탈식민지화하는 토착 작가 —영국에 의해 식민지화된 아일랜드 작가인 제임스 조이스와 같이— 자신이 제국주의 문화에서 새로운 문화로 넘어가는 같은 비유를 통해서 추방되었고, 채택하였고, 다시 사용하였고, 경험하였던 탐색・여행 모티브를 다시 경험하는 것이다.

제임스 응구기(후에 응구기 와 씨옹고로 이름을 바꾼)의 『강 사이 The River Between』는 바로 첫 페이지에서부터 콘라드의 강 속으로 생명을 유도함으로써 『암흑의 핵심』을 다시 쓰고 있다. "그 강은 호니아라고 불렀다. 그것은 치료나 생명의 환원을 의미하였다. 호니아 강은

---

48) Daniel Defert, "The Collection of the World : Accounts of Voyages from the Sixteenth to the Eighteenth Centuries," *Dialectical Anthropology* 7 (1982), 11~20.
49) Pratt, "Mapping Ideology," 그녀의 훌륭한 *Imperial Eyes : Travel Writing and Transcluturation* (New York and London : Routledge, 1992)도 보라.
50) James Joyce, *Ulysses* (1922 ; rprt. New York : Vintage, 1966), p. 212.

결코 마르지 않았다. 이 강은 가뭄과 날씨 변화를 조롱하며 삶에 대한 강력한 의지를 가지고 있는 것 같았다. 그리고 아주 똑같은 방식으로 그 강은 결코 서두르지 않고 결코 머뭇거리지 않고 계속 흘러갔다. 사람들은 이 강을 보고 행복했다."[51] 강의 탐험과 신비스러운 배경에 대한 콘라드의 심상들은 우리들이 읽을 때 인식하는 것과 결코 다르지 않다. 그러나 그런 것들은 아주 다르게 다루어지고, 신중하게 과장되지 않고 자의식적으로 비관용적이며 엄격한 언어로 다르게 ―신경에 거슬릴 정도로― 경험되고 있다. 마을과 제방과 사람들을 서로 분리시키는 데서 백인의 영향력을 느낄 수 있지만, 응구기의 소설에서 백인의 중요성은 약화된다. 왜냐하면 백인은 상징적으로 리빙스턴이라고 불리는 유일한 선교사로 축소되어 버리기 때문이다. 와이야키의 생활을 약탈해 버리는 갈등 속에서, 응구기는 ―소설이 끝난 후에도 지속되고 또 소설이 포함하려고 아무런 노력도 하지 않는― 미해결된 긴장을 강력하게 전달한다. 『암흑의 핵심』에는 억압되어 있는 새로운 패턴이 드러나고, 그것에서 응구기는 새로운 신화를 창조하며, 이러한 신화의 빈약한 과정과 궁극적인 모호성은 아프리카다운 아프리카로의 복귀를 암시한다.

그리고 타옙 살리의 『북쪽으로의 이동 계절』에서 콘라드의 강은 이제 나일 강이며, 나일 강물은 그 지역 사람들을 활력 있게 만들고 있으며 콘라드의 1인칭 영국적 내러티브 양식과 유럽적인 주인공들이 어떤 의미에서는 다르게 나타난다. 첫째는 아랍어의 사용을 통해, 둘째는 살리의 소설은 한 수단 사람이 유럽으로 가는 북쪽으로의 여행을 다루고 있다는 점에서, 셋째는 서술자가 수단의 마을에서 말하고 있기 때문에 바뀐다. 따라서 암흑의 핵심으로의 여행은 수단의 시골 지방에서 신성화된 도피로 바뀌지만, 여전히 식민지 유산으로 더불어 괴로움을 당하고 유럽의 중심부로 바뀐다. 여기에서 커츠의 거울 이미지를 가진 모스타파 사이드는 자신에 대하여, 유럽 여성에 대하여, 서술자의 이해에 대하여 의식적인 폭력을 행한다. 사이드가 자신의 고향으로 돌아와서 자살하는 것으로 도피를 끝맺는다. 살리의 콘라드에 대한 모방

---

51) James Ngugi, *The River Between* (London : Heinemann, 1965), P. 1.

적 반전은 너무나 계획적이기 때문에 커츠의 두개골이 매달린 울타리까지도 사이드의 비밀 서재에 쌓여 있는 유럽 서적의 목록 속에 반복되고 왜곡되어 있다. 북쪽에서 남쪽으로, 남쪽에서 북쪽으로의 개입과 횡단은 콘라드가 그린 왔다갔다하는 식민지 경로를 확장하고 또 복잡하게 만든다. 그 결과는 가공적인 영역에 대한 단순한 반환 요구뿐만 아니라 콘라드의 위엄 있는 산문이 뒤덮고 있는 모순과 거기에서 비롯되는 몇 가지 상상적인 결과를 분명하게 표현하는 것이다.

여기에서와 같이 거기에서도 더 좋은 것도 없고 더 나쁜 것도 없다. 그러나 우리 집 뜰에 서 있는 대추야자나무가 다른 어떤 사람의 집이 아닌 바로 우리 집에서 자라는 것처럼 나는 여기에 존재한다. 나는 그 이유를 모르지만 그들이 우리들의 땅에 왔다는 사실, 그것은 우리들이 우리들의 현재와 우리들의 미래를 오염시켜야만 한다는 것을 의미하는가? 역사를 통해서 볼 때, 많은 사람들이 많은 나라에서 떠나갔던 것과 똑같이, 조만간 그들은 우리 나라를 떠날 것이다. 철도, 선박, 병원, 공장, 학교는 우리들의 것이 될 것이고, 우리들은 죄의식이나 감사하는 마음도 없이 그들의 언어를 말할 것이다. 다시 한번 우리들은 과거의 우리들 ─보통 사람들─ 과 같이 될 것이고, 그리고 만일 우리들이 거짓말을 한다면 우리들은 우리들 자신이 만든 거짓말이 될 것이다.[52]

그러므로 제3세계의 탈제국주의 작가들은 자신들의 가슴 속에 자신들의 과거를 간직하고 있다. 그 과거는 굴욕적인 상처의 자국으로서, 다른 관습에 대한 선동으로서, 탈식민지 미래를 향해 가는 잠재적으로 재수정된 과거의 비전으로서, 긴급하게 재해석될 수 있고 재배치될 수 있는 경험 ─여기에서 그 전에는 침묵을 지키던 토착민들이 총체적인 저항 운동의 일부분으로서, 식민주의자에게서 반환된 영토 위에서 말하고 행동한다─ 으로 나타난다.

---

52) Tayeb Salih, *Season of Migration to the North*, Denys Johnson-Davies 옮김. (London : Heinemann, 1970). pp. 49~50

저항의 문화에는 또 다른 모티브가 나타난다. 셰익스피어의 『폭풍우 The Tempest』에 대해서 수많은 현대 라틴 아메리카와 카리브 해의 작가들의 해석 안에서 어떤 지역에 대해, 회복되고 활기 찬 권위를 주장하고 있는 놀라운 문화적 노력을 생각해 보자. 이러한 우화는 신세계에 대한 상상력을 지키는 여러 가지 우화 중의 하나이다. 다른 이야기들은 콜룸부스Christopher Columbus, 로빈슨 크루소, 존 스미스John Smith, 포카혼타스Pocahontas의 모험과 발견의 이야기들이며, 인클Inkle과 야리코Yariko의 모험담이다. (피터 흄의 훌륭한 연구서인 『식민지 조우』는 상세하게 이 모두를 요약하고 있다.)[53] "최초 인물들"에 대해서 무엇이든 단순하게 말하는 것이 지금은 실제로 불가능하다는 것이 이러한 그들의 문제가 얼마나 논쟁적이었는가에 대한 척도이다. 이러한 재해석의 열정을 다만 단순한 마음이나 원한을 품거나 또는 공격적인 것으로 부르는 것은 잘못이라고 나는 생각한다. 서구에서는 전적으로 새로운 방법으로 비유럽계 예술가들과 학자들의 개입을 간과할 수 없고 침묵시킬 수 없으며, 이러한 개입은 정치 운동의 필수적인 일부분일 뿐만 아니라 여러 가지 방법으로 그 운동이 성공적으로 인도하는 상상력, 다시 말해 백인과 비백인에게 공통적인 영역을 다시 보고 다시 생각하는 지성적이고 비유럽적인 활력이기도 하다. 토착민들이 그러한 영역에 대한 주장을 하고자 하는 것은 수많은 서구인들에게는 참을 수 없는 뻔뻔스러운 주장이다. 왜냐하면 토착민들이 실제로 그들의 영역을 다시 소우한다는 것을 생각하는 것은 불가능하기 때문이다.

에메 세제르의 카리브적인 『폭풍우Une Tempête』의 핵심은 원한이 아니라 카리브인을 대표할 수 있는 권리를 위한 셰익스피어와의 다정한 논쟁이다. 논쟁하려는 이러한 충동은 이전에는 의존적이었고 파생적이었던 것과는 다른 종합적인 정체성의 토대를 발견하려는 커다란 노력의 일부분이다. 조지 래밍George Lamming에 의하면 캘리번(셰익스피어의 『폭풍우』에 등장하는 추악한 짐승 같은 사내 - 역주)은 "배제된 인물

---

53) Peter Hulme, *Colonial Encounters : Europe and the Native Caribbean, 1492 ~ 1797* (London : Methuen, 1986)을 보라.

즉 영원히 가능성이 부족한 인물이다. … 그는 하나의 기회로 다른 사람 자신의 발전의 목적을 위해 전용될 수 있고 착취될 수 있는 존재의 상태로 보여진다."54) 그렇다면 캘리번은 그 자신의 노력의 결과로서 그 자체로서 인식될 수 있는 어떤 역사를 가지고 있는 것으로 제시되어야만 한다. 래밍에 따르면 우리들은 "언어를 새롭게" 부여함으로써 "프로스페로(셰익스피어의 『폭풍우』의 주인공 - 역주)의 신화를 깨뜨려"야만 한다. 그러나 이러한 파괴는 "우리가 언어를 인간적인 열망의 산물로써 제시할 때까지, 아직도 언어가 없고 모습이 흉하게 된 노예의 불행한 자손으로 간주되는 사람들이 수행하는 모험 활동의 모든 결과를 활용할 때까지"55)는 이루어지지 않는다.

  래밍의 요점은 정체성이 중요하기는 하지만 다른 정체성을 주장하는 것만으로는 결코 충분하지 않다는 것이다. 중요한 점은 캘리번이 유럽인들만이 그렇게 할 자격이 있는 작업과 성장과 원숙 과정의 일부분으로서 역사를 가지고 있다는 것을 파악할 수 있게 되는 것이다. 따라서 『폭풍우』에 대한 미국적인 새로운 재기술再記述 각각은, 정치적이고 문화적인 역사의 드러나는 압력에 의해서 고무되었고 팽창되었던 오래 된 거대한 이야기에 대한 지방적인 해석이다. 쿠바의 비평가 로베르토 페르난데스 레타마르Roberto Fernández Retamar는, 현대의 라틴 아메리카인들과 카리브인들에게 있어서 낯설고 예측 불가능한 속성의 혼합을 지닌 혼혈성의 주요 상징은, 캘리번 자신이지 에리얼(공기의 요정으로 프로스페로의 하인 - 역주)이 아니라는 중요한 점을 지적하였다. 이러한 점은 크리올 사람들이나 새로운 미국의 복합물인 메스티조에게는 더욱더 사실이다.56)

---

54) George Lamming, *The Pleasures of Exile* (London : Allison & Busby, 1984), p. 107.

55) 같은 책, p. 119.

56) Roberto Fernández Retamar, *Caliban and Other Essays*, Edward Baker 옮김. (Minneapolis : University of Minnesota Press, 1989), p. 14. Thomas Cartelli, "Prospero in Africa : *The Tempest* as Colonialist Text and Pretext," in *Shakespeare Reproduced : The Text in History and Ideology*, eds. Jean E. Howard and Marion F. O'Connor (London : Methuen, 1987), pp. 99~115.

에리얼보다는 캘리번을 택한 레타마르의 선택은 탈식민지화하려는 문화적 노력 즉 독립 민족 국가의 정치적 수립 이후에도 오랫동안 지속되는 공동체의 복구와 문화의 재소유에 대한 노력의 중심부에서 아주 중요한 이데올로기적인 논쟁을 보여 준다. 내가 여기에서 언급한 바와 같이 저항과 탈식민지화는 성공적인 민족주의가 멈추게 된 훨씬 이후에도 지속되었다. 이러한 논쟁은 응구기의 『마음의 탈식민지화 Decolonising the Mind』에 의해 상징화되었다. 이 책은 그가 아프리카 언어와 문학을 좀더 깊이 연구함으로써 더 많은 해방의 대의 명분을 촉진시키려는 노력뿐 아니라 영어와의 결별을 기록하고 있다.[57] 이와 똑같은 노력은 바바라 할로우Barbara Harlow의 중요한 저서 『저항 문학 Resistance Literature』에서도 구체화되어 있다. 이 책에서 저자의 목적은 "바로 그 사회적이고 정치적인 조직과 ―그 안에 이론이 자리 잡고 있고 조직에 대해서 이론이 반응을 보이는― 적대적인 위치에 있는 지정학적 지역의 문학적 산물"[58]의 자리 매김을 부여하기 위해 최근의 문학 이론의 도구들을 사용하는 것이다.

이 논쟁의 기본 형태는 에리얼, 캘리번 선택으로부터 우리가 이끌어 낼 수 있는 일련의 대안으로까지 즉각적으로 아주 훌륭하게 전환된다. 이 에리얼, 캘리번 선택의 역사는 라틴 아메리카에서 특별하고 유별난 것이지만 다른 지역에서도 유용한 것이다. 라틴 아메리카의 논쟁 ―이에 대해서 레타마르는 최근의 잘 알려진 기고자이며, 다른 사람들로는 호세 엔리크 로도José Enrique Rodó와 호세 마르티José Martí가 있다― 은 사실상 '제국주의에서 독립하고자 하는 문화는 그 자체의 과거를 어떻게 상상하는가?'라는 질문에 대한 반응이다. 한 가지 선택은 에리얼이 하는 것처럼, 다시 말해 자발적으로 프로스페로의 종이 되는 것이다. 에리얼은 그가 정중하게 시킨 일을 행한다. 그리고 그가 자신의

---

57) Ngugi Wa Thiongo, *Decolonising the Mind : The Politics of Language in African Literature* (London : James Curry, 1986).

58) Barbara Harlow, *Resistance Literature* (New York : Methuen, 1987), p. xvi. Chinweizu, *The West and the Rest of Us : White Predators, Black Slaves and the African Elite* (New York : Random House, 1975)는 이와 관련된 선구적 저작이다.

자유를 얻었을 때, 그는 자신의 토착적인 요소 즉 프로스페로와의 협력에서 아무런 동요가 되지 않는 일종의 부르주아 토착민으로 되돌아온다. 두 번째 선택은 그 자신의 혼혈적인 과거를 인식하고 수용하지만, 미래의 발전에 대해서는 장애를 받지 않는 캘리번처럼 행동하는 것이다. 세 번째 선택은 자신의 본질적인 식민지 이전의 자아를 발견하는 과정에서 자신의 현재의 예속 상태와 신체적인 결함을 떨쳐 버리는 캘리번과 같은 사람이 되는 것이다. 이러한 캘리번은 '흑인성', 이슬람의 근본주의 아랍주의 등의 개념을 창출했던 토착적이며 급진적인 민족주의의 배후에 존재한다.

위에서 말한 두 명의 캘리번은 서로 보충하고 요구한다. 유럽, 호주, 아프리카, 아시아, 남북미에서 예속된 모든 공동 사회는 프로스페로처럼 어떤 외부의 주인에 대해 견디기 힘들 만큼 노력하고 억압받는 캘리번의 역할을 하였다. 피지배 민족의 일원으로 자기 자신을 인식하는 것은 반제국주의 민족주의의 기초적인 통찰력이다. 이러한 통찰력으로부터 문학, 수많은 정당, 소수 민족과 여성 권리에 대한 다른 많은 투쟁과 새로운 독립 국가들이 생겨났다. 그렇지만 파농이 정확하게 관찰한 바와 같이 민족주의 의식은 아주 쉽게 단호한 경직성으로 유포될 수도 있다. 백인 직원과 관료들을 단지 그에 상응하는 유색인으로 대체하는 것은, 민족주의 공무원들이 이전의 통치를 반복하지 않는다는 보장이 될 수 없다고 파농은 말한다. 국수주의와 외국인 공포증("아프리카인을 위한 아프리카")의 위험은 아주 현실적이다. 캘리번이 그 자신의 역사를 모든 예속된 남자들과 여자들의 역사의 한 양상으로 파악하고, 또 그 자신의 사회적·역사적 상황에 대한 복잡한 진실을 이해할 때가 최고의 상황이다.

우리들은 최초의 통찰력 —민족들은 자신의 영토 안에 감금되어 있는 포로들로 스스로를 의식하고 있다— 의 파괴적인 중요성을 극소화해서는 안 된다. 왜냐하면 그러한 통찰력은 제국주의화된 세계의 문학에서 계속 반복해서 되돌아오기 때문이다. 인도에서 그리고 독일령, 프랑스령, 벨기에령, 영국령 아프리카에서 아이티, 마다가스카르, 북아프리카, 미얀마, 필리핀, 이집트와 다른 곳에서의 —19세기 대부분을 통해 일어난 소요에 의해 강조된— 제국의 역사는 문화적인 노력에서 반제국적 저항의 토대가 되는 공동 사회에 대한 열정으로 둘러싸인 감금의 의미를 인식하지 않는다면 모순으로 가득 차게 될 것이다. 에메 세제르는 다음과 같이 노래한다.

> 그것 또한 나에 대한 것이네.
> 쥐라Jura 안의 작은 방,
> 작은 방, 눈 하얀 이중 창살.
> 눈은 감옥 앞에서 지키는
> 하얀 간수.
> 그것은 나에 대한 것이네.
> 그것은 흰빛 속에 감금된 유일한
> 사람이네.
> 그것은 하얀 죽음의 발작을 하는
> 유일한 사람이네.
> (만성절萬聖節, 절정의 만성절)[59]

아주 흔히 민족 자체의 개념은 감옥에 대해 그 존재 이유를 부여한다. 그리고 민족은 저항의 문화 어디에서나 등장한다. 타고르Rabindranath Tagore는 1917년에 출판된 '민족주의'라고 불리는 그의 위대한 강연에서 민족에 관해 말하고 있다. 타고르에게 있어 "국가"는 그것이 영국적이든, 중국적이든, 인도적이든, 일본적이든간에 적합성을 만들어 내는 힘을 담는 빈틈 없고 가차없는 저장소이다. 인도의 대답은 경쟁적인 민족주의를 제공하는 것이 아니라 민족의 의식에서 생성된 분할에 대한 창조적인 해결을 제공하는 것이어야만 한다고 그는 말했다.[60]

이와 유사한 통찰력은 두 보이스W. E. B .Bois의 『흑인들의 영혼The Souls of Black Folk』의 핵심부에 자리 잡고 있다. "문제가 된다는 것은

---

59) Aimé Césaire, *The Collected Poetry*, Clayton Eshleman and Annette Smith 편역. (Berkely : University of California Press, 1983), p. 46.
60) Rabindranath Tagore, *Nationalism* (New York : Macmillan, 1917), p. 19 등.

어떻게 느껴질까? … 신은 왜 나를 나 자신의 집에서 추방자이고 이방인으로 만들었는가"[61] 그러나 타고르와 두 보이스는 모두 다 백인 문화나 서구 문화에 대한 대대적이고 무차별적인 공격을 반대한다. 비난 받아야 할 것은 서구 문화가 아니라 "동양을 비판하는 백인의 짐을 스스로 짊어진, 국가의 분별력 있는 옹졸함"[62]이라고 타고르는 말하고 있다.

탈식민지화하는 문화적 저항에는 분석적인 목적을 위해서 분리되기도 하지만 모두 다 관계가 있는 세 가지 커다란 주제가 등장한다. 그 하나는 물론 공동 사회의 역사를 전체적으로 일관성 있게 종합적으로 보는 권리에 대한 주장이다. 감금된 국가를 그 자체로 복원하라. 베네딕트 앤더슨은 이러한 점을 유럽에서의 "언어에 대해서 새로운 불변성을 부여하였으며, 라틴어보다는 못하고 구어체 모국어보다는 나은 교환과 의사 소통이라는 통합된 분야를 창조한"[63] "인쇄 자본주의"에 관련 짓는다. 민족어의 개념은 중심적이기는 하지만 민족 문화에 대한 실천이 —선전 구호에서부터 소책자와 신문까지, 민담과 영웅에서부터 서사시, 소설, 희극에 이르기까지— 없으면 언어는 무기력하다. 아프리카의 저항 이야기에서의 초기의 실패가 다시 시작되었을 때처럼 ("그들은 1903년 우리들의 무기를 빼앗았다. 이제는 우리들이 빼앗긴 무기를 되돌려 받고 있다.") 민족 문화는 공동의 기억을 조작하고 지탱한다. 그것은 삶, 영웅, 여걸에 대한 복원된 방식을 활용함으로써 풍경을 되살려 내고 또 이용한다. 그것은 —주요 민족적 독립 정당의 중추를 형성하는— 저항과 긍지의 표현과 정서를 형성한다. 지역적인 노예의 내러티브, 정신적인 자서전과 수감 회고록은 서구 열강들의 기념비적 역사, 공식적인 담론 및 총괄적인 유사 학문적 관점에 대한 대칭면을 형성한다. 예를 들어 이집트에서 지르기 제이단Girgi Zaydan의 역사

---

61) W. E. B. Du Bois, *The Souls of Black Folk* (1903 ; rprt. New York : New American Library, 1969), pp. 44~45.
62) Tagore, *Nationalism*, p. 62.
63) Benedict Anderson, *Imagined Communities : Reflections on the Origin and Spread of Nationalism* (London : New Left, 1983), p. 47.

소설은 처음으로 특별하게 아랍적인 내러티브를 지녀 왔다. (1세기 전에 오히려 월터 스코트가 했던 방법으로.) 앤더슨에 따르면 스페인계 미국에서 크리올 공동 사회는 "이들 (혼혈) 주민을 동료 국민이라고 의식적으로 재정의하는 크리올 사람들을 만들어 냈다."[64] 앤더슨과 한나 아렌트는 모두 "본질적으로 상상된 토대 위에서 결속을 성취하기 위한 광범위한 세계 운동에 주목한다.[65]

둘째는 저항이 제국주의에 대한 단순한 반동이 결코 아니고 인간의 역사를 생성하는 대안으로서의 방법이라는 생각이다. 이러한 대안적인 재개념이 그 바탕을 얼마나 많이 문화 사이의 장벽 파괴에 두고 있는가 하는 점을 파악하는 것은 특히 더 중요하다. 하나의 환상적인 책 제목이 지니고 있는 바와 같이, 확실히 대도시 문화에 저항하는 글쓰기, 동양과 아프리카에 대한 유럽적인 내러티브를 방해하기, 그러한 것들을 좀더 흥미있거나 좀더 강력한 새로운 서술체로 대체하기는 그 과정에서의 중요한 요소이다.[66] 살만 루시디의 소설 『자정의 아이들 Midnight's Children』은 작용하는 모든 변칙과 모순을 작동시키면서, 독립 자체에 대한 해방적 상상력에 토대를 둔 뛰어난 작품이다. 유럽과 서구의 담론에 개입하고, 그것과 혼합하며 그것을 변형시키고, 주변부화되었거나 억압되었거나 망각되었던 역사를 알게 하려는 노력은, 루시디의 작품과 저항 문학 초기 세대에서는 특별히 흥미를 끈다. 이러한 유형의 작업은 변두리 세계에서 수십 명의 학자, 비평가, 지성인에 의해서 수행되었다. 나는 이러한 노력을 '안으로의 여행'이라고 부른다.

셋째는 인간의 공동 사회와 해방에 대한 좀더 통합적인 견해를 향해서 분리주의적 민족주의로부터 괄목할 만하게 멀어지는 것이다. 나는 이러한 점을 아주 분명하게 하고 싶다. 탈식민지화 기간 동안에 제

---

64) 같은 책, p. 52.
65) 같은 책, p. 74.
66) Bill Ashcroft, Gareth Griffiths, and Helen Tiflin, *The Empire Writes Back : Theory and Practice in Post-Colonial Literatures* (London and New York : Routledge, 1989).

국주의적 세계를 통해서 항거와 저항과 독립 운동이 하나 또는 다른 민족주의에 의해서 점화되었다는 점을 아무도 상기할 필요는 없다. 오늘날 제3세계 민족주의에 대한 논쟁은 관심이 증대되고 있다. 그것은 적어도 서구에서의 수많은 학자들과 관찰자들에게 민족주의의 이러한 재출현이 몇 가지 시대 착오적인 태도를 부활시켰기 때문은 결코 아니다. 예를 들면 엘리에 케두리에Elie Kedourie는 비서구적인 민족주의를 본질적으로 경멸적인 것으로, 문화적이고 사회적인, 드러난 열등감에 대한 부정적인 반동으로, 좋은 것을 거의 가져오지 못한 "서구적인" 정치 행위에 대한 모방으로 생각한다. 에릭 홉스바움과 어네스트 겔너Ernest Gellner 같은 다른 사람들은 민족주의를 정치적인 행동 형태 즉 현대 경제와 전자 통신 수단과 초강대국 군사 행동이라는 새로운 초국가적 현실에 의해서 서서히 대치되는 하나의 정치적인 행동 형태라고 생각한다.[67] 나는 이 모든 견해 중에는 민족적 독립을 요구하는 비서구 사회와의 분명한 (그리고 내 견해로는 무역사적인) 불화 — 그들의 정서로는 "외래적"이라고 믿게 되는— 가 있다고 믿는다. 따라서 아랍인이나 줄루족이나 인도네시아인이나 아일랜드인이나 자메이카인에게 어울리지 않고 그들에 의해서 남용될 수도 있는 민족주의 철학이 서구에서 유래되었다는 점을 반복해서 주장하게 되는 것이다.

나는 이러한 점이, 그 이전의 피지배 민족들이 좀더 발전되고 따라서 좀더 가치 있는 독일인들이나 이탈리아인들과 똑같은 유형의 민족주의를 부여받을 자격이 있다는 명제에 대한 광범위하게 문화적인 적대감(좌익에서는 물론 우익까지도)을 보이는, 새로 독립한 민족들에 대한 비판이라고 생각한다. 우선권에 대한 혼란스럽고 제한적인 개념은 어떤 사상의 원래의 제창자들만이 그 우선권을 이해할 수 있고 사용할 수 있도록 허용해 준다. 그러나 모든 문화의 역사는 문화적 차용의 역사이다. 문화는 침투될 수 없는 것은 아니다. 서구 과학이 아랍인들에서 빌려 온 것과 같이 아랍인들은 인도와 그리스에서 차용하였다.

---

67) Eric Hobsbawm, *Nations and Nationalism Since 1780 : Programme, Myth, Reality* (Cambridge : Cambridge University Press, 1990) ; Ernest Gellner, *Nations and Nationalism* (Ithaca : Cornell University Press, 1983).

문화는 결코 소유의 문제도 아니고, 절대적인 채무자와 채권자가 있는 빌리고 빌려 주는 문제도 아니며 오히려 상이한 문화들 사이의 모든 유형의 전용, 공동 경험, 상호 의존의 문제이다. 이것은 보편적인 규범이다. 타자를 지배하는 것이 영국과 프랑스 국가의 거대한 부에 얼마나 많이 기여했는가를 누가 벌써 결정했는가?

비서구적 민족주의에 대한 좀더 흥미로운 비판은 인도의 학자이자 이론가인 파르타 차테르지Partha Chatterjee(『하위 연구』 그룹의 회원)에게서 나온다. 그는 인도에서의 많은 민족주의 사상이 전적으로 그것에 반대하든가 아니면 애국심을 확인하든간에 식민지 세력의 현실에 의존하고 있다고 말한다. 이러한 점은 "민족 문화의 급진적 재생에 대한 비전에 뿌리를 두고 있는 지식인들의 엘리트주의를 불가피하게 가져온다."[68] 그러한 상황에서 국가를 복원하는 것은 기본적으로 정치 현실에 의해서 차단되는 낭만적으로 유토피아적인 이상을 꿈꾸는 것이다. 차테르지에 따르면 민족주의에 있어서 획기적인 이정표는 전적으로 현대 문명에 대한 간디의 반대 속에 등장했다. 러스킨과 톨스토이와 같은 반현대적인 사상가들에게 영향을 받았기 때문에, 간디는 인식론적으로 후기 계몽주의 사상의 주제에서 벗어나 있다.[69] 네루는 현대성으로부터 간디에 의해 해방된 인도라는 국가를 이어받아, 전적으로 국가라는 개념을 부여하는 것을 이룩했다. "구체적인 세계, 차이의 세계, 갈등의 세계, 계급간의 갈등의 세계, 역사와 정치의 세계는 이제 국가의 생활 속에서 그 통일성을 찾는다."[70]

차테르지는 성공적인 반제국주의적 민족주의는 회피와 도피의 역사를 지니고 있다는 것과 민족주의는 경제적인 불균형, 사회적인 불평등, 민족주의 엘리트에 의해서 새롭게 독립한 국가의 장악을 취급하지 않기 때문에 모든 해결책이 된다는 것을 보여 준다. 그러나 그는 국가주

---

68) Partha Chatterjee, *Nationalist Thought and the Colonial World : A Derivative Discourse?* (London : Zed, 1986), p. 79. 에서 Rajat K. Ray, "Three Interpretations of Indian Nationalism," *Essays in Modern India*, ed. B. Q. Nanda (Delhi : Oxford University Press, 1980), pp. 1~41도 보라.
69) Chatterjee, *Nationalist Thought*, p. 100.
70) 같은 책, p. 161.

의에 대한 문화의 기여가 종종 분리주의적이며 심지어 국수주의적이며 권위적인 민족주의 개념의 결과라는 점을 충분히 강조하지 않는다고 나는 생각한다. 그러나 또한 민족주의의 중론 내부에는 지속적인 지성적 경향이 있다. 그러한 중론은 진실로 비판적이며 문화와 민족과 사회 사이에서 공동 사회에 대한 좀더 크고 좀더 관대한 인간적인 현실을 찬성하는 분리주의적이고 승리주의적인 구호가 지니고 있는 한 순간의 유혹을 거부한다. 이러한 공동 사회가 바로 제국주의에 대한 저항이 예견했던 진정한 인간 해방인 것이다. 베이질 데이빗슨도 자신의 권위 있는 저작 『현대 역사 안에서의 아프리카 : 새로운 사회의 탐색 *Africa in Modern History : The Search for a New Society*』에서 대체로 이와 똑같은 주장을 펴고 있다.[71]

나는 단순한 반민족주의 입장을 고수함으로써 오해받고 싶지 않다. 민족주의 —공동 사회의 회복, 정체성의 주장, 새로운 문화 실천의 출현— 가 가동성이 부여된 정체 세력으로서 비유럽 세계 도처에서의 서구 지배에 대한 투쟁을 선동하였고, 그 투쟁을 촉진시켰다는 것은 역사적인 사실이다. 이러한 사실에 반대하는 것은 뉴튼의 중력의 발견에 반대하는 것과 같은 쓸모없는 짓이다. 필리핀이든, 아프리카 영토의 그 어떤 국가 영역이든, 인도 대륙이든, 아랍 세계이든, 카리브 연안과 많은 라틴 아메리카 지역이든, 중국이나 일본이든간에 토착민들은 종족이나 종교, 공동체적인 정체감, 서구의 침입에 더욱 반대했던 정체감에 토대를 둔 독립과 민족주의 집단으로 결합하였다. 이러한 일은 처음부터 일어났다. 그것은 20세기에는 전세계적인 현실이 되었다. 왜냐하면 그것은 서구의 침략 —그것 역시 예외적으로 광범위하게 퍼졌었던— 에 대해서 너무나 광범위하게 퍼진 반응이었기 때문이다. 몇 가지 예외적인 경우가 있지만 사람들은 자신들이 주로 비서구인이었다

---

71) Davidson, *Africa in Modern History*, 특히 p. 204. *General History of Africa*, ed. A. Adu Boaher, Vol. 7, *Africa Under Colonial Dominaiton, 1880 ~1935* (Berkeley, Paris, and London : University California Press, UNESCO, James Currey, 1990), 와 *The Colonial Moment in Africa : Essays on the Movement of Minds and Materials, 1900 ~1940*, ed. Andrew Roberts (Cambridge : Cambridge University Press, 1990)도 보라.

는 사실 때문에 부당한 대우를 받았다는 데 대한 저항을 주창하기 위해 단합하였다. 수많은 민족주의에 대한 역사가들이 제시했던 바와 같이 이러한 집단들은 때로는 철저하게 배타주의적이었다는 점은 확실하다. 그러나 우리들은 또한 민족주의적 저항내에서 일단 독립이 성취되고 나면, 낡은 정통성과 불의를 척결하기 위해 사회와 문화에 대한 새롭고도 상상적인 개념의 재정립이 요구된다는, 지성적이고 문화적인 주장에 초점을 맞추어야만 한다.

이런 점에서 여성 운동은 핵심적이다. 왜냐하면 최초의 저항이 진행됨에 따라서 충분하게 자립한 민족주의 정당들을 따라 축첩 제도, 일부 다처제, 전족, 순사殉死, 여성의 사실상의 노예화와 같은 불공평한 남성들의 관행이 여성 저항의 초점이 되기 때문이다. 이집트, 터키, 인도네시아, 중국, 실론에서 20세기 초의 여성 해방을 위한 투쟁은 민족주의 선동과 유기적으로 관련되어 있다. 매리 월스톤크래프트Mary Wollstonecraft의 영향을 받은 19세기 초의 민족주의자인 라자 라무한 로이Raja Ramuhan Roy는 식민지화된 세계의 공통적인 양상인 인도 여성의 권리를 위한 초기 운동을 시작하였다. 식민지 세계에서는 불평등에 대한 최초의 지성적인 저항은 억압받는 모든 계층에 대한 권력의 남용에 대한 인식이 포함되었다. 그 이후에 여성 작가들과 지성인들 —때로는 특권 계층에서부터, 때로는 애니 베산트Annie Besant 같은 서구의 여성 권리 주창자들과 연대하여— 은 여성 교육 활성화를 위해서 선두에 나섰다. 쿠마리 자야와르데나Kumari Jayawardena의 중심 저서 『제3세계에서의 페미니즘과 민족주의*Feminism and Nationalism in the Third World*』는 토라 두트Tora Dutt, D. K. 카르베Karve 및 코넬리아 소랍예Cornelia Sorabjee 같은 인도의 개혁자들 및 푼디타 라마바이 Pundita Ramabai 같은 투사들의 노력을 설명하고 있다. 필리핀, 이집트(후다 사아라위Huda Shaarawi), 인도네시아(라덴 카르티니Raden Kartini)에서의 여권주의자들은 후에 페미니즘이 된 경향을 확대하였

---

72) Kumari Jayawardena, *Feminism and Nationalism in the Third World* (London : Zed, 1986), 특히 pp. 43~56, 73~108, 137~54 등. 여성주의와 제국주의에 대한 해방적 시각으로는 Laura Nader, "Orientalism, Occidentalism and

으며 페미니즘은 독립 이후 해방 운동의 한 가지 중요한 경향이 되었다.[72]

해방에 대한 이와 같은 광범위한 추구는 민족주의 성취가 억제되었든가 지연되었던 곳 —알제리, 기니, 팔레스타인, 이슬람과 아랍 세계 일부와 남아프리카— 에서 가장 분명했다. 탈식민지 정치학을 연구하는 학자들은, 정통적이고 권위 있거나 또는 가부장제적인 사상을 극소화하고 정체성의 정치학의 좀더 강제적인 본질에 대해서 엄격한 견해를 갖고 있는 사상들을 충분하게 연구하지 않았다고 나는 생각한다. 아마도 그 이유는 제3세계의 이디 아민과 사담 후세인이 아주 완벽하고 무시무시한 방법으로 민족주의를 강탈하여 강제로 부과했기 때문일 것이다. 많은 민족주의자들이 때로는 다른 사람들보다 더 강제적이거나 더 지성적으로 자아 비판적이라는 점은 분명하지만 그러나 제국주의에 대한 민족주의 저항은 기껏해야 언제나 그 자체를 비판한 것에 불과하다는 것이 나의 주장이다. 민족주의자계내에서 가장 훌륭한 인물들 —C. R. L. 제임스, 네루다, 타고르 자신, 파농, 카브랄, 그 밖의 인물들과 같은 작가들— 을 주의 깊게 읽어 내는 것은 반제국주의적이고 민족주의적인 진영내에서의 주도권을 다투는 다양한 세력을 차별화하는 것이다. 이런 점에서 제임스는 완벽한 예이다. 오랫동안 흑인 민족주의의 선두 주자였던 그는 비판 없는 연대 의식이 충분치 못한 것과 마찬가지로 민족적 특성을 주장하는 것만으로는 충분하지 못하다는 충고를 언제나 덧붙이면서 자신의 주장을 펼쳤다. 우리들이 제국의 중심도시World의 내부에 살고 있든 외부에 살고 있든간에 우리는 결코 역사의 종말에 처해 있지 않고, 우리들이 우리 자신의 현재와 미래의 역사에 대해서 무엇인가를 할 수 있는 입장에 있기 때문에, 제임

---

the Control of Women," *Cultural Dynamic* 2, No. 3 (1989), 323~55 ; Maria Mies, *Patriarchy and Accumulation on a World Scale : Women in the International Division of Labour* (London : Zed, 1986)를 보라. Helen Callaway, *Gender, Culture and Empire : European Women in Colonial Nigeria* (Urbana : University of Illinois Press, 1987) and eds. Nupur Chandur and Margaret Strobel, *Western Women and Imperialism : Complicity and Resistance* (Bloomington : Indiana University Press, 1992)도 보라.

스의 이러한 주장으로부터 커다란 희망을 얻어낼 수 있다.

요약하면 탈식민지화는 서로 다른 정치적 운명, 상이한 역사와 지리에 대한 매우 복잡한 투쟁이며 그것은 상상력, 학문, 저항 학문이라는 과업들로 가득 차 있다. 이러한 투쟁은 파업, 가두 행진, 폭력적인 공격, 보복, 보복의 대응 형태를 취하였다. 그 조직은 또한 인도 정신의 본질, 예를 들면 벵갈의 토지 임대 계획안에 대해서, 인도 사회의 구조에 대해서 쓰는 소설가와 식민지 관료들로 구성된다. 그리고 이에 대한 반응으로 그들의 통치에 좀더 많이 참여하는 데 대해 소설을 쓰는 인도 사람들과 독립을 위해 더 많이 참여하고 동원할 것을 대중에게 호소하는 지성인들과 연설자들로 구성된다.

우리는 이에 대한 시간표나 확정된 날짜를 제시할 수는 없다. 인도는 이런 방법을, 미얀마는 다른 방법을, 서아프리카는 또 다른 방법을, 알제리는 더 더욱 다른 방법을, 이집트, 시리아, 세네갈은 그 밖의 다른 방법을 따랐다. 그러나 이 모든 경우에서 우리는 거대한 민족적인 구획 사이에서 점점 더 인식 가능한 구분을 점차적으로 파악한다. 한편으로는 프랑스, 영국, 네덜란드, 벨기에, 독일 등과 같은 서구이고, 다른 한편으로는 대부분의 토착민들이다. 따라서 일반적으로 말해서 반제국주의 저항은 산발적이며 간혹 성공하지 못한 반란으로 서서히 확대되어 가다가 1차 대전 이후에 전제국의 주요 단체, 운동, 인물 들에 의해 다양하게 폭발적으로 확산되어 나가고 있다. 2차 대전 이후 30년 동안 반제국주의 저항은 좀더 전투적인 독립 정신이 되었으며 아프리카와 아시아에서 새로운 국가를 탄생시킨다. 이러한 과정에서 반제국주의 저항은 서구 열강들의 국내 상황을 영원히 변화시켰으며 이러한 상황은 제국주의 정책에 대한 반대자와 지지자로 양분시키는 현상을 가져왔다.

3. 예이츠와 탈식민화

윌리엄 버틀러 예이츠는 이제 현대 영문학과 유럽의 본격 모더니즘 담론뿐 아니라 정전 속으로 거의 완전히 동화되었다. 위의 두 가지에 의해 예이츠는 그의 토착적인 전통, 그 시대의 역사·정치적 맥락 그리고 격동의 민족주의적인 아일랜드에서 영어로 시를 쓰는 복잡한 상황과 깊이 관련을 맺으며 그것들과 상호 작용하는 위대한 현대 아일랜드 시인으로 간주된다. 아일랜드에서, 영국 문화와 문학 속에서 그리고 유럽의 모더니즘 속에서 예이츠는 분명하고 (내가 말하고 싶은 바) 인정받은 존재임에도 불구하고, 그는 또 다른 놀라운 양상을 보여 준다. 그것은 예이츠가 반제국주의적인 저항의 시기에 바다 건너 강대국인 영국의 지배하에 고통받는 민족의 경험과 열망과 복구의 비전을 분명히 표현하는, 위대한 국민적 시인으로서 논쟁의 여지가 없다는 사실이다.

이런 관점에서 볼 때, 예이츠는 소요가 절정에 이른 시기에 유럽 제국주의의 통치를 받았던 식민지 세계의 전통, 다시 말해 통상적으로 그의 것이라고 간주되지 않던 전통에 속해 있는 시인이다. 만일 이것이 예이츠를 해석하는 일반적인 방식이 아니라면, 우리는 예이츠가, 또한 아일랜드가 일련의 비서구 지역과 공유하는, 아일랜드의 식민지적 상황 덕택으로 그의 영역이 된 문화 영역에 자연스럽게 속한다고 말할 필요가 있는데, 그 영역은 문화 종속과 반감 모두를 포함한다.

본격적인 제국주의 시대는 1870년대 후반부터 시작했다고 말할 수 있다. 그러나 앵거스 컬더Angus Calder의 매력적인 책 『혁명적인 제국

Revolutionary Empire』이 잘 보여 주고 있듯이, 영어권 영역에서의 제국주의는 적어도 700년 전에 시작되었다. 아일랜드는 1150년대에 교황에 의해 영국의 헨리Ⅱ세에게 양도되었고, 헨리Ⅱ세는 1171년에 몸소 아일랜드를 방문했다. 그 후로도 계속 아일랜드 주민들을 야만적이고 타락한 민족으로 보는 영국의 문화적 태도가 놀라울 정도로 끈질기게 지속되었다. 최근의 비평가들과 역사가들 ―특히 시머스 딘Seamus Deane, 니콜라스 캐니, 조셉 리어슨Joseph Leerssen, R. N. 르보우 Lebow― 은 이러한 역사를 연구해 왔고 기록으로 남겼다. 에드먼드 스펜서와 데이비드 흄David Hume은 이러한 역사 형성에 크게 기여한 인상적인 인물들이다. 이와 같이 인도, 북아프리카, 카리브 지역, 중남미, 아프리카의 많은 지역, 중국과 일본, 태평양 열도, 말레이지아, 호주, 뉴질랜드, 북미 그리고 아일랜드까지 대부분의 경우 서로 다르게 취급되어 왔지만 모두 한 무리에 속한다. 이 모든 지역은 1870년 이래로 벌써 여러 지역적인 저항 단체들 사이나 또는 서구 열강들 사이의 분쟁 지역이었다. 가령 인도나 아프리카의 경우 외부 지배에 대항하는 투쟁들이, 1857년보다 이전에 그리고 19세기 말 아프리카에 대한 여러 유럽 의회들이 구성되기 오래 전에 동시에 진행되고 있었다.

여기에서 중요한 점은 우리가 아무리 본격적인 제국주의의 시기를 ―유럽과 미국에서 대부분의 사람들이 그들이 제국의 고상한 문명과 상업적인 대의 명분을 위해 봉사한다고 믿었던 시기― 구분하고자 하더라도, 제국주의 자체는 이미 해외의 정복, 강탈, 과학적 탐구의 과정을 여러 세기 동안 계속되어 오고 있었다는 것이다. 인도인이나 아일랜드인이나 알제리인에게 있어, 땅이란 자유주의적이건 군주제적이건 혁명적이건간에 외부의 열강에 의해 지배되어 왔던 것이다.

그러나 현대 유럽의 제국주의는 모든 초기의 형태와는 구성적인 면에서 본질적으로 다른 해외 지배의 형태를 보여 줬다. 지배의 규모와 범위는, 비록 15, 6세기에 비잔티움, 로마 또는 아테네나 바그다드, 스페인이나 포르투갈의 지배 범위가 19세기에 영국과 프랑스가 통제했던 영토와는 비교되 되지 않았지만, 그 차이는 일부분에 불과했다. 좀 더 중요한 차이들은 첫째로 세력의 불균형이 지속적으로 유지된 것이며, 두 번째로는 삶의 전반적인 면에서 뿐만 아니라 세부적인 것에도 영향을 끼친 거대한 세력의 조직이었다. 19세기 초 유럽은 경제의 산업적 변형을 이미 시작했고 영국이 그 주도적인 역할을 했다. 봉건적이고 전통적인 토지 소유 구조가 변화되었고, 해외 무역의 새로운 중상주의와 해군력과 식민주의적 정착이 수립되고 있었다. 그리고 소시민 혁명은 승리의 국면에 접어들고 있었다. 이 모든 사태 발전은 해변가의 소유물에 관한 더 많은 지배력과 당당하고 심지어는 위압적이기까지 한 힘의 면모를 유럽에 부여하였다. 1차 대전이 시작될 무렵에는 유럽과 미국은 지구 표면의 대부분을 일종의 식민지적 종속 상태로 소유하고 있었다.

이러한 경향에는 여러 가지 이유가 있었다. 이에 대한 엄청난 양의 체계적인 연구들(제국주의가 가장 공격적이던 시기에 제국주의를 비판한 홉슨, 로자 룩셈부르크와 레닌과 같은 비평가들의 연구로 시작되는)은 주로 경제적 과정과 다소 모호하게 특정지어진 정치적인 과정들(조셉 슘페터의 경우는 심리학적으로 공격적인 과정들도 포함된다)에 기인한다고 밝혔다. 나는 이 책에서 문화가 아주 중요한, 진정으로 필수 불가결한 역할을 했다는 이론을 개진하는 바이다. 제국주의기 확장되던 시기에 유럽 문화의 중심부에는 단호하고도 확고한 유럽 중심주의가 놓여 있었다. 유럽 중심주의는 경험, 영토, 민족, 역사를 축적했고, 그것들을 연구·분류·검증했으며, 컬더가 말한 바대로 그것은 "유럽 사업가들"에게 "거대하게 계획하는" 힘을 부여했다.[73] 그러나 무엇보다도 유럽 중심주의는 존재의 낮은 계급이라는 정체성을 제외하고, 문화와 정말로 백인 기독교 유럽이라는 바로 그 생각으로부터 그들의 정체성을 몰아냄으로써 그들을 종속시켰다. 이러한 문화 과정은 제국주의의 물질적 중심부에 위치한 경제적이며 정치적인 기재에 대한 중

---

73) Angus Calder, *Revolutionary Empire : The Rise of the English-Speaking Empires from the Eighteenth Century to the 1780's* (London : Cape, 1981), p. 14. 철학적이며 이데올로기적인 이와 유사한 주제가 (끔찍한 전문 용어로) Samir Amin, *Eurocentrism*, Russell Moore 옮김. (New York : Monthly Review, 1989)에서 취급되고 있다. 이와는 대조적으로 해방주의적 설명은 —또한 세계적인 규모로— Jan Nederveen Pietersee, *Empire and Emancipation* (London : Pluto Press, 1991)에 있다.

요한 정보를 제공하고 활력 있는 대위법으로 간주되어야 한다. 그리고 유럽 중심 문화는 비유럽 세계나 주변부 세계에 대한 모든 것을 가차 없이 분류하고 관찰했으며 그리고 너무나 철저히 세부 사항까지 그 영향력을 미쳐서 어떤 항목도 취급되지 않은 것이 없었고, 어떤 문화도 연구되지 않은 것이 없었다. 그래서 어떤 민족과 장소도 소유권이 주장되지 않은 것이 없을 정도였다.

이러한 견해에서 볼 때 르네상스 시대 이래로 의미를 부여할 만한 일탈은 거의 없었다. 만일 우리가 제국에 관한 한, 오랫동안 진보적이라고 여겼던 한 사회의 요소들을 한결같이 역행적이었다고 논평하는 것이 당황스러운 일이라 해도, 우리는 아직도 그렇다고 말하는 것을 두려워해서는 안 된다. 서구에서 주변부 그룹이라 할 수 있는 진보적인 작가들이나 예술가들 그리고 노동자 계급과 여성들은, 유럽이나 미대륙의 여러 강대국들 사이에서 잔인성이나 의미 없고, 심지어 아무 이득도 없는 지배의 경쟁이 가열됨에 따라, 유럽 중심주의가 강렬하게 되고 격렬한 열정으로 바뀌는 제국주의자적인 열성을 보여 주었다. 유럽 중심주의는 노동자 운동, 여성 운동, 전위 예술 운동의 중심부 안으로 중요한 문제를 하나도 빠뜨림 없이 모두 다루면서 침투했다.

제국주의의 범위와 깊이가 모두 강화됨에 따라, 식민지 자체에서의 저항도 증가하였다. 유럽내에서 식민 영역을 세계 시장 경제로 확장시킨 전세계적인 축적이 제국에 이념적인 허가를 해주는 문화에 의해 지지를 받고 가능하게 되었듯이, 해외 영토에서도 대규모의 정치적·경제적·군사적인 저항이 상당히 도발적이고 도전적인 저항 문화에 의해 수행되고 알려졌다. 이 문화는 단순히 서구 제국주의에 대한 뒤늦은 반동적인 반응이 아니라, 그 자체로 완벽성과 권력의 오래된 전통을 갖춘 것이었다.

컬더에 따르면, 아일랜드에서 게일인을 살해한다는 생각은 처음부터 "애국주의적이고, 영웅적이며 정당하다고 '간주되었고', 왕의 군대가 해야 할 일이거나 아니면 왕의 허락을 받은 것"이었다.[74] 영국의 민족적 우수성에 대한 사상은 깊이 뿌리 내려져 있었으며, 에드먼드 스펜

---

74) Calder, *Revolutionary Empire*, p. 36

서 같은 인간적인 시인이며 신사인 사람도 그 자신의 『아일랜드의 현재 상황에 대한 견해View of the Present State of Ireland』(1596)에서 아일랜드 사람들은 야만적인 스키시안인들이기 때문에 대부분의 아일랜드인들은 멸종시켜야 한다고 대담하게 제안하였다. 일찍부터 영국인들에 대한 반란이 시작된 것은 당연한 일이다. 그리고 울프 토운Wolfe Tone과 그라탄Henry Grattan 치하의 18세기의 적대 세력은 조직, 언어, 규칙을 가진 그 자체의 정체성을 가지고 있었다. 컬더에 따르면 18세기 중반에 "애국심은 하나의 유행처럼 되었다."[75] 그 시기에 스위프트 Jonathan Swift, 골드스미스와 버크와 같은 놀라운 재능을 가진 작가들로 인해 전적으로 아일랜드 저항에 대한 그 자체의 담론이 생겨나게 되었다.

제국주의에 대한 모든 저항이 반드시 국가주의의 폭넓은 맥락에서 수행된 것만은 아니다. "국가주의"는 아직도 모든 종류의 차별화되지 않은 것을 의미하는 어휘이다. 그러나 국가주의는 공통적인 역사, 종교와 언어를 소유한 민족들의 편에서, 외부에서 침입한 지배적인 제국에 대하여 저항하도록 연대화할 수 있는 원동력이라고 말할 수 있겠다. 그러나 국가주의가 많은 영토에서 식민지 군주들을 제거하는 데 성공을 거두었음에도 불구하고 실제로는 그 성공 때문에 국가주의는 아주 문제성 있는 작업으로 남아 있다. 제국의 권력에 의해 부분적으로 형성됐고 생산된 법률가, 의사, 작가들은 국가주의가 사람들을 거리로 불러 모아 백인 주인에 대항하는 시위를 벌이도록 만들었을 때 종종 선두에 섰다. 파농이 아주 불길하게 말하고 있는 국가의 부르주아지와 전문화된 엘리트들은 식민지 세력 대신에, 오래 된 식민지 구조를 새로운 용어로 복제한 새로운 계급에 토대를 두고 있고, 사실상 궁극적으로 착취적인 세력으로 대치시키는 경향을 보였다. 에크발 아마드[76]가 불렀듯이 과거 식민지 세계를 통틀어—권력의 병리학을 만들어 낸 국가들이 있다. 또한 국가주의의 문화적 수평선cultural horizon은 국가주

---

75) 같은 책, p. 650.
76) Eqbal Ahmad, "The Neo-Fascist State : Notes on the Pathology of Power in the Third World," *Arab Studies Quarterly* 3, No. 2 (Spring 1981), 170~180.

의가 식민주의자와 피식민자에 관해 가정하는 공통된 역사에 의해 치명적으로 제약을 받을 가능성이 있다. 제국주의는 결국 협조적인 모험이었으며, 현대적 형태의 두드러진 특징은 제국주의가 하나의 교육적인 운동이었다(고 주장한다)는 점이다. 왜냐하면 제국주의는 아주 의식적으로 근대화시키고, 발전시키고, 교육시키고, 문명화를 시작하였기 때문이다. 아시아, 아프리카, 남미, 유럽, 미국의 학교, 선교 단체, 대학, 학회, 병원의 연대기는 제국주의적인 지배의 한층 더 잔인한 양상들에 대해 침묵한 반면, 소위 근대화 경향을 장기간에 걸쳐 확립시켜 놓게 된 이러한 역사들로 가득 차 있다. 그러나 제국주의는 그 중심부에 토착민과 서구인 사이의 19세기적인 구분을 견지하고 있었다.

예를 들어 훌륭한 식민지 학교들은 여러 세대의 토착민 부르주아지들에게 역사, 과학, 문화에 관한 중요한 진리들을 가르쳤다. 이러한 학습 과정에서 수백만의 사람들은 현대 생활의 기본을 습득하였으나, 그들의 삶이 아닌 다른 곳에 기초한 권위에 대해서는 종속적인 추종자들로 남게 되었다. 식민지 교육의 목적 중의 하나가 프랑스나 영국의 역사를 장려하는 것이기 때문에 바로 그 교육은 또한 토착민 역사의 가치를 낮추는 것이었다. 따라서 토착민에게는 생산적인 협력의 시기에 토착민과 "백인"들 사이에 구축된 친화성에도 불구하고, 말씀의 먼 저장소들로서 영국, 프랑스, 독일, 네덜란드라는 나라들이 항상 있었다. 조이스의 스티븐 디덜러스는, 그가 영국인 지도 교사를 만났을 때에 특히 강하게 위와 같은 사실을 발견하는, 유명한 실례이다.

> 우리가 말하는 언어는 내 것이기 이전에 그의 것이다. 그의 입술과 나의 입술에서 나오는 가정, 그리스도, 술, 선생님이란 단어들은 얼마나 다른가! 나는 영혼의 동요 없이는 그러한 단어들을 말하거나 쓸 수 없다. 아주 낯익으면서도 낯선 그의 언어는 나에게는 언제나 후천적으로 습득된 언어가 될 것이다. 나는 그 말들을 만들거나 받아들인 적이 없다. 나의 음성은 그 단어들을 궁지에 빠뜨린다. 나의 영혼은 그의 언어의 그림자 속에서 번민한다.[77]

---

77) James Joyce, *A Portrait of the Artist as a Young Man* (1916 ; rprt. New York :

예를 들어 아일랜드, 인도, 이집트의 민족주의는 신 페인, 콩그레스, 와프드와 같은 민족주의 정당들이 주도하는 토착민들의 권리와 독립을 위한 오래 된 투쟁에 뿌리 박혀 있었다. 유사한 과정들이 아프리카와 아시아의 다른 지역에서도 일어났다. 네루, 낫세르, 수카르노 Sukarno, 니에레, 엥크루마Nkrumah 같은 반둥Bandung 회의의 영웅들이 모든 고통 속에서 위대하게 만들어진 것은 이러한 위대한 민족주의적인 지도자들의 영감을 주는 자서전들, 교시록들과 철학적 사색록에 문화적으로 구현된 민족주의적인 역동성 때문이었다. 오늘날에도 여전히 감지될 수 있을 정도로 여성과 소수민의 권리들(민주주의적인 자유는 말할 것도 없이)이 지연되고 왜곡되면서, 고전적인 민족주의는 어디에서나 명백한 가부장적인 분위기가 확인될 수 있다. 파니카의 『아시아와 서구 지배Asia and Western Dominance』, 조지 안토니우스의 『아랍의 각성The Arab Awakening』, 아일랜드 재건에 관한 여러 편의 저작들과 같은 중요한 저작들 또한 고전적인 민족주의 덕분에 생산된 것이다.

아일랜드와 다른 곳의 민족주의적 부흥 운동 안에는 두 가지의 분명히 다른 정치적인 요소가 있다. 각각의 요소에는 그 자체의 상상력이 풍부한 문화가 있고, 두 번째 요소는 첫 번째 요소가 없으면 생각할 수 없다. 첫 번째 요소는 유럽과 서구 문화를 제국주의로서 명백히 인식하는 것이다. 이러한 의식의 내성적인 요소는 아프리카, 카리브해, 아일랜드, 남미 또는 아시아 시민들이, 비유럽인이나 비대륙적인 개인을 가르치고 또는 지도하려는 유럽의 문화적 주장을 중단하라고 주장할 수 있게 했다. 긴혹 이것은 도마스 호지킨이 주장하듯이 아마도 홉스바움의 "원시적인 반항아들"이라고 볼 수 있는 시인들과 비전을 가진 사람들이 포함된 "예언자들과 사제들"[78]에 의해 처음으로 이루어졌다.

두 번째는 좀더 공개적인 해방주의적 요소로, 이는 여러 식민 지역

Viking, 1964), p. 189.
78) Thomas Hodgkin, *Nationalism in Colonial Africa* (London : Muller, 1956), pp. 93~114.

들, 주로 알제리, 베트남, 팔레스타인, 아일랜드, 기니와 쿠바와 같은 지역에서 2차 대전 후에 극적으로 연장된 서구의 제국주의적 임무 기간 중에 생겨났다. 인도 헌법 또는 범아랍주의 성명서, 범아프리카 주의 성명서 또는 피어스Patrick Henry Pearse의 게일어 형태나 셍고르의 흑인성과 같은 배타주의적인 형태이건간에, 전통적인 민족주의는 불충분한 동시에 오로지 첫 단계로서만이 중요한 것으로 밝혀졌다. 이러한 모순적 상황 속에서 예를 들어 코놀리James Connolly, 가비 Marcus Garvey, 마르티, 마리아테기José Mariategi, 카브랄, 두 보이스의 저작에 이미 암시되어 있었으나, 그것을 분명히 실천하기 위해 심지어는 무장된 소요적인 전투성과 이론이 강력하게 주입되는 것을 강요하는, 강력하고 새로운 포스트 민족주의적 주제인 해방 사상이 생겨났다.

이제는 반제국주의적 저항의 요소인 첫 번째 요소에 대한 문헌을 다시 살펴보기로 하자. 만일 반제국주의의 상상력을 근본적으로 구별하는 것이 있다면, 그것은 지리학적인 요소의 중요성일 것이다. 제국주의란 결국 실제로 세계의 모든 공간이 탐험되고, 그려지고, 궁극적으로 통제하에 놓이게 만드는 지리학적인 폭력 행위를 통하게 된다. 토착민들에게 식민지적 노예 상태의 역사는 외부인에게 지역성을 상실하는 데서 시작된다. 따라서 그 지역의 지리적 정체성은 추구되어야 하고 복원되어야만 한다. 식민지화하는 외부인의 존재 때문에 토지는 처음에는 상상력을 통해서만이 회복될 수 있었다.

제국주의의 복잡하면서도 확고한 지리적인 죽음의 세력morte main이 어떻게 일반적인 것에서 특수한 것으로 이전되는지에 대한 세 가지 실례를 들어 보기로 한다. 가장 일반적인 것은 크로스비의 『생태학적 제국주의Ecological Imperialism』에 제시되어 있다. 크로스비는 유럽인들이 어디를 가든 즉각적으로 그 지방의 서식지를 바꾸기 시작했다고 말한다. 다시 말해 유럽인들의 의식적인 목적은 새로운 영토를 그들이 떠나온 것에 대해 가졌던 심상으로 변형시키는 것이었다. 이러한 과정은 끝이 없었다.

건축 방식뿐 아니라 수많은 동식물과 곡식은, 식민지를 서서히 새로운 질병들과 환경의 불균형과 힘에 눌린 토착민들에게 악몽적인 주거지 이동과 같은 문제들로 가득한, 새로운 장소로 바꾸어 놓았다.[79] 변화된 생태학은 또한 변화된 정치 제도를 가져왔다. 후기의 민족주의 시인이나 비전을 가진 사람들이 보기에, 정치 제도의 변화는 사람들을 진정한 전통과 생활 방식과 정치 기구로부터 소외시켰다. 수많은 낭만적인 신화 만들기로 인해 제국주의가 어떻게 토지를 소외시켰는가에 대한 민족주의적인 해석이 만들어졌다. 그러나 우리는 실제로 변화가 이루어진 범위를 의심해서는 안 된다.

두 번째 예는 지속적인 영토 점령을 합리화하는 계획들이다. 이 계획들은 통상적으로 토지에서 이익이 많이 나오게 만드는 동시에 토지를 외부 통치와 통합시키고자 한다. 지리학자 닐 스미스Neil Smith는 그의 책 『불공평한 개발Uneven Development』에서 자본주의가 역사적으로 특정한 종류의 자연과 공간, 즉 빈곤을 부富와, 농업의 축소를 산업적인 도시화와 통합하는, 불공평하게 개발된 풍경을 어떻게 만들어 냈는가를 아주 훌륭하게 보여 주고 있다. 이러한 과정의 정점에 제국의 중심의 후원으로 모든 공간을 지배하고, 분류하고 그리고 전반적으로 상업화하는 제국주의가 놓이게 된다. 그것의 문화적 해당물은 19세기 말의 상업 지리학이며, 이 지리학의 조망은 (예를 들면 맥킨더와 치슴의 저작에서) 제국주의를 "자연의" 풍요나 비풍요, 이용할 수 있는 바다 항로, 영원히 차별화된 지역, 영토, 기후와 민족들의 결과라고 정당화하고 있다.[80] 따라서 "영토적인 분업에 따라 국가 공간을 차별화"하는 보편적인 자본주의가 이루어졌다.[81]

---

79) Alfred Crosby, *Ecological Imperialism : The Biological Expansion of Europe, 900 ~1900* (Cambridge : Cambridge University Press, 1986), pp. 196~216.

80) Neil Smith, *Uneven Development : Nature, Capital, and the Production of Space* (Oxford : Blackwell, 1984), p. 102.

81) 같은 책, p. 146. 예술과 여가를 위한 결과와 더불어 공간의 좀더 많은 차별화는 풍경과 국립 공원 계획에서 이루어진다. W. J. T. Mitchell, "Imperial Landscape", in *Landscape and Power*, ed W. J. T. Mitchell (Chicago : University of Chicago Press, 1993)과 Jane Carruthers, "Creating a National Park, 1910 to 1926", *Journal of South African Studies* 15, No. 2 (January 1989), 188~216을 보라. 다른 영역에서는 Mark Bassin, "Inventing Siberia : Visions of the Russian East in the Early Nineteenth Century", *American Historical Review*

헤겔, 마르크스, 루카치를 따라 스미스는 이와 같은 과학적으로 "자연적"인 세계를 만드는 것을 제2의 자연이라고 부른다. 반제국주의적인 상상력으로 보면 주변부에 자리한 고국의 우리 공간은 빼앗기고 외부자들의 목적에 따라 이용된다. 그러므로 원시적이거나 역사 이전이 ("낭만적인 아일랜드는 죽어 사라졌다."고 예이츠는 말한다) 아니라, 현재의 박탈로부터 파생된 제3의 자연을 추구하고, 지도를 그리고, 만들어 내고, 발견하는 것이 필요하다. 이러한 충동은 지도 제작적이고, 그 가장 놀라운 예로는 『장미』에 실린 예이츠의 초기 시편과 칠레의 풍경을 그린 네루다의 여러 편의 시, 안틸 제도(서인도 제도에 있는 섬)에 관한 세제르의 글, 파키스탄에 관한 파이즈의 글, 팔레스타인에 대한 다위시Mahmond Darwish의 글이 있다.

> 나에게 회복시켜 달라. 얼굴의 색깔을
> 그리고 몸의 따스함을,
> 마음과 눈의 빛을
> 빵과 지구의 소금을 … 모국을.[82]

그러나 세 번째 예로서, 식민지 공간은 제국주의적인 눈에는 더 이상 낯설게 보이지 않도록 하기 위해 충분히 변형되어야만 한다. 어느 다른 식민지 지역보다 영국의 아일랜드는 반복된 정착 계획을 통해 그리고 결정적으로는 연합법에 의한 1801년의 실질적인 병합을 통해 셀 수 없이 많은 변형을 겪었다. 그 이후로 아일랜드의 토지 측량부가 1824년에 세워졌는데 그 목적은 이름을 영국식으로 바꾸고, 재산의 가치 부여(와 영국인 가족과 "영주" 가족들에게 유리한 토지의 강제 수용)를 위해 토지의 경계를 다시 긋고, 주민들을 영구히 종속화시키기 위한 것이었다. 메리 해머Mary Hamer가 적절하게 주장했듯이 이 측정

96, No. 3 (June 1991), 763~794와 비교하라.

82) *Splinters of Bone*, 에서 Mahmoud Darwish, "A Lover from Palestine," B. M. Bannani 옮김. (Greenfield Center, N. Y. : Greenfield Review Press, 1974), p. 23.

은 "아일랜드 사람들을 무능력하다고 정의 내리고 … (그들의) 국민적 업적을 폄하하는 직접적인 효과"[83]를 가져왔으며, 영국 사람들이 그 작업을 거의 전적으로 맡아 수행했던 것이다. 브라이언 프릴의 가장 뛰어난 희곡 중에 하나인 『번역Translations』(1980)은 토착민들에게 끼친 토지 측량의 파괴적인 영향을 다루고 있다. 해머는 계속해서 "그러한 과정 속에서 식민지 주민들은 전형적으로 수동적이며 대신 변호해 주어야 할 대상이고, 자신의 재현을 통제하지 못하지만 하나의 안정되고 단일한 실체로서 구성해 주는 지배 충동에 따라서 재현된다."[84] 라고 말한다. 또한 아일랜드에서 이루어졌던 일이 벵갈 지역 또는 프랑스인들에 의해 알제리에서도 이루어진다.

저항 문화의 첫 번째 작업의 하나는 토지의 반환을 요구하고, 개명하고, 다시 거주하는 것이었다. 그리고 이와 더불어 더 많은 주장, 재발견 그리고 동일시라는 일련의 추가 작업이 있었고, 이 모두는 문자 그대로 이렇게 시적으로 계획된 기초에 토대를 두었다. 진정성 추구와 식민 역사에 의해 제공된 것보다 기질이 더 잘 맞는 민족적 기원의 추구, 영웅들과 (때때로) 여설들, 신화와 종교의 새로운 무리들을 찾는 추구 행위들은 민족이 다시 찾은 자신들의 토지에 대한 의식에 의해 역시 가능하게 된 것이다. 그리고 탈식민화된 정체성에 대한 이러한 민족주의적인 어렴풋한 윤곽과 더불어 항상 토속 언어는 거의 마술적인 영감으로 불러일으켜진, 유사 연금술적인 재발전을 하게 된다.

여기에서 예이츠는 특히 흥미를 끈다. 카리브 해의 작가들과 몇몇 아프리카 작가들과 같이 예이츠는 식민지의 대군주와 언어를 공유하는 곤란한 저지를 표현한다. 물론 그는 많은 중요한 면에서 프로테스탄트의 권세에 속해 있다. 따라서 프로테스탄트 권세에 대한 아일랜드인의 충성은 예이츠의 경우 아주 모순적인 것은 아닐지라도 부드럽게 표현한다면 혼란스러운 것이었다. 예이츠는 켈트인의 편향과 주제를 보이는 초기의 게일어법(고대 아일랜드어)으로부터 「Ego Dominus

---

83) Mary Hamer, "Putting Ireland on the Map," *Textual Practice* 3, No. 2 (Summer 1989), 184~201.
84) 같은 책, p. 195.

Tuus」와 같은 표제적인 시편들과 『비전A Vision』과 같은 논문집에서 표현되는 후기의 체계적인 신화로 아주 논리적인 발전을 하였다. 예이츠도 알고 있듯이 아일랜드의 민족주의가 영국의 문화적 유산과 겹쳐서 존재했고, 영국의 문화 유산은 그를 지배하는 동시에 압도해 왔으므로 긴장을 일으킬 수밖에 없었다. 그리하여 우리는 예이츠가 "차원 높은", 다시 말해 비정치적인 단계에서 그러한 긴장을 해결하도록 만든 것이, 바로 이 다급하게 강요하는 이러한 정치적·세속적 긴장이 주는 압력이었다고 추측하게 된다. 그는 아주 특이하고 미학화된 역사를 『비전』에서 만들어 냈다. 그리고 후기의 유사 종교시들은, 마치 아일랜드가 지상의 수준보다 높은 수준에서 최상으로 양도된 것처럼 세속을 벗어난 단계로 그 긴장을 끌어올린다.

시머스 딘은 예이츠의 초영토적인 혁명 사상에 대한 가장 재미있고 훌륭한 설명인 『켈트인의 재생Celtic Revivals』에서, 예이츠가 초기에 발명했던 아일랜드는 "그의 상상력에 잘 어울렸다. … (반면에) 그는 결국 아일랜드가 그의 상상력에 거부적임을 발견해 냈다."고 제시하였다. 예이츠가 —그의 시 「조상들The Statues」에서와 같이— 자신의 신비주의적인 견해를 실제 아일랜드와 화합시킬려고 노력할 때마다 그 결과는 부자연스러웠다고 딘은 정확하게 지적한다.[85] 예이츠의 아일랜드는 혁명적인 나라였기 때문에, 예이츠는 아일랜드의 후진성을 지나치게 발전된 현대 유럽에서는 상실된, 정신적인 이상향의 극단적으로 소란하면서도 분열적인 회귀를 위한 원천으로 사용할 수 있었다. 예이츠는 1916년 부활절의 소요와 같은 극적인 현실 속에서 명백하게 쿠컬린의 노력으로 상징화하고 있듯이, 끊임없이 되풀이되고는 있으나, 궁극적으로는 의미가 없는 회귀의 순환 고리가 깨어지는 것을 보았다.

딘의 이론은 아일랜드의 민족적인 정체성의 탄생이 예이츠에게 비록 특수한 아일랜드의 민족적 특성에 대한 영국의 식민주의적인 태도를 강조하고, 또 그 자신에게도 그러한 태도를 강화시켰을지라도, 민족주의 탄생과 순환 고리의 파괴가 그에게 도일시된다는 것이다. 따라서

---

85) Seamus Deane, *Celtic Revivals : Essays in Modern Irish Literature* (London : Faber & Faber, 1985), p. 38.

예이츠의 신비주의로의 회귀와 파시즘에 대한 의존은 딘이 지적했듯이, 예컨대 V. S. 네이폴의 인도의 재현에 표현된 것과 같이, 그 자체를 위해서 그 스스로와 영국적이라는 의미에서 모국에 부채를 지고 있으나 식민지를 향해 베풀고 있는 문화적 곤경 또한 강조하고 있다. "국가적 특징에 대한 그와 같은 추구는 두 섬나라 국가의 상이한 역사적 설며으로 인해 식민주의적인 것으로 된다. 그러한 추구가 가장 크게 만개된 것이 예이츠의 시이다."[86]

예이츠의 계획적인 신비주의와 모순은 시대에 뒤떨어진 민족주의를 재현하는 것이 결코 아니라 혁명적인 가능성을 구현하는 것이며, 시인인 예이츠는 "아일랜드가 형이상학적인 문제들에 대한 의식을 계속 깨어 있게 함으로써 아일랜드 문화를 유지해야 한다."라고 주장했다고 딘은 설명하고 있다.[87] 자본주의의 잔인한 압박이 사상과 사색을 제거해 버린 세상에서 영원과 죽음에 대한 감각을 자극하여 의식하도록 만들 수 있는 시인은 진정한 반항아이며, 그 반항아의 식민주의적인 축소화는 그로 하여금 자신의 사회와 "문명화된" 현대성에 대하여 부정적인 이해를 하도록 만든다.

예이츠의 진퇴 양난에 대한 다소 아도르노Theodor Adorno적인 이러한 설명은 엄청나게 매력적이다. 그러나 아마도 그러한 설명은 조야한 정치적인 독서가 암시하는 것보다 예이츠를 더 영웅적으로 만들려 하고, 예이츠의 받아들일 수 없고 소화할 수 없는 반동 정치학을 ―예이츠의 명백한 파시즘, 오래된 가정과 가족들에 대한 그의 환상, 앞뒤가 맞지 않는 신비적인 그의 방황― 아도르노의 "부정의 변증법"의 예로 해석하여 허용하려는 것 때문에 힘이 약화되고 있다. 하나의 작은 교정책으로 우리는 예이츠를 좀더 정확하게 식민적인 만남의 결과로서 다른 곳에서 (예를 들면 흑인성에서) 번성했던 토착적인 현상의 격화된 한 예로 볼 수 있을 것이다.

영국과 아일랜드 사이의 물리적・지리학적 관련성이 영국과 인도, 프랑스와 알제리 또는 세네갈 사이의 관련성보다 긴밀한 것은 사실이

---

86) 같은 책, p. 49.
87) 같은 책.

다. 그러나 이 모든 경우에는 제국주의적인 관계가 있다. 아일랜드 사람들은 캄보디아 사람들이나 알제리 사람들이 프랑스 사람들이 될 수 없는 것처럼 결코 영국 사람들이 될 수는 없다. 내가 보기에 이것은 모든 식민지적 관계의 경우에 언제나 그렇다. 그 이유는 분명하고 절대적으로 위계 질서적인 구별이 지배자와 피지배자 —피지배자가 백인이건 아니건간에— 사이에 항상 유지되어야 한다는 것이 제1의 원리이기 때문이다. 그런데 슬프게도 토착주의는 더 약하거나 종속적인 파트너의 가치를 재평가하는 경우에도 그 구별을 강화시켜 준다. 그리고 토착주의는 종종 세속적 시간 자체로부터 자유로운 이야기나 실제적인 토착민의 과거에 관한 매력적이면서도 선동적인 주장들로 이끌었다. 우리는 이것을 생고르의 "흑인성"과 같은 계획에서, 라스타파리안Rastafarian 운동에서 그리고 미국 흑인들을 위한 아프리카 계획에 대한 가비적인 지원에서, 또는 더럽혀지지 않은 식민주의 이전의 다양한 회교 본질의 재발견 속에서 찾을 수 있다.

토착주의에 내재한 엄청난 원한은 차치하고 (예를 들어 서구가 이 세계의 모든 악을 가져왔다고 비난하는, 1978년 이란에서 출간된 영향력 있는 소책자인 자랄 알리 이 아마드의 『서양 증세:서구로부터 온 제앙Occidentosis:A Plague from the West(1961~1962)』에서) 토착주의 계획을 거부하거나 적어도 재구성해야 하는 두 가지 이유가 있다. 딘이 지적한 바와 같이, 그것은 모순되지만 정치와 역사를 거부하기 때문에 또한 영웅적으로 혁명적이라고 말하는 것은 내가 보기에는 마치 그것이 저항적이고 탈식민지화하는 민족주의를 위한 유일한 선택인 것처럼 여기는 토착주의적인 입장으로 전락하는 것이다. 그러나 우리는 그것의 폐해에 대한 증거가 있다. 토착주의를 받아들이는 것은, 제국주의의 결과인 제국주의 자체에 의해 부과된 민족적·종교적·정치적 분열을 수용하는 것이기 때문이다. 흑인성, 아일랜드성, 이슬람 또는 카톨릭교와 같은 본질적인 형이상학을 위해 역사적인 세계를 버린다는 것은 인류의 서로 대립시키는 힘을 가진 본질화를 위해 역사를 포기하는 것과 같다. 만일 그 운동이 대중적인 토대를 가졌거나 또는 그 운동이 소규모의 개인적인 열광으로만 끝나든지, 아니면 제국주의에 의해 조장된 상투적인 것, 신화, 적대감, 전통 등을 사람들이 아무 생각 없이 수용하게 만들었다면 이와 같은 세속적 세계의 포기는 종종 일종의 지복 천년설로 이끌었기 때문이다. 그러한 계획들은 커다란 저항 운동들이 목표로 설정했던 것들은 아니다.

이런 상황을 분석적으로 더 잘 파악하는 유익한 방식은 아프리카의 맥락에서 이루어진 유사한 문제를 분석한 경우를 살펴보는 일이다. 1976년에 흑인성에 대하여 올레 소잉카가 발표한 위축적인 비판문이 그 예이다. 소잉카는 흑인성이라는 개념이 "유럽의 이념적 대립의 변증법적 구조를 받아들이기는 하지만 민족 차별적인 삼단 논법의 바로 그 구성 요소에서 빌려 온"[88] 유럽 대 아프리카의 대립에서 부차적이고 열등한 용어라고 적고 있다. 이렇게 유럽인들은 분석적이고 아프리카인들은 "분석적 사고를 할 수 없다. 따라서 아프리카 사람은 고도로 발전되지 못"한 반면 유럽 사람은 고도로 발전되었다. 그 결과는 소잉카에 따르면 다음과 같다.

> 흑인성은, 그 어조가 신랄하고 구문이 과장적이며 전략이 공격적이지만, 주로 방어적인 역할 속에 묶여 있다. … 흑인성은 인간과 사회 모두에 대해 미리 정해진 유럽 중심적이며 지적인 분석 체계 안에 머물러 있고, 그러한 외적으로 결정된 용어들로 아프리카인과 그의 사회를 재정의하려고 노력하였다.[89]

우리는 여기에서 소잉카 자신이 지적한 (파농을 염두에 두고서) 검둥이를 사랑하는 것은 그를 미워하는 것만큼 "지겨운" 짓거리라는 패러독스에 빠지게 된다. 그리고 토착적인 정체성의 전투적이고 독단적인 초기 단계를 회피하는 것은 불가능하지만—그러한 초기 단계들은 언제나 생겨난다. 예이츠의 초기 시는 아일랜드에 관한 것일 뿐 아니라 아일랜드성에 관한 것이다—자기 자신의 정체성을 찬양하는 감정

---

88) Wole Soyinka, *Myth, Literature and the African World* (Cambridge : Cambridge University Press, 1976), p. 127. Mudimbe, *Invention of Africa*, pp. 83~97도 보라.

89) 같은 책, pp. 129, 136.

적인 자아 도취에 계속 빠져 있지 않고 그런 초기 단계들을 극복할 수 있는 상당한 가능성이 있다. 첫째, 분쟁을 일으키는 본질들로 구성되지 않은 세계를 발견할 가능성이 있다. 둘째로 모든 민족은, 다시 말해 모든 아일랜드 사람들은 단지 아일랜드적이고, 인도 사람들은 인도적이고, 아프리카인들은 아프리카적이라는 등 단일한 정체성만을 가진다고 믿는 제약적이거나 강제적이 아닌 보편주의의 가능성이 있다. 셋째로 가장 중요한 것은 토착주의의 극복은, 국적 포기를 의미하는 것이 아니라 지역적 정체성을 포괄적인 것이 아니라고 생각하고, 소속의 의식들과 타고난 맹목적 애국주의와 안정이라는 제약적인 의미와 더불어 자신을 그 자신 고유의 영역 속에 구속시키려고 열망하는 것이 아닌 것으로 간주하는 것을 의미한다.

국적, 민족주의, 토착주의는 진행됨에 따라 더욱더 제약적인 것이 된다고 나는 믿는다. 알제리나 케냐 같은 나라에서 우리는 식민적인 타락에서 부분적으로 형성된 한 지역 사회의 영웅적인 저항이 제국주의적인 열강들과의 오랜 무장 갈등과 문화적 갈등으로 이끌고, 그 결과로 독재 통치의 일당 국가가 탄생되고, 알제리의 경우 타협할 줄 모르는 회교 원리주의자들의 야당이 생겨나는 것을 목격할 수 있다. 케냐의 모이 정권의 피곤한 독재가 마우 마우Mau Mau 봉기의 해방주의적인 조류를 완성시킨다고 말할 수는 없다. 여기에서 사회 의식의 변화는 전혀 없고 단지 필리핀, 인도네시아, 파키스탄, 자이레, 모로코, 이란에서와 같이, 여러 곳에서 되풀이되는 권력의 무서운 병리적 현상만이 나타날 뿐이다.

어떤 경우든 토착주의가 유일한 대안은 아니다. 좀더 관용적이고 다원적인 비전을 가진 세계에 대한 가능성이 있다. 이 세계에서 제국주의는 말하자면 다른 형태들(우리 시대의 남북 양극화 현상의 경우처럼)로 뒤늦게 나타나고, 지배의 관계는 계속되지만 해방의 가능성은 열려 있다. 1939년 예이츠의 생의 끝 무렵에 아일랜드 자유국이 수립되었음에도 불구하고, 예이츠는 지속적인 반영국적 감정과 무정부적으로 혼란을 주는 그의 마지막 시편의 분노와 경쾌함에서 보여졌듯이 이 두 번째 계기에 부분적으로 속해 있었다.

이 단계에서는 민족주의적 독립이 아니라 해방이 —파농의 표현을

빌면 그 본질상 국민 의식을 초월한 사회 의식의 변형과 관계 있는 해방— 새로운 대안이다.[90]

따라서 이러한 조망에서 바라본다면 1920년대에 예이츠가 모순과 신비주의로 빠진 것, 정치학을 거부한 것, (이탈리아나 남아메리카식의 권위주의 또는) 파시즘과 매력적이지만 오만하게 야합한 것은 변명의 여지가 없으나, 부정적인 유토피아의 양식으로 너무 빠르게 변증법적인 것으로 빠져들어가서도 안 된다. 왜냐하면 탈식민화의 시인이라는 예이츠에 대한 우리의 견해를 바꾸지 않고는 예이츠의 그러한, 수용할 수 없는 태도들을 쉽사리 자리 매김하거나 비판할 수 없기 때문이다.

세제르는 그의 시집 『귀향 수첩 Cahier d'un retour』에서 시인이 자신의 과거를 재발견하고 재경험한 뒤에, 흑인으로서 자신의 역사에 대한 열정과 공포와 상황에 다시 몰입한 뒤에, 분노를 느끼고 그 분노를 없앤 후에 그리고 다음과 같이 수용한 후에 인식하는 절정의 순간에 토착주의를 초월하는, 위와 같은 방식이 멋지게 나타난다.

　　나는 받아들인다… 나는 받아들인다… 완전히, 아무런 주저 없이
　　나의 민족은 백합과 함께 섞여 있는 우슬초로 씻어도 정화될 수 없다.
　　나의 민족은 오점으로 얼룩져 있고
　　나의 민족은 술 취한 발길을 위한 잘 익은 포도이다.[91]

—이 모든 것을 인식한 후에, 세제르는 "황소 같은" 힘과 삶으로부터 갑자기 공격을 받고는 다음과 같이 이해하기 시작한다.

　　인간의 과업이 이루어졌다는 것은 사실이 아니다.
　　우리가 이 지구상에서 행할 사업이 없다는 것은 사실이 아니다.

---

90) Fanon, *Wretched of the Earth*, p. 203.
91) Césaire, *Collected Poetry*, p. 72.

우리가 이 세상의 기식자라는 것은 사실이 아니다.
우리가 이 세계를 뒤따르는 것으로 충분하다는 것도 사실이 아니다.
오히려 과업은 이제 시작되었고
그리고 인간은 아직도 인간의 깊은 열정 속에
박혀 있는 모든 금지를 극복해야 하고,
어느 민족도 아름다움과 지력과 힘을 독점하지 않는다.

그리고 정복의 부름은 모든 사람들에게 올 것이고,
우리는 이제 태양이 우리의 의지에 의해서만이 지명된 무리들에
빛을 비추며 지구 주위를 돌고,
모든 별들은 우리의 전지 전능한 명령에 의해
하늘에서 지구로 떨어진다는 것을 알게 되었다.[92]

　이 시에서 놀라운 구절은 "깊은 열정 속에 박혀 있는 모든 금지를 극복해야 하고"와 "태양이… 우리의 의지에 의해서만이 지명된 무리들에 빛을 비추며"이다. 우리는 민족, 계기, 환경과 더불어 오는 스스로 부과한 제약의 경직성과 금지에 굴복하지 않는다. 그 대신 우리는 민족, 계기, 환경을 통과하여 우리의 아일랜드, 우리의 마르티니크, 우리의 파키스탄보다 필연적으로 더 많은 것을 포함하는 "정복의 부름"의 생생하고 확대된 의미로 나아가는 것이다.
　나는 예이츠(또는 시머스 딘의 예이츠)를 부정하기 위해 세제르를 사용할 의도는 없다. 그러나 예이츠 시의 주요 가락을 탈식민화와 저항의 시와 좀더 충실하게 연계시킬 뿐만 아니라 토착주의적인 난국에 대한 역사적인 대안들과도 더욱더 긴밀하게 연계시키려는 것이 나의 의도이다. 다른 많은 방식으로 예이츠는 —그의 국민들을 위해 새로운 내러티브를 고집했고, 아일랜드 분할 계획(그리고 통합에 대한 열망)에 대한 영국의 음모를 분개했고, 새로운 질서를 가져오기 위해 폭력

---

92) 같은 책, pp. 76~77.

을 찬양하고 기념하는 점에서, 민족주의적인 배경에서 충성과 배반을 얼키설키 혼합시키고 있다는 점에서— 다른 시인들처럼 제국주의에 저항하고 있다. 예이츠가 맺은 파넬Charles Stewart Parnell과 오리어리 O'Leary, 애비Abbey 극장, 부활절 봉기와의 직접적인 연합은 그의 시에 R. P. 블랙머Blackmur가 융으로부터 빌려 온 개념인 "직접 경험의 무서운 애매성"[93]을 지니도록 만든다. 1920년대 초의 예이츠의 작품이 폭력을 표현하고, 역사적 사건들의 엄청난 갑작스러움과 놀라움을 묘사하고, 폭력과 무기에 반대되는 정치와 시를 설명하고 (예이츠의 놀라운 서정시 「장미와 사전The Rose and The Dictionary」을 보라)[94] 마지막 경계가 무너지고 마지막 하늘이 점령당한 후의 소강 상태에 대한 추구를 표현하고 있다는 면에서, 반세기 후 다위시의 팔레스타인 시에 나타나는 참여와 애매성을 볼 때 놀라울 정도의 유사점을 가지고 있다. 예이츠는 "언덕의 성스러운 반인 반마들은 사라지고, 나에게는 오로지 쓰디쓴 태양밖에 없다."라고 노래하고 있다.

1916년의 부활절 봉기 뒤에 나온 그 절정기의 위대한 시편들인 「1919년」이나 「1916년 부활절」, 「1913년 9월」을 읽으면서 우리는 "기름 때 묻은 경작지"에 의해 명령받는 삶의 실망이나 도로와 마차들, "구멍 속에서 싸우는 족제비들"의 폭력, 또는 피의 제물 시가라고 불리는 것의 의식들뿐만 아니라, 오래 된 정치·도덕적 풍경을 변화시키는 무섭도록 새로운 아름다움을 느낀다. 탈식민화를 다룬 모든 시인들처럼 예이츠는 그 자신은 물론 그 적에 대한 의식으로 구체화된 상상의 또는 이상적인 공동체에 대한 윤곽을 그려 내려고 투쟁한다. 베네딕트 앤더슨의 잘못된 직선적인 시대의 구분화를 억지로 받아들이지만 않는다면 여기에서 "상상의 공동체"는 적절한 것이다. 탈식민화의 문화적 담론들 속에는 수많은 언어, 역사, 형식들이 유통된다. 바바라 할로우가 『저항 문학』에서 보여 주었듯이, 국민과 그 지도자들에 의해 만

---

93) R. P. Blackmur, *Eleven Essays in the European Novel* (New York : Harcourt, Brace & World, 1964), p. 3.

94) Mahmoud Darwish, *The Music of Human Flesh,* Denys Johnson-Davies 옮김. (London : Heinemann, 1980), p. 18.

들어지고 다시 만들어져야만 하는 시간의 불안정성은 정신적 자서전, 저항시, 감옥기, 해방의 교훈적인 극과 같은 모든 장르에서 볼 수 있는 주제이다. 예이츠의 커다란 주기에 대한 설명이 바뀌는 것은 이러한 불안정성을 환기시켜 준다. 이는 그의 시에서 대중적인 언어와 형식적인 언어 사이에, 민담과 학문적 글쓰기 사이에 손쉬운 교류가 나타날 때에도 그러하다.

T. S. 엘리엇이 시간의 "교활한 역사와 꾸며진 복도들"이라고 부른 것들의 불안 —잘못된 전환, 중복, 의미 없는 반복, 간헐적인 영광의 순간— 이 예이츠에게 탈식민화의 시인들과 문인들인 타고르, 셍고르, 세제르에서와 같이 엄격한 호전적인 어조, 영웅주의 그리고 "야만적인 바닥 위에 통제할 수 없는 신비"에 대한 고통스러운 집념을 가져다 준다. 따라서 작가는 자신의 민족적인 환경으로부터 나와서 보편적인 의미를 획득한다.

파블로 네루다는 그의 회고록 첫 권에서 공화국을 옹호하여 1937년 마드리드에서 개최된 작가 회의에 대해 언급한다. 작가 회의로의 초대에 대한 "값진 대답들"이 "세계 각처에서 쏟아져 들어왔다. 하나는 아일랜드의 국민 시인인 예이츠에게서 왔고, 또 다른 하나는 저명한 스웨덴 작가인 셀마 라거로프로부터 왔다. 그들은 모두 너무 연로해서 끊임없이 폭격당하고 있는 마드리드 같은 포위된 도시로 여행할 수 없었으나, 그들은 스페인 공화국을 수호하기 위해 모여 들었다."[95] 네루다가 자신을 칠레 국내의 식민주의와 전라틴 아메리카를 휩쓰는 국외의 제국주의를 모두 다루는 시인으로 생각하는 데 전혀 어려움이 없었던 것처럼, 우리는 예이츠를 엄격하게 지방적인 아일랜드의 의미

---

95) Pablo Neruda, *Memoirs*, Hardie St. Martin 옮김. (London : Penguin, 1977), p. 130. 이 구절은 Conor Cruise O'Brien의 에세이, "Passion and Cunning : An Essay on the Politics of W. B. Yeats"[그의 저서 *Passion and Cunning* (London : Weidenfeld & Nicolson, 1988)에 실려 있음]에 의해 한때 영향을 받았던 사람에게는 놀라움을 줄 수도 있다. 이 글의 주장과 정보는 Elizabeth Cullingford의 *Yeats, Ireland and Fascism* (London : Macmillan, 1981)과 비교해 보면 특히 부적절하다. Cullingford도 네루다의 시구를 언급하고 있다.

와 응용 이상의 능력을 지닌 아일랜드 시인으로 생각해야 된다고 믿는다. 네루다는 예이츠를 압제에 대항하는 전쟁에서 아일랜드 국가를 대표하는 국민 시인으로 받아들였고, 네루다에 따르면 예이츠는 유럽 파시즘에 대한 그의 성향이 자주 인용되었음에도 불구하고 그 명백한 반파시스트적 부름에 적극적인 반응을 보였다.

　네루다의 유명한 시 「마을El Pueblo」(알라스테어 리이드가 1962년 선집을 『완전한 힘을 부여받고』라고 번역한 것을 나는 여기에서 사용한다)과 예이츠의 시 「어부The Fisherman」 사이의 유사성은 놀랍다. 왜냐하면 이 두 시편에서 중심 인물은, 힘과 고독에 있어서 이와 같은 작품 속에서 시인에게 영감을 불어 넣어 주는 국민들을 침묵으로 표현하는, 이름 없는 사람이라고 묘사했기 때문이다. 예이츠의 시는 다음과 같다.

> 이 현명하고 단순한 사람을
> 내가 눈에 떠올리기 시작한 것은
> 오래 전부터이다.
> 하루 종일 나는 그의 얼굴에서 찾곤 했다.
> 나 자신의 민족과
> 그리고 현실을 위해
> 내가 쓰기를 바랬던 것을.[96]

네루다의 시는 다음과 같다.

> 나는 그 사람을 알았다. 그리고 내가 할 수 있을 때
> 내가 아직도 머릿속에 눈을 가지고 있었을 때
> 내가 아직도 내 목에 목소리를 가지고 있었을 때
> 나는 무덤 속에서 그를 찾았고 그에게 말했다.
> 아직 먼지가 되지 않은 그의 팔을 누르며
> "모든 것은 사라질 것입니다. 당신은 아직도 살아 있습니다.

---

96) W. B. Yeats, *Collected Poems* (New York : Macmilllan, 1959), p. 146.

당신은 삶에 불을 지폈습니다.
당신은 당신 것을 만들었습니다."
그러니 내가 홀로 있어도 외롭지 않을 때
아무도 방해받지 않게 하라.
나는 친구가 없는 것은 아니지만 모두를 위해 말한다.
어떤 사람이 무슨 말인지 알지도 못하고 나의 말을 듣고 있다.
그러나 내가 노래하는 사람들, 알고 있는 사람들은
계속 태어나고 그리하여 세상을 가득 채울 것이다.[97]

시적인 소명은 국민과 시인 사이에 만들어진 약속에서 발전되어 나온다. 따라서 두 시인이 요구하는 것처럼 보이는 인물들에 의해 제공된 것과 같은, 실제 시에 대한 기원의 힘이 만들어지는 것이다.

그 연결 고리는 여기서 끝나지 않는다. 왜냐하면 네루다는 계속해서 (그의 시 「Deber del Poeta」에서) "나를 통해서 자유와 바다가 / 수의에 덮힌 가슴에 대답하여 부를 것이다."라고 주장하고, 예이츠는 「탑 The Tower」이라는 시에서 상상력을 방출하고 "그리고 폐허나 오래 된 나무들로부터 / 영상들과 기억들을 불러 내는" 것을 말하고 있다.[98] 권고와 개방성의 그러한 계획서가 지배의 그림자 아래로부터 선언되고 있기 때문에, 우리는 그 계획들을 파농의 『저주받은 대지』에서 아주 훌륭하게 묘사된 해방의 내러티브와 연결시킬 수 있다. 왜냐하면 식민지적 질서의 분할과 분리는 국민들의 감금을 을씨년스러운 마비로 만들어 버리는 반면, "새로운 출구들은 … 식민화된 국민들의 폭력이라는 목적을 만들어 내기" 때문이다.[99] 파농은 권리 선언과 자유 언론을 위한 시끄러운 요구 그리고 노동 조합의 요구를 구체적으로 지적했다. 후에 도시 빈민, 추방자, 범죄자, 낙오자로부터 나온 혁명적인 군인 계급이 전원 지역으로 나아가 그곳에서 소요의 마지막 단계를 위해 도

---

97) Pablo Neruda, *Fully Empowered*, Alastair Reid 옮김. (New York : Farrar, Straus & Giroux, 1986), p. 131.
98) Yeats, *Collected Poetry*, p. 193.
99) Fanon, *Wretched of the Earth*, p. 59.

시로 돌아오는 무장 활동가 조직을 서서히 결성해 나감에 따라 전혀 새로운 역사가 전개된다.

파농의 저작의 놀라운 힘은 그것이 파농의 내러티브의 목적론 속에서 확실히 패퇴할 식민지 정권의 매장되지 않고 살아 있는 힘에 대한 은밀한 반내러티브로 제시되고 있다는 데 있다. 파농과 예이츠의 차이는 파농의 반제국주의적인 탈식민화의 이론적이며 심지어는 형이상학적이기도 한 내러티브가 전편을 통해 해방의 어조와 억양으로 특징지워진다는 데 있다. 이것은 반동적인 토착적 방어 이상의 것이다. 이러한 토착적인 방어의 주요 문제점은 (소잉카가 이 점에 대해 분석한 바 있다) 그것이 기본적으로 유럽 대 비유럽의 대립을 암묵적으로 받아들이고, 그 이상으로 뛰어넘지 못한다는 것이다. 파농의 담론은 탈식민화의 제2의 계기를 특징 짓는 예측된 승리인 해방의 담론이다. 이와 대조적으로 예이츠의 초기 작품은 민족주의적인 음조를 띠고, 네루다와 다위시 같은 탈식민화 시인들은 예이츠보다 더 멀리 나아갈 수 있었음에도 불구하고, 예이츠는 자신이 완성시킬 수 없는 그런 시인들의 궤도와 공통되는 궤도를 시도하기는 하지만, 자신의 작품이 건너갈 수 없는 입구에 서 있다. 우리는 적어도 예이츠에게 그의 후기의 반동적인 정치학에 의해 어긋나고 심지어 취소까지 된 그의 시에 나타난 해방주의적이며 유토피아적인 혁명주의를 예시한 점을 인정해야 할 것이다.

최근에 예이츠는 그의 시편들에 대해서 민족주의의 과잉으로 경고 받는 시인으로 인용되기도 했다. 예를 들어 예이츠는 1979~1981년의 이란의 인질 위기를 다루는 카터 행정부에 관한 게리 시크Gary Sick의 책(『모든 것이 무너진다All Fall Down』)에서 구체적인 설명 없이 인용되고 있다.[100] 그리고 1975~77년에 베이루트의 〈뉴욕 타임즈〉지 특파원이었던 고故 제임스 마크햄James Markham은 1976년 레바논 내전의 시작에 관한 기사에서 예이츠의 시 「재림The Second Coming」에 나오는 구절을 인용하였다. "모든 것은 무너진다; 중심은 지탱하지 못한다."

---

100) Gary Sick, *All Fall Down : America's Tragic Encounter with Iran* (New York : Random House, 1985).

라는 구절이 그 하나이고 다른 구절은 "최상의 사람들은 모든 신념을 상실하고, 반면에 최악의 사람들은 / 강렬한 열정으로 가득 차 있다." 이다. 시크와 마크햄은 둘 다 서구 세력에 의해 한때 봉쇄되었던 제3세계를 휩쓸고 있는 혁명적인 조류에 놀란 미국 자유주의자로서 글을 쓰고 있다. 그들이 예이츠를 인용하는 것은 위협적이다. 질서를 지키고 있어라, 아니면 너희들은 필연적으로 통제할 수 없는 열광 속에 빠지게 될 것이다. 불붙은 식민지 상황에서 피식민지 주민들이 중심을 어떻게 지탱해야 하는가에 대해서 시크나 마크햄은 우리에게 아무것도 말해 주지 않고 어떤 경우든 예이츠가 내란의 무질서를 반대할 것이라고 그들은 추정할 뿐이다. 이것은 마치 그 두 사람 모두가 우선 식민지 개입에 무질서를 다시 가져올 것을 생각하지 않은 것 같다. 이러한 일은 치누아 아체베가 1959년에 발표한 위대한 소설 『모든 것은 부서진다Things Fall Apart』에서 이루어 낸 바로 그것이다.[101]

여기에서 중요한 것은 예이츠는 그가 바로 그 순간을 상상하고 만들어 낼 때 정확히 가장 강력해진다는 점이다. 예이츠의 시 작품 속에 가득한 "영국과 아일랜드 분쟁"이 "20세기 해방 전쟁의 모델"[102]이었다는 점을 상기하는 것은 도움이 된다. 예이츠의 가장 위대한 탈식민화 작품들은 폭력의 탄생에 관심을 두고 있거나, 동시성의 맹목적인 섬광이 그의 식민지적 눈에 —소녀의 성폭행과 "무관심한 주둥이가 그녀를 굴복시키기 전에 / 그녀는 그의 힘과 더불어 그의 지식을 가졌는가?"[103]라는 질문이 함께— "레다와 백조Leda and the Swan"에서처럼 제시되는 순간에 생겨나는 변화의 격렬한 탄생을 다룬다. 예이츠는 변화의 폭력을 논증할 수는 없으나, 폭력의 결과는 언제나 충분하지는 않지만, 필요한 이유를 찾는 결합점 지역에 자신을 위치시킨다. 『탑The Tower』(1928)에서 정점을 이루는 시편들의 가장 큰 주제는 식민지적 갈

---

101) Chinua Achebe, *Things Fall Apart* (1959 ; rprt. New York : Fawcett, 1969).
102) Lawrence J. McCaffrey, "Components of Irish Nationalism," in *Perspectives on Irish Nationalism*, eds. Thomas E. Hachey and Lawrence J. McCaffrey (Lexington : University of Kentucky Press, 1989), p. 16.
103) Yeats, *Collected Poetry*, p. 212.

등에서 오는 필연적인 폭력과 계속되는 민족적 투쟁의 일상적인 정치학을 화해시키는 방법이며, 또한 갈등 속에 있는 여러 당파들의 권력을 이성, 설득, 조직의 담론과 시의 요구 사항들과 일치시키는 방법이다. 어느 시점에서 폭력은 충분할 수 없고 정치학과 이성의 전략이 개입되어야 한다는 예이츠의 예언적인 감수성은, 내가 알기로는 격렬한 폭력과 긴박한 정치적·조직적인 과정의 균형을 유지시킬 필요가 있는 탈식민화의 맥락 속에서 중요한 첫 번째 선언이다. 해방은 단순히 권력을 장악하는 데서 이루어질 수 없다는 ("일종의 폭력으로 해서 / 아주 현명한 사람들까지도 긴장하게" 된다 해도)[104] 파농의 주장은 거의 반세기가 지나서 나온다. 예이츠와 파농이 모두 탈식민화 이후에 새로운 정치적 질서가 도덕적 헤게모니를 성취하는 시대로 이전하기 위한 처방을 제공하지 못했다는 점은 오늘날의 수백만의 사람들이 처한 어려움의 증후이다.

아일랜드 해방의 문제가 다른 비교될 만한 투쟁보다 더 오래 지속되었을 뿐만 아니라 흔히 제국주의적이거나 민족주의적인 문제로 간주되지 않는다는 것은 놀라운 점이다. 그대신 그 문제는 영국 영토내에서의 이상 현상으로 이해된다. 그러나 결론적으로 사실은 다른 점을 드러낸다. 1596년 아일랜드에 관한 스펜서의 소책자 이후로 영국과 유럽 사상의 총체적인 전통은 아일랜드인들을 분리적이고 열등한 민족으로 간주해 왔고, 통상 구제 불능의 야만인이고 종종 범죄적이고 원시적이라고 생각했다.

아일랜드 민족주의는 적어도 지난 200년 동안 토지 문제, 종교, 정당과 지도자의 본질과 관련된 서로를 죽이는 투쟁으로 특징지워진다. 그러나 그 운동을 지배하는 것은 아일랜드 공화국의 기초를 세운 1916년의 선언문에서 "아일랜드 국민의 아일랜드 소유권과 아일랜드 운명에 대한 제약 없는 통제권이 자주적이며 파기할 수 없는 권리"가 되는 곳에서 토지의 통제를 되찾기 위한 시도이다.[105]

예이츠는 이러한 탐색에서 분리될 수 없다. 그의 놀라운 천재성에도

---

104) 같은 책, p. 342.
105) Hachey and McCaffrey, *Perspectives on Irish Nationalism*, p. 117에서 재인용.

불구하고, 예이츠는 토마스 플라나간Thomas Flanagan이 말한 바대로 "아일랜드 언어로 그리고 물론 특별히 강하고 매력적인 방식으로 논리에 저항하며 민족주의의 핵심인 동시적인 추상화와 구체화의 과정에" 기여하였다.[106] 그리고 이러한 작업에 여러 세대의 다른 작가들 또한 아일랜드의 정체성이 토지, 켈트적 기원, 점차 증가하는 민족주의적 경험이나 지도자들 (울프 톤, 코놀리, 미첼John Mitchel, 아이작 버트 Isaac Butt, 오코넬Daniel O'Connell, 아일랜드인 연합, 아일랜드 자치 운동 등등) 그리고 특별한 국민 문학에 부가하는 아일랜드의 정체성을 표현함으로써 기여하였다.[107] 회고해 보면 문학적 민족주의에도 토마스 모어Thomas Moore, 아베 맥게난Abbé McGeoghehan과 새무엘 퍼거슨Samuel Ferguson과 같은 초기 문학 사가들, 제임스 클레어런스 만간James Clarence Mangan, 오렌지 영Orange-Young 아일랜드 운동, 스탠디쉬 오그래디Standish O'Grady 등 많은 선구자들이 있다. 오늘날의 필드 데이 극단Field Day Company(시머스 히니Seamus Heaney, 브라이언 프릴, 시머스 딘, 톰 폴린Tom Paulin)과 데클란 키버드Declan Kiberd와 W. J. 맥코맥McCormack 같은 문학 사가들의 시적·극적·학문적 업적 속에서 아일랜드의 국민적 경험의 이러한 "부활"은 훌륭하게 다시 상상되고 있으며 민족주의적 모험을 새로운 형태의 언어적 표현으로 만들어 간다.[108]

예이츠의 본질적인 주제들은 ―지식과 권력의 결합을 확신하고 폭력을 이해하는 문제― 초기와 후기 문학 작품에 나타난다. 대체로 동시대적인 그람시의 다른 맥락에서 수행되고 정교화된 저작 속에서 비슷한 주제들이 나타나는 것은 흥미있다. 아일랜드의 식민주의적인 배

---

106) 같은 책, p. 106.
107) David Lloyd, *Nationalism and Minor Literature : James Clarence Mangan and the Emergence of Irish Cultural Nationalism* (Berkeley : University of California Press, 1987)을 보라.
108) 그들의 글의 선집으로는 Ireland's Field Day (London : Hutchinson, 1985)를 보라. 이 선집은 Paulin, Heaney, Deane, Kearney와 Kiberd의 글도 실려 있다. 또한 W. J. McCormack, *The Battle of the Books* (Gigginstown, Ireland : Lilliput Press, 1986)를 보라.

경에서 예이츠는 자신의 시를, 블랙머의 표현을 빌면 고통의 기술로 사용하여 그 문제를 논쟁적으로 가장 잘 제기하고 또 다시 제기하는 것처럼 보인다.[109] 그리고 그는 「어린 아이들 사이에서Among School Children」, 「탑」, 「나의 딸을 위한 기도A Prayer for My Daughter」, 「벤 불벤 밑에서Under Ben Bulben」와 「서커스 동물의 유기The Circus Animals' Desertion」와 같은 최종적인 요약과 비전을 지닌 위대한 시편에서 더 많은 문제 제기를 한다. 물론 이러한 시편들은 계보학과 요약의 시편들이다. 초기의 민족주의적인 혼란으로부터 학급을 거닐며 모든 그들의 과거 속에서 레다가 어떻게 형상화되었는가를 생각하는 상원 의원의 신분으로, 아이를 생각하는 사랑하는 아버지의 신분으로, 비전의 침착성을 이룩하려고 노력하는 원로 예술가로서, 마지막으로 오랫동안의 기교가로서, 자신의 힘을 상실하고도 어떻게든 살아남는 예술가에 이르기까지 자신의 삶을 말하고 다시 말하면서, 예이츠는 자신의 삶을 민족적 삶의 요체로 인식하고 시적으로 재구성한다.

이러한 시편들은 아일랜드의 현실을 환원적이며 비방조로 축약하려는 것을 반전시킨다. 조셉 리어센의 하문적인 책 『사소한 아일랜드인과 피오르 가엘Mere Irish and Fior-Ghael』에 따르면, 그러한 환원적인 축약은 "감자 먹는 사람들" 또는 "돼지와 같이 사는 사람들", "판잣집 사람들"과 같은 무역사적인 표제를 대치하려는 8세기 동안 영국 작가들의 손아귀에 있었던 아일랜드 사람들의 운명이었다.[110] 예이츠의 시행은 아버지로서 또는 "60세 된 미소 짓는 공인公人"으로서 또는 아들이자 남편으로서 시인 자신의 개인적인 경험의 내러티브와 밀도가 그의 국민의 경험과 같다고 추정한다는 면에서 좀더 명령적으로 그의 국민들과 민족의 역사를 결합시킨다. 「어린 아이들 사이에서」의 마지막 연에 있는 지시물은, 예이츠가 그의 독자들에게 무용수와 무용이

---

109) R. P. Blackmur, *A Primer of Ignorance*, ed. Joseph Frank (New York : Harcourt, Brace & World, 1967), pp. 21~37.

110) Joseph Leerssen, *Mere Irish and Fior-Ghael : Studies in the Idea of Irish Nationality, Its Development, and Literary Expression Prior to the Nineteenth Century* (Amsterdam and Philadelphia : Benjamins, 1986).

분리될 수 없듯이 역사와 국가는 분리될 수 없는 것이라는 사실을 상기시키고 있음을 보여 준다.

억압된 역사를 복원시키고 국가를 역사와 연결하는 데 있어서 예이츠가 성취한 드라마는 예이츠가 극복해야만 했던 상황에 대한 파농의 다음과 같은 설명 속에 아주 잘 표현되어 있다. "식민주의는 단순히 한 민족을 잡아 두고 토착민의 두뇌에서 모든 형식과 내용을 비워 버리는 것으로 만족하지 않는다. 일종의 왜곡된 논리에 의해 식민주의는 그 민족의 과거로 돌아가 그것을 곡해하고 손상시키고 파괴해 버린다."[111] 예이츠는 개인적이며 민족적인 경험의 수준에서 민족적 원형의 수준으로 전자의 직접성과 후자의 자세를 상실하지 않고 올라간다. 그리고 예이츠가 계보학적 우화와 인물들을 오류 없이 선택한 것은, 파농이 묘사한 식민주의의 또 다른 양상이라고 할 수 있는 개인을 그 자신의 본능적 생활에서 분리하고 민족적 정체성의 생성적인 특징들을 깨뜨리는 능력을 설명해 준다.

> 무의식적인 차원에서 식민주의는 토착민에 의해 어린 아이를 적대적인 환경으로부터 보호하는 부드럽고 사랑스러운 어머니로 간주되기를 추구하지 않고, 오히려 자신의 근본적으로 고집 센 자손에게 자살 충동과 그 사악한 본능에 자유를 주는 것을 끊임없이 억제시키는 어머니로서 대접받기를 원했다. 식민지의 어머니는 자신의 아이를 그 자체로부터, 자아로부터 그리고 그 생리학으로부터, 그 생물학으로부터, 그 본질인 자체의 불행으로부터 보호해 준다.
>
> 그러한 상황에서 토착 지식인(과 시인)의 주장은 사치가 아니고 어떠한 일관성 있는 계획에서 필수인 것이다. 자신의 국가의 정통성을 수호하기 위해 무기를 들고, 자신의 육신의 역사를 연구하기 위해 기꺼이 발가벗는 토착 지식인은 국민들의 마음을 세밀히 분석·연구할 수밖에 없다.[112]

---

111) Fanon, *Wretched of the Earth*, p. 210.
112) 같은 책, p. 214.

예이츠가 아일랜드 시인들에게 다음과 같이 지시한 것은 전혀 이상하지 않다.

> 지금 자라고 있는 것을 경멸하라.
> 발끝에서 머리 꼭대기까지 모든 것은 엉망이 되었고
> 그들의 기억하지 못하는 가슴과 머리
> 미천한 침대에서 나온, 태생이 미천한 산물들을.[113]

이 과정에서 예이츠는 개인들을 만들어 내지 않고, 블랙머의 용어대로[114] "유형들이 생성된 추상화를 결코 극복할 수 없는" 유형들을 만들어 냈다는 사실은, 블랙머가 흔히 그랬듯이 아일랜드의 복종의 역사에서 탈식민화 계획과 그 배경이 무시되는 한은 맞다. 왜냐하면 예이츠의 해석은 대가적인 역량을 가졌으나 무역사적이기 때문이다. 식민지적 현실이 고려될 때, 우리가 얻는 것은 통찰력과 경험이지 단순히 "행동으로 휘저어진 우화적인 상"만은 아니다.[115] 원형, 나선형, 소용돌이 모양에 대한 예이츠의 완전한 체계는 단지 그것이 멀지만 질서 정연한 실제를 자신의 직접 경험의 동요로부터 벗어나는 도피처로서 손에 넣는 그의 노력을 상징하는 경우에 중요하게 보인다. 비잔티움 시편에서 예이츠가 영원의 예술 작품 속으로 들어가기를 요청할 때, 시대로부터 그리고 그가 후에 "마멀레이드 속에 빠진 파리의 몸부림"이라고 부른 것으로부터 벗어나 일시 휴식을 취할 필요성은 훨씬 더 강하게 생겨난다. 그렇지 않다면 대부분의 그의 시를 읽고 아일랜드의 식민지 고통의 부담을 없애기 위해 예이츠가 조나단 스위프트의 참담한 분노와 천재성을 이용한 것을 느낄 수밖에 없다. 예이츠는 충분한 정치적 해방을 상상하지는 못했으나 문화적 탈식민화의 중요한 국제적인 성취를 우리에게 가져다 준 것은 사실이다.

---

113) Yeats, *Collected Poetry*, p. 343.
114) R. P. Blackmur, *Language as Gesture : Essays in Poetry* (London : Allen & Unwin, 1954). p. 118.
115) 같은 책, p. 119.

4. 안으로의 여행과 대항의 출현

아일랜드의 경험과 우리 동시대의 다른 지역에서의 식민지 역사는 하나의 새로운 현상 —유럽과 서구로부터의 나선형적인 일탈과 외삽법外揷法— 을 증명하고 있다. 나는 단지 토착 작가들만이 이 변화의 부분이라고 말하는 것이 아니라 그 과정이 서서히 서구로 들어온 다음, 인정받기를 요구하는, 중심을 벗어난 주변부 작업 속에서 가장 생산적으로 시작된다고 말하는 것이다.

비교적 최근인 30년 전만 해도 유럽이나 미국의 대학에서 아프리카 문학이 교과 과정에 들어간 적은 거의 없었다. 이제 아프리카 경험을 독립적으로 말하는 베시 헤드Bessie Head, 알렉스 라 구마Alex La Guma, 올레 소잉카, 나딘 고디머Nadine Gordimer, J. M. 코엣지Coetzee의 문학 작품들이 강렬한 흥미를 끌고 있다. 이와 유사하게 아프리카 역사, 정치, 철학에 대한 가장 객관적인 개관에서도 안타 디옵Anta Diop, 폴린 훈톤지Paulin Hountondjii, V. Y. 무딤베, 알리 마즈루이의 저작을 무시하는 것은 더 이상 불가능하다. 이러한 작업에 대해 논쟁의 분위기가 무르익는 것은 사실이다. 그러나 그것은 단지 우리가 아프리카 문학을 그 정치적 상황 속에 —제국주의와 그에 대한 저항의 역사는 확실히 가장 중요한 역사의 하나이다— 깊이 새겨져 있는 것으로만 아프리카적 글쓰기를 바라볼 수 있기 때문이다. 그렇다고 아프리카 문화가 프랑스나 영국 문화보다 결코 문화적이지 못하다고 말하는 것은 아니다. 오히려 아프리카 문화 정치학을 보이지 않는 것으로 만들기가 더 어려워졌다고 말하는 것이다. 아프리카 학자들이 중동

학자들처럼 오래된 제국주의적 정치학 —친해방, 반인종 차별주의 등— 에 토대를 둔 분류 속에 놓여 있다는 것을 지적할 때 말할 수 있는 바와 같이, "아프리카"는 아직도 논쟁의 영역이다. 따라서 일련의 연합체 즉 지식인들의 구성체들은 대항적이며 독립적인 연구 업적을 만들어 내기 위해, 예를 들면 영국의 베이질 데이빗슨의 저작과 아밀카 카브랄의 정치학을 연결시키고 있다.

그럼에도 불구하고 서구의 주요한 문화적 구성체들을 형성하는 많은 요소들이 —그 중에 나의 이 "주변부적peripheral" 저작도 속한다—제국주의가 지닌 통합의 비전에 의해 역사적으로 은폐되어 왔다. 우리는 모파상이 에펠탑에서 매일 점심을 즐겼다는 것을 기억하고 있다. 그 이유는 그곳이야말로 모파상이 파리에서 그 위압적인 구조물을 바라볼 필요가 없는 유일한 장소이기 때문이었다. 지금까지도 유럽 문화사의 대부분의 기술들은 제국에 대해 별다른 관심을 기울이지 않고, 특히 위대한 소설가들은 그들이 마치 제국에서 완전히 동떨어진 것처럼 분석되고 있기 때문에, 오늘날의 학자나 비평가는 그 소설가들의 권위적인 중심성과 더불어 그들의 제국주의적인 태도와 언급에 주목하지 않고 그대로 받아들이는 것이 관행으로 되어 있다.

그러나 이데올로기나 사회 체계의 지배가 제아무리 명백하게 완전하더라도, 그 지배가 감당하지 못하고 통제하지 못하는 사회 경험의 부분들이 항상 있다는 것을 반복해서 말할 수 있다. 바로 이러한 부분들로부터 흔히 자의식적인 동시에 변증법적인 대항이 나타나는 것이다. 이것은 생각보다 복잡한 문제는 아니다. 하나의 지배 구조에 대한 대항은 외부와 내부의 개인들이나 단체들의 인식, 심지어 전투적인 자각으로 생겨나고, 그들 정책 중 어떤 것은 잘못될 수도 있다. 고든 K. 루이스(『노예 제도, 제국주의와 자유』)와 로빈 블랙번(『식민적인 노예 제도의 전복』)[116]의 주요한 연구들이 밝혀 주고 있듯이 개인들과 운동—지복 천년설 신봉자, 부흥주의자, 선행자, 정치적 급진주의자, 냉소

---

116) Gordon K. Lewis, *Slavery, Imperialism, and Freedom* (New York : Monthly Review, 1978) ; and Robin Blackburn, *The Overthrow of Colonial Slavery, 1776 ~1848* (London : Verso, 1988).

적 대농장주와 교활한 정치가— 의 놀라운 혼합물이 1840년대까지 노예 무역의 쇠퇴와 종말을 가져오는 데 기여했다. 가령 하노버 왕가로부터 빅토리아 여왕에 이르기까지, 줄곧 영국의 식민주의적인 관심사가 한번도 저항을 받지 않은 것은 아니고 수정주의적이거나 저항적이라 불리울 수 있는 역사 연구는, 이러한 관심사에 대한 다양한 논쟁이 있었음을 보여 준다. 누구보다도 루이스, 블랙번, 베이질 데이빗슨, 테렌스 레인저, E. P. 톰슨 같은 학자들은 제국주의내의 문화적·정치적 저항에 의해 주어진 패러다임에 대한 연구를 약속했다. 이렇게 되어 식민지 인도와 아프리카를 연구하는 영국 역사가들은 민족주의자와 반제국주의자로 간주되는 그 지방의 세력들 —정치적일 뿐 아니라 문화적인 —과 공감적인 연대를 형성하여 그 지역의 저항의 역사를 쓰기 시작했다. 토마스 호지킨이 지적한 바와 같이, 이러한 지식인들은 제국주의의 발생과 그 부수적인 결과에 대해 설명하고 나서, "관계들의 전체계와 그것으로부터 생겨나는 태도들을 어떻게 폐지시키거나 변형시킬 수 있는가"를 보여 주고자 노력했다.[117]

반식민주의와 반제국주의 사이의 차이에 대한 구별이 이루어질 필요가 있다. 식민지 보유의 장·단점에 관한 활발한 논쟁이 18세기 중엽의 유럽에도 있었다. 이 논쟁에서 토착민들의 권리와 유럽 침략 행위들에 관한 바르톨로메 드 라스 카사스Bartolomé de las Casas, 프란치스코 드 비토리아Francisco de Vitoria, 프란치스코 수아레즈Francisco Suarez, 카뫼엔스Luis de Camöens와 바티칸 교황청의 초기 입장들이 나타났다. 디드로Denis Diderot와 몽테스키외와 같은 대부분의 프랑스 계몽주의 사상가들은 노예 제도와 식민주의에 대한 라이날 신부의 반대를 지지하였다. 유사한 견해들이 볼테르Voltaire, 루소, 성 피에르의 베르나르뎅은 물론 존슨, 쿠우퍼William Cowper, 버크에 의해 표명되었다. (그들의 생각을 편찬한 유익한 책은 마르셀 메를Marcel Merle의 『라스 카사스에서 칼 마르크스에 이르는 유럽의 반식민주의

---

117) *Studies in the Theory of Imperialism*, 에서 Thomas Hodgkin, "Some African and Third World Theories of Imperialism," eds. Roger Owen and Bob Sutcliffe (London : Longman, 1977), p. 95.

L'Anticolonialisme Européen de Las Casas à Karl Marx 』이다.)[118] 네덜란드의 작가 물타투리Multatuli와 같은 희귀한 예외를 제외하면, 19세기에 식민지에 관한 논쟁은 통상 유익성, 관리, 잘못된 관리와 같은 문제에 관심을 두었고, 나아가 식민주의가 자유 방임 사상이나 관세 정책과 조화를 이룰 수 있는지, 그리고 있다면 어떻게 조화를 이루는지와 같은 이론적인 문제를 다루었다. 다시 말해 제국주의적이며 유럽 중심적인 체제가 암묵리에 수용되고 있었다. 식민지에 관한 많은 논의는 분명치 않았고 해리 브레이큰Harry Bracken과 다른 학자들이 보여 주듯이 애매 모호했고, 비유럽인들에 대한 유럽인들의 지배의 본체론적인 문제에 관한 좀더 심층적인 문제들에 대해서는 상호 모순적이기까지 했다.[119] 다른 말로 하면 자유주의적인 반식민주의자들은 식민지들과 노예들은 지나치게 엄하게 통제되거나 억압되어서는 안 된다는 인간적인 입장을 취하나 —계몽주의 철학자들의 경우— 서구인 또는 백인들의 근본적인 우수성에 대해서는 논쟁하지 않는다.

이러한 견해는 식민지적 배경내에서 관찰되고 수집된 지식에 의존한 19세기 방법과 담론의 심장부로 서서히 침투해 들어갔다.[120] 그러나 탈식민화의 시기는 다르다. 이것은 완전히 구별되는 시기라기보다는 변화하는 문화 상황의 문제이다. 왜냐하면 식민지에서 민족주의적이거나 반제국주의적 저항이 서서히 눈에 띄게 늘어나듯이, 또한 반제국주의적인 힘들을 격렬하게 반대하는 수가 늘어나기 때문이다. 조직적인 유럽의 비판 중 가장 최초의 그리고 가장 유명한 경우인 J. A. 홉슨의 『제국주의 연구*Imperialism : A Study*』(1902)는 제국주의의 그 잔인한 경제학, 자본의 수출, 무자비한 권력과의 연대, 선의에서 나온 "문명화"

---

118) Marcel Merle, ed., *L'Anticolonialisme Européen de Las Casas à Karl Marx* (Paris : Colin, 1969). Charles Robert Ageron, *L'Anticolonialisme en France de 1871 à 1914* (Paris : Presses Universitaires de France, 1973).

119) Harry Bracken, "Essence, Accident and Race," *Hermathena* 116 (Winter 1973), 81~96.

120) Gerard Leclerc, *Anthropologie et colonialisme : Essai sur l'histoire de l'africanisme* (Paris : Seuil, 1972).

라는 구실의 겉치레에 대해 공격했다. 그러나 이 책은 "열등한 민족들"—홉슨은 이 생각을 받아들일 만하다고 생각한다[121]— 의 개념에 관한 비판은 없다. 유사한 견해가 영국의 제국주의적 관행에 대한 비평가인 램시 맥도날드에 의해 개진되었다. 그러나 그는 제국주의 자체에 대해 반대하지 않았다.

영국과 프랑스에서 A. P. 손튼(『제국주의 사상과 그 적들 The Imperial Idea and Its Enemies』), 버나드 포터(『제국의 비평가들 Critics of Empire』), 라울 지라르데(『프랑스의 식민주의 사상 L'Idée coloniale en France』)보다 반제국주의 운동을 더 훌륭하게 연구한 경우는 없다. 그들의 사상은 두 가지 특징으로 요약될 수 있다. 제국주의에 대해 전면적으로 반대한 19세기 말 지식인들이 (윌프리드 스카윈 블란트와 윌리암 모리스 William Morris) 분명히 있었으나 영향력이 거의 없었다. 메리 킹슬리 Mary Kingsley와 리버풀 학파와 같은 많은 사람들은 자신들을 제국주의자와 국수주의자로 묘사하지만 그 체제의 오용과 잔인성에 대해서 가차없이 비판했다. 다른 말로 해서 토착민들의 봉기가 너무 많이 일어나서 결코 무시할 수 없거나 패퇴시키기 어렵게 된 이후가 될 때까지는 결코 제국주의에 대한 전면적인 비판은 없었다—그리고 이 점이 내가 주장하는 바이다.

여기에서 하나의 각주를 두는 것이 가치 있으리라. 즉 알제리에 관해 논한 프랑스의 토크빌처럼 유럽의 지성인들은 경쟁하는 제국의 잘못에 대해서 공격하는 경향은 있으나 자신의 제국적 행위에 대해서는 그 공격을 누그러뜨리거나 변명한다.[122] 바로 이러한 이유로 나는 현대 제국들이 서로 다르다고 부인함에도 불구하고 그들이 어떻게 서로 모방하는가를 주장하고, 엄격한 반제국주의적인 입장의 필요성을 고집하는 것이다. 미국은 통상 제3세계의 많은 민족주의 정당들과 지도자들

---

121) J. A. Hobson, *Imperialism : A Study* (1902 ; rprt. Ann Arbor : University of Michigan Press, 1972), pp. 223~84.

122) C. L. R. 제임스에 의해 신랄하게 분석된 또 다른 예는, 노예 제도 폐지의 대의 명분에서 Pitt에 의해 조종된 Wilberforce의 경우이다. *The Black Jacobins : Toussaint L'Ouverture and the San Domingo Revolution* (1938 ; rprt. New York : Vintage, 1963), pp. 53~4.

로부터 도움을 요청받는다. 그 이유는 2차 대전 중 미국이 공개적으로 반제국주의적이었기 때문이다. 1950년대와 60년대 초에 이르러 알제리에 대한 미국의 정책은 프랑스와 미국의 우호 관계에 엄청난 변화를 주었다. 미국이 프랑스의 식민주의를 인정하지 않았기 때문이었다. 그러나 일반적으로 2차 대전 이후의 미국은 영국과 프랑스가 철수한 (물론 베트남이 중요한 예이다)[123] 제3세계의 많은 지역들에 대해 책임이 있다고 생각했다. 그리고 반식민 혁명의 정통성에 토대를 둔 예외적인 역사를 가지고 있기 때문에, 미국은 그 나름대로 영국과 프랑스를 닮기 시작했다는 비난을 대체로 면제받았다고 간주했다. 문화적 예외주의의 원리들이 전반적으로 너무나 많다.

주로 지라르데가 지적한 두 번째 특징은 민족주의자들이 우선 제국주의 영토들에서 선두에 서고 다음으로 국외로 추방된 지식인들과 행동파들이 나선 뒤에야, 도시에서 중요한 반식민주의 운동이 일어났다는 것이다. 지라르데에게 있어 에메 세제르, 파농과 같은 작가들은 약간 미심쩍은 "혁명적인 구세주주의revolutionary messianism"를 재현하고 있지만, 그들은 사르트르와 다른 유럽인들로 하여금 1950년대 알제리와 인도차이나에서의 프랑스의 식민지 정책을 공개적으로 대항하도록 고무시켰다는 것이다.[124] 이러한 신도직 활동으로부터 다른 운동들이 일어났다. 고문, 추방 같은 식민지 관행에 대한 인본주의적인 대항, 전지구적인 제국주의 시대의 종말이라는 새로운 인식, 이와 더불어 국가적 목적의 재정의와 문화 전문지, 여행, 세미나를 통해 탈식민지의 토착민을 매료시킨 결과로 나타났던 "자유 세계"에 대한 다양한 옹호들(냉전 시대에도 결코 적지 않았다)을 들 수 있다. 소비에트 연방과 유엔에 의해 언제나 좋은 의도만은 아니었고, 소비에트 연방의 경우 이타주의적인 이유로만 수행된 것은 아니었지만 결코 무시할 수 없는 역할이 수행되었다. 다시 말해 2차 대전 이후의 거의 모든 성공적인 제3세계 해방 운동은 미국, 영국, 프랑스, 포르투갈과 네덜란드에 반대

---

123) Noam Chomsky, *American Power and the New Mandarins* (New York : Pantheon, 1969), pp. 221~366를 보라.

124) Girardet, *L'Idée coloniale en France*, p. 213.

하는 소비에트 연방의 대항 세력의 영향으로 도움을 받았다.

유럽의 심미적 모더니즘에 대한 대부분의 사가들은 비유럽 문화가 금세기 초에 유럽 대도시의 중심지로 대규모로 흘러간 사실을 빼놓고 있다. 그 비유럽 문화가 피카소, 스트라빈스키, 마티스와 같은 모더니스트들에게 그리고 대체로 '백인이며 서구'라는 동질적 집단이라고 믿는 유럽 사회 조직에 명백히 중요한 영향을 끼쳤음에도 불구하고 말이다. 양차 대전 사이에 인도, 세네갈, 베트남과 카리브 해에서 온 학생들이 런던과 파리로 몰려들었다.[125] 전문지, 리뷰와 정치적인 연대가 조직되었다. 우리는 영국에서 열린 범아프리카 회의와 〈흑인들의 절규Cri des nègres〉와 같은 잡지들, 추방자, 반대자, 피난민 등에 의해 수립된 흑인 노동 조합과 같은 정당들을 생각할 수 있다. 모순적이게도 그들은 멀리 떨어진 외진 지역에서보다 제국의 심장부에서 더 훌륭한 작업을 했고 할렘 르네상스에 의해 아프리카 운동이 제공한 활력을 얻고 있었다.[126] 공통적인 반제국주의적 경험이 유럽인, 미국인, 비유럽인들 사이의 새로운 연대와 더불어 의식되었다. 그들은 학문 방법론을 변형시켰고, 유럽 문화내에서 수세대 동안 지탱해 온 태도와 언급의 구조를 돌이킬 수 없게 변화시킨 새로운 사상들을 표명하게 되었다. 한편으로 조지 파드모어George Padmore, 엥크루마, C. L. R. 제임스에 의해 재현된 아프리카 민족주의와 다른 한편으로 세제르, 셍고르, 클로드 맥케이Claude Mckay와 랭스톤 휴즈Langston Hughes와 같은 할렘 르네상스 시인들의 작품 속에 나타나는, 새로운 문학 양식의 출현 사이에 생겨난 타가 수정他家受精은 전지구적인 모더니즘 역사의 중심 부분이다.

탈식민화, 저항 문화, 제국주의 대항 문학이 모더니즘에 기여한 공

---

125) 양차 대전 사이 파리에서의 젊은 베트남 지식인들에 대한 훌륭한 논의로는 Hue-Tam Ho Tai, *Radicalism and the Origins of the Vietnamese Revolution* (Cambridge, Mass. : Harvard University Press, 1992)을 보라.

126) 이것은 Janet G. Vaillant, *Black, French, and African : A Life of Léopold Sédar Senghor* (Cambridge, Mass. : Harvard University Press, 1990), pp. 87~146에 잘 설명되어 있다.

로를 설명하려면 시야와 이해의 폭을 넓힐 필요가 있다. 이러한 시야와 이해의 폭의 변화가 아직도 완전히 이루어진 것은 아니지만, 그 변화가 이미 시작되었다고 생각할 수 있는 많은 이유가 있다. 오늘날 서구에 대한 많은 옹호는, 마치 오래 된 제국주의적 사상들이 아프리카, 아시아 그리고 카리브 해로부터 온 시인, 학자, 정치 지도자 들이 크게 기여한 작품과 전통, 문화에 의해 심각하게 도전을 받은 것을 인정하듯 사실상 수세적, 방어적이다. 더욱이 푸코가 피정복 지식이라고 불렀던 것이 말하자면 유대 기독교적 전통에 의해 한때 통제되었던 분야를 통해 분출되고 있고, 서구에 살고 있는 우리들은 포스트 식민주의 세계 —콘라드의 유명한 설명대로 "지구의 어두운 장소 중의 하나"가 더 이상 아니고 다시금 활기찬 문화적 노력의 장소가 된 지역— 에서 발산되는 일급 문학과 학문의 엄청난 생산에 의해 깊은 영향을 받고 있다. 오늘날 가브리엘 가르시아 마르케즈, 살만 루시디, 카를로스 후엔테스Carlos Fuentes, 치누아 아체베, 올레 소잉카, 파이즈 아마드 파이즈와 그와 같은 많은 다른 작가들을 논의하는 것은, C. L. R. 제임스, 조지 안토니우스, 에드워드 윌모트 브라이든Edward Wilmot Blyden, W. E. B. 두 보이스, 호세 마르티와 같은 지지자들의 초기작 없이는 생각할 수도 없는 상당히 새롭게 부상하는 문화를 말하는 것이다.

　나는 이러한 강력한 충돌 —다시 말해 "제국주의적"인 언어로 쓰고, 제국에 대한 대중적 저항과 유기적으로 관련되어 있다고 느끼고, 한때 유럽인만이 독점적으로 사용했던 기교들, 담론들, 학문과 비평의 무기들을 사용하여 제국의 중심 문화를 정면으로 다루는, 수정주의적이며 비판적인 작업을 한 식민지나 주변부 지역에서 온 지식인들의 작업— 의 아주 불연속적인 하나의 양상을 논의하고자 한다. 그들의 작업은 그 진가에 따라 표면상으로 서구의 주류 담론에 (결코 기생하는 것이 아니라) 의존할 뿐이다. 이 작업의 독창성과 창조성의 결과로 학문 방법론의 바로 그 영역을 변형시켰다.

　내가 앞으로 논의하려고 하는 현상에 대한 일반적이고 유사 이론적인 설명이 레이몬드 윌리엄스의 저서 『문화Culture』(1981)에 나타난다. 윌리엄스는 "구성체들"이라는 제목을 붙인 장에서 길드, 전문직, 클럽, 운동 들을 논의한 후 학파, 도당, 반대자들과 반항아들에 관한 좀더 복잡한 문제들로 옮겨 간다. 윌리엄스는 이 모든 것들이 "하나의 단일한 국가 사회 질서내의 발전과 관련되고 있다."고 말한다. 그러나 20세기에는 새로운 국제적 또는 초국가적인 구성체들이 생겨나고 제국의 중심에서 아방가르드화 되는 경향이 있었다. 어느 정도까지 이러한 초구성체들은 ―1890~1930년대의 파리와 1940~1970년대의 뉴욕― 예를 들어 "서구 음악", 20세기 미술, 유럽 문학과 같은 문화를 국제화하는 효과적인 시장의 힘의 새로운 결과들이다. 그러나 "아방가르드 운동의 기여자들은 변방 지역은 물론 이제는 대도시와의 관계 속에서 지방 문화로 간주되는 다른 좀더 작은 국민 문화로부터 그러한 대도시로 들어온 이주자들"이라는 사실이 더 흥미롭다. 윌리엄스는 아폴리네르 Guillaume Apollinaire를 예로 들고 있다. 비록 그는 "대항 그룹을 위해 특별히 우호적으로 지지적인 상황을 만들어 주는" 주류 그룹들과 "이주자들이 서로 만나고 연합하게 되는 제국의 중심 도시의 사회학"에 관해 쓰고 있기는 하지만 말이다.[127]

윌리엄스는 이주자들 사이의 그러한 만남이 "전통적인 관습들과 첨예하고 격렬한 단절(문자 그대로의 아방가르드라기보다 반대 또는 반역)"의 결과를 만들어 내는지, "제국의 중심 도시와 초국가적 시대의 지속되는 지배 문화"에 흡수되어 그 일부가 되는 것인지는 아직도 확실치 않다고 결론을 내리고 있다. 그러나 만일 우리가 시작부터 윌리엄스의 주장을 역사화하고 정치화하여 제국주의와 반제국주의의 역사적인 배경 속에 대입시켜 본다면, 많은 요소가 분명해질 것이다. 첫째로 대도시로 이주해 왔거나 방문하고 있는 주변부 작가들에 의해 이루어진 반제국주의적인 지적이고 학문적인 작업은 통상 대규모 대중 운동이 일어나는 대도시로의 확장이다. 이것의 생생한 표현은 FLN(알제리 민족해방전선)이 프랑스를 일곱 번째 윌라야Wilaya(다른 6개는 고유한 알제리를 구성하며[128] 탈식민화에 대한 논쟁을 주변부에서 중심부로 옮겨 가게 했다)라고 불렀던 알제리 전쟁에서 볼 수 있다. 둘

---

127) Raymond Williams, *Culture* (London : Fontana, 1981), pp. 83~5.
128) Ali Haroun, *La 7e Wilaya : La Guerre de FLN en France, 1954~1962* (Paris : Seuil, 1986).

째로 이러한 유입은 지금까지 제국 중심에 의해 일방적으로 지시된 경험, 문화, 역사와 전통 등과 같은 영역에 관심을 가진다. 파농은 자신의 책들을 쓸 때 여지껏 위반할 수 없었으나, 지금은 반대하는 토착민에 의해 침입을 받고 비판적으로 다시 검토되는 프랑스적인 공간내에서, 프랑스 사람이 본 식민주의 경험에 대해 이야기하려고 의도했다. 따라서 분리된 식민지나 토착적인 정체성에 대한 반동적인 주장만으로는 이론적으로 기술될 수 없는 중복과 상호 의존이 생겨나게 되는 것이다. 마지막으로 이러한 "안으로의 여행"은 희석, 회피를 통해 그러한 노력을 부분적으로 인정·거부하는 제국의 중심 문화내의 해결되지 않은 모순이나 차이를 재현한다고 나는 믿는다.

따라서 "안으로의 여행"은 특별히 흥미로운 갖가지 문화 작업의 다양성을 구성한다. 그리고 그러한 것이 결국 존재한다는 사실은 제국주의적 구조가 지속되는 시대에 적대감이 국제화되어 가고 있다는 표시이다. 로고스는 더 이상 런던이나 파리에만 독점적으로 존재하지 않는다. 역사는 헤겔이 믿는 바대로 동에서 서로, 또는 남에서 북으로 일방적으로 전개되지 않고, 좀더 세련되게 발전하며, 덜 야만적이고, 덜 퇴행적으로 전개된다. 그 대신에 비판이라는 무기들은 제국의 역사적인 유산의 부분이 되었다. 그 유산 속에는 "분리해서 통치하라."라는 구호의 분리와 배제는 사라지고, 놀랍고도 새로운 형태 구성이 생겨난다.

내가 여기에서 논의하고자 하는 4개의 텍스트는 각기 어떤 특정한 역사적 순간에 특별히 속한다. 처음 두 텍스트는 1938년에 출간된 C. L. R. 제임스의 『흑인 쟈코뱅당원들Black Jacobins』과 이와 거의 동시에 간행된 조지 안토니우스의 『아랍의 각성』이다. 전자는 18세기 후반 카리브 해의 흑인 소요에 관한 것이고 후자는 아랍의 최근 소요에 관한 것이다. 두 권 모두 과거의 사건을 다루고 있다. 그 사건의 양식, 주인공과 적대자를 통해 저자는 유럽에 의해 무시되었거나 배반당한 토착민이나 식민지의 현실을 찾아내는 데 관심을 가진다. 두 작가 모두 뛰어난 문장가들이고 놀라운 사람들이다. (그리고 제임스의 경우 스포츠맨이었다.) 영국의 식민지 학교에서 그들의 초기 자아 형성은 영국 문화에 대한 심각한 반대는 물론 놀라운 이해를 가능하게 했다. 이제 두 책 모두가 경이로울 정도로 미래를 예견한 것처럼 보인다. 제임스는 고뇌에 찬, 아직도 심각하게 불안정한 카리브 해의 삶에서 연속적인 역사를 예언하였다. 안토니우스는 중동으로부터 보내 오는 오늘날의 신문 1면의 이야기들과 충격적인 전송 장면들을 정확하게 예언하였다. 이 당시의 팔레스타인과 이스라엘의 상황은 1948년의 이스라엘의 수립과 —이 일이 있기 10년 전에 안토니우스에 의해 무서운 전조로 예언된 예측 불허의 사건— 더불어 아랍인의 견지에서 보면 이미 적대적으로 해결된 뒤였다.

　제임스와 안토니우스의 책의 의도는 일반 독자를 대상으로 독립을 위한 국민 운동의 범위내에서 나온 주장과 학문을 위한 진지함이 배려된 반면, 다른 두 권의 책인 라나지트 구하의 『벵갈인을 위한 토지법』(1963)과 S. H. 알라타스의 『나태한 토착민의 신화』(1977)는 좀더 구체적인 문제에 관해, 적은 수의 독자에게 말하는 탈식민적인 전문서적이다. 전자는 벵갈의 정치 경제학자가 쓴 것이고, 후자는 말레이지아의 회교 역사가이며 사회 이론가가 쓴 것이다. 이 책들은 두 저자의 공문서 기록소를 통한 끈질긴 연구와 주도 면밀한 최신 자료 조사, 주장과 일반화를 보여 주고 있다.

　구하의 책은 구하 자신을 포함한 후에, 포스트구조주의 작가들이 인식한 방식으로, 1826년 벵갈 영구 정착법이 —이 법에 따르면 영국인들이 벵갈의 임대료와 조세 수입을 정확하게 규정한다— 18세기 후반에 필립 프란시스Philip Francis에 의해 벵갈에서 시행하도록 압력을 받았던 유럽의 중농주의적이고 이념적인 사상의 복잡한 배경으로부터 어떻게 파생되었는지에 관한 고고학적이며 해체주의적인 연구이다. 알라타스의 책도 구하의 책처럼 그 자체로 놀라울 정도로 독창적인데, 어떻게 유럽 식민주의가 하나의 대상을 만들어 냈는가에 관한 자세한 연구서이다. 이 경우에는 알라타스가 식민적 자본주의라고 부른 것을 의도하고 주장하는 데 중대한 기능을 수행했던 게으른 토착민이 그 대상이다.

　1843년에 필리핀 군도를 스페인의 식민지로 유지시키는 책임을 위임받은 스페인 관리 신발도 드 마스Sinbaldo de Mas의 표현에 의하면, 엄격한 규칙과 가혹한 훈련을 받는 이 토착민은, "수적인 우세에도 불구하고 금 한 덩어리보다 정치적으로 더 가볍게, 지적이며 도덕적인 상태로" 유지되어야만 했다.[129] 이 토착민은 화제거리가 되고, 분석되고, 학대받고, 혹사당하고, 나쁜 음식과 아편을 먹게 되고, 자신의 자연스러운 환경에서 유리되고, 자신을 근면하고 종속적으로 만드는 것이 목적인 담론에 둘러싸여 있다. 알라타스에 따르면 "도박, 아편, 비인간적인 노동 조건, 일방적인 입법, 국민들에게 속한 차용권의 획득, 강제 노동은 모두 어떤 식으로든지 식민지 이데올로기의 조직 속으로 용해되어 들어갔고 존경받는 특별한 분위기가 부여되었다. 이것의 밖에 있는 사람들은 경멸당했다."[130]

한편에 제임스와 안토니우스, 또 다른 한편에 구하와 알라타스를 놓고 보면 전자의 작가들은 동시대의 정치학에 좀더 직접적으로 관련되어 있는 반면, 후자는 탈식민적인 인도와 말레이지아에서의 학문적인 논쟁에 주로 관심을 기울이고 있다. 그러나 그 탈식민지 역사 자체는 용어들이 주장하는 본질을 근본적으로 변화시켰다. 제임스와 안토니우스의 생각으로는 1930년대의 카리브 해와 아랍 오리엔트의 토착민들이 살고 있는 담론의 세계는 명예스럽게 서구에 의존하였다. 투생 루베르튀르Toussaint L'Ouverture는 다른 백과 사전학파인 아베 라이날과 위대한 프랑스 대혁명 자체가 없었다면 그가 했던 방식으로 주장하지 못했을 것이라고 제임스는 다음과 같이 언명하고 있다.

> 위험의 시간에 투생은 교육을 받지는 않았지만 디드로, 루소, 라이날, 미라보Honoré Gabriel Riqueti Mirabeau, 로베스피에르 Maximilien de Robespierre, 당동Georges Jacques Danton의 언어와 억양을 찾을 수 있었다. 그리고 어떤 면에서 투생은 그 모두들보다 훌륭했다. 왜냐하면 위에 열거한, 말과 글의 대가들조차도 그들 사회의 계급적 복잡성으로 인해 너무 자주 주저하고 망설이고 제한해야만 했기 때문이다. 투생은 아무런 유보 없이 흑인들의 자유를 방어할 수 있었고, 이것은 그의 선언에 그 시대의 위대한 자료에서는 좀처럼 찾아볼 수 없는 힘과 일관성을 그의 선언에

---

129) Alatas, *Myth of the Lazy Native*, p. 56.
130) 같은 책, p. 96.

부여했다. 프랑스 부르주아지들은 그것을 이해할 수 없었다. 프랑스 부르주아지들은 투셍의 어조는 높았지만 과장이나 수사학을 쓰지 않고, 단순하고 건전한 진리를 썼다는 사실을 이해하기 전에 너무 많은 피를 흘려야 했다.[131]

이것은 유럽의 계몽주의에 의해 제안된 보편주의적인 감정에 대한 문자 그대로의 진리를 완전히 내면화하는 한 인간에 대한 훌륭한 설명이다. 여기서 제임스는 투셍의 진실성과 숨겨진 결점, 유럽인의 선언을 믿는 마음, 그 선언들에 대한 이해 관계와 그룹의 계급 결정과 역사를 결정적인 언급으로보다는 문자 그대로의 의도로 보는 마음을 보여 주고 있다.

안토니우스는 거의 동일한 주제를 발전시켰다. 즉 금세기 초 영국에 의해 부양된 아랍 각성의 연대기에서 그는 아랍인들이 1917년과 1918년에 오토만으로부터 해방된 후 아랍의 독립에 대한 영국의 약속을 어떻게 문자 그대로 받아들였는지에 초점을 맞춘다. 후세인 총독과 헨리 맥마흔Henry McMahon 경의 서신 교환 —여기에서 영국 관리들은 후세인의 국민들에게 독립과 주권을 약속하였다— 에 관한 안토니우스의 설명은 투셍이 어떻게 인간의 권리 선언을 파악하고 그 선언에 따라 행동했는가에 대한 제임스의 설명과 유사하다. 그러나 아랍인과 영국인 모두의 지지자로서 글을 쓰는 안토니우스에게 —만일 그러한 것이 있었다면 이것은 상호 의존의 고전적인 경우이다— 그것은 그에게 파멸의 힘을 가지는 용의 주도한 핑계(계급이나 역사가 아닌 불명예의 탓으로 돌려진)이다.

> 역사의 판단이 본질적으로 아랍의 의견을 지지할 것이라는 점에는 의심의 여지가 없다. 산 레모 결정들("지중해와 페르시아 국경 사이 직사각형 모양의 아랍 지역 전체를 위임 통치하에 둔다."는 1920년 봄에 결정된 사항)에 대해 다르게 논의된다 해도 그 결정들이 선포된 일반 원칙과 연합국들, 특히 영국에 의해 이루어진

---

131) James, *Black Jacobins*, p. 198.

특별한 약속들을 파기하였다는 것은 분명하다. 비밀리에 주어진 서약들의 목적이 이제는 알려졌다. 즉 어느 정도 그것과 더불어 공개적으로 이루어진 확신들이 있었기에 학생들은 판단을 위한 모든 관련된 자료들을 가지고 있었다. 아랍인들이 1차 대전에 참여하고 기여와 희생을 한 것은 바로 그러한 약속들의 효력에 근거한 것이었다. 그리고 그 사실만으로도 상응하는 의무를 명예의 부채로 바꾸기에 충분하였다. 산 레모 회의가 이루어 낸 것은 사실상 그 부채를 무시하고 본질적인 모든 점에 있어서 관계 국민들의 희망과는 상치되는 결정에 다다른 것뿐이었다.[132]

이데올로기와 민족뿐 아니라 기질과 교육에서도 드러난 제임스와 안토니우스의 차이를 과소 평가하는 것은 오류일 것이다. 그럼에도 불구하고 똑같은 슬픔, 실망과 반향 없는 희망이 그들의 글에 틀림없이 나타나 있고, 두 사람은 모두 탈식민의 정치학에 속하고 또 그것에 의해 형성되었다. 제임스는 트리니다드Trinidad의 중하층에 속해 있었다. 그는 독학하였고, 운동 선수였다. 내가 1987년 6월에 브릭스턴으로 그를 방문했을 때 86세인 그를 직접 만나 볼 수 있었듯이 그는 언제나 역사, 정치, 이론에 대해 혁명가다운 관심을 가지고 있었고, 사상과 모순에 대한 지식인다운 주의력과 좋은 문학, 음악, 담화를 전적으로 즐기는 모험심을 가지고 있었다. 알버트 후라니Albert Hourani가 훌륭하게 설명하고 있듯이,[133] 안토니우스는 이집트에서 (그가 이집트에서 다녔던 빅토리아 대학에 나도 다녔다) 얼마 동안 거주했는데, 전통적이고 세속적인 계급인 레반틴 시리아인에 속했다. 그는 캠브리지 대학교를 졸업했고, 『아랍의 각성』은 안토니우스가 40대였을 때 쓰여졌다.

---

132) George Antonius, *The Arab Awakening : The Story of the Arab National Movement* (1938 ; rprt. Beirut : Librairie du Liban, 1969), pp. 305~6.

133) Albert Hourani, *The Emergence of the Modern Middle East* (Berkeley : University of California Press, 1981), pp. 193~234. Georgetown University 박사 학위 논문, Susan Silsby, *Antonius : Palestine, Zionism and British Imperialism, 1929~1939* (Ann Arbor : University Microfilms, 1986)을 보라. 이 논문에는 안토니우스의 인생에 대한 수많은 정보가 들어 있다.

(그는 50세가 되던 1942년에 죽었다.) 제임스는 그에 비해 10년이나 어렸다. 안토니우스는 고위 영국 관리들과 절친한 친구로서, 후세인과 파이잘Faysal왕에서부터 파리스 니므르Faris Nimr와 하지 아민 알후사이니Haj Amin al-Husayni에 이르는 주요 아랍 지도자들과 엘리트들의 충고자로서, 아랍 민족주의 사상과 활동 시대의 계승자로서 화려한 경력을 가졌고, 권력의 위치에 있었던 다른 세속적인 사람들에게 명령하는 세속적인 사람이었다. 반면에 제임스는 영국에 새로 도착해서 크리켓 경기 통신원으로 일했다. 그는 흑인이었으며 마르크스주의자였고 위대한 대중 연설가이며 조직가였다. 무엇보다도 그는 아프리카, 카리브, 흑인 민족주의에 경도된 혁명가였다. 런던에서 『흑인 자코뱅당원들』은 처음에는 책이 아니라 폴 로브슨Paul Robeson을 위한 연극 매체로 발표되었다. 그 연극이 열리는 동안 로브슨과 제임스는 투생과 데사리니 Jean Jacques Dessalines의 배역을 번갈아 했다.[134]

가난하고 배회하는 서인도 제도 출신 흑인 마르크스 역사가와 좀더 보수적이고 교육을 많이 받고 탁월하게 친분 관계가 많은 아랍인 사이의 차이에도 불구하고, 두 사람 모두 비록 그들을 배제시켰고 어느 정도 복종시켰고 깊이 실망시켰지만, 그들 자신의 것이라고 생각했던 권력과 식민지 지배의 바로 그 유럽적 세계에 그들 저작을 내놓았다. 그들은 그 세계의 내부로부터 그 세계를 향해 말했고, 문화적인 토대 위에서 그 권위에 대해 투쟁하고 도전하였고 극적으로 설득력 있고 친밀하게 그 세계에 대한 대안을 제시하였다. 그들이 제아무리 식민지적인 또는 비서구적 국민들의 적대적인 경험을 많이 언명했다 해도, 서구의 문화 전통에서 벗어나는 그들의 저작에는 아무런 의미가 없다. 흑인성, 흑인 민족주의와 1960, 70년대의 토착주의가 지나간 훨씬 후에, 제임스는 자신이 파농, 카브랄과 로드니와 공유하는 반란적인 반제국주의적인 시기에 속하는 동시에 서구의 유산을 고집스럽게 지지하였다. 한 대담에서 그는 이렇게 말했다.

---

134) Paul Buhle, *C. L. R. James : The Artist as Revolutionary* (London : Verso, 1988), pp. 56~57.

어떻게 내가 비유럽적인 뿌리로 돌아갈 수 있겠는가? 만일 이 것이 오늘날 카리브 해 작가들이 그들의 글에서 우리가 비유럽적 이고 비셰익스피어 뿌리와 비베토벤적인 음악의 과거로부터 영향 받은 것을 강조한다는 사실을 인식해야 한다는 것을 의미한다면 나는 동의한다. 그러나 그 뿌리가 이것이냐 저것이냐 하는 식으로 자리 매겨지는 것을 좋아하지 않는다. 나는 그렇게 생각하지 않는 다. 나는 둘 모두를 생각한다. 근본적으로 우리는 읽고 쓰는 능력 과 심미적 과거가 서구 유럽 문명에 뿌리를 두고 있는 민족들이 다.[135]

그리고 만일 안토니우스가 아랍 민족주의의 발생에 대해 아주 훌륭 하게 설명하는 자리에서 아랍어와 고전적인 회교 유산을 재발견하는 것이 가지는 엄청난 중요성을 강조한다면 (그와 같은 기독교 사상가 들의 저작을 통해 후세의 역사가들은 자주 이 강조점이 과장되었다고 비판하였다) 그는 또한 아랍 전통이 본질적인 의미에서 서구 전통과 갈등을 일으키지 않는다고 주장하는 것이 된다. 예를 들어 그가 아래 의 중요한 문단에서 설명하고 있듯이 아랍과 서구 사이에는 출산과 부모 자식 관계가 있다는 것이다.

> 초기 (1850년대와 1860년대) 미국 선교사 교육 활동의 많은 미덕 중에는 하나의 특출한 장점이 있었다. 선교사들은 아랍어 에 자긍심을 주었고, 일단 그들이 아랍어로 가르치기 시작한 이후 정력적으로 적절한 문학을 제공하는 과업에 전념하였다. 이렇게 하는 선교사들은 개척자였으며, 아랍 부흥에 첫 번째 자극이 된 지적인 분출은 대부분 선교사 덕분이다.[136]

서구와 그 해외 식민지 사이에 그러한 조화로운 부합은 구하와 알

---

135) "An Audience with C. L. R. James," *Third World Book Review* 1, No. 2 (1984), 7.
136) Antonius, *Arab Awakening*, p. 43.

라타스의 저작에서는 보이지 않는다. 식민지 전쟁과 그 이후의 장기적인 정치적·군사적 갈등이 개입되었다. 그리고 만일 직접적인 정치적 통제가 사라진다 해도 문화적 헤게모니가 수반된 경제적·정치적 그리고 간혹 군사적 지배 —통치의 힘과 그람시가 말하는 지시 사상들—는 서구에서 나와서 주변부 세계에 힘을 행사하여 통제력을 유지했다. 알라타스의 『나태한 토착민의 신화』에서 가장 날카로운 공격의 하나는 "나태한 토착민" 사상을 창조해 내고 유지시킨 식민지 이데올로기를 말레이지아 사상 자체 속에서 계속해서 재생산해 내는 말레이지아 사람들을 향한 것이었다. 민족주의적 부르주아에 대한 파농의 비난을 상기시키는 구절에서, 알라타스는 어떻게 식민지 자본주의의 잔재가 새롭게 자율화된 말레이지아 사람들의 사상 속에 남아 있으며, 그들을 —다시 말해 방법론에 있어서 소극적이고, 사상에 영향을 주는 계급적 연대를 인식하지 못하는 사람들— "식민지 자본주의 사상"의 범주로 국한시키고 있는가를 보여 준다. 그는 이렇게 계속한다.

> 허위 의식은 현실을 왜곡한다. 말레이 지방의 여당은 인도네시아, 인도, 필리핀에서 일어났던 것과 같은 독립 투쟁 없이 영국으로부터 통치권을 전수받았다. 사정이 이러하니 이념적인 투쟁 또한 없었다. 사상의 가장 심층부에서는 영국의 이념적 사상과의 지적인 단절이 없었다. 당의 지도부는 영국인들에 의해 훈련된 행정 사무의 고위 서열에서 채용되었고 중산 계급은 학교 교사들과 공무원들이었다. 이와 관련된 극소수의 전문가 집단은 그러한 양식을 정해 놓지 않았다.[137]

구하는 지속과 단절의 문제에 많은 관심을 가지고 있다. 그러나 그에게는 이 문제가 그 자신의 깊은 자의식적인 방법론적 집념이 부가된 자서전적인 반향을 가지고 있다. 기원, 교육 그리고 가족 현실이 역사적으로 영국의 힘에 의존했던 현대 인도인이 구체적으로 영국의 힘에 의해 근본적으로 영향을 받은 인도의 과거를 연구하겠는가? 만일

---

137) Alatas, *Myth of the Lazy Native*, p. 152.

그가 인도 독립의 밖이 아니라 안의 일부였다면 인도 독립 이후의 그 관계를 그가 어떻게 볼 수 있겠는가? 구하의 곤경은 영구 정착법뿐 아니라 그 자신의 계급을 가져다 준 영국 통치의 엄격한 타자성을 극화하는 지적인 전략 속에서 해결된다.

저자는 젊은 시절 벵갈 지방의 그의 세대의 다른 많은 사람과 같이 영구 정착의 그림자 속에서 성장했다. 그의 가족과 마찬가지로 그의 생계 유지는 그들이 결코 방문한 적이 없거나 못 했던 멀리 떨어진 토지로부터 왔다. 그의 교육은 콘월리스Cornwallis 경의 수혜자의 자손들로부터, 간부를 채용하는 식민지 관료적 정치 조직의 필요에 따라 이루어졌다. 그의 문화 세계는 비옥한 토지에서 유복하게 사는 중산 계급의 가치에 의해 엄격히 제한되어 있었고, 농민 대중의 토착적인 문화로부터는 격리되어 있었다. 그러므로 그는 영구 정착법을 사회적·경제적인 정체의 선언서로 간주하는 법을 배웠다. 후에 캘커타 대학의 대학원 졸업생으로 그는 필립 프란시스의 반봉건 사상에 관해 읽었으며 교과서와 학자들이 그에게 대답해 줄 수 없었던 문제를 만났다. 1973년의 유사 봉건 토지 정착이 프랑스 대혁명의 위대한 찬양자였던 사람의 사상으로부터 어떻게 생겨날 수 있었는가? 우리는 그러한 모순이 존재하고 설명되어야만 한다는 것을 역사책에서는 알 수 없었다. 입문서들은 영국이 인도에서 이룬 훌륭한 과업이 그들의 유럽 배경으로부터 통치자들에 의해 계승된 사상과 편견들과 관계가 없었던 일련의 성공적인 실험들을 보여 준다는 것을 만족스럽게 생각했다. 영국 정책을 "뿌리 없는 개화"로 보는 이러한 견해는 인도의 통치 아래서 가장 오랜 수명을 가진 토지법의 역사에 의해 확인되지는 않는다. 저자는 18세기 후반에 영국과 프랑스 사상의 두 개의 주류가 합해지는 사상의 통합 속에서 영구 정착의 기원을 찾아낼 수 있기를 희망한다.[138]

---

138) Ranajit Guha, *A Rule of Property for Bengal : An Essay on the Idea of*

분리 행위는 탈식민화의 기본적인 행동을 반복한다. 인도의 영구 정착법을 만들어 낸 이데올로기가 역사적으로 프랑스와 영국의 사상의 원류에서 파생되었음을 이해하고, 그 자신의 계급 유산이 토지가 아니라 식민지 권력 구조에서 나온 것임을 알고서, 구하는 지적으로 자신을 분리할 수 있었다. 알라타스의 경우에서와 같이 역사는 구하에게 식민주의적 대상, 이데올로기, 주장의 의무적 복사물이 아닌 비판이다. 그 다음 저작에서 두 사람은 식민지 역사에서 억압된 토착민의 목소리를 구해 내고, 새로운 역사 서지학적 통찰력을 과거뿐 아니라, 영구 정착법과 같은 계획에 대해 오랫동안 취약하게 만든 토착민 사회의 바로 그 약점에도 주입시키려고 노력한다.

구하와 같은 생각을 가진 동료들에 의해, 1982년 그의 후원으로 집단적 작업을 통해 만들어진 총서 『하위 연구Subaltern Studies』의 서문에서, 구하는 식민지 인도의 "비역사적인 역사 서지학"이 영국인들에 의해 만들어진 민족주의 엘리트들을 위하여 "국민의 정치학"을 누락시켰다고 지적한다. 그리하여 "이러한 실패를 식민지 인도의 역사 서지학의 중심적인 문제점으로" 만드는 "원래의 지위를 얻지 못하는 국가의 역사적 실패"가 생겨나는 것이다.[139]

간단히 말해서 제국의 중심 문화가 식민화된 사회의 진실된 요소들을 억압했었다는 것이 지금 밝혀지고 있다. 알라타스와 구하는 단지 대학에 있는 전문가였을 뿐만 아니라, 독립 후 몇 십 년 뒤에 문화들 사이의 관계를 근본적으로 대립적인 것으로 인식하였다는 점이다. 내러티브의 점진적인 소멸은 이러한 새로운 전후 인식의 한 표시이다. 『아랍의 각성』과 『흑인 쟈코뱅당원들』의 주제는 비범한 지도자들이 인도한 대중 운동들이다. 여기에는 대중의 저항 운동 —산토 도밍고의 노예 반란과 아랍의 반란— 의 발흥에 관한 감명 깊고 고상하기까지 한 이야

Permanent Settlement (Paris and The Hague : Mouton, 1963), p. 8.

139) *Subaltern Studies I* 에서 Guha, "On Some Aspects of the Historiography of Colonial India," (Delhi: Oxford University Press, 1982), pp. 5, 7. 구하 사상의 후기 발전상에 관해서는 "Dominance Without Hegemony and Its Historiography," *Subaltern Studies* Ⅵ (Delhi : Oxford University Press, 1986), pp. 210~309를 보라.

기들이 들어 있으며, 장 프랑수아 리오타르의 용어로는 계몽과 해방의 거대 내러티브이다. 알라타스와 구하의 책에는 그러한 이야기들은 없다.

　초기의 이 두 권의 놀라운 유사점은, 그것들이 서구 독자들의 의식을 확장시키려는 목적이 있다는 점이다. 그리고 서구 독자들을 위해 서술된 사건들은 이전에 제국의 중심 증언자들에 의해 이야기된 바 있다. 제임스의 과업은 프랑스 국내와 해외에서의 사건들을 엮어 프랑스 대혁명의 내러티브를 만들어 내는 것이어서, 그에게 있어 투생과 나폴레옹은 대혁명이 만들어 낸 두 명의 위대한 인물이다. 『아랍인 각성』은 T. E. 로렌스가 『지혜의 일곱 기둥』에서 쓰고 아주 자랑했던 아랍 반란의 그 유명한 이야기를 여러 가지 놀라운 방식으로 제한하고 반대하는 것이 목적이다. 여기에서 드디어 아랍인들, 그들의 지도자들, 전사들, 사상가들은 그들 자신의 이야기를 말할 수 있게 됐다고 안토니우스는 말하는 것 같다. 제임스뿐 아니라 안토니우스가 유럽 독자들에게는 이미 알려져 있었으나, 토착민의 견지에서는 이제야 알려진 이야기의 일부로 읽을 수 있게 된 대안적인 내러티브를 가져온 것은 그들의 대범한 역사적인 비전 때문이다. 그리고 물론 두 사람은 계속되는 대중의 정치 투쟁 ―제임스의 경우 "흑인 혁명"이고 안토니우스의 경우 아랍 민족주의― 의 견지에서 쓰고 있다. 적은 항상 똑같이 유럽과 서구이다.

　안토니우스 책의 한 가지 문제점은 자신이 깊이 관련된 정치적 사건들에 주로 초점을 맞추고 있기 때문에, 그는 자신의 앞선 시대에 아랍과 회교 세계에 있었던 거대한 문화 부흥에 대해 인색하거나 적절히 평가해 내지 못하는 데 있다. 후의 역사가들은 ―A. L. 티바위 Tibawi, 알버트 후라니, 히삼 샤라비Hisham Sharabi, 바삼 티비Bassam Tibi, 모하마드 아베드 알 자브리Mohammad Abed al-Jabry― 자바르티의 책에 이미 나타나 있는, 이러한 문화 부흥과 회교에 대한 서구의 제국주의적 탄핵에 관한 좀더 명확하고 광범위한 설명을 제공하고 있다.[140] 이집트의 타타위Tahtawi, 튀니지의 카이르 알 딘Khayr al-Din 또

---

140) A. L. Tibawi, *A Modern History of History, Including Lebanon and Palestine* (London : Macmillan, 1969) ; Albert Hourani, *Arabic Thought in the Liberal*

는 자말 알 딘 알 아프가니, 무하메드 압두를 포함하는 중요한 19세기 후반부 종교 소책자 저자들이나 개혁가들과 같은 작가들은, 서구에 저항하고 기술적으로 대결하고, 일관성 있게 토착적인 아랍과 회교간의 정체성을 개발하기 위해 부흥된 독립 문화 발전의 중요성을 강조하고 있다. A. A. 두리Duri의 『아랍 국가의 역사적 형성The Historical Formation of the Arab Nation』(1984)[141])과 같은 중요한 연구는 그 이야기를 제국주의, 국내의 침체, 경제적 저개발, 정치적 전체주의와 같은 장애물에도 불구하고 자체의 발전을 추구하는 하나의 통합 국가에 대한 고전적인 아랍 민족주의적인 내러티브로 만들고 있다.

안토니우스의 저작을 포함하는 이 모든 저작들에서 내러티브는 서구와의 동등한 관계를 열망하면서 종속과 열등으로부터 민족주의적 부흥, 독립 국가 형성과 문화적 자율성으로 진행된다. 이것은 승리를 축하하는 이야기와는 거리가 먼 것이다. 말하자면 희망, 배신, 쓰디쓴 실망이 복합되어 문제의 중심부에 숨겨져 있다. 오늘날 아랍 민족주의의 담론에는 이러한 복합물이 들어 있다. 그 결과 문화는 불완전한 것이 되었으며 종종 외부의 적들(통상 서구)을 무비판적으로 비난하는, 고통과 분노를 고집하는 파편화된 언어로 그 문화 자체를 표현하게 되었다.

탈식민지 아랍 국가들은 이렇게 해서 두 가지 선택을 가진다. 즉 시리아와 이라크와 같이 많은 나라들은 범아랍적 색채를 지니고 그것을 이용하여 시민 사회를 거의 완벽하게 삼켜 버린 '일당의 국가 안전 국가one-party national security state'를 정당화하고 있다. 사우디 아라비

Age, 1798~1939 (Cambridge : Cambridge University Press, 1983) ; Hisham Sharabi, *Arab Intellectuals and the West : The Formative Years, 1875~1914* (Baltimore : Johns Hopkins University Press, 1972) ; Bassam Tibi, *Arab Nationalism ; A Critical Analysis*, M. F. and Peter Sluglett 옮김. (New York : St. Martin's Press, 1990) ; Mohammad Abed al-Jabry, *Naqd al-Aql al-'Arabi*, 2 vols. (Beirut : Dar al-Tali'ah, 1984, 1986).

141) A. A. Duri, *The Historical Formation of the Arab Nation : A Study in Identity and Consciousness*, Lawrence Ⅰ. Conrad 옮김. (1984 ; London : Croom Helm, 1987).

아, 이집트, 모로코와 같은 다른 나라들은 첫 번째 대안인 범아랍 정신 양상들을 유지하면서도 지역 또는 지방적 민족주의로 넘어갔고 그 정치적 문화는 내가 알기로는 제국의 중심 도시적인 서구의 종속을 벗어나 발전되지 못하고 있다. 『아랍의 각성』에 암묵리에 나타나는 두 개의 대안은 위엄 있고 통합된 자치를 선호하는 안토니우스의 견해와 조화를 이루지 못한다.

제임스의 『흑인 쟈코뱅당원들』은 한편으로는 카리브 해, 특히 흑인 역사와 다른 한편으로는 유럽 역사 사이의 중요한 문화적·정치적인 간극을 연결하고 있다. 그러나 이 책 또한 그의 풍부한 내러티브가 암시할 수 있는 것보다 더 많은 조류와 흐름에 의해 영향을 받는다. 거의 비슷한 시기에 제임스는 『흑인 반란의 역사A History of Negro Revolt』(1938)를 썼다. 월터 로드니의 훌륭한 설명을 빌리면 이 책의 목적은 "저항 자체의 과정에 역사적 깊이를 주는 것"이었다.[142] 로드니는 제임스가 식민지 역사가들은 인식하지 못한 채 지나가 버렸던 아프리카와 카리브 해의 식민주의에 대한 장기간의 (통상 성공하지는 못했지만) 저항을 인정하였다고 적고 있다. 안투니우스의 저작과 같이 제임스의 저작은 아프리카와 서인도 제도의 정치적 투쟁에 참여하고 관여한 것에 대한 부속물이었다. 그리하여 그는 미국으로, 아프리카로(그곳에서 조지 파드모어와의 일생 동안의 우정과 엥크루마와의 원숙한 교제는 그의 지극히 비판적 연구서인 『엥크루마와 가나 혁명Nkrumah and the Ghana Revolution』에서 분명히 나타나듯이, 가나의 정치를 형성하는 데 아주 중요했다) 그리고 다시 서인도 제도로, 마지막으로 영국으로 가게 되었다.

제임스는 안토니우스의 경우와 같이 반스탈린주의 변증법주의자이기는 하였지만, 제국주의 중심으로서 서구에 대한 그의 비판적 태도로 인해 문화적 업적을 이해하지 못했거나 그가 지지했던 (엥크루마 같은) 흑인 전사들의 실패를 비난하지 못했던 것은 아니다. 제임스는 물론 안토니우스보다 오래 살았다. 그러나 그의 의견이 확장되고 변화함

---

142) C. L. R. James : His Life and Work, ed. Paul Buhle 에서 Walter Rodney, "The African Revolution," (London : Allison & Busby, 1986), p. 35.

에 따라, 경험의 영역을 해방주의적인 관심으로 확장시킴에 따라, 논쟁과 토론에 참여하고 불참함에 따라, 제임스는 그 이야기에 (이 구절이 계속 나타난다) 지속적인 초점을 맞추었다. 그는 "두 보이스에서 파농까지", "투셍에서 카스트로Fidel Castro까지"와 같은 직선적인 용어로 정치학과 역사의 중심적인 양식을 보았다. 그리고 그의 기본적인 은유는 사상들과 사람들이 행하는 항해의 은유이다. 노예와 예속된 계급의 사람들은 처음에는 이민자들이 되고, 그리고 나서 다양한 새로운 사회의 주요 지식인들이 될 수 있었다.

구하와 알라타스의 저작에서는 인간 모험에 대한 그러한 내러티브적 감각은 아이러니로 대치되었다. 두 사람은 모두 품위와 교육의 효과를 높이는 점에서, 지금은 완전히 신용이 떨어진 이데올로기가 된 제국주의의 주장들과 함께 생겨난 매력 없는 전략을 조명한다. 구하의 주창자 프란시스의 말을 빌자면, 영국의 영구 지배를 위해 영국의 동인도 회사 관리들은 토지 수입의 이데올로기를 토대로 하는 프랑스 중농주의 철학에 경험주의와 반봉건주의를 결합시켰는데, 이 방식들을 구하가 세밀하게 재구성한 것을 우선 고려해 보라.[143] 프란시스는 군주제 반대자이며, 노예 제도 폐지론자이며, 최고의 정치 동물이었던 워렌 헤이스팅즈와 동시대인이며, 버크의 친구였던 "젊은 알시비아데스(아테네의 정치가이며 장군, 그의 무책임 때문에 아테네가 펠로포네소스 전쟁에서 패함-역주)"였다.

이러한 프란시스와 영구 정착법 사상에 대한 구하의 훌륭한 설명은 영웅적인 이야기가 아니라 다양한 조각과 단편들을 가진 몽타주로 이루어진다. 구하는 토지에 대한 프란시스의 사상들 그리고 그가 관직 생활을 마친 후에 헤이스팅즈 이미지의 윤색과 더불어 어떻게 그 사상들이 서서히 수용되었으며, 제국에 대한 사상을 고양시키고, 풍부하게 만들고, 지탱시켜 주는가를 설명하고 있다. 구하는 제국의 특징을 다음과 같이 설명한다.

> (제국은) 이미 그 건설자들의 개인적인 기록을 그 중요성에 있

---

143) Guha, *Rule of Property for Bengal*, p. 38.

어서 능가하였고, 하나의 추상 개념으로 제국 건설자의 개성과 관련하여 회사의 영업권 독립을 가정하고 있었다.[144]

그러므로 구하는 주제는, 그 추상 개념이 국민뿐 아니라 지리학을 필요로 하고 전용하는 방식이다. 중심적 개념은 영국인들이 제국주의자로서 인도에서 자신들의 과업이 너무나 당연히 영국 황실을 위하여 "벵갈의 주권 문제"[145]를 해결하는 것이라고 느끼는 것이다. 그리고 프란시스가 수학적인 공식에 따라 벵갈에서 모든 토지 임대가 영구히 해결될 계획을 선포하여 이루게 된 진정한 업적은 그가 "한 제국의 정체를 형성하거나 회복시키는 데" 성공하였다는 점이다.[146]

구하의 저작은 인도에서보다 오히려 커다란 안정, 장수와 권위의 원천지인 유럽에서 제국주의적 역사 서지학 ―인도 영토에 대한 영국의 지도 그리기로 그 기초가 되었다― 을 해체하는 방법을 보여 주는 것이 목적이다. 토착민이 자료와 방법뿐 아니라 압도적인 이론 ―제국주의자 자신들의 마음 속에서 그 이론화의 흔적들은 그것들이 생겨났을 때 거의 식별할 수 없었다― 을 습득하여 그 작업을 수행하는 것은 이러니이다.

이와 동일한 극적인 업적이 알라타스의 책에서 이루어진다. 구하의 인물들이 철학적으로 일관성 있는 방법으로 인도에 대해 권위를 주장하는 문제에 관심을 가진, 문자 그대로의 이념주의자들인 반면, 알라타스가 분석한 포르투갈, 스페인 그리고 영국 식민주의자들에게는 그러한 프로그램이 없다. 그 식민주의자들은 경제적인 이익을 추구하여 보물(고무와 금속)과 값싼 노동력을 얻기 위하여 태평양 남동쪽에 왔다. 그들은 토착민들로부터 봉사를 요구하며 이익이 많은 식민지 경제를 위한 다양한 계획을 수립한다. 그 과정에서 그 지방의 중간급 무역상들을 무너뜨리고, 토착민들을 종속시키고 실제로 노예화하고, 나약하게 할 뿐 아니라 분열시키고 좀더 잘 지배하기 위해 중국, 자바, 말레

---

144) 같은 책, p. 62.
145) 같은 책, p. 145.
146) 같은 책, p. 92..

이지아 지역 사회들간에 서로 죽이는 종족 전쟁을 일으킨다. 이러한 소용돌이 속에서 게으른 토착민이라는 신화적인 인물이 생겨난다. 그 게으른 토착민의 존재는 동양 사회에서 본질적이며 변하지 않는 상수가 되고, 이것으로부터 수많은 기본적인 진리들이 나오는 것으로 추정된다. 토착민들이 일을 거부하는 것은 유럽인의 침입에 대한 최초의 저항 형태 중 하나라는 것을 기꺼이 인정하지 않는 식민주의자들의 "허위 의식"을 토대를 하여 이러한 모든 설명이 가능해지는 것이다. 알라타스는 어떻게 이러한 설명들이 꾸준히 일관성, 권위와 객관적 현실의 논박할 수 없는 직접성을 얻는가에 대해 참을성 있게 자료를 제시한다. 그래서 라플즈Thomas Stanford Bingley Raffles와 같은 관찰자들은 식민주의 관료들이 파악한 대로 토착적 성격의 쇠퇴는 이미 일어났으며 돌이킬 수 없는 것이 되었으므로, 토착민들을 더 복속시키고 벌주기 위한 합당한 이유를 내세운다.

 알라타스는 우리들에게 게으른 토착민의 의미에 관한 대안적인 주장을 제공한다. 또는 그보다는 우리에게 유럽인들이 그 신화에 매달렸던 동안, 신화 유지에 성공했던 이유에 대한 주장을 제공해 준다. 사실상 알라타스는 어떻게 그 신화가 계속 살아나는지, 앞서 인용했던 에릭 윌리암스의 말에 따르면, 어떻게 "소진된 흥미가 —이것의 소멸은 역사적 조망 속에서 엄청난 영향을 끼친다— 이미 이전에 베풀었던 강력한 봉사와 이전에 얻었던 성곽에 의해서만 설명될 수 있는 방해적이고 분열적인 영향을 행사할 수 있는가"를 또한 보여 주고 있다.[147] 게으른 토착민의 신화는 지배와 동의어이며 지배는 본질적으로 권력이다. 많은 학자들이 권력을 단지 담론적 효과로서 간주하는 데 너무나 익숙해 있기 때문에 식민주의자들이 수마트라와 말레이 해안의 해안 상업국들을 어떻게 조직적으로 파괴했으며, 영토의 정복이 어떻게 어부나 무기 기술자들과 같은 토착 계급들을 제거했으며, 무엇보다도 외국 지배자들이 토착 계급이 결코 하기를 원하지 않는 일들을 어떻게 하게 했는지에 대한 알라타스의 명확한 설명은 우리를 놀라게 한

---

147) Eric Williams, *Capitalism and Slavery* (New York : Russell & Russell, 1961), p. 211.

다.

> 네덜란드인들의 손에 떨어진 권력은 토착민 계승자의 손에 떨어진 권력과 다르다. 토착 권력은 무역에 있어서 일반적으로 더 자유주의적이며 전지역을 통해 그 자체의 무역 계급을 파괴하지 않고 그 자체의 산업 생산품들을 계속 사용한다. 그 권력은 그 자체의 배를 건조하고 인도네시아의 주요 지역을 통해 독점적으로 지배할 수 없었고 독재자가 권좌에 있는 때일지라도 그 자신의 국민들의 능력을 증진시켰다.[148]

이 책에서 알라타스와 구하가 그들의 책에서 설명한 종류의 통제는 거의 전면적이며, 피식민지 사회와 파괴적이고 지속적인 갈등을 일으킨다. 유럽과 그 주변부 식민지들 사이에 어떻게 지속이 이루어지는가에 대한 내러티브를 이야기하는 것은 유럽측에서건 식민지측에서건간에 불가능하다. 그 대신에 탈식민지화하는 학자에게 가장 적합한 것처럼 보이는 것은 의심의 해석학이다. 그럼에도 불구하고 해방적인 민족주의의 거대하고 매우 낙관적인 내러티브들이 더 이상 문화의 지역 사회를 확고히 해주는 역할을 하지 않는다 해도 (30년대 내러티브들이 제임스와 인도니우스에게 역힐을 했듯이) 그 대신에 방법상의 새로운 공동체 ―그 요구가 더 어렵고 더 엄격하다― 가 생겨난다. 구하의 저작은 중요한 협업지인 『하위 연구』를 출간할 수 있게 했다. 이 책은 다시 구하와 그 동료들을 권력, 역사 서지학 그리고 국민의 역사의 문제들에 관한 탁월한 더 많은 연구로 이끌었다. 알라타스의 저작은 두 가지 목적이 있었다. 남아시아 역사와 사회의 탈식민주의 방법론에 대한 토대를 세우는 것과 『나태한 토착인의 신화』에서 제시된, 탈신비화하고 해체·구성하는 작업을 활성화시키는 것이다.

나는 양차 대전 전의 두 지식인이 열성과 열정으로 쓴 저작이 후세대들에 의해 거부되며 부족한 점이 발견된 사실과 알라타스와 구하의 기술과 노력이 더 필요한 작업이, 제국의 중심 도시의 서구 독자들에

---

148) Alatas, *Myth of the Lazy Native*, p. 200.

대하여 좀더 편협하게 전문적이고 문화적으로 좀 덜 관대한 견해를 보여 준다는 사실을 암시하고자 하는 것은 아닙니다. 오히려 내게는 제임스와 안토니우스는 비록 부분적이며 궁극적으로는 아주 불만족스러운 것이기는 하지만 민족 자결을 향해 이미 시작된 운동을 주장하는 반면, 구하와 알라타스는 탈식민지적 곤경에 의해 제기된 문제를 논하면서 (민족의 독립과 같은) 이전의 성공을 당연한 것으로 여기고, 탈식민화의 불완전성과 지금까지 얻은 자유와 자기 정체성을 강조하고 있는 것처럼 보인다. 또한 구하와 알라타스는, 서구의 학자들과 아직도 그들 과거의 식민주의적인 개념에 속박되어 있는 토착 학자들인 동포들에게 똑같이 자신들의 견해를 표명한다.

후원자의 문제는 좀더 일반적인 독자들의 문제를 제기한다. 『흑인 쟈코뱅당원들』이나 『아랍의 각성』의 많은 일반 독자들이 신속히 증명하듯이, 독자들은 후기의 좀더 훈계적이며 세련된 책을 선택했다. 제임스와 안토니우스는 그들이 말해야만 하는 것이 정치적, 심미적으로 중요한 의미가 있다고 가정한다. 제임스는 투셍을 복수심이 없고, 엄청나게 지적이고 능란하며, 그의 아이티 동포들의 고통에 공감하는 매력적이며 존경할 만한 사람으로 그리고 있다. 제임스는 "위대한 사람들이 역사를 만든다. 그러나 그러한 역사는 그들이 만들기 가능한 범위내에서만 만들어진다"고 말한다.[149] 투셍은 그의 사람들을 거의 자신의 편으로 만들지 않았고 자신의 적대자들을 잘못 판단했다. 제임스는 그러한 실수를 하지 않으며 환상도 가지지 않는다. 『흑인 쟈코뱅당원들』에서 그는 영국의 노예 제도 폐지론과 좋은 의도를 가진 윌버포스가 품은 도덕적 양심의 가책과 자기 본위의 제국주의적인 맥락을 임상적으로 재구성하고 있다. 그러나 프랑스와 아이티의 흑인들이 피비린내 나는 전쟁에 묶여 있을 때, 영국 정부는 프랑스와 그 대적자인 아이티를 희생해서 카리브 해역에 영국의 힘을 확장시키기 위해 인도주의적인 감정을 조작했다. 제임스는 제국주의가 결코 포기하지 않는 것에 대해 격렬하게 비난하고 있다. 그러나 그는 프랑스와 아이티에 공통되는 자유를 위한 투쟁이 주요 내용인 내러티브의 설득력에 대한 믿음과 알

---

149) James, *Black Jacobins*, p. x.

고 행동하려는 소망을 가지고 있다. 이러한 점이 제국의 중심의 백인 독자뿐 아니라, 투쟁하는 흑인을 위한 흑인 역사가로서의 그의 저작을 지탱해 주고 있다.

이러한 "안으로의 여행"은 보복적이며, 현대 유럽인의 —그들에게 이 세상의 뒤발리에Jean-Claude Duvalier와 트뤼지요Rafael Leónidas Trujillo Molina들에게 전해진 투셍의 기형적인 유산이 야만적인 비유럽인의 관념을 확인시켜 준다— 발자취에 나타나서 따라다니는 억압된 식민지 산물인가? 제임스는 대체로 반동적이라는 함정에 빠지지 않고, 대신에 그의 1962년 서문에서 어떻게 투셍의 혁명 사상들이 성공적인 해방 투쟁에 다시 나타났고, "식민지 과거를 인식하지만 민족적 정체성을 위한 카리브 해 주민들의 탐색의 궁극 단계"를 향해 움직이는 새로운 자의식적이고도 자신있는 국민 문화의 탄생에 똑같은 힘으로 다시 나타났는가를 보여 준다.[150] 따라서 제임스가 많은 작가들에 의해 —조지 래밍, V. S. 네이폴, 에릭 윌리엄스, 윌슨 해리스Wilson Harris— 우리 시대의 서인도 제도 문화의 거대한 가부장으로 간주되고 있는 것은 결코 우연이 아니다.

안토니우스에게도 마찬가지로 아랍인들에 대한 연합군의 배신은, 아랍인들이 유럽인들과 공유하는 사유에 대한 사상에 의해 감동받는, 안토니우스의 내러티브의 거대한 회고적인 강한 흐름을 약화시키지 않는다. 『흑인 쟈코뱅당원들』이 현대 "흑인 반란"(제임스의 표현) 연구의 토대가 되었듯이, 『아랍의 각성』은 아랍은 물론 서구에서도 서서히 하나의 방법이 된 아랍 민족주의에 대한 학문 연구의 길을 새로 열었다. 여기서도 역시 진행되고 있는 정치와의 제휴는 특히 감동적이다. 역사의 운동을 좌절시켰던 서구 정치인들과 사상가로 구성된 똑같은 배심원들에게 아랍인들의 이루어지지 않은 자결권을 설명하는 안토니우스의 입장은, 자신의 국민들뿐 아니라 비백인들의 해방이 별 문제가 안 되었던 저항적인 백인 독자들에게도 말하는 제임스와 아주 유사하다. 여기에서 호소는 공평성이나 동정이 아니라 역사 자체의 간혹 놀랍고 잇달아 일어나는 현실들에 대한 것이다. 그러나 그가 『아랍의 각

---

150) 같은 책, p. 391.

성』을 쓰고 있었던 1935년, 프린스턴에서의 강의에 포함된 안토니우스의 논평을 읽는 것은 얼마나 예기치 않은 일인가?

> 궁극적으로 좀더 강한 정당의 승리로 끝나는 듯 보이는 적대적인 세력들의 갈등이 바로 그 승리에서 기인하는 새로운 힘들의 출현에 의해 명기하지 않은 성질이 주어지는 일은 국가들의 역사에 종종 일어나는 일이다.[151]

내가 보기에 안토니우스는 기이하게도 현재의 깊은 실망으로부터 자신의 책에서 암묵리에 주장한 것처럼 보이는 바로 그 대중의 폭발적인 소요를 간파하고 있었다. (우리 시대의 위대한 반식민지 봉기 중 하나인 팔레스타인 반란intifada은, 『아랍의 각성』의 주요 주제의 하나인 역사적인 팔레스타인에 관한 투쟁을 계속하고 있다.)

그리고 그러한 관찰은 통명스럽게 학문과 정치학의 일반적 주제로 우리를 데려간다. 내가 지금까지 논의한 학자들은 각기 주제의 선택과 그 취급에 영향을 주는 역사, 전통과 제휴를 가진 지역적 상황에 굳게 뿌리를 박고 있다. 예를 들어 안토니우스의 책은 20세기 초 아랍 민족주의의 역사로, 그리고 1930, 40년대 이후에 좀더 과격하고 대중적이고 토착적인 아랍어로 쓰는 작가들에 의해 대치된 유명 인사들의 계급에 대한 신랄한 자료들로 우리의 주의를 끈다. 서구의 정책 입안자들은 더 이상 연설을 들을 수도 들을 필요도 없다. 더욱이 담론의 공통적인 세계내로부터의 연설을 들을 수는 없고 그럴 필요는 더 더욱 없다. 구하는 1960년대에 추방자로 나타나, 타리크 알리Tariq Ali가 "네루들과 간디들"[152]이라고 불렀던 사람들에 의해 지배된 인도 정치와 심각한 불화 관계에 있었다.

정치학과 그들의 저작 뒤에 숨은 진정한 정치적인 충동은 4명 모두가 대표하고 있는 학문과 연구에 당연하게 영향을 미친다. 그들 저작

---

151) Silsby, *Antonius*, p. 184에서 재인용.
152) Tariq Ali, *The Nehrus and the Gandhis : An Indian Dynasty* (London : Pan, 1985).

의 어조와 의미에 있어서 명시된 정치적 또는 인간적인 급박성은 현대 서구에서 학문의 규범을 대표하게 된 것과 현저하게 대조를 보이고 있다. (그것이 지니고 있다고 생각되는 초연함, 그 객관성과 공평성의 주장, 그 정중함과 제식적인 고요함과 더불어 그 규범이 어떻게 생겨나는지는 취향과 지식의 사회학의 문제이다.) 이 4명의 제3세계 지식인들은 각기 고상한 목표를 위하여 쉽게 일축될 수 있는 순간적인 당혹감이나 사소한 경험적인 관심거리가 아니라 언제나 압박을 주는 정치적 상황의 안팎으로부터 글을 썼다. 해결되지 않은 정치 상황이 그 표면에 아주 가까이 있고 그것은 수사학에 영향을 주고 그 학문의 어조를 변화시킨다. 그 이유는 이 작가들이 지식과 권위 있는 학문의 입장 —이것은 사실이다— 에서 뿐 아니라, 그들의 저항과 대결의 메시지가 종속의 역사적인 결과로 나타나는 국민들의 입장에서 글을 쓰기 때문이다. 아도르노가 그러한 상황 속에서 사용된 언어의 명백한 훼손에 관해 말하는 바와 같이, "다른 한편으로 지배만이 정복당한 사람들의 언어를 짓밟았고 더 나아가 원한 없이 그 언어를 말할 정도로 자유로운 모든 사람들에게 절단되지 않은 자율적인 말로 약속된 정의도 그들에게서 빼앗아 갔다."[153]

나는 적대적인 학문이 거칠고 불쾌할 정도로 집요해야만 한다거나 또는 안토니우스와 제임스가 (또는 그 점에 있어서 구하나 알라타스도) 모욕과 비난으로 그들의 담론을 강조하고 있다고 암시하려고 하는 것은 아니다. 다만 이 작가들이 아직 이루어지지 않고 봉쇄되고 연기된 정치적 자유와 성취를 대표하는 서구 문화와 관련하여 자신들이 사절이라고 생각하고 있기 때문에, 그들의 저서에서 학문과 정치학이 좀더 개방적으로 관련되고 있다는 것을 말하는 것이다. 그들의 진술, 담론과 개입의 역사적인 힘을 잘못 해석하고, 그들이 동정을 구하기 위해 울고 있다고 의심하고 (코너 쿠르즈 오브라이언이 그랬듯이)[154]

---

153) Theodor Adorno, *Minima Moralia : Reflections from a Damaged Life*, E. F. N. Jephcott 옮김. (1951 ; trans. London : New Left, 1974), p. 102.

154) Connor Cruise O'Brien, "Why the Wailing Ought to Stop," *The Observer*, June 3, 1984.

그들을 치열한 운동가들과 저항하는 정치가들의 감정적이고 주관적인 "마음의 절규"라고 무시하는 것은 그들의 힘을 약화시키는 것이고, 그들의 가치를 잘못 제시하는 것이고, 지식에 대한 그들의 엄청난 기여를 무시하는 것이다. 파농이 "토착민에게 객관성이란 언제나 그 자신에게 불리하게 지시되는 것"[155]이라고 말한 것은 놀라운 일이 아니다.

대도시 독자들에게는 통상 이러한 책들과 그와 유사한 다른 책들이 단지 지식에 대한 동시적인 기여라기보다 "토착민 통보자들"에 의해 쓰여진 토착 학문의 증거라고 결정하려는 유혹이 있다. 심지어 안토니우스와 제임스의 책과 같은 저작들의 권위도 서구에서 별로 중요시되지 않았다. 왜냐하면 서구의 전문 학자들에게 안토니우스와 제임스의 책들은 밖에서 들여다보는 시각에서 쓰여졌다고 보여지기 때문이다. 아마도 그것이 구하와 알라타스가 한 세대 후에 간단하게 말해 버린 역사보다도 수학, 사상과 언어에 초점을 맞춘 하나의 이유가 될 것이다. 그들은 권력의 잔인한 행위보다는 권력의 언어적 증후를, 권력의 원천보다는 과정과 전략을, 권력의 도덕성보다는 지적인 방법과 언명하는 기술을 분석하기를 ―다시 말해 파괴보다는 해체(구성)를― 선호한다.

경험과 문화에 다시 참여하는 것은 "객관성"이라는 권위를 "우리 쪽"에 일치시키거나 "주관성"이라는 방해물을 "저들의 것"으로 일치시키지 않으면서 제국의 중심으로부터 그리고 주변부로부터 대위법적으로 텍스트를 읽는 것이다.[156] 문제는 해체주의자들이 말하는 바와 같이 '어떻게 읽는가'를 아는 문제와 '무엇을 읽을 것인가'를 아는 문제를 분리시키지 않는 것이다.

텍스트란 완성된 대상물이 아니다. 윌리엄스가 말했듯이 텍스트는

---

155) Fanon, *Wretched of the Earth*, p. 77.
156) S. P. Mohanty, "Us and Them : On the Philosophical Bases of Political Criticism," *Yale Journal of Criticism* 2, No. 2 (1989), 1~31를 보라. 현재 진행 중인 그러한 방법의 세가지 예로는 Timothy Brennan, *Salman Rushdie and the Third World : Myths of the Nation* (New York : St. Martin's Press, 1989) ; Mary Layoun, *Travels of a Genre : The Modern Novel and Ideology* (Princeton : Princeton University Press, 1990) ; Rob Nixon, *London Calling : V. S. Naipaul, Postcolonial Mandarin* (New York : Oxford University Press, 1992)이 있다.

표기법이며 문화적 실천이다. 그리고 텍스트는 보르헤스Jorge Luis Borges가 카프카Franz Kafka에 관해 말했듯이, 그들 자신의 선례들을 만들어 낼 뿐 아니라 그들의 후계자들도 만들어 낸다. 지난 2백년 동안의 거대한 제국주의의 경험은 전세계적이고 보편적인 것이다. 왜냐하면 그 경험은 식민주의자와 피식민자 모두와 전지구의 구석구석까지 깊이 관련되어 있기 때문이다. 서구가 세계 지배를 획득하였기 때문에 그리고 "역사의 종언"(프란시스 후쿠야마Francis Fukuyama가 그렇게 불렀듯이)을 가져옴으로써 서구는 그 궤도를 완성한 것처럼 보이기 때문에, 서구인들은 그들의 문화적 걸작들, 학문, 담론 세계의 완전성과 불가침성을 당연한 것으로 여겨 왔다. 그리고 나머지 세계는 그들의 창턱에서 주의를 끌기 위해 탄원하며 서 있다. 그러나 나는 한 문화에서 그 배경과의 제휴 관계를 벗겨 버리는 것, 그 문화가 싸우는 영역으로부터 벗어나려고 하는 것, 서구 문화내의 적대적인 방향의 지점으로 가서 그 진정한 영향을 거부하는 것은 문화를 본질적으로 왜곡하는 것이라고 믿는다. 제인 오스틴의 『맨스필드 파크』는 영국에 관한 것인 동시에 안티구아에 관한 것이고, 그 관계는 오스틴에 의해 명백히 밝혀졌다. 따라서 이 소설은 국내에서의 질서에 관한 것인 동시에 해외의 노예 제도에 관한 것이며, 에릭 윌리암스와 C.L.R. 제임스가 읽은 것처럼 그러한 방식으로 읽혀질 수 있다. 아니 진실로 그렇게 읽혀져야만 한다. 이와 유사하게 카뮈와 지드는 파농과 가텝 야신이 쓴 것과 똑같이 알제리에 관해 쓰고 있다.

만일 대위법, 뒤섞기, 통합에 대한 이러한 사상들이 보편적인 비전에 대한 얼빠진 제안 이상의 무언가가 있다면 이것은 그러한 사상들이 제국주의에 대한 역사적 경험을 첫째로 영역이 중복되는 상호 의존적인 역사의 문제이며, 둘째로 지적이며 정치적인 선택을 요구하는 것의 문제라는 것을 재확인시켜 주는 것이다. 예를 들어 만일 프랑스 역사와 알제리 또는 베트남 역사, 카리브 해 역사나 아프리카 역사, 인도 역사와 영국 역사를 함께가 아니라 분리해서 연구한다면, 지배와 피지배의 경험은 인위적으로 그리고 잘못 분리된 상태로 남을 것이다. 제국주의 지배와 그것에 대한 저항을 탈식민화로, 그러고 나서 독립으로 향해 가는 이중적인 과정으로 간주하는 것은 대체로 자신을 그 과정과 동조하고 그 투쟁의 양면을 해석학적으로는 물론 정치적으로 해석하는 것이다.

『흑인 쟈코뱅당원들』, 『아랍의 각성』, 『토지법』, 『게으른 토착민의 신화』 같은 책들은 투쟁 자체에 정면으로 속해 있다. 이 책들은 해석학적인 선택을 분명하게 만들고, 피하는 것을 더 어렵게 만든다.

아랍 세계의 현대 역사를 계속되는 긴장의 역사의 한 예로 생각해 보자. 안토니우스의 업적은 아랍 민족주의와 서구 (또는 그 지역의 대리자들) 사이의 상호 작용이 연구되어야 할 것이고 또한 지지를 받거나 싸워야 하는 것이라는 생각을 확립한 것이었다. 『아랍의 각성』에 뒤이어 특히 미국, 프랑스, 영국에서 인류학, 역사, 사회학, 정치학, 경제학, 문학 분야의 "중동학Middle Eastern Studies"이라고 불리는 학문 영역의 출현은 그 지역의 정치적 긴장 그리고 두 개의 과거 식민지 강국(프랑스, 영국)과 현재의 초강국(미국)의 입장과 관계가 있다. 2차 대전 이래로 아랍과 이스라엘의 갈등이나 학문적인 "중동학"에서 개개의 사회에 대한 연구를 피하는 것은 불가능하게 되었다. 그리하여 팔레스타인 문제에 관해 쓰려면 우리는 하나의 민족(또는 민족적 공동체)인가 아닌가를 결정해야 하며 이것은 또한 그들의 자결권을 지지하거나 반대하는 것을 암시하였다. 양쪽 모두 학문은 안토니우스에게로 다시 인도하여 서구의 배반에 관한 그의 견해 또는 그 반대로 시온주의의 더 큰 문화적 중요성을 부여하는 시온 운동에 팔레스타인 지역을 약속했던 서구의 권리를 수용하게 한다.[157]

---

157) 서구 자유주의적 견해에 관한 한 전반적으로 사실이었던 1919년 영국 외무장관 Balfour 경의 다음과 같은 언급에 잘 나타나 있다.

> 팔레스타인에서 비록 미국 위원회가 팔레스타인 주민들이 위상에 대해 묻는 질문의 형식을 취하고 있지만 그 현재 주민들의 희망을 질의하는 형식을 통할 것까지는 제안하지 않는다. 4대 강국이 참여하고 있는 시온주의는 그것이 옳건 그르건, 좋건 나쁘건간에 현재의 필요와 미래의 희망 속에서 그 오래된 토지에서 지금 살고 있는 70만 명의 아랍인들의 욕망과 편견들보다 더 심대하게 중요성을 가진 오래 된 전통 속에 뿌리 박고 있다.

Christopher Sykes, *Crossroads to Israel, 1917~1948* (1965 ; rprt. Bloomington : Indiana University Press, 1973), p. 5에서 재인용.

그리고 이 선택은 다른 것들도 개방시킨다. 한편으로 정치적이거나 이념적인 정당화 이상으로 우리는 의심스러운 폭력에 대한 편향성, 그 수치의 문화, 회교 문화의 역사적인 중층적 결정, 그 정치적인 의미론, 유대주의와 기독 문화의 관계 악화와 더불어 현대 "아랍의 마음"에 관해 말할 수 있겠는가? 이러한 생각들은 라파엘 파타이Raphael Patai의 『아랍의 마음The Arab Mind』, 데이빗 프라이스 존스David Pryce-Jones의 『닫힌 원The Closed Circle』, 버나드 루이스의 『이슬람의 정치 언어 The Political Language of Islam』, 페트리시아 크로운Patricia Crone과 마이클 쿡Michael Cook의 『하가리즘Hagarism』(하갈:아브라함의 첩으로 이쉬마엘을 낳고 함께 황야로 추방됨 – 역주)과 같은 요즈음의 경향을 나타내는 저작들을 만들어 낸다.[158] 그들은 학문이라는 옷을 입었으나, 이 서적들 중 어떠한 것도 서구에서 안토니우스에 의해 처음으로 정의 내려진 투쟁의 영역 밖으로 벗어나지 못했다. 이들 중 식민지적 조망에서 발전된 역사적 결정론으로부터 벗어나려는 아랍의 집단적인 열망에 대한 적대감에서 벗어났다고 기술될 수 있는 것은 하나도 없다.

또 다른 한편으로는 안와르 압델 말렉이나 마심 로뎅송Maxim Rodinson과 같은 노장파 학자들의 비판적이며 반오리엔탈리즘적인 담론은 티모시 미첼, 주디스 터커, 피터 그랜, 라시드 알 카리디Rashid al-Khalidi와 유럽의 연구자들과 같은 소장파로 계속되고 있다. 1980년대에 이전에는 보수적이었던 중동 학회가 위와 같은 학자들의 도움으로 중요한 이데올로기의 변모를 겪었다. 이전에는 주류 학자들, 석유 회사 간부들, 정부 보좌관들과 임원들과 연계되고 그런 사람들을 간부로 채용하였던 중동 학회는 대규모 연차 학술 대회에서 우리 시대의 정치적 중요성을 가진 문제들을 공개적으로 채택하였다. 그 예로는 이란 혁명, 걸프 전쟁, 팔레스타인 반란, 레바논 내전, 캠프 데이비드 합의

---

158) Raphael Patai, *The Arab Mind* (New York : Scribner's, 1983) ; David Pryce-Jones, *The Closed Circle : An Interpretation of the Arabs* (New York : Harper & Row, 1989) ; Bernard K. Lewis, *The Political Language of Islam* (Chicago : University of Chicago Press, 1988) ; Patricia Crone and Michael Cook, *Hagarism : The Making of the Islamic World* (Cambridge : Cambridge University Press, 1977).

Camp David Accords, 중동학과 정치적 이데올로기 사이의 관계 등에 관한 문제들이다. 이런 문제들은 이전에는 루이스, 파타이와 좀더 최근에 월터 라케르Walter Laqueur, 엠마누엘 시반Emmanuel Sivan, 다니엘 파이프스Daniel Pipes와 같은 개인들의 연구에서는 제외되었거나 미미하게 취급되었다. 토착 아랍 또는 이슬람 민족주의에 적대적인 정책 노선을 주장했던 학문적 저작들이 전문적 논의 및 저널리즘의 논의(토마스 프리드만Thomas Friedman의 『베이루트에서 예루살렘까지 From Beirut to Jerusalem』와 데이빗 쉬플러David Shipler의 『아랍인과 유태인Arab and Jew』과 같은 즉석 학문으로서의 저널리즘의 베스트셀러 저작들에서와 같이)를 지배했으나 그것은 변화하기 시작했다.

"과거의" 노선의 핵심에는 아랍인들을 기본적으로 거절할 수 없게 (선천적으로) "타자"로 보는 본질화 작업이 있었고, 그것은 "아랍인"의 성격을 반민주적이고, 격렬하고, 세계에 대해 퇴행적인 태도를 지녔다고 설명하는 데 종족 차별적인 경향을 보인다. 이러한 태도의 중심부에는 또 다른 요소인 이스라엘이 있다. 이 요소는 이스라엘은 민주적인 데 반해 이스라엘에 땅을 빼앗기고 유배된 팔레스타인 사람들은 "테러리즘"을 대표하고 그 이상을 벗어나지 못한다는, 동질적인 비민주적 아랍 세계 사이에 세워진 이분법을 수립하는 데 기여했다. 그러나 지금 그것은 젊은 반오리엔탈주의 학자들이 내세우는 다양한 아랍 민족, 사회와 형성에 대한 분명하게 차별화된 역사들이다. 다시 말해 아랍 세계내의 역사와 발전을 존경하면서 그들은 그 세계에 독립을 향한 이루어지지 않은 진군과 인권 (특히 여성들과 불이익을 받고 있는 소수 집단들의 권리) 밖으로부터의 (주로 제국주의적) 간섭과 내부적 부패 또는 공모로부터의 자유에 대한 역동적인 의식을 회복시켜 주었다.

그러므로 중동 학회에서 일어난 일은 서구 지배에 대한 문화적 대항이라는 제국의 중심 도시의 이야기였다. 이러한 경향은 아프리카, 인도, 카리브 해와 라틴 아메리카학에서도 중요한 변화가 일어난 것과 유사하다. 이제 더 이상 이러한 영역들은 적절한 언어를 말하는 일단의 훈련된 학자들이나 과거 식민지 관리들의 명령을 받지 않는다. 그 대신에 해방 운동과 탈식민주의 비평 그리고 새로운 의식적인 대항 그룹들은 (미국의 민권 운동, 영국의 이민법 운동) 유럽 중심적인 지식인들과 정치가들에 의해 억류되었던 담론의 독점을 효과적으로 빼앗아 갔다. 여기에는 베이질 데이빗슨, 테렌스 레인저, 요한네스 파비안, 토마스 호지킨, 고든 K. 루이스, 알리 마즈루이, 스튜어트 홀Stuart Hall은 필수적인 인물들이고, 그들의 학문은 다른 학자들에게 촉매 역할을 하고 있다. 그리고 내가 여기에서 논의한 4명의 학자들의 토대적인 작업 그들의 안으로의 여행은 이 모든 사람들에게 지금 주변부에서의 반제국주의 저항과 유럽과 미국의 대항 문화 사이에 수립되고 있는 문화적 제휴의 토대가 되었다.

5. 협력, 독립 그리고 해방

    1969~70년에 옥스포드에서 개최되었던 제국주의에 관한 한 세미나에서 로널드 로빈슨의 논문 「유럽 제국주의의 비유럽적 토대」는 가장 흥미있는 발표 중의 하나였다. 토마스 호지킨의 논문 「제국주의의 아프리카 및 제3세계 이론」과 더불어 이론과 실제 연구를 위한 로빈슨의 "제안"은 내가 지금까지 언급한 많은 탈식민주의의 전개에 영향을 받았음을 보여 준다.

        어떤 새로운 이론도 제국주의가 유럽 팽창에 작용했던 만큼 토착 정치의, 즉 제국주의 희생자들의 협력 또는 비협력에 작용했다는 것을 인식해야만 한다. … (통치하는 엘리트들의 자발적 또는 강제적인 협조가 없었다면 그리고) 토착민들의 협조가 필요할 때 없었더라면, 유럽인들은 그들의 비유럽 제국들을 정복하고 통치하지 못했을 것이다. 처음부터 그 통치는 지속적으로 저항을 받았다. 그래서 저항을 피하거나 제압하기 위해 토착민들의 중재가 필요했다.[159)]

    로빈슨은 계속해서 1882년 이전에 이집트에서 어떻게 문무 고관인 파샤pashas와 이집트 총독(지배자 터키 정부가 이집트인 중에서 지명했

---

159) Owen and Sutcliffe, *Studies in the Theory of Imperialism*, Ronald Robinson, "Non-European Foundations of European Imperialism : Sketch for a Theory of Collaboration,"에서 pp. 118, 120.

다-역주)이 유럽의 침투를 허용하는 데 협력하였는가를 논의했다. 유럽의 침투 후에 오라비 민족주의 반란으로 인해 그러한 협력이 갑자기 빛을 잃었지만 영국은 이집트를 무력으로 점령했다. 로빈슨은 제국주의에 협력하는 많은 계급들과 개인들이 근대 유럽식을 따라가려고 노력하면서, 유럽의 발전으로 인식되던 것을 따라 근대화를 시작한 것을 덧붙일 수도 있었으리라. (그러나 그는 그렇게 하지 않았다.) 19세기의 첫 20년 동안 무하마드 알리Muhammad Ali는 유럽에 사절단을 파견하였다. 이것은 일본 사절단이 같은 목적으로 미국과 유럽에 파견된 것보다 30년이나 앞선 것이었다. 프랑스 식민지 지역내에서도 재능 있는 학생들은 1920년대와 30년대까지 교육을 받기 위해 프랑스로 보내졌다. 그러나 셍고르, 세제르, 인도차이나 지역의 많은 지식인들과 같은 일부의 사람들은 제국에 대한 열렬한 대항자로 변모했다.

서양으로 온 초기 파견단들의 주요 목적은 선진 백인들의 생활 방식을 배우고 백인의 저작을 번역하고 그 습관을 배우기 위해서였다. 이 주제에 대한 최근의 연구서인 마사오 미요시Masao Miyoshi의 『우리가 본 그들As We Saw Them』과 이브라임 아부 루고드Ibrahim Abu-Lughod의 『유럽의 아랍 재발견The Arab Rediscovery of Europe』은[160] 제국주의의 위계 질서가 어떻게 정보와 유익한 서적들, 좋은 습관들과 더불어 동양에서 온 진지한 학생들에게 전수되었는가를 보여 준다.[161]

종속의 이러한 특수한 역동 구조로부터 처음으로 토착주의적인 반제국주의의 긴 반동적인 경험이 생겨났다. 그 대표적인 예가 1883년에 출간된 『두 세계 리뷰Revue des deux mondes』에서 아프가니와 어니스트 르낭 사이에 벌어졌던 논쟁이다. 이 논쟁에서 아프가니는 르낭이 앞서 정의한 용어들을 사용하면서 자신의 열등성에 대한 유럽인의 종족 차

---

160) Masao Miyoshi, *As We Saw Them : The First Japanese Embassy to the United States (1860)* (Berkeley : University of California Press, 1979) ; Ibrahim Abu-Lughod, *The Arab Rediscovery of Europe : A Study in Cultural Encounters* (Princeton : Princeton University Press, 1963).
161) Homi K. Bhabha, "Signs Taken for Wonders : Questions of Ambivalence and Authority Under a Tree Outside Delhi May 1817," *Critical Inquiry* 12, No. 1 (1985), 144~165.

별적이며 문화적으로 오만한 가설이 "잘못되었음을 증명"하려고 애쓴다. 르낭이 이슬람교의 지위가 유태주의나 기독교의 지위보다 낮다고 말한 반면, 아프가니는 이슬람교가 "더 우수하다."고 주장하고, 서구가 회교도들로부터 차용한 덕분에 발전했다고 주장했다. 아프가니는 또한 과학 분야의 발전이 서구에서보다 이슬람에서 먼저 일어났고, 회교에서 퇴행적인 요소가 있다고 하나, 그것은 과학과 융합할 수 없는 모든 종교에 공통된 것이라고 주장했다.[162]

아프가니의 어조는 비록 르낭에게 분명하게 반대하고 있기는 하지만 우호적이다. 제국주의에 대한 후일의 저항하는 사람들과는 —이들에게는 해방이 중요한 주제이다— 대조적으로, 아프가니는 1880년대 인도 법률가들처럼 그들 자신의 공동 사회를 위해 싸우면서도, 그들이 서구와 공유하는 문화 구조 안에서 자신들을 위한 자리를 찾고자 노력한 사람들의 계통에 속한다. 그들은 다양한 민족주의적 독립 운동을 이끄는 데 있어서 식민지 권력에 의해 자신들에게 양도된 권위를 가진 엘리트들로서, 마운트바튼Mountbatten과 네루, 드골Charles de Gaulle과 FLN이 그 예이다. 토착민들이나 토착국가가 "일어나게" 도와주었던 서구의 보좌관들과 (이러한 양상은 조나단 스펜스Jonathan Spence가 쓴 서구 보좌관들에 관한 책 『중국을 변화시키기 위해서To Change China』에 잘 기록되어 있다) 억압받은 토착민들의 이익을 나름대로 해석하여 대변했던 서구의 옹호자들 —젤리비 부인은 초기의 희화이고, 리버풀 학파의 회원들은 후기의 예이다— 과 같은 문화적 종속의 서로 다른 형상들은 이러한 종류의 적대적인 협력의 유형에 속한다. 다른 예로는 알버트 후라니가[163] 아주 정교하게 설명하고 있는 1차 대전 직후 T. E. 로렌스와 루이 마시뇽Louis Massignon 사이의 경쟁

---

162) 르낭에 대한 아프가니의 반응은 Nikki R. Keddie, *An Islamic Response to Imperialism : Political and Religious Writings of Sayyid Jamal ad-Din "al-Afghani"* (1968 ; rprt. Berkeley : University of California Press, 1983), pp. 181~7에 실려 있다.

163) Albert Hourani, "T. E. Lawrence and Louis Massignon," in *Islam in European Thought* (Cambridge : Cambridge University Press, 1991), pp. 116~8.

에서 찾아볼 수 있다. 이 두 사람은 각각 전쟁 중에 터키의 오토만에 대항하여 싸웠던 아랍인들과 진정한 공감을 하고 있었다. (마시뇽은 유일신 공동체인 아브라함 가계에 대한 자신의 이론의 중심인 이슬람에 대해 공감했던 것이 사실이다.) 그러나 제국주의적 신념에서 각자 프랑스와 영국으로 아랍 세계를 분할하는 데 역할을 담당하여, 아랍 민족을 위해 로렌스는 영국편에서 일했고, 마시뇽은 프랑스편에서 일했다.

5대륙 전체를 걸친 문화사의 상당 부분은 한편으로는 토착민들, 다른 한편으로는 기이하고 모순적일 뿐 아니라 관습적이기까지 한, 제국주의 대표자들 사이의 이러한 종류의 협력에서 만들어진다. 그러한 협력을 존경하고, 우리 같은 사람을 많이 만들어 낸 공유되고 혼합된 경험들을 인정하면서, 그럼에도 불구하고 어떻게 그것이 그 중심부에 있는 토착민과 서구인 사이의 19세기의 제국주의적 분리를 유지시켰는지를 주목해야 한다. 예를 들면 극동, 인도, 아랍 세계, 동아프리카, 서아프리카의 많은 식민지 학교들은 토착민 부르주아지의 세대들에게 역사, 과학, 문화에 관한 중요한 진리를 가르쳤다. 그리고 그 학습 과정에서 수백만의 사람들은 현대 생활의 기본을 파악했으면서도 외국의 제국주의 권위에 복속된 속국민으로 남아 있었다.

종속의 이러한 역동 구조의 정점에는 전세계를 통하여 한때의 식민지 국가에서 궁극적으로 독립 국가를 만들어 낸 민족주의가 위치한다. 이미 그 중요성이 문화 속에 기록된 바 있는 두 개의 정치적인 요소가 이제 민족주의적인 반제국주의 시대의 종언을 고하고 해방주의적인 반제국주의적 저항의 시대를 시작했다. 그 첫 번째 요소는 문화를 제국주의로서 명백하게 인식하는 것이었다. 이것은 새로 독립한 시민이 비유럽인을 인도하고 가르치겠다는, 유럽의 문화적인 요구의 종말을 주장할 수 있게 한 반동적인 의식의 순간이다. 두 번째 요소는 내가 주로 언급한 알제리, 베트남, 팔레스타인, 기니, 쿠바와 같은 여러 지역들에서 극적으로 연장된 서구 제국주의의 사명이다. 그러나 민족주의적 독립과 대비되는 해방은 새로운 강력한 주제가 되었다. 이 주제는 이미 예를 들어 마커스 가비, 호세 마르티, W. E. B. 두 보이스와 같은 사람들의 초기 저작에서 암시되어 있으나, 지금은 이론과 종종 무장 반란을 일삼는 전투성을 추진력 있게 혼합할 것을 요구하고 있다.

제국주의 지배로부터 해방하고자 투쟁하는 민족적 정체성은 국가 속에서 거처를 찾았고 그리고 명백히 국가로 완성되었다. 그 결과 군대, 깃발, 입법, 국민 교육 계획, 유력한 (하나가 아닌) 정치 정당들이 생겨났고 대체로 영국인들이나 프랑스인들에게 주어졌던 자리들이 민족주의적 엘리트들에게 주어졌다. 대중 동원(예를 들어 캘커타 거리에서 데모했던 엄청난 수의 인도 군중)과 대중 참여에 대한 베이질 데이빗슨의 중요한 구분은, 민족주의적 엘리트와 잠시 동안 민족주의 계획의 유기적인 일부였던 농촌 대중과 도시 대중 사이의 차이를 강조하고 있다. 아일랜드에서 예이츠가 하고 있는 일은 회복된 공동체 의식의 창출을 도와주는 것이다. 여기에서 아일랜드는 "아일랜드의 부당한 대우를 달래기 위해 발라드와 이야기와 노래를 불렀던 한 무리의 사람들"에 의해 즐거운 곳이 된다.[164] 그러나 그 중심부에는 선택된 남자들과 여자들의 무리가 서 있다.

새로운 민족 국가가 수립되면 예언자들과 낭만적인 반항자들이 아닌 실용적이며 자의적인 "국가 창건자"—인도의 경우, 네루— 에 의해 통치된다고 파사 차테르지는 주장한다.[165] 그에 따르면 농부들과 도시 빈민들은 이성이 아닌 열정에 의해 지배된다는 것이다. 따라서 그들은 타고르와 같은 시인들이나 간디와 같은 카리스마적 존재들에 의해 동원될 수 있다. 그러나 독립 후에는 이 수많은 국민들은 국가 속에 흡수되어야 하고, 국가 발전에 기능적인 역할을 수행하도록 만들어져야 한다. 그러나 차테르지는 다음과 같은 재미있는 점을 지적하고 있다. 탈식민지 국가들은 민족주의를 새로운 지역적 이데올로기와 국가적 이데올로기로 변형시켜 외부적인 규범에 토대를 둔 합리화라는 세계화 과정에 자신을 귀속시켰다는 것이다. 그 과정은 근대화와 발전을 이룬 전후 시대에 세계 체제라는 논리에 의해 지배되고, 그 세계 체제의 유형은 몇 안 되는 선진 산업 국가들에 의해 꼭대기에서 조종되는 전세계적 자본주의이다.

---

164) Yeats, *Collected Poetry*, p. 49.
165) Chatterjee, *Nationalist Thought*, p. 147.

차테르지가 "현대의 국정과 기술이 제아무리 능란하게 이용된다 해도, 아직 해결되지 않고 남아 있는 실재하는 바로 그 긴장들을 효과적으로 억제할 수 없다."[166]고 지적하는 것은 옳다. 에크발 아마드의 용어인 권력의 새로운 병리학은 전국민이 안전한 보안 국가에서 독재, 과두정치, 일당 체제가 생겨나도록 한다. V. S. 네이폴의 소설인 『강의 만곡』(1979)에서 이름이 밝혀지지 않은 아프리카 한 국가가 이름도 없는 정체 불명의 거물에 의해 통치된다. 그는 엄격한 토착주의 노선에 따라 유럽의 고문들, 인도인들과 회교 소수 민족들, 자신의 부족들을 조종한다. (이것은 가다피Muammar al-Qaddafi의 녹색 책Green Book 숭배나 모부투Sese Seko Mobutu의 꾸며낸 부족 전통과 같은 것이다.) 그 소설의 끝부분에서 그의 많은 부하들이 무자비하게 살해된다. 그 살육에서 살아남아 무슨 일이 일어나는가를 인식한 한두 사람이 ─주인공 살림처럼─ 현재 상황에 절망하여 외국으로의 이주를 결정한다. (동아프리카 회교도 인도계 출신인 살림은 거물에 의해 통치되는 내륙 지방으로 이주하나 고독하고 실망하여 그곳을 떠난다.) 네이폴의 이데올로기적 요점은 제3세계에서 민족주의의 승리는 탈식민지 국가의 "해결되지 않은 … 실재하는, 바로 그 긴장들을 억제"할 뿐 아니라, 서구의 영향을 받은 마지막 문명화의 흔적은 물론 그 영향에 대한 마지막 저항의 희망까지도 없애 버린다는 것이다.

놀라운 재능이 있는 기행 작가이며 소설가인 네이폴은 서구의 이데올로기적 입장을 성공적으로 극화하고 있다. 이러한 입장에서 보면 탈식민지 국가들이 독립 성취에서 무조건적으로 성공했던 것을 비난하는 것이 가능하다. 탈식민지 세계의 종교적 광신(『신자들 사이에서 Among the Believers』), 타락한 정치(『게릴라Guerrillas』), 그리고 본질적인 열등 의식(인도에 관한 그의 첫 두 권)[167]에 대한 네이폴의 공격은

---

166) 같은 책, p. 169.
167) V. S. Naipaul, *Among the Believers : An Islamic Journey* (New York : Alfred A. Knopf, 1981) ; and *Guerrillas* (New York : Alfred A. Knopf, 1975), *India : A Wounded Civilization* (New York : Vintage, 1977) 그리고 *An Area of Darkness* (New York : Vintage, 1981).

1970, 80년대에 코너 쿠르즈 오브라이언, 파스칼 부르크너Pascal Bruckner(『백인의 눈물The Tears of the White Man』)와 제라르 샬리앙 Gérard Chaliand과 같이 제3세계 민족주의에 대한 탁월한 서구 이론가들이 봉착했던 제3세계에 관한 깨진 환상의 일부이다. 제3세계에 대한 프랑스의 초기 지원을 다룬 흥미있는 반다큐멘터리 형식의 역사서인 『제3세계주의의 기원에 관하여:프랑스의 식민지와 반식민주의자들Aux origines des tiers-mondismes : Colonisés et anti-colonialistes en France(1919~1939)』에서 클로드 리오쥐Claude Liauzu는 1975년까지는 반제국주의 진영이 그 이전처럼 더 이상 존재하지 않을 것이란 가설을 세우고 있다.[168] 제국주의에 대한 국내 저항의 소멸은, 주류를 이루는 프랑스와 아마도 일반적으로 대서양 서부 연안의 유럽 국가들에 관해서는 그럴 듯한 주장이 될 수 있을 것이나, 새 국가나 제국의 중심 문화가 별로 두드러지지 않은 곳, 논쟁이 끈질기게 일어나는 지역에서는 도움이 되지 못한다. 한때 영국과 프랑스와 같은 고전적인 제국을 대상으로 한 권력과 권위의 문제는 이제 그 권력과 권위를 계승한 독재 정권으로 넘어갔고, 아프리카와 아시아 국가들은 속박과 종속의 상태로 남아 있어야 한다는 생각에 반대하는 데 집중되고 있다.

이것에 대한 증거는 엄청나게 많다. 인권과 민주 권리를 위한 투쟁은 몇 곳만 예를 들면 케냐, 아이티, 나이지리아, 모로코, 파키스탄, 이집트, 미얀마, 튀니지와 엘살바도르에서 계속되고 있다. 또한 점차로 증대되는 여권 운동의 중요성은 과두정치의 국가 통제와 군사 (또는 일당) 통치에 더 많은 압력을 구사하고 있다. 이 밖에 대항 문화는 아직도 서구와 비유럽 세계 사이의 연결 고리를 유지하고 있다. 일례로 마르크스주의와 초현실주의와 제휴하고 있는 세제르에서 그 관계의 증거를 볼 수 있다. 그리고『하위 문화 연구』와 안토니오 그람시와 롤랑 바르트 사이의 관계 속에서도 볼 수 있다. 이전에 식민지 국가의 많은 지식인들은 네이폴 소설에 나오는 인다르의 불행한 운명에 안주하기를 거부하였다. 인다르는 한때 유망한 젊은 시골뜨기로, 미국의 재

---

168) Claude Liauzu, *Aux origines des tiers-mondismes : Colonisés et anti-colonialistes en France (1919~1939)* (Paris : L'Harmattan, 1982), p. 7.

단들에 의해서도 필요한 인물로 추적되었으나 이제는 갈 곳도 없는, 버려지고 희망없는 사람이 되었다.

> 때때로 그는 이제는 고향으로 가야 할 때라는 것을 안다. 그의 머리에는 꿈의 마을이 있다. 그런 가운데 그는 가장 천한 일을 한다. 그는 자신이 좀더 나은 일을 할 능력이 있다는 것을 알고 있으나 그 일을 하기를 원치 않았다. 나는 사람들이 그가 좀더 나은 일을 할 수 있다고 말하는 것을 그가 즐기고 있다고 믿는다. 우리는 이제 포기했다. 그는 다시는 어떤 것도 모험하기를 원치 않는다.[169]

인다르는 "새로운 사람들" 중의 하나이다. 다시 말해 그는 제1세계의 변덕스러운 열성 분자들이 반란을 일으키는 민족주의 운동을 지원할 마음이 생겼을 때 과분한 명망을 얻었다가, 열성 분자들의 열이 식게 되면 사라져 버리는 제3세계 지식인이다.

이것이 저항정치와 문화에 대한 정확한 재현인가? 알제리인과 인도인들을 대중 반란으로 이끌었던 과격한 에너지는 끝내 독립에 의해 봉쇄되고 소멸되었단 말인가? 아니다. 왜냐하면 민족주의는 저항에 있어서 단지 하나의 양상이었을 뿐, 가장 흥미있고 지속적인 양상은 아니었기 때문이다.

우리가 민족주의 역사를 아주 냉철하게 바라보고 판단할 수 있다는 것은 사실상 역사적 제국주의의 전체 경험에 대해 좀더 강력한 대항에 의해 주어진 급진적인 새로운 조망이 있음을 증명하는 것이다. 그것은 긍정적인 면에서는 프로이트, 마르크스, 니체의 탈중심화 원리로부터 온 것이고, 부정적인 측면에서는 민족주의 이데올로기의 부적절성에서 온 것이다. 그것은 에메 세제르의 『식민주의에 관한 담론』을 낳았고 식민지 종속과 흑인의 종족적 열등이데올로기가 현대 정신 의학의 전문 용어로 은밀히 통합되었음을 보여 준다. 여기에서 세제르는 반대로 그 정신 의학의 기본에 깔린 해체적 이론적 힘을 자체의 제국

---

169) V. S. Naipaul, *A Bend in the River* (New York : Knopf, 1979), p. 244.

주의적인 권위를 약화시키는 데 사용한다. 민족주의 문화는 때때로 비옥한 저항 문화에 의해 극적으로 힘을 빼앗기기도 한다. 저항 문화의 핵심은, 제국주의 권위와 담론에 저항하기로 된 "소란의 기술technique of trouble"인 강력한 반란이다.

그러나 슬프게도 이러한 일은 항상 또는 대부분의 경우 일어나지 않는다. 모든 민족주의적인 문화는 민족적 정체성의 개념에 주로 의존하고 있고, 민족주의 정치는 정체성의 정치이다. 이집트인을 위한 이집트, 아프리카인을 위한 아프리카, 인도인을 위한 인도 등이 있다. 베이질 데이빗슨이 명명한 민족주의의 "애매한 풍요성ambiguous fertility"[170]은 전 국민의 교육 체계를 통해 한때 불완전하고 억압되었으나 궁극적으로 복구된 정체성을 주장하게 했을 뿐 아니라 새로운 권위를 교육시키도록 이끌었다. 이러한 똑같은 일이 미국에서도 일어나고 있다. 마치 백인 미국 신화를 비판하려던 희망이 그 신화를 교조적인 다른 새로운 신화들로 대치할 필요를 의미하는 것처럼, 미국에서 아프리카계 미국인, 여성과 소수 민족이 발언하던 어조의 힘은 여기저기에서 원리로 변하고 있다.

예를 들어 알제리에서 프랑스 사람들은 아랍어를 교육과 행정의 공식 언어로 사용하는 것을 금지했다. 1962년 이후에 FLN은 명백히 아랍어를 유일한 공용어로 만들었고 새로운 아랍 이슬람 교육 제도를 정착시켰다. 그러고 나서 FLN은 알제리의 공민 사회 전체를 정치적으로 흡수하기 시작했다. 그리하여 그들은 30년 이내에 국가와 당의 권위와 회복된 정체성과의 이러한 연결로 일당 체제하에서 대부분의 정치적 관행들을 독점하였고 민주적인 생활을 거의 완전하게 없애 버렸을 뿐 아니라, 우익에서는 코란경의 원리에 토대를 둔, 전투적인 회교의 알제리 정체성을 선호하는 이슬람 대항 세력의 도전적인 출현을 가져왔다. 1990년대에 알제리는 위기 상태에 빠졌다. 그 결과 가장 자유로운 정치 행위는 물론 선거의 결과조차 폐지하는 정부와 권위를 위해, 과거와 정설에 호소하는 이슬람 운동 사이의 극히 비생산적인 대결이 이루어지고 있다. 양측은 모두 알제리를 통치할 권리를 주장한다.

파농은 『저주받은 대지』의 "민주주의적 의식의 함정"에 관한 장에

---

170) Davidson, *Africa in Modern History*, p. 374.

서 이러한 국면 전환을 예견했다. 그의 생각은 민족 의식이 성공의 순간에 어쨌든 사회 의식으로 바뀌어지지 않으면, 미래는 해방을 지탱하지 못하고 제국주의의 확장을 가져온다는 것이다. 폭력에 대한 그의 이론의 목적은 유럽 경찰의 온정주의적인 감시 아래서 분노하고, 어떤 의미에서 자신을 위해 토착민 경찰의 봉사를 선호하는 토착민의 호소에 대답하는 것이 아니다. 그 반대로 그의 이론은 첫째로 인간의 태도가 무의식적인 욕망에 의해 알려지는 것과 똑같은 방식으로 —여기에서 파농의 숨겨진 유추는 통렬하다— 식민주의를 조장된 총체로 만드는 체계로 제시한다. 두 번째로 유사 헤겔적인 운동 속에서 반란하는 토착인이 마니교도인 대항 인물로 등장한다. 그는 자신을 환원시키는 논리, 자신을 격리시키는 지리, 자신을 비인간화하는 본질론, 자신을 재생할 수 없는 본질로 전락시키는 인식론에 염증을 느낀다. "식민지 정권의 폭력과 토착인의 반폭력은 서로 균형을 이루고 놀라울 정도의 상호 동질성 안에서 서로에게 반응을 보인다."[171] 투쟁은 전혀 새로운 탈민족주의적인 이론 문화를 요구하는 해방 전쟁으로 대표되는 종합체적인 논쟁의 새로운 단계로 격상되어야만 한다.

 내가 파농을 자주 인용하는 이유는, 파농이 그 누구보다도 더 극적이고, 결정적으로 민족주의적 독립의 영역에서 해방의 이론적 영역으로의 엄청난 문화적 변환을 주장하고 있다고 믿기 때문이다. 이러한 변환은 제국주의가 대부분 다른 식민지 국가들이 독립을 획득한 —예를 들면 알제리나 기니 비소 Guinea-Bissau— 후에도 아프리카에 남아 있는 경우에 주로 일어난다. 어떤 경우든 파농의 저작이 제3세계 토착 지식인이 억압과 식민지 노예 문화로 수용한 후기 서구 자본주의 문화에 의해 생성된 이론적인 정교화 작업에 대한 반응이라는 것을 이해하지 않고는 파농을 이해할 수 없다. 파농의 전체 저작은, 세제르로부터 빌려 온 파농의 표현대로 새로운 영혼을 만들어 낼 수 있도록 정교한 이론의 저자들에게 대항하기 위해 정치적 의지를 가진 행동으로, 바로 그 정교한 이론들의 완고성을 극복하기 위한 시도이다.

 파농은 정착자가 정복한 역사를, 서구 문화의 위대한 신화들이 지배

---

171) Fanon, *Wretched of the Earth*, p. 88.

하는 제국주의의 진리의 지배와 예리하게 연결시키고 있다.

> 정착자가 역사를 만든다. 그의 삶은 한 시대이며 하나의 오디세이이다. 그는 절대적인 시작이다. "이 땅은 우리들에 의해 창조되었다." 그는 끊임없는 대의 명분이다. "만일 우리가 떠나면 모든 것은 상실된다. 그리고 이 나라는 중세로 되돌아갈 것이다." 그에 대항하여 열병으로 쇠약해지고 선조들의 관습에 빠져 있는 무기력한 사람들이 식민지 중상주의의 쇄신적 역동성을 위해 매우 비유기적인 배경을 형성한다.[172]

프로이트가 서구 이성이라는 건축물의 하위 토대를 발굴했고, 마르크스와 니체가 부르주아 사회의 구체화된 자료들을 지배와 축적을 향한 원시적이지만 생산적인 충동으로 되돌려 해석했듯이, 파농은 "그리스 로마 토대"라는 타인을 괴롭히는 커다란 덩어리를 "인위적인 파수꾼이 먼지로 변한"[173] 식민지적인 황무지로 고스란히 옮겨 놓는 식으로 서구의 휴머니즘을 읽는다. 그것은 유럽 정착자들에 의한 일상적인 천박함과 나란히 놓여질 수 없다. 파농 저작의 전복적인 태도는 자신을 압박한다고 믿는 문화의 전략을 역설적일 뿐만 아니라 용의 주도하게 반복하는, 아주 의식적인 사람의 태도이다. 한편으로 프로이트, 마르크스, 니체 다른 한편으로 파농의 "토착 지식인" 사이의 차이는, 뒤에 나온 식민지 사상가가 그의 선배들을 지리적으로 더 잘 고정시키고 있으며 ─그들은 서구에 속한다─ 나아가 그들을 만들어 낸 억압적인 문화적 모체로부터 그들의 에너지를 해방시키려고 한다는 점이다. 대조적으로 프로이트, 마르크스, 니체를 식민지 제도에 내면적인 것으로 보는 동시에 그 제도와 싸울 수 있는 가능성이 있다고 보면서, 파농은 제국을 종결시키는 작업을 하고 새로운 시대를 선언하고 있다. 국민 의식이란 "사회와 정치적 욕구 의식 ─'진정한' 휴머니즘─ 으로 아주 신속하게 변형되어 윤택하게 되고 심화되어야만 한다."고 그는 말한다.[174]

---

172) 같은 책, p. 51.
173) 같은 책, p. 47.
174) 같은 책, p. 204.

"휴머니즘"이란 말은 그것이 백인 통치를 정당화했던 제국주의의 자기 도취적인 개인주의, 분열과 식민주의적 이기주의로부터 벗어났다는 맥락에서 볼 때 얼마나 기이하게 들리는가. 『귀향 수첩』에서의 세제르처럼 파농이 다시 생각한 제국주의는, 긍정적인 측면에서 침묵을 지키는 토착민이라는 무기력한 대중에게 기운을 다시 불어 넣고 포괄적인 새로운 역사 개념으로 다시 인도하는 집단 행동이다.

> 인류를 인류의 총체인 세계로 재도입시키는 거대한 작업은 식민주의 문제가 관련된 곳에서 그들이 과거에 자신들의 주인이라는 높은 지위에 있는 사람들과 간혹 합세했다는 것을 인식해야만 하는 유럽 민족들의 필수 불가결한 도움을 받으며 수행될 것이다. 이것을 성취하기 위해 유럽 민족들은 우선 자신들을 흔들어 깨우고, 두뇌를 사용하고, 잠자는 미녀의 어리석은 파우니(양의 귀, 꼬리, 다리를 가진 목축의 신, 음탕함과 모주꾼으로 유명 – 역주) 놀이를 중지할 것을 결심해야 한다.[175]

이러한 일이 어떻게 성립될 수 있는가는 우리를 명백한 권고와 명령으로부터 『저주받은 대지』의 놀랍게 흥미있는 구조와 방법으로 이끌어 간다. 1961년 그가 죽기 몇 달 전에 출간된 이 마지막 저작에서 파농이 이룬 업적은 우선 마니교적인 이분법적 투쟁인 식민주의와 민족주의를 재현하고, 다음에는 독립 운동을 일으키고, 마지막으로 그 운동을 결과적으로 초개인적이며 초국가적인 힘으로 전환시킨 데 있다. 파농의 이 마지막 저작이 보여 주는 비전과 쇄신적인 특질은 그가 제국주의 문화와 그 민족주의적 적대자의 모습을 모두 초월하여 해방을

---

[175] 같은 책, p. 106. 파농이 다룬 "인류를 세계로 재편입시키는" 주제에 대해서 Patrick Taylor, *The Narrative of Liberation : Perspectives on Afro-Caribbean Literature, Popular Culture and Politics* (Ithaca : Cornell. University Press, 1989), pp. 7~94에 제시된 예리한 논의를 보라. 민족 문화에 대한 파농이 품은 의혹에 대해서는 Irene Gendzier, *Frantz Fanon, a Biography* (1973; rprt., New York : Grove Press, 1985), pp. 224~30를 보라.

향한 과정 속에서 강제로 형태를 변화시키는 탁월한 세밀함에서 연유한다.

선배 세제르와 같이 파농은 수사적이며 잘 짜여진 요약 행위로 제국주의가 창조해 낸 것에 대해 비난하고 있다. 이런 것들이 제국주의의 오랜 문화사를 분명하게 만들고 좀더 효과적으로, 파농이 해방을 위한 새로운 전략과 목표를 형성하는 것을 허용한다.

『저주받은 대지』는 복합적인 작품이다—에세이와 상상력이 만든 이야기, 철학적 분석, 심리학적인 사례사, 민족주의 우화, 역사의 비전적인 초월 등으로 이루어져 있다. 이 책은 식민지 공간의 영토에 대한 소묘로, 깨끗하고 조명이 잘 된 유럽 도시와 어둡고 악취나는 조명이 나쁜 카스바casbah(알제리의 유흥가가 있는 토착민 지구-역주)로 분리되어 있다. 파농의 전작은 이러한 마니교적이며 물리적으로 좌초된 막다른 궁지로부터 나와, 말하자면 백인과 비백인 사이의 간극을 메꾸려고 의도하는 힘을 따르는데, 토착민의 폭력에 의해 작동을 시작하게 된다. 내가 이전에 말했듯이 파농에게 폭력은 주체로서의 백인과 객체로서의 흑인의 물화를 극복하는 종합이다. 추측컨대 이 책을 쓰는 동안 파농은 파리에서 1960년에 불어 번역으로 막 출간된 루카치의 『역사와 계급 의식』을 읽었을 것이다. 루카치는 자본주의의 결과가 파편화와 물신화라는 것을 보여 준다. 그러한 체제하에서 각 개인은 하나의 대상이나 상품이 되고, 인간 노동의 산물은 그 생산자와 소외되며 총체 또는 공동체의 심상은 완전히 사라져 버린다는 것이다. 루카치가 제시한 반란적이며 이단적인 마르크스주의에서 가장 중요한 것은 (1923년 출간 직후 이 책은 루카치 자신이 유통을 금지시켰다) 주관적 의식을 객관적인 세계와 분리시키는 것이다. 이것은 정신적 의지의 행동에 의해 극복될 수 있다고 그는 말한다. 이 의지에 의해 한 외로운 영혼은 타인과의 공통적 유대를 상상하고, 인간을 압제적인 외부의 힘의 노예 상태로 유지시키는 강제적인 엄격성을 깨뜨림으로써, 다른 사람과 합칠 수 있다. 이렇게 되어 주체와 객체 사이의 화해와 종합이 생겨난다.

토착민이 백인들과 자신들 사이의 분열을 극복하게 하는 파농의 폭력은 의지의 행동에 의해 파편화를 극복하는 루카치의 명제와 매우 유사하다. 루카치는 이것을 "과정을 숨기고 있는 베일을 단 한번에 찢어 버리는 것이 아니라 화석화, 모순과 운동이 끊임없이 교대하는 것"이라고 부른다.[176] 이렇게 해서 감옥과 같은 부동의 상태에 있는 주체·객체의 불신화는 파괴된다. 파농은 이러한 지극히 대담한 명제의 대부분을 받아들인다. 정착자의 의식이 인간 노동자들을 비인간적이고 비의식적인 대상으로 바꾸어 버리는 자본가의 의식과 같은 기능을 하는, 대항적인 마르크스주의내에서도 이 명제가 대항적이라는 사실을 아래의 인용문에서도 볼 수 있다.

> 정착자는 역사를 만들고, 역사를 만드는 것을 의식한다. 그리고 그는 끊임없이 모국의 역사를 언급하기 때문에, 자신이 모국의 확장이라는 것을 분명히 밝힌다. 이렇게 해서 그가 쓰는 역사는 그가 약탈하는 나라의 역사가 아니고 모국이 강탈하는 모든 것과 모국이 위반하고 곪기는 모든 것과 관련한 그 자신의 국가의 역사이다.
> 성지성은 (후에 그는 인종 차별을 "구획으로 분리하는 것"의 형태 중 하나라고 말한다. 그는 "토착민은 안에 가두어진다. … 토착민이 첫 번째로 배워야 할 것은 그의 자리에 머무르는 것이다"라고 덧붙인다)[177] 만일 토착민이 식민의 역사 —약탈의 역사— 에 종지부를 찍고 국가의 역사 —탈식민화의 역사— 를 출현시키기로 결심한다면, 비로소 의문이 제기될 수 있을 것이다.[178]

파농의 세계에서는 루카치의 소외된 노동자처럼 토착민이 식민화가 끝나야 된다 —다른 말로 하면 인식론적 혁명이 있어야 한다— 고 결정할 때에만 변화가 일어날 수 있다. 바로 그때 운동이 있을 수 있다. 이 지점에서 식민주의자와 피식민자를 직접적으로 대항시키는 "깨끗

---

[176] Georg Lukacs, *History and Class Consciousness : Studies in Marxist Dialectics*, Rodney Livingstone 옮김. (London : Merlin Press, 1971), p. 199.
[177] Fanon, *Wretched of the Earth*, p. 52.
[178] 같은 책, p. 51.

하게 하는 힘"인 폭력이 들어온다.

> 식민지 정권의 폭력과 토착민의 대항 폭력은 서로 균형을 유지하고 놀라운 상호 동질성 안에서 서로에게 반응한다. … 정착자가 하는 일은 자유의 꿈조차도 토착민에게 불가능하게 만드는 것이다. 토착민의 과업은 정착자를 파괴할 수 있는 가능한 모든 방법들을 상상하는 것이다. 논리적인 차원에서 정착자의 마니교주의는 토착민들의 마니교주의를 만들어 내고, "토착민의 절대적인 악"의 이론에 대해 "정착자의 절대적인 악"의 이론이 대답한다.[179]

여기에서 파농은 루카치가 제시한 용어로 식민지 경험을 다시 형성할 뿐 아니라 제국주의에 대해 새로 출현하는 문화 정치적 적대자의 특징을 부여하고 있다. 이러한 출현에 대한 파농의 심상은 생물학적이다.

> 정착자의 출현은 공생주의의 견지에서 보면 토착민 사회의 죽음, 문화적 무감각, 개인의 화석화를 의미했다. 토착민에게 삶은 정착자의 썩어 가는 시체로부터 다시 솟아 나올 수 있을 뿐이다. … 그러나 피식민지 주민들에게는 이러한 폭력은 그것이 그들의 유일한 작업이기 때문에 그 성격에 적극적이고 창조적인 성질을 부여하는 일이 벌어진다. 폭력의 실행은 피식민지 주민들 모두를 하나의 총체로 결속한다. 왜냐하면 각 개인이 폭력의 커다란 유기체의 일부인 대연쇄의 격렬한 연결 고리를 형성하기 때문이다.[180]

여기에서 파농은 프랑스 식민주의의 초기 언어에 의존하고 있는 것이 확실하다. 쥘 아르망이나 르로이 볼리외 같은 시사 평론가들은 프랑스와 그 식민지의 부모 자식 관계를 설명하기 위해 출생, 분만, 계보학에 관한 생물학적인 심상을 사용하였다. 파농은 상황을 반전시켜 새

---

179) 같은 책, pp. 88, 93.
180) 같은 책, p. 93.

로운 국가의 탄생을 위해 그 언어를 사용하고 식민지 정착자 국가를 위해서는 죽음의 언어를 사용한다. 그러나 이러한 적대감까지도 반란이 일단 시작되고 "삶이 끝없는 투쟁처럼 '보이는' 한 드러나는 모든 차이들을 숨기지 못한다."[181] 합법적인 민족주의와 불법적인 민족주의 사이에, 한편으로는 민족주의 개혁과 단순한 탈식민화 정치학, 다른 한 편으로는 불법적인 해방의 정치학 사이에 주요한 구분이 있다.

이러한 구분은 피식민자와 식민주의자 사이의 차이만큼 중요하다. (이 주제는 좀더 단순하게 알버트 메미에 의해 사용되고 있다.)[182] 『저주받은 대지』가 보여 주는 진정한 예언적인 천재성이 바로 이곳에 놓여 있는 것은 사실이다. 파농은 알제리의 민족주의적 부르주아지와 FLN의 해방주의적 경향들 사이의 분리를 감지하고 있고, 또한 갈등하는 내러티브와 역사적인 패턴을 수립한다. 일단 반란이 시작되면, 민족주의 엘리트들은 프랑스와 동등한 관계를 수립하려고 노력한다. 다시 말해 인권 자치, 노동 조합 등을 요구한다. 그리고 프랑스 제국주의가 이것을 "동화 정책론자assimilationist"라고 불렀기 때문에, 공식적인 민족주의 정당들은 통치 당국의 협조하는 밀정들이 되는 함정에 빠진다. (예를 들면 파르핫 아바스의 슬픈 운명과 같은 것이다. 그는 프랑스의 공식적 동의를 구했을 때, 대중의 지지를 얻을 수 있는 희망을 모두 상실했다.) 이렇게 해서 공식적인 부르주아 민족주의자들은 단순히 유럽인들의 내러티브 패턴에 빠져서 네이폴의 용어를 빌리면 흉내 내는 사람, 즉 그들의 제국주의 주인들에게 단순한 토착민 통신원들이 되기를 희망한다.

해방주의적 경향에 대한 파농의 탁월한 분석은 2장 "자발적인 행위 : 그 장점과 단점"에서 시작된다. 이 장의 토대는 "민족주의 당의 지도자들과 국민 대중들 사이의"[183] 시간적 차이와 리듬의 차이다. 민족주의자들이 서구의 정치 정당으로부터 그들의 방법들을 모방함에 따라

---

181) 같은 책, p. 94.
182) Albert Memmi, *The Colonizer and the Colonized* (1957 ; trans. New York : Orion Press, 1965).
183) Fanon, *Wretched of the Earth*, p. 107.

민족주의 진영 —농촌과 도시, 지도자와 평당원, 부르주아지와 농부, 봉건 지도자와 정치 지도자— 내에서 모든 종류의 긴장들이 발전된다. (이들 모두는 제국주의자들에 의해 착취당하고 있다.) 중심적인 문제는 비록 공식적인 민족주의자들이 식민주의를 분쇄하길 원한다 해도, "또 다른, 아주 다른 의지가 '명백해진다'는 것이다. 즉 식민주의와 친근하게 동의하려는 의지"가 그것이다.[184] 그 후 불법 집단은 이러한 정책에 대해 의문을 던지고는 소외되고 가끔 투옥되기도 한다.

> 그래서 우리는 불화가 당내의 불법과 합법적 경향 사이를 흐르는 과정을 관찰할 수 있다. … 그리고 합법적 정당의 분파인 지하당이 그 결과로 나타날 것이다.[185]

이러한 지하당의 결과를 보여 주는 파농의 방법은 도망자들, 추방자들 그리고 추적당하여 농촌 지역으로 도주하고 과업과 조직 속에서 민족주의의 공식적인 내러티브의 약점을 분명히 하고 또한 약화시키는 지식인들에 의해 시작된, 지하 내러티브인 저항 내러티브로 그 지하당의 존재를 극화하는 것이다.

> 식민지 주민들을 단번에 주권으로 인도하기는커녕 국가의 모든 부분들이 똑같은 속도로 당신과 함께 움직이고 똑같은 빛에 의해 앞으로 인도된다는, 여러분이 가졌던 그 확실성과 여러분에게 희망을 주었던 그 힘, 이 모든 것은 이제 경험의 견지에서 보면 하나의 아주 커다란 약점의 징후인 것처럼 보인다.[186]

"경험의 빛"을 전달하는 그 힘은 바로 해방주의적 정당에 생동감을 주는 불법적인 경향 속에서 찾을 수 있다. 이 정당은 모든 사람들에게 종족 차별주의와 복수는 "해방 전쟁을 치를 수 없다."는 것을 보여 준

---

184) 같은 책, p. 124.
185) 같은 책, p. 125.
186) 같은 책, p. 131.

다. 이렇게 해서 토착민은, 흉내 내는 사람들이 저항 운동을 이끄는 동안 "식민지 억압을 깨뜨리면서 그는 자동적으로 또 다른 착취 체계를 수립하고" 이번에는 "흑인이나 아랍인"에게 적용하고 있다는 것을 "발견"하게 된다.

이 지점에서 파농은 "역사는 식민주의에 대한 전투가 민족주의 노선을 따라 곧바로 일어나지는 않는다는 것을 분명하게 가르쳐 준다."라고 언명한다.[187] 우리가 콘라드의 작품에서 관찰했듯이 "민족주의 노선"의 영상 속에서 파농은, 관습적인 내러티브가 제국주의의 횡령·지배적인 속성들에서 중요하다는 사실을 이해한다. 내러티브 자체는 권력의 재현이며 그 목적론은 서구의 전세계적 역할과 관련되어 있다. 파농은 제국주의가 민족주의적 부르주아에게 권위를 양보하는 것처럼 보일 때, 그 헤게모니를 정말로 확장하는 제국주의에 의해 만들어진 똑같은 궤도를 정통 민족주의가 따라갔다는 사실을 인식한, 최초의 주요 반제국주의 이론가였다. 단순한 민족 이야기를 말하는 것은 제국주의를 반복·확장하고 또한 제국주의의 새로운 형태를 만들어 내는 것이다. 독립한 후에 민족주의는 그대로 내버려 두면, "민족주의 자체의 속 빈 껍질 안에서 지역주의로 분해될" 것이다.[188] 그러므로 지역 사이의 오래 된 분쟁이 지금 반복되고, 특권은 한 민족 위에 다른 민족에 의해 독점되고, 제국주의에 의해 구성된 위계 질서와 분할은 복원되지만, 지금 그것들은 단지 알제리인, 세네갈인, 인도인 등에 의해서 지배된다.

파농은 얼마 뒤에 "민족 의식에서 정치 사회 의식으로 이동시키는 급진적인 단계가 일어난다."고 말한다.[189] 파농은 첫째로 정체적 (예를 들어 민족주의적) 의식에 토대를 둔 필요성은 뒤로 미루어져야 한다는 것을 의미한다. 새롭고 총체적인 집단들이 —아프리카인, 아랍인, 이슬람인— 배타주의적 집단들보다 우선되어야 하고, 그렇게 해서 제국주의가 자주적 부족들, 내러티브들, 문화들로 분리했던 사람들 사이

---

187) 같은 책, p. 148.
188) 같은 책, p. 159.
189) 같은 책, p. 203.

의 측면적이고 비내러티브적인 관계를 형성하게 된다. 둘째로 —여기에서 파농은 루카치 사상의 일부를 따른다— 중심부(수도, 공식 문화, 임명된 지도자)는 속화되고 탈신비화되어야 한다. 동적인 관계의 새로운 체계가 제국주의로부터 인수받은 위계 질서를 대치해야 한다. 놀라운 힘을 가진 구절에서 파농은 시가와 드라마, 르네 샤르René Char와 케이타 포데바Keita Fodeba에 의존한다. 해방은 "의사 소통의 문을 닫는 것이 아니고"[190] 참된 국민의 자기 해방과 보편주의로 인도하는 "발견과 격려"의 끝없는 과정인 자아 의식이다.

우리는 『저주받은 대지』의 마지막 부분을 읽을 때, 파농이 위대한 해체적 힘을 가진 저항 내러티브로 제국주의와 정통적인 민족주의와 싸우는 데 참여한 후로, 그 저항 내러티브의 복잡성과 반정체적인 힘을 명백하게 드러낼 수 없었다는 인상을 받는다. 그러나 파농의 산문의 애매함과 난해함에는 해방이 하나의 과정이지, 새로 독립된 국가들에 의해 자동적으로 봉쇄된 목표가 아니라는 주장을 할 수 있는, 시적이며 비전적인 암시들이 충분히 있다. 『저주받은 대지』(불어로 쓰여진)를 통해서, 파농은 어쨌든 의식과 반제국주의의 새로운 비적대적인 공동체 안에서 토착민뿐 아니라 유럽인들을 함께 묶어 주기를 원한다.

파농이 유럽의 주의력을 저주하고 간청하는 가운데 우리는 응구기, 아체베, 살리의 소설에서 보는 똑같은 문화적 에너지를 찾는다. 그것의 메시지는 우리가 제국주의로부터 모든 인간을 해방시키려고 노력해야 한다는 것이다. 모두 새로운 방식으로 우리의 역사와 문화를 고쳐 써야 한다. 그 역사가 우리들 중 어떤 사람들을 노예화하긴 했다고 해도 우리는 같은 역사를 공유한다. 간단히 말하면 이것은 탈식민지 해방의 진정한 가능성과 인접한 식민지들의 입장에서 글을 쓰는 것이다. 알제리는 케냐와 수단이 그랬듯이 해방되었다. 과거의 관계에 의존할 수 있고 없고 또는 그 관계로부터 구해 낼 수 있거나 없는 것에 대한 새롭게 분명해진 감각이 남아 있듯이, 그대로 과거의 제국주의 강대국들과의 중요한 관련성은 남아 있다. 다시 말하면, 현재 남아 있는 초강국인 미국에 의해 지배되는 탈식민지 시대의 문화 정치학에 훨씬 앞서

---

190) 같은 책, p. 247.

서 앞으로 다가올 상황의 진로를 예견하는 것은 문화와 문화적 노력이다.

저항에 관한 저술의 많은 부분이 투쟁이 한창일 때 쓰여졌기 때문에, 투쟁적이고 간혹 불쾌한 주장에 집중하는 경향이 있는데 이것은 이해할 만하다. 폴 폿Pol Pot 정권의 공포정치를 위한 청사진을 우리는 그곳에서 볼 수 있다. 한편으로 파농에 대해 최근에 발표된 많은 논문들은 파농을 억압받는 자들에게 폭력을, 오직 폭력만을 요구하는 전도사로만 보고 있다. 어떤 논문도 프랑스의 식민지 폭력에 관해서는 거의 언급이 없었다. 시드니 훅Sidney Hook의 불쾌한 논쟁에 의하면, 파농은 단지 비합리적이고 결국에는 어리석은 "서구의" 적에 불과한 것이다. 또 다른 한편으로 아밀카 카브랄의 뛰어난 연설과 소책자에서 그의 동원 능력과 적의, 폭력, 원한과 증오가 계속 나타나고, 포르투갈 식민주의의 특별히 흉악한 배경 속에서 더욱더 분명하게 드러나는 그러한 방식의 놀라운 강도를 놓치고 보지 못하는 것은 어렵다. 그러나 우리가 만일 파농에게서 격렬한 갈등의 찬양을 훨씬 넘어서는 어떤 것을 보지 못한다면 파농을 잘못 읽는 것이 되듯이, 만일 우리가 카브랄의 유효한 유토피아주의와 이론적인 관용을 알아차리지 못한다면, "이론의 무기"나 "민족 해방과 문화"와 같은 텍스트를 심각하게 오독하게 될 것이다. 카브랄이나 파농 모두에게 있어서 "무장된 투쟁"을 강조하는 것은 기껏해야 전략적일 뿐이다. 제국주의가 백인에게만 허용된 경험으로부터 비유럽인들을 격리시켜 왔기 때문에 카브랄에게는 폭력, 조직, 전투성에 의해 획득된 해방이 필요하게 된다. 그러나 "민족들의 지배를 영속화시키기 위한 기도 속에서 문화가 특권을 부여받은 민족들이나 국가들의 속성으로 간주되고, 무지나 잘못된 믿음에서 문화가 피부 색깔이나 눈의 모양은 아니더라도 기술적 숙련과 혼동되던 시대는 지나갔다."고 카브랄은 말한다.[191] 이러한 장애를 종식시키는 일은 비유럽적인 것을 인간 경험의 전영역으로 포함시키는 것이다. 왜냐하면 적어도 모든 인간은 하나의 운명 그리고 더 중요한 것은 하나

---

191) Amílcar Cabral, *Unity and Struggle : Speeches and Writings*, Michael Wolfers 옮김. (New York : Monthly Review, 1979), p. 143.

의 역사를 가질 수 있기 때문이다.

이미 지적한 바와 같이 제국주의에 대한 문화적 저항은 종종 사적인 은신처로 사용된, 우리가 토착주의라고 부를 수 있는 것의 형태를 취했다. 우리는 이것의 예를 자바르티와 19세기 알제리 저항 초기의 위대한 전사이며 영웅인 에미르 압델 카데르에서도 찾을 수 있다. 카데르는 프랑스 점령군과 싸우면서도 13세기 이슬람교 신비주의자이며 수피교 스승인 이븐 아라비Ibn Arabi에게서 은둔의 정신적인 도제 생활을 했다.[192] 이렇게 우리의 정체성에 부과된 왜곡들과 싸우는 것은 "순수한" 토착 문화를 찾기 위해 제국주의 이전 시대로 되돌아가는 것과 같다. 이것은 구하나 촘스키의 수정주의적 해석과는 아주 다른 것이다. 왜냐하면 구하와 촘스키의 목적은 "낙후된" 문화를 전공하는 제도권 학자들에 대한 관심들을 탈신비화하고 해석 과정의 복잡성을 올바르게 판단하는 것이기 때문이다. 어떤 의미에서 토착주의자는 우리가 모든 해석을 넘어서 토론과 탐구라기보다 동의와 확인을 간청하는 문자 그대로의 사실이라고 할 수 있는 순수한 현상에 다다를 수 있다고 주장한다. 이러한 열정적인 강렬한 주장은 자랄 알리 이 아마드의 『서양 증세 : 서구로부터 온 재앙』[193]과 같은 "서구"에 대한 전면적인 비난이나 순수한 토착 아프리카인의 존재를 암시하는 올레 소잉카(그가 공교롭게도 이슬람과 아랍인들이 아프리카 경험의 가치를 손상시켰다고 비난한 경우에서와 같이)에서 발견된다.[194] 우리는 그러한 강렬성이 더 흥미롭고도 생산적으로 "문명화 계획"과 동계 수정 문화 endogamous culture 이론에 관한 안와르 압델 말렉의 제안 속에서 실천되고 있음을 볼 수 있다.[195]

---

192) Michel Chodkiewicz, "Introduction," to Emir Abdel Kader, *Ecrits spirituels*, Chodkiewicz 옮김. (Paris : Seuil, 1982), pp. 20~22.

193) Jalal Alii- Ahmad, *Occidentosis : A Plague from the West*, R. Campbell 옮김. (1978 ; Berkeley : Mizan Press, 1984).

194) Wole Soyinka, "Triple Tropes of Trickery," *Transition*, No. 54 (1991), 178~83.

195) *Les Conditions de l'independence nationale dans le monde moderne*에서 Anwar Abdel-Malek, "Le Projet de civilisation : Positions," (Paris : Editions Cujas,

나는 이라크, 우간다, 자이레, 리비아, 필리핀, 이란과 라틴 아메리카 제국들에서 민족주의가 가져온 총체적으로 아주 명백하고도 불행한 문화적 결과에 대해 논의하는 일에 특별한 흥미를 가지지 않는다. 민족주의의 부정적인 힘은 오랫동안 많은 논평자, 전문가, 비전문가에 의해 논의되었고 희화되었다. 왜냐하면 이들에게는 비서구 세계는 백인들이 떠나간 뒤에 부족장들과 독재적 야만인들, 정신 나간 원리주의자들의 더러운 혼합은 아닌 것처럼 느껴지기 때문이다. 토착주의적 경향에 대한 좀더 흥미있는 논평은 ―그리고 그것을 가능케 하는 아주 순진한 원리주의적 이데올로기는― 로도의 『에리엘*Ariel*』에서와 같은 크리올족이나 메스티조 문화에 대한 설명에서 볼 수 있고, 텍스트를 통해 모든 경험의 현실과 초현실의 놀라운 혼합인 명백한 비순수성을 보여 주는 라틴 아메리카의 우화 작가들도 그것을 우리에게 제공한다.

그것을 처음 묘사한 카펜티어Alejo Carpentier, 마르케즈와 후엔테스와 같은 "마술적 리얼리스트들"의 작품을 읽을 때, 우리는 직선적인 내러티브, 쉽게 회복되는 "본질들"과 "순수한" 재현의 독단적인 미메시스(모방)를 평가 절하하는, 한 역사의 촘촘하게 뒤얽힌 요소들을 생생하게 이해할 수 있다. 대항과 저항의 문화는 기껏해야 비제국주의적 용어로 인간 경험을 다시 생각하는 이론적인 대안과 실제적인 방법을 제안한다. 나는 명백해질 이유들로 인해서 ―나는 그러기를 바란다― 좀더 자신 만만한 "제공한다"보다 잠정적인 "제안한다"라고 말하는 것이다.

내가 주장하는 요점을 우선 신속히 요약해 보기로 한다. 제국주의에 대항하는 이데올로기 전쟁과 문화 전쟁은 식민지에서 저항의 형태로 나타나고, 후에 저항이 유럽과 미국에까지 흘러넘칠 때, 대도시에서의 대항과 반대의 형태로 나타난다. 이러한 역동성의 첫 번째의 양상으로 민족주의 독립 운동이 일어나고, 후에 두 번째의 좀더 첨예한 양상으로 해방 투쟁을 이끈다.

이러한 분석의 기본 전제는, 비록 제국주의적 분할이 사실상 대도시와 주변부를 분리하고, 각 문화적 담론이 상이한 의사 일정, 수사법과

1977), pp. 499~509.

영상들에 따라 전개되지만 그들은 실제로 언제나 완벽한 일치가 되는 것은 아니더라도 서로 연관되어 있다는 것이다. 인도를 지배하려면 후에 네루나 간디 같은 정치가들이 영국에 의해 수립된 인도를 인수한 것과 똑같이 영국물이 든 인도인들이 필요했다. 이러한 연계는 문화적 차원에서 이루어진다. 왜냐하면 모든 문화적 실천들처럼 제국주의 경험은 서로 얽히고 중복되는 경험이기 때문이다. (나는 지금껏 그렇게 말해 왔다.) 식민주의자들이 경쟁은 물론 서로 배우려고 애썼을 뿐 아니라, "일차적인 저항"의 일반적인 형태로부터 주권과 독립을 추구하는 유사한 민족주의 정당들에 이르는 과정을 거친 피식민지 주민들도 마찬가지로 서로 경쟁하고 배우려고 힘썼다. 그러나 제국주의와 그 적들이 가져온 것이 단지 부과하기와 그것을 반대하기의 끊임없는 회전인가, 아니면 새로운 수평선이 열린 것일까?

파농과 카브랄이 오늘날 살아 있다면, 자신들의 노력의 결과에 대해 크게 실망했으리라는 것은 의심의 여지가 없다. 그들의 작업이 단순히 저항과 탈식민화의 이론이 아니라 해방의 이론이라는 것을 고려해 볼 때, 위와 같은 추정이 가능하다. 모든 면에 있어서 어느 정도 초보 단계에 있는 역사적인 힘들, 혼란스러운 반명제들, 그들의 작업이 언명하고자 했던 비동시적으로 일어나는 사건들은 그러한 이론으로 완전히 통제되거나 생겨나지 않았다.

파농이 민족적 부르주아지의 탐욕과 분열에 관해서 옳았다는 것은 판명되었으나, 그는 파괴와 약탈에 대한 제도적인, 심지어 이론적인 해독제를 주지도 않았고 또한 줄 수도 없었다. 그러나 파농과 카브랄과 같은 가장 위대한 저항 작가들이 읽혀지고 해석되어져야 하는 것은 나라를 세우는 사람들 혹은 좀더 거창하게 얘기하면 건국의 아버지로서가 아니다. 비록 민족 해방을 위한 투쟁이 민족 독립과 연속적이기는 하나 문화적으로는 그렇지 않다—내가 보기에 결코 그런 적도 없었다. 파농과 카브랄 또는 C. L. R. 제임스와 조지 래밍 또는 베이질 데이빗슨과 토마스 호지킨을 지배 여당들의 많은 세례자 요한들이나 외무부 전문가들로 읽는 것은 우스꽝스러운 일이다. 다른 어떤 일이 일어나고 있었고, 그것은 날카롭게 분열되고 그러고 나서 제국주의와 문화 사이에 만들어진 통일성으로부터 갑자기 방향을 바꾼다. 이러한 것을 감지하기 어려운 이유는 무엇일까?

우선 해방에 관해 작가들이 제시한 이론과 이론적인 구조들은 압도적인 권위 —그 용어를 좀더 문자적으로 해석한다면— 또는 대부분이 서구인인 그들의 동시대 작가들의 즐거운 보편주의가 부여되지 않는다. 여기에는 많은 이유가 있는데 내가 앞장에서 언급한 것도 물론 그렇다. 다시 말해『암흑의 핵심』의 내러티브 장치들처럼, 보편주의를 표방하는 많은 문화 이론들은 종족들의 불평등, 열등 문화의 종속, 마르크스의 말을 빌리면 자신을 재현할 수 없고 따라서 타인들에 의해 재현되어야만 하는 사람들의 묵인을 가정하고 받아들인다. 모로코 학자인 압둘라 라루이는 "이렇게 해서 문화 제국주의에 대한 제3세계 지식인들의 비난이 일어났다.

때때로 사람들은 오래된 자유주의적 온정주의, 마르크스의 유럽 중심주의 그리고 구조주의적 반종족 차별주의에 대해 주어지는 냉대에 당황한다. 그 이유는 이것들이 어떻게 똑같은 헤세모니 체제를 형성하는지를 사람들이 보려 하지 않기 때문"이라고 말한다.[196] 또는 서구의 비평가들이 자주 아프리카 저작들의 "보편성" 결여 사실을 지적할 때도 그러한데 치누아 아체베는 그것을 다음과 같이 언급하였다.

> 말하자면 필립 로스Philip Roth나 업다이크John Updike의 소설과 같은 미국 소설에서, 단지 등장 인물이나 장소의 이름을 바꾸어서 그것이 어떻게 작용하는가를 알기 위해 아프리카 이름을 대신 넣어 보는 게임을 시험해 보려는 생각을 일찍이 이러한 보편주의자들은 해보았는가? 그러나 물론 그들 자신의 문학의 보편성에 대한 의심은 해보지도 않을 것이다. 필연적으로 서구 작가의 작품은 자동적으로 보편성이 있다고 알려진다. 보편성을 얻으려고 노력해야 하는 사람은 타자들뿐이다. 어떠한 사람의 작품은 보편적이다. 왜냐하면 그 작가는 진정으로 도달했기 때문이다. 만일

---

196) Abdullah Laroui, *The Crisis of the Arab Intellectuals* (Berkeley : University of California Press, 1976), p. 100.

우리가 유럽이나 미국쪽으로 충분히 여행한다면, 우리가 우리 자신과 집 사이에 적절한 거리를 유지한다면, 우리가 택할 수 있는 도로에서 약간 떨어진 곳에 보편성이 있는 것처럼 말이다.[197]

이 불행한 상황에 대한 교육적인 조언으로서 대략 미셸 푸코와 프란츠 파농의 우리 동시대 저작을 고려해 보자. 이 두 사람은 서구의 지식과 훈련 체계의 중심부에 고정과 구속이 가진 피할 수 없는 문제들을 강조하고 있다. 파농의 저작은 단계적으로 식민지와 제국의 중심 사회 모두를 일치하지 않으나 관련되어 있는 실재물로 취급하고자 한다. 반면에 푸코의 저작은 사회 전체에 대한 진지한 고려에서 멀리 떨어져서, 그 대신 "권력의 미시 물리학"[198]을 불가피하게 발전시키다 보면 저항할 희망이 없도록 분열된 개인에 초점을 맞추고 있다. 파농은 구속에서 해방으로 움직이는 토착민과 서구인이라는 이중적인 선거구의 관심을 대변한다. 반면에 자신의 이론의 제국주의적 맥락을 무시하는 푸코는 홀로 있는 개인 학자와 그를 봉쇄하고 있는 체계의 위세를 역설적으로 강화하고 있는 저항할 수 없는 식민화 운동을 실제로 대표하는 것처럼 보인다. 파농과 푸코의 유산 안에 헤겔, 마르크스, 프로이트, 니체, 캉귀엠Georges Canguihelm과 사르트르가 있다. 그러나 단지 파농만이 그 무서운 무기고를 반권위주의적인 봉사로 만든다. 푸코는 아마도 1960년대의 반란과 이란 혁명 모두에게 환멸을 느껴서인지

---

197) Chinua Achebe, *Hopes and Impediments : Selected Essays* (New York : Doubleday, Anchor, 1989), p. 76.

198) 이 구절은 Michel Foucault, *Discipline and Punish : The Birth of the Prison*, Alan Sheridan 옮김. (New York : Pantheon, 1977), p. 26에 처음으로 나타난다. 이 개념에 관련된 후기 사상은 그의 책, *The History of Sexuality. Vol. 1*, Robert Hurley 옮김. (New York : Pantheon, 1978)와 여러 대담에 나타난다. 이 책은 Chantal Mouffe and Ernest Laclau, *Hegemony and Socialist Strategy : Towards a Radical Democratic Politics* (London : Verso, 1985)에 영향을 끼쳤다. *Foucault : A Critical Reader*, ed. David Hoy (London : Blackwell, 1986), pp. 145~55에 실린 "Foucault and the Imagination of Power"에서 논의한 나의 비판을 보라.

정치에서 완전히 벗어나고 있다.[199]

그 미학과 문화 영역에서 서구 마르크스주의의 많은 부분은, 제국주의 문제에 대해 푸코와 유사하게 눈이 멀어 있다. 프랑크푸르트 학파의 비판 이론은, 지배와 현대 사회 그리고 비판으로서의 예술을 통한 구제의 기회들 사이의 관계에 대하여 다른 사상들이 생겨나게 할 정도의 기본적인 통찰력에도 불구하고, 인종 차별적 이론, 반제국주의 저항, 제국내의 대항의 실행 문제에 대해 놀라울 정도로 침묵을 지키고 있다. 그리고 그 침묵이 깜박 실수한 것으로 해석되지 않기 위해서 현재 프랑크푸르트 학파의 선도적인 이론가인 위르겐 하버마스Jürgen Habermas는 한 대담에서 (원래 〈신좌파 리뷰The New Left Review〉에 실렸다) 그 침묵은 의도적인 회피라고 설명했다. 아니, 그는 덧붙여 말한다. 비록 "내가 이것이 유럽 중심적인 제한적 견해라는 사실을 인식하고 있다."하더라도, 우리는 "제3세계에서 일어나고 있는 반제국주의적이고 반자본주의적인 투쟁"에 대해 아무것도 할 말이 없다고 그는 말했다.[200] 들뢰즈Gilles Deleuze, 토도로프, 데리다Jacques Derrida를 제외한 모든 주요한 프랑스 이론가들은 위와 유사하게 이 문제에 대해 주의를 기울이지 않았다. 그러나 그들의 작업실이 전세계에 암묵적인 적용의 가능성을 가진 마르크스주의, 언어, 정신 분석, 역사 이론들을 만들어 내는 것을 막지 못했다. 대부분의 앵글로 색슨 문화 이론도 이와 똑같다. 다만 페미니즘 그리고 레이몬드 윌리엄스와 스튜어트 홀에게서 영향을 받은 젊은 비평가들의 약간의 저작은 중요한 예외이다.

그래서 만일 해방의 문화적인 공동 작인으로서 유럽 이론과 서구 마르크스주의가 대체로 제국주의에 대한 저항에서 믿을 수 있는 동맹군이라는 것을 증명하지 못했다면 —아니 그 반대로 그것들이 수세기 동안 문화를 제국주의와 연계시켰던 똑같은 불쾌한 "보편주의"의 일

---

199) "Michel Foucault, 1926~1984," in *After Foucault : Humanistic Knowledge, Postmodern Challenges*, ed. Jonathan Arac (New Brunswick : Rutgers University Press, 1988), pp. 8~9에서 나는 이러한 가능성을 논의했다.

200) Jürgen Habermas, *Autonomy and Solidarity : Interviews*, ed. Peter Dews (London : Verso, 1986), p. 187.

부분이 아닌가 의심해 볼 수 있다면— 해방주의적인 반제국주의가 어떻게 이러한 구속적인 통일성을 깨부수려고 노력했을까? 첫째로 서구 경험과 비서구 경험이 제국주의에 의해 연결되어 있기 때문에 같은 것으로 보는 역사의 새로운 통합적이거나 대위법적인 입장에 의해서이다. 둘째로 이론과 수행을 해방적인 (제약하는 것과 반대되는) 것으로 다시 생각하는 상상적이고 심지어 유토피아적인 비전에 의해서이다. 셋째로 새로운 권위와 학설, 부호화된 정설도 아니고, 확립된 제도권과 대의 명분이 아닌 특별한 종류의 방랑적이고, 이주적이며, 저항적 내러티브의 에너지 투자에 의해서이다.

　C.L.R. 제임스의 『흑인 쟈코뱅당원들』의 놀라운 구절을 살펴봄으로써 나의 요점을 설명해 보기로 한다. 1938년 그의 책이 출간된 지 20여 년 후에 제임스는 "투생 루베르튀르에서 피델 카스트로까지"라는 장을 더 추가했다. 내가 말한 대로 제임스는 아주 독창적인 인물이지만, 그의 저작을 제국주의와 문화로 연계시키려 노력했고 그 범위를 저널리즘에서 허구로 그리고 학문으로 확장시킨 다양한 제국의 중심의 역사가들과 저널리스트들 —영국에서 특히 베이질 데이빗슨, 토마스 호지킨, 말콤 캘드웰Malcolm Caldwell, 프랑스에서는 특히 막심 로뎅송, 쟈크 셰노Jacque Chesnaux, 샤를 로베르 아제롱Charles-Robert Ageron— 과 연계시킨다고 해도 그의 업적을 손상시키는 것은 아니다. 다시 말해 제국주의적 유럽과 그 주변부 사이의 투쟁을 고려하면서 투쟁으로 얼룩진 역사를 쓰는 것은 물론 제국주의 지배의 관점에서 그리고 그것에 대한 투쟁의 일부로서 주제와 취급 또는 방법의 시각에서 역사를 쓰려는 의식적인 시도가 있었다는 말이다. 이들 모두에게 제3세계의 역사는 식민지 내러티브 속에 함축되어 있는 가설, 태도, 가치를 극복해야 했다는 것이다. 만일 이것이 흔히 그러했듯이 주장의 저항적인 입장을 택하는 것을 의미한다면, 그대로 내버려 두라. 왜냐하면 해방과 민족주의에 관해 쓰는 것은 아무리 암시적이라 하더라도, 해방과 민족주의에 대해 찬성하거나 반대하는 자신의 입장을 선언하지 않고는 불가능하기 때문이다. 세계관을 제국주의관으로 세계화하는 데 있어 중립은 있을 수 없다고 추정하는 것은 옳다고 믿는다. 왜냐하면 우리는 제국주의편에 서든가 아니면 그 반대편에 섰기 때문이다.

그리고 그들 자신이 토착민으로서 또는 백인으로서 제국에서 살았었기 때문에 그것으로부터 벗어나기는 불가능했기 때문이다.

제임스의 『흑인 쟈코뱅당원들』은, 산토 도밍고 노예 반란을 프랑스 대혁명과 똑같은 역사에서 펼쳐지는 과정으로 취급하고, 나폴레옹과 투셍은 그 소요의 시대를 지배하는 위대한 두 인물이다. 프랑스와 아이티의 사건들은 둔주곡에서의 목소리처럼 서로 교차되고 서로 지시한다. 제임스의 내러티브는 지리에, 공문서 보관소의 자료 속에, 흑인과 프랑스인을 강조하는 가운데 분산된 역사로서 분해된다. 더욱이 제임스는 투셍을 추종자들에게는 드물고, 노예들에게는 더욱 희귀한 결단력으로 인간의 자유를 위한 투쟁을 수행하는 사람으로 묘사한다. 이것은 그가 자신의 언어와 도덕적 충성의 많은 부분에서 문화적으로 영향을 받은 대도시에서도 계속되는 투쟁이다. 그는 프랑스 대혁명의 원리를 한 흑인으로서가 아니라 한 인간으로서 전용하는데, 우리가 디드로, 루소 그리고 로베스피에르의 언어를 발견하여, 그들과 똑같은 말과 수사학을 현실로 바꾸는 억양을 사용하면서, 그 선임자들을 어떻게 창조적으로 따르는가에 대한 강한 역사적 의식을 가지고 제임스는 그렇게 한다.

투셍은 나폴레옹의 포로로 프랑스에 억류되어 비참하게 생을 마감했다. 그러나 적절하게 말한다면, 프랑스 대혁명의 역사가 만일 아이티 반란이 제외된다면 적절하게 재현될 수 없는 것같이, 제임스의 책의 주제는 투셍의 전기 속에 봉쇄되지는 않는다. 그 과정은 현재까지 계속되고 ―제임스의 "투셍에서 카스트로까지"는 1962년에 부록으로 추가된 것이고 곤경 상태는 그대로 남아 있다. 제3세계에서 혼란스러운 지배의 현실이 계속되고 있는데 순진하게 유토피아적이거나 절망적으로 비관적이지 않은 비제국주의적 또는 탈제국주의적 역사가 어떻게 쓰여질 수 있겠는가? 이것은 방법론적·메타 역사적인 난제이다. 이 문제에 대한 제임스의 재빠른 결산은 놀라울 정도로 상상력이 풍부하다.

제임스는 에메 세제르의 『귀향 노트』를 재해석하기 위해 논의를 잠시 벗어나 시인 세제르가 서인도 제도의 삶의 가난을 겪고, "백인 세계"의 "푸른 철과 같은 엄격성"과 "자랑하는 정복"을 딛고, 다시 서인도 제도로 돌아가는 것을 발견한다. 모국인 서인도 제도에서 자신이 한때 압제자에 대해 느꼈던 증오로부터 자유로워지기를 바라면서, "이 독특한 종족을 키우는 사람이 되는" 일에 참여할 것을 선언한다. 다시 말해 세제르는 제국주의의 지속이 "남자"(오로지 남성적인 요소만을 강조하는 것이 특히 두드러진다)를 "세계 속의 기생자" 이상인 어떤 것으로 생각할 필요가 있다는 것을 의미함을 알게 된다. "세계와 보조를 같이 하는 것"만이 유일한 의무는 아니다:

그러나 인간의 일은 단지 시작에 불과하다.
그리고 그의 열정의 깊숙한 곳에 자리 잡은 폭력을
모두 정복하는 것이 인간의 일로 남는다.

그리고 어떤 종족도 독점하지 않는다.
미와 지력과 힘을,
그리고 모든 사람을 위한 승리의
집합 장소가 있다.[201]
(제임스의 번역)

이것이 바로 세제르 시의 중심부라고 제임스는 말한다. 이 중심부는 세제르가 자신의 정체성인 흑인성을 방어적으로 주장하는 것만으로 충분치 않다는 사실을 발견하는 바로 그 지점이다. 흑인성은 "승리의 집합 장소"에 기여하는 하나의 요소에 불과하다. "시인의 비전은 경제학이거나 정치학이 아니라 시적이어서 유례 없이 자체에 충실하고 다른 진리가 필요없다. 그러나 여기에서 '인간성의 진정한 역사가 시작될 것이다.'라는 마르크스의 유명한 말의 시적인 화신을 보지 못한다면 그것은 가장 천박한 종족주의가 될 것이다."라고 제임스는 덧붙인다.[202]
이 시점에서 제임스는 또 다른 대위법적이며 비내러티브적인 전환

---

201) James, *Black Jacobins*, p. 401.
202) 같은 책.

을 수행한다. 세제르를 서인도 제도 역사나 제3세계 역사로 되돌리지 않고, 그의 직접적인 시적·이데올로기적 또는 정치적인 선례를 보여주는 대신에, 제임스는 세제르를 그의 위대한 동시대인인 앵글로 색슨 출신의 T. S. 엘리엇 곁에 위치시킨다. 다음은 엘리엇의 시 「화신 Incarnation」에 나타나는 그의 결론이다.

> 여기에 존재 영역들의
> 불가능한 결합이 이루어지고
> 여기에 과거와 미래가
> 정복되어 화해하고
> 행동이 다른 움직임이 있었으나
> 지금은 조금 더 움직여서
> 그 안에는 움직임의 원천이 없다네.[203]

세제르에서 그와는 전혀 다른 영역에 속하는 시인에 의해 쓰여진 시라고 생각되는 엘리엇의 시 「마른 폐품들」로 예기치 않게 옮아감으로써, 제임스는 세제르의 "자체에 충실한 진리"의 시적인 힘을 지방주의라는 역사의 한 줄기에서 모든 것이 "불가능한 결합" 속에서 생기를 얻고 구체화되는 이해로 건너뛰는 표현 수단으로 사용하고 있다. 이것은 마르크스가 규정한 인간 역사의 시작에 대한 정확한 예이며, 또한 이것은 그의 산문에 한 민족의 역사만큼이나 구체적이며, 한 시인의 비전만큼 보편적인 사회 공동체의 차원을 부여하고 있다.

추상적이고 일괄적인 이론도 아니고 이야기될 수 있는 사실들의 실망스러운 모음집도 아닌 제임스 책에서 이 순간은 반제국주의 해방의 에너지들을 단순히 재현하거나 전달하는 것이 아니라 구체화하고 있다. 그 책으로부터 미래 국가의 관료 제도는 말할 것도 없고, 어떤 반복할 수 있는 원리나 다시 사용할 수 있는 이론, 또는 기억할 만한 이야기를 취할 수 있다고는 어느 누구도 생각지 않는다. 아마도 우리는 그것이 진정한 해방을 전달해 주지는 않더라도, 해방을 잉태케 하는

---

[203] 같은 책, p. 402.

비전을 위해, 시에 의해 해방된 제국주의, 노예 제도, 정복, 지배의 역사와 정치학이라고 말할 수 있을 것이다.『흑인 쟈코뱅당원들』과 같이 다른 책들의 시작을 가져왔다고 추정될 수 있는 한, 그 책은 인간의 역사 속에서 우리를 지배의 역사로부터 해방의 구현으로 이끌어 줄 수 있는 어떤 것의 일부이다. 이러한 운동은 이미 그려지고 통제된 내러티브의 길에 저항하고, 이론, 원리와 정설의 체계를 비껴 간다. 그러나 제임스의 전작품이 증명해 주는 바와 같이, 이 책은 공동체의 사회적 원리와 비판적 감시와 이론적인 방향을 포기하지 않는다. 21세기에 진입하는 이때에 대담하고도 관대한 정신을 가진 그러한 운동이 우리 시대의 유럽과 미국에 각별히 필요하다.

제4장
미래 : 지배로부터의 해방

> 제국의 새로운 국민들은 새로운 출발, 새로운 장, 새로운 페이지를 믿는 사람들이다. 그러나 나는 계속해서 과거의 이야기와 힘겨루기를 하면서 과거의 이야기가 끝나기 전, 무엇 때문에 내가 그러한 수고를 할 가치가 있다고 생각하는지를 그것이 나에게 알려 주리라 기대해 본다.
>
> J.M. 코엣지, 『야만인을 기다리며』

1. 미국의 부상 : 공공 영역에 관한 논쟁

제국주의는 끝나지 않았다. 식민지 해방으로 일단 전형적인 제국들의 와해 작업에 시동이 걸렸다고 해서 제국주의가 갑자기 "과거지사"가 된 것은 아니다. 유산으로 남은 연관성이 아직도 알제리와 인도와 같은 나라들을 각기 프랑스와 영국에 묶어 놓고 있다. 과거의 식민지 출신의 이슬람 교도들, 아프리카 사람들, 서인도 제도 사람들 가운데 상당 인구가 지금은 유럽의 주요 도시에서 거주하고 있다. 심지어는 오늘날 이탈리아, 독일, 스칸디나비아도 이러한 인구 이동이 당면 문제로 부상했는데, 그것은 대체로 유럽 인구의 증가뿐만이 아니라 제국주의와 식민지 해방의 결과이다. 또한 냉전의 종식과 소련의 붕괴도 결정적으로 세계 지도를 변화시켰다. 최후의 초강국이 된 미국의 승리는 전세계가 새로운 모양의 세력 전선으로 구축해 낼 것임을 암시하며 벌써 그러한 양상은 1960년대와 70년대에 두드러지게 나타나기 시작했다.

『제국주의 이후 *After Imperialism*』(1963)의 제2판인 1970년도 판 서문에서 마이클 배럿 브라운 Michael Barratt-Brown은 "제국주의는 아직도 의문의 여지 없이 경제, 정치, 군사 관계에서 상당히 강력한 세력으로 남아 있으며 경제적으로 저개발 국가는 더 부강한 나라에 종속되어 있다. 우리는 아직도 제국주의의 종식을 고대해야 할 것이다."[1]라고 주장했다. 흥미로운 것은 새로운 형태의 제국주의를 묘사할 때, 고전적 형태의 제국이 전성기를 누릴 때에는 쉽게 그 제국에 적용될 수 없었

---

1) Michael Barratt-Brown, *After Imperialism* (rev. ed. New York : Humanities, 1970), p. viii.

던 거대증과 종말론적인 용어들이 어김없이 이용된다는 점이다. 어떤 경우에는 급속하게 진행되고, 휘몰아치고, 비개성적이며, 결정론적인 성질을 지닐 뿐 아니라, 특이할 정도로 낙담하게 만드는 불가피성을 나타내는 묘사도 있다. 전세계적 규모의 축적, 전세계적인 자본주의 체계, 저개발의 증가, 제국주의와 의존 또는 의존 구조, 빈곤과 제국주의, 이러한 것들은 경제, 정치 과학, 역사, 사회학에서 이미 잘 알려져 있으며, 새로운 세계 질서보다는 논란의 여지가 있는 좌파 사상가들과 더욱더 결부되어 있다. 그럼에도 불구하고 그러한 문구와 개념들에 문화적으로 함축된 의미는 인식할 수 있는 것이며 —물론 그것들은 종종 논의되고 있으며 고정된 성질은 아니지만— 슬프게도 그것들은 심지어 정식 교육을 전혀 받지 않은 사람에게도 명백하게 억압적이다.

아르노 메이어Arno Mayer가 인상적으로 표현한 과거 정권의 영속성, 즉 과거 제국의 불공정한 조치들의 재현이 갖는 현저한 특징들은 무엇인가?[2] 그 하나는 분명 부국과 빈국 사이의 엄청난 경제적 차이이다. 그것에 관한 기본적으로 아주 단순한 지형地形은 소위 브란트 보고서Brandt Report인 『남과 북 : 생존을 위한 프로그램North-South : A Program for Survival』(1980)[3]에서 아주 분명한 용어로 그려져 있고 그 결론은 위기와 긴급한 상황의 언어로 표현되었다. 즉 남반구의 최빈국들은 그들의 "우선적인 요구"를 말해야 하고, 기아는 추방되어야 하고, 재화 수입을 강화해야 하며, 북반구에서의 제조업자들은 남반구의 제

---

2) Arno J. Mayer, *The Resistance of the Old Regime : Europe to the Great War* (New York : Pantheon, 1981) 19세기에서 20세기 초까지 구질서의 재생산을 논의하고 있는 Mayer의 이 책은 2차 대전 중에 구식민지 체계와 신탁 통치가 대영제국에서 미국으로 넘어가는 과정을 자세히 설명하고 있는 Williams Roger Louis의 책, *Imperialism at Bay : The United States and the Decolonization of the British Empire, 1941 ~1945* (London : Oxford University Press, 1977)로대체되어야 한다.

3) *North-South : A Program for Survival* (Cambridge, Mass. : MIT Press, 1980). 동일한 현실에 대한 좀더 암울하고 아마도 더 진실에 가까운 해석을 위해서는 A. Sivananden, "New Circuits of Imperialism," *Race and Class* 30, No. 4 (April~June. 1989), 1~19를 보라.

조 공장의 진정한 성장을 허용해야 하고, 다국적 기업의 운용에 "제한 조치"가 이루어져야 하며, 전세계적인 통화 체계는 개혁되어야 하고, 개발 자금은 "부채의 함정"⁴⁾으로 정확하게 묘사된 것을 제거하기 위해 변용되어야 한다. 가장 중요한 점은 보고서의 문구대로 권력 분담으로, 남반구 국가에 좀더 공평한 몫의 "통화 기구와 금융 기구내에서 권력과 결정권"을 주는 것이다.⁵⁾

보고서의 진단과 의견을 달리하는 것은 어려운 일이다. 왜냐하면 그 보고서는 균형 잡힌 어조와 북반구의 자유로운 강탈, 탐욕, 비도덕성에 대한 조용한 그림을 통해 설득력을 더하고 있으며, 심지어는 그 보고서가 내놓은 권고 사항을 반대하기란 힘든 일이다. 그러나 어떻게 변화가 생겨날 수 있을까? 모든 국가를 —프랑스의 한 언론가가 만들어 낸 대로— 세 개의 "세계"로 분류하던 전후의 경향은 거의 사라졌다.⁶⁾ 빌리 브란트Willy Brandt와 그의 동료들은 원칙적으로 훌륭한 기구인 UN이 살수록 빈번히 발생하는 수많은 지역 분쟁과 전세계적인 갈등 사태를 적절하게 대응하지 못했다는 사실을 암묵적으로 시인했다. 소규모 단체의 작업(예를 들면, 세계 질서 모델 과제)을 제외하고, 전지구적인 사고思考는, 유고슬라비아의 공포 상황이 증명하듯이, 핵시대와 핵후기 시대에 있어서 초강국, 냉전, 오래 되고 심지어는 한층 더 위험한 지역 갈등, 이념 갈등 내지는 민족 갈등을 재생산하는 경향이 있다. 강국은 점점 더 강하고 부유하게 되고, 약소 국가는 점점 더 세력이 약화되고 가난해지기 쉽다. 그 둘의 간격은 적어도 유럽에서는 의미가 약화된 사회주의 정권과 자본주의 정권이라는 이전의 구분을 능가한다.

---

4) Cheryl Payer, *The Debt Trap : The IMF and the Third World* (New York : Monthly Review, 1974).

5) *North-South*, p. 275.

6) 3개의 세계의 분류에 대한 유용한 역사로는 Carl E. Pletsch, "The Three Worlds, or the Division of Social Scientific Labor, circa 1950~1975," *Comparative Studies in Society and History* 23 (October 1981), 565~90를 보라. 그리고 이제 고전이 된 Peter Worlsley, *The Third World* (Chicago : University of Chicago Press, 1964)도 보라.

1982년에 노암 촘스키가 내린 결론에 의하면, 1980년대에는

"남북" 갈등이 진정되지 않을 것이므로, 새로운 지배 형태들이 고안되어 서구 산업 사회의 특권층이 계속해서 전세계 자원(인적·물적 자원)을 근본적으로 지배하고 또한 이러한 지배로부터의 불균형적인 이득을 얻도록 보증해 주어야 할 것이다. 따라서 미국에서의 이데올로기의 재건이 산업 세계를 통해 공감을 불러 일으키는 것은 전혀 놀라운 일이 아니다. … 그러나 서구 이념 체계의 절대적인 필요 조건은 인간의 존엄성, 자유 그리고 자주적 결정을 전통적으로 공약하는 문명화된 서구 사회와 어떤 이유로 해서 —아마도 결함 있는 유전 인자 때문일 수도 있다— 예를 들면 미국이 개입한 아시아 전쟁에서 잘 드러난 것과 같이 이러한 역사적인 참여의 깊이를 이해하지 못하는 사람들의 야만적인 잔인함 사이에 놓일 거대한 차이를 확립하는 일일 것이다.[7]

촘스키가 남북의 딜레마로부터 미국과 서구의 지배로 옮겨 간 것은 나는 근본적으로는 옳다고 생각된다. 물론 미국 경제력의 쇠퇴, 도시, 경제적·문화적 위기, 태평양 연안 국가의 부상 그리고 다국적인 세계의 혼란 상태가 레이건 시대의 불협화음을 덮어 버린 것은 사실이다. 이렇게 함으로써 첫째, 19세기 심지어 그 이전부터 흔히 그랬듯이, 서구의 문화적 우세를 확고히 하고 정당화할 이념적 필요성을 지속시킬 것이 연속성이 강조된다. 둘째, 반복적인 미국 세력의 추정과 이론화에 근거하는 종종 아주 불안하고도 과도하게 들려 오는 소리 즉 우리는 지금 미국이 부상하는 시대에 살고 있다는 주제곡을 정확하게 찾아낸다.

20세기 중반의 주요 특징에 대한 지난 10 년간의 연구 조사는 내가 의도하는 바를 잘 보여 준다. 로날드 스틸Ronald Steel의 『월터 리프만과 미국의 세기Walter Lippmann and the American Century』는 이 세기에

---

7) Noam Chomsky, *Towards a New Cold War : Essays on the Current Crisis and How We Got There* (New York : Pantheon, 1982), pp . 84~5.

가장 유명한 미국인 언론가 ―가장 큰 명성과 세력을 지닌 사람으로서― 의 경력에 새겨진 이러한 미국 부상의 심적 경향을 보여 준다. 스틸의 책에 나타나는 리프만의 경력에서 특기할 사항은 세계의 사건에 대한 리프만의 보도나 예견과 관련하여 그가 정확했다거나 특히 명민했다는 것이 아니라(그는 그렇지 못했다), 오히려 (리프만의 표현에 의하면) "내부자"의 입장에서 리프만은 베트남의 경우를 제외하고 이의 없이 미국의 전세계적인 우월성을 분명히 표현하였으며, 동포들이 세계에서 경쟁 상대가 없는 미국 세력의 실재 즉 "그 실재에 적응하는 것"을 도와주는 것이 전문가로서 자신의 역할이라고 생각했다는 점이다. 그는 "여론의 목표로부터 너무 멀리 벗어나지 않는 놀라운 재주"로 미국의 도덕성, 현실주의, 이타주의를 강조하여 미국의 우월성을 좀더 수용할 수 있는 것으로 만들었다.[8]

한 공직자가 좀더 진지하면서도 엘리트적인 이해로 다르게 표현하기는 했지만 미국의 전지구적 역할에 대하여 유사한 견해가 조지 케난George Kennan의 영향력 있는 글에서 발견된다. 대부분의 냉전 시기에 있어서 미국의 공식적인 사고를 이끌었던 봉쇄 정책의 저자인 케난은 미국이 서구 문명의 수호자임을 믿었다. 케난의 생각으로는 비유럽 세계에서 그러한 운명이 함축하고 있는 의미는 미국을 인기 있는 나라로 만드는 데 노력을 소모할 것이 아니라 (그는 그것을 "회전하는 이상주의rotarian idealism"라고 조롱하듯이 불렀다) 오히려 "철저한 권력 개념"에 의존하는 것이었다. 그리고 과거에 식민지였던 그 어느 국민이나 국가도 미국에 군사적으로 또는 경제적으로 도전할 수단을 갖고 있지 못하기 때문에, 그는 신중할 것을 경고했다. 그러나 1948년 정책 계획 부원들을 위해 마련한 비망록에서 그는 아프리카를 다시 식민지화하는 것을 승인했고 또한 1971년에 쓴 글에서 남아프리카 공화국의 인종 차별 제도도 승인했다.(그러나 그 제도의 남용을 승인한 것은 아니었다.) 그러나 그는 베트남에서의 미국의 간섭 그리고 일반적으로 언급되는 "순전한 미국식의 비공식적인 제국주의 체제"는

---

8) Ronald Steel, *Walter Lippmann and the American Century* (Boston : Little, Brown, 1980), p. 496.

승인하지 않았다.[9] 물어볼 것도 없이 그는 유럽과 미국이 유래 없이 이 세계를 이끌어 나갈 입장에 놓였다고 생각했으며, 그러한 견해를 통해 케난은 조국 미국이 일종의 "청년기"에서 벗어나 한때 대영 제국이 떠맡았던 역할로 성장하고 있다고 생각하게 된 것이다.

리프만이나 케난과 같은 사람 —두 사람 모두 그들이 살고 있는 대중 사회로부터 유리된 고독한 사람들로, 맹목적 애국주의와 좀더 조잡하고 공격적인 미국의 행태를 증오했다— 외에도 전후 미국의 외교 정책을 형성한 다른 세력들이 있었다. 그들은 고립주의, 간섭주의, 반식민주의, 자유 무역 제국주의가 리차드 호프스태터Richard Hofstadter가 "반지성"과 "편집증"이라고 묘사한 미국의 정치 인생의 국내 상황과 연관되어 있음을 알았다. 이러한 상황은 2차 대전이 종식되기 전, 미국으로 하여금 외교 정책에 있어서의 전진과 후퇴라고 하는 모순된 행위를 연출하게 되었다. 그러나 미국의 지도력과 그 예외적 상황에 대한 생각이 전혀 없지는 않다. 미국이 어떤 행동을 하든지간에 권력 당국자들은 종종 미국이 추종한 다른 나라들처럼 제국주의 세력이 되기를 원하지 않았고 그 대신에 미국이 취하는 행동의 논리적 근거를 갖는 "세계적 책임"의 개념을 선호했다. 과거의 논리적 근거인 먼로주의, 명백한 운명 등은 "세계적 책임"으로 나아가게 되었고, 그것은 2차 대전 이후 증가된 미국의 전지구적 이해 관계 그리고 외교 정책과 엘리트 지식인들에 의해 공식화된 미국의 거대한 힘의 개념에 정확하게 상응한다.

리차드 바네트Richard Barnet는 이것이 어떤 피해를 입혔는가에 대한, 명확하고 설득력 있는 설명을 통해서 제3세계에서 미국의 군사적 간섭은 1945년과 1967년 (그는 더 이상은 계산하지 않았다) 사이에 해마다 발생했다는 것을 지적했다. 그 이후로도 미국은 놀라울 정도로 적극적인 행동을 취했으며, 특히 1991년 걸프 전쟁시에는 6,000마일이나 떨어진 곳에 65만명의 병력을 급파하여 미국의 우방국에 대한 이라크의 침략을 물리쳤다. 『전쟁의 뿌리The Roots of War』에서 바네트는 그

---

9) Anders Stephanson, *Kennan and the Art of Foreign Policy* (Cambridge, Mass. : Harvard University Press, 1989), pp. 167, 173를 보라.

러한 간섭 행위는 "강력한 제국의 신조가 지닌 모든 요소들, … 특수 사명감, 역사적인 필요성 그리고 복음주의적인 열정을" 지닌다고 말했다. 그는 계속해서 말했다.

> 제국의 신조는 입법 이론에 의존한다. (린든 B) 존슨Lyndon Baines Johnson과 같은 목소리 큰 세계주의자와 닉슨Richard Nixon과 같은 소리 없는 세계주의자들에 의하면, 미국 외교 정책의 목표는 점차 법규를 준수하는 세상을 만들겠다는 것이다. 그러나 국무 장관 러스크Dean Rusk의 말을 이용하면 "평화를 조직" 해야 할 국가는 바로 미국이다. 미국은 지구 전역에 군사 배치와 경제적 발전의 근본 원칙을 마련함으로써 "국제적인 이해 관계"에 관여하고 있다. 그리하여 미국은 쿠바에서의 소련의 태도, 브라질에서의 브라질 사람들의 태도, 베트남에서의 베트남 사람들의 태도에 대한 원칙들을 마련한다. 영국이 쿠바와 무역 거래를 할 것인가 또는 영국령 가이아나 정부가 마르크스주의자인 치과 의사를 그 지도자로 삼을 것인가와 같은 치외 법권적인 문제들에 대한 일련의 지시를 통해 냉전 정책이 표명되었다. 그것은 키케로의 초기 로마 제국에 대한 정의와 놀라울 정도로 유사했다. 로마 제국의 영역은 로마가 법을 집행할 수 있는 법적 권리를 누릴 수 있는 모든 영토였던 것이다. 오늘날 미국이 스스로 정한 명령서는 미국 정부가 군사용 항공기를 날릴 수 있는 권리를 주장하는 영토인 소련과 중공을 포함한 전세계에 적용되고 있다. 비길 데 없는 자원과 예외적인 역사라는 독특한 축복을 받은 미국은 국제법 내가 아니라 국제법 위에 우뚝 솟아 있다. 모든 나라 가운데서 최고의 자리를 차지한 미국은 법 집행자의 역할을 맡을 태세가 되어 있다.[10]

---

10) Richard J. Barnet, *The Roots of War* (New York : Atheneum, 1972), p. 21. 그리고 Eqbal Ahmad, "Political Culture and Foreign Policy : Notes on American Interventions in the Third World," in *For Better or Worse : The American Influence in the World*, ed. Allen F. Davis (Westport : Greenwood Press, 1981), pp. 119~31를 보라.

바네트의 이 글은 1972년에 출판되었지만, 오히려 이 말은 계속해서 전세계에 법과 평화에 관한 자신의 견해를 강요하려는 나라 즉 파나마 침공과 걸프전을 이끌었던 미국을 훨씬 '더' 정확하게 묘사한다. 이것이 놀라운 것은 그것이 시도되어서가 아니라, 분명히 공공 영역을 나타내고 또한 설명하려는 일종의 문화 공간으로서 구성된, 그 공공 영역에서 거의 만장 일치로 이루어졌다는 사실 때문이다. 상당한 내적 위기를 겪은 시기에 (예를 들면 걸프전 이후 일 년 정도) 이러한 종류의 도덕적인 승전 분위기는 일단 유보된 상태였다. 그러나 그러한 분위기가 지속되는 동안, 언론 매체는 촘스키가 말하는 "동의同意를 만들어 내는"일에 상당한 역할을 담당해서 보통 미국인들이 이 세상의 해악과 모순과 불일치 투성이의 악마를 올바르게 고쳐 놓는 일은 "우리"에게 달려 있다고 느끼게 했다. 걸프 지역에 대한 간섭이 있기 전에도 일련의 간섭 행위(파나마, 그라나다, 리비아)가 있었으며, 그 모든 행위들은 광범위하게 논의되었고, 대다수의 행위들이 승인되었거나, 아니면 응당 "우리"의 일이라고 생각되어 적어도 저지되지는 않았다. 키어난이 말했듯이, "미국은 자국이 원하는 것은 모두 인류가 원하는 바로 그것이라고 생각하기를 좋아했다."[11]

여러 해 동안 미국 정부는 중남미 문제에 적극적으로 직접적이고도 공개적인 간섭 정책을 유지했다. 쿠바, 니카라과, 파나마, 칠레, 과테말라, 살바도르, 그라나다는 노골적인 전쟁으로부터 쿠데타와 공표된 전복 행위에 이르기까지, 암살 기도로부터 "콘트라"군대에 대한 재정 지원에 이르기까지, 통치권에 대한 공격을 받은 바 있다. 동아시아에서 미국은 두 차례에 걸친 큰 전쟁을 치뤘고, 수십만 명의 전사자를 가져온 대규모 군사적 공세를 "우호적인"정권에 후원했으며 (티모르 동부의 인도네시아) 여러 정권을 전복시켰으며(1953년의 이란) UN 결의안을 거들떠보지도 않고, 정해진 정책을 위반하면서 무법 활동을 하는 국가(터키, 이스라엘)들을 지원했다. 대부분의 경우 공식적인 노선은 미국이 자국의 이해 관계를 보호하고, 질서를 유지하고, 불의와 부정

---

11) V. G. Kiernan, *America : The New Imprialism : From White Settlement to World Hegemony* (London : Zed, 1978), p. 127.

행위에 영향을 미칠 정의를 도출한다는 것이다. 그러나 이라크의 경우, 미국은 UN 안보리를 이용하여 전쟁을 찬성하는 결의안을 통과시키도록 했으며, 그와 동시에 많은 다른 경우 (그중 이스라엘이 가장 중요하다) 미국이 지원한 UN 결의안은 집행되지 않았거나 무시되었으며, 미국은 UN에 수억 달러에 달하는 부담금을 지불하지 않았다.

미국에서는 공인된 공공 영역과 함께 반대 의견을 표명하는 문헌도 항상 존속되었다. 이 문헌은 종합적으로 국가의 공식 수행에 적대적인 것으로 묘사될 수 있다. 그들 중에는 윌리엄 애플만 윌리엄스, 가브리엘 콜코 그리고 하워드 진과 같은 수정주의 역사가도 있고, 노암 촘스키, 리차드 바네트, 리차드 포크Richard Falk 등과 같은 강력하며 소문난 비평가들도 있었는데, 그들 모두는 개별적으로 목소리를 냈을 뿐 아니라 미국내에서 상당한 세력을 지닌, 대안적이고도 반제국주의적 풍조의 구성원들로 두드러진 인물들이었다. 또한 그들과 함께 〈국가 The Nation〉, 〈진보The Progressive〉 그리고 저자의 생존시에는 〈I.F. 스톤의 주간I. F. Stonés Weekly〉과 같은 좌익계 자유주의 경향의 잡지들도 발간되었다. 반대파가 표명하는 그러한 견해를 찬성하는 애독자가 어느 정도인지는 말하기가 어렵다. 그러나 반대는 항상 존재했다. (마크 트웨인, 윌리엄 제임스William James, 랜돌프 보온Randolph Bourne과 같은 반제국주의자들을 연상할 수 있다.) 그러나 애통한 사실은 그 '저지' 세력이 효과적이었을 때가 없었다는 점이다. 이라크에 대한 미국의 공격을 반대하는 견해는 그 끔찍한 힘을 중단시키거나 연기시키거나 약화시키는 데 있어 절대적으로 무기력했다. 놀라운 정도로 의견의 일치를 본 주류가 널리 퍼져 있었고, 정부의 수사학, 정책 결정자들, 군부, 두뇌 집단, 언론, 연구 기관들이 미국 힘의 당위성 그리고 미국의 세력 행사의 궁극적인 합법성에 모든 노력을 집중시켰다. 그렇게 되기까지 앤드류 잭슨Andrew Jackson으로부터 디오도어 루즈벨트 Theodore Roosevelt를 거쳐서 헨리 키신저Henry Kissinger와 로버트 W. 터커Robert W. Tucker에 이르기까지 오랜 역사에 걸친 이론가들과 변론가들이 준비 작업을 제공해 주었다.

19세기의 '명백한 운명' 원칙(1890년 존 피스크John Fiske가 쓴 책의 제목임), 미국의 영토 확장, 상당량의 합법화 문헌(역사적 임무, 도덕 재무장, 자유의 확장이 모든 것들이 알버트 K. 와인버그Albert K. Weinberg가 증거 자료를 충분하게 첨부한 1958년 작품인 『명백한 운명Manifest Destiny』에서 연구된 바 있다)[12]과 2차 대전 이후 이런 저런 침략 행위에 대항하는 미국 개입의 필요성에 대한 끊임없이 반복된 공식과의 일치는 분명하지만 자주 모습이 감추어졌거나 잊혀졌다. 그러한 일치는 숨김없이 드러난 적이 거의 없었고, 실제로 공공연히 전쟁의 나팔 소리가 울려퍼지고 수십만 톤의 폭탄이 멀고도 대부분 잘 알려지지 않은 적에게 투하될 때는 사라져 버린다. 그러한 과정에서 "우리"의 행위를 지적으로 완전히 없애 버리는 행위에 나는 상당히 흥미를 느끼는데, 왜냐하면 분명 어떤 제국적인 임무나 계획은 궁극적으로 해외의 지배를 영원히 유지하는 일에 성공할 수 없기 때문이다. 게다가 역사는 지배가 저항을 낳고 제국적 경쟁에 내재한 폭력은 —그것이 어쩌다가 이득이나 즐거움을 가져다 주긴 해도— 양측 모두의 몰락이라는 사실을 우리에게 가르쳐 준다. 이러한 진리는 과거 제국주의에 대한 기억으로 충만한 시대에 적용된다. 어떤 나라가 이 세상을 인도할 미국의 역사적 사명의 궁극성을 쉽게 수용하기에는 오늘날 이 지구상에는 정치화된 사람들이 너무나 많이 살고 있다.

우리가 전세계적인 규모의 지배 욕구가 대표되고 수용될 수 있는 방식뿐만 아니라 그 지배 욕구의 원천을 이해할 수 있도록 미국의 문화 역사가들이 해놓은 일은 상당하다. 리차드 슬로트킨은 『폭력을 통한 쇄신Regeneration Through Violence』에서 미국 역사를 형성하는 경험은 미국 토착민들과의 계속된 전쟁이었다고 주장한다. 왜냐하면 이것이 미국인들의 영상을 단순한 살인자(D. H. 로렌스는 이렇게 말했다)가 아니라 "새로운 종족의 사람들, 인간의 죄악으로 물든 유산으로부터 벗어나 사냥꾼, 탐험가, 개척자이자 탐구자로서 순수한 자연과 아주 새롭고도 원초적인 관계를 맺고자 하는 사람들"로 만들어 놓았기 때문

---

12) Albert K. Weinberg, *Manifest Destiny : A Study of Nationalist Expansionism in American History* (Gloucester, Mass. : Smith, 1958). 그리고 Reginald Horsman, *Race and Manifest Destiny : The Origin of American Racial Anglo-Saxonism* (Cambridge, Mass. : Harvard University Press, 1981)을 보라.

이다.[13] 그러한 영상은 19세기 문학에도 계속해서 나타나는데, 가장 기억에 남을 것으로는 멜빌의 『모비 딕Moby-Dick』이다. C. L. R 제임스와 V. G. 키어난이 비미국적인 관점에서 논의한 바 있듯이, 그 소설에서 에이허브 선장은 미국의 세계 정복에 대한 우화적인 표상이다. 그는 강박 관념에 사로잡혀 있고, 저항하기 어려우며, 중단시킬 수 없는 인물로, 자신의 수사학적인 정당성과 우주적인 상징 의식에 완전히 휩싸여 있다.[14]

그 어느 누구도 멜빌의 위대한 작품이 현실 세계의 사건들을 단순히 문학적으로 장식한 것이라고 축소시키고 싶지 않을 것이다. 게다가 멜빌 자신은 에이허브가 미국인으로서 도모하는 일에 대해 아주 비판적이다. 그러나 사실 19세기 미국은 영토상의 확장을 '정말로' 꾀했으며 대부분의 경우 토착민들은 그 피해를 입었으며, 미국은 서서히 북미 대륙과 그 주변 지역과 바다에 대한 주도권을 획득하게 되었다. 19세기의 해외 경험은 북아프리카 연안으로부터 필리핀, 중국, 하와이는 물론 카리브 해와 중앙 아메리카 곳곳에 이르기까지 이어졌다. 이러한 영토 확장의 지배를 확장하고 좀더 연장하고, 미국의 존재가 기껏해야 자신들에게 유리하지만 불리하게도 생각하는 타자들의 독립과 보전에 대한 생각에는 많은 시간을 들이지 않는 것이 일반화된 경향이었던 것이다.

특별히면서도 전형적인 미국의 고의성은 아이티와 미국의 관계에서도 나타난다. J. 마이클 대쉬J. Michael Dash가 그의 책 『아이티와 미국 : 국가적 인습과 문학적 상상력Haiti and the United States: National Stereotypes and the Literary Imagination』에서 이 주제를 다룰 때 볼 수 있

---

13) Richard Slotkin, *Regeneration Through Violence : The Mythology of the American Frontier, 1600~1860* (Middletown : Wesleyan University Press, 1973), p. 557. 그리고 이 속편인 *The Fatal Environment : The Myth of the Frontier in the Age of Industrialization, 1800~1890* (Middletown : Wesleyan University Press, 1985)을 보라.

14) C. L. R. James, *Mariners, Renegades and Castaways : The Story of Herman Melville and the World We Live In* (1953 ; new ed. London : Allison & Busby, 1985), p. 51 등. 그리고 Kiernan, *America*, pp. 49~50를 보라.

듯이 아이티가 1803년 흑인 공화국으로 독립을 획득한 순간부터, 미국인들은 아이티를 자신들의 사상들을 주입시킬 수 있는 빈 공간으로 상상하는 경향이 있었다. 대쉬에 의하면 노예 해방론자들은 아이티를 그 자체의 통일성과 국민을 가진 장소로 생각하지 않고 해방된 노예들을 재배치하기에 편리한 곳으로 생각하였다. 후일 이 섬과 국민들은 타락과 종족적인 열등성을 대표하게 되었다. 미국은 1915년에 이 섬을 점령했고 (그리고 니카라과는 1916년에 점령했다) 이미 절망적이었던 사태를 더 악화시킬 토착민 독재 정권을 수립시켰다.[15] 그리고 1991년과 1992년에 수천 명의 아이티 난민들이 플로리다로 입국하고자 할 때 그들 대부분은 강제로 송환되었다.

미국인들은 일단 위기나 미국의 실제 개입이 끝나고 나면 아이티나 이라크 같은 곳에 대해 거의 신경 쓰지 않는다. 미국의 지배는, 기이하게도 그 대륙간의 범위와 진정으로 다양한 요소들에도 불구하고 편협하다. 영국이나 프랑스의 경우와 같이 미국의 대외 정책 엘리트는 해외에서의 직접 통치에 대한 오랜 전통이 없다. 그래서 미국의 관심은 일시적이다. 거대한 양의 수사학과 거대한 자원이 어떤 곳에서 (베트남, 리비아, 이라크, 파나마) 엄청나게 낭비된 다음 실제로 침묵이 뒤따른다. 키어난의 말을 다시 들어 보자. "대영 제국보다 훨씬 더 다양한 새로운 헤게모니는 고집 센 부정否定이 아닌 어떤 일관성 있는 행동 계획을 찾을 능력이 훨씬 떨어졌다. 이렇게 해서 회사 대표들이나 비밀 정보원들에 의해 그 행동을 위한 계획이 즉각 세워지게 된 것이다".[16]

미국의 확장주의가 주로 경제적이라는 것을 인정한다 해도, 그것은 대중들 속에서 끊임없이 반복되는 미국 자체에 관한 문화적인 사상들과 이데올로기에 아직도 크게 의존하고 있고, 그것들과 함께 진행되어 나간다. 키어난은 "하나의 경제 체계는 하나의 국가나 종교처럼 빵만으로는 살 수 없고, 신념과 비전, 백일몽에 의해 지탱되는 것이다. 이러한 요소들은 정도正道에서 벗어나므로 경제 체계에 한층 더 중요한

---

15) J. Michael Dash, *Haiti and the United States : National Stereotypes and the Literary Imagination* (London : Macmillan, 1988), pp. 9, 22~25 등을 보라.
16) Kiernan, *America*, p. 206.

역할을 수행할 수 있다."[17]고 올바르게 지적하고 있다. 미국의 세계적인 역량 확장에 대한 진지한 책임을 정당화하기 위해 여러 세대에 걸쳐 만들어진 계획, 더구나 이론들에는 일종의 단조로운 획일성이 있다. 미국인들에 의해 최근 이루어지는 연구는 그것들이 야기한 이러한 태도와 정책들의 대부분은 얼마나 미국의 예외주의 사상에 의해 각인된 지배에 대한 욕망 외에는 구제될 수 없는, 거의 초조한 곡해와 무지에 토대를 두고 있는가에 대하여 암울한 그림을 그리고 있다. 미국과 태평양 또는 극동의 대화자들interlocutors —중국, 일본, 한국, 인도차이나 반도— 의 관계는 대부분의 미국인들의 삶과는 지리적으로, 지적으로 수천 마일 떨어진 곳에서 제공되는 엄청난 압력이 초대하는 민족적 편견과 상대적으로 준비가 되지 않은 갑작스러운 관심으로 이루어진다. 아키리 이리예Akiri Iriye, 마사오 미요시, 존 다우어John Dower와 메릴린 영Marilyn Young의 학문적인 연구 결과를 고려해 볼 때, 이러한 아시아 국가들이 미국에 대해 크게 오해하고 있었지만, 일본의 복잡한 경우를 제외하고는 아시아 국가들은 미국 대륙을 실제로 침투한 적이 없었다는 것을 우리는 알 수 있다.

 우리는 개발과 현대화의 담론(과 정책)이 미국에서 생겨나면서 이러한 놀라운 불균형이 절정에 달하고 있음을 볼 수 있다. 이것은 실제로 그리엄 그린의 소설 『조용한 미국인』에서 다루어졌고 레더러 William J. Lederer와 버딕Eugene Burdick의 소설 『추악한 미국인The Ugly American』에서도 다소 이해의 기술이 떨어지지만 역시 다루어졌다. 진정으로 놀라운 관념의 축적 —경제적인 국면, 사회적 유형, 전통적인 사회, 제도 전이, 평화주의, 사회적 이동 등에 관한 이론들— 이 전 세계에 퍼져 있다. 대학과 두뇌 집단들은 이러한 사상들을 —대부분이 미국 행정부의 (또는 가까이에 있는) 전략 수립자들과 정책 전문가들의 주목을 받는다— 연구할 수 있는 엄청난 정부의 보조금을 받았다. 베트남 전쟁에 대한 커다란 대중의 소요가 있기 전까지는 비판적인 학자들은 이것에 주의를 기울이지 않았다. 그러나 이때 거의 처음으로 인도차이나 반도에서의 미국 정책뿐 아니라 아시아에 대한 미

---

17) 같은 책, p. 114.

국의 태도의 제국주의적인 전제에 대한 비판의 소리가 들렸다. 반전 비판을 이용하는 개발과 현대화 담론을 설득력 있게 설명한 저서가 아이린 겐지어Irene Gendzier의 『정치적 변화 경영Managing Political Change』이다.[18] 겐지어는 전세계로의 세력 확장에 대한 검증되지 않은 노력이 어떻게 근대화와 월트 휘트먼 로스토우Walt Whitman Rostow가 말하는 "경제적 도약"이 필요한 것 같은 해외 사회들의 온전함을 탈정치화하고, 감소시키고 심지어는 제거해 버리는 결과를 가져왔는가를 보여 준다. 이러한 설명이 완전한 것은 아니지만, 내 생각으로는 이 연구가 D.C.M. 플랫이 영국적인 맥락에서 말한 "부서별 견해"를 만들어 낸 엄청난 사회적 권위를 지닌 일반 정책을 정확하게 설명하고 있다. 겐지어에 의해 분석된 선도적인 학계의 인물들은 —헌팅턴Huntington, 파이Pye, 버바Verba, 러너Lerner, 래스월Lasswell— 지식인들의 의제와 정부와 학계의 영향력 있는 사람들의 조망을 결정하였다. 전복, 급진적 민족주의, 독립을 위한 토착민의 주장 등이 모든 탈식민화 현상과 고전적 제국주의의 여파는 냉전이 만들어낸 지침안에서 볼 수 있었다. 이런 것들은 전복되거나 수용되어야만 했다. 한국, 중국, 베트남의 경우에 이것들은 값비싼 군사 행동에 대한 새로운 공약을 강요하였다. 바티스타Fulgencio Batista y Zaldivar 이후의 쿠바의 아주 우스운 경우에서 미국의 권위에 대한 명백한 도전은 당면 과제가 안보가 아니라 오히려 스스로 확인한 영역(반구)내에서 어떤 침략이나 미국이 "자유"라고 간주하는 것에 대한 지속적인 이데올로기적 도전을 미국이 절대로 받아들이지 않을 것이라는 의식임을 암시한다.

권력과 정통성이라는 두 개의 요소는 —전자는 직접 지배하는 세계에서 얻는 힘이고 후자는 문화 영역에서 얻는 힘이다— 고전적인 제국주의적 헤게모니의 특징이다. 그 고전적인 헤게모니가 미국이 지배하는 세기에 달라졌다는 것은 대체로 정보의 확산과 통제 기제가 미증유의 발전을 이룬 덕택으로 발생한 문화적 권위 영역에서 엄청난

---

18) Irene Gendzier, *Managing Political Change : Social Scientists and the Third World* (Boulder and London : Westview Press, 1985), 특히 pp. 40~41, 127~147를 보라.

변화라고 볼 수 있다. 우리가 앞으로 보게 되겠지만 매체는 국내 문화의 중심이다. 1세기 전만 해도 유럽 문화는 백인의 존재, 정말로 백인이 직접 지배하는 (그래서 저항할 수 있는) 물리적인 존재와 관련이 있었다. 그러나 지금 우리는 여기에 국제적인 매체의 존재가 흔히 무의식적인 인식의 차원에서 놀라울 정도의 광범위한 영역에 교묘히 침투하고 있음을 알 수 있다. 자크 랭이 사용하여 유행시킨 "문화 제국주의"라는 용어는 가령 프랑스와 일본에서 〈다이너스티*Dynasty*〉와 〈달라스*Dallas*〉와 같은 텔레비전 연속극의 존재에 적용될 때 그 의미가 상실되는 수도 있다. 그러나 전세계적인 조망에서 보면 그것은 다시 어떤 관련성을 가지게 된다.

그러한 조망과 가장 가까운 것이 유네스코 주최로 소집되었고 숀 맥브라이드Sean McBride가 주관한 커뮤니케이션 문제 연구를 위한 국제 위원회가 간행한 보고서에 들어 있다. 그 보고서의 제목은 『다양한 목소리와 하나의 세계*Many Voices, One World*』(1980)로, 이른바 신세계 정보질서를 위한 연구이다.[19] 이 보고서에는 분노에 찬 분석과 공격을 위한 종종 관련 없는 말들이 많이 들어 있고, 그 대부분은 미국의 저널리스트와 전천후적인 철인哲人들이 "공산주의자들"과 "제3세계"가 언론민주주의, 사상의 자유로운 유통, 텔레커뮤니케이션과 언론과 컴퓨터 산업을 형성하는 시장의 힘을 억제하려고 한다면서 퍼부은 비난들이다. 그러나 맥브라이드 보고서를 아주 대충만 훑어봐도, 검열과 같은 단순한 해결책들을 추천하기는커녕 대부분의 위원회 소속 위원들 사이에는 무정부 상태로 있는 세계 정보 질서에 균형과 공정성을 가져올 수 있는 어떤 조치가 취해질 수 있는가에 대한 상당한 의구심이 있다는 것을 알 수 있다. 예를 들어 전적으로 공감하지 않고 있는 사람들 중 하나인 안토니 스미스Anthony Smith도 『정보의 지리 정치학*The Geopolitics of Information*』이란 저서에서 이 문제의 심각성을 인정하고 있다.

> 20세기 후반기에 새로운 전자 기기가 가하는 독립에 대한 위협은 식민주의 자체의 위협보다 더 커질 수 있다. 우리는 탈식민화

---

19) *Many Voices, One World* (Paris : UNESCO, 1980).

와 초민족주의의 성장이 제국주의적인 관계의 종식이 아니라, 르네상스 이래 계속 구축되어 왔던 지리 정치학적 네트워크의 확장에 불과하다는 것을 배우기 시작했다. 새로운 매체는 그 이전의 어떠한 서구 기술이 보여 준 것보다 더 깊숙이 "수용하는 문화"로 침투하는 힘을 가진다. 그 결과는 오늘날 개발 도상 국가 사회 내의 사회적 모순을 강화시키는 엄청난 재앙이 될 수도 있다.[20]

이런 구도 속에서 최고의 힘을 가진 것은 미국이라는 것을 아마도 부정하지 않는다. 그것은 미국의 몇몇 초국가적인 기업들이 제조, 분배 그리고 무엇보다도 세계 대부분의 사람들이 (사담 후세인조차도 자신의 뉴스를 CNN에 의존하였던 것 같다) 의존하고 있는 뉴스의 선택을 통제하고 있어서거나, 아니면 미국으로부터 나오는 다양한 형태의 문화 통제가 효과적으로 저항도 없이 확장되어서 미국 국내 선거구민들 뿐 아니라 약한 소수 문화들을 종속시키고 강요하는 새로운 병합과 종속의 메카니즘을 만들어 냈기 때문일 것이다. 비판 이론가들이 이룩해 놓은 어떤 작업들은 —특히 허버트 마르쿠제Herbert Marcuse의 일차원적 사회의 개념과 아도르노와 엔젠스버거Enzensberger의 의식 산업— 서구 사회에서 사회적 안정의 도구로 사용되는 억압과 관용의 혼합체의 본질을 분명히 밝히고 있다. (이 문제는 한 세대 전에 조지 오웰, 올도스 헉슬리와 제임스 버냄James Burnham에 의해 논의되었다.) 여타 세계에 대한 서구의 특히 미국의 매체 제국주의의 영향은 영상, 뉴스와 재현을 생산하고 유통시키는 수단의 소유권에 관한 허버트 쉴러Herbert Schiller와 아만드 매틀라트Armand Mattelart의 아주 중요한 연구가 그러하듯이 맥브라이드 위원회의 연구 결과를 보강해 주고 있다.[21]

---

20) Anthony Smith, *The Geopolitics of Information : How Western Culture Dominates the World* (New York : Oxford University Press, 1908), p. 176.

21) Herbert I. Schiller, *The Mind Managers* (Boston : Beacon Press, 1973) and *Mass Communications and American Empire* (Boston : Beacon Press, 1969) ; Armand Mattelart, *Transnationals and the Third World : The Struggle for Culture* (South Hadley, Mass. : Bergin & Garvey, 1983). 위의 책들은 이 저자들이 이 주제에 관해 쓴 몇 권 중에서 3권이다.

그러나 말하자면 매체가 해외로 나가기 전에 그 매체는 본국 사람들에게 낯설고 위협적인 외국 문화를 효과적으로 재현시킨다. 일례로 걸프 위기나 1990~91년 걸프전 기간보다 이러한 문화적인 "타자들"에 대한 적대감과 폭력을 위한 분위기를 만들어 내는 데 성공한 적이 드물다. 19세기 영국과 프랑스는 보통 토착민들을 진압하기 위해 파견군을 보냈다.—콘라드 소설 『암흑의 핵심』의 주인공 말로우는 그가 아프리카에 도착했을 때 "프랑스인들은 그 무렵에 전쟁을 하나 치르고 있는 것 같았다. … 거대하고 텅 빈 땅, 하늘과 바다에서 프랑스 전함이 대륙을 향해 이해할 수 없는 함포 사격을 가하고 있었다. 펑 하는 소리가 6인치 포에서 울려 나오곤 했다."고 말한다— 지금은 미국이 그 짓을 하고 있다. 이제 걸프전이 어떻게 받아들여졌는지 생각해 보라. 1990년 12월 중순에 〈월스트리트 저널〉과 〈뉴욕 타임즈〉에 전자의 카렌 엘리엇 하우스Karen Elliot House와 후자의 안토니 루이스Anthony Lewis가 벌인 작은 논쟁이 실렸다. 미국이 제재 조치가 발효될 때까지 기다리지 말고 이라크를 공격하여 사담 후세인을 명백한 패자로 만들어야만 한다는 것이 하우스의 주장이었다. 루이스의 반박은 미국의 저명한 컬럼니스트 중에서 그를 돋보이게 만든 특징이라고 할 수 있는 합리성과 자유주의적인 성실함을 보여 주었다. 이라크의 쿠웨이트 침공에 대한 조지 부시 대통령의 초기 반응을 지지한 루이스는 가까운 장래에 전쟁의 가능성이 높으며 전쟁은 억제해야 한다고 생각했다. 루이스는 만일 미국의 지상 공격이 걸프 지역에서 이루어진다면 대규모의 여러 가지 재난이 일어날 것이라고 말했던 초강경 매파의 폴 니츠Paul Nitze와 같은 사람들의 주장에 영향을 받았다. 미국은 기다리고, 경제 및 외교적 압력을 강화할 것이며, 훨씬 후에 전쟁이 일어날 가능성이 있다는 것이다. 몇 주 후에 두 토론자는 "맥닐/레러 뉴스 시간MacNeil/Lehrer NewsHour"에 나타났다. 이것은 전국 규모의 야간 프로그램으로, 이전의 입장을 극화할 수 있을 만큼 긴 토론과 분석을 허용했다. 이 토론을 보는 것은 전국민이 경험하는 민감한 시점에 서로 적대적인 철학 논리가 진지하게 토론을 벌이는 것을 보는 것과 같았다. 미국은 전쟁에 대해 균형을 유지하는 듯 보였다. 왜냐하면 전국 야간 뉴스 프로그램인 허가받은 공공 영역내에서 웅변적으로 수행된 찬반 토론이었기 때문이다.

하우스와 루이스는 모두 현실주의자로서 "우리"는 —다른 어떤 어휘보다도 이 대명사는 미국이 광범위한 지역에 달하는 외국의 개입에 참여시킬까를 결정하는 데에 공공 영역의 공동 소유자로서 모든 미국인들이 참여한다는 다소 환상적인 생각을 강화하고 있다— 걸프 지역에 주둔해서 수천 마일 떨어져 있는 국가들, 군대들, 민족들을 규제해야 한다는 원리를 받아들였다. 국가의 생존은 문제가 되지 않았고 그러한 생각은 결코 부상되지 않았다. 그러나 원칙, 도덕성, 권리에 관한 많은 논의가 있었다. 두 사람 모두 군사력을 다소 그들 마음대로 배치하고, 사용하고, 적절한 때에 철수할 수 있는 듯 말하였고, 이런 사태에서 UN은 기껏해야 미국 정책의 확장밖에 되지 않는 것처럼 보였다. 이 특별난 토론은 어처구니없는 것이었다. 왜냐하면 두 토론자 모두가 예측할 수 있는 ("외과外科적인 공격"을 끊임없이 주장해 온 헨리 키신저 같은) 매파도 아니고, (확고한 지리 정치학적 근거에서 끈질기게 전쟁을 반대한 즈비그뉴 브르제진스키Zbigniew Brzezinski와 같은) 국가 안보 전문가도 아닌, 중요한 사람들이었기 때문이었다.

하우스와 루이스에게 "우리"의 행동은 전세계에 걸친 미국 행동의 추정된 유산의 일부였다. 지난 2세기 동안 미국의 개입 결과는 때때로 치명적이었으나 통상 잊혀지곤 했다. 이 토론에서 아랍인들이 전쟁과 어떤 관계 —예를 들어 전쟁의 희생자로서 혹은 (동일하게 설득력 있는) 전쟁의 선동자로서— 가 있는지 관한 언급은 거의 없었다. 우리는 걸프의 그 위기는 미국인들의 내부적인 문제로 전적으로 비밀리에 다루어져야만 한다는 인상을 받았다. 폭로된 무서운 파괴의 확실한 가능성과 더불어 임박한 대재난은 먼 곳에 있었고, 다시 한번(아주 드물게) 시신 운구 상자들이 들어오고 유가족들이 생기는 것을 제외하고는, 미국인들은 대체로 해를 입지 않았다. 이러한 추상적인 성격이 그 상황에 냉혹성과 잔인성을 부여하였다.

두 세계에 사는 미국인이며 아랍인인 나는 이 모든 것이 특히 문제가 있다고 보았다. 왜냐하면 특히 대결이 총체적이고 전세계적인 것처럼 보였기 때문에 관련되지 않을 방법이 없었다. 아랍 세계나 그 구성 요소들을 나타내는 명사들이 이토록 회자된 적은 결코 없었다. 그것들이 그렇게 기이하게 추상화되고 축소화된 의미를 가진 적도 없었고, 미국이 전아랍과 전쟁을 하는 것도 아니었는데 아랍인들에게 존경심과 보살핌은 거의 베풀어지지 않았다. 아랍 세계는 매혹과 흥미거리가 되었으나, 애정이나 열렬하고 특별한 지식은 억제되었다. 예를 들어 어떠한 중요한 문화 집단도 (지금도 마찬가지이지만) 거의 알려지지 않았다. 만일 우리가 미국인에게 아랍인 이름으로 쓰여진 최근의 소설이나 시에 대해 잘 아는 것이 있느냐고 질문한다면, 아마도 머리에 떠오르는 유일한 사람은 아직도 칼릴 지브란Kahlil Gibran일 것이다.

한편으로 그렇게 많은 상호 작용이 있으면서 또 다른 한편에서는 어떻게 실제적인 접촉이 그토록 적을 수 있었을까?

아랍의 시각에서 보면 그림은 기울어져 있을 뿐이다. 아랍어로 쓰여진 어떤 문학에서도 미국인들을 그린 것은 아직 거의 없다. 가장 재미있는 예외로는 압델라만 엘 무니프의 거대한 연작 소설인 『소금의 도시들Cities of Salt』[22]이지만 그의 소설들은 여러 나라에서 판매 금지되어 있고, 그의 모국인 사우디 아라비아는 아예 그에게서 시민권을 박탈했다. 내가 알기로는 미국이 우리 동시대의 아랍 세계에서 가장 거대하고 가장 중요한 외부 세력임에도 불구하고, 아랍 세계의 어느 곳에도 미국 연구를 주목적으로 하는 연구소나 대학의 주요 학과들은 아직까지 없다. 미국의 이익을 비난하는 데 시간을 보내고 있는 몇몇 아랍 지도자들 또한 자녀를 미국 대학에 입학시키고 영주권을 신청하는 데 상당한 정력을 쏟고 있다. 잘 교육받고 경험이 풍부한 동료 아랍인들에게조차 미국의 외교 정책이 사실상 C.I.A.나 음모에 의해 또는 중요한 "교섭"의 비밀스러운 조직에 의해 운영되는 것이 아니라는 사실을 설명하는 것은 아직도 어려운 일이다. 왜냐하면 내가 알고 있는 거의 모든 사람은 한때 나에게 제시되었던 경악스러운 암시로 팔레스타인의 반란을 포함한 중동 지역에서, 거의 모든 중요한 사건들이 미국에

---

22) 이 총서의 나오는 무니프의 5권의 소설은 1984년과 88년 사이에 아랍어로 출간되었다. 이 소설들은 영어로 훌륭하게 번역되어 출간되었다. Peter Theroux, *Cities of Salt* (New York : Vintage, 1989)과 *The Trench* (New York : Pantheon, 1991).

의해 계획되고 있다고 믿고 있기 때문이다.

오래된 친근감(제임스 필드James Field의 『미국과 지중해 세계 America and the Mediterranean World』에 잘 설명되어 있다)과[23] 적대감과 무지가 적절히 어우러진 이러한 혼합은 복잡하고, 균등하지 않으며, 상대적으로 최근의 문화적 만남에서 양쪽 모두에게 적합하다. 우리가 사막의 폭풍 작전시에 가졌던 위압적인 감각은, 마치 부쉬 대통령이 선언한 "그곳에 내려가서" (그 자신의 자랑기 어린 은어로 말하면) "엉덩이를 발길로 찰kick ass" 필요성이, 대적하고, 말대답하고 당당하게 미국 앞에 서야 하는 탈식민지 아랍의 필요성에 대한 사담 후세인의 엄격하고 잔인한 표현을 만나야만 했던 것처럼 불가피했다. 다른 말로 하면 공공 수사학은 세부 묘사, 리얼리즘, 원인과 결과를 고려하여 저지되지 않았고 단순화되었다. 적어도 10년간 미국 특공 대원에 관한 영화들은 우람한 람보나 기술적으로 재주꾼인 델타군을 아랍/모슬렘 테러리스트와 무법자로 대적시켰다. 1991년에 이르러 이것은 마치 이라크를 패주시키기 위한 거의 형이상학적인 의도가 갑자기 나타나는 것 같았다. 그 이유는 이라크의 공격이 물론 크긴 했어도 대변혁적이었기 때문이 아니라, 한 작은 비백인 국가가 회교의 "고위직 성직자들", 독재자들과 낙타 기수들의 응낙이나 복종에 만족할 수밖에 없는 열성으로 가득 차 있어 갑자기 활력을 얻은 초강국을 흔들고 괴롭혔기 때문이었다. 진정으로 받아들일 수 있는 아랍인들은 안와르 사다트 Anwar Sadat처럼 자신들의 귀찮은 민족적 자아로부터 완전히 순화된 듯 보이고, 사교성이 좋은 대담 프로의 손님이 될 법한 사람들일 것이다.

역사적으로 미국의 매체, 아마도 일반적으로 서구의 매체는 주요한 문화적 맥락을 감각적으로 확장한다. 아랍인들은 타자들이 약화된 최근의 예들일 뿐이다. 그 타자들은 완고한 백인의 분노를 일으켰다. 백인은 또한 일종의 청교도적인 초자아로 그 황무지에 대한 사명감은

---

23) James A. Field, Jr., *America and the Mediterranean World, 1776~1882* (Princeton : Princeton University Press, 1969), 특히 Chapters 3, 6, 8, 11을 보라.

제약이 거의 없고, 진실로 자신의 요점을 밝히기 위해서는 무슨 일이든 한다 할 것이다. 그러나 물론 "제국주의"라는 단어는 걸프에 관한 미국인들의 논의에서 눈에 띄게 사라져 버린 요소였다. 『미제국의 발흥』이라는 책의 저자인 역사가 리차드 W. 밴 앨스타인에 따르면, "미국에서는 미국을 제국으로 설명하는 것은 거의 이단이다."[24] 그러나 알스타인은 조지 워싱턴George Washington을 포함하는 공화국의 초기 건국자들이 미국을 혁명을 거부하고 제국주의적 성장을 추진시키는 부수적인 외교 정책을 가진 제국으로 특성화한 것을 보여 준다. 그는 정치가들을 차례로 인용하면서 라인홀드 니이버Reinhold Niebuhr가 궤변적으로 표현했듯이 그 나라는 "신이 정한 미국의 이스라엘"이었으며 그 사명은 "신의 명에 따라 세계의 문명화를 위임받은 자"가 되는 것이었다고 주장한다. 그러므로 걸프전이 발발했을 때 이와 똑같은 자기 권능 부여의 느낌을 가질 수밖에 없었다. 그리고 이라크의 침략은 모든 국민이 보는 앞에서 실제로 커지는 것 같아서 사담은 히틀러, 바그다드의 도살자, 제거되어야 할 미친 사람(알란 심프슨Alan Sipmson 상원 의원이 그렇게 묘사했다)이 되었다.

『모비 딕』을 읽은 사람은, 그 위대한 소설에서 실세계를 추정해 내고 미제국이 에이허브 선장처럼 다시 한번 전가된 악을 본받을 것을 준비하는 모습을 보기를 거부하는 것은 어렵다는 것을 알게 된다. 첫째로 검증되지 않은 도덕적 과업이 오고, 그런 다음에는 매체 속에서 그 군사적·지리적·전략적 확장이 온다. 매체에 대해 가장 실망적인 것은 —매체들이 시작부터 전쟁을 위해 동원하는 정부의 정책 모형을 어리석게 따라가는 것과 더불어— 아랍인들에 관한 정보가 풍부한 "전문가"적인 중동에 관한 지식을 거래한다는 점이다. 모든 길은 시장 거리로 통한다. 아랍인들만이 힘을 이해하며 잔인성과 폭력은 아랍 문명의 부분이다. 이슬람은 배타적이고, 분리주의적이고, "중세적"이며, 광신적이고, 잔인한, 반여성적인 종교이다. 모든 논의의 맥락, 체계, 배경은 위와 같은 생각에 의해 제약되고, 사실상 동결된다. 결국 사담에

---

24) Richard W. Van Alstyne, *The Rising American Empire* (New York : Norton, 1974), p. 6.

의해 재현된 "아랍인들"이 당연히 벌받을 것이라는 전망 속에는 상당한 그러나 설명할 수 없는 즐거움이 있는 것처럼 보였다. 많은 보복이 서구의 다양한 오래된 적들 —팔레스타인 사람들, 아랍 민족주의, 이슬람 문명— 에 대해 이루어질 것이다.

여기에서 누락된 부분은 아주 크다. 석유 회사의 이익이나 기름 가격의 앙등이 공급과 어떻게 관계가 거의 없었는가에 대한 보고는 거의 없었다. 따라서 기름은 계속 과잉 생산되었다. 쿠웨이트 또는 쿠웨이트의 성질 자체 —어떤 면에서는 자유주의적이고 다른 면에서는 비자유주의적이다— 에 반대하는 이라크의 주장은 소문 이상의 주목을 받지 않았다. 이란과 이라크의 전쟁 중에 걸프 국가들과 미국, 유럽, 이라크 모두의 공모와 협잡에 대한 언급이나 분석은 거의 없었다. 이러한 문제들에 관한 의견이 걸프전이 지난 한참 후에, 예를 들면 〈뉴욕 서평〉(1992년 1월 16일)에 테오도어 드레이퍼Theodore Draper의 에세이에서 유포되었다.

이 에세이는 쿠웨이트를 반대하는 이라크의 주장을 어느 정도라도 인정했다면 전쟁을 지연시켰을지도 모른다고 암시했다. 사담의 통치에 대한 혐오감에도 불구하고, 소수 학자들에 의해 아랍인들의 사담을 지지하는 대중 집회를 분석하려는 노력이 있었다. 그러나 이러한 노력들은, 한때 사담을 키워 주고 그러다가 그를 악마로 만들고 나서 다시 그와 함께 사는 방법을 배운, 미국 정책의 특이한 변화에 적응하지 못했거나 아니면 평등하게 발언할 기회를 부여받지 못했던 것이다.

지루하게 언급되고 다시 언급되었으나 분석되지 않고 남아 있는 단어 하나가 "연결"이었다는 것은 걸프 분쟁의 기이하고 심각한 징후이다. 그 단어는 지구의 전체 지리적인 모든 부분들을 고려 대상에서 무시하거나 포함시키는 검증되지 않은 미국 권리의 상징으로 발명된 것처럼 보이는, 추한 어법 위반어이다. 걸프 위기 때 "연결"은 연결이 있다는 것을 의미하는 것이 아니고, 사실상 공통적인 연상, 감각, 지리, 역사에 의해 함께 소속된 사물들 사이에 관계가 전혀 없다는 것을 의미했다. 이것들은 편의 위주로 오만한 미국의 정책 입안자들, 군사 전략가들, 지역 전문가들의 이익을 위해 분산되고 분리되었다. 조나단 스위프트는 모든 사람이 그 자신의 조각가라 말한 바 있다. 중동이 모든 종류의 관계에 의해 내면적으로 연결되어 있었다 —이 말은 타당성이 없었다. 아랍인들은 쿠웨이트의 사담, 말하자면 사이프러스 섬과 터키 사이에서 관련성을 볼 수도 있다— 는 것 또한 무의미하다. 미국 정책 자체가 하나의 "연결"이라는 사실은 금지된 주제였고, 특히 결코 밝혀지지는 않았지만 실제로 전쟁을 일으키기 위해 대중의 동의를 조작했던 학자들에게는 그러했다.

통체적인 전제는 식민지적이었다. 왜냐하면 서구에 의해 길러지고 지원을 받은 작은 제3세계 독재는, 백인이며 우수한 미국에 도전할 권리를 갖지 못했기 때문이었다. 1920년대 영국은 감히 식민지 통치에 저항하는 이라크군에게 포격했다. 70년 후에 미국은 중동의 석유 보유고가 미국이 위탁한 물건이라는 명제를 별로 숨기지 않는, 좀더 도덕주의적인 어조로 이라크를 폭격했다. 그러한 행위는 시대 착오적이며 엄청나게 해로운 것이다.

왜냐하면 그러한 행위들은 전쟁을 계속적으로 가능하며 매력적인 것으로 만들 뿐 아니라 또한 역사, 외교, 정치에 대한 안전한 지식의 당연한 중요성을 가지지 못하도록 막기 때문이다.

"아랍인의 불만의 여름"이라는 제목으로 〈외교 문제〉 1990~91년 겨울호에 실린 기사는 다음과 같은 구절로 시작한다. 그런데 이 구절은 '사막의 폭풍' 작전을 야기한 지식과 권력의 유감스러운 상황을 완벽하게 요약해 준다.

> 아랍/모슬렘 세계가 아야톨라 호메이니의 개혁 운동의 분노와 열정에 작별을 고하자마자 또 다른 경쟁자가 바그다드에서 부상했다. 이 새로운 주창자는 컴Qum 지방(이란 북서부의 시아파 이슬람 교도의 성지 – 역주)에서 온 터번 쓴 구세주와는 다른 재료로 만들어졌다. 사담 후세인은 회교도 정부에 관한 논문도 쓰지 않았고, 종교 학교의 고답적인 지식의 산물도 아니었다. 믿는 자의 가슴과 마음을 위한 오랜 동안의 이데올로기 투쟁은 그를 위한 것이 아니었다.
>
> 그는 문화와 서적과 위대한 사상을 주장하지 않는 페르시아와 아라비아 사이의 접경 지방의 부서지기 쉬운 땅의 출신이었다. 그

새로운 경쟁자는 독재자였고, 그의 영역을 길들여 커다란 감옥으로 바꾼 잔인하고 숙련된 교도소장이었다.[25]

그러나 이라크가 9세기에서 12세기까지 아랍 문화의 최고 번성기였던 아바시드Abbasid 문명의 발상지였으며, 그 문화는 셰익스피어, 단테와 디킨즈가 아직도 읽히듯이 오늘날까지 계속해서 읽히는 문학 작품들을 생산해 냈고 바그다드는 수도로서 또한 이슬람 예술의 위대한 기념비 중에 하나라는 사실들은 어린 학생들도 알고 있다.[26] 이 밖에 바그다드는 카이로와 다마스커스와 더불어 19세기와 20세기에 아랍 예술과 문학이 부흥된 곳이기도 하다. 바그다드는 적어도 20세기의 5명의 가장 위대한 아랍 시인들과 의심할 바 없는 대부분의 선도적인 예술가, 건축가, 조각가를 배출해 냈다. 사담은 비록 타크릴리Takrili였지만 이라크와 그 국민들을 서적이나 사상들과 관계 없다고 암시하는 것은 수메르, 바빌론, 니니베, 함무라비, 앗시리아와 고대 메소포타미아 (그리고 세계) 문명(그 요람은 이라크이다)의 위대한 기념비들에 관해 망각하는 것과 같다. 전반적인 무미 건조함과 공허함을 암시하며 이라크가 "부서지기 쉬운" 땅이었다고 아무런 제약 없이 말하는 것은 또한 국민학생도 밝히기를 당황스러워 할 무지를 보여 주는 것이다. 티그리스 강과 유프라테스 강의 녹음이 우거진 계곡에서 무슨 일이 일어났는가? 중동의 모든 나라들 중에 분명히 이라크가 가장 비옥했다는 오래된 사실에 어떤 일이 일어났단 말인가?

이 저자는 이라크보다 더 부서지기 쉽고 서적, 사상, 문화로부터 떨어졌던 오늘날의 사우디 아라비아를 칭송하는 노래를 부른다. 내가 말하고자 하는 요지는 중요한 나라이고 많은 기여를 하고 있는 사우디

---

25) Fouad Ajami, "The Summer of Arab Discontent," *Foreign Affairs* 69, No. 5 (Winter 1990~91). 1.

26) 이슬람 예술에 관한 선도적인 역사가 중에 한 사람인 Oleg Grabar는 *The Formation of Islamic Art* (1973; rev. ed. New Haven : Yale University Press, 1987), pp. 64~71에서 바그다드 시를 예술적 유산의 3개의 기념비적인 토대의 하나로 논의하고 있다.

아라비아를 과소 평가하려는 것은 아니다. 그러나 이와 같은 저작은 공공연히 권력을 즐겁게 하고, 권력이 듣기를 원하는 것을 들려 주고, 권력에게 계속 나아가 죽이고, 폭격하고 파괴할 수 있다고 말하는 지성적인 의지를 의미한다. 왜냐하면 공격받을 것은 서적, 사상, 문화와 관계 없고 또한 —그것이 조용히 암시하는 바— 실제 사람들과도 전혀 관계 없는, 정말로 무시할 수 있고 부서지기 쉬운 것이었기 때문이다. 이라크에 대한 그와 같은 정보로 무슨 용서가 있겠으며, 무슨 인간성이 있겠으며, 인간적인 주장에 대한 무슨 가능성이 있겠는가? 슬프게도 거의 없다. 이런 연유로 걸프 전쟁이 끝난 1년 후에 '사막의 폭풍' 작전에 대한 다소 무기력하고 보람이 없는 기념식을 하게 되었다. 이때 심지어는 우파 컬럼니스트들과 지식인들도 부시 대통령의 "제국주의적인 대통령직"과 나라의 많은 위기들을 단지 지연시킨 전쟁이 아직 끝나지 않은 것에 대해 탄식하였다.

세계는 애국, 상대적 유아론唯我論, 사회적 권위, 제어되지 않은 공격성, 타자에 대한 방어적 태도들을 그렇게 성급하게 혼합하는 것을 오랫동안 견디지 못한다. 오늘날 미국은 국제적으로 승리주의에 빠져 있고, 아마도 도시, 빈곤, 보건, 교육, 생산과 유럽과 일본의 도전에 의해 생긴 미국 특유의 문제들인 경기 침체를 상쇄하기 위해서 미국이 일등이라는 것을 열병에라도 걸린 듯이 증명하려고 열망하고 있는 듯이 보인다. 비록 나는 미국인이지만, 아랍 민족주의는 아주 중요하고 또한 그것은 음모, 내·외부의 적들 그리고 극복하기 위해서라면 어떤 대가도 치루어야 할 방해들로 둘러싸여 법적 권리가 침해당한 실현되지 않은 민족주의라는 사상으로 가득 찬 문화적 토대에서 성장했다.

나의 아랍 환경은 대체로 식민지적이었으나, 나는 성장하면서 레바논과 시리아로부터 팔레스타인을 통해 이집트와 서쪽 지방까지 내륙으로 여행할 수 있었다. 그러나 오늘날 그것은 불가능하다. 각국은 국경 지역에 엄청난 장애물을 설치하고 있다. (팔레스타인 사람들에게는 가로질러 간다는 것은 특히 무서운 경험이다. 왜냐하면 종종 팔레스타인을 지지한다고 크게 떠드는 국가들이 실제로는 가장 좋지 않은 대접을 하기 때문이다.) 아랍 민족주의는 아직 사그러들지는 않았지만, 너무 자주 그 자체가 점점 더 작은 단위로 축소되어 가고 있다. 여기에 또한 '연결'이 아랍의 배경 속에서 마지막으로 생겨난다. 과거는, 더 좋지 않았다. 그러나 과거는 말하자면 좀더 건강하게 상호 연결되어 있었다. 사람들은 실제로 서로서로 연결되어 있어서 지금처럼 요새화된 국경 너머로 서로를 응시하지는 않았다. 많은 학교에서 우리는 각지에서 온 아랍인들을 —회교도, 기독교도, 아르메니아인, 유태인, 희랍인, 이탈리아인, 인도인, 이란인이 섞여서, 모두 하나의 또는 다른 식민지 정권하에 모두 속한 채 그러면서도 마치 그렇게 하는 것이 자연스러운 것처럼 서로 교류하면서— 만날 수 있었다. 오늘날 국가 민족주의는 도당이나 종파로 분열되었다. 레바논과 이스라엘은 이러한 사태의 완벽한 예이다. 다시 말해 이런 저런 형태로 엄격하게 소수 지역으로 나누려는 욕망은 실제는 아니더라도 한 그룹의 감정으로 거의 전지역에 퍼져 있으며, 그 관료 체제와 비밀 경찰과 더불어 국가에 의해 재정 지원을 받고 있다. 통치자들은 도당, 가문, 파당, 나이 든 소수 독재자의 폐쇄 집단들로서, 이들은 가르시아 마르케즈의 한창 때가 지난 가부장과 같이 새로운 피와 새로운 변화에는 거의 신화적으로 무감각하다.

해방이 아닌 민족주의의 이름으로 국민을 동질화시키고 격리시키려는 노력은 거대한 희생과 실패를 낳았다. 아랍 세계의 대부분의 지역에서 시민 사회(대학, 매체, 넓은 의미의 문화)는 정치 사회에(그 주요 형태는 국가이다) 의해 함몰당하고 있다. 대전 후 초기 아랍 민족주의 정부의 커다란 업적 중에 하나는 국민들의 쓰고 읽는 능력이었다. 예를 들어 이집트에서 그 결과는 거의 상상을 초월하는, 극적으로 이로운 것이었다. 그러나 가속화되었던 읽고 쓰는 능력과 열변을 토하는 이데올로기의 혼합은 정확하게 파농이 두려워한 것을 만들어 낸다. 내 인상으로는 관계를 지탱하는 데, 다시 말해서 국가 계획 자체에 관해 비판적으로 심지어 대담하게 생각하는 것보다 시리아인이 되는 것, 이라크 사람이 되는 것, 이집트 사람이 되는 것 또는 사우디 사람이 되는 것으로도 충분한 목적이 된다는 생각을 조장하는 데 좀더 많은 노력이 필요하다. 정체성은 다른 사람들을 아는 것 이상으로 언제나 정체성인 것이다.

이러한 불균형의 상태에서 군사주의는 아랍 세계의 도덕 경제에서 지나치게 많은 특권들을 얻어냈다. 그 이유의 대부분은 부당하게 대우 받고 있다는 —여기서 팔레스타인은 하나의 은유일 뿐 아니라 하나의 현실이다— 느낌과 관계가 있다. 그러나 유일한 해답이 군사력이고, 거대한 군대이고, 겉만 번드르르한 구호이고, 피의 약속이고, 이와 더불어 꼭대기에서는 대재난을 가져온 전쟁의 패배로부터 시작하여 신체적인 형벌과 맨 밑바닥에서의 위협적인 몸짓에 이르기까지 군사주의의 끊임없는 구체적인 사실들이란 말인가? 강제라는 국가의 독점적 행위가 아랍 세계에서 민주주의를 거의 완벽하게 제거하였고, 지배자와 피지배자 사이에 엄청난 적대감을 불러왔으며, 복종, 기회주의, 아첨에 대해 지나친 가치 부여를 했고, 새로운 사상이나 비평이나 이견을 시도하지 않고 그대로 지내게 만들었다는 사실을 개인적으로 부정하거나 쉽게 동의하지 않을 아랍 사람을 나는 한 명도 모른다.

이렇게까지 되면 이것은, 만일 우리가 우리의 길을 찾지 못하거나 어떤 것이 우리를 불쾌하게 만들었을 때, 그것을 단지 없애 버리면 된다고 생각하는 전멸주의를 만들어 낸다. 이러한 생각은 어떤 면에서 이라크의 쿠웨이트 침공 배후에 확실히 개재되었다. 한 나라를 쓸어버리고 "아랍의 단결"이라는 목표로 그 사회를 분해시키려는 생각은 비스마르크적인 "통합"이라는 어떤 종류의 혼란스럽고 시대 착오적인 사상이었는가? 여기에서 가장 실망스러운 점은 그렇게 많은 사람들이 —그들 중 많은 사람이 똑같은 잔인한 논리의 희생자들이다— 그 침공 행위를 지지했고, 쿠웨이트에 대해서는 전혀 동감하지 않았던 것처럼 보인다는 점이다. 비록 우리가 쿠웨이트 사람들이 인기가 없었다는 것을 (우리는 멸절당하지 않기 위해서 인기가 있어야만 하는가?) 인정한다 해도, 이라크가 이스라엘과 미국에 대항하는 팔레스타인을 지지한다고 공언했다 하더라도, 한 국가가 그에 따라 멸망되어야 한다는 바로 그 생각은 확실히 위대한 문명에는 부적절한, 잔학한 제안이다. 그러한 전멸주의가 유행하는 것은 오늘날 아랍 세계에서 열악한 정치 문화의 상황을 보여 주는 척도인 것이다.

석유가 제아무리 많은 발전과 번영을 가져왔다고 해도 —사실상 가져왔다— 석유가 폭력, 이데올로기의 순화, 정치적인 방어와 미국에 대한 문화 종속과 관련되는 한, 석유는 치유보다 더 많은 갈등과 사회적인 문제들을 야기했다. 아랍 세계가 가능한 종류의 내면적인 응집력을 가지고 있다고 생각하는 어느 누구에게도 무제한으로 부유하고, 문화 역사적으로 훌륭한 유산을 가지고 있고, 재능 있는 개인들로 충분히 축복받고 있는 이 지역을 뒤덮고 있는 평범성과 부패라는 전반적인 분위기는 엄청난 수수께끼이며 물론 실망거리이다.

민주주의는 그 단어의 진정한 의미에서 아직 "민족주의적인" 중동에서는 전혀 발견될 수 없다. 그 이유는 특권을 누리는 소수 독재자나 특권을 받은 소수 민족 집단이 있기 때문이다. 대다수의 국민 대중들은 독재 정권이나 양보하지 않고, 무반응의, 인기가 없는 정부 아래서 억압받고 있다. 그러나 이 열악한 상황 속에서 미국이 유덕하고 순진하다는 생각은, 걸프전이 조지 부시와 사담 후세인 사이의 전쟁이 아니라는 —확실히 그것은 그들 사이의 전쟁이었다— 진술과 미국은 UN을 위해서 단지 원칙에 따라 행동했다는 진술과 마찬가지로 수용하기 어렵다. 근본적으로 그것은 한편에서는 미국이 오랫동안 다루어 온 종류의 제3세계 독재자와 (하일레 셀라시에Haile Selassie, 소모사 Anastasio Somoza, 이승만, 이란의 샤Shah, 피노체트Augusto Pinochet Ugarte, 마르코스Marcos, 노리에가Manuel Noriega 등) —미국은 이들의 통치를 격려했고 이들의 호의를 즐겼다— 다른 한편으로는 영국과 프랑스로부터 물려받은 제국의 옷을 입고 그 석유와 지리 전략적 그리고 정치적인 이점 때문에 중동에 남기로 결정했던 한 국가(미국)의 대통령 사이에 벌어진 특별히 개인적인 투쟁이었다.

두 세대 동안 미국은 중동에서 대부분 독재와 불의의 편에 섰다. 민주주의, 여성의 권리, 세속주의와 소수 민족의 권리를 위한 투쟁을 미국이 공식적으로 지원한 적은 없다. 그 대신에 행정부는 계속해서 고분고분하고 대중의 인기가 없는 고객들을 지원했고, 군사 점령으로부터 해방하기 위한 소수 민족들의 노력을 —그들의 적들에게는 재정 지원을 해주면서— 외면해 왔다. 미국은 무제한의 군사주의를 자극해 왔고 (프랑스, 영국, 중국, 독일 등과 함께) 중동 지역 어디에서나, 특히 사담 후세인의 힘에 집착하고 또한 그 힘을 과장하는 미국의 태도의 결과로 더욱더 극단적인 입장에 몰리게 된 정부를 상대로 엄청난 무기 판매를 하였다. 이집트, 사우디 아라비아, 시리아— 이들 국가들은 모두 신세계 질서의 일부인 미국의 지배에 의한 평화 속에서 움직인다— 의 지도자들에 의해 지배되는 전쟁 후의 아랍 세계를 생각한다는 것은 지적으로나 도덕적으로 신뢰할 수 없는 것이다.

아주 작아졌으나 인상적으로 상호 관련되어 버린 세상에서 권력이 내포하는 위험에도 불구하고, 미국의 공공 영역 안에는 권력과 동일시 이상의 의미를 갖는 담론이 아직도 개발되지 않고 있다. 미국은 호전적으로 세계 인구의 6%를 차지하면서, 예를 들어 세계 에너지의 30%를 소비할 권리를 가질 수는 없을 것이다. 그러나 이것이 전부는 아니다. 미국에서는 수십 년 동안 아랍인과 이슬람에 반대하는 문화 전쟁이 있었다. 아랍인들과 회교도들에 대한 무서운 민족 차별적인 풍자만화들은 그들이 모두 테러리스트들이거나 족장들이며, 중동 지역은 이득이나 전쟁에만 알맞는 하나의 커다란 불모의 빈민가라는 것을 암시하고 있다. 하나의 역사, 하나의 문화, 하나의 사회가 —실제로는 많은 사회들이다— 있을 수 있다는 생각은, "다문화주의"의 미덕을 공언하는 수많은 목소리가 있는 중에도 한두 번 이상 받아들여지지 않았다. 저널리스트들이 쓴 사소한 일회용 책들이 시장에 줄줄이 나타났고, 아랍인들을 본질적으로 하나의 또는 또 다른 사담의 변종으로 만들어 비인간화하는, 판에 박힌 표현들이 유행하게 되었다. 처음에는 사담에 저항하여 일어나라고 미국의 격려를 받았다가 나중에는 사담의 잔인한 복수의 제물이 되게 내버려진 불행한 쿠르드인과 시아파 반란군들은 거의 기억되지 않고 있고 더 더욱 언급도 안 되는 것은 물론이다.

중동에 대해 오랜 경험을 있었던 에이프릴 글래스피April Glaspie 대사가 갑자기 실종된 후, 미국 행정부에는 중동과 그 언어나 민족들에 관한 진정한 지식과 경험을 가진 고위 전문가가 거의 없었다. 그리고 이라크의 민간 하부 조직이 조직적으로 공격당한 후에, 이라크는 기아와 질병과 절망에 의해 아직도 파괴 상태에 있다. 그 이유는 이라크의 쿠웨이트 침공 때문이 아니라 미국이 걸프 지역에 실제로 잔류하고 그곳에 남을 구실을 원했기 때문이다. 다시 말해 미국은 이라크가 아직도 이스라엘에 대해 위협으로 인식되고, 세계 문제를 조정하기를 바라기 때문에, 석유에 대한 직접적인 영향력을 가지고 유럽과 일본에 영향을 주고 싶은 것이다.

충성과 애국이 사실은 무엇인가라는 문제는, 이 축소되고 고갈된 지구의 주민으로서 미국인들이 이웃과 나머지 인류에게 무슨 은덕을 입었는가에 대한 비판 의식에 토대를 두어야 한다. 특히 상상할 수 없을 정도로 희생이 큰 경우에는 현재의 정책과의 무비판적인 연대는 허용될 수 없다.

'사막의 폭풍'은 궁극적으로 사담 후세인을 파멸시키고 죽이려는 노력의 일환으로, 이라크 국민들에 대해 적대적인 그들을 파멸시키고 죽이려는, 제국주의 전쟁이었다. 그러나 이러한 시대 착오적이며 특별히 잔학한 양상은 대체로 미국의 TV 시청자들에게는 보여지지 않았다. 그것은 그 모습을 고통 없는 컴퓨터 게임기를 가지고 노는 것으로 묘사하고, 미국인들의 모습은 미덕 있는 깨끗한 전사로 유지되는 방법으로 그려지고 있다. 비록 영국이 아랍인들에게 폭력적인 태도를 보인 좀더 최근의 선례가 있기는 하지만, 바그다드가 1258년 몽고군에 의해 마지막으로 파괴된 것을 아는 것은 통상 역사에 관심을 가지지 않는 미국인들에게까지도 상당히 다른 영향을 끼쳤을 수도 있다.

멀리 떨어진 비백인 적에 대해 미국이 자행한, 거의 상상할 수 없을 정도의 집단 폭력을 보여 주는 이러한 놀라운 예에 대해 자국내에서 중요한 반대(제지)가 전혀 없었다는 사실은, "비판들에 실제적인 무게를 실어 주기에 충분한 사람들의 숫자"에 대립하는 개인과 집단 이외의 미국의 지식인들이 1970년대의 미국의 행동을 비판하지 않은 이유에 대한 키어난의 설명을 읽어 보면 이해가 된다. 키어난은 "미국이 하나의 새로운 문명으로서 그 자체에 대해 갖고 있는 오래된 자부심"은 실질적인 것이었으나, 그 자부심이 "그 자체를 선동 정치가들에 의해 위험하게 오용되도록 방치했다는 것"도 사실이라고 지적하고 있다. 그러한 자부심은 "'문화culture'가 기술적인 '전문 지식'으로 경직화되면서" 지나치게 비스마르크적인 "문화Kultur"가 되어 가는 위험이 있었다. 이 밖에 "이전의 영국인들의 우월감과 같이 미국인들의 우월감은 미국 이외의 지역으로부터의 심각한 고립과 그들에 대한 무지에 의해 유지되었다." 궁극적으로

  이러한 고립은 현대 미국 지식인들에게 삶 즉 역사적 현실과도

유사한 고립을 가져다 주도록 조장했다. 반대자들이 그 장벽을 부수는 것은 쉬운 일이 아니었다. 양차 대전 사이 저항의 문헌 속에는 저널리즘 수준을 넘지 못하는 어떤 천박함이 있었다. … 그것에는 반응하는 환경에서만 파생될 수 있는 상상력이 풍부한 깊이나 공명이 결여되어 있었다. … 세계 대전이 발발함에 따라 지식인들은 공적인 활동 —그 궁극적인 힘은 군사·산업 복합체였다—으로 점차 유도되었다. 지식인들은 전략적 계획, 과학적 전쟁과 폭동 진압의 개발에 참여하였고, 아첨을 받으며 백악관에 초대받고, 대통령들에게 충성을 맹세했다. 냉전 시대 내내 학자들은 라틴 아메리카 연구에 참여했고 "좋은 이웃" 이데올로기와 미국과 나머지 세계와의 이익의 부합 이데올로기를 받아들였다. 촘스키가 "사상 주입이 생성한 결과와 자화 자찬의 오랜 역사"에 대항할 필요의 "절박성"을 말하는 데는 이유가 충분히 있었다. 촘스키는 지식인들에게 "(미국의) 엄청난 지성사를 손상시키는 순진성과 독선의 전통"을 눈을 뜨고 바라볼 것을 간청하였다.[27]

이러한 논리는 엄청난 설득력을 가지고 1991년의 걸프전에 적용된다. 미국인들은 그들이 현실을 보고 있다는 사실에 상대적으로 달리 의심하지 않는 확실성을 가지고 텔레비전으로 전쟁을 지켜 보았다. 반면에 그들이 보았던 것은 역사상 가장 밝혀지지 않고 가장 적게 보도된 전쟁이었다. 영상과 글자 들은 정부에 의해 통제되었고, 미국의 주요 매체들은 서로를 모방했으며, 그 결과 전세계에서 모방했고 (CNN 방송같이) 방영되었다. 적에게 가해진 피해는 거의 주목을 받지 못했으며, 동시에 일부 지식인들은 침묵을 지킨 채 무력감을 느꼈거나, 전쟁을 일으키는 제국주의적인 욕망을 무비판적으로 수용한 용어로 "대중" 토론을 하는 데 기여하기도 했다.

지식인 생활의 전문화는 너무 확산되어 있어서 쥘리앙 방다가 지식인을 위해 설명한 바와 같이 소명 의식은 거의 사라져 버렸다. 정책 지향적인 지식인들은 국가가 그들을 수도 워싱턴으로 소환할 때 사실

---

27) Kiernan, *America*, pp. 262~63.

상 그들의 후원자가 되는 국가의 규범을 내면화하였다. 비판 의식은 종종 편의주의에 빠져 방기되었다. 그 의무로 가치와 원리를 포괄적으로 다루는 지식인들의 경우 —문학적, 철학적, 역사 전문가들— 미국의 대학들은 재정적인 선심과 유토피아적인 성역과 놀라운 다양성으로 그들의 비판력을 무디게 했다. 거의 상상할 수 없을 정도의 혐오감을 나타내는 전문 용어들이 그들의 문제를 지배한다. 포스트모더니즘, 담론 분석, 신역사주의, 해체, 신실용주의와 같은 유행들이 그들을 현실과 유리된 지역으로 데려간다. 역사의 중력과 개인의 책임에 관한 놀라운 무중력감은 공공 문제들과 공공 담론에 미미하게 관심을 가지게 한다. 그 결과 우리를 가장 낙담시키는 것은 일종의 실수 연발이며, 하나의 총체로서의 사회는 방향성이나 일관성 없이 표류하고 있다. 인종 차별, 가난, 생태계 파괴, 질병, 놀랍게 퍼져 있는 무지의 문제들은 매체와 선거 운동 기간 중의 별난 정치 후보자에게 떠맡겨지고 있다.

2. 정통성과 권위에의 도전

촘스키의 "이데올로기의 재구성"이 보여 주는 엄청나게 집요한 충고가 우리에게 없었던 것은 아니었다. 그 이데올로기 재구성의 요소들은 유대 기독교적인 절대 교조주의, 비서구 세계에 내재한 낙후성, 다양한 외래 신조들의 위험성, "반민주적인" 음모의 확산, 권위 있는 작품, 작가와 사상의 찬양과 회복을 포함한다. 그 반대로 다른 문화들은 병리학과 또는 치료법의 조망을 통해 점점 더 자세히 관찰되고 있다. 런던이나 파리나 뉴욕에서 『아프리카의 상황The African Condition』이나 『아랍의 난처한 상황The Arab Predicament』이나 『공포의 공화국The Republic of Fear』이나 『라틴 아메리카 신드롬The Latin American Syndrome』과 같은 제목의 책들은 학문과 사색과 분석으로 아무리 정확하고 진지하다 하더라도 케네스 버크Kenneth Burke가 "수용의 체계" —그 상황이 아주 특이하다— 라고 한 것에 몰두하고 있다.

한편에서는, 지배적인 공공 영역 속에서 아무도 1991년 8월이 되기 전까지는 이라크를 사회, 문화 또는 역사를 가진 국가로 주의를 기울이지 않았다. 그 당시 임기 응변식으로 제작된 책들과 텔레비전 프로그램은 그칠 줄 모르고 봇물처럼 쏟아져 나왔다. 1989년 『공포의 공화국』이 거의 알려지지 않은 채 출간된 것이 그 대표적인 예이다. 이 책을 쓴 저자는 후에 유명 인사가 되었다. 그 책이 학문적인 기여를 했기 때문이 아니라 —그도 그렇게 생각하지는 않고 있다— 이라크에 대한 집착적이고 단색적인 "초상"이 한 국가를 아랍의 히틀러로 구체화하여 비인간적이고 비역사적이며 악마 숭배적인 재현의 필요성과 완벽하게 부합되었기 때문이었다. 따라서 비서구인이라는 것은 (이를 구체화시키는 꼬리표들 자체가 증후적인 것이다) 존재론적으로 거의 모든 면에서 불행하고 사실과 다르게 최악으로 미치광이이고 기껏해야 소설가 네이폴이 다른 곳에서 말한 바와 같이, 전화를 사용할 수는 있으나 결코 발명하지는 못하는 추종자이고 게으른 소비자인 것이다.

다른 한편으로 모든 문화적인 구성물인 "저들의 것"뿐만 아니라 "우리 것"의 탈신비화는 학자, 비평가와 예술가들이 우리에게 제시해 주는, 새로운 사실이다. 예를 들어 우리는 오늘날, 역사에 관해 언급할 때 『메타 역사Metahistory』에 나오는 헤이든 화이트Hayden White의 명제를 고려하지 않을 수 없다. 그의 명제는 '모든 역사적 저작은 글쓰기이며 그리고 환유, 은유, 알레고리 또는 아이러니와 같은 부호 속에서 비유적 언어와 재현적 비유들을 보여 준다.'는 것이다. 루카치, 프레드릭 제임슨, 푸코, 데리다, 사르트르, 아도르노, 벤야민Walter Benjamin의 ―명백하게 이러한 기질을 가진 이름들 중 몇 사람만 언급한다면― 저작으로부터 우리는 규정과 권력의 과정을 생생하게 이해한다. 이 권력에 의해 문화적 헤게모니가 시와 정신에까지, 행정과 상품 형태에까지 압력을 넣어 그 자체를 재생산한다.

그러나 대체로 이러한 중요한 제국의 중심 이론가들과 진행되고 있거나 역사적인 제국주의 경험 간의 간극은 실로 엄청나다. 제국이 관찰하고 설명한 것과 훈련을 형성하고 이론적 담론에 기여한 점은 지금까지 무시되어 왔다. 그리고 이러한 새로운 이론적인 발견들은 꼼꼼하고 신중하여 즉 아마도 너무 고지식해서 그들이 발견한 것과 제3세계에서 저항 문화에 의해 방출된 해방주의적 활력간의 합류 지점을 보통은 지나쳐 버렸다. 우리는 한 영역이 다른 영역으로 직접 적용되는 경우는 거의 보지 못한다. 한 예로 아놀드 크루팻Arnold Krupat이 텍스트 안에 포함된 권력과 진정한 경험을 형상으로 해석하기 위하여 "토착 미국 문학"으로 알려지기 시작한 대량 학살과 문화적 건망증에 의해 생성되는 그 슬픈 파노라마에 후기 구조주의 이론의 원천을 적용할 때 이 경우를 볼 수 있다.[28]

---

28) Arnold Krupat, *For Those Who Came After : A Study of Native American*

우리는 서구에서 생산된 해방주의의 이론적 자본의 자기 제약이 부과되어 온 이유와 이전에 식민지 지역에서 강력한 해방주의적 구성 요소들을 가진 문화에 대한 전망이 특이하게 약화되어 온 이유를 함께 생각해 볼 수 있고 정말로 생각해 보아야만 한다.

예를 들어 보자. 내가 1985년 페르시아 만 국가에 있는 한 국립 대학교로부터 일주일간 그곳을 방문해 달라는 요청을 받았을 때 나의 임무는 그곳의 영어 교육 프로그램을 평가하고 아마도 그 개선책을 위한 건의문을 제출하는 것이었다. 나는 순전히 수량적인 견지에서 볼 때 영어가 그 대학의 다른 어떤 학과보다도 많은 젊은이들을 끌어 모으고 있다는 사실을 알고 깜짝 놀랐다. 그곳의 교과 과정은 소위 언어학(다시 말해 문법과 음성학적 구조)과 문학으로 거의 이등분되어 있었다. 문학 과목들은 내가 생각하기에 카이로와 아인 샴즈에 있는 대학들처럼 좀더 오래되고 이름 있는 아랍의 대학들에서 채택되고 있는 양식으로 엄격하고 전통적인 것이었다. 젊은 아랍 학생들은 그들이 산스크리트어나 중세 문장文障을 공부하듯이 셰익스피어, 밀턴John Milton, 워어즈워드, 오스틴과 디킨즈를 필수로 읽고 있었다. 그들은 영어와 영문학이 아랍 세계에 가져다 준 식민화 과정과 영어의 관계에 대해서는 아무런 관심이 없었다. 나는 몇몇 교수들과의 개인적인 토론 외에는 카리브 해, 아프리카와 아시아의 영어로 쓰여진 새로운 문학에 대한 흥미를 그들에게서 찾아볼 수 없었다. 그것은 판에 박힌 학습, 무비판적인 교육, 그리고 (좋게 말하면) 무계획적인 결과로 야기되는 시대 착오적이고 이상한 총합체였다.

그럼에도 불구하고 나는 세속적인 지식인과 비평가로서 나의 흥미를 끌었던 두 가지 사실을 배우게 되었다. 많은 학생들이 영어를 택하는 이유를, 약간 못마땅해 하는 강사가 솔직하게 말해 주었다. 즉 세계적인 공통 언어인 영어를 쓰는 항공사나 은행에서 일하기 위해서라는 것이다. 이것은 결국, 표현적이며 심미적인 특성은 상실하고 어떤 비판적이거나 자의식적인 차원이 사라진 기술적인 언어 수준으로 영어를 전락시켜 버렸다. 그들은 컴퓨터를 사용하고, 명령에 응하고, 텔렉스를

Autobiography (Berkeley : University of California Press, 1985).

보내고, 선박 적하 목록을 읽는 것 등을 위하여 영어를 배웠다. 그것이 전부였다. 또한 나는 지글거리는 가마솥처럼 보이는 이슬람 부흥 운동에서도 영어가 그 자체로서 존재한다는 사실을 알고 놀랐다. 내가 돌아보는 어느 곳에서든지 대학교 대의원 선거와 관련된 이슬람의 구호들이 벽면 사방에 붙어 있었다. (후에 나는 다양한 이슬람 후보자들이 압도적이진 않더라도 멋진 다원성을 가지고 있다는 것을 알게 되었다.) 1989년 이집트의 카이로 대학교 교수들에게 제국주의에 대한 대안적인 문화적 실천으로 민족주의, 독립 그리고 해방에 관한 강연을 한 시간 동안 하고 나서 "신권 정치의 대안"에 관해 질문을 받았다. 나는 질문자가 "소크라테스적 대안"에 관해 질문하는 것으로 잘못 생각했으나 곧 올바르게 대답하였다. 그 질문자는 머리에 베일을 쓴, 말 잘하는 젊은 여성이었다. 나는 나의 반성직적이며 세속적인 열정 때문에 그녀의 관심사를 간과했던 것이다. (그럼에도 불구하고 나는 대담하게 나의 공격을 계속했다!)

응구기 와 씨옹고가 말하고 있는 바와 같이, 아주 높은 수준의 문학적인 성취를 열망하고 마음의 탈식민지화를 위해 영어를 비판적으로 사용할 것을 인정하는 사람들과 같은 영어를 사용한다는 것은, 따라서 훨씬 덜 매력적인 새로운 형태 안에서 아주 다른 새로운 공동 사회와 공존하고 있다. 영어는 한때 통치자와 행정가의 언어였던 지역에서 이제 도구적인 특성과 특징을 가진 기술적 언어로 또는 영어를 사용하는 좀더 넓은 세계와의 다양한 암묵적인 관계를 가진 외국어로서 이제 훨씬 약화된 존재가 되었다. 그러나 영어라는 존재는 조직화된 종교적인 열정이 가져오는 아주 끔찍하게 부상되는 현실과 투쟁한다. 이슬람 언어가 엄청난 문학적 공동 사회와 성직자의 힘을 가진 언어인 아랍어이기 때문에 영어는 천박하고 재미없고 취약한 수준으로 떨어졌다. 영어가 다른 맥락에서 현저하게 눈에 띄는 존재가 되고, 문학적·비판적·철학적인 실천을 하는 커다란 흥미를 주는 새로운 공동 사회들을 이룩하였고 바로 이러한 시대에 영어의 새로운 종속을 측정하기 위해 우리는 이슬람의 종교 당국과 세속적 당국이 살만 루시디의 소설 『악마의 시』에 부과한 금지, 파문, 위협을 이슬람 세계가 묵인하는 놀라운 사실에 대해 잠깐 상기해 볼 필요가 있다. 나는 이슬람 세계 전체가 묵인한다고는 생각하지 않으나 공식적인 기관들과 대변인들은 대부분의 사람들이 전혀 읽지도 않은 그 책에 대해 맹목적으로 거부하거나 관련되기를 격렬하게 거절하고 있다고 말하는 것이다. (물론 호메이니의 『이슬람교에 대한 견해』는 단순한 거부 이상의 행동을 취하지만 이란의 입장은 상대적으로 고립된 것이다.) 그 책이 주로 서구 독자들을 위해 영어로 이슬람에 관해 다루었다는 사실이 아랍인들의 기분을 상하게 만들었다. 그러나 『악마의 시』와 관련된 사건들에 대해, 영어를 사용하는 세계의 반응에는 두 가지 사실이 존재한다는 것도 중요하다. 그 첫 번째는 안전할 뿐 아니라 정치적으로 정확한 대부분의 제국의 중심 도시 작가들과 지식인들에게 보이는 대의 명분 속에서 거의 만장 일치로 이슬람에 대해서 조심스럽고도 소심하게 비난하였다는 것이다. 미국 동맹국들(모로코, 파키스탄, 이스라엘)이나 또는 소위 반미 "테러리스트" 국가들(리비아, 이란, 시리아)에서 살해되거나, 투옥되거나, 추방당한 많은 작가들에 관해서는 거의 아무것도 이야기되지 않았다. 그리고 두 번째는 일단 루시디를 지지하고 이슬람을 비난하는 의식적인 말들이 터져 나오면 이슬람 세계 전체에 대해서나 또는 그곳의 저작자의 조건들에 대해서 더 이상의 커다란 흥미를 불러일으키지 못한 것처럼 보인다. 좀더 많은 열정과 에너지가 런던의 그리니치 빌리지나 햄스테드에서 얻는 상황보다 더 어려운 상황 속에서 루시디를 때때로 옹호했던 (그리고 공격했던) 이슬람 세계로부터 온 많은 문학인들과 지성인들(다른 사람들보다도 마흐파우즈, 다위시, 무니프)의 대화 속에서 사용되었다.

   미국에 의해 지배되는 세계 영어를 사용하는 그룹 —이질적인 목소리들과 다양한 언어들 그리고 2개 국어 중 영어를 모국어로 사용해 쓰는 글에 특징적이지만 문제가 되는 정체성을 부여해 주는 혼합된 형식들을 포함하는 그룹— 내에 현재 부분적으로 존재하고 있는 새로운 공동 사회와 국가내에는 아주 의미 있는 변형들이 생겨나고 있다. 최근 수십 년 동안 "이슬람"이라고 불리우는 놀라울 정도로 예리한 구성물의 출현이 그러한 변형들 중 하나이다. "공산주의", "일본" 그리고 "서구"도 이러한 변형들이며 이들 각각은 논쟁의 양식들과 일련의 담론들, 그리고 보급을 위한 기회의 불안정한 확산을 그 특징으로 한다.

이러한 거대한 회화적 본질화에 의해 지배되는 방대한 영역을 그리는 데 있어 우리는 감각 없는 논쟁이 아니라 친화력, 공감 그리고 동정에 의해 모두 함께 묶여지는, 글을 읽고 쓸 수 있는 작은 집단들에 의해 만들어진 얼마 안 되는 이득을 더욱 더 충분히 감상하고 해석할 수 있다.

탈식민지화와 제3세계 민족주의 초기의 신나는 전성기에 반식민적인 국민들에게 조심스럽게 부양된 토착주의가 어떻게 성장하고 너무 심한 비율로 자라나는가를 관찰하거나 세심한 주의를 기울이는 사람들은 별로 없었다. 순수하거나 진정한 이슬람과 아프리카 중심주의, 흑인성 또는 아랍주의에 대한 모든 이러한 민족주의적인 호소는 강력한 반응을 불러일으켰다. 그러나 성공적인 추종자들에게서 아주 높은 가격을 부과받기 위해 그러한 종족성과 정신적인 본질들이 되돌아온다는 의식이 충분하게 없었다. 파농은 지도받지 못한 국가 의식에 의해 탈식민화 같은 커다란 사회 정치 운동에 노정된 위험들에 대해 언급한 몇 안 되는 사람들 중 하나였다. 지도받지 못한 종교 의식의 위험성에 대해서도 똑같은 말을 할 수 있을 것이다. 따라서 국가 안보 위협을 주장했던 다양한 회교 신학자들, 대령들과 일당 정권의 출현과 방황하는 혁명 국가를 그들의 강령으로 보호할 필요성은 일련의 새로운 문제들을 제국주의의 이미 상당히 번거로운 유산으로 떠넘겼다.

새로운 탈식민주의의 국제적인 형태 속에서 지성적이며 역사적인 활발한 참여로부터 면제된 많은 국가들이나 정권의 이름을 붙이는 것은 가능하지 않다. 국가 안보와 분리주의적 정체성은 표어들이다. 권위가 부여된 인물들과 —통치자, 민족적 영웅들과 순교자들, 기성 종교 당국— 더불어 새롭게 승리하는 정치인들은 우선 경제와 여권이 필요한 듯 보였다. 한때 한 민족의 상상적인 해방이었던 것과 —에메 세제르의 "새로운 영혼의 창조"— 식민지 주인들에 의해 빼앗긴 정신적 영토에 대한 대담한 은유적 지도 그리기는 장벽, 지도, 변방, 경찰력, 세관과 환관리의 세계 체제에 의해 재빠르게 전이되고 전용되었다. 아밀카 카브랄의 유산에 대해 추모하는 반성 과정 속에서 베이질 데이빗슨은 이러한 음울한 상황에 대하여 가장 섬세하고 애조 띤 논평을 했다. 해방 이후 어떤 일이 일어날 것인가에 관해 결코 제기되지 않았던 문제들을 자세히 이야기하면서 데이빗슨은 심화되고 있는 위기가 신제국주의를 가져왔고 통치자들을 확고한 지배하에 두었다고 결론 내린다. 그는 계속해서 말한다. 그러나,

> 개량주의적 민족주의 상표는 계속해서 자신의 무덤을 파고 있다. 그 무덤 위에서 통제받고 있는 자들 중에 자신의 머리를 들고 있는 사람의 수는 무덤이 깊어짐에 따라 점점 줄어든다. 장례 행렬은 때때로 아주 편안한 (그리고 위로해 주는) 봉급으로 한 그룹의 외국의 전문가들과 하나의 또는 다른 직업을 가진 그룹의 사람들이 엄숙한 합창으로 부르는 진혼곡의 곡조에 맞추어 나아간다. 변경 지방은 그곳에 있고 변경 지역은 성스럽다. 결국 다른 어떤 것이 지배 엘리트들에게 특권과 권력을 보증할 수 있겠는가?[29]

지누아 아체베의 가장 최근 소설인 『사반나의 개미 둑Anthills of Savannah』은 이러한 무기력하고 의기 소침하게 만드는 풍경에 대한 매력적인 연구이다.

데이빗슨은 계속해서 그가 "식민지 시대로부터 수용되었던 이러한 껍데기에 대한 사람들 자신의 해결책"이라 부른 것을 지적함으로써 그 자신의 묘사의 우울한 분위기를 변화시키고 있다.

> 민족이 이 주제에 대해 생각한 것은 그들의 밀수업에 의해서뿐 아니라 그 지도의 이러한 선들을 가로지르는 타국으로의 끊임없는 이주에 의해 보여진다. 따라서 "부르주아 아프리카"가 그 지역의 경계를 고정화하고 경계 통제를 다양화하고 사람이나 상품들의 밀수를 격렬하게 비난하는 동안에도 민중들의 아프리카는 아주 다른 방식으로 움직인다.[30]

---

29) Basil Davidson, "On Revolutionary Nationalism : The Legacy of Cabral." *Race and Class* 27, No. 3(Winter 1986), 43.
30) 같은 책, 44. *The Black Man's Burden : Africa and the Curse of the Nation-State*

밀입국과 타국으로의 이주의 그 대담하나 간혹 값비싼 혼합의 문화적 상관물은 물론 우리에게 친숙하다. 이것은 팀 브레난Tim Brennan의 명민한 분석 속에서 최근에 코스모폴리탄으로 지칭된 그 새로운 집단의 작가들에 의해서 증명되었다.[31] 그리고 이주의 대표적인 상실감과 유쾌함뿐만 아니라 경계선을 가로지르는 탈식민지 시대 예술에서도 이것은 하나의 중요한 주제가 되었다.

우리는 이러한 작가들과 주제들이 새로운 문화 형태를 구성한다고 말할 수 있고 전세계 지역의 심미적 성취를 감탄하며 지적할 수 있지만 나는 우리가 덜 매력적이더라도 내 견해로는 좀더 현실적이며 정치적인 관점에서 그 형태를 연구해야 한다고 믿는다. 우리가 물질적인 것뿐만 아니라 예를 들면 루시디의 소설의 업적까지도 2개 국어로 쓰여진 문학권내에서 중요한 형태의 하나로서 정당하게 찬사를 보내야 하는 반면 우리는 동시에 루시디의 소설에 멍에가 지워지고 심미적으로 가치 있는 작품이 위협적이고 강제적이거나 뿌리 깊은 반문학적, 반지성적인 형성들의 일부가 될 수 있다는 사실에 주목해야 한다. 『악마의 시』가 1988년에 출간되기 전에 루시디는 이미 그의 에세이와 초기 소설 덕분에 영국인들에게는 문제 인물이었다. 그러나 영국과 아시아 대륙의 많은 인도인들과 파키스탄인들에게 루시디는 그들이 자랑하는 유명한 작가였을 뿐만 아니라 이민자들의 권리 주창자이며 제국주의에 향수를 느끼는 자들에 대한 격렬한 비판자이기도 했다. 호메이니의 『이슬람교의 견해』 이후에 그의 지위는 급격히 변했고 그는 이전에 자신을 경배했던 이들에게 저주받는 사람이 되었다. 일단 루시디가 인도 이슬람의 실질적인 대표자가 되었을 때, 그가 이슬람교의 근본주의를 자극했다는 사실은 폭발하기 쉬운 예술과 정치학의 절박한 결합을 증명해 주는 것이다.

발터 벤야민은 "야만주의의 기록이 아닌 동시에 문명의 기록인 것

(New York : Times, 1992)은 Davidson의 깊은 성찰력을 지닌 저술로 그는 이 책에서 이러한 주제를 확장, 발전시키고 있다.

31) Timothy Brennan, "Cosmopolitans and Celebrities," *Race and Class* 31, No. 1 (July ~September 1989), 1~19.

은 없다."라고 말했다. 좀더 암울한 결합 관계는 오늘날 흥미를 끄는 정치적이며 문화적인 위급 사태가 발견되는 지점이다. 결합 관계는 우리가 가치 있는 문학 텍스트를 읽고 토론하고 사색할 때 우리가 더욱 쉽게 느끼는 해석학적이며 유토피아적인 작품에 못지 않게 우리의 개인적이며 집단적 비평 작업에 영향을 준다.

좀더 구체적으로 접근해 보자. 경계를 가로지르고 새로운 환경에서 문화적으로 변용되도록 노력하는 것은, 피곤하고 고통당하고 쫓겨난 피난민들이었을 뿐만 아니라, 대부분의 장벽 옆으로 살짝 들어가서 거의 모든 곳에 정착하면서 어디에나 존재하는 대중 매체의 거대한 전체 조직 또한 마찬가지이다. 허버트 쉴러나 아만드 매틀라트는 우리가 저널리즘적인 재현의 생산과 분배하는, 적은 인원의 다국적인들에 대한 지배를 인색하게 만들었다고 말한 바 있다. 쉴러의 가장 최근 연구서인 『문화 주식 회사 Culture, Inc.』는 뉴스 방송만이 아닌 문화의 모든 부분들이 어떻게 끊임없이 확장되고 사적으로 소유된 기업들의 작은 집단에 의해 침략되어 왔는시 또는 그것들 내부로 둘러싸여 왔는지를 설명하고 있다.

이것은 다양한 결과를 가져왔다. 한 예를 들면 국제적인 매체 조직은 실제로 이상주의적인 개념이나 집단성에 관해 이념적으로 영감을 받은 개념들을 ―상상된 공동 사회들― 실천하기를 갈망하도록 했다. 영어로 쓰여진 영연방 문학이나 세계 문학이라고 부르는 어떤 것에 관해 이야기하고 연구할 때 우리의 노력은 정말로 억측에 불과했다. 예를 들어 카리브 해와 아프리카 소설에 나타나는 마술적 사실주의에 관한 논의들은 이러한 작품들을 연결시켜 주는 "포스트모던"이나 민족적 장의 윤곽을 암시하거나 또는 기껏해야 윤곽을 그릴 수 있을 뿐이다. 그러나 우리는 이 작품들과 그 작가들과 독자들이 지방적 환경에 독 특하고, 그 속에서 언명되고, 이러한 환경들은 보통 한편으로는 런던이나 뉴욕에서 수용과 대비되는 상황들과 다른 한편으로 주변부를 분석할 때 유용하게 분리되고 있다는 것을 알고 있다. 4개의 주요 서구 언론사들이 운영하는 방식인 국제적 영어 텔레비전 기자들이 세계 각지로부터 그림 영상들을 선택하고 수집하고 재송출하는 양식과 또는 〈보난자 Bonanza〉와 〈루시를 사랑해 I Love Lucy〉와 같은 헐리우드

프로그램들이 레바논의 내란을 통해서도 해결해 나가는 방식을 비교할 때 우리의 비판적인 노력은 미미하고 원시적이다. 왜냐하면 매체는 완전히 통합된 실질적인 네트워크이면서 세계를 서로 이어 주는 아주 효과적인 연결의 양식이기 때문이다.

군사적이며 인구 통계학적 계수들과 함께 문화, 경제학과 정치 권력을 설명하고 생산하는 이러한 세계 체제는 지금 국제적·사회적 담론 과정을 재정립하는 일상 규모를 벗어난 초국가적인 심상들을 생산해 내는 제도화된 경향을 가지게 된다. "테러리즘"과 "근본주의"의 출현을 예로 들어 보자. 우리는 결국 전적으로 워싱턴과 런던 같은 제국의 중심부들 속에서 관심들과 지식 공장들로부터 생겨난 "테러리즘"과 "근본주의"의 범주와 심상들에 의존하지 않고는 수니파와 시아파, 쿠르드인과 이라크, 타밀인들과 실론 사람들 또는 시크파와 힌두 교도 ―이 목록은 길다― 과 관련되는 정치적인 갈등의 분석을 (국제적인 담론에 의해 제공된 공적 공간 속에서) 거의 시작할 수 없다. 테러리즘과 근본주의자들은 구별되는 내용이나 정의가 없는, 두려움으로 가득 찬 심상들이다. 그러나 이들은 권력과 승인을 ―그것을 사용하는 사람들에게는 누구에게나― 의미하는 것이고, 도덕적 방어와 범죄화 ―이것들이 명시하는 누구에게나― 를 의미한다. 이 두 개의 거대한 변형은 분산된 공동 사회뿐만 아니라 군대들도 동원하였다. 루시디의 소설에 대한 이란의 공식적인 반응이나 서구의 이슬람 지역 사회내에서의 비공식적인 열광이나 호메이니의 『견해』에 반대하는 서구의 분노의 공적·사적인 표현은 내 견해로는 내가 지금까지 설명하고자 한 억압적인 (거만한) 체계에 의해 움직이는 전반적인 논리와 자세한 언명이나 반응들을 참조하지 않고는 이해할 수 없는 것들이다.

그래서 예를 들어 새로 출현하고 있는 탈식민지 영어 문학이나 프랑스어 문학에 흥미를 가지고 있는 독자 환경의 아주 개방된 상황 속에서 근본적인 형태는 해석학적 탐구 과정에 의해서라기보다는 공감적이고 문학적인 직관이나 사전 지식이 많은 독서에 의해서 지시되고 통제되는 것이 아니라 훨씬 조악하고 수단적인 과정들 ―이것의 목적은 동의를 이끌어 내고 반대를 근절시키고 거의 문자 그대로 맹목적 애국심을 조장하기 위한 것이다― 에 의해서 지시되고 통제된다. 그러한 수단에 의해 아주 많은 사람들을 통치하는 것이 확실하게 된다. 그러나 이 많은 사람들이 가진 민주주의와 표현의 자유를 위한 분열 가능한 야망들은 물론 서구 사회를 포함하는 대중 사회 속에서 억제된다. (또는 마취시킬 수 있다.)

"테러리즘"과 "근본주의"의 거대한 심상들에 의해 유도된 두려움과 공포는 ─외국의 악마들로 이루어진 하나의 국제적이거나 초국가적인 상상계의 비유들이라고 불러도 좋다─ 개인을 중요한 지배적인 규범에 종속시키는 것을 촉진시킨다. 이는 서구 일반에, 특히 미국에서와 같이 새로운 탈식민지 사회에서도 똑같이 적용되는 사실이다. 이렇게 되어 테러리즘과 근본주의에 내재된 기형성과 극단주의에 대항하는 것은 ─내가 제시한 예는 약간의 패러디를 지니고 있다─ 또한 절제, 합리성, 모호하게 규정된 "서구적인" (또는 아니면 지방적이며 애국적으로 측정되는) 에토스의 실행적인 중심성을 지지하는 것과 같다. 여기에서 아이러니는 서구적인 에토스들에 우리가 특권, 정직성과 연계시키고 있는 신뢰, 안전한 "정상성"을 부여하기는거녕 이러한 역동성이 "우리들"에게 정의로운 분노와 방어 자세를 ─여기에서는 "타자들"은 궁극적으로 우리의 문명과 삶의 방식을 파괴하려는 경향을 지닌 적들로 간주된다─ 불어넣고 있다는 것이다.

이것은 강제적인 정통성과 자기 과대 망상의 이러한 양식들이 어떻게 무비판적인 동의와 도전할 수 없는 원리의 힘을 더욱 강화시키는가에 대한 하나의 피상적인 예에 불과하다. 이러한 것들이 시간을 두고 반복적으로 서서히 완벽해짐에 따라 그들은 그에 부응하는 궁극성을 지니고 지명된 적들에 의해 해결책이 주어진다. 이렇게 해서 회교도들이거나 아프리카인들, 인도인들 또는 일본인들은 그들 자신의 위협받는 지역의 내부로부터 그리고 그들의 독특한 용어로 서구를 통해 서구, 미국화 또는 제국주의를 풍부하게 보여 주었던 것보다 세분화, 비판적 구분화, 차별화와 구별에 대해 별로 주의를 더 기울이지 않고 공격하고 있다. 이러한 말은 애국심을 신성 다음으로 생각하는 미국인들에게 들어맞는다. 이것은 궁극적으로는 의미 없는 역동성이다. "경제 전쟁"들이 어떤 목적을 갖게 되든지간에 그 전쟁들은 모든 것을 궁핍하게 만든다. 우리는 원래 있었거나 구성된 그룹에 참여해야 한다. 아니면 하위의 타자로서 우리는 열등한 지위를 받아들여야 한다. 아니면 우리는 죽을 때까지 싸워야 한다.

이러한 경제 전쟁은 본질화의 표현 —정해지지 않은 기간 동안 다른 대안 없이 아프리카적·동양적·서구적인 본질은 본질로서 남을 수 있을 뿐이기 때문이다. 아프리카인들은 아프리카화하기, 동양인들은 동양인화하기, 서구인들은 서구화하기, 미국인들은 미국화하기— 즉 고전적 제국주의와 그 체제의 시대 이래 지속되어 온 양식이다. 그 중 하나의 명백한 경우가 임마누엘 월러스타인Immanuel Wallerstein에 의해 역사적 자본주의의 결과로 출현한 반체제 운동이라고 밝혀지고 있다.[33] 가장 비타협적인 비관주의자까지도 격려하기 위한 이러한 뒤늦은 운동들의 많은 경우가 최근에 일어났다. 사회주의 분수령의 지점에서 모든 방면에 걸친 민주주의 운동, 팔레스타인 반란 운동, 북남미의 다양한 사회, 생태 그리고 문화 운동, 여권주의 운동이 그것이다. 그러나 이러한 운동들이 자기 자신의 경계를 넘어선 세계 문제에 관심을 가지거나 세계에 대해 일반화할 수 있는 능력과 자유를 가지는 것은 어렵다. 만일 우리가 필리핀인이거나 팔레스타인 사람 또는 브라질의 반체제 운동의 한 부분이라면 당신은 일상적 투쟁의 전략적이며 병참학적 요구 조건들을 다루어야만 한다. 그러나 나는 이러한 종류의 노력들이 일반 이론은 아니더라도 공통적인 담론적 준비성이나 좀더 지역적으로 말한다면 기본적인 세계 지도를 발전시키고 있다고 생각한다. 아마도 우리는 약간 모호한 적대적 분위기와 국제주의적 반대 언명으로 출현하는 그 전략에 관해 이야기를 시작할 수 있을지도 모른다.

이러한 국제주의는 어떠한 새롭거나 나아가 더 새로운 종류의 지성적이며 문화적인 정치학을 요구하는가?[34] 작가, 지성인, 비평가에 대해 우리가 갖고 있는 전통적이며 유럽 중심적으로 정의된 생각들 속의

---

33) Immanuel Wallerstein, *Historical Capitalism* (London : Verso, 1983), p. 65 등. Giovanni Arrighi, Terence K. Hopkins, and Immanuel Wallerstein, *Antisystemic Movements* (Lodon and New York : Verso, 1989)도 보라.

34) *Radical Philosophy*, 60 에서 Jonathan Rée "Internationality,"(Spring 1992), 3~11은 이에 대한 매우 훌륭한 설명을 하고 있다.

어떤 중요한 변형과 변용이 개재되어야만 하는가? 영어와 불어는 세계 언어이며 경계 논리학과 서로 다투는 본질들을 총체화하고 있다. 그래서 우리는 세계 지도에서 신에 의해 또는 독단적으로 성역화된 공간, 본질이나 특권은 없다는 것을 인정함으로써 우리의 과업을 시작해야 한다. 그러나 우리는 세속적 공간과 거대 이론이나 체계적 총체화를 통하지는 않더라도, 근본적으로 알아낼 수 있는 이러한 역사는 인간이 구축했으며 상호 의존적인 역사이다. 이 책을 통해 나는, 인간 경험은 그것을 해명하거나 설명하는 초역사적이거나 초세속적인 작용이 필요 없을 정도로 충분히 섬세하게 조직되고, 조밀하고 접근 가능하다고 주장했다. 나는 마력을 가진 열쇠, 전문 용어와 기구, 공개적인 실행 없이도 탐구와 질문을 기꺼이 받아들이는 것으로 우리 세계를 바라보는 방식에 관해 이야기하고 있다.

우리는 인본주의적 연구를 위해 지금까지와는 다를 뿐 아니라, 매우 새로운 패러다임이 필요하다. 학자들은 현대의 정치학과 관심사에 솔직하게 참여할 수 있다. 그들은 열린 눈과 엄격한 분석적 활력을 가지고 있으며, 방법론적인 봉토封土나 길드, "인도"나 "미국"과 같은 조작적인 정체성을 살아남게 하는 것이 아니라 다른 공동 사회들 속에서 생존하려고 투쟁하는 하나의 공동체에서의 삶의 개선과 비강제적인 증진에 관심을 가진 사람들이 지닌 점잖은 사회적 가치 또한 가지고 있다. 우리는 이 저작에서 필요로 하는 창안적인 발굴들을 최소화시켜서는 안 된다. 우리는 다시 회복하거나 그 본질들에 책망할 수 없는 명예의 지위를 부여하기 위해 독특하고도 독창적인 본질들을 찾는 것은 아니다. 예컨대 인도 역사 연구는 『하위 연구』에 의해 계급과 그들의 논쟁적인 인식론 사이에 계속되고 있는 투쟁으로 간주되고 있다. 이와 같은 방식으로 라파엘 사무엘Raphael Samuel이 편집한 세 권짜리 책 『애국심Patriotism』의 기고자들에게 "영국적인 것"은 버날의 『검은 아테나』에서 "아테네 문명"이 이룬 우수한 문명에 대한 무역사적인 전범으로 여기지 않듯이 역사 이전에 어떤 우선 순위가 부여되지 않고 있다.

(이러한 저작들의 배후에 있는 사상은 역사를 권위적이고 민족주의적이며 제도권적으로 해석하는 것이라고 볼 수 있는 정통성이 대체로

역사에 대한 잠정적이면서도 고도의 논쟁적인 해석을 공식적인 정체성으로 고착화시키는 경향을 가진다는 점이다.) 따라서 예를 들어 1876년 인도 총독을 위해 마련된 빅토리아 여왕의 공식 접견에서 보여주는 영국 역사의 공식적인 해석은 영국 통치가 인도에서 거의 신화적인 장구성을 가졌다고 가장하고 있다. 다시 말해 인도인들의 봉사, 존경과 복종의 전통이 영국에 ―그 자체의 구성된 정체성은 세계의 바다와 인도를 지금까지도 통치해 왔고 영원히 통치해야만 되는 것이다[35]― 대한 심상에 순응하도록 압력을 가하는 전인도 대륙의 초역사적인 정체성의 심상을 창조해 내기 위해 이러한 의례 속에 함축되어 있다. 이러한 역사에 대한 공식적인 해석이 전체적인 권위(아도르노의 용어를 사용한다면) ―칼리프 통치, 국가, 정통적인 지식 계급, 기성 제도권― 를 위해 이런 일을 시도하는 반면「내가 지금까지 인용한 쇄신적인 저작에서는 미혹으로부터 벗어나기, 논쟁 그리고 체계적이며 회의적인 탐구가 이러한 복합적이고 잡종적인 정체성을 다양하게 구성된 요소들로 분해시키는 하나의 부정의 변증법으로 귀속시키고 있다.」공식적 담론 속에 살아 있는 안정된 정체성보다 훨씬 더 중요한 것은 해석학적 방법의 논쟁적인 힘이다. 이 해석학적인 제재는 서로 분리되어 있으나 서로 얽히고 상호 의존적인 그리고 무엇보다도 중복되는 역사적 경험의 흐름이다.

이러한 힘의 탁월하고도 대담한 예는 오늘날 선도적인 아랍 시인이며 필명이 아도니스Adonis인 알리 아메드 사이드Ali Ahmed Said가 시도한 아랍의 문학 및 문화 전통의 해석 속에서 찾아 볼 수 있다. 세 권짜리『알 타빗 와 알 무타하윌Al-Thabit wa al-Mutahawwil』이 1974년과 1978년 사이에 간행된 이래 그는 과거 속에 묶여 있을 뿐만 아니라 그 과거의 엄격하고 권위적인 다시 읽기와 관련되어 있는, 화석화되었고 전통 지향적인 아랍과 이슬람 유산이라고 자신이 간주한 것의 집요성에 혼자 힘으로 도전했다. 이러한 다시 읽기의 목적은 아랍인들이

---

35) Bernard S. Cohn, "Representing Authority in Victorian India," in *The Invention of Tradition*, eds. Eric Hobsbawm and Terence Ranger (Cambridge : Cambridge University Press, 1983), pp. 192∼207.

모더니티(알-하다타)를 진정으로 만날 수 없게 만드는 요소이다. 아랍 시학에 관한 책에서 그는 위대한 아랍 시가에 대한 축어적으로 딱딱한 읽기를 통치자와 연계시키는 반면에 상상력이 풍부한 읽기는 고전 전통의 핵심 부분에서 —코란까지 포함해서— 전복적이고 대항적인 기운으로 세속적인 당국에 의해 선포된 표면적인 정통성에 대항한다는 것을 보여 주고 있다. 그는 아랍 사회에서 법의 통치가 어떻게 권력과 비판을 분리시키고 전통을 쇄신과 분리시켜 역사를 끊임없이 반복되는 선례들의 피곤한 부호로 제한시키고 있는가를 보여 준다. 이러한 체제에 대해 그는 비판적 모더니티가 지닌 체제내적인 힘을 적대적 위치로 놓는다.

> 권력을 가진 사람들은 칼리프 통치 문화에 따라 사고하지 않던 모든 사람을 "쇄신의 무리들"(알 알 이다스ahl al-ihdath)이라고 명명하고 이슬람의 제휴로부터 이단이라는 비난과 더불어 그 무리들을 제외시켰다. 이것은 이다스ihdath(모더니티)와 무다스muhdath(현대의, 새로운)란 용어가 본래 어떻게 고대 시의 원리들을 위반한 시를 특징 짓기 위해 사용된 종교적인 어휘집에서 어떻게 나왔는가를 설명해 주고 있다. 그 결과로 우리는 시에서 현대적인 것이 지배하는 제도권으로부터 제도의 문화에 대한 정치적 또는 지적인 공격이며 오래된 것의 이상화된 기준을 거부하는 것처럼 보였다는 것을 알 수 있다. 그러므로 아랍의 삶에서 시적인 것이 언제나 정치적인 것은 물론 종교적인 것과 혼합되어 있었던 방식과 정말로 그렇게 계속되고 있다는 사실을 알 수 있다.[36]

〈마와키프Mawaqif〉지에서 아도니스와 그의 동료들의 작업은 아랍 세계 밖에서는 거의 알려지지 않았지만 아일랜드에서 필드 데이 작가들, 인도의 『하위 연구』 그룹, 동유럽의 대부분의 반체제 작가들, 그

---

36) Adonis, *An Introduction to Arab Poetics*, trans. Catherine Cobban (Lodon : Saqi, 1990), p. 76.

유산이 C.R.L. 제임스(윌슨 해리스, 조지 래밍, 에릭 윌리엄스, 데렉 월코트, 에드워드 브레이스웨이트Edward Braithwaite, 초기 V.S.네이폴)까지 거슬러 올라가는 많은 카리브 해 지식인들과 예술가들을 포함하는 훨씬 더 큰 국제적인 지형의 일부가 될 수 있다. 이 모든 운동과 개인에게 공식적인 역사의 진부한 표현과 애국적인 이상은 그 지적인 결속과 방어적인 맞비난의 전통과 더불어 와해될 수 있다. 시머스 딘이 아일랜드의 경우에 대해 말했던 바와 같이 "아일랜드성이라는 신화, 아일랜드적 비현실이라는 개념, 아일랜드의 수사법을 둘러싼 개념들은 국가적 특성의 개념이 성립된 19세기 이래 문학이 극단적인 정도까지 양껏 흡수해 온 모든 주제들이다."[37] 그러므로 문화 지식인들이 직면한 과업은 주어진 정체성의 정치학을 받아들이는 것이 아니라 어떻게 이 모든 재현들이 무슨 목적으로, 누구에 의해서 어떤 구성 요소로 구성되고 있는가를 보여 주는 것이다.

   이것은 결코 쉬운 일이 아니다. 놀라운 방어적 자세가 국가적 과거의 그 재현 속에서 특히 미국 자체의 공식적인 심상 속으로 기어들어 온다. 모든 사회와 공식적인 전통은 용인된 내러티브의 장애물에 저항하여 자신을 방어한다. 시간이 지남에 따라 이런 것들은 건국 영웅들, 소중하게 간직된 사상들과 가치들, 문화와 정치적 생활에 측정할 수 있는 영향을 미치면서 국가적 알레고리들이 거의 신학적인 지위를 부여받는다. 이들 중 두 요소는 —개척 사회로서의 미국과 민주주의적 실화의 직접적인 반영으로서의 미국의 정치적인 생활로— 최근에 자세한 검증을 받았다. 그 결과 아주 열광적인 찬양이 일어났다. 이 두 경우에 있어서 비판적 견해들을 받아들이는 데 약간의 노력이 있었으나 지식인 자신들에게 결코 충분치 못한 진지하고 세속적인 지성적인 논의만이 있었다. 오히려 권력의 규범들을 내면화하는 언론 매체의 앵커맨들처럼 그들은 공식적인 자기 정체성의 규범을 내면화하였다.

   1991년에 미국 국립 미술관에서 열렸던 전시회인 "서부로서의 미국"을 생각해 보라. 미술관은 일부가 연방 정부에 의해 유지되는 스미

---

37) Seamus Deane, "Heroic Styles : The Tradition of an Idea," in *Ireland's Field Day* (Lodon : Hutchinson, 1985), p. 58.

소니안 박물관의 일부이다. 그 전시회에 따르면 서부의 정복과 그에 뒤따르는 미국의 병합은 토착 미국인들과 환경의 파괴뿐 아니라 정복의 실제적인 과정에 관한 다면적인 진리를 위장하고 낭만화하거나 단순히 제거해 버린 하나의 영웅적인 개량주의적 내러티브로 변형되었다. 예를 들어 19세기 미국 회화에서 인디언의 심상들은 ―고상하고 자긍심 강하고 사색적인― 백인의 손에서 토착 미국인들의 타락을 묘사하는 똑같은 벽 위의 연속된 텍스트와 마주 놓였다. 이와 같은 "해체"는 국회 의원들이 그 전시회를 보았던 보지 않았던간에 국회 의원들의 분노를 자아냈다. 그들은 그 전시회의 비애국적인 또는 비미국적인 성향을 특히 연방 기구에 전시하는 것은 받아들일 수 없다고 생각했다. 교수들, 권위자들과 언론인들은 그들이 〈워싱턴 포스트〉지의 기고가의 "독특성"[38]에 대한 악의에 가득 찬 중상이라고 생각한 것을 비난하였다. 이러한 견해에는 단지 몇 개의 예외가 있었다. 예를 들면 〈타임〉지(1991년 5월 31일자)에서 "회화와 돌로 된 건국 신화"로 전시된 예술에 관해 쓴 것이 로버트 휴즈의 경우이다.

발명, 역사와 자기 권력 강화의 이상한 혼합이 지금도 이 모든 것들로 합해지듯이 그것이 이 국가 기원 이야기로 들어갔었다는 사실은 반공식적인 의견 일치에 따라 미국에 부적당하다는 결정이 났다. 역설적으로 (미국은 많은 문화로 구성된 이민 사회로서, 좀더 치안이 유지되고 미국을 오점이 없는 나라로 묘사하는 데 좀더 열심이고 순진성의 승리라는 하나의 어쩔 수 없는 주요 내러티브의 주위에 좀더 통합된 공적 담론을 가지고 있다.) 사태를 단순화하고 좋은 것으로 유지시키려는 노력은 미국을 다른 사회나 국민들과의 관계에서 끊어 내어 멀리 떨어져 있는 격리 상태와 편협성을 강화하게 만든다. 또 다른 놀

---

38) Ken Rignle, *The Washington Post*, March 31, 1991. 그와 같은 전시에 대한 광범위하고 지적으로 훌륭한 목록인 *The West as America : Reinterpreting Images of the Froniter, 1820 ~1970*, ed. William H. Truettner (Washington and London : Smithsonian Institution Press, 1991)에서 훌륭한 대책을 갖고 있다. 전시에 대한 방문자의 반응을 표본 추출한 것들이 *American Art* 5, No. 2 (Summer 1991), 3~1에서 다시 재생되고 있다.

라운 경향은 1991년 후반부에 출시된 올리버 스톤의, 심각한 결점을 가진 영화 『JFK』를 둘러싼 논쟁이었다. 이 영화의 전제는 케네디 대통령의 암살이 베트남에서 전쟁을 종식시키려는 그의 욕망에 반대하는 미국인들의 음모에 의해 계획되었다는 것이다. 그 영화가 질이 고르지 못하고 혼란스러웠다는 것을 인정하고, 영화를 제작한 스톤의 주요 이유가 단지 상업적인 것이었을지도 모른다는 것을 인정한다 해도 왜 그렇게 많은 문화적 권위를 가진 비공식적인 기관들 —기록하는 신문들, 기성 역사가들, 정치인들— 이 그 영화를 공격하는 것이 중요하다고 생각했는가? 우선 전부는 아니더라도 대부분의 정치적 암살이 음모라는 것, 그것이 세상의 존재 방식이기 때문에 미국인이 아닌 사람이 그것을 출발점으로 받아들이는 데는 별 어려움이 없다. 그러나 미국의 현인들은 모두 한 목소리로 "우리"는 하나의 새로운 그리고 좀더 훌륭하고 좀더 순진한 세계를 대표하고 있기 때문에 음모가 미국에서 일어난다는 것을 부정하기 위해 엄청난 양의 인쇄를 하고 있다. 동시에 제재받은 "외국인 악마들"(카스트로, 가다피, 사담 후세인 등)에 대한 공식적인 미국의 음모와 암살 기도에 대한 증거가 풍부하다. 연계시키는 작업은 이루어지지 않고 암시는 발설되지 않고 있다.

여기에서 일련의 추론이 생겨난다. 만일 가장 공식적이고 강력하고 강제적인 정체성이 그 경계, 관습, 통치하는 정당들과 당국, 공식적인 내러티브와 심상들을 지닌 한 국가에 관한 것이라면 그리고 만일 지식인들이 그 정체성에 지속적인 비평과 분석이 필요하다고 생각한다면 유사하게 구성된 다른 정체성들에 유사한 탐구와 질문이 필요하게 될 것이다. 우리들 중 문학과 문화 연구에 관심을 가진 사람들을 위한 교육은 대부분 거의 물신적인 지위를 얻게 된 여러 가지 제목들 —창작가, 자족적이며 자율적인 작품, 국민 문학, 분리된 장르 들— 로 구성되어 왔다. 이제 개인 작가들과 작품들이 존재하지 않고 프랑스어, 일본어, 아랍어는 서로 분리된 것이 아니라거나 혹은 밀턴, 타고르와 알레오 카펜티어는 동일한 주제에 대한 사소하게 다른 변주에 불과하다고 주장하는 것은 미친 짓이 될 것이다. 『위대한 유산』에 관한 에세이와 디킨즈의 실제 소설 『위대한 유산』이 같은 것이라고 말하는 것은 아니다. 오히려 "정체성"은 본체론적으로 주어지고 영원히 결정된 불변성이나 독특성, 환원될 수 없는 특성 또는 그 자체로서 총체적이고 완벽한 어떤 것으로서의 특권적 지위를 언제나 암시하는 것은 아니라고 말하는 것이다. 나는 오히려 소설이 많은 다른 것들 중에서 글쓰기의 한 양식의 선택이며 글쓰기 작업은 하나의 사회적 양식이며 문학이라는 범주는 심미적인 분석을 포함하고 아마도 대체로 심미적 목적 자체의 다양한 세속적인 목적에 봉사하기 위해 창조된 어떤 것이라고 해석하고 싶다. (따라서 국가나 경계를 활발하게 반대하는 작품들에 대해 와해시키고 밝혀 내려는 태도에서 나타나는 중요한 점은 예를 들어 예술 작품이 하나의 작품으로서, 정치적·사회적·문화적 상황으로부터, 다른 것들이 아닌 어떤 일들을 어떻게 실천하기 시작하는가에 관한 것이다.)

오늘날 문학 연구의 역사는 문화 민족주의 —이것의 목적은 우선 국민적 규범을 구별해 내고 나서 그 다음으로는 그 우수성, 권위와 심미적 자율성을 유지시키는 것이다— 의 발전과 깊이 관련되어 있다. 보편적 영역에 경의를 표하여 국가적인 차이를 넘어서는 것처럼 보이는 일방적인 문화에 관련된 논의에서 조차도 위계 질서와 종족적 우선권(유럽적인 것과 비유럽적인 것과의 사이에서처럼)이 유지되었다. 이것은 내가 존경하는 20세기의 문화 비평 및 문헌학 비평가들인 —아우얼 바하, 아도르노, 스피체, 블랙머 같은 사람들에 적용되듯이 매슈 아놀드에게도 적용된다. 그들 모두에게 문화는 어떤 의미에서 유일한 문화였다. 그 문화에 대한 위협은 대체로 내부적인 것이었다.—현대의 위협은 파시즘과 공산주의였다.— 그리고 그들이 지탱한 것은 유럽 부르주아 인본주의였다. 그 성장을 이루기 위해 에토스나 엄격한 훈련이 필요하지는 않았고 그것이 요구하는 엄청난 규율이 간혹 찬탄과 회고하는 문하생들의 강한 어조의 말을 듣기는 하지만 지금은 존재하지 않는다. 그러나 지금까지 이루어진 비평 저작 중에서 『미메시스』의 수준에 비견되는 저작은 없다. 유럽의 부르주아 인본주의 대신에 오늘날의 기본 전제는 그 내용을 영역화, 세분화, 전문성, 자격 인정 등으로 나누는 전문주의와 연대해서 파생되는 여러 종류의 권위주의자들과 더불어 민족주의의 찌꺼기에 의해 제공되고 있다. 현재 남아 있는 원리인 심미적 자율성은 하나 또는 다른 전문적인 방법론 —구조주의,

해체 등— 과 연계된 형식주의로 전락하였다.

2차 대전 이래 그리고 특별히 유럽 지역 밖의 민족주의적 투쟁의 결과로 생겨난 새로운 학문 영역들의 일부를 살펴보면 이전과는 다른 지형학과 일련의 다른 규범들이 있음이 드러난다. 한편에서는 오늘날 비유럽 문학을 배우거나 가르치는 대부분의 사람들은 처음부터 그들이 공부하는 것의 정치학을 고려해야 한다. 우리는 현재 인도, 아프리카, 라틴 아메리카 및 북미, 아라비아, 카리브 해와 영연방 문학을 진지하게 탐구하는 데 있어서 노예 제도, 식민주의, 인종 차별주의에 관한 논의를 연기할 수는 없기 때문이다. 탈식민지 사회에서나 대도시 중심부의 교과 과정의 부차적인 지점으로 제한되어 있는 주변화되고 그리고/또는 종속화된 주제들에 포진하고 있는 상황들을 언급하지 않고 그것들을 논의한다는 것은 지적으로 책임 있는 행위가 아니다. 우리는 실증주의나 경험주의에서 도피할 수 없고 즉흥적으로 이론의 무기들을 "요구할 수는" 없다. 다른 한편에서는 "타자적인" 비유럽 문학은 —권력과 정치와의 좀더 명백하게 세속적인 제휴 관계에 놓여 있는 문학— 마치 서구 문학들이 그렇게 되도록 만들어진 것과 같이 실제로는 그것들이 고상하고 자율적이고 미학적으로 독립되고 만족스러운 것처럼 "점잖게" 연구될 수는 없다. 백색 가면을 쓴 검은 색 피부에 관한 생각은 정치학에서처럼 문학에서도 더 이상 이용될 수 없고 위엄도 없다. 경쟁이나 흉내 내기는 멀리 가지 못한다.

봉쇄라는 말은 여기에서 사용하기에 틀린 말이다. 그러나 문학과 그리고 실제로 모든 문화는 잡종적이고, (그 단어에 대한 호미 바바 Homi Bhabha가 제시하는 복합적인 의미에서)[39] 방해받거나 여지껏 외부적 요소들이라고 간주되어 사용된 것과 엉켜 있고 중복된 것이라는 생각 —이것은 나로 하여금 오늘날 혁명적인 현실 즉 세속적인 세계

---

39) 이러한 관념은 Homi K. Bhabha, "The Postcolonial Critic," *Arena* 96 (1991), 61~63, and "DissemiNaiton : Time, Narrative, and the Margins of the Modern Nation," *Nation and Narration*, ed. Homi K. Bhabha (London and New York : Routledge, 1990), pp. 291~322에서 훌륭한 분석력에 의해 탐색되고 있다.

의 경쟁들이 우리가 읽고 동시에 쓰는 텍스트를 도전적으로 가르치는 현실을 위한 그 본질적인 사상으로 생각된다. 우리는 더 이상 중심성을 대서양 주변 세계에 할당하고, 선천적이며 심지어 죄를 범하는 주변성을 비서구 지역에 부여하는, 지리적이거나 영토적인 가설들을 더 이상 받아들일 수 없듯이 직선적인 반전이나 헤겔적인 초월을 강조하는 역사의 개념 또한 더 이상 유지시킬 수 없다. 만일 "영어로 쓰여진 문학" 또는 "세계 문학"과 같은 형태들이 어떤 의미를 지니게 된다면 그것은 그 형태들이 존재와 실제에 의해 오늘날 경쟁과 계속되는 투쟁 —이것 덕분에 그 형태들은 텍스트뿐 아니라 역사적 경험으로 출현했다— 을 증명하기 때문이며 또한 그 형태들이 힘차게 글쓰기와 문학 연구의 민족적인 토대에 도전하고 그 고상한 독립성과 무관심 —이것으로 대도시적인 서양 문학들을 중시하는 것이 관습이 되었다— 에 도전하기 때문이다.

일단 우리가 국가 경계들과 강제적으로 입법화된 국가적 자율성에도 불구하고 문학적 경험들의 실제 형태를 서로 다른 것들과 중복되고 상호 의존적인 것이라고 인정하면, 역사와 지리는 새로운 지도 안에서 새롭고 훨씬 덜 안정된 실재 속에서 또 새로운 유형의 연계 속에서 변형된다. 국외 방랑은 재산을 몰수당하고 국외로 추방당한 거의 잊혀진 불행한 사람들의 운명이 결코 아니다. 그것은 그 상실과 슬픔이 제아무리 충분히 인정되고 기록으로 남는다 해도, 고전적인 정전正典의 울타리에 도전하여 경계를 가로질러 가고 새로운 영토의 지도를 그리는 경험이며, 하나의 규범에 더 가까운 어떤 것이 된다. 새롭게 변한 전범들과 유형들은 오래된 전범, 유형들과 밀고 당기면서 다툰다. 문학의 독자와 작가는 —그 자체가 불멸의 형식을 상실하고 지하 조직 생활, 노예의 내러티브들, 여성 문학 그리고 감옥을 포함하는 탈식민지 경험에 대한 증명서, 개정, 기호법을 받아들인다— 더 이상 정체성, 계급, 성별과 전문직에서 유리되고, 안전하고, 안정되고 민족주의적인 시인이나 학자들의 심상에 묶여 있을 필요가 없다. 그러나 팔레스타인이나 알제리에서의 프랑스 작가인 쥬네와 함께, 흑인으로 런던에서 사는 타옙 살리와 함께, 백인들의 세계에서 활동하는 자마이카 킨케이드Jamaica Kincaid와 함께, 인도와 영국에서 글을 쓰는 루시디와 함께 생각하고 경험할 수 있다.

　우리는 '어떻게' 그리고 '무엇을' 읽고 쓰는가에 대한 질문이 제기되고 해답이 주어지는 지평선을 확장시켜야 한다. 에리히 아우얼바하가 그의 후기 논문에서 언급한 것을 쉽게 풀어 설명한다면, 우리의 문헌학적인 고향은 세계이지, 국가 또는 개인적인 작가는 아니다. 이것이 의미하는 바는 우리 문학 전문가들이 인기도 없을 뿐 아니라 과대 망상증이라는 비난의 위험을 무릅쓰고 여기에서 많은 엄격한 문제들을 설명해야만 한다는 것이다. 그 이유는 대중 매체 시대와 내가 언급한 여론 형성의 시대에 인본주의적으로, 전문적으로 그리고 심미적으로 중요하다고 간주되는 몇몇 예술 작품들을 자세히 읽는 작업이란 결코 사소한 공적인 결과를 가져오는 개인적인 행동이 아니라고 생각해 보는 것은 낙관적이기 때문이다. 텍스트는 변화 무쌍한 것이다. 다시 말해, 텍스트는 상황에 따라 크고 작은 정치학과 연루되어 있다. 그리고 상황과 정치학은 주목과 비평을 해줄 것을 요구한다. 어떤 이론도 텍스트와 사회의 연계를 설명하거나 고려해 줄 수 없듯이 누구도 모든 것을 찬찬히 조사해 볼 수는 없다. 그러나 텍스트를 읽고 쓰기는 결코 중립적인 활동이 아니다. 왜냐하면 작품에는 그것이 제아무리 심미적이거나 오락적이라 하더라도 이해 관계, 권력, 정열, 즐거움이 수반되기 때문이다. 언론 매체, 정치 경제, 대중 단체들은 ―다시 말해 세속적 권력과 국가의 영향에 대한 추적들― 우리가 문학이라 부르는 것의 일부분이다. 그리고 우리는 여성들에 의한 문학 ―문학의 형상이 그렇게 많이 변형되었다― 을 읽지 않으면서 남자들에 의한 문학을 읽을 수 없는 것이 사실이듯, 우리가 대도시 중심부 문학에 주의를 기울이지 않고는 주변부 문학을 다룰 수 없는 것도 사실이다.

　다양한 민족이나 조직 체계적이며 이론적 유파들에 의해 제공되는 부분적인 분석 대신에 나는 세계적인 분석의 대위법적인 노선을 제안해 왔다. 이 세계적인 분석에서는 텍스트와 세속적인 기구들이 함께 활동하고, 런던 작가인 디킨즈와 새커리는 이들이 잘 인식하고 있었던 인도와 오스트레일리아에서의 식민지의 기획 사업에 의해 알게 된 역사적 경험을 가진 작가들로 읽혀지게 되며 그리고 한 영연방 국가의 문학이 다른 영연방 국가들의 문학과 관련되어 있다. 분리주의적이거나 토착적인 기획 사업은 내가 보기에는 다 소진된 듯하다. 문학의 새롭고도 확장된 관념에만 소속될 수 없다. 그러나 이러한 세계적이고 대위법적인 분석은 (비교 문학의 초기 개념이 그랬던 것같이) 교향악에서가 아니고 오히려 무조無調의 앙상블에서 전범을 만들어 내야 한다. 우리는 모든 종류의 공간적 또는 지리적이며 수사적인 실행들 — 굴절, 제약, 한계, 침투, 포함, 금지(이 모든 것은 복합적이며 고르지 못한 지형학을 해명하는 경향을 가진다)— 을 모두 고려해야만 한다. 해석학이나 문헌학적 해석(이것의 원형은 빌헬름 딜타이Wilhelm Dilthey 이다)이 지원한 유형에서의 한 재능 있는 비평가의 직관적인 종합은 아직도 가치가 있으나 내 생각으로 이는 우리 시대보다 훨씬 더 고요한 시대에 대한 예리한 암시로밖에 생각되지 않는다.

이런 상황은 다시 한번 정치학의 문제로 우리를 이끌어 간다. 어떤 나라도 무엇이 읽혀지고 가르쳐지고 쓰여져야 하는가에 대한 논쟁을 면제받을 수 없다. 나는 종종 현상 유지에 대한 급진적 회의주의나 공경하는 존경심이 진실된 대안이 되고 있는 미국의 이론가들에 대해 부러움을 느낀다. 나는 그 대안들에 대해 그렇게 느끼지 않는다. 왜냐하면 나 자신의 역사와 상황은 그러한 사치나 초월이나 만족을 허락하지 않기 때문이다. 그러나 나는 어떤 문학은 실제로 좋은 것이고 또 어떤 것은 나쁘다는 사실을 믿는다. 그리고 (나는 문학이 텔레비전 화면을 보기보다는 차라리 고전을 읽는 것이 구원적 가치는 아니더라도 그렇게 함으로써 정신의 훈련을 통해 감수성과 의식을 증진시킬 가능성을 높인다고 할 때는 다른 어떤 사람보다 보수적이다.) 나는 그 문제 자체가 우리의 단조로운 생활과 범속한 일상성이 —독자와 작가로서 우리가 하는 일— 한편으로는 전문주의와 애국심이 유용하지 못하고 다른 한편으로는 계시론적인 변화를 기다리는 것 또한 아무런 도움이 안 될 때 그것이 어떻게 될 것인가에 대한 문제로 귀착된다고 생각한다. 「나는 강제적 지배를 반대하고 약화시키기 위해 그도 현재의 부담을 경감시키기 위해 합리적, 분석적으로 노력함으로써 현재를 변형하기로 문학들과 그 역사적인 존재 양태를 참조하며 그 문학 작품 자리 매기기의 개념으로 계속 —아주 단순하게 그리고 이상주의적으로— 되돌아간다.」 내가 말하고자 하는 바는 우리 주위에서 현재 일어나고 있는 형식들 속에서 그리고 변형에 의해 독자와 작가는 지금 사실상 그 역할의 기록 보관적이며 표현주의적이며 정성을 들이는 도덕적인 책임을 지닌 세속적인 지식인들이라는 사실이다.

미국 지식인들은 훨씬 심각한 위기에 처해 있다. 우리 미국 지식인들은 우리 나라에 의해 형성된 거대한 세계적인 존재이다. 말하자면 폴 케네디의 저작 —모든 위대한 제국들은 지나치게 확장하기 때문에 쇠망한다고 주장한다[40]— 과 조셉 나이Joseph Nye의 저작 —『세계 선도의 길Bound to Lead』이라는 책의 새로 쓴 서문에서 특히 걸프 전 이후에 세계 제일이라는 미국의 제국주의적인 주장이 다시 강조되었다— 에 대한 반대로 인해 제기된 심각한 문제가 있다. 모든 정황과 증거는 케네디의 견해가 옳다는 쪽으로 기울고 있으나, 영리한 나이도 "21세기 미국의 국력 문제는 헤게모니에 대한 새로운 도전이 아니고 초국가적인 상호의존에 관한 것이 될 것이다."[41]라고 이해하고 있다. 그러나 나이는 "미국은 미래를 결정하는 엄청난 능력을 가진 가장 크고 부강한 강대국으로 남을 것이다. 그리고 민주주의에서 선택은 국민들의 몫이다."[42]라고 결론 내리고 있다. 그러나 문제는 "국민들이" 권력에 직접적으로 다가갈 수 있는가 아니면 그러한 힘의 제시는 잘 조직되고 문화적인 과정을 밟아 지금과는 다른 분석을 필요로 할 정도가 될 것인가 하는 점이다.

세계의 집요한 상품화와 전문화에 관해 이렇게 말하는 것은 내 생각으로는 문화적 담론에서 헤게모니를 가진 전문가와 전문주의에 대한 미국의 숭배와 비전과 의지의 이상 비대 현상이 그렇게 진전된 이래로 특히 분석을 공식적으로 시작하는 일이다. 인간의 역사상 오늘날 미국에서 세계의 다른 지역으로 문화가 옮겨가는 것처럼 힘과 사상의 거대한 개입이 한 문화에서 다른 문화로 이렇게 전이되는 경우는 별로 없었다. (이 점에 대해서는 나이의 말이 옳다.) 나는 이 문제에 대

---

40) Paul Kennedy, *The Rise and Fall of the Great Powers : Economic Change and Military Conflict from 1500 ~2000* (New York : Random House, 1987).

41) Joseph S. Nye, Jr., *Bound to Lead : The Changing Nature of American Power* (1990 ; rev. ed. New York : Basic, 1991)

42) 같은 책, p. 261.

해 뒤에서 다시 논하겠다. 그러나 대체로 우리의 진정한 (주장되는 것과 반대되는) 문화적 정체성이 무엇인가에 대해 우리가 그렇게 분열되고, 그렇게 첨예하게 격하되고 그리고 그렇게 완전하게 움츠러들었던 적이 없었던 것 또한 사실이다. 전문화되고 분리주의적인 지식의 폭발적 팽창은 아프리카 중심주의, 유럽 중심주의, 서구 중심주의, 페미니즘, 마르크스주의, 해체주의 등등이 부분적으로 비난을 받아야 한다. 여러 유파들이 독창적인 통찰력에 관해 힘을 부여하였고 흥미를 불러 일으켰던 것을 무능하고 무력하게 만들고 있다. 그리고 이것은 그 대신 미국의 문화적인 목적에 부응하는 인정받은 수사학을 위한 공간을 마련해 주었다. 이것은 록펠러 재단 위탁 연구서인 『미국 생활의 인문학』[43] 또는 최근에 좀더 정치적으로 전교육부 장관(이며 전 인문학을 위한 국가 기금의 책임자)윌리엄 베넷William Bannett의 다양한 훈계와 같은 기록 속에 잘 구체화되어 있다. 베넷은 (그의 「유산을 되찾기To Reclaim a Heritage」라는 글에서) 레이건 행정부의 각료로서 뿐만 아니라 일종의 자유 세계의 지도자로서, 서구 세계의 자칭 대변인으로서 말하였다. 알란 브룸과 그의 추종자들이 베넷을 뒤따랐다. 여기에 속하는 지식인들은 학문 세계에 진정한 다문화주의와 새로운 지식을 말하는 사람들이며, 모든 여성, 아프리카계 미국인들(흑인), 동성연애자들, 토착 미국인들(인디언)이 나타난 것을 "서구 문명"의 야만적인 위협으로 간주하는 사람들이다.

 이러한 "문화 상황"이라는 장황한 이야기는 우리들에게 무엇을 말해 주는가? 단순히 인문학은 중요하고 중심적이고 전통적이고 영감을 불러일으킨다는 것이다. 블룸은 "엘리트"를 위한 미국의 고등 교육에 대한 이론을 지속시키기 위해 희랍과 계몽주의 철학자들을 읽기를 원한다. 베넷은 우리가 20여 권의 주요 텍스트를 통해 우리들의 전통을 ―집합 대명사와 독립적인 강세가 중요하다― "다시 회복"시킴으로써 인문학을 "가질 수" 있다고까지 말한다. 만일 모든 미국 학생들이 호머, 셰익스피어, 성경, 제퍼슨Thomas Jefferson을 필수로 읽는다면 우리

---

43) *The Humanities in American Life : Report of the Commission on the Humanities* (Berkeley : University of California Press, 1980).

는 국가적인 목적에 대한 완전한 감각을 성취할 수 있다는 것이다. 문화의 중요성을 강조했던 매슈 아놀드를 아류적으로 모방하는 밑바닥에는 애국심이라는 사회적 권위, 다시 말해 "우리" 문화에 의해 우리가 획득한 정체성의 강화 ―이것에 의해서 우리는 세계와 도전적으로 그리고 자신 만만하게 대면할 수 있다― 가 깔려 있는 것이다. 프란시스 후꾸야마의 개선 행렬을 하는 듯한 포고문에서는 "우리" 미국인들은 역사의 종말이 실현됨을 목격할 수 있다는 것이다.

이것은 우리가 문화에 대해서 여지껏 배운 것들 ―그 생산성, 구성 요소들의 다양성, 그 비판적이며 종종 모순적인 활력들, 그 급진적으로 반명제적인 특성들 그리고 무엇보다도 그 풍요로운 세속성과 제국주의의 정복 그리고 해방과의 공모 관계― 을 극단적으로 과격하게 경계짓는 것이다. 우리는 문화 연구나 인문학 연구가 토착 미국 문화(유대 기독교 전통은 미국 형성 초기에 대량 파괴를 시작했다)를 벗어나 비서구 세계가 행하는 전통에 대한 모험으로부터 해방된 유대 기독교 또는 서구 유산의 발견이라는 말을 듣고 있다.

그러나 다문화적인 방법들은 사실상 현대 미국 학문계에서 호의적인 피난처를 찾아냈다. 이것은 엄청난 중요성을 지닌 역사적인 사실이다. 윌리엄 베넷은 디네시 드수자Dinesh D' Souza, 로저 킴벌Roger Kimball과 알빈 커난Alvin Kernan과 같이, 이것을 상당한 정도 자신의 표적으로 삼았다. 반면에 우리는 대학이 언제나 복합성과 모순이 기성의 독단적 정통성과 정전의 원리와 더불어 공존하는 장소라는 근대 대학의 세속적인 임무(알빈 굴드너Alvin Gouldner의 설명에 따라)를 가진다는 것은 합법적인 개념이 되었다고 생각했다. 이러한 생각은 현재 "정치적인 정확성"이 하나의 적이라고 주장하는 새로운 보수적이고 독단적 정통성에 의해 논박을 받고 있다. 신보수주의의 가설은 미국 대학이 마르크스주의, 구조주의, 페미니즘과 제3세계 연구를 교과 과정에 (그리고 이것보다 이전에 망명 학자들의 전체 세계에게)삽입하도록 허용하여 대학이 가져야 하는 권위를 고의로 파괴했으며, 현재 그것을 "통제하는" 포용력이 없는 이데올로기주의자들의 블랑키스트 Blanquist 도당에 의해 지배되고 있다는 것이다.

대학을 하위 전공 분야의 지위로 고정시킴으로써 문화 이론의 전복성을 어느 정도 중립화시키기 위해 인정하는 것이 대학의 관행이 되었음은 아이러니이다. 그래서 지금 우리는 대학 교수들이 자신들이 처한 맥락적 상황에서 완전히 벗어난—뒤틀려진이라는 단어가 더 좋다—이론들을 가르치는 신기한 광경을 보게 된다. 나는 다른 곳에서 이런 현상을 "여행하는 이론"[44]이라고 부른 바 있다. 대학의 여러 학과에서 —문학, 철학, 역사— 이론은 학생들이 메뉴에서 음식을 선택하는 데 필요한 정도의 노력과 참여만으로 자신들이 마르크스주의자, 여권주의자, 아프리카 중심주의자 또는 해체주의자가 될 수 있다고 믿도록 가르친다. 이러한 사소한 것 너머에는 지속적으로 좀더 강력한 전문주의자에 대한 숭배가 있다. 이러한 전문주의의 주요한 이데올로기적인 부담은 사회적, 정치적 그리고 계급에 토대를 둔 참여가 전문적인 방법 속에서 포섭되어야 한다고 규정한다. 이렇게 되어 만일 우리가 문학의 전문 학자나 문화 비평가가 된다면 현실 세계와의 모든 제휴는 그 분야에서 우리가 수행하는 전문직에 종속되는 것이다. 이와 같이 우리는 우리 지역 사회와 사회의 청중에 대해 책임지기보다는 오히려 동료 전문가들, 전문 학과, 우리의 방법론이라는 길드에 충성하는 것이다. 똑같은 정신과 동일한 분업 법칙에 따라 "외교"나 "슬라브 또는 중동 지역학" 전공자들은 그런 문제에 매달리고 우리들의 문제에서는 손을 뗀다. 이렇게 전문 지식을 판매하고, 시장에 내보내고, 증진시키고, 포장하는 —대학에서 대학으로, 출판사에서 출판사로, 시장에서 시장으로— 우리의 능력은 보호되고 그 가치는 유지되고 우리의 역량을 향상시킨다. 로버트 맥커피Robert McCaughey는 이러한 과정이 국제 관계에서는 어떻게 작용하는지에 대한, 흥미있는 연구 논문을 썼다. 그 제목인「국제학과 대학의 모범적 기획 : 미국 학문의 울타리 치기에 관한 연구International Studies and Academic Enterprise : A Chapter in the Enclosure of American Learning」[45]가 모든 이야기를 말해 준다.

---

44) In Edward W. said, *The World, the Text, and the Critic* (Cambridge, Mass : Harvard University Press, 1983), pp. 226~47.

45) Robert A. McCaughey, *International Studies and Academic Enterprise : A Chapter in the Enclosure of American Learning* (New York : Columbia

나는 여기에서 현재 미국 사회의 모든 문화적 실천을 논의하는 것이 아니다. (그것과는 아주 거리가 멀다.) 그러나 나는 문화와 제국주가 20세기에 유럽에서 미국에 의해 역사적으로 전수받은 관계와 결정적인 의미를 가진 각별히 영향력 있는 형성을 설명하고자 한다. 외교 정책의 전문 지식은 오늘날보다 더 이득을 가져다 준 적이 없었고, 따라서 대중의 간섭으로부터 격리된 적이 없었다. 그래서 한편에서는 대학에 의해 외국 지역에 관한 새 위원회를 (인도 전문가는 인도에 관해 얘기할 수 있고 아프리카 전문가는 아프리카에 관해서만 얘기할 수 있다) 그리고 다른 한편으로는 매체와 정부에 의해 이러한 새 위원회를 우리는 재확인하게 된다. 이러한 다소 서서히 그리고 조용하게 일어나는 과정들은 예를 들어 이란 인질 위기, 한국 민항 007기 추락, 아킬레 로로Achille Lauro 사건, 리비아, 파나마, 이라크 전쟁과 같은 미국의 이익을 위한 국외의 위기 상황에서 인상적이고 갑작스럽게 드러나는 놀라운 증거들 속에 나타난다. 그때 마치 마지막 세부 사항에 이르기까지 계획된 것처럼 아무런 논쟁 없이 받아들여지는, 놀랄 만큼 유효한 수단에 의한 것처럼 대중의 인식은 매체의 분석과 엄청난 취재와 보도에 침윤되어 버린다. 이렇게 해서 경험은 약화되어 버린다.

아도르노는 이에 대해 다음과 같이 말한다.

> 탱크의 카메라맨과 종군 기자들이 영웅적으로 죽음으로써 인해서 정보, 선전, 해설에 의한 전쟁의 총체적인 소멸과 다시 말해 여론과 망각적인 행위를 통한 능란한 조작의 뒤범벅 상태, 이 모든 것은 경험의 약화와 인간과 인간 운명 사이의 진공 상태 —그들의 진정한 운명은 이곳에 놓여 있다— 를 설명해 주는 또 다른 표현 이다. 이것은 마치 사건이 지닌 구체화되고 경직화된 석고상이 사건들 자체의 위치를 차지하는 것과 같다. 인간은 괴기 기록 영화에서 대사 없이 무대를 거닐기만 하는 단역 배우로 전락하였다.[46]

University Press, 1984).

46) Theodor Adorno, *Minima Moralia : Reflections from a Damaged Life*, trans. E.F.N. Jephcott (1951 ; trans. London : New Left, 1974), p. 55.

미국의 비서구 세계에 대한 전자 매체의 취재와 보도가 ―그리고 그에 따른 인쇄 문화에서의 전이가― 비서구 세계에 대한 미국인들의 태도와 외교 정책에 끼친 영향을 무시하는 것은 무책임한 일이 될 것이다. 1981년에 이 경우를 주장했고[47] (지금은 그때보다 더 사실이 되었다), 다시 말해 현재 수행되는 정부 정책과 뉴스 보도와 선택을 지배하는 이데올로기 (매체 운영자들과 손에 손잡고 공인받은 전문가들에 의해 짜여진 의사 일정) 간의 거의 완전한 합치와 연계되어 있는 매체의 작업 수행에 대한 제한적이면서도 대중적인 영향은 비서구 세계에 대한 미국의 제국주의적인 조망을 일관성 있게 유지시키고 있다. 그 결과 미국 정책은 그 주요 이념을 반대하지 않는 지배 문화에 의해 지지받아 왔다. 이렇게 되어 독재적이며 대중의 지지를 못 받는 정권에 대한 지지, 미국 동맹국들에 저항하는 토착민의 반란이 가져오는 폭력과는 균형이 맞지 않는 대규모의 폭력적 대응에 대한 지지, 토속적 민족주의의 정통성에 대한 지속적인 적대감에 대한 지지를 보여 왔던 것이다.

　그러한 생각들과 매체에 의해 선포된 세계관의 연합 작용은 아주 정확하게 일치한다. 다른 문화의 역사라는 것은 미국의 적대 관계 속에서 폭발하기 전까지는 없는 것과 같다. 외국 사회에 관한 중요한 정보의 대부분은 30초짜리 "한두 마디의 짧은 논평Sound-bites"으로 압축되고 그들이 친미냐 반미냐, 자유냐 반자유냐, 자본주의냐 반자본주의냐, 민주주의냐 반민주주의냐의 문제로 압축되어 버린다. 오늘날 대부분의 미국인들은 아프리카, 인도차이나, 라틴 아메리카에서 미국 정부가 어떻게 행동하는가에 대해서보다도 스포츠에 관해 훨씬 더 능란하게 잘 알고 있으며, 여론 조사에 따르면 미국 고등학교 3학년생들의 89%가 토론토 시가 이탈리아에 있다고 믿고 있다는 것이다. 이러한 것들이 "다른" 나라 사람들에 관한 전문적인 해설가들 또는 전문가들이 직면한 문제의 선택은, 대중들에게 지금 일어나고 있는 일이 미국에 "좋으냐" 아니냐를 말해 주는 것이고 ―마치 "좋은" 것은 15초의 한두 마디의 짧은 논평으로 언명될 수 있는 것처럼― 그리고 나서 행

---

47) Edward W. Said, *Covering Islam* (New York : Pantheon, 1981).

동을 위한 정책을 추천해 주는 일이다. 모든 해설자나 전문가들은 몇 분 동안 미국무 장관이 되는 것이다.

문화 담론에서 사용되는 규범의 내면화, 진술이 만들어질 때 따라야 하는 규칙들, 공식적이 아닌 역사에 대적해서 공식화된 "역사"—이 모든 것은 물론 모든 사회에서 대중적인 토론을 규제하는 방법들이다. 여기에서 차이가 있다면 미국이 가진 전지구적 힘의 거대한 규모와 그에 따르는 전자 매체에 의해 만들어진 미국내의 국민적 합의가 그 유례를 찾아보기 어렵다는 점일 것이다. 일치만큼 대항하기 어려운 것도 없고, 일치만큼 무의식적으로 조건부 항복을 하는 그렇게 쉽고 논리적인 것은 없었다. 콘라드는 커츠를 아프리카 밀림의 유럽인으로, 굴드를 남미 산악 지역에서 개화된 서구인으로 보았다. 이들은 모두 미국의 경제력이 점차로 약화됨에도 불구하고 세계적 규모에서 똑같은 폭력이 오늘날 미국에 관해서도 똑같이 적용되는 말이다.

만일 내가 다른 중요한 요소를 언급하지 않는다면 나의 분석은 불완전한 것이 될 것이다. 통제와 일치를 말하면서 나이가 미국은 현재 패권을 추구하지 않는다고 부인했지만 나는 "패권"이란 말을 의도적으로 사용했다. 이것은 현재 미국의 문화 담론과 종속적인 비서구 세계의 미국 정책의 상응 속에서 직접적으로 부과된 복종의 정권 문제는 아니다. 오히려 문제는 모든 문화적 집성이 본질적으로 제국주의적인 주체성과 그 지시성을 지탱시켜 주는 압력과 제약의 체계인 것이다. 이 때문에 주류 문화가 확실한 규정, 통일성이나 예언 가능성을 가지고 있다고 말하는 것이 정확하다. 포스트모더니즘에 관한 프레드릭 제임슨의 설명을 빌려 이를 다른 말로 표현하면[48] 우리는 현대와 문화에서 지배의 새로운 양식을 인식할 수 있다는 것이다. 제임슨의 주장은 소비 문화에 대한 설명과 관계 있다. 소비 문화의 중요한 특징은, 혼성(패스티쉬) 모방과 노스탤지어에 토대를 둔 과거의 문화 산물에서의 새롭고 점층적인 무작위성, 공간의 재구성 그리고 다국적 자본

---

48) Fredric Jameson, "Postmodernism and Consumer Society," in *The Anti-Aesthetic : Essays on Postmodern Culture*, ed. Hal Foster (Port Townsend, Wash. : Bay Press, 1983), pp.123~25

의 특징과의 새로운 관계를 설정한다는 점이다. 여기에다 우리는 문화의 놀라운 결합적 능력을 추가해야 한다. 이 능력은 사실상 누구든지 어떤 것이든 얘기하는 것은 가능케 하나 모든 것은 지배적인 주류로 향하거나 아니면 밖의 주변부로 나아가는 과정을 거치는 것이다.

미국 문화에서 주변부화는 일종의 중요하지 않은 지역성을 의미한다. 주변부는 중요하지 않고 중심적이지 않고 강력하지 않은, 하찮은 것이다. 다시 말해 주변부는 완곡하게 말하면 후에는 중심적이거나 적어도 유행하게 될 수도 있는 "대안적인" 양식들, 대안적인 국가들, 민족들, 문화들, 대안적인 극장들, 언론들, 신문들, 예술가들, 학자들 그리고 양식들로 인식되는 것들과의 연관성을 의미한다. 중심성의 새로운 심상들은 ―C.라이트 밀즈Wright Mills가 권력 엘리트라고 부른 것과 직접적으로 관련된― 인쇄 문화의 더 느리고 사변적이고 덜 직접적이며 덜 빠른 과정은 역사적인 계급, 세습된 재산 그리고 전통적인 특권의 부수적이며 다루기 어려운 범주들을 부호화시키는 작업과 대치시킨다. 오늘날 미국 문화에서는 경영하는 사람들이 중심적이다. 대통령, 텔레비전 해설자, 법인의 임원, 명성이 높은 사람들이 그들이다. 중심성은 극단적 인물간의 균형을 유지한다. 중심성은 사상에 중재, 합리성, 실용주의를 부여하며 중심성은 중간을 함께 지탱한다.

그리고 중심성은 일련의 원인과 결과에 권위를 주고 자극하는 반공식적 내러티브를 가져오고 동시에 저항 내러티브의 출현을 막는다. 가장 흔한 과정은 세계의 선을 위하는 세력 즉 미국이 본체론적으로 악의적이고 미국에 "적대적인" 외국의 음모에 의해 제기된 방해물에 대항하여 정기적으로 개입해야 한다는 오래 된 맥락이다. 따라서 베트남과 이란에 대한 미국의 원조는 한편으로는 공산주의자들에, 다른 한편으로는 테러를 일삼는 근본주의자들에 의해 모욕과 쓰디쓴 실망으로 바뀌었다는 것이다. 반대로 냉전 기간 중에는 우리의 적절한 계획에 따르는 아프가니스탄의 무자히딘(자유 투사들), 폴란드의 노동 조합 운동, 니카라과의 "콘트라 반군", 앙고라 반란군, 살바도르의 정규군은 ―"우리는" 이 모두를 지원한다― "우리들의" 도움으로 승리할 것이다. 그러나 국내의 자유주의자들의 간섭과 해외의 거짓 정보 전문가들이 그들을 도와주려는 우리의 능력을 감소시켰다. 이것은 "우리"가 궁극적으로 우리 자신에게 "베트남 증후군"에서 탈피하게 된 걸프 전에 이를 때까지 계속되었다.

이러한 잠재 의식적으로 가능한 압축된 역사는 E. L.닥터로우 Doctorow, 돈 드릴로Don DeLillo, 로버트 스톤의 소설 속에서 훌륭하게 조절되어 있고, 알렉산더 콕번Alexander Cockburn, 크리스토퍼 히친스, 세이머 허쉬Seymour Hersh와 같은 신문 기자들에 의해 그리고 노암 촘스키의 끊임없는 작업 속에서 철저하게 분석되고 있다. 그러나 이러한 공식적인 내러티브들은 아직도 베트남, 이란, 중동, 아프리카, 중미, 동유럽에서 똑같은 역사의 대안적인 해석을 금지시키고, 주변부화하고 단순히 범죄화하는 힘을 가지고 있다. 경험적인 증명은 우리가 좀더 복합적이고 내가 의미하는 바의 가장 덜 연속적인 역사를 표현하는 기회가 주어졌을 때 발생하는 것이다. 그 이유는 사실상 우리는 이미 논의한 걸프 전의 예에서와 같이 처음부터 언어를 만들어 내는 방식으로 "사실들"을 다시 말할 수밖에 없게 되기 때문이다. 걸프 전 중 가장 말하기 어려웠던 점은 역사와 현재에서 외국 사회는 서구의 정치 군사적 힘의 부과에 —그 힘에는 내면적으로 악한 것이 있어서가 아니라 외국 사회가 서구의 힘을 이질적인 것으로 느끼기 때문에— 동의할 수 없을지도 모른다는 것이었다. 사실상 모든 문화가 어떻게 행동하는가에 관한, 명백하게 논쟁의 여지가 없는 진실을 감히 말하는 것은 범죄 행위 이상이었다. 왜냐하면 다원주의와 공정성의 이름으로 우리에게 주어진 어떤 것을 말하는 기회는 극단적이거나 또는 관계 없는 것으로 낙인 찍힌 사실들의 중요하지 않은 반발에 첨예하게 제약되었다. 의존하기 위해 받아들일 만한 내러티브도 없이 지속적으로 얘기할 허락도 받지 않고 우리는 떠밀려서 침묵하게 됐다고 느낀다.

이러한 약간 음울한 그림을 완성하기 위해서 제3세계에 관한 몇 가지 최종적인 관찰을 덧붙이기로 하자. 우리가 비서구 세계를 서구의 발전과 분리시켜 논의할 수 없다는 것은 분명하다. 식민지 전쟁이 가져온 황폐화, 반란을 일으키는 민족주의와 변태적인 제국주의적 통치 사이의 오래된 갈등, 논쟁적인 새로운 근본주의자들과 절망과 분노에 의해 강화된 토착주의 운동들, 세계 체제를 발전하는 세계로의 확장

―이 모든 상황들은 서구의 현실과 직접적으로 관련되어 있다. 한편으로는 우리가 아는 바로 에크발 아마드가 이러한 상황에 관해 지금까지 가장 훌륭하게 설명하는 바와 같이 고전적 식민주의 시대에 우세했던 농민과 자본주의 이전의 계급들은 새로운 근대 국가에서는 확산되어 대도시적인 서구의 흡수력 있는 정치·경제적인 힘과 연결되어 있는, 새로운 그리고 종종 갑작스럽게 도시화된 불안한 계급들로 바뀌었다. 예를 들어 파키스탄과 이집트에서 논쟁을 좋아하는 근본주의자들은 농민이나 노동 계급 지식인들이 아니라 서구 교육을 받은 기술자들, 의사들, 법률가들에 의해 지도되는 것이다. 지배하는 소수들은 권력의 새로운 구조 속에서 새로운 변형과 더불어 출현한다.[49] 이러한 병리학 그리고 그들이 만든 권위에서 벗어나기는 신파시즘에서 왕조와 과두정치에 이르는 모든 범위의 체제의 형태로 생겨나고, 몇몇 국가만이 의회와 민주주의 체제를 유지할 뿐이다.

다른 한편으로는 제3세계의 위기는 아마드가 "대담성의 논리"[50]라고 부른 것의 상당한 범위를 암시하는 도전을 보여 준다. 전통적인 신념을 포기하여야만 하는 상황에서 새로 독립한 국가들은 모든 사회의 공존하는 신념 체계와 문화적 실행의 상대주의와 가능성을 인식한다. 독립 성취의 경험은 "낙관주의 ―희망과 힘의 느낌의 출현과 확산, 존재하는 것은 반드시 존재할 필요가 없다는 신념과 사람들은 … 합리주의와 … 만일 그들이 계획과 조직과 과학적 지식을 사용해서 사회 문제들을 해결할 수 있다는 가정을 실행한다면 자신들의 운명을 개선시킬 수 있다는 신념의 출현과 확산"[51]― 를 가져다 준다.

---

49) Eqbal Ahmad, "The Neo-Fascist State : Notes on the Pathology of Power in the Third World," *Arab Studies Quarterly* 3, No. 2 (Spring 1981), 170~80.

50) Eqbal Ahmad, "From Potato Sack to Potato Mash : The Contemporary Crisis of the Third World," *Arab Studies Quarterly* 2, No. 3 (Summer 1980), 230~32.

51) 같은 책, p. 231.

3. 운동과 이주

　　강력하게 중앙 집권화하는 문화와 복잡한 법인 조직 경제로 상부에서 명령이 내려지는 대중 사회 시대에 발전된 이러한 새로운 총체적인 형태의 지배는, 표면적으로는 강력한 힘을 발휘함에도 불구하고 불안정하다. 주목할 만한 프랑스의 도시 사회학자인 폴 비릴리오Paul Virilio가 지적했듯이 이것은 속도, 즉석 통신, 원격 통신, 끊임없는 위기, 증가하는 위기에 의해 야기되는 불안정성 —이중 일부는 전쟁으로 이끈다— 에 토대를 둔 정치 형태이다. 이러한 상황에서 공공 영역뿐만 아니라 실제 공간의 신속한 점령 즉 식민지화는, 미국이 아라비아의 걸프 만에 대규모의 군대를 파견하고 작전 수행을 위해 매체를 동원했을 때 보여 주었던 것처럼, 현대 국가의 중심되는 군사주의적 특권이 된다. 비릴리오는 이러한 상황에 대하여 해방적인 언어/말(파롤의 해방)의 모더니즘 계획이 비평적 공간 —병원, 대학, 극장, 공장, 교회, 텅 빈 건물— 의 해방과 유사성이 있다고 제시한다. 왜냐하면 양자 모두에서 근본적인 위반 행위는 통상 사람이 거주하지 않는 곳에 존재하기 때문이다.[52] 비릴리오는 탈식민화(계절 이주 노동자, 피난민, 외국인 노동자)나 주요한 인구 통계학적·정치적 변화(흑인, 이민자, 도시 무단 입주자, 학생, 민중 폭동 등)의 결과로 현재의 지위를 지니게 된 사람들의 경우를 인용하고 있다. 이런 것들은 국가 권위에 대한 실질적인 대안을 제정한다.

　　만일 1960년대를 이제 와서 유럽과 미국의 대중 시위 (이중 중요한

---

52) Paul Virilio, *L'Insécurité du territoire* (Paris : Stock, 1976), p. 88 ff.

것은 대학의 소요와 반전 운동이다) 시기로 기억한다면, 1980년대는 분명 서구의 대도시 밖에서 일어나는 대중 운동의 시기임에 분명하다. 이란, 필리핀, 아르헨티나, 한국, 파키스탄, 알제리, 중국, 남아프리카 그리고 거의 대부분의 동유럽 국가, 이스라엘이 점령한 팔레스타인 지역들은 군중 운동이 가장 인상적으로 활발한 지역들이라고 할 수 있다. 그리고 각각의 지역은 너무나 오랜 기간 동안 그들을 지배한 정부가 부과했던 여러 가지 박탈, 독재, 경직성을 참아 내기 어려운 정도에 이른, 대체로 무장하지 않은 시민들로 가득하다. 가장 인상적인 것은 한편으로는 항거 시위 자체의 임기 응변과 놀라운 상징주의(예를 들면 돌을 던지는 팔레스타인 청년들, 몸을 흔들며 춤을 추는 남아프리카 단체들, 장벽을 넘나드는 동독인들)이고, 다른 한편으로는 정부의 공격적인 만행이나 전복 그리고 불명예스러운 발족이다.

이러한 대중의 항거 시위는 이데올로기상의 커다란 차이를 허용한다 하더라도 모두 봉쇄의 원리인 통치의 모든 술책과 이론의 아주 기본적인 것에 도전해 왔다. 국민을 통치하기 위해서는 인구가 파악되어야 하고, 세금이 부과되어야 하고, 교육시켜야 하고, 물론 규정된 장소들(집, 학교, 병원, 일터)이 규제되어야 한다. 이러한 장소의 궁극적인 확장은 미셸 푸코가 주장한 바와 같이, 기껏해야 감옥이나 정신 병원에서 단순하고 엄격하게 나타나고 있다. 가자Gaza 지구나 웬체슬라스 그리고 천안문 광장에서 시위하는 군중들의 모습 속에 카니발적인 면이 있는 것은 사실이지만 그러나 한결같은 대중의 해금解禁과 정착되지 못한 생존의 결과는 다만 1980년대에 들어서 그 이전보다 다소 덜 극적(그리고 또한 맥풀리는 일이다)일 뿐이다. 팔레스타인 사람들의 해결되지 않은 열악한 상황은 직접적으로 길들여지지 않은 대의 명분과 그들의 저항에 대해 엄청난 대가를 지불하는 폭동을 일으키는 민족을 말해 준다. 그리고 또 다른 예를 들어 본다면, 불안하고 취약한 편력자들이라고 할 수 있는 피난민과 "보우트 피플", 남반구의 굶주린 사람들, 그렇게 많은 바틀비Bartleby들과 같이 서구 도시에서 크리스마스에 쇼핑하는 사람들을 따라다니며 괴롭히는, 가난하면서도 집요한 길거리의 낭인들, 밀입국 이민자들과 싼 임금으로 늘 계절 노동력을 제공해 주는, 착취당하는 "외국인 노동자들"이 있다. 불만에 가득 차고 도전적인 도시 폭도들의 극단적인 행동과 반쯤 잊혀지고 보호받지 못하는 사람들의 홍수 속에서 이 세상의 세속적인 권력 당국들과 종교적인 권력자들은 새롭거나 새로워진 통치 양식들을 추구해 왔다.

전통, 국민적인 또는 종교적인 정체성, 애국심에 대한 호소보다 더 용이하게 이용할 수 있고 매력적인 것은 없는 것 같다. 그리고 이러한 호소는 대중 문화를 표명하는 완벽화된 매체 체계에 의해 확장되고 확산되었기 때문에 두려울 정도는 아니라 해도 놀라울 정도로 효과적이었다. 1986년 봄 레이건 행정부가 "테러리즘"에 일격을 가하기로 결정했을 때, 리비아에 대한 공습은 정확하게 전국적으로 송출되는 황금 시간대인 저녁 뉴스에 맞추어 감행되었다. "미국이 반격을 가했다."는 소식은 회교도 전지역에서 "이슬람"에 대한 소름 끼칠 정도의 호소라는 반응을 불러일으켰고 그러한 호소는 이번에는 "서구 사회"에 심상들, 글쓰기, 태도들이 산사태처럼 쏟아져 나오게 하여 "우리의" 유대 기독교 (서구적, 자유주의적, 민주주의적) 유산의 가치와 그들의 (이슬람의, 제3세계의 등등) 불손함, 악, 잔인성과 미숙함을 역설하게 만들었다.

리비아에 대한 공습이 교훈적인 이유는, 두 진영의 장대한 거울의 영상을 제공할 뿐만 아니라, 양측 모두가 문제시되지 않고 때로는 복제되기도 하는 방식으로 정당한 권위와 보복적인 폭력을 결합했기 때문이다. 사실 이 시대는 일단의 수호신들(호메이니, 교황, 마가렛 대처 Margaret Thatcher)이 하나 내지는 또 다른 신조, 본질, 원시적인 신앙을 단순화하고 보호하는 아야톨라(회교에서 고위 성직자에게 주는 칭호 – 역주)들의 시대였다. 하나의 근본주의가 온전한 정신, 자유와 선의 이름으로 다른 근본주의를 불공평하게 공격한다. 마치 성스럽거나 신성한 것의 개념들이 근본주의적인 전투에서 지나치게 과열되고 대체로 세속적인 분위기에서는 생존할 수 없는 것처럼, 종교적 열정이 거의 언제나 그러한 개념들을 모호하게 만드는 것처럼 보이는 것은 기이한 역설이다. 당신이 호메이니에 의해 (또는 그 일이라면 가장 추잡했던 1980년대의 전쟁에서 "페르시아인들"에 대항하는 아랍의 영웅인 사담에 의해) 동원된다면, 하나님의 자비로운 본성에 호소할 생각을 하지 않을 것이다. 당신은 군 복무를 해보았고, 적과 전투를 해보았으며, 격렬한 항의를 했었기 때문이다. 이와 마찬가지로 레이건과 대처와 같은 냉전 시대의 특대형 옹호자들은 어떤 사제도 덤빌 수 없는 정의로움과 힘을 갖고 악의 제국에 대항하는 온순한 봉사를 강요하였다.

다른 종교나 문화에 대한 강타强打와 지극히 보수적인 자화 자찬 사이의 간격은 교화적인 분석이나 토론으로 결코 채워지지 않았다. 살만 루시디의 소설 『악마의 시』에 대한 인쇄 영역에서 아주 적은 부분만이 그 소설 자체에 대한 논의로 할당되었는데 그것은 그 책을 반대하여 그 책을 불태우고 저자를 죽여야 한다고 주장한 사람들은 그 책을 읽기를 거부한 반면, 루시디의 집필 자유를 지지했던 사람들도 독선적으로 그 상태로 방치했기 때문이다. 미국과 유럽에서의 "문화적인 식자 능력"에 대한 열띤 논쟁은 대부분 무엇을 읽어야 하는가 ―20권 내지 30권의 필독서― 에는 관심을 기울였고 어떻게 그 책들이 읽혀져야 하는가에는 관심이 없었다. 미국의 많은 대학에서, 새롭게 세력이 부여된 주변부 단체의 요구에 대하여 흔히 나오는 올바른 사고의 반응은 "아프리카적 (또는 아시아적 또는 여성적) 프루스트를 나에게 보여 달라." 내지는 "만일 여러분이 서구 문학의 정전에 간섭한다면, 그것은 일부 다처제와 노예 제도를 회복시키자는 장려 운동을 하는 것과 같다."라고 말할 정도였다. 그러한 오만함과 역사 과정에 대한 희화적인 견해가 "우리" 문화의 인본주의와 포용성을 예증하려고 했건 아니건간에 이러한 현인들은 자진해서 나타나지 않았다.

그들의 주장은 전문가들과 지적 직업인들이 천명했다는 특징을 지닌, 수많은 다른 문화적 주장들과 일치하였다. 그와 동시에 좌파, 우파에 대해 종종 지적된 바 있듯이 보편적인 세속 지식인이 사라졌다. 1980년대에 장 폴 사르트르, 롤랑 바르트, I. F. 스톤Stone, 미셸 푸코, 레이몬드 윌리암스, C. L. R. 제임스의 죽음은 구질서의 종언을 기록하였다. 그들은 학문과 권위의 인물들이었고 많은 분야에 걸친 그들의 총체적인 범위는 전문적인 능력 이상의 비판적인 지성적 양식을 그들에게 부여하였다. 이와 대조적으로 리오타르가 『포스트모던 조건』[53]에서 말하듯이 전문가 출신의 관리자들은 일반적으로 해방과 계몽의 거대

---

53) Jean-François Lyotard, *The Postmodern Condition : A Report on Knowledge*, (Minneapolis : University of Minnesota Press, 1984), pp. 37, 46. Geoff Bennington and Brian Massumi 옮김.

담론이 제기한 거창한 문제들을 묻는 것이 아니라 국지적인 문제들을 해결하는 능력을 지닌다. 그리고 국제사를 담당했던 안보 전문가로 봉사하면서 용의 주도하게 인정을 받은 정책 전문가들도 있다.

거대한 체계와 총체 이론들(냉전, 브레톤 우즈Bretton Woods 협상, 소련과 중국의 집단 경제, 제3세계의 반제국주의적인 민족주의)이 실질적으로 거의 소멸된 가운데, 우리는 광범위한 불확실성의 새로운 시대로 진입하고 있다. 이것은 미하일 고르바초프가 자신보다 훨씬 덜 불확실한 보리스 옐친에게 자리를 넘겨 줄 때까지 아주 강력하게 제시했던 것이다. 고르바초프의 개혁 운동과 관련되는 주요 어휘인 페레스트로이카perestroika(정치, 경제, 사회 분야의 개혁 정책)와 글라스노스트glasnost(정보의 개방 정책)는 과거에 대한 불만과 기껏해야 미래에 대한 막연한 희망을 나타냈지만, 그 용어들은 이론도 비전도 아니었다. 고르바초프의 끊임없는 여행은 서서히 새로운 세계 지도를 펼치게 되었지만, 그 대부분은 거의 겁먹을 정도로 상호 의존적이고, 대부분이 지성적·철학적·종족적으로 그리고 심지어는 상상적으로 지도에 표시되지 않았다. 그 어느 때보다도 숫자적으로나 희망이 훨씬 많은 대규모의 사람들은 더 나은 음식을 더 자주 먹기를 원한다. 많은 사람들이 또한 움직이고, 말하고, 노래하고, 옷을 입기를 원한다. 만일 구체계가 이러한 요구들을 만족시켜 주지 못한다면, 강요된 폭력과 과격한 외국인 공포증을 불러일으키는 매체가 서둘러서 만든 거대한 심상들은 그 어느 역할도 담당하지 못할 것이다. 그것들이 잠시 동안 작용하도록 의지할 수도 있겠지만 그런 다음에는 그것들은 동원력을 상실한다. 환원적인 계획과 압도적인 충동과 욕구 가운데에는 너무나 많은 모순들이 있다.

오랫동안 창출된 역사와 전통과 지배하고자 하는 노력은, 동시대의 순간에 그렇게 모순되고 강렬한 것에 대한 더 새롭고, 더 탄력성이 있으며 이완된 이론들로 바뀌어 가고 있다. 서구에서 포스트모더니즘은 무역사적인 무중력 상태, 소비주의 그리고 새로운 질서를 가진 장관에 몰두하였다. 포스트모더니즘은 이탈리아의 철학자 지아니 바티모 Gianni Vatimo가 "모더니즘의 종말"의 "부드러운 사상"이라고 묘사한 것의 변종들인 후기 마르크스주의와 후기 구조주의와 같은, 다른 사상들과 연계되어 있다. 그러나 아랍과 이슬람 세계에서는 아도니스, 엘리아스 쿠리Elias Khoury, 카말 아부 디브Kamal Abu Deeb, 무하마드 아쿤Muhammad Arkoun, 자말 벤 시크Jamal Ben Sheikh와 같은 많은 예술가와 지식인들이 모더니티 자체에 관심을 갖고 있으며, 모더니티는 결코 소진되지 않았고, 아직도 유산과 정통성에 의해 지배되는 문화에서는 주요한 도전이다. 이러한 상황은 카리브 해, 동유럽, 라틴 아메리카, 아프리카 그리고 인도 대륙에도 적용된다. 왜냐하면 이러한 운동들은 소설가로서 뿐만 아니라 논평가나 수필가의 입장으로 강력하게 개입하는 살만 루시디, 카를로스 후안테스, 가브리엘 가르시아 마르케즈, 밀란 쿤데라Milan Kundera와 같은 국제적으로 저명한 작가들에 의해 활성화된 매력적인 세계주의적 공간에서 문화적으로 교차되기 때문이다. 그리고 무엇이 모던이고 무엇이 포스트모던인가에 대한 그들의 논의는, 현재 이 세계가 세기말로 접어들면서 경험하고 있는 지각 변동을 대변혁으로 가정할 때 우리는 어떻게 근대화할 것인가, 다시 말해 현재의 일상적인 요구들이 인간의 존재를 앞질러 가겠다고 위협을 가해 올 때, 삶 자체를 우리가 어떻게 유지할 것인가라는 불안하고도 다급한 문제와 부닥치게 된다.

일본의 경우, 일본계 미국 지식인인 마사오 미요시가 설명한 바와 같이 특이하게도 징후적이다. 모든 사람이 알고 있듯이 "일본 세력의 수수께끼"에 관한 연구에 따르면, 일본의 은행, 대기업, 부동산 재벌들은 이제 미국의 은행, 대기업, 부동산 재벌들보다 월등히 뛰어나다(사실상 그들을 위축시킨다)는 점에 주목해야 한다고 그는 말한다. 일본의 부동산 가치는 한때 자본의 성채 자체라고 간주되었던 미국에 비해 몇 배나 높다. 가장 규모가 큰 세계의 10대 은행은 대부분 일본 은행이고 미국의 거대한 외채의 대부분은 일본(그리고 대만)에 빚진 것이다. 1970년대에 아랍의 산유국들이 잠시 부상할 때 어느 정도 이러한 현상을 예견할 수 있었다 하더라도, 일본의 국제적 경쟁력은 미요시가 말한 바와 같이, 국제적인 문화 세력의 거의 총체적인 부재와 연관지어 볼 때 특별히 타의 추종을 불허한다. 일본의 현재 언어 문화는 간결하고 심지어는 피폐해져서 토크 쇼, 만화책, 끊이지 않는 학술 대회와 공개 토론회에 의해 지배되고 있다. 미요시는 문화의 새로운 문제점으로 일본의 비틀거리는 재정적 자산의 필연적인 결과라고 할 수 있는 것 즉 총체적인 신기함과 경제 영역에서의 전지구적인 지배 그리고 문화 담론에서 빈약하게 만드는 서구에 대한 후퇴와 종속 사이의 절대적인 괴리 상태를 진단해 냈다.[54]

일상 생활의 세부 사항으로부터 전지구적인 세력의 거대한 범주(소위 말하는 "자연의 죽음"도 포함한다)에 이르기까지, 이 모든 것들은 고통당하는 영혼을 괴롭히고 있으며, 그들의 권세나 그들이 창조해 내는 위기들을 경감시키는 것은 거의 없다. 거의 모든 곳에서 두 가지의 일반적인 의견 일치의 영역은, 개인의 자유가 확보되어야 하고 지구 환경이 더 악화되지 않도록 보호되어야 한다는 것이다. 민주주의와 생태학은 각기 국지적인 맥락과 여러 개의 구체적인 전투 지역들을 제공하면서 우주적인 배경에 놓이게 되었다. 국가간의 투쟁에서나 삼림 벌채와 지구 온난화의 문제에서나, 개인적인 정체성(흡연이나 에어로졸 사용과 같은 사소한 행위에 구현된 것)과 총체적인 윤곽의 상호 작용은 상당히 직접적이고, 예술, 역사, 철학의 유서 깊은 관습들은 그들과는 잘 어울리지 않는 것처럼 보인다. 서구의 모더니즘과 그 결과에 있어서 40년 동안이나 그처럼 흥미로웠던 것의 대부분이 ―말하자면, 비평 이론의 정교한 해석학적인 전략들이나 자의식적인 문학적·음악적 형태들 속에서― 오늘날 거의 기이할 정도로 추상적이고 절망적으로 유럽 중심적인 것같이 여겨진다. 당대의 좀더 믿을 만한 것들은 국내의 압제자들과 이상주의적인 적대 세력 사이에 투쟁들이 벌어지고 있는 전선에서 날아온 보고서들로, 리얼리즘과 환상의 잡종적인 결합, 지도 제작법적이며 고고학적인 묘사와 설명, 오갈 데 없이 추방된 경험에 대한 혼합된 형식들(에세이, 비디오나 필름, 사진, 회고록, 이야기, 아포리즘)로 시도된 탐험 행위라고 할 수 있다.

그러므로 중요한 과업은 우리 시대의 새로운 경제적·정치 사회적 위치 이동과 형태들을 전세계적인 규모의 인간 상호 의존의 놀라운 현실과 연계시키는 것이다. 만일 일본, 동유럽, 이슬람 그리고 서구의

---

54) Masao Miyoshi, *Off Center : Power and Culture Relations Between Japan and the United States* (Cambridge, Mass. : Harvard University Press, 1991), pp. 623~24.

경우가 공통적인 것을 표현한다면, 그것은 바로 새로운 비판 의식이 필요하고, 교육에 대한 수정된 태도에 의해서만 달성될 수 있다는 것이다. 단순히 학생들에게 스스로의 정체성, 역사, 전통, 독특함을 고집하도록 강요한다는 것은 아마도 우선적으로 민주주의를 유지하고, 하나의 확실하고 알맞게 인간적인 존재로 남을 수 있는 권리에 대한 기본적인 필수 사항을 말해 보도록 만드는 것일 수도 있다. 그러나 한걸음 더 나아가 이것들을 다른 정체성, 민족, 문화들의 지리학 속에 위치시키고, 그런 다음 그들의 차이에도 불구하고, 그들이 어떻게 비위계질서적인 영향, 교차, 합병, 회상, 의도적인 망각 그리고 물론 갈등을 통하여 항상 서로 중복되었는가를 연구해 볼 필요가 있다. 우리는 "역사의 종말"에 결코 가까이 다가서 있지 않으나, 아직도 그곳을 향한 독점적인 태도로부터 결코 자유롭지 못하다. 이러한 태도는 과거에는 별로 좋지 못했다. 분리주의적인 정체성, 다문화주의, 소수 민족 담론의 정치학이 부르짖는 구호에도 불구하고 그러했다. 우리가 대안을 찾으려고 재촉하면 할수록, 더 좋고 더 안전하게 된다. 사실을 말하자면, 대부분의 국가적인 교육 체계가 지금까지 꿈꾸어 보지 않은 방식으로 우리는 서로 섞여 있다. 예술과 과학의 지식들을 이러한 통합적인 현실과 연계시키는 것은 중요한 지적·문화적 도전이라고 나는 생각한다.

내가 지금까지 논의한 다양한 해방 이론가들에서 연유한 민족주의에 대한 지속적인 비판은 잊혀져서는 안 된다. 왜냐하면 우리는 제국주의적 경험을 반복하는 운명에 처해져서는 안 되기 때문이다. 문화와 제국주의 사이에 다시 정의되었으면서도 아주 밀접한 동시대의 관계로 인해 불안한 지배 형태를 가능하게 하는 가운데, 우리가 어떻게 1980년대의 위대한 탈식민적인 저항 운동과 대중 운동에 의해 빙출된 해방의 에너지를 보존할 수 있겠는가? 이러한 활력은 현대 생활의 동질화 과정을 피하고, 새로운 제국적인 중심성의 개입을 미정 상태로 남겨 둘 수 있을까?

"모든 사물은 독창적이고, 불충분하고, 기묘하고, 대립한다."라고 제라드 맨리 홉킨즈Gerard Manley Hopkins는 그의 시「잡색의 아름다움 Pied Beauty」에서 쓰고 있다. 문제는 '어디에서?'이다. 또한「리틀 기딩Little Gidding」의 말미에서 보여 주는 무시간적인 것과 상호 교차하는 시간의 그 놀라울 정도로 조화로운 비전 —시인 엘리엇이 다음과 같은 시구로 표현한 순간— 을 위한 장소가 또한 어디에 있느냐고 우리는 물을 수도 있다.

>옛 것과 새 것의 쉬운 교섭,
>천박함이 없다면 정확할 평범한 어휘,
>분명하지만 고답적이지 않은 공적인 어휘,
>함께 춤추는 완벽한 동반자.[55]

비릴리오의 개념은 반거주 즉 이주자들이 그렇듯이, 늘 거주하지는 않으면서도 공적인 공간에서 살아가는 것이다. 유사한 개념이 질레들뢰즈와 펠릭스 가타리Félix Guattari의 저서인 『천 개의 고원Mille Plateaux』(『반외디푸스Anti-Oedipe』 제2권)에 나타난다. 이 엄청나게 풍요로운 책의 아주 많은 부분이 쉽게 접근될 수 있는 것은 아니지만, 나는 그것이 신비스럽게 암시적이라는 사실을 알고 있다. "유목학 개론: 전쟁의 기계"라는 제목이 붙은 장은 비릴리오의 저작에 토대를 두고, 운동과 공간에 관한 그의 사상을 순회하는 전쟁 기계에 관한 매우 기이한 연구로 확장시키고 있다. 이 아주 독창적인 논문은 제도권화, 조직화, 새 회원 선출의 시대에서 훈련된 종류의 지식인의 가동성에 관한 은유를 내포하고 있다. 들뢰즈와 가타리에 따르면, 전쟁 기계는 국가의 군사력에 동화될 수 있지만 그것은 근본적으로 분리적인 실체이기 때문에 영혼의 유목민과 같은 방랑이 언제나 제도권의 봉사에 이용될 필요가 없듯이 군사력이 될 필요는 없다는 것이다. 전쟁 기계가 지닌 힘의 원천은 그 자체의 유목민적 자유뿐 아니라 재료들이 "분리적 형태들을 넘어서" 주조되고 형상을 이루게 하는 그 야금술冶金術 —들뢰즈와 가타리는 이것을 작곡 기술과 비교한다— 이다. 왜냐하면 (음악과 같이 이러한 야금술은) 형태 자체의 지속적인 발전을 강조하

---

55) T.S. Eliot, "Little Gidding," in *Collected Poems, 1909~1962* (New York: Harcourt, Brace & World, 1963), pp. 207~8.

고 개별적으로 차이가 나는 재료들의 한계를 넘어서 야금술은 제재 자체내의 지속적인 변형성을 강조하기 때문이다."[56] 정밀성, 구체성, 지속성, 형태―이 모든 것들은 비릴리오에 따르면 공격적이지 않고 위반적인 힘을 지닌 유목민적인 실행의 속성을 가진다.[57]

우리는 현대 세계의 정치 지도 위에서 이러한 진실을 인식할 수 있다. 왜냐하면 역사상 이전의 어느 시대보다 더 많은 피난민, 이주자들, 쫓겨난 사람들, 망명자들 ―이들 대부분은 탈식민적이며 제국주의적인 갈등의 위대한 부수물로서 아이러니컬하게도 뒤늦은 방편으로서 생겨났다― 을 만들어 냈다는 것은 이 시대의 불행한 특징 중의 하나인 것만은 확실하기 때문이다. 독립을 위한 투쟁이 새로운 국가와 새로운 경제를 만들어 냈듯이 그것은 또한 제도권 권력의 부상하는 구조 속에 동화되지 않고 동시에 그들의 비타협성과 완고한 반란 정신 때문에 기존 질서에 의해 거부되는, 집 없는 부랑자들, 방랑자들, 배회자들을 만들어 냈다. 그리고 이러한 사람들이 오래된 것과 새로운 것 사이에, 구제국과 신생 국가 사이에 존재하는 한, 그들의 상황은 제국주의의 문화 지도 위에 나타나는 중복되는 영역들내의 긴장, 우유 부단, 모순 등을 분명하게 말하고 있다.

그러나 낙관주의적인 기동성, 지적인 활기와 내가 의존한 작품에 대한 다양한 이론가들이 설명한 "대담성의 논리" 그리고 우리 세기의 이동과 절단된 삶 속에서 경험되는 거대한 전위轉位, 낭비, 불행과 공포 사이에는 커다란 차이가 있다. 그러나 제국주의의 제약과 황폐화에 대한 저항과 반대 과정 중에 생겨난 하나의 지적 임무로서의 해방은 지금 안정되고 제도화되고 순치된 문화의 역동성으로부터 아무도 없고 탈중심화되고 유랑하는 활력으로 옮아 가고 있다. 이 활력이 구체화된 것이 오늘날의 이주자들이고 이 활력의 의식은 유배 중인 지식인과 예술가의 ―영역들 사이에, 형태들 사이에, 가정들 사이에 그리고 언어들 사이에 위치한 정치적 인물― 의식이다. 이러한 조망에서 보면 모

---

56) Gilles Deleuze and Félix Guattari, *Mille Plateaux* (Paris : Minuit, 1980), p. 511.(translation mine).
57) Virilio, *L'Insecurite du territoire*, p. 84.

든 것은 진정으로 대립하고 독창적이고, 불충분하고 기이하다. 또한 이런 조망으로부터 우리는 "함께 춤추는 완벽한 동반자"를 대위법적으로 볼 수 있다. 그리고 지적인 추방자의 화려한 퍼포먼스와 쫓겨난 사람이나 피난민의 불행이 모두 동일하다고 말하는 것은 지독할 정도로 낙천적인 부정직일 것이다. 반면에 지식인이 모더니티를 손상시키는 곤경들을 —대량 추방, 투옥, 인구 이동, 집단적 재산 탈취와 강제 이민— 처음에는 추출하고 나서 나중에는 분명하게 표현하는 것으로 간주하는 것이 가능하다고 나는 생각한다.

"망명자의 과거 생활은 우리가 알고 있듯이 폐기되어야 한다."고 "상처받은 삶의 회상"이라는 부제가 붙은 『최소한의 도덕Minima Moralia』에서 아도르노는 말한다. 그 이유는 무엇인가? "구체화되지 않은 그 어떤 것도 셀 수 없고 측정될 수 없으므로 존재하지 않기 때문이다."[58] 또는 그가 후에 말한 바와 같이 단순히 "배경"에 맡겨지기 때문이다. 비록 이러한 운명이 무력화시키는 양상이 명백하다 하더라도 그 미덕이나 가능성은 탐구할 가치가 있다. 따라서 망명자 의식 —월러스 스티븐스Wallace Stevens의 표현에 따르면 겨울의 마음— 은 그것의 주변부화 속에서 "밟아 다져진 길로부터 눈길을 돌린 응시, 잔인성에 대한 증오, 총체적 양식에 의해 아직도 에워싸여 있지 않은 신선한 개념들에 대한 탐색이 사상을 위한 마지막 희망"[59]이라는 것을 알게 된다. 아도르노의 총체적 양식은 그가 다른 곳에서 "관리되는 세계"라 부른 것이거나 문화에서 저항할 수 없는 지배소에 관한 한, "의식 산업"이라 부른 것이다. 따라서 망명자의 기이함 속에 단지 피난의 부정적인 이점이 있을 뿐 아니라, 체제에 도전하는 즉 체제가 이미 억눌러 버린 사람들은 쓸 수 없는 언어로 체제를 설명하는 긍정적인 이점도 있다.

> 모두에게 끊임없이 책임 추궁하는 지적인 위계 질서 속에서 반박의 여지가 없는 것만이 그 위계 질서를 그 이름으로 직접 부를

---

58) Adorno, *Minima Moralia*, pp. 46~47.
59) 같은 책, pp. 67~68.

수 있다. 그 오명汚名이 지적인 국외자에 의해 전달되는 순환 영역은, 피난이 더 이상 존재하지 않는 바로 그 순간에 그 영역이 헐값에 팔아 버리는 정신에 마지막 피난처를 제공한다. 아무도 구입하기를 원하지 않는 독특한 어떤 것을 팔려고 내놓은 사람은 자신의 의지에 반하여서까지 교환으로부터의 자유를 대표한다.[60]

이러한 것은 확실히 최소한의 기회이다. 비록 몇 페이지 뒤에 아도르노는 표현의 한 형태를 ―그 불투명성, 애매성, 일탈성("그 논리적인 발생의 완벽한 투명성"의 부재)은 지배 체제로부터 벗어나 그 "부적절성"으로 해방의 척도를 수행한다― 규정함으로써 자유의 가능성을 확장시키고 있기는 해도 말이다.

> 이러한 부적절성은 삶의 부적절성을 닮았다. 삶의 부적절성은 삶의 전제들과 비교함으로써 실망하게 되는, 배회하고 일탈하는 선을 묘사한다. 그러나 삶은 주어진 존재 상황 아래서 이러한 실제 과정 속에서만 언제나 실제보다 덜, 통제받지 않는 존재를 대표할 수 있다.[61]

아마도 우리는 지나치게 사적 자유를 존중하게 되어 통제로부터 이러한 유예를 받는 것에 관해 말할 수 있을 것이다. 그러나 우리는 완고하게 주관적인, 심지어 부정적인 아도르노 속에서 뿐 아니라 알리 샤리아티와 같은 한 이슬람 지식인의 공적인 억양 속에서도 그 유예를 다시 찾을 수 있다. 그런데 알리 샤리아티는 그의 "진실되고 곧게 뻗은 길, 이 부드럽고 성스러운 간선 도로" ―조직된 정통성― 에 대한 공격이 지속적인 이주의 일탈 행위들과 대비되었던 이란 혁명의 초기에 주요 세력이었다.

> 이 변증법적인 현상인 인간은 언제나 움직이도록 강요당한다.

---

60) 같은 책, p. 68.
61) 같은 책, p. 81.

> … 인간은 결코 최종적인 휴식처를 얻을 수 없고 신 안에서 거처를 얻을 수 없다. … 따라서 이 모든 고정된 기준들은 얼마나 치욕적인가? 누가 일찍이 하나의 기준을 고정시킬 수 있는가? 인간은 하나의 "선택"이고 투쟁이고 끊임없는 생성이다. 인간은 하나의 무한한 이주이고 인간 자체 내부에서 진흙에서 신으로의 이주이다. 인간은 그 자신의 영혼내에서 이주자이다.[62]

여기에서 우리는 비강제적인 문화 출현의 진정한 가능성을 가진다. (샤리아티는 "여성"이 제외된 "남성"만을 이야기하고 있다.) 이러한 문화는 구체적인 장애물과 구체적인 단계와 천박하지 않은 정확성과 현학적이지 않은 정밀성을 인식하기 때문에, 다시 시작하는 진정으로 급진적인 모든 노력 속에서 생겨나는 시작의 의미를 공유한다.[63] 이에 대한 예로는 버지니아 울프의 『자신만의 방A Room of One's Own』에서의 여성적 경험의 잠정적인 권위 부여, 또는 루시디의 『자정의 아이들』의 분열된 세대를 야기하는 시간과 등장 인물의 굉장한 재배열, 또는 토니 모리슨Toni Morrison의 『검은 아기Tar Baby』와 『사랑하는 사람들Beloved』의 그렇게 훌륭한 세부 묘사에서 나타나는 것 같은 아프리카계 미국인의 놀라운 경험의 보편화가 있다. 추진력이나 긴장은 주위 환경 ─당신을 강제로 사라지게 하거나 당신 자신의 어떤 축소형 모습을 강의 계획서 속에서 사라져 버리게 하는 하나의 원리로서, 당신으로 하여금 강제로 받아들이게 만드는 제국주의적인 힘─ 으로부터 온다. 이것들은 새로운 거대 담론들이나 강력하고 새로운 내러티브도 아니고 존 버거John Berger의 프로그램에서와 같이 이야기를 하는 또 다른 방식이다. 사진이나 텍스트가 단지 정체성과 존재를 수립하기 위해 ─단지 여성으로, 또는 인도인으로 대표적인 심상으로 우리에게 주기 위해서─ 사용될 때, 그것들은 버거가 통제 체제라고 부른 것으

---

62) Ali Shariati, *On the Sociology of Islam : Lectures by Ali Shariati*, Hamid Algar 옮김. (Berkeley : Mizan Press, 1979), pp. 92~93.
63) 이에 대해서는 나의 저술 *Beginnings : Intention and Method* (1975 ; rprt. New York : Columbia University Press, 1985)에 길게 설명되어 있다.

로 들어간다. 그러나 그들이 선천적으로 지닌 모호하고, 따라서 부정적이며 반내러티브적인 부정되지 않은 변덕스러움으로 사진과 텍스트는 통제되지 않은 주관성이 하나의 사회적 기능을 가지도록 허락한다. 그것은 "때때로 마음 가까이 다가오거나 침대 옆에 놓여진 부서지기 쉬운 심상들(가족 사진들)은 역사적 시간이 파괴할 권리가 없는 것을 지시하는 데 사용되기 때문이다."[64]

다른 조망에서 보면 현대 생활의 추방자적이며 주변부적인, 주관적이며 이주적인 활력들은 —이러한 활력들이 너무 힘찬 탄력성이 있어서 사라지지 않을 때 해방주의적인 투쟁들이 배치해 온 것들— 또한 임마누엘 월러스타인이 "반조직적 운동"이라고 부른 것에서도 나타났다. 제국주의적인 확장의 주요 특징은 역사적으로 20세기에 가속화된 과정인 축적이었다는 사실을 기억하라. 월러스타인의 주장은 다음과 같다. 자본의 축적은 본질적으로 비합리적이고, 자본의 가볍적이고 탐욕적인 수익은 —과정을 유지하는 데, 그것을 보호하기 위한 전쟁 비용을 지불하는 데, "중간 간부들"을 "매수하고" 호선互選하는 데, 영속적인 위기의 분위기 속에서 살아가는 데 드는— 경비가 수익보다 가치가 없을 만큼, 엄청난 것에도 불구하고 제어되지 않고 계속된다. 이렇게 해서 "세계 경제 속에서 생산 요인의 자유로운 흐름을 극대화하기 위해 배치된 (국가 권력 개념을 지지하는 국가 권력과 국민 문화의) 바로 그 상부 구조가 세계 체제 속에 내재되어 있는 불평등에 저항해서 동원하는 국민 운동의 온상"[65]이라고 월러스타인은 말한다. 체제에 의해 강제로 내부에서 부속적이거나 감금하는 역할을 하도록 만들어진 그러한 사람들은 의식적인 반대자들로 나타나, 체계를 붕괴시키고, 요구를 제시하고, 세계 시장의 전체주의적인 강요를 논박하는 주장들을 개진한다. 모든 것을 매수할 수는 없다.

---

64) John Berger and Jean Mohr, *Another Way of Telling* (New York : Pantheon, 1982), p. 108.
65) Samir Amin, Giovanni Arrighi, André Gunder Frank, and Immanuel Wallerstein, *Dynamics of Global Crisis*에서 Immanuel Wallerstein, " Crisis as Transition,"(New York : Monthly Review, 1982), p. 30.

많은 분야, 개인과 계기에서 작용하는 이 모든 혼성적인 반활력들은 강제나 지배에 토대를 두지 않은 집단적 인간 존재에게 (원리들이나 완전한 이론들이 아니라) 수많은 반조직적인 암시와 실천으로 구성된 지역 사회나 문화를 제공한다. 그들은 내가 앞에서 언급한 바 있는 1980년대 운동의 봉화를 올렸다. 현대 문화에 중심적인 지적 통달의 그렇게 많은 과정들로 잠입해 들어와, 압도해 버린 제국의 권위적이고 강제적인 심상은 지성적이며 세속적인 순수하지 못한 것들의 새로워 질 수 있는 거의 장난스러운 불연속 —혼합된 장르들, 전통과 새로운 것의 예상치 못한 조합, 계급이나 소유, 전용과 힘의 법인체들보다는 노력과 해석(이 단어의 가장 폭넓은 의미에서)에 토대를 둔 정치적 경험들— 에서 그 대립물을 찾아낸다.

나는 나 자신이 12세기 섹소니 출신의 성직자인 성 빅토르 위고의 잊을 수 없이 아름다운 구절로 계속해서 돌아감을 알 수 있다.

> 그러므로 훈련받은 마음이 처음에는 조금씩 가시적이고 일시적인 것들에 관해 변화하는 것을 배우는 것은 위대한 미덕의 원천이다. 그리고 나서 나중에 그 마음은 그것들을 모두 뒤에 내버려 두고 떠날 수도 있다. 자신의 고향을 아름답다고 생각하는 사람은 아직도 상냥한 초보자이다. 모든 땅을 자신의 고향으로 보는 사람은 이미 강한 사람이다. 그러나 전세계를 하나의 타향으로 생각하는 사람은 완벽하다. 상냥한 사람은 이 세계의 한 곳에만 애정을 고정시켰고, 강한 사람은 모든 장소들에 애정을 확장했고, 완전한 인간은 자신의 고향을 소멸시켰다.[66]

2차 대전을 터키에서 추방자로 지냈던 위대한 독일 학자인 에리히 아우얼바하는 이 구절을 제국주의나 국가적 또는 지역적인 경계의 제약을 초월하고자 하는 모든 사람들 —남자와 여자— 에게 전범으로 인용하고 있다. 예를 들면 이러한 태도를 통해서만 이 역사가는 인간

---

66). Hugo of St. Victor, *Didascalicon*, Jerome Taylor 옮김. (New York : Columbia University Press, 1961), p. 101.

경험과 인간 경험의 쓰여진 기록을 모든 다양성과 특수성 속에서 파악하는 일을 시작할 수 있다. 그렇지 않다면 우리는 실제 지식이 지닌 부정적인 자유보다 편견이 가진 배제와 반동에 계속해서 더 관여하게 될 것이다. 그러나 위고가 "강한" 또는 "완벽한" 사람은 애착을 거부하는 것이 아니라, 애착을 통해 작용함으로써 독립과 초연함을 얻는다는 사실을 두 번씩이나 분명히 하고 있다는 것에 주목해야 한다. 해외 유랑자는 고향의 존재 속에서, 고향에 대한 애정 속에서, 고향과의 진정한 연대 속에서 의미를 가진다. 해외 유랑자에 대한 보편적 진리는 그가 그 사랑이나 고향을 상실했다는 것이 아니라 기대치 않은, 환영받지 못하는 상실이 각각에 내재해 있다는 사실이다. 그러므로 마치 경험이 곧 사라질 것처럼 경험에 주의를 기울여야 한다. 실제로 그것들을 정착시키거나 뿌리를 내리게 하는 것은 무엇이란 말인가? 당신은 그것들에게서 무엇을 보존하고, 어떤 것을 포기하고, 어떤 것을 회복할 것인가? 그러한 질문에 답하기 위해 당신은 어떤 사람 ―그의 고향은 "아름다우나" 그 실제 상황은 그러한 아름다움을 다시 포착하는 것을 불가능하게 만들고, 자신의 유산에 대한 자긍심에서 나오는 것이건 또는 "우리"가 누군가에 대한 확신에서 오는 것이건간에, 환상이나 독단에 의해 제시된 대용물로부터 만족을 끌어내는 것은 더욱더 불가능하게 만든다― 의 독립과 초연함을 지녀야만 한다.

오늘날 어떤 누구도 순수하게 하나이지 않다. 인도인이거나 여성이거나 회교도이거나 미국인이거나 하는 분류들은, 잠시 동안만 실제 경험을 따른다면 재빨리 뒤로 처져 의미가 상실되는 출발점 이상은 아니다. 제국주의는 전지구적인 규모로 문화와 정체성의 혼합을 더욱 견고히 했다. 그러나 제국주의의 최악의 그리고 가장 모순적인 선물은, 사람들이 자신들을 오로지, 주로 독점적으로 백인이거나 흑인이거나 서구인이거나 동양인일 뿐이라고 믿도록 허락했다는 점이다. 그러나 인간은 자신의 역사를 만드는 것과 같이, 그들의 문화와 종족적 정체성 또한 만든다. 아무도 오랜 전통, 지속된 거주, 국어, 문화 지리가 끈질기게 지속되는 것을 부정할 수 없다. 그러나 마치 모든 인간적인 삶이 그런 것처럼, 이유로는 두려움과 편견을 제외하고는 사람들을 분리하고 변별성을 계속 강조할 아무런 이유가 없어 보인다. 사실상 생존한다는 것은 사물들 사이의 관계 짓기를 하는 것이다. 엘리엇의 시구에서와 같이 현실에서 "정원에 거주하는 다른 메아리들"을 배제시킬 수 없다. 단지 "우리들"에 관해서보다도 타자에 관해 구체적으로, 공감적으로, 대위법적으로 생각하는 것이 훨씬 더 보상받는 ―그리고 훨씬 더 어려운― 일이다. 그러나 이것이 또한 의도하는 바는 타자들을 통치하려고 노력하는 것이 아니며, 타자들을 분류하여 위계 질서 속에 넣으려고 노력하는 것도 아니며, 무엇보다도 "우리의" 문화나 국가가 어떻게 해서 제일이라고 (그리고 그런 이유로 제일이 아니라고) 계속해서 반복하는 것이 아닌 것이다. 지식인들에게는 그런 것 없이도 행동할 충분한 가치가 있는 것이다.

찾아보기

Abbas, Farhat, 파르핫 아바스, 467
Abbasid civilization, 아바시드 문명, 508
Abbey Theatre, 애비 극장, 405
Abdel-Malek, Anwar, 안와르 압델 말렉, 243, 449
Abdu, Muhammad, 무하마드 압두, 95, 436
Abu Deeb, Kamal, 카말 아부 디브, 587
Abu-Lughod, Ibrahim, 이브라임 아부 루고드, *The Arab Rediscovery of Europe*, 『유럽의 아랍 재발견』, 453
Abu-Lughod, Janet, 재닛 아부 루고드, *Cairo : 1001 Years of the City Victorious*, 『카이로 : 승리의 도시 1001년』, 237~38
Abu-Lughod, Lila, 릴라 아부 루고드, 39
Achebe, Chinua, 치누아 아체베, 33, 154, 296, 423, 470, 475 ; *Anthills of the Savannah*, 『사반나의 개미 둑』, 523 ; *Things Fall Apart*, 『모든 것은 부서진다.』, 410
Adas, Michael, 마이클 에이다스, 242, 350 ; *Machines as the Measure of Men : Science, Technology, and Ideologies of Western Dominance*, 『인간의 척도로서의 기계 : 과학, 기술, 서구 지배의 이데올로기』, 203
Aden, 아덴, 81, 249
Adonis (Ali Ahmed Said), 아도니스(알리 아메드 사이드), 530, 554
Adorno, Theodor, 아도르노, 399, 445, 500, 530, 534, 544, 560
Afghani, Jamal al-Din al-, 자말 알 딘 알 아프가니, 91, 436, 453
Afghanistan, 아프가니스탄, 149,
Africa, 아프리카, 21, 24, 28, 33 , 50, 62, 64, 66, 70, 74, 75, 89, 105, 106, 116, 120, 123, 125, 126, 134, 136, 139, 140, 144, 147, 148, 154, 158, 162, 187, 189, 190, 191, 200, 203,

204, 216, 231, 233, 242, 245, 292, 294, 295, 300, 311, 318, 336, 342, 346, 350, 352, 376, 377, 392, 401, 437, 455, 457, 461, 489, 501, 519, 523, 548, 555, ; négritude, 흑인성,

Africans, The, 〈아프리카인들〉, 95~96
Afrocentrism, 아프리카 중심주의, 522, 541
Ahmad, Eqbal, 에크발 아마드, 68, 391, 457, 549
Ahmad, Jalal Ali i-, 자랄 알리 이 아마드, Occidentosis ; A Plague from the West, 『서양 증세 : 서구로부터 온 재앙』, 400, 472
Ahmed, Jalal Ali i-, 자랄 알리 이 아메드, 85
Ahmed, Leila, 라일라 아메드, Women and Gender in Islam, 『이슬람의 여성과 젠더』, 39,
Ahuma, Samuel, 새뮤엘 애후마, 346
Alatas, S. H. 알라타스, The Myth of the Lazy Native, 『게으른 토착민의 신화』 101, 426~27, 432, 435, 438~42, 445~46
Alexander the Great, 알렉산더, 89
Algeria, 알제리, 24, 32, 35, 59, 64, 80, 132, 187, 208, 340, 352, 386, 394, 397, 402, 420, 421, 455, 460, 461, 467, 470, 485, 551; Camus, Albert도 보라.
Ali, Mohammad, 모하마드 알리, 234
Ali, Muhammad, 무하마드 알리, 453
Ali, Tariq, 타리크 알리, 444
Alloula, Malek, 말렉 알룰라, The Colonial Harem, 『식민지 하렘』, 210, 326
American Civil War, 미국 남북 전쟁, 234
Amin, Idi, 이디 아민, 38, 74, 385
Amin, Samir, 사미르 아민, 51
Ampère, André Marie, 앙드레 마리 앙페르, 222
Anderson, Benedict, 베네딕트 앤더슨, 353, 379, 405
Annan, Noel, 노엘 아난, "Kipling's Place in the History of Ideas," 「이념의 역사에서 키플링의 위상」, 278
anthropology; 인류학, 100, 105, 115, 121, 122, 304,
Antigua, 안티구아, 125, 138, 154, 308, 447 ; Austen, Jane도 보라.
Antilles, 안틸 제도, 163, 174, 396
Antonius, George, 조지 안토니우스, 119, 423 ; The Arab Awakening, 『아랍의 각성』, 393, 425, 429, 434, 437, 442~4, 448
Apollinaire, Guillaume, 기욤 아폴리네르, 424

Arabi, Ibn, 이븐 아라비, 472
Arendt, Hannah, 한나 아렌트, 30, 49, 77, 380
Ageron, Charles-Robert, 샤를 로베르 아제롱, 478
Arkoun, Muhammad, 무하마드 아쿤, 555
Arnold, Matthew, 매슈 아놀드, 146, 199, 241, 535, 542 ; *Culture and Anarchy*, 『문화와 무정부』, 23, 241,
Asad, Talal, 탈랄 아사드, *Anthropology and the Colonial Encounter*, 『인류학과 식민주의의 조우』, 100, 271
Asia, 아시아, 62, 67, 70, 78, 89~90, 106, 120, 162, 164, 192, 200, 242, 271, 346, 351, 377, 386, 392, 393, 423, 519, 522
Auerbach, Erich, 에리히 아우얼바하, 538, 564, ; *Mimesis*, 『미메시스』, 104, 109, 535, ; "Philologie der *Weltliteratur*,"「세계 문학의 문헌학」, 107
Austen, Jane, 제인 오스틴, 117, 125~7, 129, 138, 141, 144, 146, 152, 155, 158, 161, 166, 216, 249, 265, 519 ; *Mansfied Park*, 『맨스필드 파크』, 125, 129, 138, 158, 447, 169~184, ; *Persuasion*, 『설득』, 138
avant-garde, 아방가르드, 424

Baath Party, 바스당, 48
Baden-Powell, First Baron, 바덴 포웰, 202, 252
Bagehot, Walter, 월터 베이지호트, *Physics and Politics*, 『물리학과 정치학』, 165
Baldwin, Stanley, 스탠리 볼드윈, 246
Balzac, Honoré de, 발자크, 55, 110, 155, 324 ; *La Cousine Bette*, 『사촌 베트』, 189 ; *La Peau de chagrin*, 『매춘부의 슬픔』, 189
Bann, Steven, 스티븐 반, *The Clothing of Clio*, 『클리오의 옷 입기』, 220
Barnet, Richard, 리차드 바네트, 490, 493 ; *The Roots of War*, 『전쟁의 뿌리』, 490
Barratt-Brown, Michael, 마이클 배럿 브라운, *After Imperialism*, 『제국주의 이후』, 485
Barthes, Roland, 롤랑 바르트, 458, 553 ; *Le Degré zéro de l'écriture*, 『중성적 글쓰기』, 308
Batista y Zaldivar, Fulgencio, 바티스타, 498
Bayreuth Opera House, 바이로이트 오페라 하우스, 219
Beckett, Samuel, 새뮤엘 베케트, 81
Beckford, William, 벡포드, 164
Belgium; colonialism,

Benda, Julien, 쥘리앙 방다, 78,

Benjamin, Walter, 발터 벤야민, 518, 524

Bennett, William, 윌리엄 베넷 ; "To Reclaim a Heritage," 「유산을 되찾기」, 541

Bentham, Jeremy, 제레미 벤섬, 245

Bentinck, William, 윌리엄 벤틴크, 204, 277

Berger, John, 존 버거, 562

Bernal, Martin, 마틴 버날, 207, 222 ; *Black Athena*, 『검은 아테나』, 65, 529

Berque, Jacques, 자크 베르크, 238

Besant, Annie, 애니 베산트, 384

Betts, Raymond, 레이몽 베츠, 304

Bhabha, Homi, 호미 바바, 536

Blackburn, Robin, 로빈 블랙번, *The Overthrow of Colonial Slavery*, 『식민지 노예 제도의 전복』, 181, 417

Blackmur, R.P., 블랙머, 405, 413, 415, 535

Blake, William, 윌리엄 블레이크, 60

Blunt, Wilfred Scawen, 윌프리드 스카웬 블런트, 202, 346

Blyden, Edward Wilmot, 에드워드 윌모트 브라이든, 423

Bokassa, Jean Bedel, 보카사, 74

Bonanza, 〈보난자〉, 525

Bopp, Franz, 봅, 347

Borges, Jorge Luis, 보르헤스, 447

Boris Godunov, 『보리스 고두노프』, 211

Bossuet, Jacques Bénigne, 보수에, 348

Bourdieu, Pierre, 피에르 부르디유, *Sociologie de l'Algérie*, 『알제리의 사회학』, 320

Bourne, Randolph, 랜돌프 보온, 493

Bowles, Paul, 폴 바울스, "A Distant Episode," 「머나먼 에피소드」, 317

Bowring, John, 존 바우링, 299

Bracken, Harry, 해리 브레이큰, 419

Brahimi, Claude, 클로드 브라히미, 326

Braithwaite, Edward, 에드워드 브레이스웨이트, 532

Brandt, Willy, 빌리 브란트 ; Brandt report, 브란트 보고서 (*North-South : A Program for Survival*), 『남과 북 : 생존을 위한 프로그램』, 486

Brantlinger, Patrick, 패트릭 브랜트링거, 134

Brazza, Pierre Paul François Camille Savorgnan de, 브라자, 302

Brennan, Tim, 팀 브레난, 524

Brontë, Charlotte, 브론테; *Jane Eyre*, 『제인 에어』, 131, 138, 151

Brontë, Emily, 브론테, 158

Brooke, Sir James, 브루크, 207

Bruckner, Pascal, 파스칼 부르크너, *The Tears of the White Man*, 『백인의 눈물』, 458

Brzezinski, Zbigniew, 즈비그뉴 브르제진스키, 502

Buchan, John, 버찬, 280

Budden, Julian, 줄리안 버든, 212

Bugeaud, Theodore, 뷔고, 207, 302, 305, 322

Bulwer-Lytton, First Earl of, 불워 리톤, 361

Bunyan, Paul, 버년, *Pilgrim's Progress*, 『순례자의 길』, 253

Burdick, Eugene (and William J. Lederer), 버딕(와 레더러), *The Ugly American*, 『추악한 미국인』, 497

Burke, Edmund, 에드먼드 버크, 55, 164, 245, 391, 418, 438

Burke, Kenneth, 케네스 버크, 517

Burnham, James, 제임스 버넘, 500

Bush, George, 부시, 93, 242, 501, 509, 512

Butler, Samuel, 새무엘 버틀러, *The Way of All Flesh*, 『모든 육신의 길』, 281,

Butt, Isaac, 아이작 버트, 412

Byron, George Gordon, 바이런, 220

Cabral, Amílcar, 아밀카 카브랄, 33, 127, 385, 394, 417, 430, 471, 474, 522 ; "National Liberation and Culture," "민족 해방과 문화", 471, ; "The Weapons of Theory," "이론의 무기", 471

Cairo, 카이로, 217, 233, 236~9

Calder, Angus, 앵거스 컬더, 387, 389 ; *Revolutionary Empire*, 『혁명적인 제국』, 387

Caldwell, Malcolm, 말콤 캘드웰, 478

Camöens, Luis de, 카뫼엔스, 418

Camp Davis Accords, 캠프 데이비드 합의, 449

Camus, Albert, 알베르 카뮈, 138, 146, 157, 265, 366, 371, 447 ; *La Chute*, 『추락』, 312, 318 ; *Chroniques algériennes*, 『알제리 연대기』, 315 ; *L'Etranger*, 『이방인』, 139, 287, 289, 312, 317~8, 322, 328~9, ; *L'Exil et le royaume*, 『추방과 왕국』, 312, 317~8 ; "La Femme adultère", 「간통한 부인」, 315, 317 ; *Noces*, 『결혼』, 318 ; *La Peste*, 『페스트』, 312, 322 ; "Le Renégat," 「변절자」, 317

Canguihelm, Georges, 캉귀엠, 476
Canny, Nicholas, 니콜라스 캐니, 160
Carey, Peter, 피터 캐리, 25
Carlyle, Thomas, 카알라일, 24, 55, 60, 146, 162, 192~4, 198~9, 201240, 292 ; *The Nigger Question*, 『검둥이 문제』, 193; "Occasional Discourse on the Nigger Question, 「흑인 문제에 대한 담론」, 192 ; *Past and Present*, 『과거와 현재』, 192
Carpentier, Alejo, 알레오 카펜티어, 473, 534
Carter, Jimmy, 지미 카터, 74, 409
Carter, Paul, 폴 카터, *The Road to Botany Bay*, 『보타니 만으로 가는 길』, 26, 110
Cary, Joyce, 조이스 캐리, 132
Casement, Roger, 로저 케이스먼트, 201
Castro, Fidel, 피델 카스트로, 438, 478, 534
Çelik, Zeynep, 제이넵 셀릭, 209
Cervantes, Miguel de, 세르반테스, 110
Césaire, Amié, 에메 세제르, 126, 374, 378, 396, 403, 406, 421, 422, 453, 458, 459, 461, 463, ; *Cahier d'un retour*, 『귀향 수첩』, 403, 463, 479~81 ; *Discours sur le colonialisme*, 『식민주의 담론』, 348, 459 ; *Une Tempête*, 『폭풍우』, 374
Chaliand, Gérard, 제라르 샬리앙, 458
Champlain, Samule de, 샹플렝, 302
Champollion, Jean François, 샹폴리옹, 221~3, 226 ; *Lettre à M. Dacier*, 『다시에 씨에게 보낸 서한』, 221; *Précis du système hiéroglyphique*, 『상형 문자 체계의 개요』, 221
Changarnier, General Nicolas, 샹가르니에 장군, 323
Char, René, 르네 샤르, 470
Chateaubriand, François de, 샤토브리앙, 127, 132, 348 ; *Atala*, 『아탈라』, 186 ; *René*, 『르네』, 186
Chatterjee, Partha, 파르타 차테르지, 382, 456~7,
Chaucer, Geoffrey, 초서, *Canterbury Tales*, 『켄터베리 이야기』, 253
Chautemp, Minister, 쇼탕 장관, 320
Chesnaux, Jacques, 자크 셰노, 478
Chinweizu, 친웨이주, 116
Chisholm, George, 조지 치슴, 110~1, 395
Chodkiewicz, Michel, 미셸 쇼드키에비츠, 322
Chomsky, Noam, 노암 촘스키, 49, 472, 488, 492, 515, 517, 548,

Clifford, Hugh, 휴 클리포드, 299

Clive, Robert, 클리브, 207

Clozel, 클로젤, 305

Cockburn, Alexander, 알렉산더 콕번, 548

Cockburn, Load Chief Justice, 왕정 최고 법관 콕번, 241

Coetzee, J. M., 코엣지, 416

Cohn, Bernard, 버나드 콘, *An Anthropologist Among the Historians*, 『역사학자들에서의 인류학자』 ; "Representing Authority in Victorian India,", "빅토리아 시대 인도에서의 권위의 대표", 206

Colebrooke, Henry, 헨리 콜브루크, 277

Coleridge, Samuel Taylor, 콜리지, 161

colonialism, 식민주의, 55, 59, 66~8, 77, 85, 93, 96, 100, 107, 344, 346, 359, 369, 418, 437, 461, 463, 468, 471, 490, 499, 536,

Colonna, Fanny, 화니 콜로나, 326

Columbus, Christopher, 콜롬부스, 374

comparative literature, 비교 문학, 104~15

Connolly, James, 코놀리, 394, 412

Conrad, Joseph, 콘라드, 28, 55, 58, 126~7, 132, 134, 139~43, 151, 154, 157, 191, 201, 207, 244~6, 265, 280, 292, 310, 333, 335, 371~3, 423, 469 ; "Geography and Some Explorers", 「지리와 몇몇 탐험가들」, 310 ; *Heart of Darkness*, 『암흑의 핵심』, 75, 77, 83~4, 126, 137, 139~41, 143, 180, 245, 287, 293, 298, 310, 335, 371~2, 475, 501 ; *Lord Jim*, 『로드 짐』, 293 ; *Nostromo* , 『노스트로모』, 28, 31~3, 245, ; *A Personal Record*, 『사적 기록』, 139 ; *Victory*, 『승리』, 292 ~3, 296

Constant de Rebecque, Benjamin, *Adolphe*, 『아돌프』, 314

Cook, Captain James, 쿡 선장, 26

Cook, Michael, 마이클 쿡, *Hagarism*, 『하가리즘』, 449

Coppola, Francis Ford, 프랜시스 포드 코폴라, *Apocalypse Now*, 〈지옥의 묵시록〉, 32

Cornwallis, Lord, 콘왈리스, 433

Corry, John, 존 코리, 96

Costa-Gavras, Constantin, 콘스탄틴 코스타 가브라스, *Missing*, 〈실종〉, 32

Cowper, William, 쿠우퍼, 418

Cri des nègres, 〈흑인들의 절규〉, 422

Croce, Benedetto, 크로체, 108, 112

Crone, Patricia, 페트리시아 크로운, 449
Crosby, Alfred, 알프레드 크로스비, 205 ; *Ecological Imperialism*, 『생태학적 제국주의』, 394
cultural imperialism, 문화 제국주의, 475
Cumberland, William Augustus, Duke of, 컴벌랜드, 180
Curtin, Philip, 필립 커틴, *The Image of Africa*, 『아프리카의 이미지』, 190
Curtius, Ernst Robert, 커티우스, 105 , 107, 109
Cuvier, Georges, 조지 쿠비에, 248

Dallas, 〈달라스〉, 499
Dante Alighieri, 단테, 24, 107, 336, 508 ; *Divine Comedy*, 『신곡』, 110
Danton, Georges Jacques, 당통, 427
Darwin, Charles, 찰스 다윈, 191, 248
Darwish, Mahmoud, 다위시, 396, 405, 409 ; "The Rose and The Dictionay," 「장미와 사전」, 405
Dash, J. Michael, 마이클 대쉬, *Haiti and the United States; National Stereotypes and the Literary Imagination*, 『아이티와 미국 : 국가적 인습과 문학적 상상력』, 495
Daudet, Alphonse, 도데, 146 ; *Tartarin de Tarascon*, 『타라스콩의 허풍장이』, 324
Daumier, Honoré, 도미에르, 248
Davidson, Basil, 베이질 데이빗슨, 33, 190, 346, 369, 383, 417, 418, 451, 456, 460, 474, 478, 522 ; *Africa in Modern History*, 『현대 역사 안에서의 아프리카 : 새로운 사회의 탐색』, 383
Davis, L. E. (and R. A. Huttenback), 데이비스(와 허튼백), *Mammon and the Pursuit of Empire*, 『배금주의와 제국의 추구』, 51
Davis, Lennard, 레나드 데이비스, 144
Day, Clive, 클라이브 데이, 299
Deane, Seamus, 시머스 딘, 388, 398, 404, 412, 532 ; *Celtic Revivals*, 『켈트인의 재생』, 398
de Brosses, 드 브로스, 164
decolonization, 탈식민화, 22, 28, 68, 74, 78, 80, 92, 247, 289, 308, 343, 350, 369, 371, 376, 379, 386, 400, 403~6, 409, 411, 415, 419, 422, 424, 434, 442, 447, 498, 520, 522, 550
Defert, Daniel, 다니엘 디퍼트, 371
Defoe, Daniel, 디포우, 117, 134, 144, 152, 156 ; *Captain Singleton*, 『싱글튼 선장』, 144 ;

Moll Flanders, 『몰 플랜더스』, 144 ; Robinson Crusoe, 『로빈슨 크루소』, 23 , 143
de Gaulle, Charles, 드골, 464
Delacroix, Eugène, 들라크루아, 55 , 208
Delafosse, Maurice, 모리스 델라포스, 366
Delavigne, Robert (and Charles André Julien), 들라비뉴(와 샤를르 앙드레 쥘리앙),
    Les Constructeurs de la France d'outre-mer, 『해외에서의 프랑스 건설자들』, 302
Deleuze, Gilles, 들뢰즈, 477
DeLillo, Don, 돈 드릴로, 548
Derdour, H'sen, 후센 데르두어, 307
Derrida, Jacques, 데리다, 477, 518
De Sanctis, Francesco, 드 상티, 107
Description de l'Egypte, 『이집트 묘사』, 89, 189, 221, 225, 227, 230
Dessalines, Jean Jacques, 데사리니, 430
Dickens, Charles, 디킨스, 52, 61~3, 110, 127, 132, 138, 145, 163, 180, 187, 199, 245, 249,
    283, ; Bleak House, 『음울한 집』, 158 ; David Copperfield, 『데이빗 커퍼필드』, 26
    ; Dombey and Son, 『돔비와 아들』, 61, 154 ; Great Expectations, 『위대한 유산』,
    25, 27, 28, 33, 52, 132, 151, 180, 534 ; Hard Times, 『어려운 시절』, 151
Diderot, Denis, 디드로, 418, 427, 479
Dilke, Sir Charles Wentworth, 딜케, 207 , 297
Dilthey, Wilhelm, 빌헬름 딜타이, 539
Din, Khayr al-, 카이르 알 딘, 435
Diop, Anta, 안타 디옵, 416
Disraeli, Benjamin, 디스렐리, 132 , 149 ; Tancred, 『텐크레드』, 132
Doctorow, E. L., 닥터로우, 548
Douin, Georges, 조르주 두잉, Histoire du règne du Khedive Ismail, 『크헤티브 이스마
    일의 통치의 역사』, 235
Dower, John, 존 다우어, 497
Doyle, Arthur Conan, 아서 코난 도일, 132, 151, 157, 275, 280,
Doyle, Michael, 마이클 도일, 55
Drake, Sir Francis, 드레이크, 295
Draneht Bey, 드라네흐트 베이, 218
Draper, Theodore, 테오도어 드레이퍼, 506
D'Souza, Dinesh, 디네시 드수자, 542
Du Bois, W. E. B, 두 보이스, 394, 423, 438, 455 ; The Souls of Black Folk, 『흑인들의 영

혼』, 378
du Locle, Camille, 카미유 뒤 로클, 216, 217
Duncan, Jonathan, 조나단 던컨, 277
Dupleix, Joseph François, 뒤플라이, 207
Duri, A. A., 두리, *The Historical Formation of the Arab Nation*, 『아랍 국가의 역사적 형성』, 406
Durkheim, Emile, 뒤르켕, 278
Dutt, Tora, 토라 두트, 384
Duvalier, Jean-Claude, 뒤발리에, 443
Dynasty, 〈다이너스티〉, 499

East India Company, 동인도 회사, 266
Edwardes, Michael, 마이클 에드워즈, *The Sahibs and the Lotus*, 『사히브와 연꽃』, 273
Eldridge, C. C., 엘드리지, *England's Mission*, 『영국의 사명』, 50
Eliot, George, 엘리엇, 145, 146, 155, 199, 246, 249, 261, 343 ; *Daniel Deronda*, 『다니엘 데론다』, 132 ; *Middlemarch*, 『미들마치』, 261,
Eliot, T. S., 엘리엇, 333, 406 ; "Incarnation", 「화신」, 481 ; "Little Gidding", 「리틀 기딩」, 557 ; *The Waste Land*, 『황무지』, 335
Elphinstone, Mountstuart, 마운트스튜어트 엘핀스톤, 276
Emerson, Ralph Waldo, 에머슨, 344
Engels, Fredrich, 엥겔스, 300
Enzensberger, 엔젠스버거, 500
Etienne, Eugene, 유진 에티엔느, 303
Eurocentrism, 유럽 중심주의, 82, 389, 390, 419, 541
Eyre, E. J., 아이레, 207 2, 240

Fabian, Johannes, 요하네스 파비안, 203, 451 ; *Language and Colonial Power*, 『언어와 식민지 권력』, 206 ; *Time and the Other*, 『시간과 타자』, 100
Fagan, Brian, 브라이언 페이건, 224
Faidherbe, Louis Léon César, 페데르브, 305
Faiz, Faiz Ahmad, 파이즈 아마드 파이즈, 68 , 396, 423
Falk, Richard, 리차드 포크, 493
Fanon, Frantz , 프란츠 파농, 33, 43, 59, 71, 97, 126, 127, 206, 265, 291, 329, 345, 347~8,

364, 370, 377, 385, 391, 401, 408~9, 411, 414, 421, 425, 430, 432, 438, 446, 510, 522
Faysal, King, 파이잘 왕, 430
Ferguson, Samuel, 새무엘 퍼거슨, 412
Fergusson, Francis, 프랜시스 퍼거슨, 104
Ferry, Jules, 쥘 페리, 207, 305
Fétis, François-Joseph, 프랑수아 조셉 페티, Histore générale de la musique depuis les temps anciens à nos jours, 『고대부터 현대까지의 일반 음악사』 ; Resumé philosophique de l'histoire de la musique, 『음악사에 대한 철학적 요약』, 227
Fevre Lucien, 루시엥 페브르, 110 ; La Terre et l'evolution humaine, 『토지와 인간의 진화』, 111
Fieldhouse, D. K., 필드하우스, 50 , 58
Fielding, Henry, 필딩, Tom Jones, 『톰 존스』, 144
Fielding, Vernon, 버논 필딩, 280
Field, James, 제임스 필드, America and the Mediterranean World, 『미국과 지중해 세계』, 504
Fiske, John, 존 피스크, 493
Flanagan, Thomas, 토마스 플라나간, 412
Flaubert, Gustave, 플로베르, 55, 91, 127, 138, 155, 156, 281, 287 ; Madame Bovary, 『보바리 부인』, 292 ; Sentimental Education, 『감성 교육』, 281 ; La Tentation de Saint Antoine, 『유혹』, 292
Fodeba, Keita, 케이타 포데바, 470
Foster, E. M., 포스터, 134, 136, 152~3, 333, 354 ; Howards End, 『하워즈 엔드』, 136, 180 ; A Passage to India, 『인도로 가는 길』, 152, 274, 334, 353 , 355~63
Fortunato, Guistino, 귀스티노 포추나토, 113
Foucault, Michel, 미셸 푸코, 79, 99, 207, 423, 476~7, 518, 551, 553 ; Discipline and Punish, 『감시와 처벌』, 294
Fouillée, Alfred Jules Emile, 푸이예, 305
Fourier, Jean-Baptiste-Joseph, 장 밥티스트 조셉 푸리에, introduction to Description de l'Egypte, 『이집트 묘사』의 서문, 89~91
Francis, Philip, 필립 프란시스, 426, 433
Freud, Sigmund, 프로이트, 348, 459, 462, 476
Friedman, Thomas, 토마스 프리드만, From Beirut to Jerusalem, 『베이루트에서 예루살렘까지』, 450
Friel, Brian, 브라이언 프릴, 412 ; Translations, 『번역』, 397

Frobenius, Loe, 레오 프로베니우스, 342, 366
Froude, James Anthony, 푸르드, 207
Frye, Northrop, 노드롭 프라이, 221
Fuentes, Carlos, 카를로스 후엔테스, 423, 473,
Fukuyama, Francis, 프란시스 후쿠야마, 447
fundamentalism, 근본주의, 524, 526, 547

Gaelicism, 게일 어법, 397
Gallagher, John, 존 갤라거, 148, 179
Gallieni, Joseph Simon, 갈리에니, 302, 305
Gandhi, Mohandas, 간디, 265, 382, 456, 474
García Márquez, Gabriel, 가브리엘 가르시아 마르케즈, 33, 423, 473, 510, 587
Garvery, Marcus, 가비, 394
Gaskell, Elizabeth Cleghorn, 개스켈, 146
Gellner, Ernest, 어네스트 겔너, 411
Gendzier, Irene, 아이린 겐지어, ; *Managing Political Change*, 『정치적 변화 경영』, 498
Genet, Jean, 장 주네, 33, 329
George, Katherine, 캐서린 조지, 301
George V, King, 조지 5세, 246
Gérôme, Jean Léon, 제롬, 191
Ghislanzoni, Antonio, 안토니오 기슬란조니, 217
Ghorbal, 그호르발, 234
Gibbon, Edward, 에드워드 기본, 164
Gibran, Kahlil, 칼릴 지브란, 503
Giddings, F. H., 기딩스, 201
Gide, André, 앙드레 지드, 281~4, 339~42, 365 ; *L'Immoraliste*, 『배덕자』, 288, 326, 339~40, ; *Retour du Tchad*, 『차드의 귀향』, 365 ; *Voyage au Congo*, 『콩고 여행』, 365
Giosa, Nicola de, 니콜라 드 기오사, 217
Giran, 지랑, 305
Girardet, Raoul, 라울 지라르데, 365 ; *L'Idée coloniale en France*,
Gissing, George, 조지 기싱, 280
Gladstone, William Ewart, 글래드스톤, 392

Gobetti, Piero, 피에로 고베티, 113
Gobineau, Joseph Arthur, Compte de, 고비노, 203
Goethe, Johann Wolfgang von, 괴테, 106
Goldsmith, Oliver, 골드스미스, 391
Gorbachev, Mikhail, 미하일 고르바초프, 554
Gordimer, Nadine, 나딘 고디머, 416
Gordon, General Charles, 찰스 고든 장군, 208
Gould, Stephen Jay, 스테판 제이 굴드, 191
Gouldner, Alvin, 알빈 굴드너, 54
Gounod, Charles François, 찰스 프랑스와 구노, 217
Goytisolo, Juan, 후안 고이티솔로, 33,
Gramsci, Antonio, 안토니오 그람시, 87 ; *The Prison Notebooks*, 『감옥 수첩』, 112 ; *Quaderni*, 『콰데르니』, 113 ; "Some Aspects of the Southern Question.", "남부 문제", 115
Gran, Peter, 피터 그랜, 101
Grattan, Henry, 헨리 그라탄, 391
Green, Martin, 마틴 그린, 128
Greene, Graham ; *The Quiest American*, 그리엄 그린, 『조용한 미국인』, 497
Griaule, Marcel, 마르셀 그리올, 366
Grimal, Henri, 헨리 그리멀, 348~9, 351
Groupe Coloniale, 식민지 협회, 303
Guattari, Félix, 펠릭스 가타리, 558
Guha, Ranajit ; *A Rule of Property for Bengal*, 라나지트 구하, 434, 뱅갈의 재산 규칙, 206
Guineas-Bissau, 기니-비소, 461

Habermas, Jürgen, 위르겐 하버마스, 477
Haggard, Rider, 라이더 헤거드, ; *She*, 280
Halhed, Nathaniel, 나다니엘 할헤드, 277
Hall, Stuart, 스튜어트 홀, 451
Hamer, Mary, 해머, 397
Hardy, Georges, 조지 하디, 110; director of Ecole Coloniale, 식민지 학교 교장, 327 ; *La Politique coloniale et le partage du terre aux XIXe et XXe siècles*, 19세기에서 20세기에 이르는 정책과 영토 분할, 327 ; rector of Academy of Algiers , 알제리

아카데미 원장
Hardy, Thomas, 토마스 하디, 152, 246 ; *Jude the Obscure*, ; 비운의 주드, 281~2
Harlem Renaissance, 할렘 르네상스, 422
Harlow, Barbara, 바바라 할로우, ; *Resistance Literature*, 저항 문학, 304
Harmand, Jules, 쥘 아르망 ; principle of domination, 지배의 법칙, 67
Harris, Wilson, 윌슨 해리스, 443
Hastings, Warren, 워렌 헤이스팅스, 211, 276
Head, Bessie, 베시 헤드, 416
Heaney, Seamus, 시머스 히니, 412
Hegel, G. W.F. ; views of Orient and Afrcia, 헤겔, 동양과 아프리카의 관점, 300
Henry II, 헨리 2세, 388
Henty, G. A., 헨티, 280
Herder, Johann Gottfried von, 헤르더, 105
Herodotus, 헤로도투스, 230
Hersh, Seymour, 세이머 허쉬, 548
Hibbert, Christopher, *The Great Mutiny*, 크리스토퍼 히버트, 대폭동, 266
Hilferding, 힐퍼딩, 49
Hirschman, Albert O. 알버트 오 허쉬만, 333 ; *The Passions and the Interests*, ; 열정과 이익, 331~2
historical narrative, 역사적 내러티브, 159
Hitchens, Christopher, 크리스토퍼 히친스, 309, 548
Hobsbawm, Eric, 홉스바움, 393
Hobson, J.A., 홉슨, 49, 221
Ho Chi Minh, 호지민, 346
Hodgkin, Thomas, 토마스 호지킨, 393, 448, 451, 452 ; *Nationalism in Colonial Afrcia*, 『식민지 아프리카 민족주의』, 242
Hofstadter, Richard, 리차드 호프스태터, 520
Homer, 호머, 89, 109 ; *Odyssey*, 『오디세이』, 336
Hook, Sidney, 시드니 혹, 471
Hopkins, Gerard Manley, 제라드 맨리 홉킨즈, "Pied Beauty," "잡색의 아름다움", 557~8
Hountondjii, Paulin, 폴린 훈톤지, 416
Hourani, Albert, 알버트 후라니, 429, 454
Housse, Karen Elliot, 카렌 엘리엇 하우스, 501

Hugh of St. Victor, 성 빅토르 위고, 564
Hughes, Langston, 랭스톤 휴즈, 422
Hughes, Robert; 로버트 휴즈, 533, ; *The Fatal Shore*, 『치명적인 해안』, 26~7
Hulme, Peter, 피터 흄, ; *Colonial Encounters*, 『식민지의 조우』, 164
Humanities in American Life, The, 『미국 생활의 인문학』, 541
Humbert, Jean, 장 움베르트, 223
Humboldt, Wilhelm von, 빌헬름 폰 훔볼트, 108, 203
Hume, David, 데이비드 흄, 388
Huntington, 헌팅턴, 498
Husayni, Haj Amin al-, 아민 알 후사이니, 430
Hussein, Saddam, 사담 후세인 ; represented as Arab Hitler, 아랍의 히틀러로서의 재현, 505~6
Hussein, Sherif, 후세인 총독, 428
Hutchins, Francis, 프란시스 허친스 ; *The Illusion of Permanence; British Imperialism in India*, 『영원에 대한 환상: 인도에서의 영국의 제국주의』, 270~1
Huttenback, R. A. (and L.E. Davis), 허튼백(데이비스), *Mammon and the Pursuit of Empire*, 『배금주의와 제국의 추구』, 51
Huxley, Aldous, 헉슬리, 241
hybridity, 복합 분화주의, 24
Hyde Park Riots, 하이드 파크 폭동, 241

Illusions perdues, 『창조된 환상』, 6
I Love Lucy, 〈루시를 사랑해〉, 526
Inden, Ronald, 로날드 인덴, ; *Imagining India*, 『인도의 형상화』, 207
Indian Mutiny, 인도 대폭동, 265~273
interests, doctrine of, 이익주의, 330~3
International Congo Association, 국제 콩고 협회, 295
International Congress of Colonial Sociology, 국제 식민지 사회학회, 304
Irish Revival, 아일랜드 부흥 운동, 393
Iriye, Akiri, 아키리 이리예, 497
Islamocentrism, 이슬람 중심주의, 34, 39
Ismail, Khedive, 크헤티브 이스마일, 217, 223, 238

Jabarti, 'Abd al-Rahman al-, 아브드 알 라만 알 자바르티, ; *'Aja'ib al-Athar*, 아자입

알 아사,

Jabry, Mohammad Abed al-, 모하마드 알 자브리, 435
Jackson, Andrew, 앤드류 잭슨, 493
James, C. L. R., 제임스 ; *The Black Jacobins*, 『흑인 쟈코뱅 당원』, 434~7, 442~3, 448 ; *History of Negro Revolt*; 『흑인 반란의 역사』, 437 ; *Nkrumah and the Ghana Revolution*, 『엥크루마와 가나 혁명』, 467
James, William, 윌리엄 제임스, 493
Jameson, Fredric, 프레드릭 제임슨, 518, 546 ; *The Political Unconscious*, 『정치적 무의식』, 150
Jefferson, Thomas, 제퍼슨, 542
Jinnah, Muhammad Ali, 무하마드 알리 지나흐, 382
Johnson, Samuel, 새뮤엘 존슨, 376
Joy, G. W., 조이, 207
Joyce, James, 제임스 조이스, 287, 392 ; *Ulysses*, 『율리시즈』, 365, 371

Kader, Emir Abdel, 에미르 압델 카데르, 322, 346, 379, 472
Kafka, Franz, 카프카, 447
Kant, Immanuel, 칸트, 124
Kartini, Raden, 라덴 카르티니, 384
Karve, D.K., 카르베, 384
Kautsky, 카우츠스키, 49
Keats, John, 키츠, 239
Kedourie, Elie, 엘리에 케두리에, 381
Kennan, George, 조지 케난, 489
Kennedy, Paul, 폴 케네디, 540 ; *The Rise and Fall of the Great Powers*, 『강대국의 흥망 성쇠』, 49
Kerman, Joseph, 조셉 커만, *Opera as Drama*, 『드라마로서의 오페라』, 213
Kernan, Alvin, 알빈 커난, 542
Khalidi, Rashid al-, 라시드 알 카리디, 449
Khomeini, Ayatollah, 아야톨라 호메이니, 68, 507, 521, 552
Khoury, Bishara al-, 비샤라 알 크후리, 346
Khoury, Elias, 엘리아스 쿠우리, 555
Kiberd, Declan, 데클란 키버드, 412
Kidd, Benjamin, 벤자민 키드, 191

Kiernan, V. G, 키어난, 54, 128, 160, 162, 198, 492, 495, 496, 514 ; *The Lords of Human Kind*, 『인류의 지배자』, 273 ; *Marxism and Imperialism*, 『마르크시즘과 제국주의』, 135

Kimbell, Roger, 로저 킴벌, 542

Kincaid, Jamaica, 자마이카 킨케이드, 538

Kingsley, Charles, *Westward Ho!*, 찰스 킹슬리, 『서쪽으로!』, 132

Kingsley, Mary, 메리 킹슬리, 420

Kinkead-Weekes, Mark, 마크 킨키드 위크스, 262

Kinney, Leila, 라일라 키니, 209

Kipling, Lockwood, 키플링, 245

Kipling, Rudyard, 키플링, 28, 35, 55, 97, 127, 132, 134, 138, 151, 152, 163, 173, 191, 207, 292, 299, 332, 349, 360, 365 ; *Captains Courageous*, 『용감한 선장』, 244 ; *The Jungle Book*, 『정글북』, 244 ; *Kim*, 『킴』, 35, 58, 88, 121, 137, 139, 153, 157, 167, 244, 333 ; *The Light That Failed*, 『사라진 불빛』, 244 ; "Lispeth", 「리스페스」, 256 ; *Something of Myself*, 「나 자신의 모든 것」, 246 ; *Stalky and Co.*, 「스토키 회사」, 244

Kirkpatrick, Jeane, 진 커크패트릭, 81,

Kissinger, Henry, 헨리 키신저, 493

Knox, Robert, 로버트 녹스, 248

Kolko, Gabriel, 가브리엘 콜코, 493

Koran, 코란, 90, 410, 531

Korea, 한국, 54, 497, 498

Kotzebue, August von, 코체부, 168 ; *Lovers' Vows*, 『연인들의 맹세』, 169

Krupat, Arnold, 아놀드 크루팻, 518

Kundera, Milan, 밀란 쿤데라, 555

Kuwait, 쿠웨이트, 53, 71, 93, 241, 501, 507, 511 ; Gulf War도 보라.

Labouret, 라부레, 366

Lacheraf, Mostafa, 모스타파 라셰라프, 323

Lagerlöf, Selma, 셀마 라거로프, 406

La Guma, Alex, 알렉스 라 구마, 416

Lamartine, Alphonse de, 라마르틴느, 132, 362

Lamming, George, 조지 래밍, 375, 443, 532

Landes, Daivd, 데이빗 란데스, *Bankers and Pashas*, 『은행가와 군사령관』, 235 ; *The*

　　　　Unbound Pometheus, 『풀려난 프로메테우스』, 56
Lang, Jacques, 자크 랭, 499
Langland, William, 랭랜드 윌리암, 163
Laqueur, Walter, 월터 라케르, 450
La Roucière, Admiral, 라 루시에르, 303
Laroui, Abdullah, 압둘라 라루이, 325, 475
La Scala, 라 스칼라, 219
Las Casas, Bartolomé de, 바르톨로메 드 라스 카사스, 418
Lasswell, 래스웰, 498
Lawrence, D. H., 로렌스, 494
Lawrence, T. E., 로렌스, 132, 333, 340, 366, 454 ; *The Seven Pillars of Wisdom*, 『지혜의 일곱 기둥』, 280, 288, 334
Lean, David, 데이빗 린, *A Passage to India*, 『인도로 가는 길』, 72
Le Bon, Gustave, 르 봉, 304
Lebow, R. N., 르보우, 388
Lederer, William J. (and Eugene Burdick), 레더러(와 버딕), *The Ugly Amercian*, 『추악한 미국인』, 497
Leerssen, Joseph, 조셉 리어슨, 387 ; *Mere Irish and Fior-Ghael*, 『사소한 아일랜드인과 피오르 가엘』, 413
Lefeber, Walter, 월터 레퍼버, 49
Leiris, Michel, 미셸 라리스, 366
Lenin, Vladimir Ilyich, 레닌, 49, 389
Le Noury, 르 누리, 303
Leopold, King, 리오폴드 왕, 295
Lerner, 러너, 498
Leroy-Beaulieu, Paul, 르로이 볼리외, 110, 202, 207, 304, 330, 466,
Lesseps, Ferdinand de, 페르디낭 드 레세프, 225
Levant, the, 레반트, 164
Levin, Harry, 헤리 레빈, 149
Levi-Strauss, Claude, 클로드 레비 스트로스, 275
Lewis, Anthony, 안토니 루이스, 501
Lewis, Bernard, 버나드 루이스, 94~5, 449~50 ; *The Political Language of Islam*, 『이슬람의 정치 언어』, 449
Lewis, Gordon K., 고든 K. 루이스, 451 ; *Slavery, Imperialism, and Freedom*, 『노예 제

도, 제국주의와 자유』, 135, 417
Liauzu, Claude, 클로드 리오쥐, *Aux Origines des tiers-mondismes: Colonisés et anti-colonialistes en France (1919~1939)*, 『제3세계주의의 기원에 관하여 : 프랑스 식민지와 반식민지들』, 458
Limerick, Patricia, 페트리샤 리머릭, 133
Livingstone, David, 리빙스턴, 332
Loti, Pierre, 로티, 28, 146, 157, 324 ; *L'Inde(sans les Anglais)*, 『영국없는 인도』, 334 ; *Le Roman d'un Spahi*, 터키 기병의 이야기, 332
Lottman, Herbert, 허버트 로트만, 312
Loutfi, Martine, 마르틴 루트피, *Litérature et colonialisme*, 『문학과 식민주의』, 324
Lowe, Lisa, 리사 로우, *Critical Terrains*, 『중요한 지역』, 40
Lugard, Frederick, 프레드릭 루가드, 77
Lukacas, Georg, 루카치, 156, 166, 188, 332, 396, 465, 470, 518 ; *History and Class Consciousness*, 『역사와 계급 의식』, 112, 464 ; *The Theory of the Novel*, 『소설의 이론』, 282, 286
Luxemburg, Rosa, 룩셈부르크, 49, 419
Lyautey, Hubert, 료티, 207, 299, 302, 305
Lycurgus, 리쿠르구스, 89
Lyotard, Jean-François, 장 프랑소와 리오타르, 79, 124, 435, 553
Lytton, Lord, 리튼 경, 66

Macauly, Thomas Babington, 맥콜레이, 156, 194, 204, 245, 346 ; Minute on Indian Education, 인도 교육에 관한 비망록, 189
MacDonald, Ramsay, 램시 로날드, 420
MacKenzie, John M., 존 M. 메켄지, *Propaganda and Empire*, 『선전과 제국』, 272
Mackinder, Halford, 헬포드 매킨더, 110, 395 ; lectures on imperialism, 제국주의에 관한 강의, 76
MacNeil/Lehrer NewsHour, 맥닐/레러 뉴스 시간, 501
Magdoff, 맥더프, 49
Mahan, Admiral, 마한 제독, 330
Mahfouz, Naguib, 나구이브 마흐파우즈, 94, 521
Mahood, Molly, 몰리 메이후드, 134
Maine, Sir Henry, 메인, 203 ; *Ancient Law*, 『고대의 법』, 293 ; Rede Lectures, 리드 강연, 294 ; *Village Communities*, 『마을 공동체』, 294

Mali, 말리, 349

Malouf, David, 데이빗 말로우프, 27

Malti-Douglas, Fedwa, 페드와 말티 더글라스, *Woman's Body, Woman's World*, 『여성의 신체, 여성의 세계』, 39

Mandela, Nelson, 넬슨 만델라, 350

Manet, Edouard, 마네, 210

Mangan, J.A., *The Games Ethic and Imperialism*, 맨간, 『게임 윤리와 제국주의』, 252

Mangan, James Clarence, 제임스 클레어런스 만간, 412

Manifest Destiny, 명백한 운명, 490

Mann, Thomas, *Death in Venice*, 토마스 만, 베니스에서의 죽음, 333, 340

Maori, 마오리, 199

Marcos, 마르코스, 512

Marcuse, Herbert, 허버트 마르쿠제, 500

Mariategi, José, 마리아테기, 394

Mariette, Auguste, 오귀스트 마리에트, 217, 218, 225~7, 233

Markham, James, 제임스 마크햄, 409

Martí, José, 호세 마르티, 394, 423, 455

Martineau, Harriet, 해리에트 마티노, 245

Marx, Karl, 마르크스, 50, 300, 459, 462, 475~6, 481,

Marxism, 마르크스주의, 458, 464, 477, 541, 542

Mas, Sinbaldo de, 신발도 드 마스, 426

Massignon, Louis, 루이 마시뇽, 454

Matisse, Henri, 마티스, 208, 422

Mattelart, Armand, 아만드 매틀라트, 500, 525

Maugham, Somerset, 모옴, 163

Mau Mau, 마루 마우, 402

Maunier René, 르네 모니에, *The Sociology of Colonies*, 『식민지 사회학』, 305

Maupassant, Guy de, 모파상, 146, 324, 417 ; *Bel-Ami*, 『좋은 친구』, 205, 324

Mayer, Arno, 아르노 메이어, 486

Mazrui, Ali, 알리 마즈루이, 95, 416, 451

McBride, Sean, 숀 맥브라이드, 499, 500

McCaughey, Robert, 로버트 맥커피, *International Studies and Academic Enterprise: A Chapter in the Enclosure of American Learning*, 『국제학과 대학의 모범적 기획 : 미국 학문의 울타리 치기에 관한 연구』, 544

McClure, John, 존 맥클루어, 134
McCormack, W. M., 맥코맥, 412
McGeoghehan, Abbé, 아베 맥게난, 412
McKay, Claude, 클로드 맥케이, 422
McKeon, Michael, 마이클 맥키언, 144
McMahon, Sir Henry, 헨리 맥마흔, 428
Melville, Herman, 멜빌, 133 ; *Moby-Dick*, 『모비 딕』, 495, 505
Memmi, Albert, 알버트 메미, 33, 126, 467
Meredith George, 메러디스, 199, 280, 332
Merle, Marcel, 마르셀 메를, *L'Anticolonialisme Européen de Las Casas à Karl Marx*, 『라스 칼사스에서 칼 마르크스에 이르는 유럽의 반식민주의』, 418
Michelet, Jules, 미슐레, 156
Mill, James, 제임스 밀, 55, 245, 299
Mill, John Stuart; 존 스튜어트 밀, 55, 245, 296, 299 *Principles of Political Economy*, 『정치 경제의 원칙』, 125, 179
Mille, 밀, 146
Miller, Christopher, 크리스토퍼 밀러, *Blank Darkness*, 『공허한 어두움』, 95
Miller, David, 데이빗 밀러, *The Novel and the Police*, 『소설과 치안』, 154
Mills, C. Wright, 라이트 C. 밀즈, 547
Milton, John, 존 밀턴, 534
Mirabeau, Honoré Gabriel Riqueti, 미라보, 427
Mitchell, Timothy, 티모시 미첼, 449 ; *Colonizing Egypt*, 『이집트 식민화』, 209
Mitterrand, François, 프랑수아 미테랑, *Presence français et abondon*, 『프랑스의 현재와 양도』, 318
Miyoshi, Masao, 마사오 미요시, 555 ; *As We Saw Them*, 『우리가 본 그들』, 453
Mobarak, Ali Pasha, 알리 파샤 모바라크, *Khittat Tawfikiya*, 『크히타트 타우피키야』, 239
Mobutu, Sese Seko, 모부투, 457
Monroe Doctrine, 먼로주의, 490,
Montagu, Lady Wortley, 워틀리 몬태규, 189
Montaigne, Michel de, 몽테뉴, 110
Montesquieu, Charles Louis de Secondat, 몽테스키외, 186, 418
Moore, George, 조지 무어, 280
Moore, Thomas, 토마스 모어, 412

Morazé, Charles, 찰스 모라제, 143
Morris, William, 윌리암 모리스, 420
Morrison, Toni, 토니 모리슨 ; *Beloved*,『사랑하는 사람들』, 562 ; *Tar Baby*,『검은 아기』, 562
Mubarak, 무바라크, 93
Mudimbe, V. Y., 무딤베, 416 ; *The Invention of Africa*,『아프리카의 발명』, 343
Müller, Max, 막스 뮬러, 191
Multatuli, 물타투리, 419
multiculturalism, 다문화주의, 24, 42, 513, 541, 557
Munif, Abdelrahman el, 압델라만 엘 무니프, 68, 521 ; *Cities of Salt*,『소금의 도시들』, 503
Munro, Thomas, 토마스 먼로, 276
Murchison, Sir Roderick, 로드릭 머치슨, 293~5
Murphy, Agnes, 아그네스 머피, 303
Mus, Paul, 폴 뮈, *Viet-Nam : Sociologie d'une guerre*,『베트남 : 전쟁 사회학』, 367~8

Naipaul, V. S., 네이폴, 30, 70, 73, 119, 399, 443, 458~9, 467, 518, 532 ; *Among the Believers*,『신자들 사이에서』, 457 ; *A Bend in the River; Guerrillas*,『게릴라』, 457
Napoleon Bonaparte, 나폴레옹, 124, 132, 153, 186, 188~9, 435, 479 ; expedition to Egypt, 이집트 원정, 89~92, 221~3, 234
Napoleon III, 나폴레옹 3세, 235, 326
Nasser, Gamal Abdel, 가말 압델 낫세르, 234, 319, 393
National Defense Education Act, 국가 방위 교육법, 109
nativism, 토착민주의, 101, 400, 402, 424, 472~3, 522, 549 ; identity, 정체성, 401
Ndebele-Shona uprisig, 엔데벨 쇼나, 350
négritude, 흑인성, 66, 377, 394, 399, 401, 430, 480, 522
Nehru, Jawaharalal, 네루, 382, 393, 454, 456, 474
Neill, Stephen, 스티븐 닐, *Colonialism and Christian Missions*,『제국주의와 기독교 선교』, 297
Neruda, Pablo 네루다, 86, 396, 406 ; "El Pueblo",「마을」, 407~8
Nerval, Gérard, 네르발, 55, 91
New World Information Order, 신세계 정보 질서, 499
New York Times, The, 뉴욕 타임즈, 96, 409, 501

Ngugi wa Thiongo (James), 응구기 와 씨웅고(제임스), 33, 68,85, 470 ; *Decolonising the Mind*, 「마음의 탈식민지화」, 376 ; *The River Between*, 「강 사이」, 371
Niebuhr, Reinhold, 라인홀드 니이버, 505
Nietzsche, Friedrich Wilhelm, 니체, 127, 366, 459, 462, 476
Nimr, Faris, 파리스 니므르, 430
Nitze, Paul, 폴 니츠, 501
Nixon, Richard, 닉슨, 491
Nkrumah, Kwame, 엥크루마, 393, 422, 437
Noriega, Manuel, 노리에가, 512
Nye, Joseph, 조셉 나이, 540, 546
Nyerere, Julius, 줄리우스 니에레레, 350, 393

O'Brien, Conor Cruise, 코너 쿠르즈 오브라이언, 119, 309~12, 328, 449, 458
O'Brien, Justin, 저스틴 오브라이언, 316~7
O'Brien, Patrick, 패트릭 오브라이언, 412
O'Connell, Daniel, 오코넬, 412
O'Grady, Standish, 스탠디쉬 오그래디, 412
O'Leary, 오리어리, 405
Omar, Hajji, 하시 오마르, 349
Opera, 『오페라 : 호화로운 예술』, 211
Orabi uprising, 오라비 폭동, 346, 350, 453
Orientalism, 오리엔탈리즘, 39, 67, 87, 100~1, 105, 111, 116, 193, 207, 227
Orwell, George, 조지 오웰, 73, 82, 132, 157, 163, 272, 329, 500 ; and Camus, 조지 오웰과 카뮈, 308~9
Owen, Roger, 오웬, 126

Padmore, George, 조지 파드모어, 422, 437
Palestine, 팔레스타인 ; *intifada*, 팔레스타인 반란, 444, 458, 528, 551
Palmerston, Henry John Temple, 팔머스톤, 207
Pan-Africanism, 범아프리카주의, 394, 422
Pan-Arabism, 범아랍주의, 394
Panikkar, K. M., 파니카, ; *Asia and Western Dominance*, 『아시아와 서구 지배』, 204, 393
Pareto, Vilfredo, 파레토, 277~8

Parnell, Charles Stewart, 파넬, 405
Parry, Benita, 베니타 패리, 335, 360 ; *Delusions and Discoveries*, 『환상과 발견』, 355
Patai, Raphael, 라파엘 파타이 ; *The Arab Mind*, 『아랍의 마음』, 449
Paulin, Tom, 톰 폴린, 412
Pearse, Patrick Henry, 피어스, 394
Picasso, Pablo, 피카소, 334, 422
Pinochet Ugarte, Augusto 피노체트, 512
Pipes, Daniel, 다니엘 파이프스, 450
Piroli, Giuseppe, 쥬세페 피롤리, 232,
Plato, 플라톤, 108
Platt, D. C. M., 플랫, 187, 498 ; *Finance, Trade and Politics in British Foreign Policy, 1815~1914*, 『영국 해외 정책의 재정, 무역 그리고 정치』, 147
Pocahontas, 포카혼타스, 374
Podhoretz, Norman, 노먼 포드호레츠, 309
Poiret, Abbé, 아베 푸아레, *Lettres de Barbarie*, 『바르바리로부터의 편지』, 187
Pol Pot regime, 폴 폿 정권, 471
political theory, 정치 이론, 160
Porter, Andrew, 앤드루 포터, 212
Porter, Bernad, 버나드 포터, 297 ; *Critics of Empire*, 『제국의 비평가들』, 420
post-modernism, 포스트모더니즘, 546~7, 554~5
Pound, Ezra, 에즈라 파운드, 333
Pratt, Mary Louise, 매리 루이즈 프랫, 371
print-capitalism, 인쇄 자본주의, 379,
Prochaska, David, 데이빗 프로체스카, 306
Proust, Marcel, 프루스트, 110, 166, 333, 533
Pryce-Jones, David, 데이빗 프라이스 존스, *The Closed circle*, 『닫힌 원』, 449
Psichari, Ernest, 시샤리, 146, 157, 324
psychology, 심리학, 304
Pye, 파이, 498

Qaddafi, Muammar al-, 가다피, 457, 534
Qader, Abdel, 압델, 카데르, 208

Radclffe, Ann, 레드클리프, 153

Raffles, Sir Thomas Stamford Bingley, 라플즈, 440

Rafi, 라피, 234

Ragatz, Lowell Joseph, 로웰 라게츠, *The Fall of the Planter Class in the British Caribbean, 1763~1833*, 『영국령 카리브의 농장 지주 계급의 몰락』, 181

Raleigh, Sir Walter, 랄리, 295

Ramabai, Pundita 라마바이, 384,

Ranger, Terence, 테렌스 레인저, (and Eric Hobsbawm), (와 에릭 홉스바움) 350, 418, 451 ; *The Invention of Tradition*, 『전통 만들기』, 65~6, 88, 206

Raskin, Jonah, 조나 라스킨, *The Mythology of Imperialism*, 『제국주의의 신화』, 135

Rastafarianism, 라스타파리안 운동, 400

Raynal, Abbé, 아베 라이날, 164, 186, 418, 427

Reade, Charles, 찰스 리드, 280

Reagan, Ronald, 레이건, 488, 541, 552

Renan, Ernest, 어네스트 르낭, 106, 192, 203, 453

Retamar, Roberto Fernández, 로베르토 페르난데스 레타마르, 375

Reynolds, Joshua, 레이놀즈, *Discourses*, 『담론』, 60

Rhee, Syngman, 이승만, 512

rhetoric of blame, 비난의 수사학, 69, 97, 161, 184

Rhodes, Cecil, 세실 로드스, 77, 207, 298

Rhys, Jean, 진 리이스, *Wide Sargasso Sea*, 『광막한 바다, 사르가소』, 180

Richardson, Samuel, 새무얼 리차드슨, 144 ; *Clarissa*, 『클라리사』, 145

Richelieu, Cardinal, 리슐류, 302

Richetti, John, 존 리체티, 144

Richter, Melvin, 맬빈 리처, 325

Ricordi, 리코르디, 217~9, 226

Rimbaud, Arthur, 랭보, 366

Robbins, Bruce, 브루스 로빈슨, 133

Roberts, Warren, 워런 로버츠, 170

Robeson, Paul, 폴 로브슨, 430

Robespierre, Maximilien-François-Marie-Isidore, 로베스피에르, 427, 479

Robinson, Paul, 폴 로빈슨 ; *Opera and Ideas*, 『오페라와 아이디어』, 213

Robinson, Ronald, 로날드 로빈슨, 148, 452

Robinson-Gallagher controversy, 로빈슨/갤라거의 논쟁, 51

Rodinson, Maxime, 막심 로뎅송, 449, 478

Rodney, Walter, 월터 로드니, 33, 348, 430, 437 ; *How Europe Underdeveloped Africa*, 『어떻게 유럽이 아프리카를 낙후시켰는가』, 126
Rodó, José Enrique, 호세 엔리크 로도, 376 ; *Ariel*, 『에리얼』, 473
Rogin, Michael Paul, 마이클 폴 로긴, 133
Roosevelt, Theodore, 디어도어 루즈벨트, 493
Rostow, Walt Whitman, 월트 휘트만 로스토우, 498
Roth, Philip, 필립 로스, 475
Rougé, Emmanuel, 루제, 222
Rousseau, Jean-Jacques, 루소, 105, 127, 186, 418, 427, 479
Roy, Ramuhan, 라자 라무한 로이, 384
Royal Geographical Society, 왕립 지리 학회, 294
Rushdie, Salman, 살만 루시디, 33, 74, 81, 86, 423, 538, 533 ; *Midnight's Children*, 『자정의 아이들』, 380, 562 ; *The Satanic Verses*, 『사탄의 시』, 68, 72, 82, 521, 524, 553
Rusk, Dean, 러스크, 491
Ruskin, John, 러스킨, 24, 55, 60, 158~9, 198~9 ; Slade Lectures, 슬레이드 강의, 194~7, 241, 291~2, 382

Sabry, Muhammad, 사브리, 234~5
Sadat, Anwar, 안와르 사다트, 504
Said, Edward, 에드워드 사이드 ; *Orientalism*, 『오리엔탈리즘』, 21~2, 36, 40, 100, 120, 345
Said, Nuri as-, 누리 애즈 사이드, 346
St. Pierre, Bernardin de, 성 피에르의 베르나르뎅, 418
Saint-Saëns, Charles Camille, 생상스 ; *Samson and Delilah*, 『삼손과 데릴라』, 208
Saint-Simon, Claude Henri, 생 시몽, 225
Salan, 살랑, 323~4
Salih, Tayeb, 타옙 살리, 470, 537~8 ; *Season of Migration to the North*, 『북쪽으로의 이동 계절』, 85
Samory, 사모리, 349
Samuel, Raphael, 라파엘 사무엘, 529
Santo Domingo, 산토 도밍고, 346, 434, 479
Sarraut Albert; 알베르 사로, 304 ; *Grandeur et servitude coloniales*, 『식민지의 영광과 질곡』, 327
Sartre, Jean-Paul, 장 폴 사르트르, 322, 346~8, 421, 476, 518, 553

Saussure, Leopold de, 레오폴드 드 소쉬르, 304
Schiller, Herbert, 허버트 쉴러, 500,
Schlegel, August Wilhelm von, 쉴레겔, 105
Schlegel, Friedrich von, 쉴레겔, 105, 348
Schlessinger, Arthur, 아서 술레진저 ; *The Disuniting of America*, 『미국의 분열』, 42
Schumpeter, Joseph, 조셉 슘피터, 49, 148, 389
Schwab, Raymond, 레이몬드 슈와브, 344~5 ; *The Oriental Renaissance*, 『동양의 르네상스』, 222~3
Scott, Sir Walter, 월터 스코트, 152
Seal, Anil, 에닐 실, *The Emergence of Indian Nationalism*, 『인도 민족주의의 출현』, 362~3
Seeley, J. R., 실리, 50, 56, 118, 146, 201, 207, 297, 303, 330~4
Segalen, 세갈렝, 146
Seillère, Ernest, 어네스트 사일레르, 304
Selassie, Haile, 하일레 셀라시에, 512
Semidei, Manuel, 매뉴엘라 세미다이, 320
Senghor, Leopold, 리오폴드 셍고르, 346, 394, 400, 406, 422, 453
Shaarawi, Huda, 후다 사아라위, 384
Shakespeare, William, 셰익스피어, 24, 110, 117, 159, 283, 508, 519, 542 ; *The Tempest*, 『폭풍우』, 374~7
Shan, Sher, 셰르 산, 285
Sharabi, Hisham, 히샴 사라비, 435
Shariati, Ali, 알리 샤리아티, 85, 561
Sheikh, Jamal Ben, 자말 벤 시크, 555
Shipler, David, *Arab and Jew*, 데이빗 쉬플러, 『아랍인과 유태인』, 450
Sick, Gray, *All Fall Down*, 게리 시크, 『모든 것이 무너진다』, 409
Simpson, Senator Alan, 알란 심프슨, 505
Sivan, Emmanuel, 엠마뉴엘 시반, 450
Slotkin, Richard, 리처드 슬로트킨, 133 ; *Regeneration Through Violence*, 『폭력을 통란 쇄신』, 494
Smith, Anthony, *The Geopolitics of Information*, 안토니 스미스, 『정보의 지리 정치학』, 499
Smith, Bernard, 버나드 스미스, *European Vision and the South Pacific*, 『유럽의 미래와 남태평양』, 190

Smith, Goldwin, 골드윈 스미스, 297
Smith, John, 존 스미스, 374
Smith, Neil, 닐 스미스, ; *Uneven Development*, 『불공평한 개발』, 395
Smollett, Tobias George, 스몰렛, 144
Solon, 솔론, 89
Somoza, Anastasio, 소모사, 512
Sorabjee, Cornelia, 코넬리아 소랍예, 384
Soyinka, Wole, 올레 소잉카, 33, 401, 409, 416, 423, 472
Spence, Jonathan, 조나단 스펜스, *To Change China*, 『중국을 변화시키기 위해서』, 454
Spenser, Edmund ; *View of the Present State of Ireland*, 에드먼드 스펜서, 『아일랜드 현재의 상황에 대한 견해』, 52, 117, 388, 390~1, 411
Spenser, Herbert, 허버트 스펜서, 257
Spitzer, Leo, 레오 스피처, 104, 107, 535
Sputnik, 스푸트닉 호, 109
Stafford, Robert, 로버트 스탠포드, 294
Stanley, Henry, 헨리 스탠리, 190, 298
Steel, Ronald, 로날드 스틸, *Walter Lippmann and the American Century*, 『월터 리프만과 미국의 세기』, 488~9
Stendhal, 스탕달 ; *Le Rouge et le noir*, 『적과 흑』, 110, 156, 188, 283,
Stepan, Nanmcy, 낸시 스테판, 191
Sterne, Laurence, 스턴, 144
Stevens, Wallace, 월러스 스티븐스, 560
Stevenson, Robert Louis, 스티븐슨, 132
Stocking, George, 조지 스톡킹, 192, 203
Stone, I.F., 스톤, 553
Stone, Oliver, 올리버 스톤, 52, 534, 534 ; *JFK* ; *Salvador*, 〈살바도르〉, 32
Stone, Robert;로버트 스톤, 30, 548 ; *A Flag for Sunrise*, 『일출을 향한 깃발』, 275
Strachey, John, 존 스트라치, *The End of Empire*, 『제국의 종말』, 351
Stravinsky, Igor, 스트라빈스키, 422 ; *Sacre du printemps*, 〈봄의 축제〉, 334
Street, Brian, *The Savage in Literature*, 브라이언 스트리트, 『문헌 속의 야만인』, 190
structuralism, 구조주의, 542
Suarez, Francisco, 프란체스코 수아레즈, 418
Subaltern Studies, 『하위 연구』, 382, 434, 441, 458, 529, 532

Suleri, Sara, 새라 술러리 ; *The Rhetoric of English Indian*, 『영국적 인도의 수사학』, 40
Surrealism, 초현실주의, 458
Swift, Jonathan, 조나단 스위프트, 391, 415, 506,

Tagore, Rabindranath; *Nationalism*, 타고르, 378, 385, 456, 534, '민족주의' 강연, 378
Tempels, Placide, 템펠스, 342~3 ; *Bantu Philosophy*, 『반투 철학』, 343
Temple, Charles, 찰스 템플, 191
Tennyson, Alfred Lord, 테니슨, 198, 291 ; *The Idylls of the King*, 『왕의 전원시』, 198
terrorism, 테러리즘, 81, 527, 552
Thackeray, William Makepeace, 새커리, 25, 131, 141, 145, 152, 165, 199, 245, 538, ; *Vanity Fair*, 『허영의 시장』, 131, 151, 153, 165
Thapar, Romila, 로밀라 사파, 300
Thatcher, Margaret, 마가렛 대처, 552~3
Thompson, Edward M., 에드워드 톰슨, 266, 363~5, 368 ; *The Other Side of the Medal*, 『메달의 이별』, 266, 363, 364
Thornton, A.P., 손톤, 297, 420 ; *The Imperial Idea and Its Enemies*, 『제국주의 사상과 그 적들』, 420
Tibawi, A.L., 티바위, 435
Tibi, Bassam, 바삼 티비, 435
Tillion, Germaine, 제르맨 티용, 329
Tocqueville, Alexis de; 토크빌, 325, 365, 420
Todorov, Tzventan, 츠베탕 토도로프, 186, 477 ; *Nous et les autres*, 『우리들과 타인들』, 186
Tolstoi, Leo, 톨스토이, 78
Tompkins, J. M. S., 톰킨스, 255
Tone, Wolf, 울프 톤 391, 412
Tonkin, 통킹, 351
Toussaint L'Ouverture, 투셍 루베르튀르, 427, 428, 430, 435, 438, 442, 478~9
Trevelyan, Charles, 찰스 트래블리안, 205
Trilling, Lionel, 라이오넬 트릴링, 136
Trinidad, 트리니다드, 429
Trois Contes, 『세 이야기』, 314
Trujillo Molina, Rafael Leónidas, 트뤼지요, 443
Tucker, Judith, 주디스 터커, 101, 449

Tucker, Robert W., 로버트 W. 터커, 493
Turner, Brian, 브라이언 터너, Marx and the End of Orientalism, 『마르크스와 오리엔 탈리즘의 종말』, 100
Turner, Victor, 빅터 터너, 256
Twain, Mark, 마크 트웨인, 133, 493 ; The Adventures of Huckleberry Finn, 『허클베리 핀』, 253

Updike, John, 업다이크, 475

Van Alstyne, Richard, 리처드 밴 앨스타인, ; The Rising American Empire, 『아메리카 재국의 발흥』, 54, 505
Vatimo, Gianni, 지아니 바티모, 554
Vendler, Helen, 헬렌 벤들러, 150
Verba, 버바, 498
Verdi, Giuseppi, 베르디, 211 ; Aida, 『아이다』, 211~243 ; Attila, 『아틸라』, 214 ; Un Ballo in Maschera, 『마스체라의 발로』, 212 ; Don Carlos, 『돈 카를로스』, 212 ; Falstaff, 『폴스타프』, 212 ; La Forza del Destino, 『라 포르자 델 디스티노』, 212 ; I Lombardi, 『일 트로바토레』, 212 ; Nabucco, 『나부코』, 212, 214 ; Otello, 『오델로』, 212 ; Rigoletto, 『리골레토』, 212, 216 ; Simon Boccanegra, 『시몬 보카네라』, 212 ; La Traviata, 『라 트라비아타』, 212 ; Il Trovatore, 『일 트로바토레』, 212
Verne, Jules, 쥘 베른, 332
Vico, Giovanni Battista, 비코, 105
Virgil, 버질, 336
Virilio, Paul, 폴 비릴리오, 550, 558~9
Viswanathan, Gauri, 가우리 비스와나산, 101, 204~5
Vitoria, Francisco de, 프란치스코 드 빅토리아, 418
Volney, 볼네이, 186, 226
Voltaire, 볼테르, 418
Vossler, Karl, 칼 보슬러, 106

Wagner, Richard, 리차드 바그너, 217, 219 ; Götterdämmerung, 『신들의 황혼』, 211 ; Tristan, 『트리스탄』, 212
Wagner, Wieland, 빌란트 바그너, 212, 231
Walcott, Derek, 데렉 월코트, 86, 532

Walker, Frank, 프랭크 워커, 212

Wallerstein, Immanuel, 임마누엘 월러스타인, 528, 563

Wall Street Journal, The,〈월 스트리트 저널〉, 94, 501

Walpole, Horace, 월폴, 153

Washington, George, 조지 워싱턴, 505

Watt, Ian, 이안 와트, 84, 144

Weaver, William, 윌리엄 위버, 212

Webb, Beatrice and Sidney, 시드니 웹, 베아트리체, 189, 358

Weber, Max, 베버, 277

Wechsberg, Joseph, 조셉 웨크스버그, 212

Weinberg, Albett K., 알버트 K.. 와인버그 ; *Manifest Destiny*,『명백한 운명』, 494

White, Hayden, 헤이든 화이트 ; *Metahistory*,『메타 역사』, 518

White, Patrick, 패트릭 화이트, 27

Wilberforce, William, 윌버포스, 165, 442

Wilkins, Charles, 찰스 윌킨스, 277

Williams, Eric, 에릭 윌리엄스, 181~2, 443, 446~7, 532 ; *Capitalism and Slavery*,『자본주의와 노예 제도』, 182

Williams, Raymond, 레이몬드 윌리엄스, 62, 99, 117, 309, 446, 477, 553

Williams, William Appleman, 윌리엄 애플만 윌리엄스, 49, 120, 135, 493

Wilson, Angus, 앵거스 윌슨, ; *The Strange Ride of Rudyard Kipling*,『이상한 여행』, 272

Wilson, Edmund, 에드먼드 윌슨, 264

Wolf, Eric, 에릭 울프, 134

Wollstonecraft, Mary, 매리 월스톤크래프트, 384

Woodberry, Edward, George, 조지 에드워드 우드베리, 107~9

Woolf, Virginia, 버지니아 울프, 109 ; *A Room of One's Own*,『자신만의 방』, 562 ; *To the Lighthouse*,『등대로』, 335

Wordsworth, William, 워어즈워드, 127, 161, 519

Yacine, Kateb, 가넵 야신, 329, 447

Yariko, 야리코, 374

Yeats, William Butler, 예이츠, 66, 125, 333, 456 ; "Among School Children",「어린 아이들 사이에서」, 413 ; "The Circus Animals' Desertion",「서커스 동물의 유기」, 413 ; "Ego Dominus Tuus", 397~8 ; "The Fisherman",「어부」, 407 ; "Leda and the Swan", 「레다와 백조」, 410 ; "A Prayer for My Daughter", 「나의 딸을 위한 기도」, 413 ; *The Rose*, 『장미』, 396 ; "The Second Coming", 「재림」, 409 ; "September 1913", 1913년 9월, 405 ;The Statues", 「조상들」, 398 ;"The Tower", 「탑」, 408, 413 ; *The Tower*, 『탑』, 410 ; "Under Ben Bulben", 「벤 불벤 밑에서」, 413 ; *A Vision*, 『비전』, 398

Yeltsin, Boris, 보리스 예친, 554
Young, Marilyn, 메릴린 영, 497

Zaghloul, Saad, 사아드 재그흘룰 346,
Zaydan, Girgi, 지르기 제이단, 379
Zia, 지아, 81
Zinn, Howard, 하워드 진, 49, 493
Zionism, 시온주의, 49, 448
Zola, Emile, 에밀 졸라, 110, 280, 286, 332

저자 약력>

에드워드 사이드

미국 프린스턴대 졸업. 하버드대에서 석사 및 박사.
컬럼비아대 석좌 교수, 미국 학술원회원이며, 예일대, 하버드대, 스탠포드대, 존스 홉킨즈대 객원 교수.

수상

르네 웰렉 상, ACLS상, NEH Senior Fellowship, 구겐하임 펠로우쉽, 전미 도서비평가협회상 추천.

초청 강연

프린스턴대, 시카고대, 코넬대, 옥스퍼드대, 케임브리지대, 토론토대, 소로본느대 등 세계 각국의 100여 개 대학.

저서

『조셉 콘라드와 자서전 소설』(하버드대 출판부, 1966)
『시작:의도와 방법』(컬럼비아대 출판부, 1975)
『오리엔탈리즘』(팬시온, 빈타지, 루틀리지, 펭귄, 1978) 프랑스어, 독어, 네덜란드어, 폴란드어, 터키어, 아랍어, 유고어, 카탈리아어, 뽀르투갈어, 스페인어, 이란어, 이태리어, 희랍어, 스웨덴어, 일본어, 한국어로 번역 출간 됨.

『팔레스타인문제』(뉴욕타임스사, 빈타지, 1979)
『문학과 사회』(존스 홉킨스대 출판부, 1980)
『이슬람 취재』(팬시온, 1981)
『세계와 텍스트와 평가』(하버드대 출판부, 1983)
『서구의 그늘에서』(1984) 다큐멘타리 영화-미국, 영국, 유럽, 중동에서 상연.
『마지막 하늘 이후』(팬시온, 1986) -포토 에세이
『피해자를 원망하기』(메수엔, 1987)
『음악적 정교함』(컬럼비아대 출판부, 1991)
『문화와 제국주의』(알프레드 노프, 1993)
『수탈의 정치학』(팬시온, 빈타지, 1994)
『지식인들의 재현』(팬시온, 샤토, 1994)
『펜과 칼』(커먼 커리지, 1994)
『문학의 역사적 연구와 지적 소명』(스탠포드대 출판부, 근간)

<역자 약력>

김성곤(金聖坤)

미국 컬럼비아 대학교 영문과에서 에드워드 사이드 교수의 지도하에 문학이론 연구. 사이드 교수가 Chair로 있는 비교문학 프로그램에서 박사과정<외국문학>(1984년 겨울호)에 「에드워드 사이드의 인간 해방의 이론」, <문학사상>에 「에드워드 사이드의 탈제국주의 이론」(1992년 5월호), <대학신문>에 「에드워드 사이드의 탈식민주의 이론」(1993년 9월20일), <경향신문>에 「에드워드 사이드의 오리엔탈리즘」 등 다수의 사이드론을 연구 발표.

저서
『존 바스와 토머스 핀천 연구』(영문. 서울대 출판부, 1985)
『포스트모던 시대의 작가들』(민음사, 1986)
『포스트모던 소설과 비평』(열음사, 1990)
『포스트모더니즘과 현대 미국 소설』(열음사, 1990)
『미국문학과 작가들의 초상』(서울대 출판부, 1993)
『영화 에세이 : 영상시대의 문화론』(열음사, 1994) 등.

정정호(鄭正浩)

서울 대학교 사대 영어과 졸업. 서울 대학교 대학원 영어영문학과 석사 및 박사과정 수료. 영국 University of Leeds에서 1년간 연구. 미국 University of Wisconsin(Milwaukee)영문학 박사 학위(Ph. D)취득.

저서
Major English Critical Essays(공편)(민음사, 1983)
Samuel Johnson and Twentieth-Century Literary Critisism(중앙대 출판부, 1993)
The Dialogics of Order and Exuberance(도서출판 대안문화, 1995)
『현대 문학 비평 이론의 전망』(공저) (성균관대 출판부)
『포스트모더니즘 개론』(이합 핫산 저, 역)(종로서적, 1983)
『현대 영미 비평의 이해』(공편) (문학과 비평사, 1989)
『포스트모더니즘의 쟁점』(공편) (도서출판 터, 1990)
『포스트모던 문화』(스티븐 코너 저, 공역) (한신, 1992)
『'포스트' 시대의 영미문학』(공편) (열음사, 1992)
『한국문학과 포스트모더니즘』(편) (도서출판 글, 1992)
『현대 미국문학 비평』(빈센트 라이치 저, 공역) (한신, 1993)
『문학 연구를 위한 비평 용어』(프랭크 렌트리키아 저, 공역) (한신, 1993)
『페미니즘과 포스트모더니즘』(공편) (한신, 1993)
『다시 읽기 / 새로 쓰기 - 영미문학과 비평 연구』(중앙대 출판부, 1995)
『생태학적 상상력 - 우리시대의 이론과 문학』(한신, 근간)